統計推論 上冊

李景仁著・汪永祺譯
臺灣商務印書館發行

序

統計推論分成上下兩卷：上卷就是一九五七年刊行的統計推論入門的增訂版，下卷纔是一本新書。

上卷可算是一本用非數學表達方式寫出來的統計理論的書，是用一串取樣試驗安排出來的；所以要這樣做，目的祇是幫助讀者把握住統計學的常識性意義。這麼一來，可就得提醒採用這本書做教材的老師，請他們至少要督導學生們做一些試驗；如果手面備有普通計算機器，這些試驗是不難做到的。書中的附表 1 就是由均值等於五十而變方等於一百的常態族羣內取出的各含五個觀測值的一千個逢機樣品，便可以用做試驗裝備的代用品。當然，這一份附表也不祇代表一千個大小爲五的樣品；將它們各自分成十個的組，得到的便是五百個逢機樣品了。老實說，全表內的觀測值都是逢機排出的，可以隨意分割給學生練習計算。

書中也有許多說明應用的例子。這些例子的選用有兩項原則，一是簡單，二是不需要相關的專門知識；這便是說，擧的都是習見的例子。例子裏講到肥料，殺蟲劑，教學法，兒童身高，可並不限定要農藝學家，昆蟲學家，教師，或小孩的父母纔能瞭解。還有些專門性的例子，便留在各章的習題裏。

這本書大致可以分成三部分，用兩個複習專章（第十三和第二十章）隔開。第一部分是用來解釋統計推論的基本原理的，介紹了常態分布，t 分布，χ^2 分布，和 F 分布。第二部分專講變方分析，第三部分卻講不定徵值性方法。三個部分其實是貫穿一氣的，都用變方分析來講，就連不定徵值性方法也不例外。此外，書中又對各種方法間的關係特別注意，所以便安挿了許多前後呼應的線索，讓讀者去查對。雖然前面各章的材料都和瞭解以後各章有關係，省掉一些也還不至於走不通。這麼一說，學分較少的班級便不妨把第十六，十七，十九三章看做一個單元，把第二十一，二十二，二十三，二十四章看做另一單元，任去其一；要是更短期的班，乾脆把兩個單元都省去好了。

書裏對單自由度的重要性曾經特別強調過。這件事是著者認為應當着重的，見解是否正確姑且不去管它；這種可以增高測驗能力的工具是一般統計學中不曾充分介紹過的，似乎應當多講一點。

全書裏的符號大致已能一致：有些符號採用傳統方式，像 μ 代表均值和 σ^2 代表變方等；但為求系統統一，有些符號便稍有不同了。譬如，統計學界通常用 x 代表觀測值，本書却用了 y。要知道變方分析中的 x 可正是廻歸中的 y，而變積分析和廻歸直線性測驗却要同時用到變方分析和廻歸；祇用單一的符號 y，便可以使初學者不致弄胡塗，看來是值得做的。

末了該得寫個謝啓：感謝皮爾遜 (E. S. Pearson) 教授同意由生物統計學誌複製本書中的附表 1，2，4，5，6，7；感謝鄧肯 (David B. Duncan) 和高可士 (Gertrude M. Cox) 兩位教授同意由生物統計學報複製附表 8；感謝史廼德 (G. W. Snedecor) 教授和衣阿華州立大學出版部同意由統計方法書中複製附表 9。當然，也得感謝愛丁堡奧博出版公司同意由費，葉二氏統計表中轉載本書的附表10和11。

現在用幾句話來介紹本書的下卷。下卷可以簡稱為複廻歸和它的引申，全書就用這一個主題講述。應用複廻歸法，可以引出許多較高深的統計方法，同時也可以改善習用方法的效率。

李 景 仁

一九六四年一月

譯 者 的 話

　　統計推論上下二卷是本師天津李景仁教授三十年教學與研究生活的心力結晶。譯者在民國五十一二年間曾從李師度過一年學徒生涯，着實受益不淺，所以便決意將這部書譯成中文。

　　一本書的內容通常是無法在三言兩語內說清的。現在祗把個人體認出的本書的三項特點寫出來，算是給讀者安下一番說詞；全書（指上卷說）有六百頁厚，寫上一段不討人厭的引子，或許會得到一些招睞的效果。

　　第一：這本書所需要的數學知識很少，高中畢業的學生都是讀得了的。不過，一門科學的深淺或難易似乎不能祗看用到的數學知識多少來衡量。少用數學便得多用本門方法，讀時用到的勞力可能相差不多；但不要先讀一兩年數學，究竟是一件便宜的事。有人問，不用數學時立論會不會欠嚴整？這却又未必如此。不信就請讀讀看。

　　第二：這本書是另一本名著的「注疏」，而那本名著便是現代統計學大宗師故英國費適教授的不朽傑作「研究者用到的統計方法」。費氏的成就是歷史上已有定評的。他可以算是統計學發展計劃的設計人。後人的工作彷彿祗是按進度表實施，跳不出他老人家劃定的圈子去；這麼一說，各種統計著作恐怕都是在給他做注疏。統計推論雖然也是注疏，但注法却與眾不同；原來它是用「數」注出來的，而注的方法便是所謂「取樣試驗」。如果你願意用本書的方法去學統計學，你就會領受到費大師的心傳。

　　第三：這本書有個明確的目標，便是教會學生查統計表。統計表都是機率表，裏面列的都是機率和它的相關數字。機率學是一門非常令人頭痛的科學，常常使初學者如入五里霧中；唸完了這門課，說不定還弄不清機率究竟是甚麼？和統計學又有甚麼關係？其實，討論機率本質和機率算法的機率學都和統計家不太相干，他們要的祇是**統計表**。機率家費盡力氣去算甚麼甚麼的機率，並且列出表來；而統計家呢，就選定表上的一個機率值來下結論。所以，統計家查的並不是機率表，而是「決斷表」（這是隨口說的一個名詞，英文可以是 decision table；未見經傳。），而統計家也不一定要會算機率。你要學好統計學，請別忘了學會查表；其實是領會了造表的原理，而造表的原理可不就是統計學嗎。這也是本書裏特別強調的。

譯者除了向原作者表示謝意並借用原書裏的序去感謝一些有關人士外，本來不曾煩到別人的大駕。但飲水思源，覺得應當謝謝自己的幾位師友。感謝國立臺灣大學的汪厥明，張魯智，葉樹藩三位教授和在美國的陳達權先生，因為他們把我領入了一處自己喜愛的園地。感謝統計學界長輩鄭堯枠教授幾年來的照顧和老同學陳超塵教授善意的鼓勵。兩位教授都勸過我，希望我在統計名詞方面稍微「從衆」，庶幾可以使本書流傳得廣些；可惜稿子已經付排，就未能遵命了。末了要謝謝促成本書出版的兩位先生。侯家駒教授鼎力推介，周道濟教授慨然承諾；沒有他倆，這本書可就出不來了。

汪　永　祺

民國五十八年五月十九日

統計推論 上冊

目 次

附　　表

習　題　解　答

符　號　釋　義

索　引

第 一 章

緒　　論

　　各種科學之間是用科學方法連貫起來的，而這類方法便包含了**演繹法**(deduction) 和**歸納法**(induction)。 演繹法就是數學，而歸納法就是統計學。要應用演繹或歸納的方法便少不得要做數字的記錄，而那些將觀測現象變成數量的設施便是科學儀器。

　　各種科學的年齡可用它們所使用的數學和統計學的相對分量來決定。歷史悠久的科學都各有一套基本原理，根據這些原理便可以演出新知；年青的科學可並不如此，它們正需要用統計學來產生原理。譬如，物理科學和生物科學比較，前者便較後者多用數學而少用統計學了。遺傳學可以算是一個很好的說明：早期的遺傳學是離不開統計學的，但當遺傳基本定律逐漸建立後，數學的應用便普及起來；有些羣體遺傳學者 (population geneticist) 居然不做試驗 ，完全由已有的定律來演導新知識了。

　　統計學可以算是一種由試驗資料得到結論的工具。晚近六十年中已經匯聚了不少統計學的知識，但可以直接應用到實際問題上的方法還是很有限的。本書的主旨便是討論一些最常用的統計方法和它們的原理。

1.1 統計推論

　　概略地說， **統計**(statistics)一詞是指資料的蒐集和表列以及由資料提取結論來說的。敍述得詳盡點，資料的蒐集和表列以及平均值和百分值等指數的計算通稱爲**記述統計** (descriptive statistics) ，而由資料有系統地提取結論便稱爲**統計推論** (statistical inference)。在統計推論中，平均值和百分值等的計算不過是伴隨部分；是到達目的所用的工具，可並不是目的本身。

1

統計家的專有名詞多半是用普通的英文字附上特殊意義構成的。
譬如，**觀測值**(observation)就是一個物件的數值記載，某人的身高便
是一個例子。一個**族羣**(population)就是一羣觀測值，某大學全部學
生的身高便可當作一個族羣。（在應用上，族羣是學生身高的羣而不
是學生的羣。）一個**樣品**(sample)就是一個取自族羣內的觀測值的
羣。如果一所大學內全部學生的身高算是一個族羣，其中幾個學生的
身高便算是一個樣品。族羣內每個可能觀測值都有相同的機會取入一
個樣品，這類的樣品便稱爲**逢機樣品**(random sample)。由族羣內取
出一個樣品，再用這個樣品來作出一個有關族羣的結論，這種過程就
是統計推論。

如果有關族羣的知識都是已知的，樣品根本可以不要；但如有關
族羣的知識並非已知，可就非得根據其中一部分來下結論了。有位電
燈泡製造商想知道本廠產品的平均壽命，可不必將每件產品都點燃到
燒毀爲止來求得答案；祇相信樣品的測驗結果，也就夠了。所以，當
這位製造商宣稱他的產品平均壽命爲 2,000 小時時，顧客便應當知
道：(a) 測驗過的樣品決不會上市，(b) 市售品都是未經過壽命測驗
的。這樣一來，有關全部燈泡生產（族羣）的推論便祇能由詳細測驗
過的一部分族羣（樣品）得出了。

統計推論在科學和技藝方面的應用是很廣泛的。應用動物和植物
進行研究的科學家們都並不着意於用到的那一些動植物（樣品），他
們的結論都是遍及於所用動植物的類（族羣）。科學家把這種程序稱
爲歸納法，統計家便稱它爲統計推論。所以，現代統計學可以說是一
種科學方法，而且是試驗科學工作者所不可或少的工具。

1.2 參考系統

本書中的節次，定理，表，或圖有許多需要前後對照的地方，讀
者應當隨時注意。爲使參考方便起見，所有的定理，表，和圖都已按
它們所在的頁次編成索引，列在書後。

定理，表，圖是按它們所出現的節次編號的。某一節內的第一，
第二，第三定理便分用 a, b, c 表示；所以，定理2.4a和2.4b便是出現

在第二章第四節的。

　　符號和簡寫詞的解釋也編列在書的後面。

　　各章書的後面大都附有習題，而習題的解或列在題的下方或編列在全書的後面。

參 考 文 獻

Bross, Irwin D. J.: *Design for Decision*, The Macmillan Company, New York, 1953.

Wilson, E. Bright, Jr.: *An Introduction to Scintific Research*, McGraw-Hill Book Company, Inc. New York, 1952.

第 二 章

記 述 統 計

族羣有許多種特徵，本章中便要討論幾種記述這些特徵的**量度值**
（measures）。

2.1 數學符號

統計學中最常用到的符號內有一個是大寫希臘字母$\sum$，它的意思
便是「求和」。如用 y 表示觀測值，y_1 是第一個，y_2 是第二個，等
等，這幾個觀測值的和便可寫成$\sum y$。設 5 個觀測值 3 ，2，1，3，1
分別用y_1, y_2, y_3, y_4, y_5代表，這 5 個觀測值的和便是

$$\sum y = y_1 + y_2 + y_3 + y_4 + y_5 = 3 + 2 + 1 + 3 + 1 = 10 。$$

除$\sum y$ 外，還有兩種常用的數量表示$\sum y^2$和$(\sum y)^2$；五個觀測值的平
方之和便是

$$\sum y^2 = y_1^2 + y_2^2 + y_3^2 + y_4^2 + y_5^2 = 9 + 4 + 1 + 9 + 1 = 24,$$

而 5 個觀測值之和的平方便是

$$(\sum y)^2 = (y_1 + y_2 + y_3 + y_4 + y_5)^2 = (3 + 2 + 1 + 3 + 1)^2 = 10^2 = 100 。$$

符號祇是一種簡寫，祇要知道在甚麼地方用甚麼符號便好，它的背後
是沒有理論根據的。

數量$\sum y^2$和$(\sum y)^2$的外形很相似，但可不是相同的。將每個數都
平方起來，再將平方值加在一起，得到的便是$\sum y^2$；將各個數加在一
起得出一個合計，再將合計平方，得到的便是$(\sum y)^2$。所以，這兩種
數量的算術運算次序是不同的；前者先乘後加，後者先加後乘。

2.2 均值

族羣的**均值**（mean）就是族羣內觀測值的平均數（average）。量
度三根桿子的長度，得到的分別是 3 ，1，8 尺，桿長的均值 便 是
（ 3 ＋ 1 ＋ 8)/3 或 4 尺。一般說來，均值就是觀測值的和給觀測值

個數除出的商數。如用 μ 代表均值，y 代表一個觀測值，N 代表觀測值的個數，再用三個點代表居間的觀測值，族羣均值的符號表示便是

$$\mu = \frac{y_1 + y_2 + \cdots + y_N}{N} = \frac{\sum y}{N} \, 。 \tag{1}$$

要知道，方程式可並不是祇可死背而不具意義的符號，它是可以寫成一句話的。這樣一來，式(1)便是：「族羣的均值等於觀測值的和給觀測值的個數除。」分開來寫，便是：

族羣的均值 μ

等於 $=$

加計 $\sum$

觀測值 y

再除以 $-$

觀測值的個數 N

用英文來寫，分解句恰好便是全句的分行排列，等號便是動詞；讀者不妨試寫一下看。

2.3 變方和標準偏差

族羣的**變方**（variance）是族羣內觀測值間變異程度的一種量值。表 2.3a 內列出了四個均值同等於 4 的族羣，但它們的觀測值間變異程度的量却並不相同；族羣 (a) 沒有變異，(b) 要大一點，(c) 更大，但最大的却是 (d) 內的結果。

最為一般人接受的變異程度的量值要算是**變距**（range），也就是最大和最小觀測值的差。四個族羣的變距便分別是 0，5，8，11。

除去變距以外，變異**性**的量值還有很多種。其中最重要的一種便是變方，它的定義是

$$\sigma^2 = \frac{(y_1 - \mu)^2 + (y_2 - \mu)^2 + \cdots + (y_N - \mu)^2}{N} = \frac{\sum (y - \mu)^2}{N} \, ; \tag{1}$$

式中的 σ^2 就是變方，μ 是均值，y 是觀測值，而 N 是觀測值的個數。四個族羣的變方便是：

(a) $\sigma^2 = \dfrac{(4-4)^2 + (4-4)^2 + (4-4)^2}{3} = 0$

(b) $\sigma^2 = \dfrac{(2-4)^2 + (3-4)^2 + (7-4)^2}{3} = \dfrac{4+1+9}{3} = \dfrac{14}{3}$

(c) $\sigma^2 = \dfrac{(1-4)^2 + (2-4)^2 + (9-4)^2}{3} = \dfrac{9+4+25}{3} = \dfrac{38}{3}$

(d) $\sigma^2 = \dfrac{(0-4)^2 + (1-4)^2 + (11-4)^2}{3} = \dfrac{16+9+49}{3} = \dfrac{74}{3}$

變方的平方根叫做**標準偏差**(standard deviation)，也是一種**變異性**的量值。本章內講到的變異量值就祇有這兩種，而且這兩種**量值**還是同質異式的；知道一個，另一個便自動地確定。

標準偏差用到了標準兩個字，其實倒並沒有甚麼特殊的意義；除此之外，還有些本書裏不討論的平均偏差(mean deviation)和四分一偏差(quartile deviation)等，標準二字便是用來區分的。

對一般人來說，變方的計算法好像是個新玩意，但它的意義却是人所習知的。各地的氣候有所謂大陸性和海洋性。大陸性氣候的冬夏氣溫變化很大，全年 365 的溫度讀數便具有很大的變方。如果季節間溫度變化很小，搬弄一下名詞，就該說變方很小了。

表2.3a　同均值而不同變方的族羣

族　羣	a	b	c	d
觀 測 值	4 4 4	2 3 7	1 2 9	0 1 11
合　　計	12	12	12	12
均　　值	4	4	4	4
變　　距	0	5	8	11
變　　方	0	$\dfrac{14}{3}$	$\dfrac{38}{3}$	$\dfrac{74}{3}$

變方的原理還可以用水果分級來說明。假定每箱裝一百個橘子，

這一箱經過分級的橘子的大小和重量便會彼此很接近；要是不加選擇碰運氣地取得一百個，個個橘子便會參差不齊了。所以，裝好箱的橘子的個別重量具有很小的變方值；要是個個橘子的重量都相同的話，變方就等於零。

沒有用過變方的人很難領會它的數值的含義。算出的一個變方值等於 5，請問是大了還是小了？是好還是壞？這種經驗是每個使用新量值的人都會碰到的。用慣攝氏溫度表的人約略知道，0° 以下是冷而 39° 以上是熱，22° 左右最舒適；走進用華氏溫度的國家他立刻就會弄不清冷熱，需要在腦子裏先換算一番纔行。用錢更是一個適當的示例。到外國去旅行的人通常都弄不清當地的物價是貴還是賤，要知分曉得先把外國錢的標價換成本國錢的。由此可知，乍用變方而弄不清含義該是毫不足怪的。其實，變方的意義並不能祇就一個數說清楚，而需要用各個數來比較；變方較大的族羣便會擁有較不整齊的許多個觀測值。

有關變方的各種討論都能適用於標準偏差。因為標準偏差就是變方的平方根，兩者是同進同退的；變方如果等於零，標準偏差當然也等於零。

變方的計算可以應用表2.3b的表列式，它的數例便是表2.3c。

表2.3b　族羣變方的計算法

y	$(y-\mu)$	$(y-\mu)^2$
y_1	$y_1-\mu$	$(y_1-\mu)^2$
y_2	$y_2-\mu$	$(y_2-\mu)^2$
$\vdots$	$\vdots$	$\vdots$
y_N	$y_N-\mu$	$(y_N-\mu)^2$
$\sum y$		$\sum(y-\mu)^2$
$\mu = \dfrac{\sum y}{N}$		$\sigma^2 = \dfrac{\sum(y-\mu)^2}{N}$

表2.3c 族羣變方計算的數例

y	$(y-\mu)$	$(y-\mu)^2$
0	-4	16
1	-3	9
11	7	49
12		74

$$\mu = \frac{12}{3} \qquad \sigma^2 = \frac{74}{3}$$

2.4 改變觀測值對均值和變方的影響

　　族羣的均值和變方都是由它的觀測值算出來的，這些值當然會隨觀測值的改變而不同。舉個例子來說，三個觀測值11，11，17的均值（表2.4a）是13。如將每個觀測值都加上5，新的觀測值便是16，16，22而新的均值便恰好是比舊均值多5的18。至於變方，根本就未受到改變觀測值的影響；在表2.4a和表2.4b內的變方都等於8。這類

表2.4a y 的變方

y	$(y-\mu)$	$(y-\mu)^2$
11	-2	4
11	-2	4
17	4	16
39		24

$$\mu = \frac{39}{3} = 13 \qquad \sigma^2 = \frac{24}{3} = 8$$

關係是不難解釋的。變方是用觀測值離開它們的均值的偏差來算的，觀測值和均值同樣地加減一個數，表2.4a和2.4b內的偏差（$y-\mu$）顯然不會改變；所以，變方是不因這種觀測值改變而有異的。這樣便產生了一個定理：

表2.4b　$(y-5)$ 的變方

y	$(y-\mu)$	$(y-\mu)^2$
16	-2	4
16	-2	4
22	4	16
54		24

$$\mu = \frac{54}{3} = 18 \qquad\qquad \sigma^2 = \frac{24}{3} = 8$$

定理2.4a　將每個觀測值加上或減去一個固定數，均值就對應地加上或減去該數，但變方和標準偏差都不受影響。

如將觀測值11，11，17同乘上固定數10，新觀測值就變成了110，110，170，新均值便等於舊均值的 10 倍而變成130。這時的新舊兩種觀測值的變方可用表2.4c和2.4a 來比較；新變方是舊變方的100倍，開平方得到的標準偏差是10倍。偏差$(11-13)$，$(11-13)$，$(17-13)$既

表2.4c　$10y$ 的變方

y	$(y-\mu)$	$(y-\mu)^2$
110	-20	400
110	-20	400
170	40	1,600
390		2,400

$$\mu = \frac{390}{3} = 130 \qquad\qquad \sigma^2 = \frac{2,400}{3} = 800$$

然同乘10，它們的平方值當然同乘100。由於除10就是乘1/10，這種討論也可以應用到同除一個固定數的事例上去。這樣又得到一個定理：

定理2.4b　將每個觀測值同乘一個固定數m，新均值便等於舊均值的m倍，新變方便等於舊變方的m^2倍，新標準偏差也是舊標準偏差的m倍。

　　根據定理，將觀測值各乘 2 時，新的均值是舊的 2 倍，新的變方是舊的 4 倍而新的標準偏差也是舊的 2 倍。將觀測值各除 2 相當於各乘1/2，新均值便是舊的 1/2倍，新變方是舊的 1/4倍而新標準偏差也是舊的1/2倍。

　　以後幾章書內常會用到現在尚未說明理由的觀測值改變，此處的討論就是一種準備工作。所以，定理 2.4a 和 2.4b 都是用來說明統計原理而不是用來分析資料的。此處既經說明，今後再提到這兩個定理便不加解釋了。現在不妨看看這兩個定理的實用示例：有 1,000 瓶化學藥品的連瓶毛重，想計算淨重的均值和變方。求法中的一種是倒出每瓶的藥，分別稱出瓶重再減得淨重並加計算。如果瓶重各為60克，一千次稱重的事便可以省去，一千次的減法就變成了一次；因為，淨重的均值就是毛重均值減60克，而變方根本不變；可真省了不少事。

　　變換單位是觀測值乘固定數的一個例子（定理2.4b）。設有1,000個用碼為單位的觀測值，希望均值和變方為呎和平方呎數。先將1,000個觀測值各乘上 3 ，得出呎數記錄，再按定義便可求出新的均值和變方值。不過，這 1,000 個乘法倒是絕對不需要的；先用舊觀測值算出均值和變方，再換算成呎和平方呎單位，不就得了嗎。如果原資料的均值是20碼而變方是10平方碼，換算成的均值和變方便會是$30 \times 3 = 60$呎和$10 \times 3^2 = 90$平方呎（定理2.4b）；一千次乘法便減成兩次了。

2.5 頻度表

　　這一節書要介紹觀測值的表列法。設有十個人，他們的年齡分別為 21, 20, 21, 22, 20, 22, 21, 20, 23, 21。這十個人的年齡顯然可分四個年齡的羣：3 個20歲的，4 個21歲的，2 個22歲的，和 1 個23歲的。這一個個的年齡的羣都可以叫做組(class)，而組內的人數便稱為組的**頻度**(frequency)；其實，頻度就是觀測值出現的次數。用組頻度列成表便叫做**頻度表**(frequency table)。全部組頻度的和就是觀測值的總個數，稱為**總頻度**(total frequency)。上例的頻度表列在表 2.5a，表內的年齡是看生日來定的；21歲的意思便是真實年齡在20.5與21.5所包的以21為中心的組內。

表2.5a　十個人的年齡的頻度表

年　齡 y	頻　度 f	相對頻度 r.f.	相對累計頻度 r.c.f.
20	3	30%	30%
21	4	40%	70%
22	2	20%	90%
23	1	10%	100%
	10	100%	

　　組的**相對頻度**（relative frequency）就是組頻度對總頻度的百分率。表2.5a中21歲組的頻度是 4 而總頻度是10，相對頻度便是40%。某一點的**相對累計頻度**（relative cumulative frequency, $r.c.f.$）就是截止於該點的相對頻度的和。表 2.5a 內的相對累計頻度是 30%，70%，90%，100%，意思便是觀測值在 20.5，21.5，22.5，23.5 以下的百分率分別是30%，70%，90%，100%。

　　各種頻度都是人所習用的，但另起一個名字，便變成了新東西。舉個例子來說，一間大學裏有10,000學生；其中一二年級有6,500人，佔總數的65%；三年級有1,800人，佔18%。這 10,000 便是總頻度，6,500是一個**累計頻度**（cumulative frequency, $c.f.$），65%是一個相對累計頻度，1,800是一個頻度，而18%是一個相對頻度。

表2.5b　由頻度表計算均值和變方

y	f	yf	$(y-\mu)$	$(y-\mu)^2$	$(y-\mu)^2 f$
20	3	60	−1.1	1.21	3.63
21	4	84	−0.1	0.01	0.04
22	2	44	0.9	0.81	1.62
23	1	23	1.9	3.61	3.61
合　計	10 N	211 Σyf			8.90 $\Sigma(y-\mu)^2 f$

$$\mu = \frac{\Sigma yf}{N} = \frac{211}{10} = 21.1$$

$$\sigma^2 = \frac{\Sigma(y-\mu)^2 f}{N} = \frac{8.90}{10} = 0.890$$

$$\sigma = \sqrt{0.890} = 0.943$$

均值旣然就是觀測值的和用總觀測值個數除得的商數，由具有這兩種數值的頻度表當然也可以求出均值。不過，在這種計算中，觀測值20出現了3次，21出現了4次，都是應當分別計點3次和4次的；其餘也是一樣。所以，觀測值的和不是20＋21＋22＋23而是（20×3）＋（21×4）＋（22×2）＋（23×1），就是表2.5b中所列的211。總頻度是10，均值便是211/10或21.1。寫成符號，均值便是

$$\mu = \frac{\sum yf}{N}\text{。} \tag{1}$$

由頻度表同樣也能求出變方。觀測值20已經乘過3，偏差的平方值$(20-\mu)^2$也要乘3；一般說來，每個$(y-\mu)^2$都要乘它自己的f。用符號表示，變方便是

$$\sigma^2 = \frac{\sum (y-\mu)^2 f}{N}\text{。} \tag{2}$$

十個觀測值的值和變方的詳盡計算法已列在表2.5b內。

2.6　長條圖和頻度曲線

頻度表的圖形叫做**長條圖**（histogram），表2.5a的長條圖就是圖2.6a。圖中的每個矩形都構建在基線上觀測值所佔的間距上。因此，縱座標從零起算，代表頻度，而矩形的高便等於所在組的頻度。矩形的基是等長的，各個矩形的面積便和各個頻度成比例了。例如21歲組的頻度是22歲組的兩倍，對應矩形的面積便也維持着相同的關係。個別矩形面積對全部矩形總面積的比率就是個別組的相對頻度，譬如代表23歲組的矩形面積便佔總面積的10%。

一組資料的長條圖內矩形個數隨着所選用的矩形寬度而不同。如用年作爲組的間距（interval），一百萬個20到23歲青年的年齡祇能作成四個矩形的長條圖（圖2.6b）。改用月來分，每個年組分成12個月組，長條圖便包含了48個矩形（圖2.6c）。繼續細分到用日爲單位，四年共有（4×365）＋1＝1,461日；長條圖內也會有同數的矩形。量度單位愈小，矩形的寬度便愈狹而矩形的數目也愈多，但全部矩形

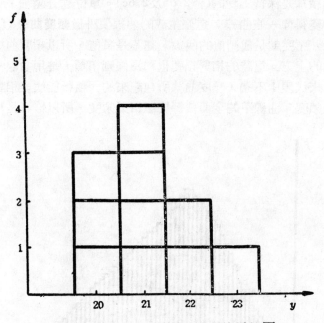

圖2.6a　十個人的年齡分布的長條圖

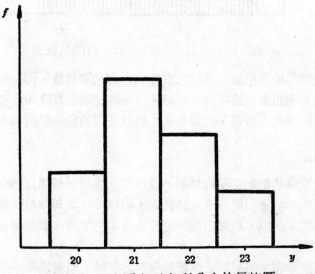

圖2.6b　用年分組時年齡分布的長條圖

的總面積却是保持不變的(圖2.6b及2.6c)。單位越分越細，矩形的頂
端便會變得像一條曲線；這條生成的曲線便叫做**頻度曲線**(frequency
curve)。頻度就是觀測值的個數，總不是負值，所以頻度曲線都在橫
座標軸的上方。這時的相對頻度也和長條圖相類，是用曲線和橫軸間
的面積來代表；不過，頻度曲線所包起來的面積祇能代表相對頻度而
不代表頻度。曲線下的全面積等於總相對頻度，所以恰好是100%。

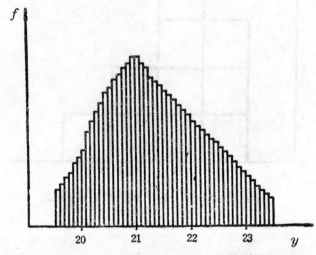

圖2.6c　用月分組時年齡分布的長條圖

頻度曲線是由觀測值得出來的。先有了觀測值，再作出頻度表；
由頻度表便可畫成長條圖，而頻度曲線就是矩形寬度趨近於零時長條
圖的極限形式。所以，討論頻度曲線就是討論觀測值的族羣。

2.7　附記

本章講的都是零星的材料，還談不上應用。科學家們當然不會因
求得資料的均值和變方而感到滿意，但統計推論却非用到這些記述性
量值不可；所以，這類方法正好比語文中的字母，**要繼續學下去便少
不了它們**。

把這章書中的材料看做統計學家的字母，學者便需要注意學習。

書中的符號必需能一瞥即知，而今後常常引述到的定理更需能透徹地瞭解，纔能有利於以後的學習。

習 題

(1) 某族羣由下列觀測值組成：

$$1.8 \quad 2.0 \quad 1.8 \quad 1.9 \quad 2.0$$

(a) 求均值。($\mu = 1.90$)

(b) 求變方。($\sigma^2 = 0.008$)

(c) 將每個觀測值減去1.0並求新觀測值的均值和變方，用來驗證定理2.4a。

(d) 將每個原有觀測值乘上5並求新觀測值的均值和變方，用來驗證定理2.4b。

(2) 某族羣由下列觀測值組成：

17.2 17.1 17.0 17.1 16.9 17.0 17.1 17.0 17.3 17.2

16.9 17.0 17.1 17.3 17.2 17.4 17.1 17.1 17.0 17.1

(a) 求均值。($\mu = 17.105$)

(b) 求變方。($\sigma^2 = 0.016475$)

　　(a),(b)兩個子題的計算不准用頻度表。

(c) 求標準偏差。

(d) 列出一個包含頻度，相對頻度，和相對累計頻度的頻度表。

(e) 繪出長條圖。

(3) 求 2d 頻度表的均值和變方並與 2a 和 2b 的結果比較。相同嗎？

(4) 下面的觀測值也組成一個族羣：

24 23 25 26 27 25 25 26 24 25

25 25 27 25 25 24 26 25 25 26

求： (a) 均值，

　　 (b) 變方。

作： (c) 頻度表，

　　 (d) 長條圖。

(5) 求表4.1a內500個觀測值的均值和變方。$(\mu=50,\sigma^2=100)$

(6) 將表4.1a內500個觀測值各減去50，求新觀測值的均值和變方。

(7) 將表4.1a內500個觀測值各除以10，求新的均值和變方。

(8) 先將表4.1a內500個觀測值各減去50，再將減出的差各除以 10，
便得出一種與舊觀測值 y 維持下列關係的新觀測值 u：

$$u=\frac{y-50}{10}$$

求 u 的均值和變方。

(9) 老鼠糞粒內的某種細菌數目可在顯微鏡下數出。將 5 粒鼠糞懸垂
在100ml.水中並用百分之0.01無菌洋荣水溶液稀釋到大約1/500的
濃度。取稀釋液 0.01ml. 並在完全洗淨的載片上展成 1 平方糎面
積。將展膜陰乾，固定，並用結晶紫染色。鏡檢25個視野並數出
視野內的細菌數，便得出下列結果：

19	35	9	25	32
21	33	0	35	10
13	8	37	39	9
25	17	23	24	7
33	15	1	1	7

求均值，變方，和標準偏差。 (Wallace, R. H.: "A Direct
Method for Counting Bacteria in Feces," *Journal of Bacterio-
logy*, Vol. 64, pp. 593-594, 1952.)

(10) 下列資料是由一次放射性量度的精密度研究得到的。用自動定跡
器 (Tracerlab Autoscaler SC-B)， 配合自動換樣器 (automatic
sample changer SC-6A) 和定時印跡器 (printing interval timer
SC-5A)， 重複測定一個大致不變的放射能源。所用基準 (scale
setting) 為4,096次，得出的每分鐘次數及其頻度如下表。求均值
和變方。

CPM	f	CPM	f
9,035	1	9,563	112
9,069	0	9,600	91
9,102	1	9,638	88
9,136	1	9,676	90
9,170	2	9,714	64
9,204	3	9,752	65
9,239	8	9,791	37
9,274	20	9,830	31
9,309	22	9,870	14
9,344	31	9,910	10
9,380	45	9,950	6
9,416	54	9,990	1
9,452	79	10,031	3
9,489	81	10,072	4
9,526	85	10,114	1
		合　計	1,050

第 三 章

常 態 分 布

統計學中的頻度曲線非常之多，其中最重要的一種便是**常態曲線**（normal curve）。所謂常態並不意謂着某些曲線的異常，祇不過指出了一種曲線的名稱而已；這種曲線有它自己的特性，所以有別於其他的頻度曲線。

3.1 常態曲線的性質

圖3.1a中所繪的便是一條常態曲線。從外形來看，它像一口倒覆着的鐘，是對通過橫軸上均值 μ 的垂線呈左右對稱的。如將圖3.1a沿着直線 C 摺疊，曲線的左右兩支便會完全密合。其實，常態曲線並不

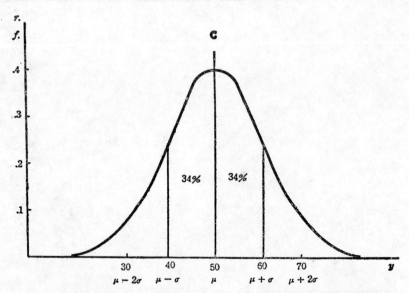

圖3.1a　均值等於50而標準偏差等於10的常態曲線

18

是一條曲線，而是一個曲線族；圖3.1a中祇是均值等於50而標準偏差等於10的一條常態曲線而已。

一條常態曲線是隨着它的均值 μ 和標準偏差 σ 而決定的。例如，圖3.1b中的三條曲線便是外形相同而分列在橫軸上不同位置的常態曲線，而分別具有均值40，50，和60。均值爲60的曲線在均值爲50的右側，均值爲40的曲線又在均值爲50的左側；由此可知，均值決定了曲線的位置(location)。

圖3.1c中也有三條常態曲線，却是等均值而不等標準偏差的。這三條曲線都以55爲中心，所以三者的均值同等於55。三條中的曲線 A 平展得最厲害而 C 是隆起得最高的。這種情形便顯示出標準偏差的大小：最平展的曲線 C 具有最大的標準偏差，而 A 便具有最小的。總而言之，標準偏差 σ 決定了曲線的平展程度。圖3.1b中的三條曲線具有相同的平展程度，它們的標準偏差便是相等的。頻度曲線下方的總面積恒等於100%（2.6節），常態曲線也不例外。但因常態曲線是對稱的，所以在均值以上和均值以下的觀測值應當各佔50%。由 μ 到 $\mu+\sigma$ 的間距內大約容有34%的觀測值。圖3.1a中的均值等於50而標準偏差 σ 等於10，50到60的間距內便容有34%的觀測值，而 $\mu-\sigma=40$ 到 $\mu+\sigma=60$ 間便容有68%的觀測值了。既然有50%的觀測值在均值 μ 以下而 μ 到 $\mu+\sigma$ 間又佔有34%，所以在 $\mu+\sigma$ 以下的觀測值佔84%。用上面的例子來說，小於60的觀測值佔了84%，大於60的因而便祇佔了16%。

3.2 常態曲線表

常態曲線族包含許多曲線，但列出相對累計頻度的却祇有一個；那就是本書附表3的均值爲0而標準偏差爲1的 常態分布 (normal distribution) 表。不論常態族羣的均值和標準偏差等於甚麼值，都可以運用改變觀測值的方法(定理2.4a及2.4b)來應用這份表。舉個例子來說，現有一個觀測值從 (follow) 均值50及標準偏差10常態分布的族羣，該怎樣應用附表3？先將每個觀測值減去50，那末 $(\mathcal{Y}-50)$ 的均值便等於0，但標準偏差却仍然是10。再將 $(\mathcal{Y}-50)$ 用10去除，則新的

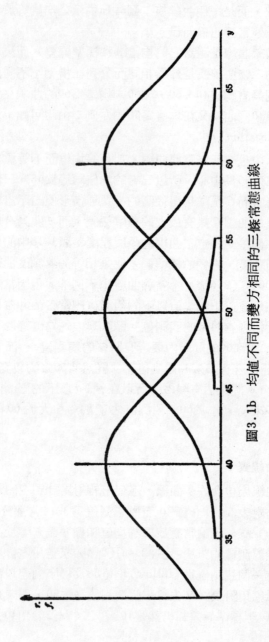

圖3.1b 均值不同而變方相同的三條常態曲線

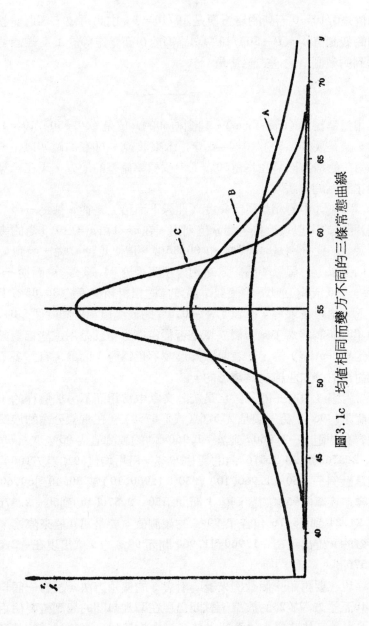

圖3.1c 均值相同而變方不同的三條常態曲線

均值是0/10＝0而新的變方便是 10/10＝1。由此可知，經過變換而得
到的觀測值 $u＝(y-50)/10$ 的均值等於 0 而變方等於 1 ；經過變換而
得到的觀測值的通式應當是

$$u = \frac{y - \mu}{\sigma} \circ \tag{1}$$

應用這種變換（transform），觀測值60的 u 值是（60-50)/10＝1而 45
的 u 值是（45-50)/10＝-0.5；本來該說，60在均值50以上一個標
準偏差的地方而45在均值50以下半個標準偏差的地方，現在祇算是改
換了說話的方法。

附表 3 中的相對累計頻度（曲線下面積）是從 u 值爲-∞（負無
限)開始的，以後分按各個 u 值列出。在 $u＝1$ 和 $u＝-0.5$ 處的表列相
對累計頻度分別是84.13％ 和 30.85％。這便是說，從-∞到 $u＝1$，
或均值以上一個標準偏差遠的相對頻度等於 84.13 ％，而從 -∞ 到
$u＝-0.5$ 或均值以下半個標準偏差處的相對頻度等於 30.85％；綜合
一下，出現在求得 u 值爲 1 及-0.5間的觀測值相對頻度便是84.13減
30.85或53.28％了。一個族羣是否從常態分布就是用這些相對頻度來
鑑定（identify）的，光看曲線外形並不足爲憑；因爲，有許多不是常
態曲線的分布曲線也是鐘形的。

附表 3 內有一部分數字是統計文獻中常用而不另加解釋的，其中
一個是1.960，另一個是 2.576（或2.5758）。在常態分布的族羣內，
包容在間距 $\mu-1.960\sigma$ 到 $\mu+1.960\sigma$ 內的觀測值佔95％ ，而包容在
$\mu-2.576\sigma$到 $\mu+2.576\sigma$內的便佔99％。仍用均值50和變方100的常態
族羣做例子，50-1.960(10)到50+1.960(10) 或 30.40到69.60 間距
包容了族羣內95％的觀測值，而間距50-2.576(10)到50+2.576(10)
或 24.24 到 75.76 包容了 99％ 的觀測值。要是用 u 值來陳述，便是
95％的 u 值出現在-1.960到1.960 間而 99％ 的 u 值出現在-2.576到
2.576間。

現在要再用一個數例來說明附表 3 的使用方法。設有一個均值等
於40而變方等於25的族羣，試問出現在32到44間的觀測值要佔百分之
幾？計算 u 值時要先將兩個 y 值各減去均值40，再將減得的差各除以

標準偏差 5 ；求得的值 u 便是表 3.2a 內的 0.8 和 -1.6。由附表 3 查出兩個 u 值的相對累計頻度，得出的差是 0.7333；這便是說，族羣內出現在 32 到 44 間的觀測值要佔73.33%。

表3.2a　用 u 表求相對頻度

y	$y-\mu$	u	$r.c.f.$
44	4	0.8	0.7881
32	-8	-1.6	0.0548
			0.7333

附表 3 的下方可以用來計算已知相對頻度時的 y 值。設有一個均值等於40而變方等於25的常態族羣，試問在中間的90%觀測值應當在那兩個數之間？要問的是中間90%觀測值，當然是95%和 5 %相對累計頻度的差；由這兩個相對累計頻度值可以查出它們的 u 值，便能算出所求的 y 值了。這種計算的結果列在表3.2b內，族羣內中間的95%觀測值出現在31.8到48.2之間。

表3.2b　用 u 表求 y 值

$r.c.f.$	u	$u\sigma = y-\mu$	y
0.050	$-1\,6449$	-8.2245	31.7755
0.950	1.6449	8.2245	48.2245

3.3 常態機率紙

一組觀測值的分布是否常態可以用一種特別設計的圖紙**來**決定。試將附表 3 的值繪在平常的方眼座標紙上，用橫軸表示 y 或 u 值而縱軸表示 y 或 u 的對應相對累計頻度，結果便會得出圖3.3a中的 S 形曲線。如果這條曲線繪在一張橡皮膜上，在想像中是可以將它拉展成為圖3.3b中的直線的；不過，曲線拉成直線，縱軸上的**比度**（scale）可就變形了。剛纔提到那種特殊的圖紙就可以用縱標變形的方法把一條曲線繃成一條直線，而圖紙就稱為**常態機率紙**（normal probability graph paper）。將相對累計頻度值都點在這種圖紙上，再用一把直尺比一下；如果各點近似地在一條直線上，觀測值便是常態分布的。真繪出了一條直線的話，由圖上就可以讀出常態分布的均值和標準偏差（圖3.3b）。縱標的50％點和橫標的均值 μ 對應，而84.13％點便和 $\mu+\sigma$ 對應；有了 μ 又有了 $\mu+\sigma$，相減便得到 σ。不過，常態機率紙的應用卻要留在下一章再來例示。

常態分布在現代統計學中究竟有甚麼重要性？瞭解了一組觀測值從常態分布究竟有甚麼價值？這些問題都要慢慢地講到。

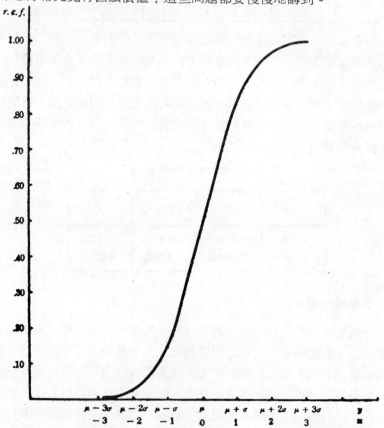

圖3.3a　繪在方眼座標紙上的常態分布的相對累計頻度

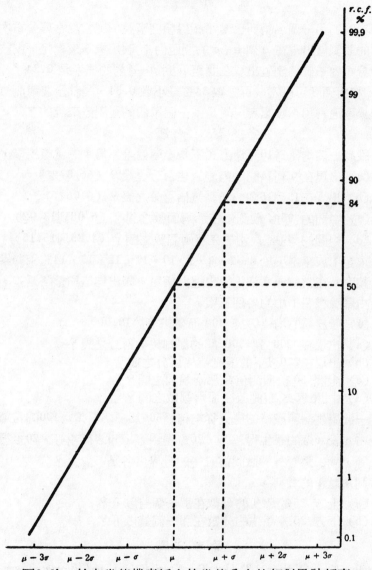

圖3.3b　繪在常態機率紙上的常態分布的相對累計頻度

3.4 機率

機率(probability)這個詞兒有很多定義，不過在統計學中它祇是

相對頻度的另一個名稱而已。用相對頻度來說，應當說常態分布內有
34%的觀測值出現在 μ 到 $\mu+\sigma$ 的間距內；改用機率來說呢，就該說
常態分布內一個觀測值出現在間距 μ 到 $\mu+\sigma$ 內的機率是 0.34 了。所
以，相對頻度可以寫成百分數 34% 或小數 0.34，是就全體觀測值說
的；機率通常用小數記寫，便是就一個單個的觀測值來說的了。

習　題

(1) 設有一個均值爲10而變方（不是標準偏差）爲 4 的常態族羣，

 (a) 出現在 9 到14間的觀測值佔百分之幾？（66.87%）

 (b) 出現在13到15間的觀測值佔百分之幾？（6.06%）

 (c) 中間的 95% 觀測值在那兩個數之間？（6.08到13.92）

 (d) 中間的 99% 觀測值在那兩個數之間？（4.85到15.15）

(2) 求題 1 族羣中小於 6，7，8，9，10，11，12，13，14的相對累計
頻度。在常態機率紙上繪出這九個點，讀出均值和標準偏差，並
由圖驗核題 1 中的各個答案。

(3) 設常態族羣的均值等於 400 而變方等於10,000。

 (a) 出現在 200 到 300 間的觀測值佔百分之幾？

 (b) 出現在250以下的觀測值佔百分之幾？

 (c) 中間 50% 觀測值在那兩個數之間？

 (d) 中間 95% 觀測值在那兩個數之間？

(4) 一批學生測驗成績的總分從均值爲500及標準偏差爲100的常態分
布。設 5% 的學生得超等，20%得甲等，50%得乙等，20%得丙
等，5% 爲等外。試問這五等的分界處各是多少分？

(5) 利用題 4 的資料。

 (a) 上方 25% 學生的分數在那一個值以上？

 (b) 下方 25% 學生的分數在那一個值以下？

參考文獻

Pearson, Karl (Editor): *Tables for Statisticians and Biometricians*,
 part I, tables I-III, Biometric Laboratory, University College,
 London, 1930.

U.S. National Bureau of Standards: *Tables of Probability Function*,
 vol. II, 1942.

第 四 章

取 樣 試 驗

以下各章書中的定理都用**取樣試驗**（sampling experiment）的方法驗證。爲了省去每章中重複討論取樣試驗的細節，現在先把它所用到的方法和設備介紹一下。以後各章就祇寫出驗證定理時的結果了。

4.1 常態族羣

取樣試驗的設備是一桶 500 個塑膠製的圓牌。將每個圓牌上印上一個兩位數當作觀測值，這樣便產生了一個 500 個觀測值的族羣。這個族羣的頻度表已列在表4.1a，它的長條圖就是圖4.1a。觀測值 y 就是圓牌上印的兩位數，頻度 f 就是印有那個兩位數的圓牌個數。

這500個觀測值的族羣近似地從均值 50 和標準偏差 10 的常態分布（圖4.1a）。族羣相對累計頻度的縮合頻度表列在表4.1b。在30.5，35.5，40.5，…，70.5 處的相對累計頻度都點在常態機率紙上（圖4.1b）。由於這九個點在一直線上，族羣應當是常態的。縱標的50%

表4.1a　500個圓牌的頻度分布表

y	f	y	f	y	f	y	f
20	1	—	—	—	—	—	—
21	0	36	7	51	20	66	6
22	0	37	9	52	19	67	5
23	1	38	10	53	19	68	4
24	1	39	11	54	18	69	3
25	1	40	12	55	18	70	3
26	1	41	13	56	17	71	2
27	1	42	14	57	16	72	2
28	2	43	16	58	14	73	1
29	2	44	17	59	13	74	1
30	3	45	18	60	12	75	1
31	3	46	18	61	11	76	1
32	4	47	19	62	10	77	0
33	5	48	19	63	9	78	0
34	6	49	20	64	7	79	1
35	6	50	20	65	6	80	1

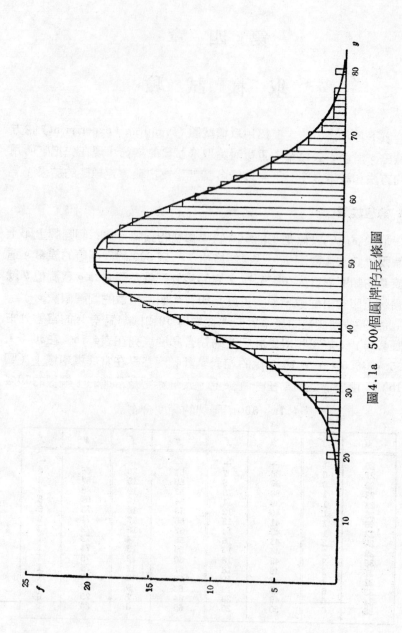

圖 4.1a　500個圓牌的長條圖

表4.1b　500個圓牌的縮合頻度表

y	f	c.f.	r.c.f. (%)
小　於 30.5	13	13	2.6
30.5 — 35.5	24	37	7.4
35.5 — 40.5	49	86	17.2
40.5 — 45.5	78	164	32.8
45.5 — 50.5	96	260	52.0
50.5 — 55.5	94	354	70.8
55.5 — 60.5	72	426	85.2
60.5 — 65.5	43	469	93.8
65.5 — 70.5	21	490	98.0
大　於 70.5	10	500	100.0
	500		

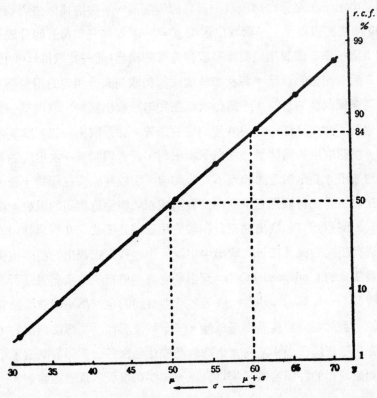

圖4.1b　繪在常態機率紙上的 500 圓牌的分布

點和橫標的 $y=50$ 對應，所以均值 μ 等於50。縱標的 84.13% 點和橫標的 $y=60$ 對應，所以 $\mu+\sigma=60$ 而 $\sigma=10$。

　　現代統計方法的主體就是由常態族羣內的**逢機取樣法**（random sampling）產生的，所以圓牌族羣務求常態而取樣時也務求逢機。這個圓牌族羣是今後常常應用的，各章書的正文和習題內都可以看到。

4.2　樣品的取出

　　由上述 500 個觀測值的族羣內取出樣品是有一定方法的。先將桶內的 500 個圓牌充分和勻，取出一個隨即記下觀測值。將取得的圓牌放回桶中，再在充分和勻後取出第二個觀測值。重複這種做法到取得 5,000 個觀測值為止。一面取出觀測值，一面就將它們每五個分成一小羣；這一羣 5 個觀測值便算是取自族羣的樣品，而一共取得1,000個各含 5 個觀測值的樣品。每次取一個圓牌和取前充分和勻的用意都是要達到逢機取樣的目的。因為每次都在和勻後取出圓牌，取得某一個觀測值便不會受到任一個另外觀測值的影響。如果取出一個圓牌而不歸還，這個取出的圓牌便無法在下次出現，便會限制下一次出現的觀測值的值了。要是歸還圓牌而不充分和勻，這枚圓牌更在桶的上層，下一次自然容易再取到它；這樣便會造成相鄰觀測值相同的現象。總結一句，歸還圓牌和取出間充分和勻的用意都是要使 500 個圓牌中的任一個有相同的機會在每次取出中出現。用這種方式取出的觀測值便互稱為**獨立的**（independent），而由獨立觀測值組成的樣品便是所謂**逢機樣品**（random sample）。以後各章中提到的定理都是用取樣試驗導出的，當然都需要樣品為逢機性。一千個逢機樣品是無法列出的，現在先用四個排在表 4.2 內。這四個逢機樣品都各含 5 個觀測值，但由觀測值求得的許多量值（稱為介值）卻要在以後各章纔能講到。

表4.2　由圓牌族羣中取得的四個樣品和它們的介值

解釋在:	樣品編號	1	2	3	4
第 四 章	觀測值 y（計算法）	59 57 42 63 32	55 44 37 40 52	67 57 71 55 46	61 52 68 50 46
第 五 章	$\sum y$ $\bar{y}$（均值）	244 48.8	228 45.6	296 59.2	277 55.4
第 七 章	$(\sum y)^2$ $(\sum y)^2/n$ $\sum y^2$ SS $\sum u^2$	59,536 11,907.2 12,506 598.8 6.06	51,984 10,396.8 10,634 237.2 3.34	87,616 17,523.2 17,920 396.8 8.20	76,729 15,345.8 15,665 319.2 4.65
第 八 章	s^2 s^2/n $\sqrt{s^2/n}$ $\bar{y}-\mu$ t	149.7 29.94 5.472 -1.2 -0.219	59.3 11.86 3.444 -4.4 -1.278	99.2 19.84 4.454 9.2 2.066	79.8 15.96 3.995 5.4 1.352
第 九 章	F $(SS_1+SS_2)/\sigma^2$		2.52 8.360		1.24 7.160
第 十 章	$\bar{y}_1-\bar{y}_2$ s_p^2 $\sqrt{2s_p^2/n}$ t		3.2 104.5 6.465 0.495		3.8 89.5 5.983 0.635
第 十 一 章	$\bar{y}-8.8$ $\bar{y}+8.8$ $2.776\sqrt{s^2/n}$ $\bar{y}-2.776\sqrt{s^2/n}$ $\bar{y}+2.776\sqrt{s^2/n}$	40.0 57.6 15.2 33.6 64.0	36.8 54.4 9.6 36.0 55.2	50.4 68.0 12.4 46.8 71.6	46.6 64.2 11.1 44.3 66.5
第 十 二 章	F		0.24		0.40
第 十 五 章	v	-30	-10	-44	-32
第 十 六 章	$\sum(y-\bar{y}_x)^2$	508.8	227.2	203.2	216.8
第 十 七 章	$\bar{y}$ b $\bar{y}_s$	88.8 17.0 122.8	85.6 19.0 123.6	99.2 15.6 130.4	95.4 16.8 129.0

4.3　統計計算

由前述的1,000個樣品各自求出許多類似總和 $\sum y$ 和均值 $\bar{y}$ 等不同的數值。這許多量值都列在表4.2內，它們的意義要留在以後各章中用來驗證定理時說明；究竟在那一章，請看表的首欄。

4.4 徵值和介值

　　用來代表族羣特徵的量值便稱爲**徵值**(parameter)，像均值 μ 便是一個例子；圓牌族羣的均值50當然也是一個徵值。類似這種情形，代表樣品特徵的量值如樣品均值 $\bar{y}$ 便稱爲**介值**(statistic)。徵值是個固定不變的量，而介值卻是隨着樣品而不同的。譬如，表4.2內的四個樣品是取自同一族羣的，但四個樣品均值48.8，45.6，59.2，55.4卻個個不同。

　　初學統計學的人常常分不清徵值和介值。族羣均值 μ 和樣品均值 $\bar{y}$ 總算是不難分辨，但 $(\bar{y}-\mu)$ 究竟該算甚麼？是徵值還是介值？要怎樣分辨，該得看這個量是不是隨着樣品改變；不隨着樣品改變的是徵值，隨着變的便是介值。

　　由表 4.2 的四個樣品來看，它們雖然同來自均值爲50的族羣，但均值 $\bar{y}$ 卻分別爲：

$$48.8 \qquad 45.6 \qquad 59.2 \qquad 55.4$$

因而量值 $(\bar{y}-\mu)$ 便分別是：

$$-1.2 \quad -4.4 \qquad 9.2 \qquad 5.4$$

也是隨樣品不同的。所以，量值 $(\bar{y}-\mu)$ 是一個介值。

4.5 取樣試驗的目的

　　統計學的主要目的是由樣品詢識 (information) 得到有關族羣特性的結論。這種工作並不是猜度出來的，它的達成必需用到有關族羣及其樣品間關係的知識，而演導統計方法的第一步工作便是由已定族羣內取出那一種樣品的決定。做好了這一點，便可以由一個已得的樣品得出有關族羣的結論了。所以，取樣試驗的目的就是說明族羣與其樣品間的關係。由表 4.2 可以看到，雖然四個樣品都來自均值等於50的同一個族羣，但四個樣品均值卻沒有一個等於50。不過，到第五章就會知道，樣品均值的變動是有一定方式的。

參 考 文 獻

Dixon, Wilfrid J. and Massey, Frank J., Jr.: *Introduction to Statistical Analysis*, McGraw-Hill Book Company, New York, 1957.

Knowles, Elsie A.G.: "Experiments with Random Selector as an Aid to the Teaching of Statistics," *Applied Statistics*, vol. 3, pp. 90-103, 1954.

第 五 章

樣 品 均 值

統計學的主題旣然是討論族羣及其樣品間的關係，硏究的方法便可以分別由族羣到各樣品和某一樣品到**母族羣**（parent population）的兩種關係入手。這一章書要講的便是族羣到各樣品的關係，所以祇討論由已定族羣內取得的全部樣品的樣品均值的特性。討論時首先便發現到樣品內的觀測值個數。此處便不妨將它稱爲**樣品大小**（size of the sample），用 n 來代表；樣品內含有 5 個觀測值，它的大小便是 5 或 $n=5$ 。

5.1 取樣方式

由一個已定的族羣內可以取出許許多多的樣品，而族羣與其樣品間關係便是指着全部樣品而不是指某些個來說的；樣品個數的多或少是不必顧慮的。全部樣品究竟怎樣由一個族羣中取出呢？請看下面所作的一個例示。

這兒有一個祇含 2，4，6 三個觀測值的族羣，它的長條圖如下：

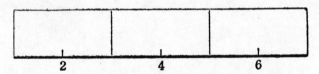

如果祇取出一個觀測值作爲一個樣品，那末由這個族羣內祇能得出三個樣品；三個樣品是 2，4，6，三者的均值也分別是 2，4，6；所以祇含一個觀測值的樣品，它的均值就是那個觀測值。如果用兩個觀測值當一個樣品，便可從這個族羣內取得 9 個可能樣品；樣品內的第一個觀測值可以是 2，4，或 6，第二個觀測值也可以是 2，4，或 6 。求得的 9 個樣品與它們的合計 $\sum y$ 和均值 $\bar{y}$ 都列在表5.1a內。由表看來，

34

三個第一個觀測值都可以分出三支，一共分出了$3 \times 3 = 3^2 = 9$支。這種取樣方式是和擲骰子相類似的，但却不同於抽紙牌；要是三種紙牌分別寫上觀測值而一次抽兩牌作爲一個樣品，得到的可能樣品便祇有 2，4；4，6；2，6，是三個而不是九個的。這件事也可以用另種方式來解釋：由三張牌中一次抽出兩張，留下的便祇能有一張；既然祇能有三種可能方式留下三張中的一張，當然便祇有三種可能的兩張牌組成的樣品了。取出 2 和 4 便留下 6，取出 4 和 6 便留下 2，取出 2 和 6 便留下 4；所以便得出上面寫出的三種可能樣品。

表5.1a　大小爲 2 的全部可能樣品的合計和均值

第一觀測值	第二觀測值	樣　　品	Σy	$\bar{y}$
2	2	2, 2	4	2
	4	2, 4	6	3
	6	2, 6	8	4
4	2	4, 2	6	3
	4	4, 4	8	4
	6	4, 6	10	5
6	2	6, 2	8	4
	4	6, 4	10	5
	6	6, 6	12	6

　　擲骰子的時候，情形可不一樣。第一次可以擲出1，2，3，4，5，6點中的一種，第二次還是擲出六個點數中的一種。記下第一次的結果，第二次可以出現和第一次相同的結果；也就是說，1，1；2，2等是可以出現的，因而便得到$6 \times 6 = 6^2 = 36$個可能樣品。擲骰子式的取樣便是本書中所稱的歸還取樣法(sampling with replacement)，是本書中採用的方法。這種取樣法能使觀測值間維持獨立關係（4.2節）。不管第一個觀測值是甚麼，族羣中每一個觀測值仍然有相同的機會在第二次取樣時取出。

　　使用這種擲骰子式的取樣方式，由 2，4，6 三個觀測值組成的族羣內可以取得$3^3 = 27$個 $n = 3$ 的可能樣品。這27個可能樣品都列在表5.1b內。觀測值 2，4，6 各自分成三支，分出的各支又各自分成三支，便得出了$3 \times 3 \times 3 = 3^3 = 27$個樣品。將這種方法推廣一下，由

N個觀測值組成的族羣內取出大小爲 n 或含有 n 個觀測值的樣品，一共可以得到 N^n 個可能樣品。

表5.1b　大小爲 3 的全部可能樣品的合計和均值

樣　　品			Σy	$\bar{y}$
2	2	2, 2, 2	6	2.00
	4	2, 2, 4	8	2.67
	6	2, 2, 6	10	3.33
	2	2, 4, 2	8	2.67
4	4	2, 4, 4	10	3.33
	6	2, 4, 6	12	4.00
	2	2, 6, 2	10	3.33
6	4	2, 6, 4	12	4.00
	6	2, 6, 6	14	4.67
	2	4, 2, 2	8	2.67
2	4	4, 2, 4	10	3.33
	6	4, 2, 6	12	4.00
	2	4, 4, 2	10	3.33
4	4	4, 4, 4	12	4.00
	6	4, 4, 6	14	4.67
	2	4, 6, 2	12	4.00
6	4	4, 6, 4	14	4.67
	6	4, 6, 6	16	5.33
	2	6, 2, 2	10	3.33
2	4	6, 2, 4	12	4.00
	6	6, 2, 6	14	4.67
	2	6, 4, 2	12	4.00
4	4	6, 4, 4	14	4.67
	6	6, 4, 6	16	5.33
	2	6, 6, 2	14	4.67
6	4	6, 6, 4	16	5.33
	6	6, 6, 6	18	6.00

數目 N^n 會隨着 N 和 n 急速增大。用第四章的取樣試驗做例子，當時 $N=500$ 而 $n=5$；雖然兩個數都不算大，但樣品的總個數已經達到 $(500)^5=31,250,000,000,000$ 個了。沒有特殊工具是沒有辦法清點這麼多樣品的。怎麼辦呢？這就得應用一種特殊的數學方法了；這種方法就是機率論。所以，使用機率論的目的是用數學技巧代替繁重的勞力工作。近二十年來高速計算機日見普遍，直接清點也漸漸變爲可能了。

5.2 樣品均值的分布

上節中說過，由 N 個觀測值的族羣內可以取得 N^n 個大小爲 n 的樣品；因而 2，4，6 三個觀測值的族羣可得 9 個大小為 2 的樣品和 27 個大小為 3 的樣品。這些樣品都各自可以求得樣品均值 $\bar{y}$，而兩組 $\bar{y}$ 值也都分列在表 5.1a 和 5.1b 內了。如果 $n=4$，樣品均值便有 $3^4=81$ 個；如果 $n=8$，就得有 $3^8=6,561$ 個。這 $n=4$ 和 $n=8$ 的個別樣品和它們的均值都沒有列出，但却給讀者留在習題裏。樣品大小 $n=1$，2，3，4，8 的樣品均值頻度分布列在表5.2，它們的長條圖便列為圖 5.2a,b,c,d。由長條圖看來，當 n 增大時它們是漸漸變得近似於常態曲線的。這種現象可以寫成一個定理：

表5.2　幾種樣品大小的樣品均值分布

樣 品 大 小							
$n=1$		$n=2$		$n=4$		$n=8$	
$\bar{y}$	f	$\bar{y}$	f	$\bar{y}$	f	$\bar{y}$	f
2	1	2	1	2.0	1	2.00	1
						2.25	8
				2.5	4	2.50	36
						2.75	112
		3	2	3.0	10	3.00	266
						3.25	504
				3.5	16	3.50	784
						3.75	1,016
4	1	4	3	4.0	19	4.00	1,107
						4.25	1,016
				4.5	16	4.50	784
						4.75	504
		5	2	5.0	10	5.00	266
						5.25	112
				5.5	4	5.50	36
						5.75	8
6	1	6	1	6.0	1	6.00	1
	3		9		81		6,561

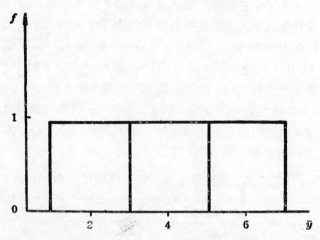

圖5.2a　樣品大小等於1的樣品均值長條圖

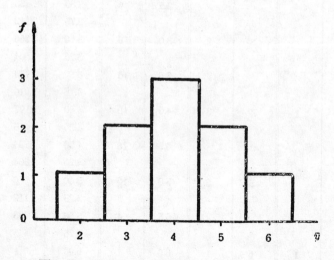

圖5.2b　樣品大小等於2的樣品均值長條圖

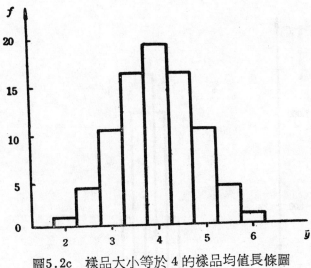

圖5.2c　樣品大小等於 4 的樣品均值長條圖

　　定理5.2a　如果族羣有一個有限的變方，當樣品大小增大時，來自同族羣的全部可能同大樣品的樣品均值的分布便漸漸近似於一個常態分布。

　　上面所說的有限變方的條件對無意於統計學中數學問題的讀者是沒有甚麼意義的，它的內容和理由這兒都可以不講。因爲，在全部實際問題中，這個條件幾乎都能獲得滿足；祇要族羣內觀測值有一個有限的變距，它的變方也總是有限的。

　　定理 5.2a 是另一個定理的特例。 這個更具一般性的定理叫做**趨中性定理**(central limit theorem)，要在 15.2 節再講。趨中性定理是對任何族羣都能成立的，但如族羣是常態的，情形便更爲簡單；寫出來，便是下面定理：

　　定理5.2b 如果族羣是常態的，不論樣品大小如何，樣品均值的分布都是常態分布。

　　這個定理的取樣試驗驗證要在 5.6 節說明。

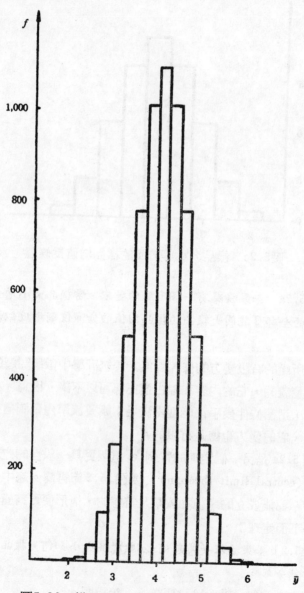

圖5.2d　樣品犬小等於 8 的樣品均值長條圖

5.3 樣品均值的均值和變方

上一節討論過樣品均值的分布，現在就看看它們的均值和變方。仍然用 2，4，6 三個觀測值組成的族羣做例子。這個族羣的均值是4而變方是：

$$\sigma^2 = \frac{(2-4^2)+(4-4)^2+(6-4)^2}{3} = \frac{4+0+4}{3} = \frac{8}{3} \text{。}$$

如樣品大小為 2，得出的便是表 5.1a 內的 9 個可能樣品。這 9 個樣品均值的頻度表便是表5.2，而樣品均值的均值和變方的詳細計算程

表5.3　樣品均值的均值和變方的計算

$\bar{y}$	f	$\bar{y}f$	$(\bar{y}-\mu)$	$(\bar{y}-\mu)^2$	$(\bar{y}-\mu)^2 f$
2	1	2	-2	4	4
3	2	6	-1	1	2
4	3	12	0	0	0
5	2	10	1	1	2
6	1	6	2	4	4
合　計	9	36			12

$$\mu_{\bar{y}} = \frac{36}{9} = 4 = \mu \qquad \sigma_{\bar{y}}^2 = \frac{12}{9} = \frac{4}{3} = \frac{8/3}{2} = \frac{\sigma^2}{n}$$

序便列在表 5.3 內。全部樣品均值的均值等於 36/9 或 4，就是族羣均值；樣品均值的變方卻等於 12/9 或 4/3，便是族羣變方 8/3 用樣品大小 2 除出的商數了。現在把樣品均值的均值和變方分別用 $\mu_{\bar{y}}$ 和 $\sigma_{\bar{y}}^2$ 代表，上面的例子便說明了一個定理：

定理5.3　取自同族羣的全部同大可能樣品的樣品均值的均值等於該族羣的均值，或

$$\mu_{\bar{y}} = \mu; \tag{1}$$

這些樣品均值的變方便等於族羣變方除以樣品大小，或

$$\sigma_{\bar{y}}^2 = \frac{\sigma^2}{n} \text{。} \tag{2}$$

　　式(1)代表全部樣品均值之均值與族羣均值的關係，而式(2)代表全部樣品均值之變方與族羣變方的關係。將式(2)兩側開平方，便可得出全部樣品均值之標準偏差與族羣標準偏差的關係；也就是：

$$\sigma_{\bar{y}} = \frac{\sigma}{\sqrt{n}} \circ \qquad (3)$$

用文字來說，便是：來自同族羣全部同大樣品樣品均值的標準偏差等於族羣標準偏差除以樣品大小的平方根。這種來自同族羣全部同大樣品樣品均值的標準偏差另有個名字，叫做均值的標準機差 (standard error of the mean)。

5.4 幾種符號

　　到現在爲止，討論到的均值已有三類，那就是：族羣均值，樣品均值，和樣品均值的均值。討論到的變方也有族羣變方和樣品均值的變方兩類，以後還要加上一類樣品變方 (sample variance) s^2。爲了避免混淆起見，這三類均值和變方都已列在下面的表內；它們的意義究竟如何，請逐個體認一下：

分　　布	均值	變　　方	標準偏差	項　目　個　數
族　　羣	μ	σ^2	σ	N（族　羣　大　小）
樣　　品	$\bar{y}$	s^2	s	n（樣　品　大　小）
樣品均值	$\mu_{\bar{y}}$	$\sigma^2_{\bar{y}}$	$\sigma_{\bar{y}}$	N^n（全部可能樣品個數）

5.5 樣品均值的可靠性

　　均值標準機差或樣品均值的變方都可以用作樣品均值可靠性 (reliability) 的量值。這兒所講的可靠是和守時間或守信用等無關的。樣品均值的可靠性就是指樣品均值接近族羣均值的程度說的。因爲全部可能樣品均值的均值等於族羣均值，這許多樣品均值便聚在族羣均值的隣近區域內。樣品均值的變方正是樣品均值變異性的量值，它的值變小便表示樣品均值向族羣均值擠攏。樣品均值本來就是族羣均值的估值，即使不等於族羣均值，當然也希望它很接近。

要想樣品均值向族羣均值擠攏，應當盡量縮小樣品均值的變方。縮小的途徑有兩種：一種是增大樣品大小 n，一種是縮小族羣變方值 σ^2，或是兩法同用；縮小的原因請看下式：

$$\sigma^2_y = \frac{\sigma^2}{n} \tag{1}$$

選擇均一 (homogeneous) 的環境和材料進行試驗，就是縮小族羣變方來使樣品均值的變方變小；如果族羣變方等於零或族羣內的觀測值全部相等，不管樣品大小如何，每個樣品均值都會等於族羣均值了。有時族羣變方無法縮小，自動調節的實驗室，純淨的化學藥劑，肥力均勻的試驗田，和細心挑取的同智商的學童都無能為力；要想樣品均值變得可靠，便祇有增大樣品大小了。

這兒所說的樣品均值的可靠性是對全部樣品均值說的。表5.2內列有 2，4，6 三個觀測值族羣內取出的各種樣品大小的樣品均值分布。不論樣品大小 n 是 1，2，4 或 8，樣品均值中都有一個低估族羣均值最厲害的 2；不過，當樣品增大時，樣品均值 2 的相對頻度便從 $n=1$ 時的 1/3 縮小到 $n=8$ 時的 1/6,561 了。這麼一來，不理想的樣品均值便會隨樣品增大而變得極為罕見，但由一個觀測值的樣品卻也能得到比 8 個觀測值樣品更接近於族羣均值的樣品均值。還是用表 5.2 來說明，$n=1$ 時竟而有一個恰好等於族羣均值的樣品均值 4，而 $n=8$ 時居然也有一個最差的估值 2。

5.6 定理的驗證

這一節要講述前面幾個定理的試驗驗證方法。定理 5.3 裏說過，來自同族羣全部可能同大樣品樣品均值的均值等於該族羣均值，而樣品均值的變方等於族羣變方除以樣品大小。定理5.2a和5.2b又說過，來自非常態族羣的樣品均值的分布當樣品增大時趨於常態，而來自常態族羣的樣品均值的分布不論樣品大小都是常態的。由這些定理可以知道，不需真的由族羣內取樣，祇要先知道族羣的均值和變方，某個指定間距內的樣品均值相對頻度已經是知道的了。舉個例子來說，如

由 $\mu=50$ 和 $\sigma=10$ 的常態族羣內取出大小爲 5 的全部可能樣品，樣品均值必然從均值等於50和標準偏差等於$\sigma/\sqrt{n}=10/\sqrt{5}=4.47$ 的常態分布；那末，95％的樣品均值便會出現在 $50-1.960(4.47)=41.2$ 到 $50+1.960(4.47)=58.8$ 的間距內。 上述的預測是由定理直接推出，根本不必取樣；現在就用第四章講過的取樣試驗來驗證推斷出的結果。全試驗共有 1,000 個大小各爲 5 的逢機樣品，都是由均值等於50和標準偏差等於 10 的常態族羣內取出的。算出這 1,000 個樣品均值，它們的頻度分布便列在表 5.6 的第三欄和第四欄。表內的**理論相對頻度**(theoretical relative frequencies)就是大小爲 5 的全部可能樣品均值的相對頻度，其實是由類似附表 3 的常態分布表內查出來的。**觀測相對頻度**(observed relative frequencies) 就是1,000個樣品的結果。譬如，在39.5到42.5組內的觀測相對頻度是4.0％，其實就是1,000個樣品均值中有40個在這個間距內；並沒有把每個樣品均值的實際數值都登記上去。在這一組的理論相對頻度是3.7％。

表5.6　1,000個樣品均值的頻度表

樣　品　均　值	理　論 r.f. (%)	觀　測 r.f. (%)	觀　測 r.c.f. (%)
小　於 39.5	1.0	0.7	0.7
39.5–42.5	3.7	4.0	4.7
42.5–45.5	11.0	12.6	17.3
45.5–48.5	21.2	19.5	36.8
48.5–51.5	26.2	24.2	61.0
51.5–54.5	21.2	22.2	83.2
54.5–57.5	11.0	12.3	95.5
57.5–60.5	3.7	3.7	99.2
大　於 60.5	1.0	0.8	100.0
	100.0	100.0	

由表 5.6 看來，理論和觀測相對頻度雖不相同，還算很接近；二者間的不合正說明了統計學的基本原理。理論相對頻度是由全部可能樣品求出，觀測相對頻度祇是由全部可能樣品中的一部分樣品 求出（這兒是1,000個）；用統計術語來說，前一個是由樣品均值的族羣

求得，後一個是由樣品均值的族羣內一個逢機樣品求得。樣品結果當然不會與族羣結果一致。

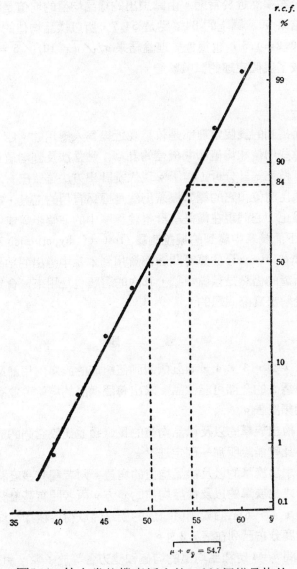

圖5.6　繪在常態機率紙上的1,000個樣品均值

把表5.6的**觀測相對累計頻度**（observed cumulative frequencies）繪在常態機率紙上，便得到圖5.6。圖上各點幾乎在一直線上，樣品均值的分布顯然近於常態。由圖讀出的樣品均值的均值是50.2，很近於理論結果 50。圖上的 84% 點是 54.7，所以樣品均值的標準偏差是 $54.7-50.2=4.5$，也很近於理論結果 $\sigma/\sqrt{n}=10/\sqrt{5}=4.47$。這樣便完成了幾個定理的試驗驗證。

5.7 附記

上面提到的幾個定理都是較爲晚近纔爲人應用的。四十年前，科學家祇做些均值和均值標準機差的計算；勉強涉及到均值可靠性的量度，便算做完統計分析工作了。現代統計學方法雖然已有了長足的進步，但樣品均值和它的標準機差仍然是極爲有用的工具，祇是分析並不到此爲止；它們現在僅是統計推論程序中的一個步驟或中間計算值而已。下面幾章中講到的**擬說測驗**（test of hypothesis）和**可信間距**（confidence interval）估算等問題都會用到本章中導出的結果。所以，本章中所講的仍然是預備知識，章內的習題也是用來領會定理意義而不是用於解決實際問題的。

習　　題

(1) 由 1，2，3，4，5 五個觀測值組成的族羣內用歸還方式取出大小爲 2 的全部可能樣品。求出每個樣品的均值，並列出樣品均值的頻度表。

　　(a) 繪出族羣的以及樣品均值的長條圖並比較它們的形狀。這種比較能說明那一個定理？

　　(b) 求出族羣的以及樣品均值的均值。兩者間有甚麼關係？

　　(c) 求出族羣的以及樣品均值的變方。兩者間有甚麼關係？

(2) 由 2，4，6 三個觀測值組成的族羣內取得各種樣品均值，它們的頻度分布已列在表5.2內。

　　(a) 問 $n=4$ 時樣品均值的均值和變方各等於多少？用表5.2直接計算樣品均值的均值和變方，與同答的結果比較。

(b) 仿照(a)的方法，求 $n=8$ 時的結果。

(3) 由均值為20及標準偏差為 4 的常態族羣內取出大小為25的全部可能樣品，問中間95%的樣品均值出現在那一個間距內？

(4) 樣品大小為25而均值的標準機差是 2.4。想把標準機差縮小為 1.5，樣品應當增為多大？

(5) 將樣品大小由 2 增為 4，重複題 1 的討論。

(6) 求表5.2內 $n=4$ 時截止於 2.25，2.75，…，等處的樣品均值的相對累計頻度並在常態機率紙上點出各值。各點是不是在一條直線上？這個圖驗證了那一個定理？由圖上讀出樣品均值的均值和標準機差，並將所得的值與題 2a 的結果比較。

(7) 求表5.2內 $n=8$ 時截止於2.125，2.375，…等處的樣品均值的相對累計頻度並在常態機率紙上點出各值。各點是不是在一條直線上？這個圖驗證了那一個定理？由圖上讀出樣品均值的均值和標準機差，並將所得的值與題 2b 的結果比較。

(8) 將題 5 內得到的 625 個樣品均值的分布繪在常態機率紙上，驗證定理5.2a和5.3。

參 考 文 獻

Kendall, Maurice G.: *The Advanced Theory of Statistics*, vols.
 I & II, Charles Griffin & Company, London, 1943 & 1946.
Mood, Alexander M.: *Introduction to the Theory of Statistics*,
McGraw-Hill Book Company, New York, 1950.

第 六 章

擬 說 測 驗

統計學裏研究的是族羣及其樣品間的關係。這種關係却隨推論的方向分成兩類：一類是由族羣指向各樣品的，就是：

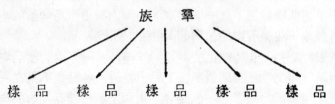

另一種是由一個樣品指向族羣的，也就是：

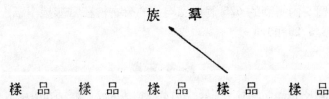

上一章講的都是前一種關係，現在便要講另一種了。說得精確些，前一章講的是來自指定族羣全部可能同大樣品樣品均值的特性，現在要講的却是由族羣部分觀測值組成的一個單獨樣品來作出有關於族羣的結論的事了。

6.1 擬說

根據表面的初步觀測，人們常會對一件事下一種不定為對或為錯 (true or false)的臆斷；這種臆斷便是一個擬說(hypothesis)。擬說的測驗就是將前述的臆斷與客觀而新蒐集到的事實作一番比較。如果新蒐集到的客觀事實符合臆斷，這個臆斷便可以保留下去；這便是說，擬說遭受接納 (accepted)。要是臆斷和事實不符，便不能保留； 也就是，擬說遭受**棄却**（rejected）。用這種方式**來**說明擬說測驗，未免把事情看得太簡單了一點；要是個人的意氣**攙**入了論辯，放棄成見而尊重事實的態度可就眞不是一件容易的事了。譬如，某人有一種成見，認爲女學生的數學成績總比男學生差；任有事實，也無法說服他。看到一個數學成績特別優異的女學生，他便說是偶然的；看到一個數學成績低劣的男學生，便笑他簡直同女孩子一樣。這種想法無寧是把數學成績優異的女學生和數學成績低劣的男學生略而不論；忽略了所有與己意不合的事實，全部的男學生當然都是數學成績優異而全部女學生都是成績低劣的了。

　　如果想把上述的問題改變得客觀一些，最好得建立一個擬說：就一般情形來說，男學生和女學生的數學成績是沒有差別的。這個擬說是對全部學生說的，也就是有關於族羣的一個臆斷。全**部**學生的數學成績不能隨時得到，這件事實就祇得用一個樣品來驗對；這樣便產生了**擬說測驗**。

　　對族羣下了一個擬說，相伴地便自然會發生一個至兩個**對待擬說**（alternative hypotheses）。如果對待擬說有兩個，其中一個便說男學生的數學成績一般地較女學生優異，另一個便說女學生一般地較爲優異。擬說經過事實的驗對而能符合，便接納擬說而得出結論：就一般情形來說，男學生和女學生的數學成績是沒有差別的。棄却了擬說，便會接納兩個對待擬說中的一個；隨觀測到的事實得出男學生優於女學生或女學生優於男學生的兩種結論中的一種。如果事先已知女學生成績一般地不比男學生好，而擬說仍然是二者成績沒有差別，這僅有的對待擬說便是女學生成績較差了。不過，對待擬說究竟應當是一個還是兩個，是決定於已知的事實而不是隨意定的。

6.2 兩類錯誤

　　前面曾經說過，一個臆斷是可以用事實來驗對的。如果全**部事實**（族羣）都是已知，驗對工作根本不成問題；但如已知的祇是全部事實的一部分（樣品），情形便不同了。擬說測驗所做的工作便是用事實中的一部分來驗對臆斷，所以**結論**（conclusion）不一定是**正確**的。

不定正確，便會有錯；錯誤又分做兩種，一個叫**第一類錯誤**(type I error)，另個叫**第二類錯誤**(type II error)；兩者必逢其一。舉個例子 說：張三每天都同一個朋友去吃點心，吃完便擲銅幣決定誰付帳。張三旣然願意成局，當然相信他的朋友；所以，他便有了一個擬說：朋友某君對自己誠實無欺。第二天張三又付了一次帳，他也不至於有所懷疑。但如張三連付了 1,000 次，他便會懷疑有詐而棄却朋友誠實無欺的擬說；如果擬說是對的，張三極難連付 1,000 次；現在眞的連付了 1,000 次，他便要棄却這個擬說了。

　　如果張三的朋友眞是不誠實的，棄却擬說當然是正確的措置。但就理論上推想，張三的朋友不用欺詐也未嘗不能連勝 1,000 次；這擬說便又可以是對的了。如果張三的朋友的確誠實而張三根據眼前的事實認定他有詐，張三便犯了第一類錯誤；棄却了對的擬說。

　　再說：如果張三的朋友在十次中勝了六次，張三大概也不至於懷疑，便接納了朋友對自己誠實的擬說。其實，這個結論也是可能正確而可能不正確的；設想這位朋友是位工於心計的小人，他是很可能在長期狀況下用少輸多贏的方式來取勝的。要是朋友眞是這種人而張三一直相信他誠實，張三便犯了第二類錯誤；接納了錯的擬說。

　　上述的各種情況可以列成下面的表：

擬　　說	接　　納	棄　　却
對	結論正確	第一類錯誤
錯	第二類錯誤	結論正確

　　由上表可以看出，一次測驗是不會同時犯兩種錯誤的；接納擬說時祗可能犯第二類錯誤，棄却擬說時祗可能犯第一類錯誤。

　　由前面的例子來說，不論張三相信或是懷疑他的朋友，他都會犯錯；爲了友誼的絕續，倒眞使他爲難：任作一個決斷都難免要冒犯錯誤，可又不能不作決斷。這種事對旁觀者來說，倒眞的不成問題。他們便會說：「就事實來看，張三的朋友好像是有詐的；但從另方面來說，他說不定是誠實無欺的。這很難得說。」或者便說：「由這點事實便說人有詐，未免太過份了一點；但說不定他眞是有詐的。」總而言之，沒有下決斷必要的人大都會用些含混空洞的字眼，甚麼「說不定」，「可能」，「或許」等來搪塞。置身事外的人當然可以講不負責的話，但張三可不行；他必得下決斷，而且必得細研事實作為下決斷時的必要準備；縱有不愜於心，也顧不得了。下了決斷便繼之以行動，但却避免不了錯誤。

6.3 顯著水準

遭犯第一類錯誤的機率（3.4節）稱為顯著水準(level of signifi-cance)，可以用族羣均值等於指定值的擬說測驗來說明。擬說本來就是一個可對可錯的臆斷，是要用事實來驗對的 ; 事實是甚麼 ， 就是由族羣內取出的 n 個觀測值。先下一個擬說：族羣均值等於50，或 $\mu_0 = 50$。這個 μ_0 是代表擬說族羣均值(hypothetical population mean)的，並不定是族羣的眞正均值(true population mean)。對待擬說有兩個：一個是族羣均值小於50，一個是族羣均值大於50。為了便於討論，設族羣標準偏差等於10。由族羣內取出一個大小為16的逢機樣品並算出樣品均值。這樣，問題便是判斷族羣均值等於50，小於50，還是大於 50 ; 決斷便是根據 $\sigma = 10$，$n = 16$，和樣品均值 $\bar{y}$ 的值來作成的。按說，在樣品均值分布不完全明瞭的情形下，祇由一個樣品是不能得出有關族羣均值的歸納推論的。但樣品均值分布却可以不經取樣而由第五章的定理得出。已知：(a) 全部可能同大樣品均值的均值等於族羣均值（定理5.3）；(b) 全部可能樣品均值的標準偏差等於族羣標準偏差除以樣品大小的平方根（定理5.3）; (c) 樣品均值從常態分布（定理 5.2a 及 5.2b）。如果擬說是對的而大小為 16 的全部可能樣品已由族羣內取出，樣品均值必然從均值為50及標準偏差為 $\sigma/\sqrt{n} = 10/\sqrt{16} = 2.5$ 的常態分布。這個樣品均值分布便是圖 6.3a 的曲線。如果求得的樣品均值 $\bar{y}$ 是 60 ，雖然可能却極為罕見（圖 6.3a），便會棄却擬說；也就是說，事實和擬說不一致，擬說遭到棄却，而得到了族羣均值大於50的結論。（比50大多少是另一個問題，要在第十一章討論。）類似這種情形，如樣品均值是40，結論便是族羣均值小於50，但如樣品均值是極接近於50的50.5，便會接納擬說，得出族羣均

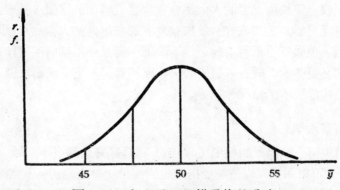

圖6.3a　大小爲16的樣品均值分布

值等於50的結論了；這便是說，由樣品的事實不能否定擬說，所以便
接納了它。樣品均值是50.5時接納擬說，是40或60時棄却擬說，看來
倒也乾脆；但樣品均值是51，52，53等等，又該怎麼辦？其實，應當
先劃出棄却擬說時的界限；圖6.3b中畫過蔭線的分布兩尾便是按照這
種想法做的。橫軸上有這種記號的部分稱爲**臨界區**(critical regions)，
樣品均值出現在臨界區內便要棄却擬說了。注意，這兒所講的臨界區
可並不是一塊面積，它祇是橫軸上的線段。

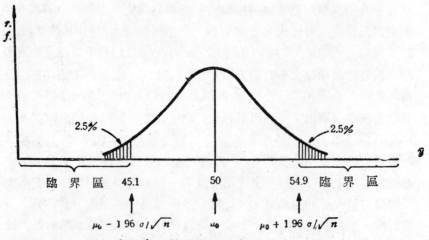

圖6.3b　表示第一類錯誤的樣品均值分布

再說，擬說測驗裏所說的臨界區「以內」和「以外」也有解釋一下的必要。樣品均值在臨界區內便表示它出現在分布曲線兩尾中任一個內，而出現在分布中部却是在臨界區以外。所以，在走廊內便是在教室外，在教室內却是在走廊外了；內外之分是隨着臨界區定的與分布的中部無關。

臨界區的大小是隨意選定的。如令 2.5% 的樣品均值各自出現在樣品均值分布的左及右臨界區內（圖6.3b），這兩個區就可以寫成：

$$\bar{y} < \mu_0 - 1.96\sigma/\sqrt{n} \quad \text{和} \quad \bar{y} > \mu_0 + 1.96\sigma/\sqrt{n} \text{。}$$

用現有的例子來說，臨界區便是：

$$\bar{y} < 50 - 1.96(10/\sqrt{16}) \quad \text{和} \quad \bar{y} > 50 + 1.96(10/\sqrt{16})$$

或

$$\bar{y} < 45.1 \quad \text{和} \quad \bar{y} > 54.9 \text{。}$$

樣品均值出現在左臨界區內，結論是族羣均值小於50；出現在右臨界區內，結論便是族羣均大於50；在臨界區外，結論纔是族羣均值等於50。圖6.3a中的樣品均值分布是按照擬說為對或族羣均值確等於50的條件作成的。劃出臨界區後，全部可能樣品均值中便有 5% 出現在臨界區內而誤棄了對的擬說。這全部可能樣品中遭犯了第一類錯誤的樣品百分數（相對頻度）便是顯著水準。由此可知，顯著水準就是一個單獨樣品遭犯的第一類錯誤的機率（3.4節）。

顯著水準是 5% 並不是說擬說測驗的全部結論有 5% 不正確。這一節所講的都是擬說為對的事例，擬說為錯的要在下一節再講。

從理論上說，顯著水準是隨意選定的，但常用的却祇有5%和1%兩種。就用上面的例子來說，顯著水準就不知可選多少種；把 1.960 換成 2.576，定出臨界區，顯著水準便由 5% 換成1% 。附表3中列有不少種顯著水準，但今後各章用到的却都是 5% 和 1% 了。如果有人願意自己作一個數表，他也不妨選用 4.9% 顯著水準；這便是說，統計理論是容許你自由選定顯著水準的，但現有的數表却限制了你。至於顯著水準的大或小究竟有甚麼意義，要在下一節纔能講到。

6.4 第二類錯誤

前面已經說過，第二類錯誤便是接納了錯的擬說。這種錯誤的存在以及他它和顯著水準的關係都可用前節的例子來說明。仍設族羣均值爲 50 及標準偏差爲 10。大小爲16 的樣品均值出現在臨界區外或大於45.1 而小於 54.9(圖6.4)時，接納擬說。第二類錯誤祇在族羣均值

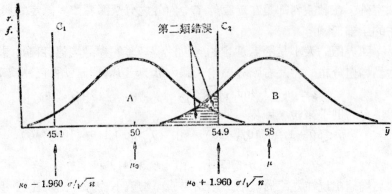

圖6.4　表示第二類錯誤的 $n = 16$ 及顯著水準爲 5% 的
樣品均值分布

不等於50 而等於另值時纔會發生。現在就設眞正族羣均值爲 58 而擬說均值仍然是50。這樣便得出兩個樣品均值分布曲線：一個是擬說的和錯的，另一個是眞正分布和對的 ; 對的那一個是以 58 爲中心的圖 6.4 中的 B，而錯的那一個是 A。由圖可見，曲線 B 內有相當大成數的樣品均值小於定值54.9。如果取得了這些樣品均值中的一個，族羣均值等於50的擬說便會誤遭接納；全部可能樣品中的這種樣品百分數（相對頻度）便是一個單獨樣品所遭犯的第二類錯誤的機率(3.4節)。圖6.4內曲線 B 下方直線 C_2 左側的蔭部便是第二類錯誤的機率。

　　由圖 6.4 可以看出，遭犯第二類錯誤的機率是隨着眞正均值 μ 與擬說均值 μ_0 間距離而不同的。兩者接近便容易接納錯誤擬說，因而遭犯第二類錯誤；距離很遠，便難於接納錯誤擬說了。

　　同時又可看到，顯著水準由5%降到1%時，直線 C_1 便向左而 C_2 便向右移動；這樣，遭犯第二類錯誤的機率便增大了。要想降低顯著水準，難免便要增大遭犯第二類錯誤的機率；老實說，該是一種「拆東牆補西牆」的辦法。所以說：如果樣品的大小不變，減小遭犯第一類錯誤的機率便會增大遭犯第二類錯誤的機率；反之亦然。

6.5 樣品大小

第一類錯誤和第二類錯誤都會隨樣品增大而減小，所以**樣品大小**實在是擬說測驗中一項重要的數字。由圖 6.4 可以看出，當顯著水準既經選定而臨界區已劃出後，遭犯第二類錯誤的機率是隨着 A 和 B 曲線重疊部分的大小而定的。如將樣品大小由16增到100，樣品均值的標準偏差便從 $10/\sqrt{16}=2.5$ 降到 $10/\sqrt{100}=1.0$。所以，兩條曲線的分散程度都同時降低（圖6.5），重疊部分的面積也跟着縮小。 如用 5% 顯著水準，直線 C_2 在 $50+1.960=51.960$ 處；用 1% 顯著水準呢，便在 $50+2.576=52.576$ 處；就以後者來說， 也已經在真正均值58以下 5 個標準機差（$n=100$ 時 $\sigma_{\bar{y}}=1$）以外了。即使選用 1% 顯著水準， 這時的遭犯第二類錯誤的機率已幾乎等於零了（圖 6.5）。 由這個例子

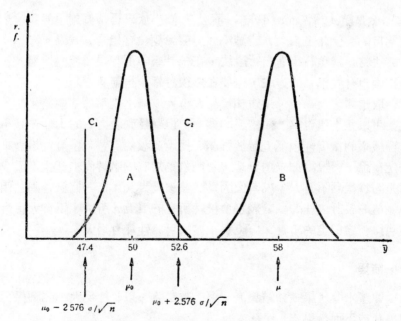

圖6.5 表示第二類錯誤減小的 $n=100$ 及顯著水準 1% 的樣品均值分布

可以知道，增大樣品是能夠同時減少兩類錯誤的。如果祇增大樣品而不改變顯著水準，便祇減小遭犯第二類錯誤的機率。

已知第二類錯誤祇在擬說為錯時發生，上節的討論當然是根據錯誤擬說作出來的。如果擬說是對的，隨選一個顯著水準更決定了棄却為對擬說的樣品均值百分數或遭犯第一類錯誤的機率。如果顯著水準不變而擬說為對，第二類錯誤根本不會發生，增大樣品便沒有甚麼好處了。所以說，當顯著水準取定值時，增大樣品祇會減小遭犯第二類錯誤的機率。

上面的討論祇根據一件事實：樣品均值分布的標準偏差會隨着樣品增大而減小，因而圖 6.5 中曲線 A 和 B 的重疊部分也會同時縮小。由於樣品均值的標準偏差等於

$$\sigma_{\bar{y}} = \frac{\sigma}{\sqrt{n}}, \tag{1}$$

$\sigma_{\bar{y}}$ 顯然是隨 n 增大而減小的；不過，減小族羣標準偏差也能夠達到同一目的。因此，增大 n 或減小 σ 對擬說測驗有相同的效果。減小 σ 的方法常是試驗科學者自行設法，在統計學中不宜强調這些技術。統計學中也有減小 σ 的方法，但要在以後各章中再講。

取定顯著水準後，用增加樣品大小 n 或減小族羣標準偏差 σ 的方式都可以減小遭犯第二類錯誤的機率。但擬說測驗有它的本性，減小這種機率的重要性也不宜過於强調。擬說測驗的原意就是發掘事實來否定擬說。擬說說如未遭棄却，可能是棄却它的事實尚未產生；這或者是因為樣品不夠大，或者便因為試驗機差太大。任一個祇含兩三個觀測值的設計欠佳的試驗幾乎會接納所有的擬說。所以，祇有大量發掘可以否定擬說的事實，擬說為正確的可靠性纔會增大。

6.6 節要

顯著水準（第一類錯誤），第二類錯誤，以及樣品大小間關係可以簡化成下面幾點：

(1) 樣品大小和顯著水準保持不變時，眞正均值 μ 與擬說均值 μ_0 差的愈多，遭犯第二類錯誤的機率便愈小。

(2) 樣品大小不變時，減小顯著水準（第一類錯誤）（如由 5% 減為 1%）便會增大遭犯第二類錯誤的機率。

(3) 選用較小的顯著水準，再充分增大樣品或充分縮小族羣變方或兩法同用，便可同時減小遭犯兩類錯誤的機率。

(4) 如果顯著水準是固定的，改善試驗技術和增大樣品都可以減小遭犯第二類錯誤的機率。試驗技術欠佳加之以觀測值數目太少都易使擬說遭受接納，不論擬說為對或為錯。

6.7 u 測驗

本書中所稱的 u 測驗（u-test）就是族羣標準偏差已知時族羣均值等於指定值的擬說測驗。這個測驗的名稱很是不統一，叫它 u 測驗也祇是用來和別的測驗區分罷了。

由前幾節知道，測驗這個擬說所用的介值是樣品均值 $\bar{y}$，而使用 5% 顯著水準時的臨界區是

$$\bar{y} < \mu_0 - 1.96\sigma/\sqrt{n} \quad \text{和} \quad \bar{y} > \mu_0 + 1.96\sigma/\sqrt{n} \text{。}$$

其實，另用一個介值

$$u = \frac{\bar{y} - \mu_{\bar{y}}}{\sigma_{\bar{y}}} = \frac{\bar{y} - \mu}{\dfrac{\sigma}{\sqrt{n}}} \tag{1}$$

也能測驗同一擬說，不過臨界區却變成

$$u < -1.96 \quad \text{和} \quad u > 1.96$$

了。介值 u 在左臨界區內時，得

$$\frac{\bar{y} - \mu_0}{\dfrac{\sigma}{\sqrt{n}}} < -1.96 \text{。}$$

將不等式兩側各乘上 $\sigma/\sqrt{n}$，便得到

$$\bar{y} - \mu_0 < -1.96\sigma/\sqrt{n}$$

在不等式的兩側同時加上 μ_0，便得到

$$\bar{y} < \mu_0 - 1.96\sigma/\sqrt{n} \text{；}$$

也就是說，樣品均值 $\bar{y}$ 同時也在左臨界區內。同樣的，u 值在右臨區

內時，樣品均值 $\bar{y}$ 也在右臨界區內。所以這兩種測驗是一樣的。

　　上述測驗中的每一個對待擬都對應地有一個臨界區，這種有兩個對待擬說和兩個臨界區的測驗便叫做**雙尾測驗**（two-tailed test）。要是祇有一個對待擬說（6.1節）和一個臨界區，便稱爲**單尾測驗**（one-tailed test）。

　　在3.2節的式(1)中還寫過 u 的另一種形式：

$$u = \frac{y - \mu}{\sigma} \tag{2}$$

式(2)中的觀測值 y 從均值爲 μ 及標準偏差爲 σ 的常態分布。將每個 y 都變換成 u，這變換成的觀測值 u 便從均值爲 0 和標準偏差爲 1 的常態分布（3.2節）。式(1)中的樣品均值 $\bar{y}$ 從均值爲 $\mu_{\bar{y}} = \mu$ 及標準偏差爲 $\sigma_{\bar{y}} = \sigma/\sqrt{n}$ 的常態分布，在同樣變換後，變換了的樣品均值 u 自然也會從均值爲 0 及標準偏差爲 1 的常態分布。所以式(1)和式(2)並不是相同的量，但兩者的分布曲線相同，便使用同一符號了。如 $n=1$，樣品均值 $\bar{y}$ 就是觀測值 y，而式(1)便變成了式(2)；所以，式(2)實在是式(1)的一個特例。

6.8　原設

　　原設（assumptions）就是擬說測驗得以成立的條件。在6.3和6.4節中，最重要的原設就是樣品爲逢機性。如果故意選一個均值接近或遠離擬說族羣均值的樣品來達成接納或棄却擬說的目的，那末擬說測驗的客觀性和成立性便會破壞無遺了。逢機樣品是甚麽？就是能使族羣內個個觀測值都有相同中選機會的一個樣品。

　　前述測驗的另一個原設是族羣爲常態性。祇有常態族羣纔能產生總是從常態分布的樣品均值（定理5.2b）。但 $n=16$ 的樣品均值已能近似地從常態分布（定理5.2a），並不一定要族羣爲常態性。所以，這個原設比逢機樣品原設要弱一些。

　　應用 u 測驗需要先知道族羣變方，這條限制便使得測驗毫無實用價值了。因而 u 測驗祇能用以說明測驗的方法，不能用於實例。

6.9 測驗程序

擬說測驗的程序可以用一個數例來說明。設族羣標準偏差是20，用一個大小爲25的樣品來測驗族羣均值等於 145 於 1% 水準。測驗的程序大致如下：

(1) 擬說：擬說是族羣均值等於145，或 $\mu_0 = 145$。

(2) 對待擬說：對待擬說有兩個，便是

   (a) 族羣均值小於145，和

   (b) 族羣均值大於145。

(3) 原設：原設有三個，便是

   (a) 樣品是逢機的（重要），

   (b) 族羣是常態的（次要），和

   (c) 族羣標準偏差是已知的。

(4) 顯著水準：選定的顯著水準是 1%。

(5) 臨界區：臨界區有兩處，便是

   (a) $u < -2.576$ 和

   (b) $u > 2.576$（附表 3）。

(6) 介值計算：

$$\mu_0 = 145$$
$$n = 25 \text{（已定）}$$
$$\sum y = 3,471 \text{（二十五個觀測值已給，但未列出）}$$
$$\bar{y} = 138.84$$
$$\bar{y} - \mu_0 = -6.16$$
$$\sqrt{n} = 5$$
$$\sigma = 20 \text{（已定）}$$
$$\sigma/\sqrt{n} = 4$$
$$u = \frac{\bar{y} - \mu_0}{\dfrac{\sigma}{\sqrt{n}}} = \frac{-6.16}{4} = -1.54 \quad \text{在臨界區以外。}$$

(7) 結論：族羣均值等於145。

6.10 附記

統計擬說測驗必需用到數值資料，所以先得做量度或計點工作；量室溫，量身高，數一片葉片上的昆蟲數，數一個書架上書的本數，都可以得出一個個的觀測值。這便是說，應用統計方法以前，必需先把詢識用數字表現出來。其實，科學家的第一步工作就是設計量度的工具和方式。沒有溫度表以前，溫度的表示無非是熱，暖，涼，冷等幾個不可捉摸的字眼；有了溫度表，溫度便變成數了。心理學家居然想用智商（*I.Q.*）來使人類智力變成數。人類的知識愈進步，不可捉摸的性質記述便會逐漸變成具體的數值了。

不把有關詢識表達成數目，擬說測驗也倒是人所習用的；譬如，英美法庭的審判程序就是一個例子。進行審判時，法官想像中的被告是無罪的；也就是說，無罪的臆斷是一個可遭棄却的擬說。警察局，檢察官，和陪審團都會信被告有罪，便形成了對待擬說。人證和物證便是樣品中的觀測值。究竟要有怎樣的證據纔能判定被告有罪，要由陪審團來決定，所以陪審團決定了臨界區。審理完畢，陪審團在協議後宣告被告有罪或無罪，便算是棄却或接納擬說了。無罪判成有罪便犯了第一類錯誤。如果陪審團打算　蒐證據，遭犯第一類錯誤的機率便會減小；但有罪者或者會因證據不足而脫罪，第二類錯誤便隨之遭犯到。如果陪審團立意用少蒐證據的方法來防範脫罪，無罪者便難免被判有罪，便犯了第一類錯誤。要同時減小遭犯兩類錯誤的機率，祇得增大樣品；也就是實際審理時多蒐證據。這種比擬比較易於瞭解，讀者不妨多加體會。

習 題

(1) 由均值等於50及標準偏差等於 10 而從常態分布的500個圓牌觀測值族羣內取出一個大小為16的逢機樣品。樣品內的觀測值如下：

62　43　60　49　72　56　45　46

37　56　41　43　36　45　56　49

將族羣均值當作未知，用5%顯著水準測驗族羣均值等於(a) 40,(b)49,(c)50,(d)51,(e)60的擬說。這個測驗是雙尾性的。試用6.9節的程序寫出 (a)的完全報告，(b), (c), (d)；(e) 祇求 u 值和寫出結論。

　　已經知道族羣均值等於50，結論正確與否是可以知道的。試寫出五種情形的結論，那個是正確的？那個犯了第一類或第二類錯誤？

　　安置這個題有一個用意，就是說明一件事：擬說族羣均值和族羣真正均值相距很近時，測驗易犯第二類錯誤。[$(a)u=3.90$；正確。 $(b)u=0.30$; 第二類錯誤。$(c)u=-0.10$; 正確。$(d)u=-0.50$; 第二類錯誤。$(e)u=-4.10$; 正確。]

(2)　由圓牌觀測值族羣內用歸還方式取出 2,500 個觀測值的一個逢機樣品。算出的樣品均值是49.9。用 1% 顯著水準測驗題 1 的五個擬說。結論和題 1 有沒有分別？

　　這個題也是用來說明一件事的：增大樣品，同時可以減小遭犯第一類錯誤和遭犯第二類錯誤的機率。

(3)　由圓牌觀測值族羣取出一個大小為25的逢機樣品。求得的樣品均值是 54。用 1% 和 5% 兩種顯著水準測驗族羣均值等於 (a)50及 (b)40 的擬說。求出四個測驗的 u 值並寫出結論。已知族羣均值等於50，可以知道擬說的對錯；說明各個結論是正確的，犯第一類錯誤的，還是犯第二類錯誤的。

　　這個例子要說明的是：改變顯著水準而不變樣品大小是得失互見的；用 5% 水準比用 1% 水準易於犯第一類而難於犯第二類錯誤。

參 考 文 獻

Kendall, Maurice G.: *Advanced Theory of Statistics*, vol. II, Charles Griffin and Company, London, 1946 (Extensive bibliography).

Wald, Abraham: "On the Principles of Statistical Inference", *Notre Dame Mathematical Lectures*, no. 1, University of Notre Dame, Notre Dame, 1942.

第 七 章

樣品變方和卡方分布

　　第五六兩章把族羣及其樣品間的演繹和歸納關係綜述了一遍。第五章專講演繹關係，講的是由族羣內取得的樣品均值的特徵；推論的方向是由族羣指向各樣品。第六章講述用一個單獨樣品測驗有關族羣的擬說，便是一種由一個樣品指向指定族羣的歸納關係。不過，這兩章的討論都限於用均值爲中心；第七章要講的方法雖然大同小異，但却轉移目標來討論變方了。

7.1 研究樣品變方的目的

　　研究樣品變方（5.4 節）的最顯明的理由就是獲取有關族羣變方的知識。此外還有一個重要性相當的理由，那就是討論均值時也少不得要用到變方。在 6.7 節中曾經用到 u 介值來測驗族羣均值等於指定值的擬說，而

$$u = \frac{\bar{y} - \mu}{\frac{\sigma}{\sqrt{n}}} \, \text{。} \tag{1}$$

由這個式子可以看到，進行測驗之前應當先知道族羣標準偏差 σ。這個 σ 通常是未知的，測驗便因而不便應用了。要解除這種限制，便需要設法由樣品來估算 σ 或 σ^2。

7.2 樣品變方

　　研究樣品變方的第一個問題便是決定那一種樣品變方是族羣變方的良好**估值**（estimate）。這件事可以借重研究樣品均值的經驗。已知，族羣均值是

$$\mu = \frac{\sum y}{N} = \frac{y_1 + y_2 + \cdots + y_N}{N} \tag{1}$$

而族羣變方是

$$\sigma^2 = \frac{\sum (y-\mu)^2}{N} = \frac{(y_1-\mu)^2 + (y_2-\mu)^2 + \cdots + (y_N-\mu)^2}{N} \quad 。 \quad (2)$$

估算 μ 時可以由族羣內 N 個觀測值中取出 n 個作爲一個樣品，再將這 n 個觀測值相加並除以 n，得出的便是樣品均值

$$\bar{y} = \frac{y_1 + y_2 + \cdots + y_n}{n} \quad 。 \quad (3)$$

舉個例子來說，圓豐族羣（4.1節）有500（或 N）個觀測值，而均值 μ 便是這500個觀測值的合計除以500。一個10（或 n）個觀測值所成樣品的均值便是來自500（或 N）個觀測值中的10（或 n）個的均值。估算 σ^2 時也可以用類似的方法，改用 N 個 $(y-\mu)^2$ 中的 n 個相加再除以 n。用這種方法便產生了一種樣品變方

$$V_1 = \frac{(y_1-\mu)^2 + (y_2-\mu)^2 + \cdots + (y_n-\mu)^2}{n} \quad , \quad (4)$$

式中的 y 都是來自族羣的觀測值。這種直覺的方法倒也沒有錯估 σ^2，它的成立可用祇含觀測值 2，4，6 的族羣來驗證。這個族羣的均值等於 4 而變方等於 8/3。將由族羣中取出的大小爲 2 的全部可能 9 個樣品排在表7.2a的第 1 欄，算出各個樣品變方如第一樣品的

$$V_1 = \frac{(y_1-\mu)^2 + (y_2-\mu)^2}{n} = \frac{(2-4)^2 + (2-4)^2}{2} = 4$$

和第二樣品的

$$V_1 = \frac{(2-4)^2 + (4-4)^2}{2} = 2 \quad 。$$

求得的 9 個樣品變方列在表7.2a的第 3 欄，而這 9 個值的均值是24/或8/3便恰等於族羣變方 σ^2。從這一點來看，這個 V_1 代表了一種正確的估算方法。但計算式(4)內的 V_1，得先知道族羣均值 μ；這種估算法便談不上應用了。因爲，測驗族羣均值等於指定值的擬說，又得先知道族羣變方。要打破這種互生因果的循環，顯然可用 $\bar{y}$ 來代替式(4)中的 μ。經過這種修飾，產生的另一種樣品變方便是

$$V_2 = \frac{\sum (y-\bar{y})^2}{n} = \frac{(y_1-\bar{y})^2 + (y_2-\bar{y})^2 + \cdots + (y_n-\bar{y})^2}{n} \quad 。 \quad (5)$$

用這種方法求得的頭兩個樣品變方便是

$$V_2 = \frac{(y_1 - \bar{y})^2 + (y_2 - \bar{y})^2}{2} = \frac{(2-2)^2 + (2-2)^2}{2} = 0 ,$$

$$V_2 = \frac{(2-3)^2 + (4-3)^2}{2} = 1 ;$$

全部 9 個 V_2 的值便列在表7.2a的第 4 欄。這 9 個 V_2 值不但沒有一個等

表7.2a　全部可能樣品的均值和變方

樣品編號	(1) 樣　品	(2) $\bar{y}$	(3) V_1	(4) V_2	(5) s^2	(6) s
1	2, 2	2	4	0	0	0.000
2	2, 4	3	2	1	2	1.414
3	2, 6	4	4	4	8	2.828
4	4, 2	3	2	1	2	1.414
5	4, 4	4	0	0	0	0.000
6	4, 6	5	2	1	2	1.414
7	6, 2	4	4	4	8	2.828
8	6, 4	5	2	1	2	1.414
9	6, 6	6	4	0	0	0.000
合　計		36	24	12	24	11.312
均　值		36/9 = 4	24/9 = 8/3	12/9 = 4/3	24/9 = 8/3	1.257
徵　值		$\mu = 4$	$\sigma^2 = 8/3$	$\sigma^2 = 8/3$	$\sigma^2 = 8/3$	$\sigma = 1.633$

於 σ^2，同時它們的均值也小於 σ^2；這種估算法顯然不合式，因為它低估了族羣變方。不過，V_2 的計算不要知道族羣均值，是可付實用的；祇要設法改善缺陷便行。用 n 作為式(5)內的除數便低估了變方，改用個 $(n-1)$ 把 V_2 脹大一些，看看還會不會低估？

脹大了 V_2，又得出一種樣品變方

$$s^2 = \frac{\sum(y - \bar{y})^2}{n-1} = \frac{(y_1 - \bar{y})^2 + (y_2 - \bar{y})^2 + \cdots + (y_n - \bar{y})^2}{n-1} , \tag{6}$$

式內的 $y_1, y_2, \cdots, y_n$ 是樣品內的 n 個觀測值而 $\bar{y}$ 是它們的均值。求出的頭兩個 s^2 的值是

$$s^2 = \frac{(2-2)^2 + (2-2)^2}{2-1} = \frac{0}{1} = 0 \; ,$$

$$s^2 = \frac{(2-3)^2 + (4-3)^2}{2-1} = \frac{2}{1} = 2 \; ;$$

全部 9 個 s^2 值列在表7.2a的第 5 欄。這些 s^2 的均值等於8/3，正是族羣變方；所以，將式(5)內的除數由 n 換成 $(n-1)$，已經改善了低估的缺陷。從此以後，本書中便祇用式(6)中的 s^2 作爲樣品變方。這個介值的長處有兩點，它的均值等於族羣變方 σ^2 而且不需要先知道族羣的均值 μ。將 s^2 的性質綜合一下，便得到一個定理。

定理7.2　由族羣內取出同大 n 的全部可能樣品，全部樣品變方

$$s^2 = \frac{\sum (y - \bar{y})^2}{n-1} \tag{7}$$

的均值便等於族羣變方 σ^2。

用 $(n-1)$ 代替 n 求 s^2 還有一個合理的解釋。如果樣品祇含一個觀測值，這個觀測值 y 就是樣品均值 $\bar{y}$。這樣的一個樣品均值雖然算不得族羣均值的一個可靠估值，但多少還能代表族羣均值。譬如，某人說有種動物身重兩噸，人們多半會想像到那是一隻象而不致是隻老鼠；一個觀測值不也能近似地顯出族羣均值了麽。變方代表着觀測值間的變異程度，祇有一個觀測值的樣品可就無能爲力了；一個觀測值無論如何是不能代表觀測值間變異程度的。現在偏要用一個觀測值的樣品來估算族羣變方，看看究竟得到甚麽結果。由定義，這一個觀測值所成樣品的變方便是

$$s^2 = \frac{\sum (y - \bar{y})^2}{n-1} = \frac{(y - \bar{y})^2}{1-1} = \frac{0}{0} \; 。$$

量 $0/0$ 是不定值。因爲 $0 = 0 \times 1$，它可以等於 1；但 $0 = 0 \times 12$，它又可以等於12了；老實說，任何值都可以。上面的等式是甚麽意思，就是回答一聲「不知道」；因爲，僅由一個觀測值根本不能得到有關族羣變方的詢識。

求 s^2 時可以用到一種簡算法。這種方法可使式(6)分母中的**觀測值離均差平方和** (sum of squares of deviations of the observations

from their mean) 便於計算。把式(6)的分母用 SS (sum of squares)
來代表，便得到

$$SS = \sum (y - \bar{y})^2 \text{。} \tag{8}$$

計算SS的簡算式便是

$$SS = \sum y^2 - \frac{(\sum y)^2}{n} \text{。} \tag{9}$$

這兩種SS相同可用五個觀測值3, 2, 1, 3, 1的計算來例示，就是表 7.2b
的結果；用式(8)或式(9)，求得的SS都等於 4 。

其實，方程式

$$\sum (y - \bar{y})^2 = \sum y^2 - \frac{(\sum y)^2}{n} \tag{10}$$

是對任一組數都成立的恒等式，那末式(8)和式(9)今後便可任意使用
了；因爲，方法雖然不同，SS 是同義的。恒等式的代數證法却要留
在 7.8 節再說。

求出SS值，再用$(n-1)$除，便得到樣品變方s^2；例中 $s^2 = 4/4 = 1$。

由表7.2b的第 2 欄可以看到，觀測值離均差的和是等於零的。這

表7.2b　　樣品變方的簡算法

1	2	3	4
y	$(y-\bar{y})$	$(y-\bar{y})^2$	y^2
3	1	1	9
2	0	0	4
1	−1	1	1
3	1	1	9
1	−1	1	1
10	0	4	24
$\sum y$	$\sum (y-\bar{y})$	$\sum (y-\bar{y})^2$	$\sum y^2$

$n = 5$：$\bar{y} = \sum y/n = 2$.

$\sum (y-\bar{y})^2 = 4$；$s^2 = \sum (y-\bar{y})^2/(n-1) = 1$

$\sum y^2 - (\sum y)^2/n = 24 - (10)^2/5 = 24 - 20 = 4$

個方程式

$$\sum(y-\bar{y})=(y_1-\bar{y})+(y_2-\bar{y})+\cdots+(y_n-\bar{y})=0 \qquad (11)$$

也是一個對任一組數成立的恒等式，今後常用來演導簡算法；它的代數證明也留在7.8節。

7.3 不偏估值

如果某介值的全部可能值的均值等於一個徵值（4.4節），這個介值就稱做該徵值的**不偏估值**（unbiased estimate）。全部同大樣品均值 $\bar{y}$ 的均值既然等於族羣均值 μ（定理5.3），$\bar{y}$ 便是 μ 的不偏估值；全部同大樣品變方 s^2 的均值也等於族羣變方 σ^2（定理7.2），s^2 自然是 σ^2 的不偏估值。一個估值為不偏是指估算的方法說的，並不是指用這種方法於某個樣品而得出的值。求 $\bar{y}$ 用到的方法是

$$\bar{y}=\frac{y_1+y_2+\cdots+y_n}{n}=\frac{\sum y}{n}, \qquad (1)$$

由它便可使每個樣品產生一個族羣均值的不偏估值。全部同大樣品樣品均值的均值等於族羣均值，而樣品均值平均地說是不偏的，但一個單獨的樣品均值却可以等於族羣均值或不等於族羣均值。對樣品變方 s^2 來說，也可以得到類似的情形。由 s^2 的計算方法

$$s^2=\frac{(y_1-\bar{y})^2+(y_2-\bar{y})^2+\cdots+(y_n-\bar{y})^2}{n-1}=\frac{\sum(y-\bar{y})^2}{n-1}, \qquad (2)$$

也能使每個樣品產生一個族羣變方 σ^2 的不偏估值。全部可能樣品變方的均值（表7.2a第 5 欄）等於族羣變方，所以樣品變方平均地為不偏的；一個單獨的樣品變方也可以等於或不等於族羣變方。表7.2a內第5欄的樣品變方便沒有一個等於族羣變方。統計學中講到的偏（bias），就是這個意思。一個估值所以稱為不偏的，就是說它的全部可能同大樣品值的均值等於一個徵值，並不是說由某個樣品求得的該個估值等於一個徵值。

7.4 各種介值的均值

到第六章為止，講到的介值祇有樣品均值一種。由 5.2 和 5.3 節

已經知道，樣品均值從均值等於族羣均值而變方等於族羣變方除以樣品大小的常態分布。根據這種關係，將 $\bar{y}$ 變換爲 u 便可以利用附表 3 來測驗族羣均值等於指定值的擬說（6.9節）。這一節便要仿照這類討論來研究若干種介值的均值，並決定用哪種介值來測驗哪種擬說和應用哪種統計附表。

要討論到的若干種介值的個別均值可以用三個觀測值 2, 4, 6 內取樣來說明。這個族羣的均值和變方分別等於 4 和 8/3，而由族羣內取出的 9 個可能樣品也由表 7.2a 搬進表 7.4。對每個樣品都可以算出七種介值，分別列在表 7.4 的第 2 至 8 欄。第 2 欄是舊事重提，表示的仍然是樣品均值的均值等於族羣均值。其他各欄雖然是新玩意，但却都是由介值 V_1 和 s^2 導出來的。

表7.4　幾種介值的個別均值

樣品編號	(1) 樣 品	(2) $\bar{y}$	(3) $\sum(y-\mu)^2$	(4) $\sum(y-\bar{y})^2$	(5) $n(\bar{y}-\mu)^2$	(6) $\dfrac{\sum(y-\mu)^2}{\sigma^2}$	(7) $\dfrac{\sum(y-\bar{y})^2}{\sigma^2}$	(8) $\dfrac{n(\bar{y}-\mu)^2}{\sigma^2}$
1	2, 2	2	8	0	8	3.0	.00	3.00
2	2, 4	3	4	2	2	1.5	.75	.75
3	2, 6	4	8	8	0	3.0	3.00	.00
4	4, 2	3	4	2	2	1.5	.75	.75
5	4, 4	4	0	0	0	.0	.00	.00
6	4, 6	5	4	2	2	1.5	.75	.75
7	6, 2	4	8	8	0	3.0	3.00	.00
8	6, 4	5	4	2	2	1.5	.75	.75
9	6, 6	6	8	0	8	3.0	.00	3.00
合　計		36	48	24	24	18.0	9.00	9.00
均　值		4	16/3	8/3	8/3	2.0	1.00	1.00
徵　值		μ	$n\sigma^2$	$(n-1)\sigma^2$	σ^2	n	$n-1$	1

第 3 欄說明介值 $\sum(y-\mu)^2$ 的均值等於 $n\sigma^2$。這個結果可以由演繹法求得。對於每個樣品來說，

$$V_1 = \frac{\sum(y-\mu)^2}{n} \tag{1}$$

或

$$\sum(y-\mu)^2 = nV_1 。 \tag{2}$$

這件事實可以由表7.2a第3欄與表7.4第3欄的比較看出；如果介值 V_1 的均值等於 σ_2，$\sum(y-\mu)^2$ 的均值必然等於 $n\sigma^2$（定理2.4b）。

第4欄說明介值 $\sum(y-\bar{y})^2$ 的均值等於 $(n-1)\sigma^2$，也可由演繹法得出。對每個樣品來說，

$$s^2 = \frac{\sum(y-\bar{y})^2}{n-1} \tag{3}$$

或

$$\sum(y-\bar{y})^2 = (n-1)s^2 。 \tag{4}$$

比較表 7.2a 的第5欄和表7.4的第4欄，便可看出結果。這兒的樣品大小是 2 而 $(n-1)$ 就是 1，所以兩欄結果相同。如果 s^2 的均值等於 σ^2，介值 $\sum(y-\bar{y})^2$ 的均值必然等於 $(n-1)\sigma^2$。

第5欄說明介值 $n(\bar{y}-\mu)^2$ 的均值等於 σ^2，也可由演繹法得出。如果求出每個樣品的 $(\bar{y}-\mu)^2$，這個介值的均值便是

$$\frac{\sum(\bar{y}-\mu)^2}{N^n} = \sigma_{\bar{y}}^2 = \frac{\sigma^2}{n} , \tag{5}$$

也是一個已知的結果（5.3節）。介值 $(\bar{y}-\mu)^2$ 的均值恰好是介值 $\bar{y}$ 的變方，$n(\bar{y}-\mu)^2$ 的均值當然是 $n(\sigma^2/n) = \sigma^2$ 了。

第 6，7，8 欄分別由第 3，4，5 欄求得，僅僅各除以 σ^2；所以它們的均值都分別是前三個均值的 $1/\sigma^2$ 倍。

表 7.4 說明了對個個樣品都成立的代數恒等式

$$\sum(y-\mu)^2 = \sum(y-\bar{y})^2 + n(\bar{y}-\mu)^2 , \tag{6}$$

代數證明却留在 7.8 節。但由表 7.4 已不難看出，每一行中第3欄的數值都等於第 4，5 欄數值的和。仿照這種情形，第 6，7，8 欄也產生了一個恒等式

$$\frac{\sum(y-\mu)}{\sigma^2} = \frac{\sum(y-\bar{y})^2}{\sigma^2} + \frac{n(\bar{y}-\mu)^2}{\sigma^2} 。 \tag{7}$$

上式中三個介值的均值便分別是

$$n = (n-1) + 1 。 \tag{8}$$

這三個均值叫做**自由度**（degrees of freedom）。舉個例子來說，

$\sum(y-\bar{y})^2/\sigma$ 的均值是 $(n-1)$，這個平方和的自由度便是 $(n-1)$。

表 7.2a 和表 7.4 內介紹的新介值是彼此關聯着的， 它們的均值也是一樣。這許多關係式都是今後各章中需要用到的。

本章書原來是用來討論樣品變方的，但引入 V_1 和 s^2 後，却一轉而爲式(6)中的三個平方和，再轉而爲式(7)中的三個介值了。由一羣介值轉到另一羣，大致和樣品均值 $\bar{y}$ 變成 u 相似。觀測值用吋記值時樣品均值也用吋爲單位，但 u 值却是一個不名數的比率。不過，祇有比率纔能列成通用的表；所以，測驗有關族羣均值的擬說時，樣品均值 $\bar{y}$ 應當變換成 u 值，再查附表 3。討論樣品變方也會發生同樣的問題；觀測值用吋記值時樣品變方便用方吋爲單位，因而式(6)內的介值也是一樣。但式(7)內的介值都是比率，便可以列成通用的表了。所以說，強調表 7.2a 與表 7.4 內各介值關係， 祇是要使讀者學會將樣品變方換算成式(7)中的介值；這些介值的頻度分布要在以下三節討論。

7.5 卡方分布

在第三章曾經說過，常態分布是統計學中最重要的分布之一。這一節要再介紹一個重要的分布，就是**卡方分布**(chi-square or χ^2-distribution)。這個分布是和常態分布有關係的， 而且可以由常態分布演導出來。如果由均值爲 μ 及變方爲 σ^2 的常態族羣內取出全部大小爲 n 的可能樣品並算出每個樣品均值 $\bar{y}$，$\bar{y}$ 是從常態分布的（定理5.2b）。由一個樣品內除了算出 $\bar{y}$ 外，還能求得 $\sum y$ 和 s^2 等介值；加上它們，是不是也可以產生一些介值的分布？如果就每個樣品都算出一個介值

$$\sum u^2 = \left(\frac{y_1-\mu}{\sigma}\right)^2 + \left(\frac{y_2-\mu}{\sigma}\right)^2 + \cdots + \left(\frac{y_n-\mu}{\sigma}\right)^2 = \frac{\sum(y-\mu)^2}{\sigma^2} \qquad (1)$$

（3.2節式 1 和7.4節式 7），這個介值 $\sum u^2$ 也和其他介值一樣，是隨着樣品而不同的。介值 $\sum u^2$ 值的變動可用表 4.2 中四個逢機樣品來說明。這些樣品都是由均值爲50及變方爲100的常態族羣內取出的（4.1節）。第一個樣品內的觀測值是50，57，42，63，32，而樣品的 $\sum u^2$ 值是

$$\sum u^2 = \left(\frac{50-50}{10}\right)^2 + \left(\frac{57-50}{10}\right)^2 + \left(\frac{42-50}{10}\right)^2 + \left(\frac{63-50}{10}\right)^2 + \left(\frac{32-50}{10}\right)^2$$

$$= \frac{(50-50)^2 + (57-50)^2 + (42-50)^2 + (63-50)^2 + (32-50)^2}{100}$$

$$= \frac{0+49+64+169+324}{100} = \frac{606}{100} = 6.06 \text{。}$$

第二個樣品的觀測值是 55，44，37，40，52，而 $\sum u^2$ 的值是

$$\sum u^2 = \frac{(55-50)^2 + (44-50)^2 + (37-50)^2 + (40-50)^2 + (52-50)^2}{100}$$

$$= \frac{25+36+169+100+4}{100} = 3.34 \text{。}$$

如果將取自常態族羣的全部可能樣品各自求出 $\sum u^2$ 值，這 $\sum u^2$ 值的分布便稱爲卡方分布。

介值 $\sum u^2$ 的值不祇隨樣品內觀測值的改變而不同，還會隨樣品大小 n 而變。如將上列第一和第二樣品內的起首兩個觀測值分別當作樣品，算出的兩個觀測值樣品的 $\sum u^2$ 值便是

$$\sum u^2 = \frac{(50-50)^2 + (57-50)^2}{100} = 0.49$$

和

$$\sum u^2 = \frac{(55-50)^2 + (44-50)^2}{100} = 0.61 \text{，}$$

並不是五個觀測值時的 6.06 和 3.34。一般地說，樣品愈大時 $\sum u^2$ 的值也愈大。所以，對每個樣品大小都有一個卡方分布，而卡方分布的均值是隨樣品大小增大的。這樣看來，卡方分布也是一個曲線族而不是一條曲線。這一族中的某一條指定的曲線是由分布的均值決定的。這個均值通常都用 ν 代表，便稱爲卡方分布的自由度數（簡寫爲 $d.f.$ 或 DF）；命名的理由可以暫不說明，慢慢便會知道。圖 7.5a 中便繪出了自由度數爲 1，4，5 三條卡方分布曲線。

將本節討論簡述一下，便得出下列的定理：

定理7.5 由均值爲 μ 及變方爲 σ^2 的常態族羣內取出大小爲 n 的全

部可能樣品，並求出每個樣品的 $\sum u^2$ 介值，而

$$\sum u^2 = \sum \left(\frac{y-\mu}{\sigma}\right)^2 = \frac{\sum (y-\mu)^2}{\sigma^2} ,\qquad (2)$$

這 $\sum u^2$ 便從自由度數為 n 或 $\nu=n$ 的卡方分布。

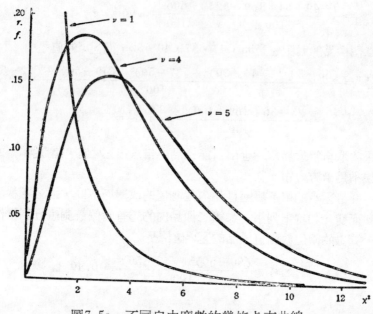

圖7.5a　不同自由度數的幾條卡方曲線

由常態族羣導出卡方分布需要用到較多的數學知識，但却不難用第四章講過的取樣試驗來驗證有關的定理。由均值為50及變方為100的常態族羣內取出1,000個大小為 5 的逢機樣品，並算出每個樣品的 $\sum u^2$ 值；其中四個已列在表4.2內。這1,000個 $\sum u^2$ 值的頻度表便是表7.5。表內並列着 $\sum u^2$ 的觀測和理論頻度，理論頻度就是大小為5的全部可能樣品的結果而觀測頻度就是由 1,000 個樣品算出的。由這個表可以看得出，理論和觀測頻度極為相近但不相同。理論頻度是大小為 5 的全部可能樣品的結果而觀測頻度祇由其中 1,000 個樣品算出，是不能希望兩者完全一致的。如將1,000個 $\sum u^2$ 的長條圖連同自由度數為 5的理論卡方分布曲線繪成圖7.5b，也可以看出兩者間的近似程度。介值

$\sum u^2$的均值等於樣品大小 n 的事實也可以由表7.5看出。表內的 $\sum u^2$ 值是用分組方法列出的，並沒有個別樣品的結果。計算 $\sum u^2$均值時，可以用組的中點 (mid-point) 值 m 代替全組；所以，0 至 1 組取值 0.5，1 至 2 組取 1.5，等等，而 m 也列在表內。大於 15 的組就用該組內 7 個 $\sum u^2$ 值的均值 18.1代替 m。用這種近似法算出的 1,000 個 $\sum u^2$ 的均值是接近於樣品大小 5 的

$$\frac{\sum mf}{\sum f} = \frac{4,935.2}{1,000} = 4.9 \,。$$

如由常態族羣內取出全部可能樣品，卡方分布均值確等於 5 的事是可用數學證出的。這樣便完成了定理7.5的試驗驗證。

表7.5　1,000個 $\sum u^2$ 的頻度表

χ^2 或 $\sum u^2$	觀 測 頻 度		理 論 r.f. (%)	中點值 m	mf
	f	r.f. (%)			
0-1	35	3.5	3.7	.5	17.5
1-2	109	10.9	11.3	1.5	163.5
2-3	148	14.8	14.9	2.5	370.0
3-4	171	17.1	15.1	3.5	598.5
4-5	139	13.9	13.4	4.5	625.5
5-6	106	10.6	11.1	5.5	583.0
6-7	77	7.7	8.6	6.5	500.5
7-8	64	6.4	6.4	7.5	480.0
8-9	53	5.3	4.7	8.5	450.5
9-10	28	2.8	3.4	9.5	266.0
10-11	18	1.8	2.4	10.5	189.0
11-12	20	2.0	1.7	11.5	230.0
12-13	11	1.1	1.1	12.5	137.5
13-14	6	.6	.8	13.5	81.0
14-15	8	.8	.5	14.5	116.0
大 於 15	7	.7	1.0	18.1	126.7
合 計	1,000	100.0	100.1		4,935.2

$$\chi^2 \text{ 的均值} = \frac{\sum mf}{\sum f} = \frac{4,935.2}{1,000} = 4.9$$

常態分布的相對累計頻度分布表（3.2節）是本書中的附表，卡

方分布也可以援例；便產生了書中的附表4。這個表的每一行都代表
一個不同的自由度數，數值如1，2，…，100都列在最左的一欄內。
表內每一欄却各表一個百分數。譬如，自由度數爲10時的5％表列值
是18.3070，便是說自由度數爲10的卡方值中有5％大於18.3070。自
由度數是5的5％表列值是11.0705，便是說自由度數爲5的卡方值中
有5％大於11.0705。這些表列值都可用來和取樣試驗的結果比較。由
表7.5可以看到，一千個$\sum u^2$中有5.2％(2.0＋1.1＋0.6＋0.8＋0.7)
大於11；這個結果是近似於5％的。

　　卡方分布曲線所以不對稱（圖7.5a）是不難想像的。卡方值不能
爲負數而它的均值又等於自由度數，所以分布內小於均值的部分缺乏
伸展的餘地；因而便形成左尾壅積而右尾可以自由延展的現象，曲線
便變得不對稱了。

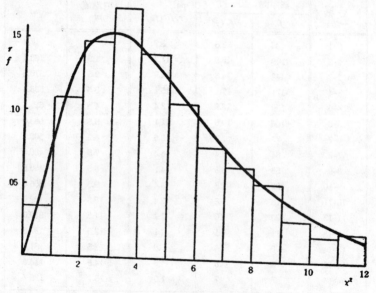

圖7.5b　　1,000個$\sum u^2$的長條圖

7.6　u^2的分布

　　由定理7.5可以推知，u^2或$n=1$時的$\sum u^2$從自由度數爲1的卡方

分布。介值u和u^2的分布曲線分別繪在圖7.6a和7.6b內。介值u的分布就是均值爲0和變方爲1的常態分布，而u^2或自由度爲1的卡方分布却是u的加倍形式（圖7.6a和7.6b）；因爲，$(-u^2)=u^2$。在 0 與 1 間的任一個值的平方仍然是 0 與 1 間的一個值，但 0 與 -1 間的任一個值的平方却也是0與1間的一個值。舉個例子來說，$(0.5)^2=(-0.5)^2$ $=0.25$，所以在 -1 與 1 之間的68%的u值可以產生在 0 與 1 間的68%

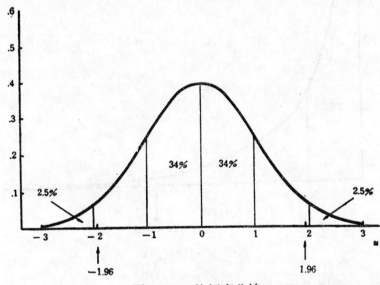

圖7.6a　u的頻度曲線

的u^2值。任一個大於1.96 的值的平方都大於 $(1.96)^2=3.84$，而任一個小於-1.96的值的平方却也大於3.84；譬如，$2^2=(-2)^2=4$便同時大於3.84。因爲 u 分布內有2.5%的 u 值大於 1.96，又有2.5%的 u 值小於-1.96，所以u^2分布內共有 5% 的u^2值大於3.84（附表 4）。

　　由圖7.6a和7.6b 看來，u 曲線的中間部分恰好變成了自由度爲1卡方曲線的左尾。這種u^2 從自由度1卡方分布的事，在今後各章中都常會提到。上述u和u^2的討論也可以歸述成一個定理。

　　定理7.6　如果介值u從均值爲0及變方爲1的常態分布，u^2便從自由度數爲1$(\nu=1)$的卡方分布。

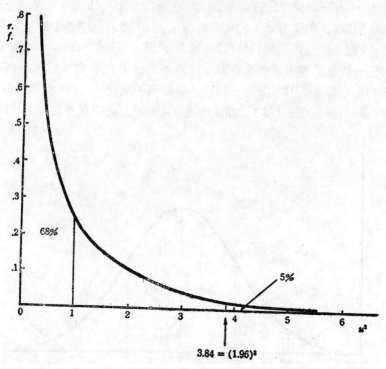

7.6b u^2的頻度曲線

7.7 SS/σ^2的分布

前兩節曾經說過，介值

$$\sum u^2 = \frac{\sum(y-\mu)^2}{\sigma^2} = \frac{(y_1-\mu)^2+(y_2-\mu)^2+\cdots+(y_n-\mu)^2}{\sigma^2} \tag{1}$$

從自由度 n 而 u^2 從自由度 1 的卡方分布。現在要說明，介值

$$\frac{SS}{\sigma^2} = \frac{\sum(y-\bar{y})^2}{\sigma^2} = \frac{(y_1-\bar{y})^2+(y_2-\bar{y})^2+\cdots+(y_n-\bar{y})^2}{\sigma^2} \tag{2}$$

從自由度$(n-1)$的卡方分布。

介值$\sum u^2$和SS/σ^2當然不是一件東西，但它們之間是有關聯的；這代數關係便是（7.4節，式7）

$$\frac{\sum(y-\mu)^2}{\sigma^2} = \frac{\sum(y-\bar{y})^2}{\sigma^2} + \frac{n(\bar{y}-\mu)^2}{\sigma^2}。\tag{3}$$

由7.5節可知，式(3)左側是一個從自由度 n 的卡方分布的介值。由7.6節又可知道，式(3)最右側的項（7.4節，式7）

$$\frac{n(\bar{y}-\mu)^2}{\sigma^2} = \frac{(\bar{y}-\mu)^2}{\frac{\sigma^2}{n}} = \left[\frac{\bar{y}-\mu}{\frac{\sigma}{\sqrt{n}}}\right]^2 = u^2 \tag{4}$$

（6.7節，式1）是從自由度數1卡方分布的。所以，式(3)的中項

$$\frac{\sum(y-\bar{y})^2}{\sigma^2} = \frac{SS}{\sigma^2} \tag{5}$$

從自由度$(n-1)$卡方分布，應當是很有理由的。仍然用第四章的取樣試驗來驗證一下。將取自 $\mu=50$ 和 $\sigma^2=100$ 常態族羣的1,000個 $n=5$ 的逢機樣品各自按7.2節方法求出 SS，其中四個已列在表4.2內。已知

表7.7　1,000個SS/σ^2值的頻度表

SS/σ^2	觀　測　頻　度		理　　論 r.f.(%)	中點值 m	mf
	f	r.f.(%)			
0-1	93	9.3	9.0	0.5	46.5
1-2	181	18.1	17.4	1.5	271.5
2-3	189	18.9	17.8	2.5	472.5
3-4	152	15.2	15.2	3.5	532.0
4-5	116	11.6	11.9	4.5	522.0
5-6	86	8.6	8.8	5.5	473.0
6-7	64	6.4	6.3	6.5	416.0
7-8	35	3.5	4.4	7.5	262.5
8-9	38	3.8	3.1	8.5	323.0
9-10	21	2.1	2.1	9.5	199.5
10-11	8	0.8	1.4	10.5	84.0
11-12	7	0.7	0.9	11.5	80.5
12-13	3	0.3	0.6	12.5	37.5
大 於 13	7	0.7	1.1	16.4	114.8
合　　計	1,000	100.0	100.0		3,835.3

$$\frac{SS}{\sigma^2}\text{的均值} = \frac{\sum mf}{\sum f} = \frac{3,835.3}{1,000} = 3.8$$

$\sigma^2=100$，不難由SS求出SS/σ^2。這求得的$1,000$個 SS/σ^2 值便按頻度列在表 7.7 內。表內的理論相對頻度就是自由度為 4 的卡方分布。這$1,000$ 個 SS/σ^2 值的長條圖和自由度為 4 的卡方分布曲線也分別繪在圖 7.7 內。不論由表或圖來看，觀測頻度都是很接近於理論頻度的。這便是說，取自常態族羣的$n=5$樣品的SS/σ^2值是從自由度 4 卡方分布的，同時便證明了SS/σ^2從自由度$(n-1)$卡方分布的看法。

　　由表7.7求出的$1,000$個 SS/σ^2 的近似均值等於3.8，已很接近於自由度數 4 ；當然也驗證出SS/σ^2 從自由度$(n-1)$卡方分布的事實。將這一節討論的結果簡述一下，便得到下面的定理：

　　定理7.7a　由變方為σ^2的常態族羣內取出大小為 n 的全部可能樣品並求出每個樣品的 $\sum(y-\bar{y})^2/\sigma^2$ 值， $\sum(y-\bar{y})^2/\sigma^2$ 便從自由度$(n-1)$ $(\nu=n-1)$的卡方分布。

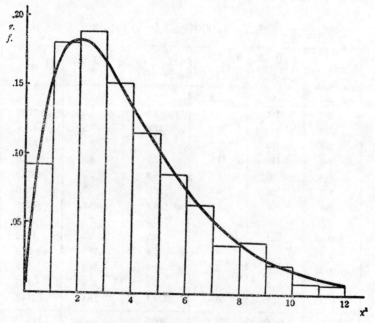

圖7.7　$1,000$個SS/σ^2值的長條圖

將上面的定理陳述得更簡單一點，便可以說$\sum(y-\bar{y})^2$或SS的自

由度是$(n-1)$。這個自由度數同時又是求s^2時的分母,所以樣品變方s^2就是SS除以其自由度數;也就是(7.2節,式6)

$$s^2 = \frac{SS}{n-1} = \frac{SS}{\nu} \text{。}$$ (6)

平方和的自由度數還可以作另一種解釋:要求出某個偏差時,應當先知道幾個偏差;這所需的最少的偏差個數就是自由度。已知SS是n個偏差$(y-\bar{y})$的平方和,或

$$SS = \sum(y-\bar{y})^2 = (y_1-\bar{y})^2 + (y_2-\bar{y})^2 + \cdots + (y_n-\bar{y})^2 \text{。}$$ (7)

因為這n個偏差的和是等於零的,也就是$\sum(y-\bar{y})=0$(7.2節,式11)。祇要n個中任意$(n-1)$個已經知道,所餘的一個便自動決定;所以便說,這個SS的自由度是$(n-1)$。舉個例子來說,五個觀測值3, 2, 1, 3, 1的均值是2,五個離均差便是$1, 0, -1, 1, -1$;五個偏差的和既然等於零,任意知道四個便可以決定所餘的一個了。

今後各章中隨時都會引用到自由度,而所提到的自由度却都直接或間接的和卡方分布的自由度有關。如果說s^2的自由度數是ν,意思便是說介值$\nu s^2/\sigma^2 = SS/\sigma^2$從自由度$\nu$的卡方分布;$s^2$的自由度數是8,便是說$8s^2/\sigma^2$從自由度8的卡方分布。今後再提到自由度數,當然不會反覆陳說;但可不要忘記,它的來源仍然是卡方分布。

因為$s^2 = SS/\nu$,由SS/σ^2不難得到s^2/σ^2的分布。設$n=5$或$\nu=4$,而介值$s^2 = SS/4$;也就是說,SS是s^2的4倍。這樣,SS的值出現在0與4之間時,對應的s^2值便出現在0與1之間。由表7.7可以看出,1,000個樣品中有93個的SS/σ^2值出現在0與1間;不必另作試驗便可知道,這1,000個樣品中必然也會有93個的s^2/σ^2值出現0與0.25間;祇要把表中的分組改成0至0.25, 0.25至0.50,等,得出的便是s^2/σ^2的頻度表了。根據這種說明,介值s^2/σ^2是從χ^2/ν分布的。

書後的附表4就是卡方或SS/σ^2分布的相對累計頻度。將表內每行的數值都除上一個自由度數ν,得到的就是附表5;也就是χ^2/ν或s^2/σ^2的相對累計頻度表。

介值s^2/σ^2分布的均值不難由SS/σ^2的分布導出。因為SS/σ^2是s^2/σ^2的ν倍,SS/σ^2的均值也是s^2/σ^2均值的ν倍;SS/σ^2的均值就是

ν，所以介值 s^2/σ^2 的均值是 $\nu/\nu=1$。

上面的結果還可以用另一種方法得到。由定理7.2，全部可能樣品的 s^2 的均值是等於 σ^2 的。現在將每個 s^2 值都用 σ^2 除過，商數的均值便是原均值除以 σ^2；所以，s^2/σ^2 的均值是 $\sigma^2/\sigma^2=1$（定理2.4b）。

為了參考上的方便，上面的結果也可以寫成一個定理：

定理7.7b　由變方為 σ^2 的族羣內取出全部可能的同大樣品並求出每個樣品的變方 s^2，這全部 s^2/σ^2 值的均值便等於1。

討論過了 s^2/σ^2 的均值，也不妨看看 s^2/σ^2 的變異性所受到樣品大小的影響。如果樣品增大，樣品變方 s^2 就變成族羣變方 σ^2 的更可靠的一個估值，全部可能同大樣品的 s^2 值便愈向 σ^2 兩側擠攏，而全部可能同大樣品 s^2/σ^2 的值便愈向 1 的兩側擠攏了。樣品大小 n 趨近於無限，每個樣品 s^2 的值也都變成了 σ^2，每個樣品的 s^2/σ^2 值也都變成了 1。這種現象可以由附表 5 看出，表內的 97.5% 點和 2.5% 點都當自由度趨於無限時向數值 1 處收斂。

7.8 代數恒等式

前幾節曾經提到幾個代數恒等式。這幾個式子的數值驗證都已經例示過，現在便要寫出它們的代數證明。

第7.2節的式(11)要在表7.8a內例示。恒等式是

$$\sum(y-\bar{y})=0, \tag{1}$$

代數意義便是

$$\begin{aligned}
\sum(y-\bar{y}) &= \sum y - n\bar{y} \\
&= \sum y - n\frac{\sum y}{n} \\
&= \sum y - \sum y \\
&= 0 。
\end{aligned} \tag{2}$$

第7.2節的式(10)也在表7.8a內例示。恒等式是

$$SS = \sum(y-\bar{y})^2 = \sum y^2 - \frac{(\sum y)^2}{n}, \tag{3}$$

代數證明可以寫成

$$\sum(y-\bar{y})^2 = \sum y^2 - 2\bar{y}(\sum y) + n\bar{y}^2$$

$$= \sum y^2 - 2\left(\frac{\sum y}{n}\right)(\sum y) + n\left(\frac{\sum y}{n}\right)^2$$

$$= \sum y^2 - 2\frac{(\sum y)^2}{n} + \frac{(\sum y)^2}{n}$$

$$= \sum y^2 - \frac{(\sum y)^2}{n}。 \tag{4}$$

表7.8a 代數恒等式的證明

y	$(y-\bar{y})$	$(y-\bar{y})^2$
y_1	$y_1-\bar{y}$	$y_1^2 - 2y_1\bar{y} + \bar{y}^2$
y_2	$y_2-\bar{y}$	$y_2^2 - 2y_2\bar{y} + \bar{y}^2$
$\vdots$	$\vdots$	$\vdots$
y_n	$y_n-\bar{y}$	$y_n^2 - 2y_n\bar{y} + \bar{y}^2$
$\sum y$	$\sum y - n\bar{y}$	$\sum y^2 - 2(\sum y)\bar{y} + n\bar{y}^2$

第7.4節的式(6)和7.7節的式(3)可用表7.8b例示。恒等式

$$\sum(y-\mu)^2 = \sum(y-\bar{y})^2 + n(\bar{y}-\mu)^2 \tag{5}$$

的成立可由$\sum(y-\bar{y})=0$看出。當$\mu=0$時，上式變成

$$\sum y^2 = \sum(y-\bar{y})^2 + n\bar{y}^2 \tag{6}$$

或

$$\sum(y-\bar{y})^2 = \sum y^2 - \frac{(\sum y)^2}{n};$$

就是式(3)的結果。

表7.8b 代數恒等式的證明

y	$(y-\mu)$	$(y-\mu)$	$(y-\mu)^2$
y_1	$y_1-\mu$	$(y_1-\bar{y})+(\bar{y}-\mu)$	$(y_1-\bar{y})^2+2(y_1-\bar{y})(\bar{y}-\mu)+(\bar{y}-\mu)^2$
y_2	$y_2-\mu$	$(y_2-\bar{y})+(\bar{y}-\mu)$	$(y_2-\bar{y})^2+2(y_2-\bar{y})(\bar{y}-\mu)+(\bar{y}-\mu)^2$
$\vdots$	$\vdots$	$\vdots$	$\vdots$
y_n	$y_n-\mu$	$(y_n-\bar{y})+(\bar{y}-\mu)$	$(y_n-\bar{y})^2+2(y_n-\bar{y})(\bar{y}-\mu)+(\bar{y}-\mu)^2$
$\sum y$			$\sum(y-\bar{y})^2+2(\bar{y}-\mu)\sum(y-\bar{y})+n(\bar{y}-\mu)^2$

7.9 變方分析

在7.7和7.8兩節內分別用數值和代數兩種方法證明了恒等式

$$\sum(y-\mu)^2=\sum(y-\bar{y})^2+n(\bar{y}-\mu)^2 \, 。 \tag{1}$$

同時又已經知道，$\sum(y-\bar{y})^2/\sigma^2$從自由度 n 的卡方分布（定理7.5），SS/σ^2或$\sum(y-\bar{y})^2/\sigma^2$從自由度 $(n-1)$ 的卡方分布（定理7.7a），而 $n(\bar{y}-\mu)^2$或 u^2 從自由度 1 的卡方分布（定理7.6）；所以，式(1)左側的族羣內觀測值的離均差平方和便劃分 (partition) 成式右的兩個**成分** (component)。這種將平方和劃分成幾個成分的方法便叫做**變方分析** (analysis of variance)。劃分的方法完全是一種代數運算，不必顧慮到物理意義，但分成的兩個成分以及兩者的和却都從卡方分布；這件事實是在今後各章中很為重要的。其實劃分作業並不限於平方和，自由度也對應地分成成分了。所以，平方和 $\sum(y-\mu)^2$ 的自由度是 n，它的成分 $\sum(y-\bar{y})^2$ 和 $n(\bar{y}-\mu)^2$ 的自由度便分別是 $(n-1)$ 和 1；而 $n=(n-1)+1$。

將式(1)內的三個項分別用它們的自由度來除，便得到 σ^2 的三個不偏估值（7.3節）。式(1)左側平方和除以自由度n，便得到

$$V_1=\frac{\sum(y-\mu)^2}{n} \tag{2}$$

（7.2節，式 4）；在7.2節中已經證明它是σ^2 的不偏估值了。如將成分$\sum(y-\bar{y})^2$或SS用自由度$(n-1)$除，便得到

$$s^2=\sum(y-\bar{y})^2/(n-1); \tag{3}$$

在7.3節也已證明它是σ^2的不偏估值。由表7.4的第 5 欄又不難看出，數量$n(\bar{u}-\mu)^2$也是 σ^2 的不偏估值。

平方和$\sum(y-\mu)^2$的自由度是 n 而$\sum(y-\bar{y})^2$的自由度是 $(n-1)$，所以可以說平方和失去了自由度 1；這種損失就是用樣品均值 $\bar{y}$ 代替族羣均值μ計算平方和所引起的。

雙方分析法是今後極常用到的方法，所以應當儘早介紹。本章中講的不過是變方分析的最簡單的事例，實際應用要留在12.6節再說。

7.10 擬說測驗

應用 SS/σ^2 的分布（7.7節），可以測驗族羣變方等於一個指定值的擬說。如果大小爲 5 的逢機樣品有一個等於480的SS值，要測驗族羣變方等於100的擬說，就不妨將擬說族羣變方 σ_0^2 定爲$\sigma_0^2=100$。根據定理 7.7a，SS/σ^2 是從自由度（$n-1$）的卡方分布的。如果擬說爲對，或者是$\sigma_0^2=\sigma^2=100$，由附表 4 便可知道，自由度爲 4 的卡方分布中有 2.5% 的卡方值小於0.484419及2.5% 的卡方值大於 11.1433。所以，選定 5% 顯著水準時，臨界區便是 $\chi^2<0.484419$ 和 $\chi^2>11.1433$（圖7.10a）。

現例中的介值SS/σ_0^2等於480/100＝4.80，自由度是 4。介值4.80在臨界區以外，所以應當接納擬說而得出$\sigma^2=100$ 的結論。要是介值在左臨界區內，結論便是眞正族羣變方小於100；要是在右臨界區內，結論便是眞正族羣變方大於 100 了。如果應用這種方法來測驗一個對

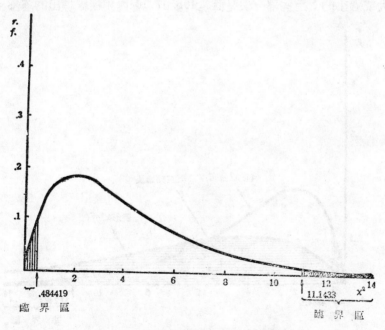

圖7.10a　卡方測驗的第一類錯誤

的擬說，全部可能樣品中便會有 5% 得出族羣變方不等於 100 的錯誤
的結論；所以，第一類錯誤的機率（圖7.10a中的縱線蔭部）便是 5%。
所以甘願冒犯第一類錯誤，爲的是提防擬說會是錯的。如果擬說變方
σ_0^2 小於眞正變方 σ^2，不妨說 $\sigma_0^2=(1/2)\sigma^2$，介值 SS/σ_0^2 便會是 $2(SS/\sigma^2)$
而 SS/σ_0^2 便不從卡方分布而從一個圖7.10b右方的變形卡方分布了。如
果擬說變方 σ_0^2 大於眞正變方 σ^2 而 $\sigma_0^2=2\sigma^2$，介值 SS/σ_0^2 便是 $(1/2)(SS/\sigma^2)$
而 SS/σ_0^2 便不從卡方分布而從圖 7.10c 左方的變形卡分布了。當
$\sigma_0^2=(1/2)\sigma^2$ 時，大於 11.1433的 SS/σ_0^2 值便不止 2.5%（圖7.10b）；
而 $\sigma_0^2=2\sigma^2$ 時，小於0.484419的 SS/σ_0^2 也不止2.5%（圖7.10c）。介值
SS/σ_0^2 大到或小到能夠出現在臨界區內時，它的理由不外兩種：如果
擬說是對的或 $\sigma_0^2=\sigma^2$，這個樣品就是全部可能樣品中 SS/σ^2 值在臨界
區內的那 5% 內的一個（圖7.10a）。另一種理由是用在擬說爲錯而 $\sigma_0^2=$
$(1/2)\sigma^2$ 或 $\sigma^2=2\sigma^2$ 時，這時的卡方值是因介值 SS/σ_0^2 中所用 σ_0^2 而變得過
大或過小的；這些部分便是圖7.10b和7.10c內用橫線標出的蔭部。每

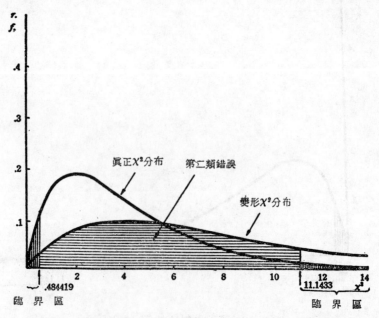

圖7.10b　當 $\sigma_0^2=(1/2)\sigma^2$ 時卡方測驗的第二類錯誤

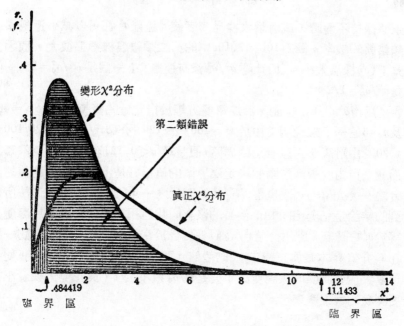

圖7.10c　當$\sigma_0^2 = 2\sigma^2$時卡方測驗的第二類錯誤

當 SS/σ_0^2 出現在臨界區內而得到 $\sigma^2 > \sigma_0^2$ 或 $\sigma^2 < \sigma_0^2$ 時，第二個理由總比第一個充分。

　　按圖 7.10a，7.10b，7.10c 來解釋，祇要 SS/σ_0^2 進入任一個臨界區，樣品便算是來自變形卡方分布而不是來自眞正卡方分布的。但樣品同時也可能來自眞正卡方分布（圖7.10a 中縱線蔭部），所以便會遭犯第一類錯誤。介值 SS/σ_0^2 在臨界區外，結論便是 $\sigma^2 = \sigma_0^2$，但樣品也會是從變形卡方分布來的（圖7.10b和7.10c中變形卡方曲線下橫線的蔭部）。換句話說，接納擬說便難免遭犯第二類錯誤；遭犯第二類錯誤的機率便用變形曲線下方的橫線蔭部表示。第六章所講到的所有有關擬說測驗的原理都可以適用於此處。樣品大小 n 增大時自由度跟着增大，卡方曲線和變形卡方曲線的重疊部分便會縮小而遭犯第二類錯誤的機率也跟着減小。用$\sigma_0^2 = 10\sigma^2$代替 $\sigma_0^2 = 2\sigma^2$ 或用 $\sigma_0^2 = \sigma^2/10$ 代替$\sigma_0^2 = \sigma^2/2$，σ^2/σ_0^2 的比率都會更遠離 1，卡方曲線和變形卡方曲線的重疊部便會縮小而遭犯第二類錯誤的機率也跟着減小。這便是說，顯著水準保持不變時，或者增大樣品或者使σ_0^2遠離σ^2都可以減小遭犯第二類錯誤的機率。圖7.10b和7.10c中的第二類錯誤機率都很大，原因便是：(a)樣品太小。(b)比率σ^2/σ_0^2沒有遠離1；一個是$\sigma^2/\sigma_0^2=2$，一個是$\sigma^2/\sigma_0^2=1/2$。

用s^2/σ^2的分布也能測驗族羣變方等於指定值的擬說。仍用$SS=480$及$n=5$的例子來說明：由於$s^2=480/4=120$，介值s^2/σ^2便是$120/100=1.20$。由附表5可以查出臨界區，便是$\chi^2/\nu<0.121105$和$\chi^2/\nu>2.7578$而ν是自由度數。這兩個決定臨界區的值恰好是卡方表內對應值的四分之一，介值s^2/σ_0^2便也是SS/σ_0^2的四分之一。所以，這兩種方法所得到的結論是完全相同的；倒眞的沒有同時運用的必要。測驗族羣變方等於σ_0^2的擬說，應用介值s^2/σ_0^2似乎更合於常識些；當然也就不妨一說了。介值s^2本是眞正變方σ^2的估值。要是s^2/σ_0^2遠大於1，眞正變方便會大於要測驗的擬說變方；要是s^2/σ_0^2遠小於1，眞正變方便會小於要測驗的擬說變方了。

7.11　擬說測驗的程序

族羣變方等於指定值的擬說測驗可用一個例子來說明。由某族羣內取得的一個樣品內10個觀測值是：

　　　4.8　3.2　3.6　4.8　6.1　5.6　4.7　5.3　5.1　7.6

要決定族羣變方是否等於4，便得使用下列的測驗程序：

(1)　擬說：擬說是族羣變方等於4，或$\sigma^2=\sigma_0^2=4$。

(2)　對待擬說：對待擬說是

　　(a) 族羣變方小於4，或$\sigma^2<4$，

　　(b) 族羣變方大於4，或$\sigma^2>4$。

(3)　原設：原設就是測驗成立的條件，現在是樣品由常態族羣內逢機地取得。

(4)　顯著水準：選定的顯著水準是5%。

(5)　臨界區：由附表4查出的臨界區是

　　(a) $\chi^2<2.70039$和 (b) $\chi^2>19.0228$。

　　（還有一個單尾測驗的例子，在7.12節。）

(6) 介值的計算：

$\sigma_0^2 = 4$ （已知）　　　　$n = 10$　　　　　　　$\sum y = 50.8$

$(\sum y)^2 = 2,580.64$　　$(\sum y)^2/n = 258.064$　　$\sum y^2 = 271.80$

$SS = 13.736$　　　　$[SS = \sum y^2 - (\sum y)^2/n$ （7.4節）$]$

$\chi^2 = 3.4340$，$d.f. = 9$。$(\chi^2 = SS/\sigma_0^2)$

(7) 結論：求得的卡方值3.4340是在臨界區以外的，應當接納這個擬說，結論便是族羣變方等於 4。要是求得的卡方值小於 2.70039，結論便是族羣變方小於 4；要是求得的卡方值大於19.0228呢，結論又是族羣變方大於 4 了。

7.12　應用

族羣變方等於指定值的擬說測驗是工業上常用的統計方法。製造商總希望自己的產品在重量和長度等方面都有一定的均一性 (uniformity) 程度，所以便常用產品的某項量值的變方 （或標準偏差） 來定出產品的規格。這樣便每隔一定時間取出樣品來測驗產品合於規格的擬說。 譬如罐裝櫻桃的規定平均瀝乾重量是每罐 12 兩而標準偏差是 1/4兩。在生產程序中幾乎是無法保持每罐瀝乾重量恰好是 12 兩的，因為多一粒就會超過而少一粒就會不足了。所以，瀝乾重量是隨罐別不同的，而要解決的問題便是使它的變異性不致過大。現在假定每隔一定時間取出一個 $n = 10$ 的逢機樣品來檢驗。將取得的每罐櫻桃都稱出瀝乾重量，當作觀測值 y，用擬說變方 $\sigma_0^2 = (1/4)^2 = 1/16$ 便可進行測驗。擬說測驗的程序可以參看 7.11 節。 如果測驗的目的是防止族羣變方變得太大， 便應當使用單尾測驗； 這樣， 前節所定的臨界區 $\chi^2 < 2.70039$和$\chi^2 > 19.0228$ 便要用自由度為 9 的 5% 點臨界區 $\chi^2 > 16.9190$ 來代替了。如果測驗的結果是接納了擬說， 便表示產品合於規格而不需改變生產方式。如棄却擬說，結論便是罐間瀝乾重量的變異超出規格，便要採取特別行動了。每隔一定時間做一次擬說測驗，便可以及時發現生產程序的缺陷；它的好處便是在未造成巨大損失之前改善作業。

這個例子是**品質管制**(quality control) 中用到的，可以作為工業統計方法的一個應用上的說明。要知道詳細的情形，請參考專書。不過有一點應當知道，品質管制實在是數量管制；因為它根本沒有管制櫻桃的品質。

7.13 附記

本章書的主旨也祇是介紹統計學的基本原理，應用祇不過是伴隨部分。雖然工業界盛行族羣變方等於指定值的擬說測驗，但科學研究方面還是不常應用它；比起今後各章中要講到的方法，現在的方法是不能比擬的。不過本章書中講到的原理卻是今後導出新方法的必需工具，今後還是常常會用到的。在第二十一，二十二，二十四章內還要講到另種用卡方測驗種種擬說的方法，當時再個別仔細討論。

習　題

(1) 由 2 ， 3 ， 4 ， 5 四個觀測值組成的族羣內用歸還取樣法取出大小為 2 的全部可能樣品，再求出每個樣品的均值和變方s^2。示明：(a)$\bar{y}$ 是 μ 的不偏估值，(b)s^2是 σ^2 的不偏估值。

(2) 由均值為50及標準偏差為10的圓牌常態族羣內取出一個大小為 8 的逢機樣品。樣品內的觀測值是：

$$62 \quad 43 \quad 60 \quad 49 \quad 37 \quad 56 \quad 41 \quad 43$$

將族羣的均值和變方當作未知，應用 5% 顯著水準卡方介值測驗族羣變方等於(a)10, (b)99, (c)100, (d)101, (e)1,000 的擬說。仿照7.11節程序寫出(a)的完全報告，但祇需列出 (b), (c), (d), (e) 的卡方值和結論。分別說明各個結論，是正確的，還是遭犯第一類錯誤或第二類錯誤的。

這個題是用來給讀者練習擬說測驗的基本原理的，並不是實用的問題；實用的問題是不會用一個樣品測驗各種擬說的。〔(a) $\chi^2 = 61.8875$，正確； (b) $\chi^2 = 6.2513$，犯第二類錯誤； (c)$\chi^2 = 6.1888$，正確；(d)$\chi^2 = 6.1275$，犯第二類錯誤；(e)$\chi^2 = 0.6189$，正確。〕

(3) 應用題 2 的 8 個觀測值驗證7.8節的三個恒等式($\mu = 50, \sigma = 10$)。計算時不要捨棄小數尾。

(4) 十二罐櫻桃的瀝乾重量兩數是

11.9　12.3　12.6　11.8　12.1　11.5

12.7　11.3　11.9　12.0　11.8　12.1

設規格標準偏差是 1/2 兩，問產品是否合格？這個擬說測驗是用來偵查標準偏差過大可能性的，所以要用單尾測驗。顯著水準選用1%。

(5) 求第五章內題 1 的25個樣品中每一個的變方 s^2，並示明它們的均值等於 σ^2。

(6) 將題1內的樣品大小由 2 改爲 4，重複計算。

(7) 由兩個觀測值 2 和 6 組成的族羣內用歸還方式取出大小爲 2 的全部可能樣品，並求出每個樣品的均值 $\bar{y}$ 和變方 s^2。示明：(a) $\bar{y}$ 的均值等於 μ，(b) s^2 的均值等於 σ^2。

(8) 某種機器零件的規定標準偏差是不超過0.010吋，而取得 10 個零件的量度值是：

1.011　0.998　0.980　1.021　1.025

0.975　0.995　0.970　1.000　1.031

試用 5% 水準的卡方介值測驗族羣標準偏差等於 0.010 的擬說。注意：這個測驗祇是用來偵查族羣標準偏差是否過大。

(9) 由觀測值0，3，6 組成的族羣內取出大小爲 3 的全部可能樣品，仿照表7.4列表，驗證表內七種介值的均值。

參 考 文 獻

Kendall, Maurice G.: *Advanced Theory of Statistics*, vol. II, Charles Griffin & Company, London, 1946.

Mood, Alexander M.: *Introduction to the Theory of Statistics*, McGraw-Hill Book Company, New York, 1950.

Peach, Paul: *An Introduction to Industrial Statistics and Quality Control*, Edwards & Broughton Co., Raleigh, N. C., 1947.

Pearson, Karl (Editor): *Tables for Statisticians and Biometricians*, part I, table XII, Biometric Laboratory, University College, London, 1930.

第 八 章

學生氏 t 分布

這一章要介紹另外一種重要的頻度分布，就是所謂**學生氏 t 分布** (Student's t-distribution)；這分布是高瑟氏(W. S. Gosset) 用筆名**學生**發表的，所以便得到這個名稱。高瑟氏在本世紀之初導出了這個分布，費適氏(R. A. Fisher) 又把它改善一下；本章要講的便是這改善了的結果。

8.1 t 分布的概述

在6.7節曾經介紹過測驗族羣均值等於指定值 μ_0 擬說的 u 測驗，

$$u = \frac{\bar{y} - \mu_0}{\sqrt{\dfrac{\sigma^2}{n}}} \text{。} \tag{1}$$

但進行 u 測驗需要先知道族羣變方 σ^2，所以這個方法是不切實際的。現在導出 t 測驗，就是要解決這項難題。如將式(1)內的族羣變方 σ^2 換成樣品變方 s^2，便可以形成另一個介值

$$t = \frac{\bar{y} - \mu_0}{\sqrt{\dfrac{s^2}{n}}} \text{。} \tag{2}$$

應用這個介值 t，便不需要先知道族羣變方 σ^2 了；因為式(2)內的 s^2 是可由樣品求得的。這樣看來，u 法雖然不切實際，但却可以作為誘導 t 法的工具。

介值 t 的均值和 u 的均值相同，也等於零；但 t 的變方却大於 u 的變方。全部可能同大樣品均值的均值既然等於族羣均值 μ，t 的均值當然等於零。計算 u 的變方用到 $\bar{y}, \mu, \sigma^2, n$ 四項數量，其中祇有 $\bar{y}$ 隨樣品不同。計算 t 的變方用到的是 $\bar{y}, \mu, s^2, n$ 四項數量，但却有 $\bar{y}$ 和 s^2

兩項是隨樣品不同的。因此，t 在樣品間的變異程度便比 u 大，它的變方便大於 u 的變方 1。

這種 t 分布也不是一個單獨的頻度曲線而是一個曲線族，族內的一條條曲線各由介值分母內 s^2 的自由度來決定。自由度愈大，s^2 便愈接近 σ^2，t 也就接近 u；所以，u 就是自由度為 ∞ 時的 t，可以算是 t 的一個特例。

圖8.1內是三條 t 曲線，都是和常態曲線外形相似的；要是祇用幾個觀測值來繪個圖，可真沒有辦法分辨得清。由此可知，分布間的不同要用相對頻度來判辨，祇看外表是不夠的。圖 8.1 中自由度為 ∞ 的 t 分布，其實就是 u 分布，也就是均值為 0 及變方為 1 的常態分布。

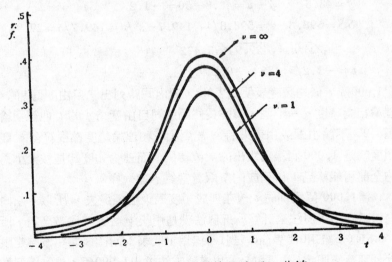

圖8.1　不同自由度數的學生氏 t 曲線

將上面的討論綜合一下，便得出一個定理：

定理8.1a　由均值為 μ 的常態族羣內取出全部可能同大為 n 的樣品並求出每個樣品的介值

$$t = \frac{\bar{y} - \mu}{\sqrt{\dfrac{s^2}{n}}}, \tag{3}$$

t 值便從自由度 ν 的學生氏 t 分布而 ν 就是 s^2 的自由度。

　　定理8.1b　當 s^2 的自由度數趨近於無限時，學生氏 t 分布便趨近於 u 分布或均值為 0 及變方為 1 的常態分布。

　　下一節便要說明定理8.1a的試驗驗證。

8.2　t 分布的試驗驗證

　　定理8.1a也可以用第四章討論過的取樣試驗來驗證。仍然由均值等於50及變方等於100的圓牌族羣內取出1,000個大小為 5 的逢機樣品並求出每個樣品的 t 值，其中四個已經列在表4.2內。那四個樣品中的第一個含有觀測值 50,57,42,63,32，所以得到

$$\bar{y}=48.8 \qquad \bar{y}-\mu=48.8-50=-1.2$$
$$SS=598.8 \quad s^2=598.8/4=149.7 \quad s^2/n=149.7/5=29.94$$
$$\sqrt{s^2/n}=\sqrt{29.94}=5.472$$
$$t=-1.2/5.472=-0.219 \text{。}$$

這1,000個 t 值的頻度表便是表8.2，表內同時列出了自由度為4的 t 值理論相對頻度。一千個 t 值的長條圖連同自由度為 4 的 t 曲線便繪成圖8.2。不論由圖或由表來看，觀測頻度和理論頻度都很符合。觀測頻度就是 1,000 個樣品求出的 t 值結果，而理論頻度卻是按大小為 5 的全部可能樣品 t 值列成的；兩者當然不會一樣。

　　這1,000 個個別的 t 值在列成頻度表後已經遺失，所以，它們的均值祇好用近似法來計算。近似法就是用組中點值 m 代替全組，所以 -0.5 到 0.5 組用 0 代表而 0.5 到 1.5 組用 1 代表；兩個極端組沒有定限，就分別給它們定成 -5 和 5 。用這種方法求出1,000個 t 值的近似均值

$$\frac{\sum mf}{\sum f}=\frac{-16}{1,000}=-.016,$$

也是很接近於 0 的了。

　　由表8.2也不難看出，t 的變方大於 u 的變方。在 -3.5 和 3.5 以外的 u 值相對頻度已幾乎等於 0（附表 3），但表 8.2 內1,000個 t 值中卻有 1.4% 小於 -3.5 和 1.1% 大於 3.5；這就顯示出，t 的變方會大於 u 的變方。

這個試驗便驗證了 t 分布，同時也證實了 t 的均值等於 0 和變方大於 1 的事（8.1節）。

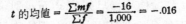

表8.2　1,000個 t 值的頻度表

t	觀 測 頻 度		理 論 $r.f.(\%)$	中點值 m	mf
	f	$r.f.(\%)$			
小 於 -4.5	8	0.8	0.5	-5	-40
-4.5 至 -3.5	6	0.6	0.7	-4	-24
-3.5 至 -2.5	23	2.3	2.1	-3	-69
-2.5 至 -1.5	85	8.5	7.1	-2	-170
-1.5 至 -0.5	218	21.8	21.8	-1	-218
-0.5 至 0.5	325	32.5	35.6	0	0
0.5 至 1.5	219	21.9	21.8	1	219
1.5 至 2.5	80	8.0	7.1	2	160
2.5 至 3.5	25	2.5	2.1	3	75
3.5 至 4.5	4	0.4	0.7	4	16
大 於 4.5	7	0.7	0.5	5	35
合 計	1,000	100.0	100.0		-16

$$t \text{ 的均值} = \frac{\sum mf}{\sum f} = \frac{-16}{1,000} = -.016$$

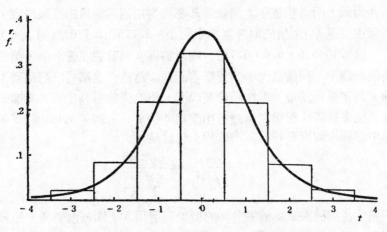

圖8.2　1,000個 t 值的長條圖

8.3 t 表

各種自由度的 t 分布相對累計頻度便列成了本書中的附表 6。表內的每一行都代表着一個自由度數的 t 分布，所以自由度爲 4 的 t 分布內有2.5%的 t 值大於2.776。因爲這個分布是對稱的，表列結果中便同時有2.5%的 t 值小於-2.776。自由度數增大，2.5%欄內的表列值便漸漸減小，最後以 1.960 爲極限。這種現象說明兩件事，t 分布在自由度數趨於無限時變成 u 分布，而 t 的變方隨自由度增大而減小。

8.4 擬說測驗

前三節討論的是族羣及其樣品間的演繹關係，也就是由指定常態族羣內取得的全部可能同大樣品的 t 值分布的問題。這一節便要討論由指定樣品得出有關族羣的歸納推論，也就是族羣均值等於指定值的擬說測驗問題。由於構成臨界區的 t 值來自 t 表，t 表又是由來自指定常態族羣的全部可能同大樣品的 t 值編成；所以，進行擬說測驗之前，應當先建立 t 分布。

測驗族羣均值等於指定值的擬說時，t 和 u 的用法是相似的。兩者的惟一差別祇是 t 測驗使用樣品變方 s^2 而 u 測驗用族羣變方 σ^2，如是而已。不過，這兩種分布是不同的，它們的臨界區因而也有差別。如果用 5% 顯著水準，雙尾 u 測驗的臨界區界限是 u 值爲 -1.96 和 1.96兩個，而這些值在 t 測驗裏卻都需要由適當的自由度來決定。如果自由度是 4，t 值的臨界區界限便是-2.776和2.776了（附表 6）。

第6.4，6.5，6.6，6.7節曾經討論過 u 測驗的顯著水準，第二類錯誤的機率，和樣品大小的影響等問題；這些討論都可以應用到 t 測驗。爲了避免重複，現在祇節要說明。擬說測驗可以用第 8.2 節的取樣試驗來解釋。記得在驗證自由度爲 4 的 t 分布時，1,000 個 t 值計算中曾經用到族羣的眞正均值50；也就是

$$t = -\frac{\bar{y} - \mu}{\sqrt{\dfrac{s^2}{n}}} = \frac{\bar{y} - 50}{\sqrt{\dfrac{s^2}{5}}} \circ \tag{1}$$

不過，在測驗族羣均值等於50的擬說而選用 5% 顯著水準時，臨界區卻是 $t < -2.776$ 和 $t > 2.776$ 兩處。由於同大爲 5 的全部可能樣品

結果中有 5% 出現在這兩個區域內，這些樣品便會得出族羣均值不等
於50的錯誤結論而遭犯第一類錯誤的機率便是0.05。甘願冒犯第一類
錯誤的理由就是防備要測驗的均值或者會不等於50。爲了討論時的方
便，不妨取眞正均值 μ 爲50及擬說均值 μ_0 爲60。測驗這個擬說所用的
介值便是

$$t' = \frac{\bar{y} - \mu_0}{\sqrt{\dfrac{s^2}{n}}} = \frac{\bar{y} - 60}{\sqrt{\dfrac{s^2}{n}}} \, . \tag{2}$$

式(1)中的介值 t 從 t 分布，用錯了族羣均值的式(2)中介值 t' 可就不從
t 分布了。用 60 代替 50 的效果便是使 t' 小於 t。如果計算得的 t 值
（或絕對值大的負值）小到足夠進入左臨界區，或則因爲擬說均值 μ_0 大
於眞正均值 μ，或則 μ_0 和 μ 相等而另有原因。但所做的決斷却是棄却
擬說；這便是說，前一個理由超過後一個。得到的結論便是眞正均值
μ 小於擬說均值 μ_0。如果祇怕冒犯第一類錯誤，因而不論 t 值的大小
都接納擬說，因 $\mu_0 < \mu$ 而得出的過小的 t 值和因 $\mu_0 > \mu$ 而得出的過大
的 t 值便無法偵查得出。這樣，不論擬說對錯，便都一律接納了。換
句話說，甘願冒犯一點第一類錯誤，纔能保持棄却錯誤擬說的可能。
所以，當樣品大小不變時，減小遭犯第一類錯誤的機率是會增大遭犯
第二類錯誤的機率的。

8.5 測驗程序

現在用一個例子來說明 t 測驗的程序。設樣品內觀測值爲5, 3, 1,
4, 2，用5%顯著水準的 t 介值測驗族羣均值等於 5 的擬說。

(1) 擬說：擬說爲族羣均值等於 5，或 $\mu_0 = 5$。

(2) 對待擬說：對待擬說有兩個，

　(a) 族羣均值小於 5，

　(b) 族羣均值大於 5。

(3) 原設：指定的樣品是逢機地由常態族羣內取得的，但樣品的
逢機性比族羣的常態性來得重要。

(4) 顯著水準；選用的顯著水準爲 5%。

(5) 臨界區：臨界區是 $t < -2.776$ 和 $t > 2.776$ 兩處。

(6) t 介值的計算：

μ_0	$=5$	$\sum y^2$	$=55$
n	$=5$	SS	$=10$
$\sum y$	$=15$	s^2	$=2.5$
$\bar{y}$	$=3$	s^2/n	$=0.5$
$(\sum y)^2$	$=225$	$\sqrt{s^2/n}$	$=0.7071$
$(\sum y)^2/n$	$=45$	$\bar{y}-\mu_0$	$=-2$

$$t = \frac{\bar{y}-\mu_0}{\sqrt{\dfrac{s^2}{n}}} = \frac{-2}{7071} = -2.83, \ d.f. = 4$$

(7) 結論：由於 t 在左臨界區內，結論是族羣均值小於 5 。（如果 t 值在 -2.776 和 2.776 之間，結論便是族羣均值等於 5。如果 t 值大於 2.776，結論便是族羣均值大於 5 了。）

介值 t 和 u 一樣，也是個沒有單位的量值。如果 y 用时記值，$\bar{y}$ 的單位當然也是时，μ_0 的單位又是时，但 s^2 却用方时記值；祇有 n 是不名數。所以，t 的單位是

$$\frac{\bar{y}时 - \mu_0时}{\sqrt{s^2 方时/n}} = \frac{时數}{时數} = 不名數，$$

與觀測值的單位無關。

同樣地，如果將全部觀測值各自加或減同一量，t 值都不改變。如將每個觀測值各加 32，$\bar{y}$ 自然也加了 32；μ_0 同時加32，而 $(\bar{y}-\mu_0)$ 却未改變，變方 s^2 因而也沒有改變（2.4節）；所以，t 不受影響。如果在施用加減之外再改變量值的單位，$(\bar{y}-\mu_0)$ 和 s^2 值都會不同，但 t 值却仍然不受影響（習題 4 ）

8.6 t 測驗的應用

工業品質管制可以應用 t 測驗。譬如，罐裝櫻桃的平均瀝乾重量規格是12兩，便可以用定時檢查一個10罐的樣品來測驗。將每罐的櫻桃瀝乾後稱重並記下重量，應用這10個觀測值的樣品便可以測驗族羣

均值等於12兩的擬說了。如果接納擬說，結論就是產品合格；*t* 值進入任一個臨界區都表示產品不合格，應當採取改善的行動。這個例子便說明了工業產品管制的基本原理。不過 *t* 測驗的計算比較麻煩，工業上用到它的地方並不太多；常用的方法多為較為簡便的，但原理並無不同之處。

再舉一個實例。某中學想將本校畢業生參加會考的成績與全國平均成績作一個比較，祇要將該校畢業生的成績當作樣品內的觀測值而將全國平均成績當作擬說均值，便可以應用 *t* 測驗了。

8.7 駢對觀測值

上節講到的 *t* 測驗應用實例都和試驗科學家不太相干，現在要舉出一種直接用到的方法。這種方法便是**駢對觀測值**(paired observations)的 *t* 測驗，詳情請看下面的示例。

有人用一個甜菜的肥料試驗來決定氮肥的效應。將一塊試驗田劃成10個等大的**區集**(block)，每區集再分成兩個等大的**試區**(plot)；一共得出 10 個試區的對（圖8.7）。每對（區集）中的一個試區用逢機方式決定施用每畝50磅的可給態氮肥，另一試區不施。二十個試區的

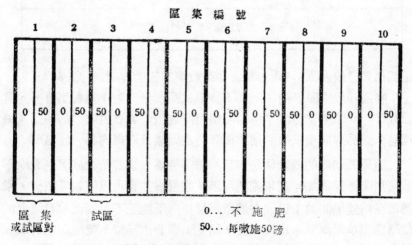

圖8.7 甜菜試驗的田間佈置

表8.7　甜菜的收量（磅）

區集編號	肥 料		y 差 (b)－(a)
	(a) 0 磅	(b) 50 磅	
1	140.4	170.5	30.1
2	174.7	207.4	32.7
3	170.2	215.9	45.7
4	174.6	209.0	34.4
5	154.5	171.6	17.1
6	185.0	201.2	16.2
7	118.9	209.9	91.0
8	169.8	213.3	43.5
9	174.7	184.1	9.4
10	176.7	220.4	43.7
合 計	1,639.5	2,003.3	363.8

μ_0	0	$(\sum y)^2$	132,350.44	s^2	526.473
n	10	$\dfrac{(\sum y)^2}{n}$	13,235.04	$\dfrac{s^2}{n}$	52.6473
$\sum y$	363.8	$\sum y^2$	17,973.30	$\sqrt{\dfrac{s^2}{n}}$	7.2558
$\bar{y}$	36.38	SS	4,738.26		

$$t = \frac{\bar{y}-0}{\sqrt{\dfrac{s^2}{n}}} = \frac{36.38}{7.2558} = 5.014 \qquad \nu = 9$$

田間佈置已繪在圖8.7內，每區甜菜收量的磅數也列成了表8.7。

　　將這10個同區集內施肥與不施肥試區收量的差作爲觀測值 y。這表8.7內 10 個差就變成了由無限個可能觀測值族羣內取得的一個逢機樣品，而另個同樣試驗的結果便算是由同族羣取得的另一樣品。

　　這兒要測驗的擬說便是族羣均值等於零，也就是說施肥一般地不能使甜菜產量增加。如果施肥可以使收量增加也可以使收量減少，便應當採用雙尾測驗；已知在這種用量標準下施肥不可能使收量減少，就應當用單尾測驗。用自由度 9 和 5% 顯著水準時，雙尾測驗的臨界區是 $t < -2.262$ 和 $t > 2.262$ 處而單尾測驗的臨界區便祇是 $t > 1.833$

一處。在這個例子裏，雙尾和單尾測驗得到相同的結論；求出的 t 值 5.014 （表8.7）既大於單尾的 1.833 又大於雙尾的 2.262。要是求出的 t 值是 2，這兩種測驗的結論可就會不一致了；祇在用單尾測驗時纔能棄却擬說。從這一點便可以看出單尾測驗的好處，原來它可以在使用同樣顯著水準時偵查出雙尾測驗所無法測出的施肥效應。

其實，駢對觀測值法的應用也並不祇限於田間試驗；任一種祇含兩個**處理**（treatment）的試驗都可以應用它。 如將兩羣家畜各用一種飼料養育一定時間，比較兩者的增重來決定兩種飼料的相對飼育價值，便可以利用駢對觀測值法；成對的家畜可以選同窩的兩頭猪或同出生重或同齡的兩匹仔馬，逢機地決定一對中的一個用某種飼料而另一個用其餘一種。

兩類教學方法的比較也可以應用駢對觀測值法。將一羣 $2n = 40$ 個學童分成兩班，每班20人；分班前先按智商排成對，同智商的一對學童中一個逢機地編入甲班而另個編入乙班。兩班由同一教員，同一教材，而用不同方法**教授**，如甲班用視聽法而乙班不用等；學期終了時用同一考題考試，將每對中甲班生成績減去乙班生成績，得出20個或正或負的差值；這 20 個差值便可用駢對觀測值法來分析。 這種試驗所比較的是某教員用那種教學法更爲合式，並不能顯出兩種教學法本身的優劣。

從上面的幾種例子可以看出，駢對觀測值法是祇含兩種處理的試驗所專用的；處理的數目多於二，如四種飼料或三種教學法的試驗便得使用另種**試驗設計**（experimental design）了。這種新的試驗設計稱爲**逢機區集**（randomized blocks）法，要在第十四章再講。駢對觀測值法其實祇是逢機區集法（14.6節）的一個特例。試驗內處理數目爲 2 時，兩種方法都可以應用，而得到的結論也是相同的；如有不同，計算過程中一定有錯。

將兒童，試區，家畜等駢成對，對與對間的變異便在各對中消除了；所以，**試驗機差**（experimental error）就會減到最小。 舉個例子來看，將表8.7內第一區集的兩個觀測值各加10，第二區集的各加20，第三區集的各加30，等等， 10 個差值根本不變而 t 值當然也是不變的；這便是說，即使土壤肥力各區集不同，試驗的準確性（accuracy）並不受到影響。同樣地，兒童的智商雖然對對不同，但試驗的準確性也不會受到影響；不但如此，這樣的教學法試驗會用到不同智商的兒童，結論還更有意義些；由不同智商學童得來的結論，一般說來，該比由某一智商學童得來的結論更易於成立。

8.8 附記

將 $\bar{y}$ 和 s^2 用來推論有關族羣的均值，可以算是本章的一個重要進展。將 $\bar{y}$，μ_0，s^2，n 四個元素湊在一起便得出 t 測驗，因而便可以產生一個結論；所以，現在的 $\bar{y}$ 和 s^2 已經不是專門用來估算 μ 和 σ^2 的介值，而是計算 t 值和得出有關族羣均值結論的中間步驟了。

習　　題

(1) 由 $\mu=50$ 及 $\sigma^2=100$ 的圓牌常態族羣內取出一個大小爲10的逢機樣品，得到的觀測值是45，55，68，55，51，44，42，45，53，37。將族羣均值當作未知，用雙尾 t 測驗測驗族羣均值等於(a)40，(b)49，(c)50，(d)51，(e)60的擬說於 5% 顯著水準。仿照 8.5 節程序寫出(a)的完全報告，計算(b)，(c)，(d)，(e)的值，並寫出結論。

　　已知族羣均值等於50，當然知道答案的對錯；試寫出五個結論中，那些結論是正確的，那些犯了第一類錯誤，那些犯了第二類錯誤。

　　由這個題可以知道，擬說族羣均值接近族羣眞正均值時，測驗易於遭犯第二類錯誤。[(a)$t=3.4051$，正確；(b)$t=0.1792$，犯第二類錯誤；(c)$t=-0.1792$，正確；(d)$t=-0.5377$，，犯第二類錯誤；(e)$t=-3.7636$，正確。]

(2) 十二罐櫻桃的每罐瀝乾重量嘛數組成一個逢機樣品：

　　　　　　12.1　11.9　12.4　12.3　11.9　12.1

　　　　　　12.4　12.1　11.9　12.4　12.3　12.0

測驗每罐櫻桃瀝乾重在1%水準合格的擬說。（$t=2.57$，$\nu=11$）

(3) 四十六名高中一年級女生的家事課程分成兩種敎授班上課。先將四十六個人分成 23 個智商相近的對，每對中逢機取一個編入講授班而另一個編入討論班，每班 23 人。兩班由同一敎員指導，學期終了又用同樣試題考試。試用 5% 顯著水準測驗這個敎員對兩種方法具有相同合適程度的擬說($t=0.99, \nu=22$)。

對的編號	講　　授	討　　論
1	84	72
2	88	78
3	63	81
4	88	84
5	78	75
6	75	63
7	59	72
8	75	75
9	56	53
10	72	75
11	94	69
12	81	84
13	84	69
14	84	72
15	81	84
16	78	69
17	66	78
18	59	69
19	78	69
20	59	84
21	59	63
22	72	53
23	56	38

(4) 設題1中10個觀測值是窖內不同部位的攝氏溫度值，擬說爲平均窖溫等於 50°C，而 t 值已在題1內求出。將攝氏溫度換算成華氏溫度($F=1.8C+32$)，重算 t 值，看看與題1有無不同。由這個題可以知道，t 值不因單位而不同。

(5) 自由度數爲 4 的 t 值理論相對頻度已列在表8.2內。試求小於 -3.5，-2.5，$\cdots$，3.5 的相對累計頻度，將八個點繪在常態機率紙上，並解釋八點不在一條直線上的原因。

(6)　將動物坐骨神經(sciatic nerve)切除後，檢查脊髓前角 (anterior horns)內尼氏體(Nissl bodies)在色原溶解 (chromotolysis) 期中磷肌酸 (creatine phosphate) 的變化。下面的表是試驗中100克髓體素內磷的毫克數，試用 5% 水準的 t 測驗測驗正常動物的左及右側磷肌酸含分差平均為零的擬說。(Bodian, David: "Nucleic Acid in Nerve-cell Regeneration," *Symposia of the Society for Experimental Biology*, No. 1. Nucleic Acid, pp. 163-178, Cambridge University Press, London, 1947.)

動物編號	正常（左）	正常（右）
A717	18.2	16.8
A719	9.7	10.2
A754	5.8	6.2
A730	16.6	15.2
A667	12.8	10.6
A777	13.7	14.4
A806	14.3	14.0
A774	22.9	14.2
A773	7.9	10.1

(7)　下面的資料由與題 6 相同的研究得出。切除10頭猴子的左側坐骨神經，將新生的左側及正常的右側頸部脊髓前角內磷肌酸定量，得出每100克體素內的磷的毫克數。

動物編號	新生（左）	正常（右）
A738	5.6	7.4
A739	4.3	8.0
A797	12.5	10.9
A778	8.9	20.6
A779	4.6	16.8
A730	6.1	31.8
A677	5.0	15.9
A684	18.0	22.6
A559	9.8	17.6
A688	10.6	15.2

試用 5% 水準的 t 測驗測驗新生及正常細胞內磷肌酸含分平均差等於零的擬說。(Bodian, David: "Nucleic Acid in Nerve-cell Regeneration", *Symposia of the Soiety of Experimental Biology*, No.1 Nucleic Acid, pp. 163-178, Cambridge University Press, London, 1947.)

(8) 汽油的辛烷率(octane rating) 有兩種測定方法，一種是試驗室測定，一種是標準馬達量度，兩種結果的比較如下：

樣品編號	試驗室法	馬達法
1	104	106
2	99	97
3	91	88
4	96	89
5	85	84
6	74	68
7	81	79
8	66	63
9	72	66

試問兩種方法的結果，一般說來是否相同？如果兩種方法的結果不同，將第一種方法當作標準，會得甚麼結論？用5%水準。

(9) 某些教育性兒童玩具的操作和智力測驗相似，現在要看看熟悉這種玩具玩法的兒童在智力評分上會不會受到影響。將40個幼稚園的兒童按性別及新近測得的智商分成20對，由每對中逢機取一個編入一班，另一個編入另一班，共得兩班。在朝課時，一班兒童給予特定的玩具，一班不給；三星期後再作智力測驗，得到了下列的智商值：

對的編號	無玩具	有玩具
1	117	130
2	102	103
3	81	87
4	108	103
5	112	120
6	114	115
7	94	95
8	117	107
9	110	116
10	128	136
11	99	89
12	104	101
13	97	102
14	142	141
15	99	95
16	87	91
17	92	97
18	112	116
19	125	127
20	120	120
21	82	86
22	140	139
23	122	121
24	95	107
25	134	139
26	106	106
27	115	107
28	90	94
29	103	106
30	117	134
31	90	91
32	110	121
33	130	134
34	108	118
35	111	115
36	99	106
37	104	107
38	107	113
39	124	126
40	122	129

試用 5% 水準測驗兩班學生智力評分一般地相等的擬說。

參 考 文 獻

Cochran, W.G. and Cox, G.M.: *Experimental Designs*, John Wiley & Sons, New York, 1957.

Fisher, R. A.: *Statistical Methods for Research Workers*, 11th edition, Hafner Publishing Company, New York, 1950.

Fisher, R.A.: *The Design of Experiments*, 6th edition, Hafner Publishing Company, New York, 1951.

Peach, Paul: *An Introduction to Industrial Statistics and Quality Control*, Edwards & Broughton Co., Raleigh, North Carolina, 1947.

第 九 章

變方比和 F 分布

第七章中討論過一個族羣與其樣品間的變方關係。現在要把討論的內容推廣，看看一對族羣與它們的樣品間變方關係是怎樣的。這時所用的工具便不再是一個樣品變方，而是一對樣品變方 s_1^2 和 s_2^2 的比率 s_1^2/s_2^2；進一步便引出了 F 分布（F-distribution）。F 分布是費適氏首創的，當時稱為 z 分布（z-distribution），後經史迺德（G. W. Snedecor）氏加以改良並用費氏姓氏的縮寫來命名，纔得到 F 分布。這兒所講的 F 分布就是史氏修改後的結果，原始的 z 分布便不講了。

9.1 F 分布的性質

討論 F 分布要牽涉到兩個族羣，為了避免混亂，兩個族羣和它們的樣品都要用足註 1 和 2 來表示；所以，σ_1^2 和 σ_2^2 便是族羣 1 和族羣 2 的變方。

現在仍然用取樣試驗的方法來叙述 F 分布。先從變方為 σ_1^2 的族羣內取出同大 n_1 的全部可能樣品，各求一個樣品變方 s_1^2；再從變方為 σ_2^2 的族羣內取出同大 n_2 的全部可能樣品，各求一個樣品變方 s_2^2。兩組樣品分別由兩個族羣取出，而第一組中每個 s_1^2 用第二組中每個 s_2^2 除出的比率 s_1^2/s_2^2 便是**變方比**（variance-ratio）；如由兩族羣取得的兩組全部可能樣品各有 9 和 25 個，可能樣品對便是 $9 \times 25 = 225$ 個，變方比的個數便也等於 225。樣品變方 s_1^2 和 s_2^2 是隨樣品不同的，變方比 s_1^2/s_2^2 也隨樣品對而不同，因而便有一定的頻度分布；如果兩個族羣是變方相等的常態族羣，這個變方比的分布便稱為 **F 分布**。F 分布的自由度數有兩個，就是 s_1^2 和 s_2^2 的自由度數；第一個代表分子的自由度數，第二個代表分母的自由度數。

由一對自由度數便可以決定一個 F 分布，所以這個分布也形成一個族。圖9.1便列出了自由度數1和4， 4和4， 4和25的三條 F 分布曲線，將上述說明綜合一下，便可以得出一個定理；

定理9.1　由變方為 σ_1^2 的常態族羣內取出同大 n_1 的全部可能樣品，得出每個樣品的變方 s_1^2 和自由度數 ν_1；再由變方為 σ_2^2 的常態族羣內取出同大 n_2 的全部可能樣品，得出每個樣品的變方 s_2^2 和自由度數 ν_2；這全部可能比率

$$F = \frac{s_1^2}{s_2^2},$$

當 $\sigma_1^2 = \sigma_2^2$ 時，便從自由度 ν_1 和 ν_2 的 F 分布。

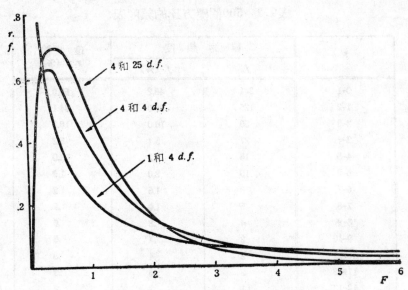

圖9.1　各種自由度數的 F 分布

定理中說過，全部可能比率就是由第一族羣取得的每個樣品變方 s_1^2 都分用由第二族羣取得的每個樣品變方 s_2^2 除的意思。這個條件對定理的成立很有關係，而能滿足這種條件的樣品變方 s_1^2 和 s_2^2 便相互地稱為獨立。

9.2 F 分布的取樣驗證

定理9.1也可用第四章的取樣試驗來驗證。仍由 $\mu = 50$ 及 $\sigma^2 = 100$

的圓牌常態族羣內取得1,000個$n=5$的逢機樣品,求出每個樣品的變方
s^2。設1,000個樣品變方中有500個由一個族羣取得,另500個由另一
族羣取得;將同一常態族羣看作兩個,當然能滿足定理9.1的條件。
就將這1,000個樣品變方,第二個除第一個,第四個除第三個,等等,
得出500個變方比,便可用來驗證定理9.1。求得的500個變方比中有
四個列在表4.2內,全部的頻度表和自由度數4和4的F分布理論相
對頻度便列在表9.2內;長條圖與自由度數4和4的F分布曲線便是
圖9.2。表和圖中的觀測頻度都與理論頻度接近,便證實了定理9.1。

表9.2　500個變方比的頻度表

F	觀 測 頻 度		理　　論
	f	$r.f.$ (%)	$r.f.$ (%)
0-1	241	48.2	50.0
1-2	125	25.0	24.1
2-3	50	10.0	10.3
3-4	27	5.4	5.2
4-5	16	3.2	3.0
5-6	10	2.0	1.9
6-7	8	1.6	1.2
7-8	5	1.0	.9
8-9	4	.8	.6
9-10	2	.4	.5
10-11	2	.4	.3
11-12	2	.4	.3
12-13	1	.2	.2
13-14	0	.0	.2
14-15	0	.0	.2
15-16	1	.2	.1
大 於 16	6	1.2	1.0
合　計	500	100.0	100.0

　　由500個圓牌的族羣(4.1節)內共可取得(500)^{5}個大小為5的
樣品(5.1節),所以可以求出同數的樣品變方s_1^2;由同一族羣又可以

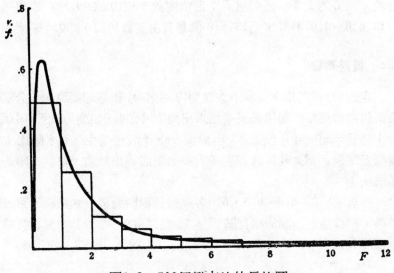

圖9.2　500個變方比的長條圖

求得另一組 (500)^{5}個樣品變方 s_2^2。將每個 s_1^2 分別用每個 s_2^2 除，便共可得出變方比 (500)^{10} = 9,765,625 × 10^{20} 個。所以 500 個變方比祇佔全部可能結果中極小的成數，但驗證却相當理想。

9.3　F 表

　　不同自由度數對的 F 分布百分點值列在附表 7 內，表的上緣是 F 內分子的自由度數，首欄便是分母的自由度數，而全表由 5%，2.5%，1%，0.5% 四個百分點值的個別表組成。自由度數 4 和 4 的 5% F 表表列值是 6.3883，便表示這對自由度數的 F 值內有 5% 大於 6.3883；自由度數 4 和 4 的1% F 表表列值是 15.977，便表示這對自由度數的 F 值內有 1% 大於 15.977；由取樣試驗來看，500 個變方比中有1.2% 大於16，而1% 與1.2% 已經很接近了。

　　F 表的四個百分點值都選在 F 分布的右尾部，左尾的相應百分點如99.5% 及97.5% 等都未列出，但却不難算出。自由度數 ν_1 和 ν_2 的 97.5% F 值等於自由度數 ν_2 和 ν_1 的2.5% F 值的倒數；所以，自由度數 6 和 4 的 97.5% F 值是 1/6.2272 = 0.16059，而 6.2272 便是自由度數 4 和 6 的 2.5% 表列值 F；自由度數 5 和 10 的 99.5% F 值等於 1/13.618＝0.073432，而 13.618 便是自由度數 10 和 5 的 0.5% F 值。

9.4　擬說測驗

定理 9.1 可以用來測驗兩族羣變方 σ_1^2 和 σ_2^2 相等的擬說。由分別取自兩個常態族羣的兩個逢機樣品求出變方 s_1^2 和 s_2^2，當變方比 $F=s_1^2/s_2^2$ 近於 1 時表示 $\sigma_1^2=\sigma_2^2$，F 值比 1 小得很多時表示 $\sigma_1^2<\sigma_2^2$，而 F 值比 1 大得很多時表示 $\sigma_1^2>\sigma_2^2$；究竟要多大多小纔能得出結論，便要由顯著水準來決定。

本書的 6.3，6.4，6.5，6.6 各節曾經討論過第一類錯誤，第二類錯誤，和樣品大小間的相互關係。這些討論在 $\sigma_1^2=\sigma_2^2$ 的擬說測驗內也都能夠成立。

9.5　測驗程序

擬說 $\sigma_1^2=\sigma_2^2$ 的測驗可以用一個數例來說明。分別由兩個常態族羣內取得兩個逢機樣品，一個的觀測值是 2，3，7，另一個的是 8，2，8，2，便得到下面的測驗程序。

(1)　擬說：擬說爲兩個族羣的變方相等，或 $\sigma_1^2=\sigma_2^2$。

(2)　對待擬說：對待擬說有兩個，(a) $\sigma_1^2<\sigma_2^2$，(b) $\sigma_1^2>\sigma_2^2$。

(3)　原設：兩個樣品是逢機地分別由兩個常態族羣取得的。

(4)　顯著水準：選用 5% 顯著水準。

(5)　臨界區：自由度數 2 和 3 的 F 值臨界區是 $F<0.025533$（0.025533＝1/39.165，而 39.165 爲自由度數 3 和 2 的 2.5% 點 F 值。）和 $F>16.044$（自由度數 2 和 3 的 2.5% F 值）兩處。

(6)　F 的計算：F 值的詳細算法列在表 9.5 內，求得的自由度數 2 和 3 的值等於 0.5833。

(7)　結論：求出的 F 值出現在臨界區外，所以結論是兩族羣的變方相等，或 $\sigma_1^2=\sigma_2^2$。（如果 $F<0.025533$，結論是 $\sigma_2^2<\sigma_2^2$；如果 $F>16.044$，結論便是 $\sigma_1^2>\sigma_2^2$。）

表9.5　變方比的計算

樣 品 編 號	1	2
	2	8
	3	2
y	7	8
		2
Σy	12	20
$(\Sigma y)^2$	144	400
$(\Sigma y)^2/n$	48	100
Σy^2	62	136
SS	14	36
s^2	7	12
$F = 7/12 = 0.5833$　　自由度數爲 2 和 3		

　　如果觀測值的量度單位是吋，s^2 的單位便是方吋；F 值是兩個用方吋爲單位的數值比率，所以是個不名數。

9.6　樣品變方的加權均值

　　在9.5節的例子裏，$s_1^2=7$ 的自由度數是 2 而 $s_2^2=12$ 的自由度數是 3，但擬說測驗的結論却是族羣變方相等；所以，s_1^2 和 s_2^2 都是共同族羣變方 σ^2 的估值，看來是可以合而爲一而用兩者的均值來估算 σ^2 的。例中 s_2^2 的自由度數3大於 s_1^2 的自由度數2，所以 s_2^2 是比較準確的估值；兩者的均值便不宜用 $1/2(s_1^2+s_2^2)$，而應當根據準確性定出**權值**（weight）再求**加權均值**（weighted mean）

$$s_p^2 = \frac{\nu_1 s_1^2 + \nu_2 s_2^2}{\nu_1 + \nu_2} = \frac{\nu_1}{\nu_1 + \nu_2}s_1^2 + \frac{\nu_2}{\nu_1 + \nu_2}s_2^2 \text{。} \tag{1}$$

用表9.5的例子，兩個樣品變方的加權均值便是

$$s_p^2 = \frac{(2 \times 7) + (3 \times 12)}{2+3} = \frac{14+36}{5} = 10 \text{：}$$

事實上是2/5的第一樣品變方 7 和 3/5 的第二樣品變方 12 的合計，自然和將兩個樣品變方各取一半的未加權均值不同。

　　樣品變方的加權均值又稱爲族羣變方 σ^2 的勻 和 估 值（pooled estimate）。由於 $SS/\nu = s^2$ 及 $\nu s^2 = SS$，勻和估值 s_p^2 也可以寫成

$$s_p^2 = \frac{SS_1 + SS_2}{\nu_1 + \nu_2}, \tag{2}$$

式中的 SS_1 和 SS_2 便是第一和第二樣品平方和，ν_1 和 ν_2 便是自由度數。例中勻和變方（pooled variance）的分子是 $14+36=50$ 而分母是 $2+3=5$，所以勻和變方的自由度數是 5 而它的值是 $50/5=10$。

　　族羣變方 σ^2 的勻和估值可由下面的定理求得，並可用取樣試驗驗證它的成立。

　　定理9.6　如介值 SS_1/σ^2 和 SS_2/σ^2 分別從自由度數 ν_1 和 ν_2 的卡方分布，而 SS_1/σ^2 和 SS_2/σ^2 又分別由獨立樣品求得，介值

$$\frac{SS_1 + SS_2}{\sigma^2}$$

便從自由度數 $(\nu_1 + \nu_2)$ 的卡方分布。

　　定理9.6可用取樣試驗來驗證及解釋。由7.7節知道，1,000逢機樣品的 SS/σ^2 接近於自由度數 4 的卡方分布。將這 1,000 個值順次兩兩分成爲500個數值對，再按定義求每對的勻和變方；如果用表4.2的四個 SS 值

　　　　　　598.8　　237.2　　396.8　　319.2，

便可以求出第一對的 $(SS_1 + SS_2)/\sigma^2$ 值

$$(598.8 + 237.2)/100 = 8.360$$

和第二對的

$$(396.8 + 319.2)/100 = 7.160。$$

這1,000個樣品是獨立的（4.2節），能夠滿足定理9.6的成立條件。

　　將求得的500個 $(SS_1 + SS_2)/\sigma^2$ 值列成一個頻度表，並將自由度數爲 8 的卡方分布列爲表內的理論頻度，便得出表 9.6。再將 500 個 $(SS_1 + SS_2)/\sigma^2$ 的長條圖連同自由度數 8 的卡方分布曲線繪成圖9.6。由表和圖的結果來看，觀測頻度都很接近於理論頻度。

表9.6　500個$(SS_1+SS_2)/100$的頻度表

$\dfrac{SS_1+SS_2}{100}$	觀　測　頻　度		理　　論	中點值	mf
	f	$r.f.$ (%)	$r.f.$ (%)	m	
0-1	1	0.2	0.2	0.5	0.5
1-2	6	1.2	1.7	1.5	9.0
2-3	29	5.8	4.7	2.5	72.5
3-4	32	6.4	7.7	3.5	112.0
4-5	54	10.8	10.0	4.5	243.0
5-6	54	10.8	11.0	5.5	297.0
6-7	56	11.2	11.1	6.5	364.0
7-8	58	11.6	10.3	7.5	435.0
8-9	52	10.4	9.1	8.5	442.0
9-10	30	6.0	7.7	9.5	285.0
10-11	29	5.8	6.3	10.5	304.5
11-12	31	6.2	5.1	11.5	356.5
12-13	19	3.8	3.9	12.5	237.5
13-14	12	2.4	3.0	13.5	162.0
14-15	13	2.6	2.3	14.5	188.5
15-16	5	1.0	1.7	15.5	77.5
16-17	7	1.4	1.2	16.5	115.5
17-18	3	0.6	0.9	17.5	52.5
18-19	2	0.4	0.6	18.5	37.0
19-20	3	0.6	0.5	19.5	58.5
大於 20	4	0.8	1.0	23.1	92.4
合　計	500	100.0	100.0		3,942.4

$$\dfrac{SS_1+SS_2}{100}\text{ 的均值} = \dfrac{\sum mf}{\sum f} = \dfrac{3,942.4}{500} = 7.9$$

卡方分布的均值等於自己的自由度，所以 500 個 $(SS_1+SS_2)/\sigma^2$ 值的均值應當接近於 8。表 9.6 中 $(SS_1+SS_2)/\sigma^2$ 的均值計算仍用組中點值 m 代替全組的近似求法，0 至 1 組取 0.5，1 至 2 組取 1.5，等等，大於 20 的組用組內的四個值的均值當作 m。用這種方法求得的 500 個 $(SS_1+SS_2)/\sigma^2$ 的近似均值是

$$\dfrac{\sum mf}{\sum f} = \dfrac{3,942.4}{500} = 7.9 \, ,$$

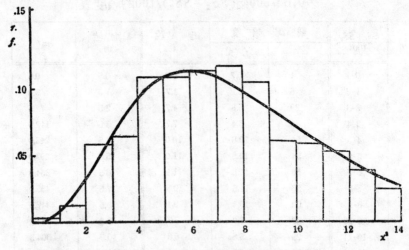

圖9.6　500個$(SS_1 + SS_2)/100$的長條圖

已接近於 8 。這樣便完成了定理 9.6 的驗證，並證實勻和變方的自由度數等於$(\nu_1 + \nu_2)$。

　　族羣變方σ^2的勻和估值可由任意數目的樣品變方求得。如由 k 個變方相同的族羣內分別取得逢機樣品，由 k 個樣品求得的 σ^2 的勻和估值便是

$$s_p^2 = \frac{k個SS的合計}{k個\,\nu\,的合計}。$$

9.7　F分布與卡方分布間關係

　　由7.7節知道介值SS/σ^2從自由度數 ν 的卡方分布，由9.2節又知道 s_1^2/s_2^2 介值從自由度數 ν_1 和 ν_2 的 F 分布；但$s^2 = SS/\nu$，所以 F 分布是可以用卡方分布形式表達出來的。F 分布與卡方分布的代數關係內容非常豐富，現在祇能擇要敍述。

　　前面已經說過，自由度數趨近於無限時，樣品變方就變成族羣的變方；也就是說，樣品內的觀測值有無限多個，樣品就是族羣而s^2 也就是 σ^2。所以，當ν_2趨近於無限時，介值 $F = s_1^2/s_2^2$ 便是 s_1^2/σ^2；但s_1^2/σ^2從 χ^2/ν 分布 （7.7節），所以便得出卡方與 F 間關係的定理。

定理9.7　如介值 χ^2 從自由度數 ν 的卡方分布，介值 χ^2/ν 便從自由度數 ν 和 ∞ 的 F 分布。

定理9.7中的關係可由附表 5 和附表 7 的比較看出。附表5內自由度數 10 的 5% 點 χ^2/ν 值 1.8307就是附表 7 內自由度數 10 和 ∞ 的 5% 點 F 值，而各種自由度數的 5% 點值全欄就是 5% F 表的底行；1% 及其他百分點值都維持相同的關係。因此、族羣變方等於指定值的擬設（7.10節）可由三種途徑來測驗：用自由度數 $(n-1)$ 的卡方介值 $\chi^2 = SS/\sigma^2$，自由度數為 $(n-1)$ 的介值 $\chi^2/(n-1) = s^2/\sigma^2$，或用自由度數為 $(n-1)$ 和 ∞ 的介值 $F = s^2/\sigma^2$ 都可以；三者祇是外形不同，結論必然是一致的。

9.8　附記

兩族羣變方相等擬設可以用來比較兩種製造方法所得成品的均一性。如用兩種方法製造一種機件，製品都能達到合於規格的平均長度 1.5吋，製品均一性高的方法便更值得採用。比較兩種製件長度的變方時，可由兩類製件內分別逢機取得樣品並量出長度，再用 9.5 節程序測驗 $\sigma_1^2 = \sigma_2^2$ 擬設；援納擬設得出兩法製件均一性相同的結論，棄却擬設便說其中一種方法的製件比另一種均一，而值得採用製件更為均一的方法。

科學家也可以用上述方法比較兩種試驗技術，某種技術所產生的觀測值變方較小，這種技術便更為準確。

除上述情形外，本類測驗還沒有多少實用價值；這兒所講到的 F 分布不過是研讀變方分析（第十二章）的預備材料，並不是專門用來測驗兩族羣變方相等擬設的。

附表 7 祇列出了 F 分布右尾各百分點值，而未列出雙尾結果；其實 F 表的製作目的就是專用來作單尾測驗變方分析的，今後應用 F 表時就不再涉及雙尾測驗了。

習　　題

(1)由 $\mu = 50$ 及 $\sigma^2 = 100$ 的圓牌常態族羣內取得兩個逢機樣品，將第一樣

品各觀測值減去10而第二樣品各觀測值加上10；這樣，第一樣品
來自均值 $\mu = 40$ 的族羣而第二樣品便來自 $\mu = 60$ 的族羣，但兩族
羣的變方却同等於100。用上述方法所得的兩個樣品是：

樣　品　1			樣　品　2		
41	53	45	58	72	81
46	46	37	67	67	72
27	57		59	63	59

將兩個樣品的來源當作未知，用 5% 顯著水準 F 測驗測驗兩族羣
變方相等擬說，並仿照9.5節程序寫出完全報告。

　　兩族羣的變方本來相等，試問結論是正確的還是遭犯第一類
錯誤的？測驗的擬說是對的，無從遭犯第二類錯誤。

　　改變樣品內觀測值的目的就是說明族羣的均值和測驗無關。
（$F = 1.48$; $\nu_1 = 7$, $\nu_2 = 8$）

(2)　如題 1 內接納擬說，試求族羣變方 σ^2 的匀和估值和它的自由度。
（$s_p^2 = 71.6147$, $\nu = 15$）

(3)　將題 1 內兩個樣品合成一個含有17個觀測值的樣品，求它的變方
s^2，並與題 2 的 s_p^2 比較。哪一個較大？爲甚麼？在甚麼條件下 s_p^2 是
σ^2 的適當估值？爲甚麼？在甚麼條件下 s^2 是 σ^2 的適當估值？爲
甚麼？

(4)　將題 1 第二樣品各觀測值乘1.1，重算 s_2^2，並用 5% 水準 F 介值測
驗 $\sigma_1^2 = \sigma_2^2$ 擬說。

　　第二樣品各觀測值乘1.1後，樣品便由變方爲 $(1.1)^2 \times 100 =$
121的族羣內取得（定理2.4b）；所以，$\sigma_1^2 = 100$, $\sigma_2^2 = 121$。已經
知道族羣變方，試問結論是正確的還是犯了第二類錯誤的？測驗
的擬說是錯的，無從犯第一類錯誤。

　　由這個題可以看出，擬說與族羣眞象相去不遠時，用較小的
樣品易於接納錯誤擬說。

(5)　將題 1 第二樣品各觀測值乘 5，重算 s_2^2，並用 5% 水準 F 介值測
驗 $\sigma_1^2 = \sigma_2^2$ 擬說。

第二樣品各觀測值乘 5 後，樣品便是由變方爲 $(5)^2 \times 100 = 2,500$ 的族羣內取得（定理2.4b）；所以 $\sigma_1^2 = 100, \sigma_2^2 = 2,500$。已經知道族羣的變方，試問結論是正確的還是犯了第二類錯誤的？測驗的擬說是錯的，無從犯第一類錯誤。

　　由這個題可以看出，擬說與族羣眞象相差很大時，不必用太大的樣品已能棄却錯誤的擬說。

(6) 用 F 測驗測驗第七章題 4 的擬說。

(7) 用 F 測驗測驗第七章題 8 的擬說。

(8) 用兩種方法包裝冷凍草莓，想知道哪種方法的重量比較均一。兩種方法的觀測記錄是：

方　法　A				方　法　B			
16.1	16.2	15.9	16.1	15.8	16.4	16.3	16.2
16.1	15.9	16.0	16.2	16.4	15.7	16.0	16.1
16.0	16.2	16.1	16.0	16.5	16.0	16.1	16.3

試用5%水準測驗兩族羣變方相等擬說。

(9) 鼠糞內細菌數目的計點有新，舊兩法，用兩法各作塗膜並用結晶紫染色。逢機鏡檢25個視野，得到下列細菌數目（y）的記錄。

舊					新				
12	11	4	7	0	16	28	31	20	28
5	6	0	15	7	26	20	21	27	28
13	9	15	0	7	29	23	24	17	42
11	0	13	15	49	21	21	41	27	29
0	4	44	32	10	26	27	23	28	21

試測驗變方相等擬說於5%水準。

參 考 文 獻

Hoel, Paul G.: *Introduction to Mathematical Statistics*, Second
　　Edition, John Wiley & Sons, New York, 1954.

Mood, Alexander M.: *Introduction to the Theory of Statistics*,
McGraw-Hill Book Company, New York, 1950.

第 十 章

樣品均值差的分布

第五，六，八三章內討論的都是族羣均值和它的樣品均值間的演釋及歸納關係，本章的內容仍然不出這個範圍；不過，用到的量值換成了**兩個樣品的均值差** (difference between two sample means)，已經不限於一個族羣和一個樣品了。

10.1 樣品均值差的分布

討論樣品均值差的分布，需要用到兩個族羣；爲了避免混亂，還是用足註 1 和 2 來區分族羣和它的樣品；第一個族羣的均值寫成 μ_1，第二個族羣的便寫成 μ_2。整個問題可以用幾個數例來說明。

設第一個族羣由 2，4，6 三個觀測值組成 ($N_1 = 3$)，它的均值和變方分別是 $\mu_1 = 4$ 和

$$\sigma_1^2 = \frac{(2-4)^2 + (4-4) + (6-4)^2}{3} = \frac{8}{3} ; \qquad (1)$$

第二個族羣由 3 和 6 兩個觀測值組成 ($N_2 = 2$)，它的均值和變方便分別是 $\mu_2 = 4.5$ 和 $\sigma_2^2 = 2.25$。總結一下，兩個族羣內的幾項數字便是：

第一族羣	第二族羣
2, 4, 6	3, 6
$N_1 = 3$	$N_2 = 2$
$\mu_1 = 4$	$\mu_2 = 4.5$
$\sigma_1^2 = 8/3$	$\sigma_2^2 = 2.25$

由第一族羣取出大小爲 2 ($n_1 = 2$) 的全部可能樣品並計算每個樣品的均值 $\bar{y}_1$ 再由第二族羣取出大小爲 3 ($n_2 = 3$) 的全部可能樣品並計算每個樣品的均值 $\bar{y}_2$；兩組樣品和它們的均值列在表 10.1a 內，而

118

兩組樣品均值的頻度分布便列在表 10.1b 內。由兩族羣內取得的兩組全部可能樣品分別有 9 個和 8 個樣品，樣品均值的均值分別爲 $4 = \mu_1$ 和 $4.5 = \mu_2$ 兩值（定理5.3），而樣品均值的變方（定理5.3）

$$\sigma_{\bar{y}}^2 = \frac{\sigma^2}{n} \tag{2}$$

便分別是

$$\sigma_{\bar{y}_1}^2 = \frac{\sigma_1^2}{n_1} = \frac{8/3}{2} = \frac{4}{3}, \tag{3}$$

$$\sigma_{\bar{y}_2}^2 = \frac{\sigma_2^2}{n_2} = \frac{2.25}{3} = 0.75 = \frac{3}{4}。 \tag{4}$$

表10.1a　由兩個族羣內取得的兩組樣品均值

由第一族羣來的		由第二族羣來的	
樣　品	$\bar{y}_1$	樣　品	$\bar{y}_2$
2, 2	2	3, 3, 3	3
2, 4	3	3, 3, 6	4
2, 6	4	3, 6, 3	4
4, 2	3	3, 6, 6	5
4, 4	4	6, 3, 3	4
4, 6	5	6, 3, 6	5
6, 2	4	6, 6, 3	5
6, 4	5	6, 6, 6	6
6, 6	6		
合　計	36	合　計	36
均　值	4	均　值	4.5

上面兩種取樣格式和取得樣品均值的特性都在 5.1 和 5.2 節討論過。但差值 $(\bar{y}_1 - \bar{y}_2)$ 的特性却是一項新問題。由兩族羣取得的兩組全部可能樣品均值分別有 9 和 8 個，將第一組的每一個各減第二組的每一個，便得出表 10.1c 內的 $9 \times 8 = 72$ 個差和表 10.1d 內的均值差

表10.1b　由兩個族羣取得的兩組樣品均值的頻度分布

$\bar{y}_1$	f	$\bar{y}_2$	f
2	1	3	1
3	2	4	3
4	3	5	3
5	2	6	1
6	1		
合　計	9	合　計	8

$n_1 = 2$	$n_2 = 3$
$\mu_{\bar{y}_1} = \mu_1 = 4$	$\mu_{\bar{y}_2} = \mu_2 = 4.5$
$\sigma^2_{\bar{y}_1} = \dfrac{\sigma^2_1}{n_1} = \dfrac{8/3}{2} = \dfrac{4}{3}$	$\sigma^2_{\bar{y}_2} = \dfrac{\sigma^2_2}{n_2} = \dfrac{2.25}{3} = \dfrac{3}{4}$

頻度分布。由這個結果便可求得全部可能均值差的均值

$$\mu_{\bar{y}_1 - \bar{y}_2} = \frac{\sum(\bar{y}_1 - \bar{y}_2)f}{72} = \frac{-36}{72} = -0.5 , \tag{5}$$

式(5)內的結果就是兩族羣均值的差 $\mu_1 - \mu_2 = -0.5$ ， 所以樣品均值差的均值與兩族羣均值差間關係可以寫成一個定理。

定理10.1a　兩樣品均值差的均值等於兩樣品來源族羣均值差，或

$$\mu_{\bar{y}_1 - \bar{y}_2} = \mu_1 - \mu_2 。 \tag{6}$$

由表10.1d又可以算出72個樣品均值差($\bar{y}_1 - \bar{y}_2$)的變方

$$\sigma^2_{\bar{y}_1 - \bar{y}_2} = \frac{\sum[(\bar{y}_1 - \bar{y}_2) - (\mu_1 - \mu_2)]^2 f}{72} = \frac{\sum(\bar{y}_1 - \bar{y}_2 + 0.5)^2 f}{72} = \frac{150}{72} = \frac{25}{12}$$

便等於兩組樣品均值的變方之和，或

$$\frac{\sigma^2_1}{n_1} + \frac{\sigma^2_2}{n_2} = \frac{8/3}{2} + \frac{2.25}{3} = \frac{4}{3} + \frac{3}{4} = \frac{25}{12} 。$$

上面的情形並非偶然得出，而是兩族羣內全部可能樣品均值差的必定結果；用這種方式得出的樣品均值 $\bar{y}_1$ 和 $\bar{y}_2$ 便互稱**獨立地分布** (independently distributed)， 也就是第一組每個樣品均值都有相同機會和第二組每個樣品均值比較的意思。

討論樣品均值差的變方，也可以得出一個定理：

表10.1c 全部可能樣品均值差

$\bar{y}_1, \bar{y}_2$	$\bar{y}_1 - \bar{y}_2$	f
2, 3	-1	1
2, 4	-2	3
2, 5	-3	3
2, 6	-4	1
3, 3	0	2
3, 4	-1	6
3, 5	-2	6
3, 6	-3	2
4, 3	1	3
4, 4	0	9
4, 5	-1	9
4, 6	-2	3
5, 3	2	2
5, 4	1	6
5, 5	0	6
5, 6	-1	2
6, 3	3	1
6, 4	2	3
6, 5	1	3
6, 6	0	1

定理10.1b 兩組獨立分布的樣品均值差的變方等於該兩組樣品均值的變方之和，或

$$\sigma^2_{\bar{y}_1 - \bar{y}_2} = \sigma^2_{\bar{y}_1} + \sigma^2_{\bar{y}_2} = \frac{\sigma^2_1}{n_1} + \frac{\sigma^2_2}{n_2} ; \qquad (7)$$

而兩組獨立分布的樣品均值均值差的標準偏差便是

$$\sigma_{\bar{y}_1 - \bar{y}_2} = \sqrt{\frac{\sigma^2_1}{n_1} + \frac{\sigma^2_2}{n_2}} \qquad (8)$$

這兩個族羣和它們的兩組樣品均值差的分布都已用長條圖分別繪

在圖10.1內。由外形看來，雖然兩族羣不爲常態，但樣品均值差的分布當樣品夠大時却有趨於常態的跡象。這樣便又得出一個定理：

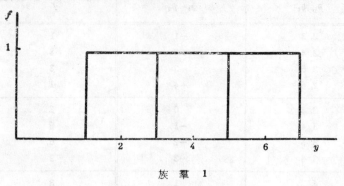

族　羣　1

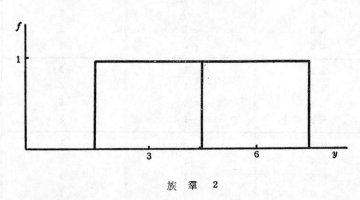

族　羣　2

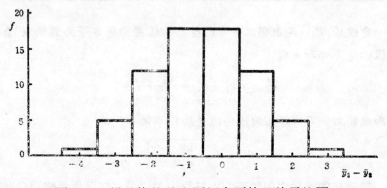

圖10.1　樣品均值差和兩個來源族羣的長條圖

表 10.1d　樣品均值差的均值和變方

$(\bar{y}_1-\bar{y}_2)$	f	$(\bar{y}_1-\bar{y}_2)f$	$(\bar{y}_1-\bar{y}_2+0.5)$	$(\bar{y}_1-\bar{y}_2+0.5)^2$	$(\bar{y}_1-\bar{y}_2+0.5)^2f$
-4	1	-4	-3.5	12.25	12.25
-3	5	-15	-2.5	6.25	31.25
-2	12	-24	-1.5	2.25	27.00
-1	18	-18	-0.5	0.25	4.50
0	18	0	0.5	0.25	4.50
1	12	12	1.5	2.25	27.00
2	5	10	2.5	6.25	31.25
3	1	3	3.5	12.25	12.25
合　計	72	-36			150.00

$$\mu_{\bar{y}_1-\bar{y}_2} = \frac{-36}{72} = -0.5 = 4-4.5 = \mu_1-\mu_2$$

$$\sigma^2_{\bar{y}_1-\bar{y}_2} = \frac{150}{72} = \frac{25}{12} = \frac{4}{3}+\frac{3}{4} = \frac{\sigma_1^2}{n_1}+\frac{\sigma_2^2}{n_2}$$

定理10.1c　如果兩樣品來源族羣具有有限變方，當樣品大小 n_1 及 n_2 增大時，樣品均值差 ($\bar{y}_1-\bar{y}_2$) 的分布便趨於常態；如果來源族羣是常態的，不論樣品大小，樣品均值差的分布都是常態的。

10.2　樣品均值差分布的取樣驗證

定理 10.1a, 10.1b, 10.1c 的驗證仍然可以用由 $\mu=50$ 及 $\sigma^2=100$ 圓牌常態族羣內取得的 1,000 個 $n=5$ 的逢機樣品來說明。將1,000個樣品各自算出均值，順次兩兩相減求得 500 個差 ($\bar{y}_1-\bar{y}_2$)。用表 4.2 內四個樣品均值做例子，四個均值是

$$48.8 \quad 45.6 \quad 59.2 \quad 55.4,$$

求出的兩個均值差是 $48.8-45.6=3.2$ 和 $59.2-55.4=3.8$；恰好是兩個正值，但如前面的均值較小，便會得出負值了。

上述1,000個樣品是相互獨立的（4.2節），所以每對樣品中的第一個算是由第一族羣取出，而第二個樣品便算是由第二族羣取出。這兩個族羣本來祇是一個，所以樣品均值差($\bar{y}_1-\bar{y}_2$)的均值應當是

$$\mu_1-\mu_2 = 50-50 = 0$$

（定理10.1a），而樣品均值差的變方應當是（定理10.1b）

$$\frac{\sigma_1^2}{n_1}+\frac{\sigma_2^2}{n_2}=\frac{100}{5}+\frac{100}{5}=40。$$

表10.2　　500個樣品均值差的頻度表

$\bar{y}_1-\bar{y}_2$	f	$c.f.$	$r.c.f.$ (%)
小　於　−10.5	24	24	4.8
−10.5至 − 7.5	33	57	11.4
− 7.5至 − 4.5	58	115	23.0
− 4.5至 − 1.5	85	200	40.0
− 1.5至　 1.5	83	283	56.6
1.5至　 4.5	95	378	75.6
4.5至　 7.5	63	441	88.2
7.5至　10.5	33	474	94.8
大　於　10.5	26	500	100.0
合　　計	500		

已知兩個族羣是常態的，所以樣品均值差（$\bar{y}_1-\bar{y}_2$）的分布也應當是常態的（定理10.1c）。將500個樣品均值差的頻度列成表10.2，它的相對累計頻度繪成圖10.2。圖10.2上各點大致在一直線上，說明了樣品均值差從常態分布的事實。圖上的50%點就是樣品均值差的均值，約爲0.25，已接近於零；圖上的84%點是樣品均值差的均值加一個標準偏差，約爲6.7，所以樣品均值差的標準偏差是6.7—0.25＝6.45，也接近於預期結果$\sqrt{40}$＝6.3245。這樣便完成了10.1節各定理的驗證。

10.3　u 分布

由定理10.1a, 10.1b, 10.1c 已經知道，樣品均值差（$\bar{y}_1-\bar{y}_2$）從均值爲（$\mu_1-\mu_2$）和變方爲（$\sigma_1^2/n_1+\sigma_2^2/n_2$）的常態分布；所以，介值

$$u=\frac{(\bar{y}_1-\bar{y}_2)-(\mu_1-\mu_2)}{\sqrt{\dfrac{\sigma_1^2}{n_1}+\dfrac{\sigma_2^2}{n_2}}} \tag{1}$$

從均值爲 0 及變方爲 1 的常態分布。在6.7節有一個介值

$$u=\frac{\bar{y}-\mu}{\dfrac{\sigma}{\sqrt{n}}}, \tag{2}$$

在 3.2 節又有一個

$$u = \frac{y - \mu}{\sigma} \ , \tag{3}$$

共得三種形式；三者並非同量，但都從均值爲 0 及變方爲 1 的常態分布，所以都可以寫成 u。

式(1)，(2)，(3)中的介值 $(\bar{y}_1 - \bar{y}_2)$，$\bar{y}$，y 都從常態分布，三種 u 值又都是各該介值減去自己均值再除以自己標準偏差求得，這三個 u 介值間便會有一定的關係。如 n_2 趨近於無限，$\bar{y}_2$ 趨近於 μ_2 而 σ^2/n_2 便

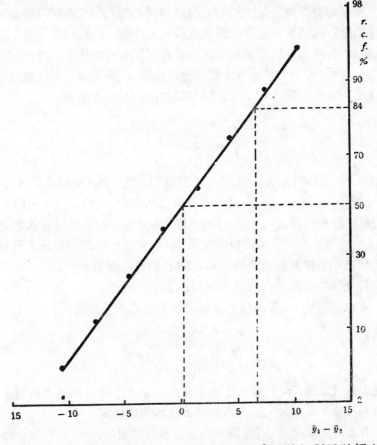

圖10.2　繪在常態機率紙上的500個樣品均值差的相對累計頻度

趨近於 0；式(1)就變成了式(2)。如 $n=1$，$\bar{y}$ 便是 y 本身；式(2)便又變成了式(3)。這便是說，式(3)是式(2)的一個特例，而式(2)又是式(1)的一個特例。

當兩個族羣變方爲已知時，u 介值可以用來測驗兩族羣均值差等於指定值的擬說。但族羣變方並不常爲已知，便要用樣品變方做代用品；這樣便產生了 t 分布（8.1節）。

10.4 學生氏 t 分布

族羣的變方通常是未知的，所以10.3節的式(1)沒有實用價值。如用樣品變方代替族羣變方，便可以得出 t 介值（8.1節）；不過，這兒所得的 t 介值却是隨着族羣變方相等或不等而有兩種形式的。

I：$\sigma_1^2 = \sigma_2^2$。　如果兩族羣的變方相等，兩個變方可以除去足註而寫成一個共同變方 σ^2；所以10.3節式(1)的 u 介值便是

$$u = \frac{(\bar{y}_1 - \bar{y}_2) - (\mu_1 - \mu_2)}{\sqrt{\sigma^2\left(\frac{1}{n_1} + \frac{1}{n_2}\right)}}, \tag{1}$$

而變方 σ^2 可用匀和樣品變方 s_p^2（9.6節）來估算。兩個樣品各有 n^1 及 n_2 個觀測值，s_1^2 和 s_2^2 的自由度數便分別是 (n_1-1) 和 (n_2-1)，而 s_p^2 的自由度數便是 $(n_1-1)+(n_2-1)=n_1+n_2-2$。如用 s_p^2 代替式(1)中的 σ^2，產生的介值便從自由度數爲 (n_1+n_2-2) 的學生氏 t 分布，而 t 分布的自由度數仍然是它本身的 s^2 的自由度數。

將上面的討論綜合一下，便得出下面的定理：

定理10.4a　如有兩個變方相同的常態族羣，介值

$$t = \frac{(\bar{y}_1 - \bar{y}_2) - (\mu_1 - \mu_2)}{\sqrt{s_p^2\left(\frac{1}{n_1} + \frac{1}{n_2}\right)}} \tag{2}$$

便從自由度數爲 (n_1+n_2-2) 的學生氏 t 分布；s_p^2 是兩族羣共同變方的匀和估值，而 $\bar{y}_1$ 和 $\bar{y}_2$ 是兩個獨立樣品的均值。

II：$\sigma_1^2 = \sigma_2^2$。　如兩個族羣的變方不等而相差不大，取同大樣品並應用定理10.4a，也不至於引起不良後果。但如族羣變方相差很大，

$F=s_1^2/s_2^2$ 已超過 1% 水準，而樣品又不等大，便要用一種近似算法；這樣也可以得出一個定理：

定理10.4b　如有兩個變方不等的常態族羣，介值

$$t = \frac{(\bar{y}_1 - \bar{y}_2) - (\mu_1 - \mu_2)}{\sqrt{\dfrac{s_1^2}{n_1} + \dfrac{s_2^2}{n_2}}} \tag{3}$$

便近似地從自由度數為 ν 的學生氏 t 分布，而

$$\nu = \frac{\left(\dfrac{s_1^2}{n_1} + \dfrac{s_2^2}{n_2}\right)^2}{\dfrac{\left(\dfrac{s_1^2}{n_1}\right)^2}{n_1-1} + \dfrac{\left(\dfrac{s_2^2}{n_2}\right)^2}{n_2-1}} \tag{4}$$

定理 10.4b 中的 t 介值，事實上不適合任何自由度數的學生氏 t 分布；祇可用來選出一個最適合於這個自由度數的 t 分布。由式(4)算出的自由度數常常不是整數，但決定臨界區時不妨用它的最近整值。

上面的近似方法祇可以用作一種不得已的手段，應當盡量避免。在設計試驗時最好採用同大的樣品，這樣便可以減少定理 10.4b 中族羣變方不等大的不良影響。其實，採用同大樣品時，一面固然可以減少計算時的麻煩，同時還可以降低第二類錯誤的機率；這些問題都留在第10.7節再講。

10.5　t 分布的取樣驗證

定理10.4a也可以用取樣試驗來驗證。仍然由 $\mu=50$ 及 $\sigma^2=100$ 的圓牌常態族羣取得1,000個 $n=5$ 的逢機樣品。先求出每個樣品的 $\bar{y}$ 和 SS，將各樣品順次兩兩編成對，再將每對的兩個 SS 相加並除以匀和自由度數 (n_1-1+n_2-1) 求得匀和變方（9.6節）

$$s_p^2 = \frac{SS_1 + SS_2}{(n_1-1) + (n_2-1)}$$

用表 4.2 的四個樣品中第一對為例，便求得

$$s_p^2 = \frac{598.8 + 237.2}{8} = \frac{836.0}{8} = 104.5$$

和

$$t = \frac{\bar{y}_1 - \bar{y}_2}{\sqrt{s_p^2\left(\dfrac{1}{n_1} + \dfrac{1}{n_2}\right)}} = \frac{48.8 - 45.6}{\sqrt{104.5\left(\dfrac{1}{5} + \dfrac{1}{5}\right)}} = 0.495 \; ;$$

t 的自由度數等於 8 ，而$(\mu_1 - \mu_2) = (50 - 50) = 0$在式中消去。將 500 對樣品的 t 值一一求出，連同自由度數 8 的 t 分布理論頻度，便列成書中的表 10.5；500 個 t 值的長條圖連同自由度數等於 8 的 t 分布曲線便繪成了圖10.5。由表和圖來看，觀測頻度都很接近理論頻度。

應用組中點值m代替全組，便可以求得500個 t 值的近似均值

$$\frac{\sum mf}{\sum f} = \frac{27}{500} = 0.054 \; ;$$

計算的結果很接近於預期的值零。這樣便驗證了定理 10.4a， 但定理 10.4b 却不加驗證了。

表10.5　500個 t 值的頻度表

t	觀 測 頻 度		理 論 r.f. (%)	中點值 m	mf
	f	r.f. (%)			
小 於 　-4.5	0	0.0	0.1	-5	-0
-4.5至 -3.5	1	0.2	0.3	-4	-4
-3.5至 -2.5	3	0.6	1.4	-3	-9
-2.5至 -1.5	37	7.4	6.8	-2	-74
-1.5至 -0.5	112	22.4	23.0	-1	-112
-0.5 至 　0.5	178	35.6	36.8	0	0
0.5至 　1.5	124	24.8	23.0	1	124
1.5至 　2.5	37	7.4	6.8	2	74
2.5至 　3.5	5	1.0	1.4	3	15
3.5至 　4.5	2	0.4	0.3	4	8
大 於 　4.5	1	0.2	0.1	5	5
合 　計	500	100.0	100.0		27
t 的均值 $= \dfrac{\sum mf}{\sum f} = \dfrac{27}{500} = 0.054$					

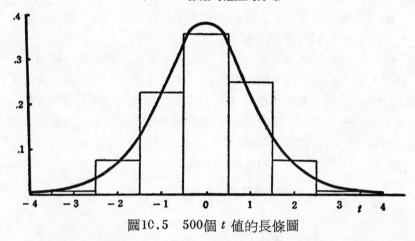

圖1C.5　500個 t 值的長條圖

10.6 擬說測驗的程序

定理 10.4a 和 10.4b 可以用來測驗兩族羣均值差等於指定值的擬說，最常用到的便是兩族羣均值差等於零的擬說。

測驗兩族羣均值差等於零的擬說，介值 t（定理10.4a）變成

$$t = \frac{\overline{y}_1 - \overline{y}_2}{\sqrt{s_p^2\left(\frac{1}{n_1} + \frac{1}{n_2}\right)}},$$

自由度數便是 (n_1+n_2-2)。如果 t 值近於零，便表示 $\mu_1=\mu_2$；t 值大於或小於零甚多，便表示 $\mu_1>\mu_2$ 或 $\mu_1<\mu_2$；大於或小於零的標準隨顯著水準而定。

兩族羣均值相等擬說的測驗可以用一個數例來說明。如有一個樣品由 2，7，3 三個觀測值組成，另一個樣品由兩個觀測值 9 和 7 組成。這兩個樣品來源族羣均值相等的擬說測驗便有下面的程序：

(1)　擬說：擬說爲兩族羣均值相等，或 $\mu_1=\mu_2$。

(2)　對待擬說：對待擬說有兩個，(a) $\mu_1<\mu_2$，(b) $\mu_1>\mu_2$。

(3)　原設：兩樣品逢機地分由兩族羣取出，而兩族羣是變方相同的常態族羣；逢機性原設比較重要。

(4)　顯著水準：選用的顯著水準是 5%。

(5)　臨界區：自由度數 $(n_1+n_2-2)=3$ 的 t 值臨界區分別是 $t<-3.182$ 和 $t>3.182$ 兩處。

⑹　　t 值的計算：t 介值的計算方法列在表10.6內，求得的值等
於—1.90而自由度數是 3 。

⑺　結論：算出的 t 值在臨界區以外，結論是兩族羣均值相等。
（如果 t 進入左臨界區，結論應當是 $\mu_1 < \mu_2$；進入右臨界區，結論便
是 $\mu_1 > \mu_2$。介值 t 是不名數，不因變換觀測單位而得不同結果。）

上面的例子是 $\sigma_1^2 = \sigma_2^2$ 的情形。如果 $\sigma_1^2 \neq \sigma_2^2$，計算 t 值時便應當應
用定理10.4b，但擬說測驗的程序仍然是一樣的。

表10.6　t 值的計算

項　目	樣品編號		組　合　法	解　　釋
	1	2		
觀　測　值	2 7 3	9 7		
$\sum y$	12	16		
n	3	2		
$\bar{y}$	4	8	-4	$\bar{y}_1 - \bar{y}_2$
$(\sum y)^2$	144	256		
$(\sum y)^2/n$	48	128		
$\sum y^2$	62	130		
SS	14	2	16	勻和 SS
$d.f.$	2	1	3	勻和 $d.f.$
s^2			5.333	$s_p^2 = 16/3$
$1/n$	0.3333	0.5000	0.8333	$1/n_1 + 1/n_2$
			4.444 2.108 -1.90	$s_p^2\left(\dfrac{1}{n_1} + \dfrac{1}{n_2}\right)$ $\sqrt{s_p^2\left(\dfrac{1}{n_1} + \dfrac{1}{n_2}\right)}$ t

10.7　採用等大樣品的好處

設計試驗時，一般都盡量採用等大的樣品。這種做法除可減小 t

測驗中不等族羣變方的不良影響（10.4節）外，還可使樣品均值差的變方縮到極小，而增加測驗的能力。由定理 10.1b，樣品均值差的變方是 $(\sigma_1^2/n_1 + \sigma_2^2/n_2)$；如果 $\sigma_1^2 = \sigma_2^2 = \sigma^2$，便是 $\sigma^2(1/n_1 + 1/n_2)$。當兩樣品的總觀測值個數保持不變時，樣品均值差的變方

$$\sigma^2 \left(\frac{1}{n_1} + \frac{1}{n_2} \right)$$

便在 $n_1 = n_2$ 時得極小值。 如果兩個樣品共有100個觀測值，兩個樣品大小 n_1 和 n_2 便可以組成 1 與99，2 與 98，…，50與50 各種組合；當樣品大小爲 $n_1 = 1$ 與 $n_2 = 99$ 時得

$$\sigma^2 \left(\frac{1}{1} + \frac{1}{99} \right) = 1.0101\sigma^2,$$

而當 $n_1 = n_2 = 50$ 時得

$$\sigma^2 \left(\frac{1}{50} + \frac{1}{50} \right) = 0.0400\sigma^2;$$

兩樣品總觀測值個數雖然相同，而 $n_1 = 1$ 與 $n_2 = 99$ 組的變方竟而是 $n_1 = n_2 = 50$ 組的 25 倍以上。 變方較大便表示樣品均值差 $(\bar{y}_1 - \bar{y}_2)$ 在各樣品間變動較大，所以即使樣品的觀測值總個數和顯著水準都保持不變，應用不同大小的樣品也較用同大樣品易於遭犯第二類錯誤。所以，設計試驗時，應當盡量採用等大樣品；即使無法辦到，也要盡量使樣品大小相近。

其實，如採用固定的 n_1，即使增大 n_2 也還是不能減小遭犯第二類錯誤機率的；如 $n_1 = 25$，樣品均值差 $(\bar{y}_1 - \bar{y}_2)$ 的變方

$$\sigma^2 \left(\frac{1}{25} + \frac{1}{n_2} \right)$$

始終大於 $0.0400\sigma^2$ 而與 n_2 無關，非同時增大 n_1 無法使變方縮小。

10.8 應用

兩族羣均值相等擬說的測驗在科學研究上應用很廣，如要比較兩種飼料對仔馬的飼育效果，便可以應用這種方法。將50匹仔馬逢機分爲兩個25匹的羣，每羣用一種飼料，記錄飼育前及飼育後的重量而用飼育期增重作爲觀測值。如另用50匹仔馬做同樣的試驗，得到的觀測值常和前一次有所不同；所以，每次試驗中的兩組觀測值就是兩個樣

品，可以用來分辨兩種飼料的飼育效果是不是眞有差別。用統計**術語來說**，這種問題就是用兩個樣品來判斷兩個族羣的均值是否相等。測驗的擬說是族羣均值相等，而測驗程序便和10.6節相同；接納擬說便得到兩種飼料飼育效果相同的結論，棄却擬說時結論是其中一種的飼育效果比另一種好。

　　本章所討論的 t 測驗（定理10.4a）與駢對觀測值 t 測驗（8.7節）可以用於同一類問題，但兩者並不是一種方法。用50頭家畜分受兩種處理的例子來看：採用駢對觀測值 t 測驗時，要先將50頭家畜分成25個相類的對，每對中的一頭逢機地給一種飼料，另一頭給另種飼料；用本章的 t 測驗時，家畜不先分對，祇將飼料完全逢機地配給牠們；所以，前一個方法對每對家畜做一次**逢機化操作**（randomization），全試驗共做了25次，而後一方法却祇做了一次。兩種 t 測驗的應用是看資料形成時所用的逢機化操作來決定的，並不可以隨意選用；至於兩種逢機化方法的得失究竟如何，要留在第十四章再講。

10.9 逢機化操作

　　上節曾說過 t 測驗的應用要看試驗材所經的逢機化操作而定，現在就用50頭家畜的例子來說明逢機化方法。用完全逢機法時，要先將50頭家畜編成 1 ，2 ，…，50號，而用號碼來代替家畜。隨即用**逢機數字表**（random digits table）（附表２）讀出 1 到50的二位數，如03，16，12，33，18等；順讀下去，已出現和大於 50 的都不取用，直到讀出25個不同的數字爲止。將讀出的25個號碼的家畜用一種飼料，其餘25頭用另種飼料，便得出一種逢機化方法。由 00 到99的二位數共有100個，用這種方法祇利用了其中的50個；這種浪費應當修正。修正的方法就是將大於50的數都減去50，所以51便是 1 ，96便是46，而00剛好算50；100個數字便全部用到了。如果家畜是 38頭，不妨便取 1 至 38 和各減38的39至76各數，而不用其他24個；爲了容易減，也可以用51至88來代替39至76的各數。

　　逢機數字表中的數字經常會重複出現，所以選數時必需有一種剔除重現數的方法。一般常將需要取得的號碼按順序排成一行，每讀出一個便從行內劃去；隨讀隨劃，便可以選出所有號碼。

從外形上看，逢機數字表是由二位數組成。其實這些數字是可以任意截割的，取一位，三位，或任意位，都無不可。讀數時也可以隨意用橫向，縱向，或對角線方向，祇是在一次逢機化操作中必需採取一致的方式。

附表 2 祇是逢機數字表的一個縮表，它的原表含有極多數字；幾種常用的逢機數字表已列在本章的參考文獻內。

統計學中的各種定理都由逢機樣品誘出，而實用上的逢機性保證就是使用逢機數字表。從50頭家畜中隨意或故意選出25頭組成樣品，當然不能得到逢機樣品，而統計學的各種定理也就無法適用了。

習　　題

(1) 由 $\mu=50$ 及 $\sigma^2=100$ 的圓牌常態族羣內取得下列兩個逢機樣品：

樣　品　1			樣　品　2			
69	38	49	48	39	59	50
65	35	37	47	60	37	

將樣品來源當作未知，用 5% 水準測驗族羣均值相等擬說，並仿照10.6節程序寫出完全報告。

已知兩樣品由同一族羣取出，問結論是正確的，還是犯了第一類錯誤；擬說是對的，無從犯第二類錯誤。($t=0.039, \nu=11$)

(2) 將題 1 內第一樣品 6 個觀測值各減 1 而第二樣品 7 個觀測值各加上 1，兩樣品便分別來自均值為49和51的兩個族羣。將樣品來源當作未知，用 5% 水準測驗族羣均值相等的擬說。已知兩族羣均值為 $\mu_1=49$ 及 $\mu_2=51$，試問結論是正確的，還是犯了第二類的錯誤；測驗的擬說是錯的，無從犯第一類錯誤。

由這個題可以知道，擬說結果與眞象相差不多而樣品不夠大時易於遭犯第二類錯誤。($t=-0.260, \nu=11$)

(3) 將題 1 內第一樣品 6 個觀測值各減20而第二樣品 7 個觀測值各加20，兩樣品便分別來自均值為30和70的族羣。將樣品來源當作未知，用 5% 水準測驗族羣均值相等的擬說。已知兩族羣均值等於30和70，試問結論是正確的，還是 了第二類錯誤；測驗的擬說是錯的，無從犯第一類錯誤。

　　由這個題可以知道，擬說結果與眞象相去甚遠，不需很大的樣品已能棄却錯誤的擬說。（$t = -5.947, \nu = 11$）

(4) 蛇麻（hops）是一種多年生無性繁殖植物，它的高收量品系的切枝在成熟時也可能有較高的收量。根據1948年收量記錄，由10個高收量品系和10個低收量品系分別切枝，而在1949年種植，田間的20個試區是完全逢機排列的。四年後切枝成熟，1953年的20個試區收量磅數是：

低		高	
37.55	44.25	49.50	33.05
49.65	46.95	46.55	43.30
52.00	40.50	49.85	42.25
35.50	31.50	41.90	39.90
35.85	43.00	45.65	49.60

　　用 t 法測驗，並說明高產系切枝收量是否高於低產系切枝。（$t = -0.923, \nu = 18$）

(5) 下列資料是由一個誘生麥芽酵素（induced maltase formation）對酵母細胞游離麩酸（glutamic acid）含量影響的研究內摘出的。麥芽酵素誘生劑選用 α—甲苷（α-methyl glucoside）。將等量的酵母細胞用 pH 4.6 的磷琥珀酸（phosphate succinate）緩衝液懸垂，分別盛入 6 個試瓶並各加等量葡萄醣。對照瓶不加誘生劑，試驗瓶各加等量，培養後用脫羧酵素法（decarboxylase method）定出純淨酵母細胞（用離心機析取並加洗滌）的游離麩酸含量（μM）。試用 5% 水準測驗兩族羣均值差等於零的擬說。（Halvorson, Harlyn O. and Spiegelman, S.: "Net Utilisation of Free Amino Acids During the Induced Synthesis of Maltozymase in Yeast," *Journal of Bacteriology*, vol. 65, pp. 601-608, 1953.）

無誘生劑	10.8	10.5	10.6	10.1	10.8	10.7
有誘生劑	11.7	11.6	11.4	11.6	12.0	11.8

(6) 下列資料是由一個用四氯化碳驅除動物腸內寄生蟲的試驗內摘出的。將 10 頭家鼠各注入 500 個 *Nippostrongylus muris* 幼蟲。注入後的第八天，將動物分成兩組，分別用兩種劑量（0.032cc，0.063cc）的四氯化碳礦油溶液灌入胃中。灌後第十天殺鼠檢查，數得的各鼠體內的成蟲數目是：

0.032 cc	421	462	400	378	413
0.063 cc	207	17	412	74	116

試用 5% 水準測驗兩種劑量藥效差等於零的擬說。這個例子的變方相差太大，要應用定理 10.4b。(Whitlock, J. H. and Bliss, C. I.: "A Bioassay Technique for Antihelminthics, *The Journal of Parasitoloy*, vol. 29, pp. 48–58, 1943.)

(7) 下列資料是兩種加膠(coated) 布料的斷裂強度 (breaking strength)。試問兩種布料的平均斷裂強度是否相等？用 5% 水準。

A	58	49	42	43			
B	50	73	71	70	60	72	66

(8) 下列資料是兩個地區大氣污染 (atmospheric **polution**) 調查中 SO_2 的含分 (ppm)。試用 5% 水準測驗兩地區污染程度相同的擬說。這個例子的變方相差太大，要用定理 10.4b。

濱海鄉區	0.8, 2.1, 1.2, 0.5, 0.1
重工業城市	25.0, 15.0, 5.0, 14.0, 5.0, 22.0, 2.0, 17.0

(9) 用每羣12頭的兩羣白鼠作迷宮(T-maze)學習試驗。試驗前將每頭

先絕食23小時，而迷宮內兩個盒子中的一個裝有食物，試到每頭都能連續三天找到食物為止。兩羣動物所用的各種處理都是相同的，祇是 B 羣所用迷宮的盛食盒子加着不同於宮內其他部分的顏色而盒子另用鐵絲網作蓋。每頭白鼠能達到學習標準所要的天數是：

A	8	8	9	9	10	10	10	10	10	10	11	11
B	5	5	7	7	7	7	7	7	7	7	8	8

試問羣內用的附加線索會不會增加學習速率？用 5% 水準。

(10) 用兩種路標研究彎道上的行車速度。先登記車照剔除住在附近的駕駛人，使參試人無法憑經驗而必需依賴路標。得出的兩組駕駛人的觀測值是（每小時哩數）：

羣 A					羣 B				
22.2	38.5	31.3	20.7	26.3	55.9	34.4	22.4	23.5	20.5
26.3	25.2	18.9	27.5	22.2	42.8	22.0	25.5	44.8	26.0
24.6	22.1	19.2	23.0	22.0	26.0	30.6	27.4	33.1	29.1
22.2	22.1	31.7	38.8	30.4	21.8	18.8	20.2	46.9	23.5
23.8	18.1	21.0	22.9	22.1	48.0	23.3	25.2	44.7	36.8
30.8	22.0	62.1	18.7	37.1	18.3	20.1	25.6	38.9	24.2
21.7	23.5	18.4	22.2	43.9	21.6	31.0	48.0	29.9	22.6
27.9	44.5	33.3	20.6	18.9	22.1	32.7	30.4	38.0	21.3
21.2	19.4	17.4	19.8	19.6	24.6	54.5	23.7	21.4	22.7
35.6	36.0	21.2	33.2	20.3	35.7	34.2	38.3	23.7	24.6

試問不同路標會不會影響行車速度？用 5% 水準。

(11) 隨意選出一批男人和女人，要他（她）們做一種簡單的零件裝配測驗。得到的裝配時間秒數是：

女					男				
36	25	23	41	23	32	33	29	27	36
29	31	30	24	28	30	38	30	35	21
26	29	31	36	30	30	36	14	29	35
27	27	30	27	31	23	35	38	39	37
27	30	21	32	30	29	28	36	38	31
28	28	28	28	23	28	31	41	35	26
29	23	24	24	29	30	32	24	24	31
35	27	36	24	23	27	37	35	32	31
27	26	31	21	22	25	26	34	27	36
25	23	31	16	22	30	24	31	30	32

問男女所用時間有沒有差異？用 5% 顯著水準。

參 考 文 獻

Box, G.E.P.: "Some Theorems on Quadratic Forms Applied in the Study of Analysis of Variance Problems, I. Effect of Inequality of Variance in the One-Way Classification." *Annals of Mathematical Statistics*, vol. 25, pp. 290–302, 1954.

Fisher, R. A. and Yates, F.: *Statistical Tables for Bioiogical, Agricultural and Medical Research*, Table XXXIII, Oliver & Boyd, London, 1938.

Kendall, M. G. and Smith, B. Babington: *Tables of Random Sampling Numbers*, Tracts for Computers, No. XXIV, Cambridge University Press, Cambridge, 1946.

Pearson, Karl (Editor): *Tables of the Incomplete Beta-Function*, Biometrika Office, University College, London, 1934.

Welch, B. L.: "The Generalization of Student Problem When Several Different Population Variances Are Involved," *Biometrika*, vol. 34, pp. 28–35, 1947.

第十一章

可 信 間 距

以前各章討論的都是擬說測驗問題，現在要換個題目，講述一種用**間距**（interval）估算徵值的方法。

11.1 不等式

不等式的討論是中學代數內的教材，本書今後也常常用到它。現在祇將幾種原理提示一下，作爲參考。

(1) 不等式的兩側加或減同一數量時，不等號的方向不變。譬如 2 小於 3 ，或 2 ＜ 3 ；在兩側各加10時得到12＜13，在兩側各減10時得到 － 8 ＜ － 7 ，不等號沒有改變。

(2) 不等式的兩側乘以或除以同一正數時，不等號的方向不變。如用 5 乘不等式 2 ＜ 4 的兩側，便得到10＜20；用 2 除同式的兩側，便得到 1 ＜ 2 。

(3) 不等式的兩側乘以或除以同一負數時，不等號方向倒置。如用 － 1 乘不等式 2 ＜ 4 兩側可得 － 2 ＞ － 4 ，而以 － 2 除兩側便得 － 1 ＞ － 2 。

11.2 間距估算法

在前幾章中曾經講過徵值的估算方法，如用樣品均值 $\bar{y}$ 估算族羣均值 μ 便是一個例子。但一個樣品均值很難等於族羣均值，表 4.2 中四個由 $\mu = 50$ 及變方 $\sigma^2 = 100$ 常態族羣取得的逢機樣品的均值就沒有一個等於50。所以，用樣品均值估算族羣均值的辦法並不算理想，最好另想別的估算方法。本章要討論用間距估算族羣均值的方法，比較用樣品均值估算算是更進了一步。

在日常生活中， **間距估算**（interval estimation） 的例子並不算希

138

罕。有人估計張三的年齡是五十多歲，便是說他的年齡大約在50歲到
60歲之間，而不致估成50歲零 5 個月又14天；前一個估算看來粗略而
可能是對的，後一個雖然準確却難保不錯了。

族羣均值的間距估算可以用間距長度和得到正確估值的可信程度
來作標準。間距越長，得到正確估值的機會就越大；將張三的年齡估
成 0 到 200 歲之間，大槪不會包括不了張三的眞正年齡，估值便會是
100％ 可信，但事實上並沒有估得張三的年齡。如將間距縮短，估得
張三的年齡在52到53間；得到正確估值的可信程度便較前面的估算爲
低，但總算估出張三的年齡了。

11.3 可信間距和可性係數

可信間距(confidence interval)和可信係數(confidence coefficient)
兩類量值都可以用族羣均值的估算來說明。已知介值

$$u = \frac{\bar{y} - \mu}{\sqrt{\dfrac{\sigma^2}{n}}}$$

從均值爲 0 及變方爲 1 的常態分布（ 6.7 節），所以同大爲 n 的全部
可能樣品 u 值內應當有95％出現在－1.96 到 1.96 間；這也就是說，
不等式

$$-1.96 < \frac{\bar{y} - \mu}{\sqrt{\dfrac{\sigma^2}{n}}} < 1.96 \tag{1}$$

會對同大爲 n 的全部可能樣品中的95％能夠成立。將式(1)中三部分分
別用 $\sqrt{\sigma^2/n}$ 乘，乘後再各加 μ，便另得一個不等式

$$\mu - 1.96\sqrt{\frac{\sigma^2}{n}} < \bar{y} < \mu + 1.96\sqrt{\frac{\sigma^2}{n}} \, \text{。} \tag{2}$$

如另將式(1)內三部分同乘 $-\sqrt{\sigma^2/n}$，便得到

$$1.96\sqrt{\frac{\sigma^2}{n}} > -\bar{y} + \mu > -1.96\sqrt{\frac{\sigma^2}{n}} \, ;$$

再各加上 $\bar{y}$，又可以得出一個不等式

$$\bar{y}+1.96\sqrt{\frac{\sigma^2}{n}} > \mu > \bar{y}-1.96\sqrt{\frac{\sigma^2}{n}}$$

或它的倒置順序

$$\bar{y}-1.96\sqrt{\frac{\sigma^2}{n}} < \mu < \bar{y}+1.96\sqrt{\frac{\sigma^2}{n}}。 \qquad (3)$$

由式(1)導出的兩個間距(2)和(3)都能滿足全部同大可能樣品中的95%，兩者的外形也很相像，初學者常常無法分淸；其實，它們並不是同樣的。這兩個不等式內都有一個隨樣品不同的介值 $\bar{y}$，但 $\bar{y}$ 却放在不同位置。不等式(2)中的 $\bar{y}$ 放在中間，兩個限(limits)

$$\mu-1.96\sqrt{\frac{\sigma^2}{n}} \quad 和 \quad \mu+1.96\sqrt{\frac{q^2}{n}}$$

是不因樣品而異的。應用第四章取樣試驗的方法，由 $\mu=50$ 和 $\sigma^2=100$ 族羣取出 $n=5$ 的全部可能樣品，求得的式(2)中兩個限便是

$$50-1.96\sqrt{\frac{100}{5}} \quad 和 \quad 50+1.96\sqrt{\frac{100}{5}}$$

或

$$50-8.8=4.12 \quad 和 \quad 50+8.8=58.8；$$

用表4.2中四個樣品均值 48.8，45.6，59.2，55.4 來看，祇有第三個 59.2 不在兩限以內。事實上，如將 $n=5$ 的全部可能樣品取出，算出每個樣品的均值 $\bar{y}$，便必有95%的 $\bar{y}$ 出現在41.2到58.8的間距內。

式(3)中的 $\bar{y}$ 放在兩限內，不等式代表一羣間距而不是一個。這一羣間距的兩個限是

$$\bar{y}-1.96\sqrt{\frac{\sigma^2}{n}} \quad 和 \quad \bar{y}+1.96\sqrt{\frac{\sigma^2}{n}}$$

或

$$\bar{y}-8.8 \quad 和 \quad \bar{y}+8.8 ，$$

可由每樣品算出 ；如表 4.2 的第一樣品便得到 $48.8-8.8=40.0$ 和 $48.8+8.8=57.6$，而其他三個樣品是 36.8 和 54.4，50.4 和 68.0，46.6 和 64.2 。這種由樣品算出而用來估算徵值的間距便稱爲所估徵

值的可信間距。在表 4.2 的四個可信間距中，祇有 50.4 到 68.0 沒有
包容族羣均值 50；如將 $n=5$ 的全部可能樣品取出，計算每個樣品的
可信間距，全部可能的可信間距中必有 95% 會包容族羣均值 50。這
種能「套著」徵值的可信間距佔全部可能同大樣品結果的百分數便稱
爲可信係數，所以上例中間距估算的可信係數便是 95%。可信間距
的兩端點值

$$\bar{y}-1.96\sqrt{\frac{\sigma^2}{n}} \quad 和 \quad \bar{y}+1.96\sqrt{\frac{\sigma^2}{n}}$$

稱爲**可信限**（confidence limits），而**可信間距的長度**（length of confidence interval）便是可信限的差，如

$$2(1.96)\sqrt{\frac{\sigma^2}{n}} = 2(1.96)\sqrt{\frac{100}{5}} = 17.5 。$$

　　不等式(2)和(3)的意義還可以用日常的例子來作一個對比。間距(2)
的兩個限是一定的而中心 $\bar{y}$ 隨樣品不同，但出現在間距內的 $\bar{y}$ 却佔全
部可能結果的95%。這種情形相當於籃球投籃，球爲樣品均值而籃爲
固定間距；投時或進或不進，但理想中的投進率是一定的（如95%）。
間距(3)本是由各樣品求得的一羣間距，它的中心 μ 不變而可信間距隨
樣品不同；有些可信間距套着族羣均值，有些套不着，但理想中的套
中率也是一定的。這種情形類似套彩，圈的大小隨意而樁的位置一定
不變，而套着與否也有一定結果。上例中第一，二，四樣品的可信間
距都套着族羣均值50，而第三樣品的沒有套着。所以，一個個別可信
間距，有時套着有時套不着族羣均值；求出全部可能同大樣品的每個
可信間距，能套着族羣均值的可信間距百分數便是可信係數。
　　可信係數是隨意選定的，不必一定是95%；如用 2.576 替 1.960
計算可信限，可信係數便是99%，而間距長度便是

$$2(2.576)\sqrt{\frac{\sigma^2}{n}} = 2(2.576)\sqrt{\frac{100}{5}} = 23.0 。$$

由此可見，可信係數增大時，可信間距便自動加長；可信係數由95%
增大到99%，可信間距長度便由17.5加長爲23.0。所以，要想保持高
的可信係數和短的可信間距，便應當縮小樣品標準機差$\sigma/\sqrt{n}$；應當

減小族羣標準偏差 σ（5.5節），增大樣品大小 n，或同時並用兩法。

　　可信間距套着或套不着族羣均值祇是對與錯的一個選擇，不會牽涉到第一類錯誤或第二類錯誤；第一類或第二類錯誤都祇在有擬說要測驗時纔會發生，可信間距根本不用擬說，當然不會有第一類或第二類錯誤了。

11.4　均值的可信間距

　　上節中曾用族羣均值的可信間距求法說明間距估算的原理，但却是用不切實用目的的 u 測驗講述的。現在改用 t 測驗來討論，便能滿足實用的需求了。

　　由均值爲 μ 的常態族羣內取出大小爲 n 的全部可能樣品，求出每個樣品的 t 值，95% 的 t 值便應當出現在自由度數 $(n-1)$ 學生氏 t 分布的左右2.5%點值 $-t_{.025}$ 和 $t_{.025}$ 間（定理8.1a）；所以，不等式

$$-t_{.025} < \frac{\bar{y}-\mu}{\sqrt{\dfrac{s^2}{n}}} < t_{.025} \tag{1}$$

對同大爲 n 的全部可能樣品內95%的樣品都能成立。用 $-\sqrt{s^2/n}$ 乘式(1)內各部分，便得；

$$t_{.025}\sqrt{\frac{s^2}{n}} > -\bar{y}+\mu > -t_{.025}\sqrt{\frac{s^2}{n}} \quad ;$$

再將各項加 $\bar{y}$，重排一下便得到

$$\bar{y}-t_{.025}\sqrt{\frac{s^2}{n}} < \mu < \bar{y}+t_{.025}\sqrt{\frac{s^2}{n}} \quad , \tag{2}$$

就是可信係數等於95% 時 μ 值的可信間距。式(2)所決定的也是一羣可信間距；求出大小爲 n 樣品的 $\bar{y}$ 和 s^2，查自由度數爲 $(n-1)$ 的 t 表，就可以算出一個 μ 值的可信間距。表42的四個逢機樣品都是由 $\mu=50$ 常態族羣內取出，四個 $\bar{y}$ 和 s^2 都已求得，$t_{.025}$ 也查出爲 2.776；由第一樣品求得的可信係數 95% 時族羣均值的可信間距便是

$$48.8-(2.776\times5.472) < \mu < 48.8+(2.776\times5.472)$$

或

$$33.6 < \mu < 64.0,$$

包容了族羣均值50。由其他三個樣品求得的族羣的均值的95%可信間距分別是36.0到56.2，46.8到71.6，44.3到66.5，都包容族羣均值50。如將 $n=5$ 的全部可能樣品取出，所得的間距中便有95%包容族羣均值, $\mu=50$。

族羣均值的可信間距可以應用於8.6及8.7節的類似問題。那兩節所討論的都是擬說的測驗，本節的方法沒有擬說，便可用來討論族羣均值的估算問題。如用 8.7 節的甜菜試驗爲例，便同時可以作兩方面的討論；測驗均值爲零擬說可以決定肥料是否增加甜菜收量，而計算族羣可信間距更可以決定施肥時究竟增產多少甜菜。

不論觀測值是多少，由一個樣品都祇能算出一個可信間距。求得的可信間距可以包容族羣均值，但也可以不包容。間距所附的係數祇不過是同大爲 n 的全部可能樣品內應得的百分數，並不能認爲某個間距有95%的機會包容徵值。

不等式(2)內的 s^2 是由樣品求出的，所以可信間距長度

$$2t_{.025}\sqrt{\frac{s^2}{n}}$$

也隨樣品不同，但同大爲 n 的全部可能樣品的可信間距平均長度却是隨樣品增大而縮短的。

族羣均值可信限的計算也很簡單。用8.5節方法求得樣品均值 $\bar{y}$ 和標準機差 $\sqrt{s^2/n}$，再由式(2)便可求得。

11.5 均值差的可信間距

均值差的可信間距可用定理 10.4a 求得，各不等式的求法都和上節相同，不必重述。族羣均值差的 95% 可信限是

$$(\bar{y}_1-\bar{y}_2)\pm t_{.025}\sqrt{s_p^2\left(\frac{1}{n_1}+\frac{1}{n_2}\right)}\; ; \tag{1}$$

如用可信係數99%，便用 t 分布的 $t_{.005}$ 值代替 $t_{.025}$ 值，而自由度數都是 (n_1+n_2-2)。各種數值如 $(\bar{y}_1-\bar{y}_2)$ 和 $\sqrt{s_p^2(1/n_1+1/n_2)}$ 等都可以參考表 10.6 來計算。 求得這兩個值後，便可以計算可信限或可信間

距；表 10.6 中一對樣品所定族羣均值差的95％可信間距是

$$-4-(3.182 \times 2.108) < \mu_1 - \mu_2 < -4+(3.182 \times 2.108)$$
$$-4-6.7 < \mu_1 - \mu_2 < -4+6.7$$
$$-10.7 < \mu_1 - \mu_2 < 2.7,$$

所以兩族羣均值差（$\mu_1 - \mu_2$）在 -10.7 到 2.7 間。

　　可信間距和擬說測驗本來是同一定理（定理10.4a 或 10.4b）的兩種應用，但目的却彼此不同。在 10.6 和 10.8 節討論的擬說測驗是用來決定兩族羣的均值是否相等，而計算（$\mu_1 - \mu_2$）的可信間距却是估算兩族羣均值究竟相差多少了。

　　在 10.7 節曾經說過：如果兩個樣品的觀測值總個數一定，均值差的變方 $\sigma^2(1/n_1 + 1/n_2)$ 在兩樣品同大時趨於極小值。所以由不等式(1)可以知道，取等大樣品可以縮短族羣均值差可信間距的平均長度。

習　　題

(1)　求8.7節甜菜試驗平均增收量的 95％ 可信間距。（19.97至52.79）

(2)　求第八章題 2 內罐裝櫻桃平均瀝乾重量的 95％ 可信間距。（12.02至12.28）

(3)　用第十章內題 1 資料，求兩族羣均值差的 99％ 可信間距。 兩樣品的來源已知，試問估值是否正確。 （-20.5至21.0）

(4)　用第十章內題 3 資料，求兩族羣均值差的 99％ 可信間距。 已經知道 $\mu_1 - \mu_2 = 40$，試問估值是否正確。

(5)　求第十章題 4 高產與低產蛇麻切枝平均收量差的95％可信間距。

(6)　求第八章題 6 磷肌酸平均含量差的 95％ 可信間距。

(7)　求第八章題 7 磷肌酸平均含量差的 95％ 可信間距。

(8)　求第八章題 8 兩種方法平均辛烷值差的 95％ 可信間距。

(9)　求第八章題 9 兩羣兒童平均成績差的 95％ 可信間距。

(10)　求第十章題 5 兩族羣均值差的 95％ 可信間距。

(11)　求第十章題 6 兩族羣均值差的 95％ 可信間距。

(12)　求第十章題 7 兩族羣均值差的 95％ 可信間距。

⑬ 求第十章題8兩族羣均值差的 95% 可信間距。

⑭ 求第十章題9兩族羣均值差的 95% 可信間距。

⑮ 求第十章題10兩族羣均值差的 95% 可信間距。

參 考 文 獻

Kendall, Maurice G.: *The Advanced Theory of Statistics*, vol. II, Charles Griffin Company, Lodon, 1946 (Extensive Bibliography).

第 十 二 章

單分類變方分析

雙方分析就是將平方和析成幾個成分的方法，可以用來測驗兩個以上族羣均值相等的擬說。第十章曾經講過兩個族羣均值相等擬說的測驗，其實便是雙方分析法的一個特例。

12.1 平方和的劃分

本節祇討論**平方和的劃分**方法，它的解釋要留在下節再講。變方分析通常要用到 k 個大小為 n 的樣品；樣品分別列成第 1，第 2，以至第 k 個，樣品均值便用 $\bar{y}_1, \bar{y}_2, \cdots, \bar{y}_k$ 代表。用表12.1a 的例子，樣品共有三個 $(k=3)$ 而每個樣品有五個觀測值 $(n=5)$，便可以說明平方和的劃分方法。每個樣品內 n 個觀測值的**合計** (total) 都用 T 來代表，不再寫成 $\sum y$，以簡化代數關係；所以，k 個樣品的個別合計便可以寫成 $T_1, T_2, \cdots, T_k$ 而表 12.1a 中的三個樣品合計便是 $25, 45, 20$。這 k 個樣品合計的合計便稱為**總計** (grand total)，用 G 來代表；所以，

$$G = \sum T = T_1 + T_2 + \cdots + T_k$$

而例中的

$$G = 25 + 45 + 20 = 90$$

同時等於十五個 $(kn=15)$ 觀測值的合計。

在今後的運算中，總和符號 $\sum$ 的意義需要加一點修正。試用兩個合計

$$T = \sum y \quad \text{和} \quad G = \sum T$$

為例，兩式中的 $\sum$ 符號便有不同的意義；

$$T = \sum y = y_1 + y_2 + \cdots + y_n$$

中的 $\sum$ 號代表 n 項相加，而

$$G = \sum T = T_1 + T_2 + \cdots + T_k$$

146

中$\sum$號却代表 k 項相加了。為了區分上的方便，可以在$\sum$號的上方加一個代表合計內項數的數字如

$$T=\sum^n y \quad 和 \quad G=\sum^k T=\sum^{kn} y，$$

便可以明確地表出了運算方法。

表12.1a　三個各有五個觀測值的樣品

樣品編號	(1)	(2)	(3)	組　合　法
觀　測　值	3 7 7 6 2	9 12 11 8 5	1 2 6 4 7	
合　計 T 均　值 $\bar{y}$	25 5	45 9	20 4	$90=G$ $6=\bar{\bar{y}}$

全部 kn 個觀測值的均值稱為**總均值**（general mean），用 $\bar{\bar{y}}$ 代表，而例中的總均值便是

$$\bar{\bar{y}}=\frac{G}{kn}=\frac{90}{15}=6。$$

總均值 $\bar{\bar{y}}$ 同時也是 k 個樣品均值的均值，所以

$$\bar{\bar{y}}=(\bar{y}_1+\bar{y}_2+\cdots+\bar{y}_k)/k=(5+9+4)/3=6。$$

上例中15($kn=15$)個觀測值中的任一個都可以劃分成三個成分，

$$y=\bar{\bar{y}}+(\bar{y}-\bar{\bar{y}})+(y-\bar{y})。 \tag{1}$$

式(1)是一個代數恒等式，化簡後便是$y=y$。用表 12.1a 第一個樣品的第一觀測值為例，分成的三個成分便是

$$3=6+(5-6)+(3-5)=6-1-2；$$

式內的 6 是總均值，-1 是第一樣品均值離總均值的偏差，而 -2 是觀測值離第一樣品均值的偏差。將全部15個觀測值個個都劃分成三個不同成分，便得到表12.1b

表12.1b　觀測值的成分

樣品編號	(1)	(2)	(3)
觀測值的成分 $\bar{y}+(\bar{y}-\bar{\bar{y}})+(y-\bar{y})$	6−1−2	6+3+0	6−2−3
	6−1+2	6+3+3	6−2−2
	6−1+2	6+3+2	6−2+2
	6−1+1	6+3−1	6−2+0
	6−1−3	6+3−4	6−2+3
樣品均值 $\bar{y}$	6−1+0	6+3+0	6−2+0

將觀測值劃分成成分後，便可以解釋代數恒等式

$$\sum^{kn}(y-\bar{\bar{y}})^2=\sum^{kn}(\bar{y}-\bar{\bar{y}})^2+\sum^{kn}(y-\bar{y})^2 \text{。} \tag{2}$$

式(2)內的平方和 $\sum(y-\bar{\bar{y}})^2$ 是**合樣品**(composite sample)內 $kn=15$ 個觀測值的 SS，稱爲總 SS(total SS)，例中（表12.1b）

$$\sum^{kn}(y-\bar{\bar{y}})^2=(3-6)^2+(7-6)^2+\cdots+(7-6)^2=148 \text{。}$$

式內中項是觀測值居中成分（式1及表12.1b）的平方和，稱爲**樣品間** SS (among-sample SS)，便是

$$\sum^{kn}(\bar{y}-\bar{\bar{y}})^2=5[(-1)^2+3^2+(-2)^2]=70 \text{。}$$

由例中結果不難知道，

$$\sum^{kn}(\bar{y}-\bar{\bar{y}})^2=n\sum^{k}(\bar{y}-\bar{\bar{y}})^2 \text{。}$$

式(2)的末項是觀測值最後一項成分的平方和，稱爲**樣品內** SS(within-sample SS)，便是

$$\sum^{kn}(y-\bar{y})^2=(-2)^2+2^2+\cdots+3^2=78 \text{。}$$

由數例得到 $148=70+78$，便能解釋和驗證式(2)；也就是說，總 SS 等於樣品間 SS 與樣品內 SS 的和。

式(2)的證明也很簡單。先將式(1)的兩側同減去 $\bar{\bar{y}}$，得到

$$(y-\bar{\bar{y}})=(\bar{y}-\bar{\bar{y}})+(y-\bar{y})。 \tag{4}$$

將式(4)兩側平方，得到

$$(y-\bar{\bar{y}})^2=(\bar{y}-\bar{\bar{y}})^2+(y-\bar{y})^2+2(\bar{y}-\bar{\bar{y}})(y-\bar{y})；$$

用第一樣品的第一觀測值爲例，便是

$$(3-6)^2=(-1^2)+(-2)^2+2(-1)(-2)$$

或

$$9=1+4+4。$$

用第一樣品的第二觀測值爲例，便是

$$(7-6)^2=(-1)^2+2^2+2(-1)(2)$$

或

$$1=1+4-4。$$

對 $15(kn=15)$ 個觀測值中的任一個，都可以得到上列的恒等式。將求得的15個式子相加，便得到

$$\sum(y-\bar{\bar{y}})^2=\sum(\bar{y}-\bar{\bar{y}})^2+\sum(y-\bar{y})^2+2\sum(\bar{y}-\bar{\bar{y}})(y-\bar{y})，$$

而這個式子與式(2)的差 $2\sum(\bar{y}-\bar{\bar{y}})(y-\bar{y})$ 應當等於零。用數例來看，這項便等於15個觀測值的第二和第三成分**乘積和** (sum of products) 的兩倍，也就是

$$2\sum(\bar{y}-\bar{\bar{y}})(y-\bar{y})=2[(-1)(-2)+(-1)(+2)+\cdots+(-2)(+3)]；$$

將等號右側項寫成

$$2 [(-1)(-2+2+2+1-3)+3(0+3+2-1-4)$$
$$-2(-3-2+2+0+3)]，$$

便等於零了。事實上，觀測值的離均差合計恒等於零(7.4和7.8節)，當然可以得到

$$\sum(\bar{y}-\bar{\bar{y}})(y-\bar{y})=(\bar{y}_1-\bar{\bar{y}})(0)+(\bar{y}_2-\bar{\bar{y}})(0)+\cdots+(\bar{y}_k-\bar{\bar{y}})(0)=0。$$

根據上面的結果，便證明了恒等式

$$\sum^{kn}(y-\bar{\bar{y}})^2=\sum^{kn}(\bar{y}-\bar{\bar{y}})^2+\sum^{kn}(y-\bar{y})^2$$

或

$$\sum^{kn}(y-\bar{\bar{y}})^2=n\sum^{k}(\bar{y}-\bar{\bar{y}})^2+\sum^{kn}(y-\bar{y})^2。 \tag{5}$$

　　用上述三種平方和可以量度 kn 個觀測值間的各種變異：總 SS 是合樣品內 kn 個觀測值間全變異的量值，它的值衹在全部 kn 個觀測值相同時纔等於零（表 12.1c）。樣品間 SS 量度的是 k 個樣品均值間的變異，它的值在 k 個樣品均值相等時爲零，但不必每個樣品內的觀測值全部相同。（表12.1d）。樣品內 SS 量度的是各個樣品內觀測值間的變異，它的值在 k 個樣品個個都含相同觀測值時爲零，但不必 k 個樣品均值相等（表12.1e）。

表12.1c　總 SS 等於零時的觀測值

(1)	(2)	(3)
6	6	6
6	6	6
6	6	6
6	6	6
6	6	6

表12.1d　僅樣品間 SS 等於零時的觀測值

編號	(1)	(2)	(3)
	4	6	3
	8	9	4
y	8	8	8
	7	5	6
	3	2	9
T	30	30	30
$\bar{y}$	6	6	6

表12.1e　僅樣品內 SS 等於零時的觀測值

編號	(1)	(2)	(3)
	5	9	4
	5	9	4
y	5	9	4
	5	9	4
	5	9	4
T	25	45	20
$\bar{y}$	5	9	4

　　樣品內 SS 又叫勻和 SS（pooled SS），是 k 個樣品 SS 的和（9.6節）；也就是說，

$$\sum_{}^{kn}(y-\bar{y})^2 = \sum_{}^{n}(y-\bar{y}_1)^2 + \sum_{}^{n}(y-\bar{y}_2)^2 + \cdots + \sum_{}^{n}(y-\bar{y}_k)^2, \quad (6)$$

或

$$\text{樣品內 } SS = SS_1 + SS_2 + \cdots + SS_k = \text{勻和 } SS \text{。} \tag{7}$$

12.2 平方和劃分的統計意義

　　本節所講的平方和劃分的統計學的解釋有一個假定條件，就是 k 個樣品都是由同一個常態族羣內取出的。因此，k 個樣品共有的 kn 個觀測值可以看做一個樣品，而總 SS 的分布便可以由定理 7.7a 導出。由常態族羣內取出同大爲 kn 的全部可能樣品並算出每個樣品的 SS，介值 SS/σ^2 便從自由度數 $(kn-1)$ 的卡方分布；如果採用本章的說法，（總SS)$/\sigma^2$便從自由度數$(kn-1)$的卡方分布。

　　樣品間 SS 的分布也可以由定理 7.7a 導出。同大爲 n 的全部可能樣品的樣品均值便形成了一個均值爲 μ 而變方爲 σ^2/n 的族羣，k 個樣品均值 $\bar{y}_1, \bar{y}_2, \cdots, \bar{y}_k$，就變成由這個族羣取出的含有 k 個觀測值的一個樣品。由樣品均值的族羣取出同大爲 k 的全部可能樣品均值的樣品，計算每個含有 k 個樣品均值的樣品 SS，介值

$$\frac{SS_{\bar{y}}}{\sigma_{\bar{y}}^2} = \frac{\sum_{}^{k}(\bar{y} - \bar{\bar{y}})^2}{\dfrac{\sigma^2}{n}} = n\frac{\sum_{}^{k}(\bar{y} - \bar{\bar{y}})^2}{\sigma^2} = \frac{\text{樣品間 } SS}{\sigma^2}$$

必從自由度數 $(k-1)$ 的卡方分布。

　　由以前各章的定理，既然樣品內 SS 是 k 個樣品的勻和 SS 而 SS/σ^2 又從自由度數 $(n-1)$ 的卡方分布（定理7.7a）；當 k 個樣品互爲獨立時，介值

$$\frac{\text{勻和 } SS}{\sigma_2} = \frac{SS_1 + SS_2 + \cdots + SS_k}{\sigma^2} = \frac{\text{樣品內 } SS}{\sigma^2}$$

必從自由度數$(n_1-1)+(n_2-1)+\cdots+(n_k-1)$的卡方分布（9.6節）；如樣品的大小都是 n，勻和 SS 的自由度數便是 $k(n-1)$。

　　由以上結果可以看出，劃分總 SS 時總自由度數也相應地劃分，而三種SS值與對應的自由度數保持着下面的關係：

$$SS:\text{總} \quad = \text{樣品間} + \text{樣品內}$$
$$d.f.: kn-1 = k-1 \quad + k(n-1)$$

有了 k 個樣品，便可以用種種方法估求它們的來源族羣的變方。將 SS 用它的自由度除，便得到族羣變方的估值 s^2；所以，k 個樣品均值的變方

$$s_{\bar{y}}^2 = \frac{\sum\limits^{k}(\bar{y} - \bar{\bar{y}}^2)}{k-1} \tag{1}$$

便是樣品均值所組成族羣的變方 σ^2/n 的不偏估值，而介值

$$ns_{\bar{y}}^2 = \frac{n\sum\limits^{k}(\bar{y} - \bar{\bar{y}})^2}{k-1} = \frac{樣品間\ SS}{k-1} \tag{2}$$

便是 σ^2 的不偏估值。

由 9.6 節知道，勻和 SS 除以勻和自由度數的商

$$s_p^2 = \frac{勻和\ SS}{k(n-1)} = \frac{\sum\limits^{kn}(y - \bar{y})^2}{k(n-1)} = \frac{樣品內\ SS}{k(n-1)} \tag{3}$$

也是 σ^2 的不偏估值。所以，同一個族羣變方可以有兩種估值。

同一族羣變方有了兩種估值，想像中的兩個估值的比率應當從 F 分布（9.1 節）。這種想像結果的正確性也可以用第四章的取樣試驗來驗證。仍將圓牌常態族羣內取出的 1,000 個逢機樣品順次兩兩編對，計算每對樣品間 SS 和樣品內 SS，並寫出兩者的自由度數 $(k-1)=1$ 和 $k(n-1)=2(5-1)=8$。得到的計算結果中，有兩個樣品對的各個值已經列在表 4.2 內。第一對的兩個均值是 48.8 和 45.6，總均值 $\bar{\bar{y}}$ 是 $^1/_2(48.8+45.6)=47.2$，而兩個 SS 值是 598.8 和 237.2；所以，自由度數為 1 的樣品間 SS 是

$$n\sum\limits^{k}(\bar{y} - \bar{\bar{y}})^2 = 5[(48.8-47.2)^2 + (45.6-47.2)^2]$$

$$= 5[(1.6)^2 + (-1.6)^2] = 25.6,$$

而自由度數為 8 的樣品內 SS 便是兩個樣品 SS 的和

$$598.8 + 237.2 = 836.0。$$

根據上面的結果，可以得到

$$ns_{\bar{y}}^2 = 25.6/1 = 25.6$$

和

$$s_p^2 = 836.0/8 = 104.5,$$

而自由度數為 1 和 8 的變方比應當是

$$ns_{\bar{y}}^2/s_p^2 = 25.6/104.5 = 0.245。$$

將 500 對樣品分別做上列的計算，得到的 500 個變方比的頻度連同自由度數 1 和 8 的 F 分布理論頻度已列在表 12.2 內；500 個變方比的長條圖也連同自由度數 1 和 8 的 F 分布曲線繪在圖 12.2 內。圖和表內的觀測頻度都很接近於理論頻度，便可以驗證出介值

$$F = \frac{\dfrac{樣品間 \, SS}{k-1}}{\dfrac{樣品內 \, SS}{k(n-1)}} = \frac{\dfrac{n\sum\limits^{k}(\bar{y}-\bar{\bar{y}})^2}{k-1}}{\dfrac{\sum\limits^{kn}(y-\bar{y})^2}{k(n-1)}} = \frac{ns_{\bar{y}}^2}{s_p^2}$$

表12.2　500個 F 值的頻度表

F	觀 測 頻 度		理　論 $r.f.(\%)$
	f	$r.f.(\%)$	
0-1	332	66.4	65.1
1-2	72	14.4	15.4
2-3	37	7.4	7.4
3-4	16	3.2	4.1
4-5	11	2.2	2.5
5-6	15	3.0	1.6
6-7	5	1.0	1.1
7-8	2	.4	.7
8-9	4	.8	.5
9-10	1	.2	.4
10-11	0	.0	.3
11-12	1	.2	.1
大於12	4	.8	.8
合　計	500	100.0	100.0

從自由度數 $(k-1)$ 和 $k(n-1)$ 的 F 分布的想像。這種結論的應用要在以後各章纔能講到。

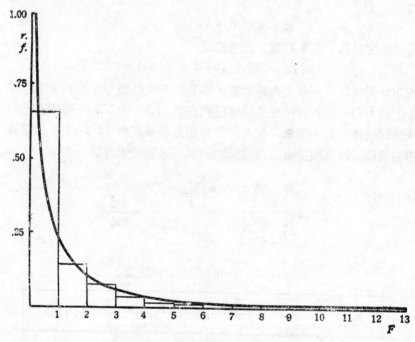

圖12.2　500個 F 值的長條圖

上面求得的兩種變方 ns_y^2 和 s_p^2 分別稱爲**樣品間均方**（among-sample mean square）和**樣品內均方**（within-sample mean square），而均方今後常用 MS 代表。

樣品間 SS 通常稱爲**處理 SS**（treatment SS），而樣品內 SS 便稱爲**機差 SS**（error SS）；今後都通用這種名稱。

各種自由度數的意義都可由表 12.1b 看出。樣品間 SS 等於偏差 $(\bar{y}-\bar{\bar{y}})$ 平方和的 n 倍（12.1節，式3），而偏差 -1，3，-2 的和爲零；所以三個偏差中有兩個已知，第三個便可以決定，而樣品間 SS 的自由度數便是 2。廣義地說，k 個偏差中有 $(k-1)$ 個已知，另一個便隨之決定，所以自由度數是 $(k-1)$。對於 k 個樣品中的每一個來說，都可以得到 $\sum(y-\bar{y})=0$；所以，n 個偏差中有 $(n-1)$ 已知，另一個便隨之決定，而 $\sum(y-\bar{y})^2$ 的自由度數是 $(n-1)$。樣品內 SS 是 k 個樣品 $(y-\bar{y})$ 平方和的和，它的自由度數自然是 k 個樣品自由度數的勻和結果；所以便等於 $k(n-1)$。

12.3 計算方法

平方和的詳盡劃分方法已在12.1節討論過。當時所用的計算方法祇是用來說明總 SS 可以分成樣品間和樣品內 SS 的事實，應用上不太方便。本節便要揭出總 SS，樣品間 SS，樣品內 SS 的實用的簡算方法。這幾個簡算法的由來都是已知的恒等式（7.8節）

$$SS=\sum_{}^{n}(y-\bar{y})^2=\sum y^2-\frac{(\sum y)^2}{n}。 \tag{1}$$

現在先把計算中用到的符號列舉出來（12.1節），準備應用：

k —樣品的個數。

n —每個樣品內的觀測值個數。

y —觀測值。

T —樣品合計，用 $T_1, T_2, \cdots, T_k$ 表示。

$\bar{y}$ —樣品均值，用 $\bar{y}_1, \bar{y}_2, \cdots, \bar{y}_k$ 表示。

G —總計。

$\bar{\bar{y}}$ —總均值。

總均值就是 kn 個觀測值的均值，而總 SS 又是合樣品內 kn 個觀測值的 SS；所以，由式(1)可以得到

$$總\ SS=\sum_{}^{kn}(y-\bar{\bar{y}})^2=\sum_{}^{kn}y^2-\frac{G^2}{kn}。 \tag{2}$$

但 $\bar{\bar{y}}$ 同時又是 k 個樣品均值 $\bar{y}$ 的均值，將式(1)應用到樣品均值便又可以得到

$$樣品間 SS = n\sum_{}^{k}(\bar{y}-\bar{\bar{y}})^2 = n\left[\sum_{}^{k}\bar{y}^2 - \frac{(\sum\bar{y})^2}{k}\right]$$

$$= n\left[\sum_{}^{k}\left(\frac{T}{n}\right)^2 - \frac{\left(\sum\frac{T}{n}\right)^2}{k}\right]$$

$$= \frac{\sum T^2}{n} - \frac{(\sum T)^2}{kn}$$

$$= \frac{\sum T^2}{n} - \frac{G^2}{kn} \circ \qquad (3)$$

每個樣品的 SS 是

$$\sum_{}^{n}y^2 - \frac{(\sum y)^2}{n} = \sum_{}^{n}y^2 - \frac{\sum_{}^{k}T^2}{n},$$

所以 k 個樣品的勻和 SS 便是

$$樣品內\ SS = \sum_{}^{kn}y^2 - \frac{\sum_{}^{k}T^2}{n} \circ \qquad (4)$$

把上面的結果綜合一下，總 SS，樣品間 SS， 樣品內 SS 的計算就變成了下列三種數量的計算：

$$(I)\ \frac{G^2}{kn} \qquad (II)\ \frac{\sum_{}^{k}T^2}{n} \qquad (III)\ \sum_{}^{kn}y^2$$

根據式(2)，(3)，(4)，便得到

總 SS	$=(III)-(I)$	(5)
樣品間 SS	$=(II)-(I)$	(6)
樣品內 SS	$=(III)-(II)$；	(7)

樣品間 SS 和樣品內 SS 的和顯然等於總 SS。

簡算法就是一種用合計代替均值的計算法：在各種 SS 的計算中，總計 G 代替了總均值 $\bar{\bar{y}}$，樣品合計 T 代替了樣品均值 $\bar{y}$，而觀測值 y 却保留利用。根據這種關係，不難想到某一個 SS 是由（I），（II），（III）內那兩項求得的。量(III)由 y 組成而量（I）從與 $\bar{\bar{y}}$ 有關的 G 得出，所以偏差值$(y-\bar{y})$所組成的總 SS 應當等於（Ⅲ）-（Ⅰ）。量（Ⅱ）由與 $\bar{y}$ 有關的 T 組成而量（Ⅰ）由與 $\bar{\bar{y}}$ 有關的 G 組成，所以偏差$(\bar{y}-\bar{\bar{y}})$ 產生的樣品間（處理）SS 便是（Ⅱ）-（Ⅰ）。量（Ⅲ）由 y 得出而量（Ⅱ）由與 $\bar{y}$ 有關的 T 組成，偏差$(y-\bar{y})$ 產生的樣品內（機差）SS 自然便是（Ⅲ）-（Ⅱ）了。明瞭這些關係以後，簡算法便會是很有趣而不難記憶的了。

　　總之，變方分析的計算需要先求出樣品合計 T 和總計 G，再按照表 12.3a 的程序算出各種平方和。 總均值 $\bar{\bar{y}}$ 和樣品均值 $\bar{y}$ 可都不必計算。表 12.3a 內的

$$\sum T^2 = T_1^2 + T_2^2 + \cdots + T_k^2$$

和$\sum y^2$兩項都可以用計算機作連算(continuous operations)求出。

表12.3a　　等大樣品變方分析的計算程序

基 本 計 算				
(1)	(2)	(3)	(4)	(5)
合計的種類	平方項合計	平方項個數	每平方項的觀測值個數	每觀測值的平方項合計 (2)÷(4)
總　　計	G^2	1	kn	(I)
樣　　品	$\sum T^2$	k	n	(II)
觀　測　值	$\sum y^2$	kn	1	(III)
變 方 分 析				
變異原因	平 方 和	自 由 度	均 方	F
樣 品 間	(II)－(I)	$k-1$	$ns_{\bar{y}}^2$	$ns_{\bar{y}}^2 / s_p^2$
樣 品 內	(III)－(II)	$kn-k$	s_p^2	
合　　計	(III)－(I)	$kn-1$		

　　表 12.3a 下半部列出的三種 SS 值和它們的自由度數都可以由上半表第 5 欄和第 3 欄的對應項相減求得。總 SS 是 Ⅲ－Ⅰ，它的自由度數就是上半表第 3 欄內第三項和第一項的差，也就是$(kn-1)$。

在 12.1 節曾經講過表 12.1a 內總 SS 分成成分的事，現在再用簡算法計算並將詳情列成表 12.3b，作爲比較。這個例中的觀測值總個數祇有15，數值也祇有一位，是不容易看出簡算法的優點的。如果有一個較爲複雜的實例，便可以驗出它的名實了。

表12.3b 等大樣品變方分析的計算實例

基 本 計 算				
(1)	(2)	(3)	(4)	(5)
合計的種類	平方項合計	平方項個數	每平方項的觀測值個數	每觀測值的平方項合計 (2)÷(4)
總　　　計	8,100	1	15	540
樣　　　品	3,050	3	5	610
觀　測　值	688	15	1	688
變 方 分 析				
變異原因	平 方 和	自 由 度	均 方	F
樣　品　間	70	2	35.0	5.38
樣　品　內	78	12	6.5	
合　　　計	148	14		

12.4 變方的成分和模式

在 12.2 節曾經講過：如 k 個同大爲 n 的樣品由同一族羣取出，這 k 個樣品均值間的變方

$$s_y^2 = \frac{\sum\limits_{}^{k}(\bar{y} - \bar{\bar{y}})^2}{k-1} \qquad (1)$$

便是 σ^2/n 的不偏估值；由這個族羣內取出同大爲 n 的全部可能樣品，樣品均值間變方 s_y^2 的均值便等於 σ^2/n（定理7.2）。現在假定 k 個樣品是分由均值不等而變方相等的 k 個族羣內取出，這 s_y^2 的均值便是一個很有趣味的數；它的值可以用 12.2 節的取樣試驗來決定。 前例中的

$k=2$ 和 $n=5$ 的 1,000 個逢機樣品是由 $\mu=50$ 和 $\sigma^2=100$ 的常態族羣內取出的，而且已經分成了 500 個樣品對。將這 500 個樣品對中第一個樣品的 5 個觀測值各加10，而第二個樣品的 5 個觀測值各減10，這兩組樣品便算是由均值爲 60 和 40 而變方同爲 100 的兩個族羣內分別取得（定理 2.4a）。這時的樣品均值是受到觀測值變動影響的，變動情形可以由表 4.2 的四個樣品看出；表中第一對樣品均值48.8和45.6已變成 58.8 和 35.6，但總均值並未改變。如果兩樣品由均值等於50的同一族羣取出，樣品均值的變方便是

$$s_{\bar{y}}^2 = \frac{(48.8-47.2)^2+(45.6-47.2)^2}{2-1} = 5.12 \text{。}$$

現在第一樣品由均值等於60而第二樣品由均值等於40的族羣內取出，樣品均值的變方隨族羣均值的不同而增大，便變成

$$s_{\bar{y}}^2 = \frac{(58.8-47.2)^2+(35.6-47.2)^2}{2-1} = 269.12 \text{；}$$

平均增大的數量應當等於兩個族羣均值的變方。推廣這種說法，由 k 個族羣內取得的 k 個樣品可能組的 $s_{\bar{y}}^2$ 的均值應當等於 $\sigma^2/n+\sigma_\mu^2$，而

$$\sigma_\mu^2 = \frac{(\mu_1-\bar{\mu})^2+(\mu_2-\bar{\mu})^2+\cdots+(\mu_k-\bar{\mu})^2}{k-1} \text{；} \tag{2}$$

σ_μ^2 便是 k 個族羣均值的變方，$\bar{\mu}$ 便是 k 個族羣均值的均值。這件事仍然可以用1,000個由均值爲 50 及變方爲 100 族羣內取得的逢機樣品來驗證。將樣品均值的變方計算化簡，便得到

$$s_{\bar{y}}^2 = \frac{\sum\limits^{k}(\bar{y}-\bar{\bar{y}})^2}{k-1} = \frac{(\bar{y}_1-\bar{\bar{y}})^2+(\bar{y}_2-\bar{\bar{y}})^2}{2-1}$$

$$= \left(\bar{y}_1-\frac{\bar{y}_1+\bar{y}_2}{2}\right)^2 + \left(\bar{y}_2-\frac{\bar{y}_1+\bar{y}_2}{2}\right)^2$$

$$= \left(\frac{\bar{y}_1-\bar{y}_2}{2}\right)^2 + \left(\frac{\bar{y}_2-\bar{y}_1}{2}\right)^2$$

$$= \tfrac{1}{2}(\bar{y}_1-\bar{y}_2)^2 \text{。}$$

如果 500 個樣品對中每對的兩個樣品都分別由均值爲60和均值爲40的族羣內取出，$\bar{y}_1$ 便加了10而 $\bar{y}_2$ 便減了10，所以 $(\bar{y}_1-\bar{y}_2)$ 加了20，而

新樣品均值的變方便是

$$\frac{1}{2}\left[(\bar{y}_1-\bar{y}_2)+20\right]^2$$
$$=\frac{1}{2}\left[(\bar{y}_1-\bar{y}_2)^2+40(\bar{y}_1-\bar{y}_2)+400\right]$$
$$=\frac{1}{2}(\bar{y}_1-\bar{y}_2)^2+20(\bar{y}_1-\bar{y}_2)+200$$
$$=s_{\bar{y}}^2+20(\bar{y}_1-\bar{y}_2)+200 \text{。}$$

族羣均值各為 60 和 40 ，樣品均值的變方便增大 $20(\bar{y}_1-\bar{y}_2)+200$ ，而增加的值是隨兩樣品均值 $\bar{y}_1$ 和 $\bar{y}_2$ 的大小而不同的；但全部可能差 $(\bar{y}_1-\bar{y}_2)$ 的均值是 $50-50=0$（定理 10.1a），所以 $s_{\bar{y}}^2$ 的平均增值便是 200，便等於族羣均值的變方

$$\sigma_\mu^2=\frac{(60-50)^2+(40-50)^2}{2-1}=200 \text{。}$$

所以，由 k 個均值不同族羣內取得 k 個同大為 n 的樣品，這 k 個樣品全部可能組的 $s_{\bar{y}}^2$ 的均值應當是 $\sigma^2/n+\sigma_\mu^2$ 。樣品間 MS 等於 $ns_{\bar{y}}^2$（12.2 節，式 2），所以樣品間 MS 的平均是 $n(\sigma^2/n+\sigma_\mu^2)=\sigma^2+n\sigma_\mu^2$ 。

每個觀測值的加 10 或減 10 並不影響樣品變方（定理 2.4a），所以勻和變方或樣品內變方是不變的。

將上面的討論化簡，便可以得出兩個方程式：

(a) 樣品間 MS 的平均 $=\sigma^2+n\,\sigma_\mu^2$　　　　　　　　　　(4)

(b) 樣品內 MS 的平均 $=\sigma^2$　　　　　　　　　　　　　　(5)

討論 k 個族羣均值的組時，可以有兩種解釋：一種認為各個均值都是固定的，另一種卻認為它們會隨着一個樣品的組而變動。有牛 4 羣（$k=4$），由每羣內取出 20 頭（$n=20$）做一個樣品，登記它們的重量。如果研究的目標就是這 4 羣牛，這每羣牛的重量記錄便代表着一個族羣，而 4 個族羣均值分別是 μ_1, μ_2, μ_3, μ_4；重複取樣時，便由每個族羣內取出一個樣品組成 4 個樣品的組。如果將這 4 羣牛的重量當作許多羣牛的重量記錄中一個樣品，一組 4 個族羣均值便祇是一大羣族羣均值的一個樣品 ；重複取樣時，樣品便會由前述 4 個族羣以外取出。前一種解釋稱為**線性擬說模式**（linear hypothesis model）或**固定模式**（fixed model）的變方分析，而後一種便稱為**變方成分模式**（component of variance model）或**逢機模式**（random model）的變方分

析。本章的討論都採用線性擬說模式，一組 k 個樣品都是看作由一組 k 個族羣內分別繼續取出。這種模式可用均值爲 60 和 40 的兩個族羣的取樣試驗來驗證。每對樣品中的第一個都是由均值爲 60 的族羣取出，而另一個便是由均值爲 40 的族羣取出；也就是由同一對族羣內繼續取出許多對樣品。用符號來說明，每一個觀測值便是

$$y = \bar{\mu} + (\mu - \bar{\mu}) + (y - \mu); \tag{6}$$

y 是觀測值，$\bar{\mu}$ 是 k 個族羣均值的均值，而 μ 是 y 的來源族羣均值。取樣試驗的結果是 $\mu_1 = 60$, $\mu_2 = 40$, $\bar{\mu} = \frac{1}{2}(60 + 40) = 50$ ，所以由第二族羣取得的一個觀測值 36 便是

$$36 = 50 + (40 - 50) + (36 - 40)$$
$$= 50 + (-10) + (-4)。$$

數量 $(\mu - \bar{\mu})$ 在第一族羣內等於 10，在第二族羣內等於 -10，而在同族羣內重複取樣時不變。

數量 $\bar{\mu}$ 可以用總均值 $\bar{y}$ 估算，$(\mu - \bar{\mu})$ 稱爲 **處理效應** (treatment effect) 用 $(\bar{y} - \bar{\bar{y}})$ 估算，而 **機差效應** (error effect) $(y - \mu)$ 便用 $(y - \bar{y})$ 估算。所以估得的處理效應平方和就是樣品間 SS，估得的機差效應平方和便是樣品內 SS，而樣品內 SS 也就通稱機差 SS 了。

12.5 擬說測驗的程序

在 12.2 節曾經說過，介值

$$F = \frac{樣品間均方}{樣品內均方} = \frac{處理\ MS}{機差\ MS}$$

從自由度數 $(k-1)$ 和 $k(n-1)$ 的 F 分布。同時又知道，樣品間均方是 $\sigma^2 + n\sigma_\mu^2$ 的不偏估值（12.4 節，式 4），樣品內均方是 σ^2 的不偏估值而 σ^2 是 k 個族羣的共同變方，以及 σ_μ^2 是 k 個族羣均值的變方（12.4 節，式 2）；這些結果都可以用來測驗 k 個族羣均值相等的擬說。

擬說的接納或棄却是隨着 F 值而定的。如 F 值在 1 的附近，便表示 $\sigma^2 + n\sigma_\mu^2 = \sigma^2$ 或 $\sigma_\mu^2 = 0$ ，也就是 k 個族羣均值相等或全部處理效應都等於零。如果 F 值很大，便表示 $\sigma^2 + n\sigma_\mu^2 > 0$ 或 $\sigma_\mu^2 > 0$ ；明確地說，並不是 k 個族羣均值都相等，或處理效應不全爲零。

　　已知 k 個族羣均值的變方 σ_μ^2 不能爲負數 ， 所以數量 $\sigma^2+n\sigma_\mu^2$ 不能比 σ^2 小，而變方分析的 F 測驗便祇能爲單尾性 ； 祇在 F 值過大時棄却擬說，不必考慮 F 值過小的事。事實上， F 值最小時祇能爲零。如 F 值爲零， 樣品間 SS 便是零而 k 個樣品均值相等，但 k 個樣品均值相等却並不足以作爲棄却 k 個族羣均值相等擬說的準則；這樣，也可以由常識觀點看出 F 測驗爲單尾性。

　　在 9.4 節， F 測驗曾經用在擬說 $\sigma_1^2=\sigma_2^2$ 的事例上。 當時所用的 σ_1^2 和 σ_2^2 便相當於變方分析中的 $\sigma^2+n\sigma_\mu^2$ 和 σ^2 ； 用變方分析的語氣來說，便是擬說 $\sigma^2+n\sigma_\mu^2=\sigma^2$ 或 $\sigma_\mu^2=0$ 的測驗。

　　變方分析的結果也隨着樣品的增大而變得更好，這種好處可由均方的平均值看出。如果擬說是對的或 σ_μ^2 眞等於零，不論 n 的大小如何都得到 $\sigma^2+n\sigma_\mu^2=\sigma^2$ ； 所以， 用 5% 顯著水準時， 全部可能 k 個同大樣品組內必有 5% 得出 k 個族羣均值不全相等的錯誤結論，而與 n 的大小無關。 但如擬說爲錯或 $\sigma_\mu^2>0$ 時， $n\sigma_\mu^2$ 便隨 n 而增大， $(\sigma^2+n\sigma_\mu^2)$ 也同時增大；當 $(\sigma^2+n\sigma_\mu^2)$ 大於 σ^2 甚多時， F 值遠大於 1 而擬說便會遭到棄却。所以，增大樣品時可以使錯誤擬說更確定地遭到棄却，因而便減小犯第二類錯誤的機率。

　　上面的結果可以用實例來說明。如 5 個族羣均值是 30，40，50，60，70，族羣變方同等於 100 ，而由每個族羣取 6 個觀測值作一個樣品。五個族羣均值的變方是

$$\sigma_\mu^2=\frac{(30-50)^2+(40-50)^2+(50-50)^2+(60-50)^2+(70-50)^2}{5-1}=250$$

而

$$\sigma^2+n\sigma_\mu^2=100+6(250)=1,600,$$

數量 $(\sigma^2+n\sigma_\mu^2)$ 是 σ^2 的 16 倍 ； n 越大平均的 F 值也越大， 錯誤擬說便更易受到棄却。如果族羣均值的變方較小，增大樣品也能使遭犯第二類錯誤的機率減小到同樣的標準。如族羣均值是 40，45，50，55，60，族羣均值的變方便改換成

$$\sigma_\mu^2=\frac{(40-50)^2+(45-50)^2+(50-50)^2+(55-50)^2+(60-50)^2}{5-1}=62.5;$$

祇要將 n 由 6 增大到 24，仍然可以得到

$$\sigma^2 + n\sigma_\mu^2 = 100 + 24(62.5) = 1,600，$$

或 σ^2 的16倍。由此可知，影響遭犯第二類錯誤機率的因素是 n 和 σ_μ^2 的乘積。如 k 個族羣均值相差很大，不必太大樣品便能棄却錯誤擬說；但如 k 個族羣均值近於相等，便必需增大樣品了。

　　變方分析的第二類錯誤也可以用圖來說明。因爲變方分析的介值 F 祇在擬說爲對或 $\sigma_\mu^2 = 0$ 時從 F 分布，如果 $(\sigma^2 + n\sigma_\mu^2)$ 是 σ^2 的 16 倍，F 值也平均爲眞正 F 值的16倍；這個 F 值便不從眞正的 F 分布。圖 12.5 所列的是自由度數爲 4 和 25 的眞正 F 分布和前述的變形的 F 分布，而選用 5% 顯著水準時的臨界區在 $F > 2.7587$ 處；求得的 F 值小於2.7587，便要接納 k 個族羣均值相等的擬說而遭犯第二類錯誤。由圖 12.5 可以看得出，用變形 F 分布曲線下方橫線蔭部代表的遭犯第二類錯誤機率數值是很小的。

　　擬說測驗的程序可以用表 12.1 a 的例子來說明，便是：

　　(1)　擬說：擬說爲三個族羣均值相等，或 $\mu_1 = \mu_2 = \mu_3$，或 $\sigma_\mu^2 = 0$。

　　(2)　對待擬說：對待擬說是三個族羣均值不全相等，或 $\sigma_\mu^2 > 0$。

　　(3)　原設：三個樣品分別是逢機地由三個常態族羣內取出，而逢機性原設比較重要。

　　(4)　顯著水準：選用的顯著水準是 5%。

　　(5)　臨界區：臨界區在 $F > 3.8853$ 處。（$k=3$, $n=5$, 所以 F 的自由度數是 2 和12。這兒的 F 測驗是單尾性的，顯著水準便用 5% 點 F 表來決定。）

　　(6)　F 值的計算：詳細的計算列在表 12.3b 內，得到的 F 值是 5.38，自由度數是 2 和12。

　　(7)　結論：F 值在臨界區內，應當棄却擬說而得到三族羣均值不全相等的結論。（如果 $F < 3.8853$，便會得出三個族羣均值相等的結論了。）

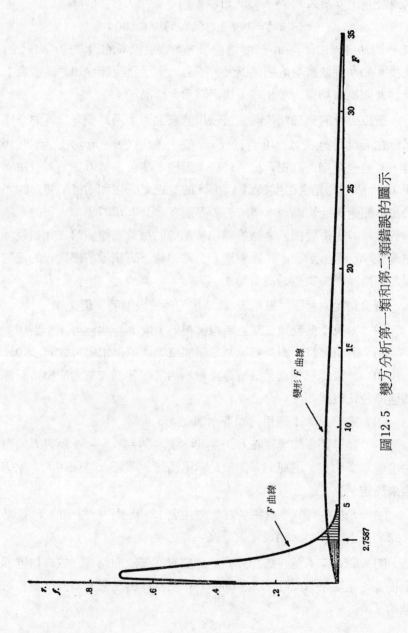

圖 12.5 變方分析第一類和第二類錯誤的圖示

12.6　t 分布和 F 分布的關係

用 t 介值測驗兩族羣均值相等擬說的事已在 10.6 節講過，其實 F 介值（$k=2$ 的變方分析）也能用於同一目的，現在便要看看這兩種方法會不會得到相同的結論。當 $n_1=n_2=n$ 時，介值

$$t = \frac{\bar{y}_1 - \bar{y}_2}{\sqrt{s_p^2\left(\dfrac{1}{n_1} + \dfrac{1}{n_2}\right)}} = \frac{\bar{y}_1 - \bar{y}_2}{\sqrt{\dfrac{2s_p^2}{n}}} \tag{1}$$

的自由度數是 $(n_1+n_2-2)=(2n-2)$；在變方分析中，介值

$$F = \frac{ns_{\bar{y}}^2}{s_p^2} \tag{2}$$

（12.2 節，式 4）的自由度數是 1 和 $2(n-1)$（$k=2$，$k-1=1$）；兩者的 s_p^2 是具有相同自由度數的。將 F 介值經過代數變換，因爲 $s_{\bar{y}}^2$ 是等於 $\frac{1}{2}(\bar{y}_1 - \bar{y}_2)$ 的（12.4 節，式 3），所以便得到

$$F = \frac{ns_{\bar{y}}^2}{s_p^2} = \frac{s_{\bar{y}}^2}{\dfrac{s_p^2}{n}} = \frac{\frac{1}{2}(\bar{y}_1 - \bar{y}_2)^2}{\dfrac{s_p^2}{n}} = \frac{(\bar{y}_1 - \bar{y}_2)^2}{\dfrac{2s_p^2}{n}} = t^2 \; ;$$

這兩種測驗事實上是完全一致的。

由 t 表和 F 表也可以看出 $t^2=F$ 的關係。由於 t 分布是一個以零爲中心的對稱分布（圖 8.1），而 F 分布是一個以零爲下限的不對稱分布（圖 9.1）；t 值可以是正，負，或零，而 t^2 值却不能爲負。自由度數爲 10 時，全部值中有 2.5% 小於 -2.228 和 2.5% 大於 2.228，而全部 t^2 值中便應當有 5% 大於 $(2.228)^2=4.96$，但 4.96 就是自由度數爲 1 和 10 的 5% 點 F 值。所以，自由度數爲 1 和 ν 的 F 分布是自由度數爲 ν 的 t 分布叠覆成的；t 的兩尾合成 F 的右尾，t 的中間部變成 F 的左尾。再查兩種表，t 分布 2.5% 點值當 $\nu=1,2,3$，等時爲 12.706，4.303，3.182，等，而它們的平方值便是 161.44，18.513，10.128，等；其實，t^2 值便是自由度數爲 1 和 ν 的 F 分布內 5% 點各值，也就是 5% 點 F 表的第一欄。根據這種說明，兩族羣均值相等的擬說是可以兼用雙尾 t 測驗或單尾 F 測驗（變方分析）的，而且兩者的結論必然相同。

關係式 $t^2 = F$ 還可以有**另**一種佐證。在 7.9 節曾經說明，

$$SS: \quad \sum(y-\mu)^2 = n(\bar{y}-\mu)^2 + \sum(y-\bar{y})^2 \tag{4}$$

$$d.f.: \quad n \quad = \quad 1 \quad + \quad n-1 \quad 。 \tag{5}$$

將式(4)右側的兩個平方和分別用它們的自由度數除，便得到族羣變方的兩個估值（表 7.2a 和 7.4）

$$s_1^2 = \frac{n(\bar{y}-\mu)^2}{1} \quad 和 \quad s_2^2 = \frac{\sum(y-\bar{y})^2}{n-1} = s^2 ,$$

所以介值

$$F = \frac{s_1^2}{s_2^2} = \frac{n(\bar{y}-\mu)^2}{s^2} = \frac{(\bar{y}-\mu)^2}{\dfrac{s^2}{n}} \tag{6}$$

從自由度數 1 和 $(n-1)$ 的 F 分布。在定理 8.1a 中已經知道

$$t = \frac{\bar{y}-\mu}{\sqrt{\dfrac{s^2}{n}}} \tag{7}$$

從自由度數 $(n-1)$ 的 t 分布，由式(6)和式(7)便可得到 $t^2 = F$ 。

把 t 分布和 F 分布間關係總結一下，便得出一個定理：

定理12.6　*如介值 t 從自由度數為 ν 的學生氏 t 分布，t^2 便從自由度數為 1 和 ν 的 F 分布。*

12.7 原設

原設是測驗成立的條件，變方分析的原設自然便是介值

$$F = \frac{樣品間均方}{樣品內均方} = \frac{處理 MS}{機差 MS} \tag{1}$$

從 F 分布的條件。這些條件都已在 12.2 節用取樣試驗說明過，　現在再列舉一下：

　(a)　k 個樣品分別由 k 個族羣內逢機地取出。

　(b)　k 個族羣都是常態的。

　(c)　k 個族羣的變方相等。

其實 k 個族羣均值相等正是介值 F 從 F 分布的必要條件，但這個

條件就是待測驗的擬設，所以便不列入。要知道，在測驗前雖然要把擬設當作對的，但經過測驗時却可以棄却它；前面三種原設便不是這樣的，它們在測驗前後都必需是對的。

如果測驗不能滿足上列的原設，式(1)中 F 介值便可以不從眞正的 F 分布，而使 F 表中的百分點完全不合用；當用 F 表中的 5% 點值決定臨界區時，實際上的顯著水準可能大於或小於 5%。所以，應用現有數表進行不完全滿足原設的擬設測驗，常能使顯著水準變動，而遭犯第二類錯誤的機率也連同受到影響。

測驗不滿足原設，當然會產生一些問題；下面便是它們的大意：

(a) **樣品的逢機性**　樣品的逢機性可用逢機數字表進行試驗資料的逢機化（10.9 節）時做到。祇要先取得逢機樣品，便可以避免不逢機的不良後果；當然不必取不逢機的樣品來自找麻煩。逢機性原設是原設中最重要的一個，但却很容易滿足。

(b) **族羣的常態性**　非常態性族羣不致引起 F 測驗或雙尾 t 測驗的嚴重錯誤。但當族羣有欠常態時，實際上的顯著水準常比用 F 表或用 t 表所定的水準來得大。

(c) **變方的同質性**　如 k 個族羣變方相差不大，對於 F 或雙尾 t 測驗的影響都不致太嚴重。變方的異質性（heterogeneity）可用等大樣品的方法來縮小（10.7 節），使它們變得較爲同質（homogeneous）。

總之，不滿足原設的情形不太嚴重時，F 或雙尾 t 測驗都不會受到太大的影響。變方的異質性和離常態性也都已有矯正的方法，要留在第二十三章再講。

12.8　應用

變方分析是統計學中內容極爲豐富的問題，這兒祇不過提到了一些最簡單的事例。這種方法是費適氏導出的，起初祇用在農業試驗方面，現在已經是科學界的通用工具了。下面便是幾種應用的例子。

某製造商用三種（$k=3$）製作法生產纖維板（fiberboard），想知道那種製法成品的強度最大。由三種製法的成品中各自逢機地取20塊（$n=20$）作爲樣品。量得並記錄60塊板的強度值（觀測值），便可以用

變方分析測驗三種成品平均強度相等的擬說。下面便是分析方法 [每
塊板具有多重 (multiple) 觀測值時，要在 18.9 節討論。]：

變　異　原　因	自　由　度
製　造　法　間	$2 = (k-1)$
製　造　法　內	$57 = (kn-k)$
合　　　　計	$59 = (kn-1)$

　　有 5 種飼料，想比較肥育效能。將50頭家畜用逢機數字表逢機分
為 5 羣 (10.9 節)，每羣 10 頭用一種飼料個別分開飼養。分別稱量及
記錄飼養期前後的各家畜體重，用飼養期增重為觀測值，便可用變方
分析測驗 5 羣家畜飼養期平均增重相等的擬說，得到下面的分析：

變　異　原　因	自　由　度
配　料　間	$4 = (k-1)$
配　料　內	$45 = (kn-k)$
合　　計	$49 = (kn-1)$

　　從上面的兩個例子來看，祇要熟悉變方分析的原理，用起來倒是
很簡單的。不過，這祇是兩個故意選用的例子，讀者可不能因此而把
事情看得太容易。一般說來，在統計學應用中常常要把族羣與樣品的
抽象意念譯成日常知識，而這種傳譯工作倒真是很不容易的；有時，
即使專家也很難將抽象意念 [數學模式(mathematical model)]儘能地
配上一個實際問題，因而資料的蒐集方法就變成一件重要的工作了。
這種蒐集資料的工作就是**試驗設計**，也祇是專家纔能從事的，現代研究
機構中常聘有專任的統計人員 (consulting statisticians)，要他們提出
適合現有統計方法的資料蒐集方法，修訂舊有統計方法使它能適用於
實際的問題，或者演導新的統計方法。科學家想做一個試驗，應當在
試驗開始前向統計家請教，而不必在試驗完成後再問。這種情形和建
築房屋的程序有點類似；建築房屋之前要請建築師指導設計，已建好
房屋便不必再麻煩他來批評指點了。

試驗科學家在試驗的計劃階段向統計家請教，無非是請他在統計知識上加以協助；但統計家常常缺乏試驗方面的專業知識，所以事先詢問便更有必要了。現代統計學是一門新興的科學，近60年間雖然滙集了不少統計知識，但可供解決實際問題的統計方法還是很有限的。所以，試驗設計必需在現有的限度內；如果當時沒有可以處理某種特殊試驗資料的統計方法，統計家是無法或不願加以援手的。同時，產生合用的方法需要時間和智能，智力特佳的人也不能在短時間內接連想出新方法來。而且，對理論有興趣的統計家也和其他專家一樣，寧願選擇適合自己智能的問題，而不願受制於本身沒有把握去解決的問題。總之，試驗科學家應當在試驗開始前向統計家請教；這樣，一面可以先知道這個試驗有沒有一種適用的統計方法，一面也可以知道處置這種試驗資料的方法有沒有辦法獲得。

12.9 特定測驗

變方分析是和許多種測驗有關的，12.5節的 F 測驗祇不過是一個一般性的方法；祇用來測驗 k 個族羣均值相等的擬說。有關 k 個族羣均值的更為確定的擬說另有其他特別設計的測驗方法，第十五章便要講到一部分。這些特定測驗 (specific tests) 所遭犯的第二類錯誤機率比本章所講的一般 F 測驗 (general F-test) 結果要小得多。

12.10 不等大樣品

上面討論的都是 k 個同大為 n 樣品的變方分析，本節便進一步討論樣品不等大時的情形。樣品不等大時，k 個樣品分別含有 $n_1, n_2, \cdots,$ n_k 個觀測值。這種變方分析所用的擬說和原設都和上一節相同，祇有計算方法稍為改變；它的計算程序可以用表 12.10a 來說明。有三個 ($k=3$) 樣品，分別含有 2, 2, 4 個觀測值，便得到 $n_1=2, n_2=2,$ $n_3=4$, 和 $\sum n=8$；從前用 kn 代表的觀測值總個數改寫成 $\sum n$。

八個觀測值仍然可以一一劃分成各種成分，

$$y = \bar{\bar{y}} + (\bar{y} - \bar{\bar{y}}) + (y - \bar{y}), \tag{1}$$

而各觀測值的成分已列在表 12.10b 內。

表12.10a　三個不等大小的樣品

樣品編號	(1)	(2)	(3)	組合方法
觀　測　值	7 9	7 5	3 4 2 3	
樣品合計　T	16	12	12	$40 =$ 總　　計 G
樣品大小　n	2	2	4	$8 = \sum n$
樣品均值　$\bar{y}$	8	6	3	$5 =$ 總　均　值 $\bar{\bar{y}}$
$\dfrac{T^2}{n}$	128	72	36	$236 = \sum\left(\dfrac{T^2}{n}\right)$

表12.10b　觀測值的成分

樣品編號	(1)	(2)	(3)
觀測值的成分 $\bar{\bar{y}} + (\bar{y}-\bar{\bar{y}}) + (y-\bar{y})$	5+3−1 5+3+1	5+1+1 5+1−1	5−2+0 5−2+1 5−2−1 5−2+0
樣品均值　$\bar{y}$	5+3+0	5+1+0	5−2+0

樣品間 SS 是

$$\sum n(\bar{y}-\bar{\bar{y}})^2 = n_1(\bar{y}_1-\bar{\bar{y}})^2 + n_2(\bar{y}_2-\bar{\bar{y}})^2 + n_3(\bar{y}_3-\bar{\bar{y}})^2$$
$$= 2(3)^2 + 2(1)^2 + 4(-2)^2 = 36 , \tag{2}$$

而它的自由度數是 $(k-1)=(3-1)=2$ 。 樣品內 SS 或 k 個樣品的勻和 SS 是

$$[(-1)^2+(1)^2] + [(1)^2+(-1)^2] + [(0)^2+(1)^2+(-1)^2+(0)^2] = 6$$

但自由度數却不是 $(kn-k)=k(n-1)$ 而是

$$(n_1-1) + (n_2-1) + \cdots + (n_k-1) = \sum n - k ; \tag{3}$$

例中的結果便是 $1 + 1 + 3 = 5$ 。總均值不再是樣品均值的均值，而

是 k 個樣品均值用 k 個樣品大小作權值的加權均值，所以

$$\bar{\bar{y}} = \frac{n_1\bar{y}_1 + n_2\bar{y}_2 + \cdots + n_k\bar{y}_k}{n_1 + n_2 + \cdots + n_k} = \frac{T_1 + T_2 + \cdots + T_k}{\sum n} = \frac{G}{\sum n} ; \tag{4}$$

仍然等於總計除以觀測值的總個數，也就是 k 個樣品的合樣品均值。

　　用簡算法求 F 值時，樣品合計 T 和總計 G 都要先行算出，此外每樣品還要加列一項 T^2/n 值（表 12.10a）；詳細的程序已經列在表 12.10c 和表 12.10d 內。

表12.10c　不等大樣品變方分析的計算程序

基　本　計　算				
(1)	(2)	(3)	(4)	(5)
合計的種類	平方項 合　計	平方項個數	每平方項的 觀測值個數	每觀測值的 平方項合計 (2)÷(4)
總　　　計	G^2	1	$\sum n$	$G^2/\sum n$　(I)
樣　　品	—	—	—	$\sum(T^2/n)$　(II)
觀　測　值	—	—	—	$\sum y^2$　(III)
變　方　分　析				
變異原因	平　方　和		自　由　度	均　方　F
樣　品　間	(II)−(I)		$k-1$	
樣　品　內	(III)−(II)		$\sum n-k$	
合　　計	(III)−(I)		$\sum n-1$	

　　不等大樣品的樣品內均方的平均仍然等於 k 個族羣的共同變方 σ^2（12.4 節，式 5），但樣品間均方平均却因 n 不同而無法等於一定 n 值的 $(\sigma^2 + n\sigma_\mu^2)$（12.4 節，式 4）。由樣品大小 $n_1, n_2, \cdots, n_k$，也可以作出一個代替 n 的值

$$n_0 = \frac{1}{k-1}\left(\sum n - \frac{\sum n^2}{\sum n}\right) ; \tag{5}$$

表 12.10a 中 $n_1 = 2, n_2 = 2, n_3 = 4$ 而 $k = 3$，便得出

$$n_0 = \frac{1}{3-1}\left[(2+2+4) - \frac{(2^2+2^2+4^2)}{(2+2+4)}\right] = \frac{1}{2}\left(8 - \frac{24}{8}\right) = 2.5 , \tag{6}$$

比樣品大小的均值 $8/3=2.67$ 稍微小一點。式(5)的證明現在不講，但可用等大樣品或 $n_0=n$ 時的情形做個驗證；樣品等大時 $\sum n=kn$，而

$$n_0 = \frac{1}{k-1}\left[kn-\frac{kn^2}{kn}\right] = \frac{1}{k-1}[kn-n] = n，\tag{7}$$

確實和所希望的結果一致。

　　不等大樣品與等大樣品的各種計算並無基本原理上的不同，但使用等大樣品却有很多好處；下一節便專門用來討論這些問題。

表12.10d　不等大樣品變方分析的計算實例

基　本　計　算				
(1)	(2)	(3)	(4)	(5)
合計的種類	平方項合計	平方項個數	每平方項的觀測值個數	每觀測值的平方項合計 (2)÷(4)
總　　　計	1,600	1	8	200
樣　　　品				236
觀　測　值				242
變　方　分　析				
變異原因	平　方　和	自　由　度	均　　方	F
樣　品　間	36	2	18.0	15.0
樣　品　內	6	5	1.2	
合　　　計	42	7		

12.11 採用等大樣品的好處

　　採用等大樣品的變方分析會得到下列幾種好處：

　　1.用等大樣品時，計算工作可以化簡。如用不等大樣品，F 值的計算便用到 $\sum(T^2/n)$，計算時要麻煩得多。這種好處不難在 F 值計算和第十五章要講的特定擬說測驗中體會得到。

　　2.用等大樣品時，可以使族羣變方異質性的影響減到最小。變方分析的原設（12.7 節）中有一個便是 k 個族羣的變方相等，採用等大樣品便會蒙受較小的不滿足原設的不良後果（10.7 節）。

3.當觀測值總個數為一定時，採用等大樣品可使遭犯第二類錯誤的機率得極小值。變方分析中遭犯第二類錯誤的機率是受比率

$$P = \frac{\sigma^2 + n_0\sigma_\mu^2}{\sigma^2} \tag{1}$$

作用的，樣品等大時 n_0 值和 P 值會同時趨於極大值。如將40個觀測值分配在 4 個樣品內，樣品大小為 2 ， 5 ，15，18時的 n_0 值便是

$$n_0 = \frac{1}{k-1}\left[\sum n - \frac{\sum n^2}{\sum n}\right]$$
$$= \frac{1}{4-1}\left[40 - \frac{2^2+5^2+15^2+18^2}{40}\right] = 8.52,$$

小於等大樣品時的 $n_0 = 10$ ；所以，總觀測值個數雖然同是40，等大樣品時的 n_0 值總比不等大樣品的結果來得大。如果 $\sigma_\mu^2 > 0$，n_0 的值越大時 P 和 F 平均值也越大；所以，擬說為錯時，等大樣品便易於棄却錯誤擬說 $\sigma_\mu^2 = 0$，而減小遭犯第二類錯誤的機率。不過，當擬說為對或 $\sigma_\mu^2 = 0$ 時，n_0 便不會影響到恒等於 1 的比率 P ；這便是說，n_0 值的大小是不會影響到遭犯第二類錯誤的機率的。

上面講到的 n_0 也可以寫成

$$n_0 = \frac{\sum n}{k} - \frac{s_n^2}{\sum n} = \bar{n} - \frac{s_n^2}{\sum n}, \tag{2}$$

所以 n_0 小於或等於**平均樣品大小** (average sample size) n，而兩者的差隨樣品大小的變方

$$s_n^2 = \frac{\sum(n-\bar{n})^2}{k-1} = \frac{\sum n^2 - (\sum n)^2/k}{k-1}, \tag{3}$$

而定；觀測值總個數相同時，樣品大小的變方越大，遭犯第二類錯誤的機率也越大。

式(2)的代數證明可以寫成

$$n_0 = \frac{1}{k-1}\left[\sum n - \frac{\sum n^2}{\sum n}\right]$$
$$= \frac{\sum n}{k} - \frac{\sum n}{k} + \frac{1}{k-1}\left[\frac{(\sum n)^2 - \sum n^2}{\sum n}\right]$$
$$= \frac{\sum n}{k} - \frac{(k-1)(\sum n)^2 - k(\sum n)^2 + k\sum n^2}{k(k-1)\sum n}$$

$$= \frac{\sum n}{k} - \frac{k\sum n^2 - (\sum n)^2}{k(k-1)\sum n}$$

$$= \bar{n} - \frac{s_n^2}{\sum n} 。$$

　　提示了這許多採用等大樣品的好處，該得下一個結論：科學試驗工作必需儘能地採用等大的樣品。

習　　題

(1)　有四個大小同等於 2 的樣品：

(1)	(2)	(3)	(4)
2	9	3	5
4	5	9	3

(a)　將 8 個觀測值分別用成分式 $y = \bar{\bar{y}} + (\bar{y} - \bar{\bar{y}}) + (y - \bar{y})$ 寫出。

(b)　用直接算法求總 SS，樣品間 SS，樣品內 SS，並表明總 SS 等於樣品間 SS 與樣品內 SS 之和的關係。

(c)　用簡算法求三種 SS，看看它們是否與 (b) 的結果相同。

(2)　由 $\mu = 50$ 和 $\sigma^2 = 100$ 的圓牌常態族羣內取出 4 個逢機樣品：

(1)	(2)	(3)	(4)
47	42	67	67
55	65	33	42
38	46	57	41
52	45	54	49
56	50	45	48
49	60	42	56
67	74	64	47

將 4 個樣品的來源當作未知，用 5% 顯著水準測驗 4 個族羣均值相等的擬說，並按照 12.5 節的程序作完全報告。

　　　　已知 4 個樣品是由同一族羣取出，試問結論是正確的，還是犯了第一類錯誤。擬說是對的，無從犯第二類錯誤。($F = 0.22$; $\nu_1 = 3$, $\nu_2 = 24$)

(3) 將題 2 第一，二，三，四樣品的各個觀測值分別加 2 ，3 ，4 ，5 ，四個樣品便由均值爲52，53，54，55的四個族羣內取出。將樣品來源當作未知，用 5% 水準測驗四個族羣均值相等的擬說。

　　　　已知 4 個樣品是由不同族羣取出，試問結論是正確的，還是犯了第二類錯誤。擬說是錯的，無從犯第一類錯誤。

　　　　由這個題可以知道，擬說和眞象相差不大時，較小的樣品易於遭犯第二類錯誤。($F = 0.15$; $\nu_1 = 3$, $\nu_2 = 24$)

(4) 將題 2 內四個樣品的各個觀測值順樣品次序分別加10，30，50，70，四個樣品便是由均值爲60，80，100，120的族羣內取出。將樣品來源當作未知，用 5% 水準測驗族羣均值相等的擬說。

　　　　已知 4 個樣品的來源，試問結論是正確的，還是犯了第二類錯誤。擬說是錯的，無從犯第一類錯誤。

　　　　由這個題可以知道，擬說和眞象相差很大時，不要太大的樣品已能棄却錯誤的擬說。($F = 37.60$; $\nu_1 = 3$, $\nu_2 = 24$)

(5) 已知題 2 ，3 ，4 內資料的來源，求各題的樣品間均方的平均和樣品內均方的平均（12.4 節，式 4 及式 5 ）。

(6) 利用下面的兩個樣品，分別用 t（10.6 節）和 F 測驗（雙方分析）測驗族羣均值相等擬說於 5% 水準，並示明 $t^2 = F$ 。

1	4	5	4	7	5
2	6	8	9	7	5

(7) 仔馬34匹逢機分成三羣，每羣用一種飼料分匹飼養；得出的飼養期內各馬的始重和終重記錄如下：

對　照		1/3　糖　蜜		1/5　糖　蜜	
始重	終重	始重	終重	始重	終重
632	940	688	890	683	866
732	1,045	697	903	708	1,007
729	1,060	757	961	761	1,002
766	1,017	760	1,040	757	924
752	998	766	1,021	778	957
790	1,090	796	1,052	787	1,025
783	1,024	792	995	795	1,035
846	1,110	801	985	806	1,007
844	1,095	850	1,068	852	1,060
855	1,024	868	1,019	858	1,080
859	1,177	897	1,154		
944	1,234	911	1,150		

　　　將仔馬的飼養期增重（終重減始重）當做觀測值，用5%水準測驗三種飼料飼育效能相同的擬說。（這份資料還可以做進一步的分析，用到的方法要在19.6節再講；第十九章的習題9還要應用這份資料。）（$F = 6.78$; $\nu_1 = 2$, $\nu_2 = 31$）

(8)　將家鼠25頭逢機分成5羣，每羣5頭，在不同時間用四氯化碳作驅蟲試驗。先將每頭注入 500 個 *Nippostrongylus muris* 幼蟲，注入後第十天殺鼠檢查，找出的成蟲數目如下：

測　驗　編　號				
1	2	3	4	5
279	378	172	381	297
338	275	335	346	274
334	412	335	340	300
198	265	282	471	213
303	286	250	318	199

　　　問各測驗找出的成蟲數有沒有差別？用5%水準。（Whitlock,

J. H. and Bliss, C. I.: "A Bioassay Technique for Antihelmin-thics." *The Journal of Parasitogy*, vol 29, pp. 45-58, 1943.)

(9) 將17頭白鼠每頭注入 500 個 *Nippostrongylus muris* 的幼蟲，八天後用不同量四氯化碳礦油溶液灌入胃中，灌藥後第十天殺鼠檢查，得到的成蟲數如下：

每頭四氯化碳劑量				
對　照	0.016 cc	0.032 cc	0.063 cc	0.126 cc
279	328	229	210	63
338	311	274	285	126
334	369	310	117	70
198				
303				

用 5% 水準測驗四氯化碳劑量不影響成蟲數的擬說。（資料來源同上。）

(10) 下列結果是一次不飽和脂肪酸的氧化腐敗(oxidative rancidity)對細菌胞子發芽影響試驗的記錄。三種處理是對照培養基（Yasair

腐敗油酸	未腐敗油酸	對　　照
13	180	173
36	173	212
12	160	205
41	149	180
22	158	192
6	193	151
20	155	167
11	160	201
30	175	177
28	188	179

氏肉汁洋莱），對照加腐敗油酸（Kreis ＋），和對照加未腐敗油
酸（Kreis －）。用每處理的等量懸液各作10張培養片，培養後數
出菌落數。所用的細菌是一種嫌氣性菌（putrefective anaerobe），
代號是 strain P. A. 3679。

用 5% 水準測驗菌落數不受處理影響的擬說。(Roth, Norman G.
and Halvorson, H. O.: "The Effect of Oxidative Rancidity in
Unsaturated Fatty Acids on the Germination of Bacterial Spores,"
Journal of Bacteriotogy, vol. 63, pp. 429-435, 1952.)

⑾ 下列資料是四種窰溫下燒出的磚的孔度（porosity）記錄：

溫 度			
2,600°F	2,675°F	2,750°F	2,800°F
19.4	16.7	15.7	14.4
14.8	14.4	13.2	11.8
14.7	12.3	11.7	9.7
12.7	12.7	11.8	11.4
15.7	13.7	11.3	11.3

試問磚的孔度是不是受到窰溫的影響？用 5% 水準。

⑿ 下列資料是三種材料各四個樣品壓縮時所需的功（work）值：

羊 毛	棉 花	尼 龍
14	5	13
16	9	10
11	8	10
13	6	12

用 5% 水準測驗三種材料所需壓縮功值相等的擬說。

⒀ 下面是五種水泥的抗硫酸鹽能力的量值：

水　泥　種　類				
I	II	III	IV	V
0.028	0.036	0.025	0.008	0.014
0.039	0.048	0.033	0.010	0.019
0.048	0.058	0.038	0.013	0.023

問五種水泥的抗硫酸鹽能力是否相同？用 5% 水準。

⑭　下面是六種滑油 (grease) 中油滴析出趨勢的量值。可以得到甚麼結論？用 5% 水準。

滑　油　種　類					
A	B	C	D	E	F
1.98	2.16	1.65	1.32	1.45	1.49
2.15	1.98	1.63	1.24	1.43	1.65
2.28	2.02	1.67	1.27	1.41	1.50

⑮　下面是四種窰溫下的磚的密度 (density)。問磚的平均密度是否受到窰溫的影響？用 5% 水準。

溫　　　度			
2,600°F	2,675°F	2,750°F	2,800°F
2.14	2.19	2.22	2.26
2.20	2.20	2.23	2.25
2.15	2.16	2.15	2.14
2.34	2.33	2.34	2.34
2.26	2.30	2.34	2.33

⑯　量得 A, B, C, D, E 五種纖維板各四塊的破裂係數 (modulus of rapture) 如下：

A	B	C	D	E
519	424	392	462	465
574	525	494	559	568
633	549	541	565	613
622	601	557	611	611

用 5% 水準測驗五種板强度相同的擬說。

參 考 文 獻

Bartlett, M. S.: "The Use of Transformations," *Biometrics*, vol. 3, pp.39–52, 1947.

Box, G.E.P.: "Some Theorems on Quadratic Forms Applied in the Study of Analysis of Variance Problem, I. Effect of Inequality of Variance in One-Way Classification," *Annals of Mathematical Statistics*, vol. 25, pp. 290–302, 1954.

Cochran, W. G.: "Some Consequences When the Assumptions for the Analysis of Variance Are Not Satisfied," *Biometrics*, vol. 3, pp. 22–38, 1947.

Crump, S. Lee: "The Estimation of Variance Components in the Analysis of Variance, *Biometrics*, vol. 2, pp. 7–11, 1946.

Eisenhart, Churchill: "The Assumptions Underlying the Analysis of Variance," *Biometrics*, vol. 3, pp. 1–21, 1947.

Irwin J. O.: "Mathematical Theorems Involved in the Analysis of Variance," *Journal of Royal Statistical Society*, vol. 94, pp. 285–300, 1931.

第十三章

複　習 (一)

　　本章的內容是以前各章討論到的統計學基本原理和方法的簡要敍述，可以說是以前十二章的複習。

　　由以前各章可以知道，統計學中所研究的無非是族羣和它的樣品間關係，而應用上的目的也不外是由已給樣品獲取有關族羣的歸納性推理。所以，統計方法是根據不完全詢識（樣品）進行決斷時用到的一種工具；用科學試驗的**術語**來說，統計學可以使科學家由試驗資料（樣品）得到一般性的結論。以往的科學家常用數學做演繹推理的工具，現在已經增用統計學作爲歸納推理的工具了。

13.1 全部可能樣品

　　取出全部可能樣品的目的就是爲了建立 u, χ^2, t, F 等介值的頻度分布。根據這些頻度表便可以定出種種附表的各個百分點值，進一步便可以計算可信間距和決定臨界區。全部可能樣品和介值的分布都祇是達成目的時所用的工具，應用時都祇用到表中列出的幾個百分點值。所以，估算徵值時祇求出可信間距，測驗擬說時祇算出介值；但不論估算或測驗却都不能缺少表列的百分點值。

　　進行取樣試驗的目的並不是說明怎樣應用介值，而是驗證各種介值的分布，進而解釋各種附表的意義。書中用到的取樣試驗都祇用到 1,000 個逢機樣品，祇能得到 500 個或 1,000 個介值。這 1,000 個 t 值或 500 個 F 值雖然已夠表出分布曲線的外貌，但却不能準確地定出分布的 5% 和 1% 點值。這便是說，取樣試驗的結果不能和表列值相同，祇算說明了定理的意義而並未證明它。

13.2 各種分布間關係

　　前幾章曾經介紹過很多種頻度分布和統計方法。有時同一個擬說用到幾種測驗，有時幾種擬說又同時可以用一種測驗；如兩族羣相等擬說可以兼用 t 測驗（定理 10.4a）和 F 測驗（$k=2$ 的變方分析），而兩族羣變方相等的擬說和兩個以上族羣變方相等擬說却都可用 F 測驗了。事實上，由常態族羣取樣而得的各種分布都是彼此有關的。它們間的關係可以分別陳述如下；

　　(1) u 和 χ^2 的關係可以由定理 7.6 看出。如介值 u 從均值爲 0 及變方爲 1 的常態分布，u^2 便從自由度數爲 1 的卡方分布。

　　(2) u 和 t 的關係可由定理 8.1b 看出。當自由度數趨於無限時，t 的分布便趨近於 u 的分布。

　　(3) χ^2 和 F 的關係可由定理 9.7 看出。如介值 χ^2 從自由度數爲 ν 的卡方分布，χ^2/ν 便從自由度數爲 ν 和 ∞ 的 F 分布。

　　(4) t 和 F 的關係可由定理 12.6 看出。如介值 t 從自由度數爲 ν 的學生氏 t 分布，t^2 便從自由度數爲 1 和 ν 的 F 分布。

　　(5) u 和 F 的關係可由 u 和 t 及 t 和 F 的關係導出。如介值 u 從自由度數爲 ∞ 的 t 分布，u^2 便從自由度數爲 1 和 ∞ 的 F 分布。

　　這樣看來 u, t, χ^2 的分布都是 F 分布的特例，用 F 表的形式便可以將各分布間關係縮成表 13.2。設表 13.2 是一個 5% 的 F 表，它的第 1 欄就是 2.5% 的 t 分布的平方值（12.6 節），最後一行就是 5% 的 χ^2/ν 值（附表 5），而左下角就是 u^2 或自由度數爲 1 和 ∞ 的 5% 點的 F 值 $(1.960)^2=3.842$。

表13.2　各種分布間關係

ν_2 ＼ ν_1	1	2　3　$\cdots$	∞
1 2 3 $\cdot$ $\cdot$ $\cdot$	t^2		
∞	u^2	χ^2/ν_1	1

　　書中所用的講述次序是由 u, χ^2, t 而到 F。如用表 13.2 來看，便是由左下角 (u) 處進入，分入第 1 欄和第末行，再進入全表。所以，F 分布比其他三個略見重要。不過每個分布都是引入統計概念所不能缺少的，仍然要順次講下來纔好。

　　祇按使用目的來列舉統計方法而不顧它們間的關係，看來倒是比較實用的。但閱讀使用統計方法的研究報告時，分不清分布間關係，却又常常遇到困難。有人祇曉得 t 測驗可以測驗兩族羣均值相等的擬說，遇到用變方分析處置的同樣問題便不知所措。甚至會有人先用 t 測驗，再用變方分析，而希望其中有一個更合式的結論 (12.6 節)。

13.3 擬說測驗

　　上一節說明了分布的順序，現在再看看各種擬說測驗。試將各種測驗方法列在表 13.3 內，便可看出 F 測驗是可以通用於許多種擬說的。

　　表 13.3 內列出的介值 u, χ^2, t, F 都是不名數，它們的值都不受觀測值單位的影響。長度可以用吋或糎，作物收量可以用每試區磅數

表13.3　擬說測驗的縮要表

徵值的個數	擬　說	介　值	節　號
1	$\sigma^2 = \sigma_0^2$	χ^2 χ^2/ν F	7.10 和 7.11 7.10 9.7
1	$\mu = \mu_0$	t F	8.4 和 8.5 12.6
2	$\sigma_1^2 = \sigma_2^2$	F	9.4 和 9.5
2	$\mu_1 = \mu_2$	t F	10.6 12.5
k	$\mu_1 = \mu_2 = \cdots = \mu_k$	F	12.5

每欵辦數，溫度可以用華氏值或攝氏值；不論用甚麼單位，求出的 u, χ^2, t, F 值總是一樣的。所以，改變單位時，擬說測驗的結論不會受到影響。

表13.3所列的各種擬說都是很簡單的。如果兩個族羣可以得到，它們的均值是不難算出的；如 $\mu_1 = 49.2$ 而 $\mu_2 = 49.1$，得出的 $\mu_1 > \mu_2$ 的結論根本不會犯任何錯誤，而 $\mu_1 - \mu_2 = 0.1$ 也不需要甚麼可信間距。但如族羣不能獲得而需用樣品估算，上面的算術便立刻變成複雜的統計推論問題了。如 $\bar{y}_1 = 49.2$ 而 $\bar{y}_2 = 49.1$，由於樣品均值隨樣品不同，便無法得出 $\mu_1 - \mu_2 = 0.1$ 的結論；要得到有關族羣均值的結論，便得利用介值，而得到的結論也難免遭犯錯誤。

如果取得的樣品和族羣一樣大，或各族羣的變方都等於零，統計學便是用不着的。因爲，樣品和族羣相同，樣品的結果便是族羣的結果；各族羣的變方都是零，每個族羣便都由相同的觀測值組成，任由兩族羣各取一個觀測值便能減出 μ_1 和 μ_2 的差了。一般說來，族羣常常是無法獲得的；要取一個和族羣相同的樣品，大可不必考慮。要說族羣變方爲零，却又是科學家不感到興趣的；想知道全國國民所得的分布而人人所得相同，還有甚麼值得研究的。

13.4 顯著性

顯著性 (significance) 的意義和擬說的棄却有關，而且隨所測驗的擬說而定。所以，本書中先提出許多種擬說測驗，再介紹顯著性。

當測驗族羣均值等於 60 的擬說時，如棄却擬說，樣品均值便稱爲顯著地與 60 不同；如接納擬說，樣品均值便可以稱爲與 60 相差不顯著。

當測驗兩個族羣均值相等的擬說時，如棄却擬說便得出兩族羣均值不等的結論，也就是兩樣品均值顯著地不同。但僅由兩族羣均值不等的結論並不能推斷兩者相差多少，而差值的大小還是要用可信間距來估算的。

如測驗結果得出 k 個族羣均值不全相等的結論，這個變方分析的結果便稱爲顯著的。

由上面的說明看來，顯著性是對介值說的，與徵值無關。兩樣品均值爲顯著地不同或差異不顯著要看兩族羣均值相等擬說遭受棄却或接納而定，而顯著的字樣並不是描述族羣均值差的。

13.5 樣品大小

樣品大小是統計學中的一個重要數量。憑經驗去想，樣品越大所得的結論便應當越準確，但使用大樣品的好處究竟不是這樣直接的。

擬說測驗總要牽涉到兩種錯誤，所以增加測驗準確性就是減小遭犯兩類錯誤中任一類或全部的機率。遭犯第一類錯誤的機率稱爲顯著水準，可以不問樣品大小，隨意定爲或大或小的定值；所以，使用較大樣品的好處便是在選定顯著水準後減小遭犯第二類錯誤的機率。

如果測驗的擬說是對的，便祇能遭犯第一類錯誤。所以，顯著水準不變而測驗的擬說爲對時，使用較大的樣品並無好處。但如測驗的擬說是錯的，便祇能遭犯第二類錯誤；當顯著水準保持不變時，使用較大樣品便能減小犯第二類錯誤的機率了。換句話說，使用較大的樣品時易於棄却錯的擬說；這纔是增大樣品的好處。

估算徵值時要用到可信間距，可信係數，和間距長度，而可信係數越大便越易於包容徵值。但可信係數是隨意決定的，和樣品大小無關；所以，在徵值估算中使用較大樣品，能得到的好處便是使指定可信係數時的可信間距縮短。族羣均值 μ 的95％可信間距是

$$\bar{y} - t_{.025}\sqrt{\frac{s^2}{n}} \quad 到 \quad \bar{y} + t_{.025}\sqrt{\frac{s^2}{n}},$$

間距長度是 $2t_{.025}\sqrt{s^2/n}$ 。樣品均值 $\bar{y}$ 和樣品變方 s^2 都是隨樣品不同的，可信間距的中心和長度當然也是變動的；但增大樣品時，平均間距長度必然縮短。

13.6 簡易統計方法

前面已經講過許多種擬說測驗的方法，近二十年間統計學家又導出了不少用於同類擬說的簡易方法 (simplified statistical methods)。這類方法所用的介值通稱爲低效介值(inefficient statistics)，常見於工

業品質管制的書籍中；本書中不擬介紹。簡易法的長處是容易計算。如表 13.3 中用來計算介值的 SS，在簡易法中就從不應用。如由常態族羣內取出一組觀測值，用簡易法時所遭犯的第二類錯誤機率通常比表13.3的方法要大；這便是簡易法用到的介值稱爲低效介值而表13.3方法用到的介值稱爲**高效介值**（efficient statistics）的理由。

選擇擬說測驗的方法也要看計算和蒐集資料的費用來決定。蒐集資料的費用不高，大量資料容易得到，可用低效介值去減少複雜的計算；產生觀測值要很大的費用，就必須用高效介值了。用一個譬喻來說：用壓榨器擠橙子汁時，橙子爲一塊錢一斤，不必用高價高效的壓榨器，祇要多用橙子便得；但如橙子爲五塊錢一個，就值得用優良的壓榨器將它擠得越乾淨越好。

13.7 差和錯

差和錯是用同一個英文字寫的，意義很是紛岐；譬如算差（computing error），標準機差，第一類和第二類錯誤都用到同一個英文字，而意義却大不相同。現在就將這些差和錯分辨一下。

(1)計算上的錯誤是錯，大都是機器故障或人的過失造成的。這種錯誤的嚴重性是初學者常常不能覺察到的。如果計算上有錯而不能尋出，不論用甚麼統計方法都會產生不正確的結論。

(2)標準機差（5.3 節）是和錯誤無關的，而是不同樣品均值對族羣均值的偏差量度值。樣品均值偏離族羣均值是一種自然現象，但却不是錯誤。

(3)變方分析中的機差 SS 也是和錯誤無關的。這兒的機差就是觀測值對樣品均值的偏差。

(4)第一類和第二類錯誤都確實是錯誤，但却不是機械或人爲的錯誤，而是由樣品推出有關族羣結論時的必然結果。

13.8 表的用法

前面討論過的材料都是用來指示讀者使用書中幾種附表，取樣試驗是用來解釋各表中百分點值意義的，而各種介值分布的特徵也不過是用來使讀者熟悉各表的。先定出 $\bar{y}$ 和 $(\bar{y}_1 - \bar{y}_2)$ 等從常態分布介值的均值和變方，祇不過要將它們換成 u 介值而利用 u 表的百分點值。定出卡方分布的自由度數或均值，也是爲了用表；卡方分布的變方是和表沒有關係的，就根本不提。將 t 表僅列右尾，但却分列自由度數，便是強調自由度數和以零爲中心的對稱性。有了自由度數已可以使用 F 表，均值和變方都可以省去。由這些事實可以知道，以前的材料都是根據實用的目的爲便於用表而選定的。

13.9 測驗的能力

測驗的能力 (power of tests) 就是錯誤擬說遭受棄却的機率，也就是全機率 1 減去遭犯第二類錯誤機率的差；如果遭犯第二類錯誤的機率等於 0.11，測驗的能力就等於 0.89。圖 6.4 中的曲線 B 能表現出遭犯第二類錯誤的機率，同時也表出了測驗的能力；曲線下縱線 C_2 左方面積表示遭犯第二類錯誤的機率，C_2 右方面積便表示測驗的能力，而曲線下全面積等於 1 或 100%。

如果樣品大小和顯著水準都保持一定，遭犯第二類錯誤機率較小的測驗便具有較高的測驗能力；所以，取等大樣品可使變方分析 F 測驗 (12.11節) 的能力增高，或使 F 測驗更爲有力。增大測驗能力的方法有很多種，以後還要詳細討論。

參　考　文　獻

Dixon, W. J. and Massey, F. Jr.: *Introduction to Statistical Analysis*, McGraw-Hill Book Company, New York, 1957.

Mosteller, Frederick: "On Some Useful 'Inefficient' Statistics," *Annals of Mathematical Statistics*, vol. 17, pp. 377–408, 1964.

第十四章

逢 機 區 集

逢機區集（randomized blocks）是一種試驗設計，設計的方法和應用都和駢對觀測值法（8.7 節）相同 。但逢機區集設計可以在同一試驗內編進任意數目的處理，而駢對觀測值法却限定為兩個處理。處理的數目既然多於兩個，測驗族羣均值相等擬說時，便得應用變方分析法了。

14.1 逢機區集和完全逢機試驗

逢機區集設計可以用一個50頭家畜用 5 種飼料的家畜飼養試驗來說明。先將 50 頭家畜分成 10 羣，使每羣 5 頭的始重和齡別等都儘能相近。如所用的家畜是猪或鼠而不是馬，最好選用同窩的；這種羣或同窩的家畜便構成一個**區集**。將每羣 5 頭家畜逢機地各自分給 5 種飼料中的一種。這種在逢機化操作以前先加適當選擇的試驗便稱為**逢機區集試驗**，而將50頭家畜不分區集直接逢機分給 5 種飼料的試驗便稱為**完全逢機試驗**（completely randomized experiment）；第十二章的變方分析便屬於後一類。

完全逢機試驗和逢機區集試驗的差別就是兩者的逢機化操作不一樣。前者將50頭家畜用逢機數字作**一次**逢機化操作，而後者却用 5 頭作**一次**共作10次。

在 8.7 節講過的甜菜試驗實在就是一個逢機區集試驗。圖 8.7 可以表出試區的相對位置，而有肥和無肥兩種處理便**來**表示駢對觀測值。如果將處理的數目由 2 改成 4，設為每**畝**施用可給態氮肥 0，50，100，150 磅，每區集的試區數便變成 4 個，而 4 種處理便可以逢機地在每區集內分施給 4 個試區。

用逢機數字表做4個處理的逢機化操作，可以先將處理編成1，2，3，4或0，1，2，3的號碼；區集內試區也按地位次序編號（圖 14.1）。將逢機數字表上讀出的第一個代號列在第一試區，讀出的第二個列在第二試區，等等；在每個區集內做一次逢機化操作，便可得到類似圖 14.1 的田間圖。圖中的試區號碼是和區集號碼分開的，應用時不妨編在一起；如第二區集的第三試區便可以編23號。

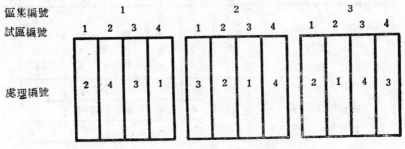

圖14.1　逢機區集的田間圖

區集本來是指試驗田內的一塊土地來說的，但現在已成爲一個統計學的專有名詞了；在試驗設計裏，一窩猪也算是一個區集。

逢機區集試驗中的每一個處理都會在各個區集中出現，所以每個區集都是一個完全逢機試驗。因此，逢機區集試驗又稱爲**逢機完全區集試驗**（randomized complete block experiment）；在試驗設計裏，另外還有些種更爲複雜的所謂 **不完全區集試驗**（incomplete block experiment）。

逢機區集試驗內的完全區集個數又稱做試驗的**重複次數**（number of replications），所以圖 14.1 的例子是一個 4 個處理（4 種不同的施肥率）和 3 次重複的逢機區集試驗。

逢機區集試驗的性能要比完全逢機試驗優越，而兩者的詳細比較要留在 14.8 節再講。

14.2　平方和的劃分

逢機區集試驗的處理均值相等擬說也用變方分析測驗，它的平方和劃分可以用表14.2a 中的 3 處理和 4 次重複的試驗來說明。這個資料的意義可以任意假定，算是 3 種飼料和 4 窩家畜的飼養試驗，或是 3 個小麥品種種在 4 個區集田地中的作物品種試驗，都無不可。

表14.2a　假設的逢機區集資料

重　複	處　理			重複合計 T_r	重複均值 $\bar{y}_r$	重複效應 $\bar{y}_r - \bar{\bar{y}}$
	1	2	3			
1	6	7	8	21	7	1
2	8	7	9	24	8	2
3	7	2	3	12	4	−2
4	7	4	4	15	5	−1
處理合計　T_t	28	20	24	72	24	0
處理均值　$\bar{y}_t$	7	5	6	18	$\bar{\bar{y}}=6$	
處理效應　$\bar{y}_t-\bar{\bar{y}}$	1	−1	0	0		

　　這兒用到的符號是和第十二章相同的，用 k 代表處理的數目而 n 代表重複次數，例中結果便是 $k=3$ 和 $n=4$。總均值和總計仍然用 $\bar{\bar{y}}$ 和 G 代表，但 $\bar{y}$ 和 T 便需要修正了。在第十二章的完全逢機試驗中，樣品均值 $\bar{y}$ 就是處理均值而樣品合計 T 就是處理合計；但在逢機區集試驗中卻多了一項重複，情形便顯然不同了。現在便用足註 r 和 t 分別加在兩類 $\bar{y}$ 和 T 上，來區分重複和處理；$\bar{y}_r$ 和 T_r 代表重複的均值和合計，$\bar{y}_t$ 和 T_t 便代表處理的均值和合計，而重複和處理的效應便分別寫成 $(\bar{y}_r-\bar{\bar{y}})$ 和 $(\bar{y}_t-\bar{\bar{y}})$。由表 14.2a 可以看出，重複效應的合計和處理效應的合計都是等於零的。

　　試驗內全部 $kn=12$ 個觀測值都可以分別寫成 (1) 總均值，(2) 重複效應，(3) 處理效應，(4) 機差的和，也就是

$$y = \bar{\bar{y}} + (\bar{y}_r - \bar{\bar{y}}) + (\bar{y}_t - \bar{\bar{y}}) + (y - \bar{y}_r - \bar{y}_t + \bar{\bar{y}})。 \tag{1}$$

上式是一個代數恒等式，化簡後便得到 $y=y$。式內的機差項是由觀測值內取出總均值，重複效應，和處理效應後的剩餘部分，內容要稍微複雜一點。根據式(1)，第三重複中第二處理的觀測值（表 14.2a）便可以寫成

$$2 = 6 + (-2) + (-1) + (-1)$$

總均值是 6 ，第三重複效應是（－ 2），而第二處理效應和機差同是（－1）。機差（－1）就是剔除總均值，重複效應，和處理效應後的觀測值的剩餘部分；其實就是一個使方程式平衡的量。

　　例中的 12 個觀測值個個都可以寫成四項成分的和，結果便列成了表 14.2b。由這個表可以看出，各處理的全組重複效應是相同的，各重複的全組處理效應也是相同的。重複效應的合計和處理效應的合計都等於零，而每一重複或每一處理的機差合計也等於零，不論採用那一種物質解釋，表 14.2b 中各種成分的特性都對 kn 個觀測值能夠成立；這件事實是可以用代數方法證明的。

表14.2b　　觀測值的成分

重　　　複	總均值＋重複效應＋處理效應＋機差		
	處　　　理		
	1	2	3
1	6+1+1-2	6+1-1+1	6+1+0+1
2	6+2+1-1	6+2-1+0	6+2+0+1
3	6-2+1+2	6-2-1-1	6-2+0-1
4	6-1+1+1	6-1-1+0	6-1+0-1

　　上面講到的各種成分的特性也可以顯出自由度數的意義。由於 k 個處理效應的合計等於零，任一個處理效應便會隨已知的 $(k-1)$ 個處理效應而決定，所以處理的自由度數便是 $(k-1)$；表 14.2a 的 3 個處理效應是 1，－1，0，三者的合計是零而任一個可因其餘兩個的已知而決定，所以例中的處理自由度數是 2。同理，n 個重複的自由度數便是 $(n-1)$。每個重複和每個處理的機差合計都等於零，知道 $(n-1)$ 個重複內和 $(k-1)$ 個處理內的機差項就能知道全部，所以機差的自由度數是 $(k-1)(n-1)$。表 14.2b 的前 2 個處理和前 3 個重複的機差是：

$$\begin{array}{ccc|c} -2 & 1 & ? & 0 \\ -1 & 0 & ? & 0 \\ 2 & -1 & ? & 0 \\ ? & ? & ? & 0 \\ \hline 0 & 0 & 0 & 0 \end{array}$$

將最末處理和最末重複的機差項不寫出而用？代替， **缺失**（missing）部分便隨每重複每處理機差項合計爲零而自動決定，所以自由度數便是 $(k-1)(n-1) = (3-1)(4-1) = 6$。

全部 $kn = 12$ 個重複效應的平方和是

$$k\sum^n(\bar{y}_r - \bar{\bar{y}})^2 = 3[1^2 + 2^2 + (-2)^2 + (-1)^2] = 30,$$

就是**重複 SS**（replication SS），而它的自由度數是 $(n-1) = 3$。同理，12個處理效應平方和

$$n\sum^k(\bar{y}_t - \bar{\bar{y}})^2 = 4[1^2 + (-1)^2 + 0^2] = 8$$

便是**處理 SS**，而自由度數是 $(k-1) = 2$（12.1 節，式 3）。而 12 個機差效應的平方和

$$(-2)^2 + (-1)^2 + \cdots + (-1)^2 = 16$$

便是**機差 SS**，自由度數是 $(k-1)(n-1) = 6$。全部 12 個觀測值也可以求一個平方和

$$\sum^{kn}(y - \bar{\bar{y}})^2 = (6-6)^2 + (8-6)^2 + \cdots + (4-6)^2 = 54,$$

便是**總 SS**；總 SS 等於重複 SS，處理 SS，和機差 SS 的和，或

$$54 = 30 + 8 + 16。$$

這兒的結果恒等式證法是和 12.1 節相同的，可以略去。

14.3 平方和劃分的統計解釋

逢機區集的平方和劃分也可以用 $\mu = 50$ 和 $\sigma^2 = 100$ 的常態族羣來說明。由族羣內取出 6 個各含 1 個觀測值的逢機樣品，再將它們編排成表 14.3a 的 3 處理和 2 次重複的形式。這兒的 6 個觀測值都由同一族羣取出，當然沒有甚麼處理或重複效應。如果將這 6 個觀測值看作 6 個試區的小麥收量，6 個數不定相同便好像 6 個人的高矮不

同，應當是作物的本性；用現有的術語來說，這 6 個不同的觀測值都是由均值等於50的族羣內取出的。設第一重複的地力較肥，而肥力的差別便使第一重複各觀測值加 10 而第二重複不加 ； 這便使 6 個觀測

表14.3a　由均值爲50族羣取得的觀測值的逄機區集

重複	處 理			均　值
	1	2	3	
1	41	57	37	45
2	47	55	57	53
均　值	44	56	47	49

值的族羣均值不再相同了。更設 3 個處理是能使收量不同的 3 種施肥量， 便將第一處理， 第二處理， 和第三處理的觀測值分別加上 10，20，和30；這 6 個觀測值的族羣均值便又經了一番變動。最後形成的族羣均值個個不同，便列成表 14.3b，而每個族羣均值都可以寫成

$$\mu=\overline{\mu}+(\mu_r-\overline{\mu})+(\mu_t-\overline{\mu}) \tag{1}$$

的形式 ；μ 是任一個族羣的均值，$\overline{\mu}$ 是 6 個族羣均值的均值，μ_r 是 3

表14.3b　加入重複和處理效應的族羣均值

重　複	處 理			重複均值 μ_r	重複效應 $\mu_r-\overline{\mu}$
	1	2	3		
1	50+10+10 = 70	50+10+20 = 80	50+10+30 = 90	80	5
2	50+ 0+10 = 60	50+ 0+20 = 70	50+ 0+30 = 80	70	−5
處理均值 μ_t	65	75	85	$\overline{\mu}=75$	0
處理效應 $\mu_t-\overline{\mu}$	−10	0	10	0	

個同重複族羣均值的均值，而 μ_t 是 2 個同處理族羣均值的均值， 把 6 個族羣均值用式(1)寫出，得到的便是表 14.3c；這個表的形式和前面的表 14.3b 不同，但內容却是一樣的。

　　表14.3c 中的數量 $(\mu_r-\bar{\mu})$ 稱爲重複效應，它的值是 5 和 -5 。因爲第一重複加 10 而第二重複不加，平均增加了 $\frac{1}{2}(10+0)=5$ ；所以第一重複的效應是 $(10-5)=5$ ，而第二重複的效應是 $(0-5)=-5$ 。每個個別重複效應其實就是它本身對平均重複效應的偏差。

表14.3c　逢機區集的徵值

重　複	處　理		
	1	2	3
1	$75+5-10 = 70$	$75+5+0 = 80$	$75+5+10 = 90$
2	$75-5-10 = 60$	$75-5+0 = 70$	$75-5+10 = 80$

　　用同樣的方法可以定義處理效應 $(\mu_t-\bar{\mu})$。例中的處理效應是由於第一，二，三處理的觀測值分別加 10，20，30 而發生的，三者平均增加量是 20，而三個個別處理效應便是 -10，0，10。

　　機差項用 $(y-\mu)$ 代表，並不受處理或重複效應影響。族羣均值因重複和處理效應的加入而改變，由族羣內取出的觀測值當然也跟著變化；族羣均值由 50 增大到 70，從族羣內取出的觀測值 43 便會變成 63，但兩種情形下的機差項却仍然同是 -7。

　　如將逢機區集徵值組成的方程式（式 1）的兩側各加機差項，便得逢機區集試驗的**模式** (model)

$$y = \mu+(\mu_r-\bar{\mu})+(\mu_t-\bar{\mu})+(y-\mu) \tag{2}$$

在現代文獻中，這種模式也可以寫成

$$y = \mu+\rho_i+\tau_j+\varepsilon_{ij} ;$$

式內的 μ 代表總均值，ρ_i 代表重複效應，τ_j 代表處理效應，而 ε_{ij} 代表機差項。這個式子的外形是和式(1)或式(2)不同的，但却都可以應用表 14.3b 和 14.3c 來解釋。

　　能滿足式(2)的重複效應和處理效應便稱爲**可加的** (additive)。由表 14.3c 可以看到，第一重複效應是 5 而第一處理效應是 -10，第一重複和第一處理的聯合效應便是 5 和 -10的和；第一重複內第一處理的族羣均值是 $(75-5)=70$，而 75 是 6 個族羣均值的均值。

　　本節講到的重複效應和處理效應都是徵值，而前節講到的却都是徵值的估值或介值。為了避免混亂，就將徵值和它們的對應介值列成表 14.3d，以備參考。

表14.3d　徵值和介值的符號與名稱

名　稱	徵　值	介　值
總　均　值	$\bar{\mu}$	$\bar{y}$
重複效應	$\mu_r - \bar{\mu}$	$\bar{y}_r - \bar{y}$
處理效應	$\mu_t - \bar{\mu}$	$\bar{y}_t - \bar{y}$
機　差	$y - \mu$	$y - \bar{y}_r - \bar{y}_t + \bar{y}$

　　由前一節可以知道，用 kn 個觀測值可以算出重複 SS，處理 SS，和機差 SS。取出含有 kn 個觀測值的全部可能樣品時，各種 SS 的值是隨樣品不同的，但三類均方的個別平均（12.4 節，式 4 及 5）却是：

　　(a) 重複 MS 的平均 $= \sigma^2 + k\sigma_r^2$　　　　　　　　　(3)

　　(b) 處理 MS 的平均 $= \sigma^2 + n\sigma_t^2$　　　　　　　　　(4)

　　(c) 機差 MS 的平均 $= \sigma^2$　　　　　　　　　　　　(5)

式中的 σ_r^2 是重複效應的變方，就是

$$\sigma_r^2 = \frac{\sum(\mu_r - \bar{\mu})^2}{n-1};$$　　　　　　(6)

σ_t^2 是處理效應的變方，就是

$$\sigma_t^2 = \frac{\sum(\mu_t - \bar{\mu})^2}{k-1};$$　　　　　　(7)

而 σ^2 便是 kn 個族羣的共同變方。

　　測驗處理效應相同或 $\sigma_t^2 = 0$ 的擬說時，可以用自由度數為 $(k-1)$ 和 $(k-1)(n-1)$ 的介值

　　　　　　$F = $（處理均方）/（機差均方）。

這種測驗的原設已經列在表 14.3a 的例子內，但也不妨重說一遍：

　　(1)重複效應和處理效應是可加的，或 kn 個族羣均值能維持式(1)的關係。

　　(2)這 kn 個族羣都是常態的。（例中用的是圓牌觀測值的族羣。）

(3)這 kn 個族羣的變方都是相同的。(例中祇變圓牌觀測值族羣的均值，並不影響變方。)

(4)取得的 kn 個樣品分別各由 kn 個族羣內的一個逢機取得的觀測值組成。

四種原設中的第一個是新添的其餘的都和完全逢機試驗相同。不滿足(2)，(3)，(4)原設的後果已在 12.7 節討論過，而不滿足第一原設的後果到現在還未確知。

14.4 計算方法

逢機區集試驗內總 SS 可以劃成重複 SS，處理 SS，和機差 SS的事已在 14.2 節詳細說明過，本節便祇講各種 SS 和 F 值的簡算法。簡算法也是用合計代替均值的算法，方法的導出已在 12.3 節講過，可以省略。

本節中用到的符號仍然和 14.2 節相同，也就是：

表14.4a　變方分析的計算方法

基　本　計　算				
(1)	(2)	(3)	(4)	(5)
合計的種類	平方項合計	平方項個數	每平方項的濾測值個數	每觀測值的平方項合計 (2)÷(4)
總　　　計	G^2	1	kn	G^2/kn　(I)
重　　　複	$\sum T_r^2$	n	k	$\sum T_r^2/kn$ (II)
處　　　理	$\sum T_t^2$	k	n	$\sum T_t^2/n$ (III)
觀　測　值	$\sum y^2$	kn	1	$\sum y^2$　(IV)
變　方　分　析				
變異原因	平　方　和		自　由　度	均　方　　F
重　　　複	(II)−(I)		$n-1$	
處　　　理	(III)−(I)		$k-1$	
機　　　差	(IV)−(III)−(II)+(I)		$(k-1)(n-1)$	
合　　　計	(IV)−(I)		$kn-1$	

k —處理個數

n —重複次數

y —觀測值

T_t —處理合計

$\bar{y}_t$ —處理均值

T_r —重複合計

$\bar{y}_r$ —重複均值

G —總計

$\bar{y}$ —總均值

做變方分析時，先將 kn 個觀測值按照重複和處理列成表14.3a的形式，再求重複合計，處理合計，和總計；各種均值不必計算。詳細的計算程序可以由表 14.4a 看出。

表 14.4a 下半部各種 SS 值和自由度數都是用上半部第 5 欄和第 3 欄各數求出來的，如機差 SS 是（Ⅳ）－（Ⅲ）－（Ⅱ）＋（Ⅰ）而它的自

表14.4b 變方分析的計算實例

基 本 計 算				
(1)	(2)	(3)	(4)	(5)
合計的種類	平方項合計	平方項個數	每平方項的觀測值個數	每觀測值的平方項合計 (2)÷(4)
總　　　計	5,184	1	12	432
重　　　複	1,386	4	3	462
處　　　理	1,760	3	4	440
觀　測　值	486	12	1	486

變 方 分 析				
變異原因	平　方　和	自　由　度	均　方	F
重　　　複	30	3	10.00	
處　　　理	8	2	4.00	1.50
機　　　差	16	6	2.67	
合　　　計	54	11		

由度數便等於 $(kn-k-n+1)$ 或 $(k-1)(n-1)$。由(I),(II),(III),(IV)四個數量組成各種 SS 值的事可以由它們的均值的對應關係聯想出來(12.3 節)。機差項等於 $(y-\bar{y}_t-\bar{y}_r+\bar{y})$(14.2 節,式 1);$y$ 祇在由個別觀測值組成的(IV)內出現;重複均值 $\bar{y}_r$,處理均值 $\bar{y}_t$,和總均值 $\bar{y}$ 也祇分別和重複合計組成的(II),處理合計組成的(III),和總計組成的(I)有關;所以能知道機差 SS 應當是(IV)-(III)-(II)+(I)。

表 14.2a 例中的各種 SS 都已在 14.2 節求得,現在再用簡算法把它們重算一次。計算的詳情列在表 14.4b,而得到的結果是相同的。

14.5 擬說測驗和程序

處理均值相等擬說的測驗可以用表 14.2a 的實例來說明。下面便是測驗的程序:

(1) 擬說:擬說可以寫成三種方式,

    (a) 處理的族羣均值全部相同或 μ_t 都相等,

    (b) 處理效應爲零或每一處理都得到 $\mu_t-\bar{\mu}=0$,

    (c) $\sigma_t^2=0$(14.3 節,式 7)。

(2) 對待擬說:對待擬說是處理的族羣均值不盡相同,各處理效應不全爲零,或 $\sigma_t^2>0$。

(3) 原設:原設已在 14.3 節講過。

(4) 顯著水準:選用的顯著水準是 5%。

(5) 臨界區:臨界區是 $F>5.1433$ 處。(F 的自由度數是 2 和 6,已在表 14.4b 內用過。變方分析的 F 測驗都是單尾性。)

(6) F 值的計算:F 值的詳細算法已列在表 14.4b 內,得到的 F 值是 1.50 而自由度數是 2 和 6。

(7) 結論:F 值出現在臨界區以外,所以結論是處理族羣均值完全相同;也可以說,處理均值 $\bar{y}_t$ 間沒有顯著的差異。

14.6 駢對觀測值和逢機區集間關係

駢對觀測值法(8.7節)本是逢機區集的一個特例。凡是含有 2 處

理和 n 次重複的試驗，用駢對觀測值法和用逢機區集變方分析都會得出同一的結論；變方分析的 F 值就是駢對觀測值法 t 值的平方，而兩者的自由度數分別是 $(k-1)=1$ 和 $(k-1)(n-1)$ 對 $(n-1)$。這便是說，雙尾 t 測驗就是單尾 F 測驗（定理12.6），在8.7節內甜菜試驗的 t 值等於5.014，而自由度數是9（表8.7）。將同資料用逢機區集的變方分析去做，得到的是自由度數為1和9的 F 值25.14；25.14恰好是 $(5.104)^2$，便證明了 $t^2=F$。再查表看，自由度數為9的2.5%點 t 值是2.262而自由度數為1和9的5%點 F 值也是5.117；兩種方法得出相同結論。

表14.6　甜菜試驗的變方分析

基 本 計 算				
(1)	(2)	(3)	(4)	(5)
合計的種類	平方項合計	平方項個數	每平方項的觀測值個數	每觀測值的平方項合計 (2)÷(4)
總　　　計	13,269,991.84	1	20	663,499.592
區　　　集	1,335,673.94	10	2	667,836.970
肥　　　料	6,701,171.14	2	10	670,117.114
觀　測　值	676,823.62	20	1	676,823.620
變 方 分 析				
變異原因	平 方 和	自 由 度	均　　方	F
區　　集	4,337.378	9		
肥　　料	6,617.522	1	6,617.5220	25.14
機　　差	2,369.128	9	263.2364	
合　　計	13,324.028	19		

14.7 缺失觀測值

試驗所用的時間較長，便常會發生意外的事故，譬如用到的家畜或作物不因處理而偶然死去便是一個例子。這種事故常使試驗的原始設計受到破壞，便需要用特殊的計算方法來修整 **觀測值的缺失**

(missing observations)。本節就要講一種修整逢機區集試驗內缺失觀
測值的方法。

　　逢機區集試驗內缺失了觀測值就會變成不等觀測值數目的變方分
析，原有的計算方法（14.4 節）便不能適用；除了單分類的例子(12.
10節）外，一般都麻煩得多。缺失觀測值逢機區集的正式算法是相當
複雜的，要留到下卷 32.7 節再講；現在祇討論一種近似的算法。

　　近似法的原理是用一個**空值**（dummy value）來代替缺失的**觀測
值**，再按照無缺失情形計算；問題便是用甚麼值當作空值。

　　未討論空值前，先用一個例子來說明它的原理。有一個本來有 5
個觀測值的樣品，現在缺失了一個；這 5 個觀測值便是 8, 4, 5, x, 3,
內中 x 便是缺失了的。如果不把 x 算在內，祇用 4 個觀測值求介值，
便求得樣品均值 $\bar{y} = 20/4 = 5$, 樣品 SS

$$(8-5)^2+(4-5)^2+(5-5)^2+(3-5)^2=14,$$

而自由度數是 3。就用求得的 $\bar{y}$ 當作空值來代替缺失觀測值，算出的
樣品均值仍然是 5 而樣品 SS 也仍然是

$$(8-5)^2+(4-5)^2+(5-5)^2+(5-5)^2+(3-5)^2=14;$$

用除去缺失觀測值的樣品求得樣品均值來代替缺失，重算出的樣品均
值和 SS 都和不算缺失時相同 ， 所以這個值確實是個空值。 這便是
說，新求得的 SS 就是原有的 ， 所以新 SS 的自由度數仍然等於 3 。
這樣看來，空值不是一個觀測值。四個觀測值加上一個空值還是四個
觀測值，正和四個人加上一個假人模型（英文字也叫 dummy）還是四
個人一樣。

　　逢機區集內空值決定的原理與上述情形相同，用空值代替缺失觀
測值 ， 便可以用一般計算法計算要用複雜算法算出的機差 SS。用空
值插算求出的機差 SS 是沒有問題的 ， 但這樣求出的處理 SS 却比用
複雜方法求出的要大一點；所以，用省略方法計算也要付出代價，而
算出的值 F 便偏大了。

　　逢機區集試驗缺失一個觀測值時，它的空值便是

$$d = \frac{kT+nR-S}{(k-1)(n-1)};　\tag{1}$$

式內的 T 代表除去缺失外處理內 $(n-1)$ 個觀測值的合計 ， R 代表
去缺失外重複內 $(k-1)$ 個觀測值的合計，而 S 代表 $(kn-1)$ 個觀測
值的總計。表 14.7 是一個 3 個處理和 4 次重複的逢機區集試驗 ， 第
二處理內第三重複的觀測值當作缺失。先設缺失值為零，求出處理，
重複合計和總計；求得的不算缺失的處理合計是 $T = 15$ ， 重複合計
是 $R = 14$，總計是 $S = 53$，所以求得的空值是

$$d = \frac{3(15) + 4(14) - 53}{(3-1)(4-1)} = \frac{48}{6} = 8 \text{。}$$

用空值 8 代替缺失值，便可以用一般方法計算各種量值。

表14.7　缺失一個觀測值的逢機區集試驗資料

重　複	處　　理			合　　計
	1	2	3	
1	5	4	2	11
2	4	5	4	13
3	6	—	8	$14 = R$
4	3	6	6	15
合　　計	18	$\overset{15}{T}$	20	$53 = S$

　　重複次數和處理個數都不因缺失值而變動，所以兩者的自由度數
仍然是 $(n-1)$ 和 $(k-1)$。 觀測值少了一個 ， 觀測值總 個 數 變 成
$(kn-1)$ 而總 SS 和機差 SS 的自由度數都分別少了 1，所以是 $(kn-2)$
和 $(k-1)(n-1)-1$。

　　這兒的空值公式並未經過證明，但却可由例子看出它的理路。設
表 14.7 內每個觀測值都等於 3 ， 想像中的空值當然也該是 3 ； 應用
公式，代入 $T = 9, R = 6, S = 33$，得到的恰好是

$$d = \frac{3(9) + 4(6) - 33}{(3-1)(4-1)} = \frac{18}{6} = 3 \text{。}$$

　　如果缺失觀測值不祇一個，也可以用相同方法一一決定。缺失兩
個時，可先用一個近似各觀測值的值代替第一缺失值，而用式(1)算出

第二缺失值的空值，再將求得的空值代替第二缺失值算出第一缺失值的空值；繼續複算，直到求得的空值不再因計算而變動爲止。將最後求得的兩個空值代替缺失值，便可以進行變方分析。計算時，各種 SS 的求法都和一般方法相同，但自由度數却稍有變化；重複和處理的自由度數仍然分別是 $(n-1)$ 和 $(k-1)$，但總計和機差的自由度數却都較一般算法結果減少 2。

　　如果某個重複或處理內的缺失觀測值太多，最好將該個重複或處理捨去，不必再算空值。要知道，缺失的觀測值是一去不復返的，空值祇不過是代替複雜計算時用到的一個工具，是不能估算失去觀測值的。至於 F 測驗以外的各種測驗（12.9 節），仍然不能忽視 k 個處理的觀測值數目的不等式。

14.8　縮小試驗機差的好處

　　試驗機差本來就是指觀測值離族羣均值的偏差 $(y-\mu)$ 說的，所以族羣變方實在是試驗機差的一種量值。但族羣變方的估值如樣品內均方或機差均方也稱爲試驗機差，定義上多少有點不妥；不過，混用這些名詞還不致引起矛盾。族羣變方小，偏差 $(y-\mu)$ 一般地較小而機差均方的平均也較小；族羣變方就是機差均方的均值（14.3 節，式 5），當然會有這樣的結果。

　　試驗機差較小的試驗通常比較有利，這種好處可以用兩種試驗設計的比較來說明。這兒就比較完全逢機和逢機區集兩種試驗的設計，比較的意義是可以推廣到各種試驗的。

　　完全逢機試驗和逢機區集試驗的處理均方對機差均方的比率都從 F 分布，兩者都是成立的試驗方法。但在試驗材料或環境爲異質時，逢機區集試驗的結果便會比完全逢機試驗好。用每窩 5 頭的10窩猪作 5 種飼料的比較（14.1 節），同窩的猪必然比不同窩的更爲相似。如用逢機區集試驗，同窩的 5 頭猪是分別各用一種飼料的；用極爲相似的家畜測驗不同飼料，肥育效應的差異自然容易顯出。如用完全逢機試驗，5 種飼料便會用於不同窩的猪，肥育效應的差異便會部分地給猪隻本質差異抵消掉了。這樣便可以直覺地看出採用逢機區集試驗試驗的好處來。

由表 14.8 內兩種設計變方分析的比較來看，兩者的優劣便更是明顯。完全逢機試驗的飼料內 SS 便分成了逢機區集試驗的窩間（重複）SS 和機差 SS 兩部分。如果窩（重複）間沒有變異，三種均方便都是徵值 σ^2 的估值；如窩間變異大於窩內變異，完全逢機試驗的變方 σ^2 便是試驗的全部家畜間變方，而逢機區集的却祇是同窩家畜間變方。祇要窩間變異大於窩內，逢機區集試驗的變方便會小於完全逢機試驗的變方而具有較為準確的測驗結果。

表14.8 完全逢機試驗和逢機區集試驗的比較

完 全 逢 機		
變異原因	DF	平 均 均 方 （ 12.4節，式4和5 ）
配 料 間	4	$\sigma^2+10\sigma_\mu^2$ $(\sigma_\mu^2=\sigma_t^2)$
配 料 內	45	σ^2
合 計	49	
逢 機 區 集		
變異原因	DF	平 均 均 方 （14.3節，式 3，4，5）
窩 （重複）	9	$\sigma^2+5\sigma_r^2$
配 料	4	$\sigma^2+10\sigma_t^2$
機 差	36	σ^2
合 計	49	

縮小試驗機差就是增大測驗能力，可以用 F 值受比率

$$P = \frac{\sigma^2+n\sigma_t^2}{\sigma^2}$$

的影響來討論。由於 n 是每種飼料所飼的家畜頭數而 σ_t^2 是飼料飼育效應變方，在同批飼料和同家畜頭數的兩類試驗中，這兩個數應當是一樣的。逢機區集的 σ^2 變小，比率 P 便增大；如 $n\sigma_t^2=200$ 而 $\sigma^2=100$ 時 P 是 3，而 $\sigma^2=10$ 時 P 就變成了 21。當 P 值增大時 F 值也平均地

跟着增大，便易於棄却錯誤的擬說 $\sigma_t^2 = 0$。當然，這兒討論的祇是用適當試驗設計來減小試驗機差的例子，其實用機械裝置如空氣調節設備等也能夠達到同樣的目的；所以，科學工作者各有一套減小試驗機差的技術，而大家的目的都是增大測驗的能力。

14.9 模式

在 12.4 節曾經討論過變方成分模式和線性擬說模式，本章的逢機區集設計便採取後面的一個；也就是說，重複效應 ($\mu_r - \bar{\mu}$) 和處理效應 ($\mu_t - \bar{\mu}$) 都是不隨樣品變異的固定徵值。用飼養試驗來說，重複和處理效應是對特定的 10 窩家畜和特定的 5 種飼料來立論的。試驗者祇想用某幾種飼料而不想由許多種飼料中逢機取用幾種，這種問題自然適合線性擬說模式。但如試驗時祇限用某幾窩家畜，這些家畜不幸在試驗中死去，豈不使所帶的詢識全部損失；所以，重複效應是不適合線性擬說模式的。將 10 窩家畜當作同品種的許多窩家畜的一個逢機樣品，纔能把結論推廣到所有同品種的家畜。田間試驗的目的也祇在某幾個特定的品種而不在同一作物許多品種中的一個逢機樣品，當然也適合線性擬說模式；試驗結論應當能適合一般的田地，特定的試田祇是同地區許多塊田地中的一個逢機樣品，所以重複效應又是不適合線性擬說模式而適合變方成分模式的。這種重複效應適合變方成分模式而處理效應適合線性擬說模式的事例便稱爲**混合模式** (mixed model)。

在逢機區集試驗中，介值
$$F = （處理均方）/（機差均方）$$
對於線性擬說模式和變方成分模式都能成立，所以試驗者可以任意採用一種模式測驗處理族羣均值相等的擬說。

14.10 觀測值改變的影響

將一個重複內的每個觀測值都加上或減去一個固定值，逢機區集試驗的 F 值是不改變的；這件事實可以用一個 6 個品種（處理）和 5 次重複的番茄試驗來說明。試驗內 30 個試區收量磅數列在表 14.10a 內，而變方分析便列成表 14.10b；A 品種是當地種，所以稱爲對照

(check)。　如果試驗者不想知道各品種的收量而祇想知道各品種收量是否比對照種高，便可將每重複內各品種收量減去對照種收量而得出它們比對照種的增收量·；這種增收量便列在表 14.10c 內，而它的**變方**分析便形成了表 14.10d 。 由表 14.10b 和表 14.10d 可以看出絕對收量和增收量的 F 值都等於 8.93，所以計算增收量是一件多餘的事。

表14.10a　　番茄試驗的絕對收量（磅）

品　　種	重　複					均　　值
	1	2	3	4	5	
A	32.6	41.0	17.9	23.8	19.6	26.98
B	38.4	39.4	37.1	42.8	21.8	35.90
C	65.1	59.9	41.9	36 1	21.1	44.82
D	54.2	46.4	43.6	35.1	43.4	44.54
E	83.7	37.9	69.3	63.8	50.7	61.08
F	77.1	70.8	57.7	51.1	46.5	60.64

表14.10b　　番茄試驗絕對收量的變方分析

變異原因	平　方　和	自　由　度	均　方	F
重　　複	1,987.52	4	496.88	
品　　種	4,541.68	5	908.34	8.93
機　　差	2,033.41	20	101.67	
合　　計	8,562.61	29		

表14.10c　　番茄試驗各品種對對照種的增收量（磅）

品　　種	重　複					均　　值
	1	2	3	4	5	
A	0.0	0.0	0.0	0.0	0.0	0.00
B	5.8	− 1.6	19.2	19.0	2.2	8.92
C	32.5	18.9	24.0	12.3	1.5	17.84
D	21.6	5.4	25.7	11.3	23.8	17.56
E	51.1	− 3.1	51.4	40.0	31.1	34.10
F	44.5	29.8	39.8	27.3	26.9	33.66

表14.10d　番茄試驗各品種對對照種增收量的變方分析

變異原因	平　方　和	自　由　度	均　　　方	F
重　　複	1,471.87	4	367.97	
品　　種	4,541.68	5	908.34	8.93
機　　差	2,033.41	20	101.67	
合　　計	8,046.96	29		

　　有人看到對照種對自身的增收量都等於零(表14.10c)，便剔除這一批零再作變方分析；這便等於在絕對收量資料中剔除全部對照種，連對照的意義也抹殺了。表 14.10e 和 14.10f 便是剔除全部對照種的絕對收量資料和剔除一組零的增收量資料的變方分析，兩個表的 F 值都等於 5.63，但却和表 14.10b 和 14.10d 不同。

表14.10e　略去 A 品種的絕對收量的變方分析

變異原因	平　方　和	自　由　度	均　　　方	F
重　　複	1,906.73	4	476.68	
品　　種	2,448.03	4	612.01	5.63
機　　差	1,739.03	16	108.69	
合　　計	6,093.79	24		

表14.10f　略去 A 品種的增收量的變方分析

變異原因	平　方　和	自　由　度	均　　　方	F
重　　複	1,766.25	4	441.56	
品　　種	2,448.03	4	612.01	5.63
機　　差	1,739.03	16	108.69	
合　　計	5,953.31	24		

　　處置增收量資料，有時還會發生更嚴重的錯誤。譬如品種 B 和 A 的絕對收量均值差是 $(35.90-26.98)=8.92$(表 14.10a)，差值的估得變方便是(定理 10.1b 和 10.4a)

$$s^2\left(\frac{1}{n_1}+\frac{1}{n_2}\right)=101.67\left(\frac{2}{5}\right)=40.668。$$

但兩品種絕對收量均值差 8.92 也是品種 B（對品種 A）增收量的均值（表 14.10c），處置增收量時便可能會把增收量均值的變方當作

$$\frac{s^2}{n}=\frac{101.67}{5}=20.334$$

（定理 5.3 和 8.1a）；兩者的機差均方 s^2 既然都是 101.67，後一結果便祇是正確數值的一半。由於這種錯誤的發生，測驗某品種與對照種平均收量相等擬說所用的 t 值便誇大成 $\sqrt{2}=1.414$ 倍，而使實際用的顯著水準遠高於事先選定的了。

　　由以上結果可以知道，即使探討增收量問題也應當使用絕對收量資料，而將絕對收量換算成增收量簡直是有弊而無利的舉動。

　　另一類觀測值改變是單位換算，如每試區小麥磅數換算成每甌爾數等。這類改變就是將觀測值同乘一個固定數，而 F 值却是和原資料相同的；所以，測驗的結論不因觀測值改變而不同，多餘的計算祇能增加遭犯錯誤的機會而沒有甚麼好處。如果試驗的結論需要用另種單位來表示，祇要換算處理均值便可以了。

　　將每個觀測值乘上一個常數 c 是可以改變變方分析的平方和和變方的，但不過將原來的平方和或均方乘上一個 c^2；如果眞有換算的必要，不必換算全部觀測值也可以直接得到換算後的結果。

　　資料換算方面的陳述都是可以驗證的，請參考本章的題12。

習　　題

(1)　(a) 將下列 6 個觀測值寫成總均值，重複效應，處理效應，和機差的成分和（表 14.2b）。

重　　複	處　　理		
	1	2	3
1	7	5	0
2	7	9	2

(b) 由各效應直接計算重複 SS，處理 SS，和機差 SS。

(c) 示明總 SS 等於重複 SS，處理 SS，及機差 SS 的和。

(d) 用簡算法 (14.4 節) 求四種 SS 並和 (b) 比較。

(2) 下列 20 個觀測值是逢機地由圓牌常態族羣內取出， 列成了一個 4 次重複和 5 個處理的逢機區集試驗：

重　複	處　　理				
	1	2	3	4	5
1	40	54	54	44	56
2	70	38	46	53	53
3	46	52	54	29	47
4	53	45	62	28	53

將觀測值來源當作未知，用 5% 水準測驗五個處理族羣均值相等的擬說。

　　已知觀測值由同一族羣取出，試問結論是正確的，還是犯了第一類錯誤。擬說是對的，無從犯第二類錯誤。($F = 1.64$; $\nu_1 = 4$, $\nu_2 = 12$)

(3) 將題 2 內第二重複 5 個觀測值各加 10， 第三重複的各加 20， 而第一和第四重複不加，得到的觀測值便不再是同族羣來的。試測驗題 2 內的擬說。這個題的 F 值是和題 2 相同的。為甚麼？由這個題可以知道，逢機區集試驗的重複（如田間區集和家畜窩別）間變異是可以完全剔出的。($F = 1.64$)

(4) 將題 3 內第一和第五兩個處理的各 4 個觀測值分別減去 40 和加上 40，第二，三，四處理的不變。試用 5% 水準測驗處理族羣均值相等的擬說。處理族羣均值的確不相等，試問結論是正確的還是犯了第二類錯誤。擬說是錯的，不會犯第一類錯誤。($F = 34.52$)

(5) 題 2 中 20 個觀測值由 $\mu = 50$ 和 $\sigma^2 = 100$ 的常態族羣內取出，題 4 的 20 個族羣均值當然也能知道。

(a) 求 20 個族羣均值（表 14.3b）。

(b) 將每個族羣均值寫成 14.3 節內式(1)的形式（表 14.3c）。

(c) 求全部可能同大樣品的重複均方平均(14.3節，式3)。(558)

(d) 求全部可能同大樣品處理均方平均(14.3節，式4)。(3,300)

(e) 求全部可能同大樣品機差均方平均(14.3節，式5)。(100)

(6) 錯把題4資料當作完全逢機試驗，而用了12.3節變方分析計算。試比較所得 F 值與題4的結果。這種錯誤對 F 值有甚麼影響？由這個題可以知道，誤用單分類變方分析計算逢機區集試驗時，測驗能力會大為降低。

(7) 駢對觀測值法就是 2 處理和 n 重複的逢機區集變方分析 (8.7 節及 14.6 節)。將下列資料分別用駢對 t 法和變方分析計算，並各用 5% 水準測驗處理族羣均值相等的擬說。示明 $t^2 = F$，並列出 t 和 F 的自由度數。

重 複	處 理	
	1	2
1	50	55
2	57	44
3	42	37
4	63	40
5	32	52

(8) 有一個逢機區集設計的蛇麻品系試驗共有13個品系和5次重複，收穫的65個試區乾重磅數列在下面的表內：

用 5% 水準測驗13個品系收量相等的擬說。($F = 7.94$; $\nu_1 = 12$, $\nu_2 = 48$)

蛇廠品系	重　複				
	1	2	3	4	5
Fuggles	11.50	11.25	13.36	8.76	10.28
Walker	15.78	21.02	23.80	13.29	11.11
0-104	24.29	24.76	23.81	17.30	18.62
0-105	24.65	21.31	21.20	16.41	16.36
0-107	25.35	19.64	21.21	13.21	17.30
0-110	15.12	13.46	10.49	9.38	9.00
0-201	16.65	23.22	19.54	15.66	15.50
0-203	16.91	17.45	22.39	14.88	10.10
0-207	17.96	15.60	16.90	9.51	10.06
0-211	27.15	18.45	19.01	16.62	12.86
0-214	19.37	18.00	22.52	16.82	17.35
0-307	16.00	16.85	26.15	14.58	14.58
0-407	21.95	19.31	18.54	14.25	12.38

(9)　某工廠的鑽牀（drill press）工失誤率（accident rate）很高。經
　　研究結果後，發現機器的照明和塗色都有關係，便由兩位色調專
　　家各提一種改善方法分別做試驗。將廠內三部門第一不變，第二
　　用建議 A 方法，第三用建議 B 方法。每部門用46個工人，按個別
　　失誤率和生產率（production rate）分成46個 3 人組。記錄用試驗
　　期六個月內失誤斷工半日數與同工人前六個月結果的差值表示，
　　而負值表示失誤率減小。問工作效率的改進有甚麼結論？用 5%
　　顯著水準。

不　改　變		計　劃 A		計　劃 B	
2	− 6	1	0	− 2	− 4
0	− 4	− 8	− 5	0	− 5
5	− 2	−11	− 6	− 8	2
7	3	4	− 4	4	13
− 1	0	2	− 8	−13	− 4
4	8	− 6	− 3	− 1	2
−12	− 2	0	− 6	− 5	− 3
3	− 4	− 5	− 2	− 5	4
6	0	8	− 9	− 2	− 2
10	− 2	10	− 7	−10	− 6
− 8	10	−10	− 5	− 4	0
− 6	9	− 4	8	2	5
− 3	0	− 6	1	− 4	− 9
3	− 2	− 5	− 2	− 4	0
0	− 1	− 6	4	6	− 8
14	− 6	− 8	− 4	− 5	4
− 2	− 3	− 3	4	5	− 4
4	1	− 7	− 6	2	− 2
4	− 1	0	− 6	4	− 5
5	1	− 3	5	4	1
−10	− 2	− 1	−10	5	− 1
2	− 5	0	− 5	− 6	− 9
0	5	− 8	− 1	1	− 4

(10) 有一個牛乳內細菌數的顯微檢查研究，共用 12 張鏡片經過 10 個

觀測人 (處理)	載片（重複）											
	1	2	3	4	5	6	7	8	9	10	11	12
A	298	209	95	250	401	91	145	251	109	112	101	146
B	222	141	63	249	292	79	161	397	118	93	94	163
C	244	175	65	131	301	79	122	342	87	78	85	136
D	323	202	80	198	323	97	181	416	139	112	98	161
E	268	183	65	194	403	70	152	452	110	73	76	154
F	274	198	75	150	464	77	171	424	98	78	87	191
G	334	214	68	198	504	78	161	436	121	74	92	192
H	282	178	69	144	399	67	133	318	117	77	86	154
I	288	190	66	204	330	78	159	385	108	74	70	180
J	212	232	65	149	352	73	129	226	97	90	79	150

人檢查。將 12 張鏡片在試驗臺上排成一列，用日光照明。每片的位置都是固定的，不因觀測而移動。這10個人輪次檢查12片，便得出211頁內的結果。

用 5% 水準測驗觀測人間的差異。(Wilson, G. S.: "The Bacteriological Grading of Milk", His·Majesty's Stationary Office, London, 1935.)

(11) 下面是 6 種土壤心土 (core) 樣品上，中，下三層的 pH 值：

樣品編號	上	中	下
1	7.5	7.6	7.2
2	7.2	7.1	6.7
3	7.3	7.2	7.0
4	7.5	7.4	7.0
5	7.7	7.7	7.0
6	7.6	7.7	6.9

問平均 pH 值是否因土壤深度而不同？用 5% 水準。

(12) 將表 14.2a 內 12 個觀測值各乘 5 並作變方分析。示明所得平方和和均方分別是表 14.4b 內的 25 倍，但兩個 F 值相同。

參 考 文 獻

Anderson, R. L. and Bancroft, T. A.: *Statistical Theory in Research*, McGraw-Hill Book Company, New York, 1952.

Cochran, W. G. and Cox, G. M.: *Experimental Designs*, John Wiley & Sons, New York, 1957.

Cochran, W. G.: "Some Consequences When the Assumptions for the Analysis of Variance Are Not Satisfied," *Biometrics*, vol. 3, pp. 22-38, 1947.

Crump, S. Lee: "The Estimation of Variance Components in the Analysis of Variance," *Biometrics*, vol. 2, pp. 7-11, 1946.

Crump, S. Lee: "The Present Status of Variance Component," *Biometrics,* vol. 7, pp. 1-16, 1951.

Eisenhart, Churchill: "The Assumptions Underlying the Analysis of Variance," *Biometrics*, vol. 3, pp. 1-21, 1947.

Fisher, R. A.: *The Deign of Experiments*. 6th Edition, Hafner Publishing Company, New York, 1951.

Irwin, J. O.: "Mathematical Theorems Involved in the Analysis of Variance," *Journal of Royal Statistical Society*, vol. 94, pp. 285-300, 1931.

第 十 五 章

變方分析中特定擬說的測驗

本章要討論的是有關處理族羣均值特定擬說的測驗方法。以前講過的有關處理的擬說祇有族羣均值相等一種，現在却要把它分解成許多個。

15.1 線性組合

有了 n 個觀測值，便可定義出它們的**線性組合** (linear combination)

$$v = \sum My = M_1y_1 + M_2y_2 + \cdots + M_ny_n \text{,} \tag{1}$$

而 M 是常乘數 (constant multipliers)。設觀測值是 $20, 50, 40, 30$，而它們的對應乘數是 2 ， 3 ， 4 ， 5 ，這 4 個觀測值的線性組合便是

$$v = (2)20 + (3)50 + (4)40 + (5)30 = 500 \text{。}$$

最常見的 n 個觀測值的線性組合就是樣品合計 $\sum y$ ，也就是全部常乘數都等於 1 時 n 個觀測值的線性組合

$$v = (1)y_1 + (1)y_2 + \cdots + (1)y_n = \sum y \text{。} \tag{2}$$

仍然用觀測值 20 ， 50 ， 40 ， 30 的例子，線性組合

$$v = (1)20 + (1)50 + (1)40 + (1)30 = 20 + 50 + 40 + 30 = 140$$

就等於 4 個觀測值的合計。

另一個常見的 n 個觀測值的線性組合是樣品均值 $\bar{y}$ ，也就是全部常乘數都等於 $1/n$ 時 n 個觀測值的線性組合

$$v = \left(\frac{1}{n}\right)y_1 + \left(\frac{1}{n}\right)y_2 + \cdots + \left(\frac{1}{n}\right)y_n = \frac{\sum y}{n} = \bar{y} \text{。} \tag{3}$$

再用觀測值 20 ， 50 ， 40 ， 30 的例子，線性組合

$$v = \frac{1}{4}(20) + \frac{1}{4}(50) + \frac{1}{4}(40) + \frac{1}{4}(30) = \frac{1}{4}(20 + 50 + 40 + 30) = 35$$

就是 4 個觀測值的均值。

線性組合不祇可用到觀測值上，同時也能用到樣品均值等量值上面去。兩樣品均值差（10.1 節）其實就是乘數為 1 和 -1 的兩個樣品均值的線性組合，或

$$v = (1)\bar{y}_1 + (-1)\bar{y}_2 = \bar{y}_1 - \bar{y}_2 ; \tag{4}$$

而總均值 $\bar{\bar{y}}$（12.10 節，式 4）也不過是乘數等於 $n_1/\sum n$, $n_2/\sum n$, $\cdots$, $n_k/\sum n$ 的 k 個樣品均值的線性組合，也就是

$$v = \left(\frac{n_1}{\sum n}\right)\bar{y}_1 + \left(\frac{n_2}{\sum n}\right)\bar{y}_2 + \cdots + \left(\frac{n_k}{\sum n}\right)\bar{y}_k = \frac{n_1\bar{y}_1 + n_2\bar{y}_2 + \cdots + n_k\bar{y}_k}{\sum n} = \bar{\bar{y}} \tag{5}$$

提出上列線性組合實例的用意有四點：

（a）說明線性組合的意義。

（b）表明線性組合不是新東西。

（c）將許多討論過的介值如 $\sum y$, $\bar{y}$, $\bar{\bar{y}}$ 等和以後要討論的如 **廻歸係數**（regression coefficient）（17.3 節）等加以推廣。

（d）表明乘數是有意選定而不是隨意採用的。

15.2 線性組合的分布

觀測值會隨樣品不同，n 個觀測值的線性組合當然也是這樣的；所以線性組合 v 也能產生分布，而能得出一個定理：

定理15.2a　由均值等於 μ_1, μ_2, $\cdots$, μ_n 和變方等於 σ_1^2, σ_2^2, $\cdots$, σ_n 的 n 個常態族羣內分列取出 n 個獨立觀測值 y_1, y_2, $\cdots$, y_n 的全部可能樣品，計算每個樣品內觀測值的線性組合

$$v = M_1 y_1 + M_2 y_2 + \cdots + M_n y_n = \sum M y , \tag{1}$$

這個介值 v 便會從均值等於

$$\mu_v = M_1 \mu_1 + M_2 \mu_2 + \cdots + M_n \mu_n = \sum M \mu \tag{2}$$

和變方等於

$$\sigma_v^2 = M_1^2 \sigma_1^2 + M_2^2 \sigma_2^2 + \cdots + M_n^2 \sigma_n^2 \tag{3}$$

的常態分布。

　　這個定理可用表 15.2a 內三個族羣的取樣結果來說明。取得的16個可能樣品和它們的線性組合

$$v = y_1 + y_2 - 2y_3$$

的值列在表 15.2b 內，而 v 的頻度分布，均值，和變方全部都已列在表 15.2c 內。

表15.2a　三個均值和變方各自不同的族羣

族羣編號	觀　測　值 y	均　值 μ	變　方 σ^2
1	1, 3	2.0	1.00
2	4, 8	6.0	4.00
3	0, 1, 2, 3	1.5	1.25

表15.2b　樣品和它們的線性組合值

全部可能樣品		觀　測　值			v
		y_1	y_2	y_3	$y_1 + y_2 - 2y_3$
1 4	0	1	4	0	5
	1	1	4	1	3
	2	1	4	2	1
	3	1	4	3	-1
1 8	0	1	8	0	9
	1	1	8	1	7
	2	1	8	2	5
	3	1	8	3	3
3 4	0	3	4	0	7
	1	3	4	1	5
	2	3	4	2	3
	3	3	4	3	1
3 8	0	3	8	0	11
	1	3	8	1	9
	2	3	8	2	7
	3	3	8	3	5

由定理 15.2a，v 的均值是

$$\mu_v = \mu_1 + \mu_2 - 2\mu_3 = 2 + 6 - 2(1.5) = 5，$$

而變方是

$$\sigma_v^2 = (1)^2\sigma_1^2 + (1)^2\sigma_2^2 + (-2)^2\sigma_3^2 = 1.00 + 4.00 + 4(1.25) = 10，$$

都和表 15.3c 的計算結果相同。原有的三個族羣都不是常態的，但 v 的頻度分布已近於常態了。

表15.2c　線性組合的頻度分布，均值，和變方

v	f	vf	$(v-\mu_v)$	$(v-\mu_v)^2$	$(v-\mu_v)^2 f$	v^2	$v^2 f$
-1	1	-1	-6	36	36	1	1
1	2	2	-4	16	32	1	2
3	3	9	-2	4	12	9	27
5	4	20	0	0	0	25	100
7	3	21	2	4	12	49	147
9	2	18	4	16	32	81	162
11	1	11	6	36	36	121	121
合　計	16	80			160		560

$$\mu_v = 80/16 = 5 \qquad \sigma_v^2 = 160/16 = 10 \qquad \mu_{v^2} = \frac{560}{16} = 35$$

　　定理 15.2a 也可以用第四章的取樣試驗來驗證。仍然應用由 $\mu = 50$ 和 $\sigma^2 = 100$ 圓牌常態族羣內取得的 1,000 個逢機樣品，算出每個樣品內 5 個觀測值的線性組合。

$$v = (-2)y_1 + (-1)y_2 + (0)y_3 + (1)y_4 + (2)y_5$$
$$= -2y_1 - y_2 + y_4 + 2y_5 \text{。} \tag{4}$$

如表內第一個樣品內 5 個觀測值 50，57，42，63，32 的 v 值是

$$v = -2(50) - 57 + 63 + 2(32) = -30，$$

而第二個樣品內 5 個觀測值 55，44，37，40，52 的 v 值便是

$$v = -2(55) - 44 + 40 + 2(52) = -10。$$

將 1,000 個樣品的 v 值分列求出，便得到表 15.2d 的頻度表。

表15.2d 1,000個線性組合值的頻度表

v	理 論 r.f. (%)	觀 測 r.f. (%)	觀 測 r.c.f. (%)
小 於 −79.5	0.6	0.5	0.5
−79.5 至 −59.5	2.4	2.9	3.4
−59.5 至 −39.5	7.6	7.5	10.9
−39.5 至 −19.5	16.2	17.1	28.0
−19.5 至 0.5	24.0	23.7	51.7
0.5 至 20.5	23.1	22.8	74.5
20.5 至 40.5	16.1	14.5	89.0
40.5 至 60.5	7.2	7.6	96.6
60.5 至 80.5	2.3	2.8	99.4
大 於 80.5	0.5	0.6	100.0
合 計	100.0	100.0	

由圓牌觀測值族羣取出 $n=5$ 的全部可能樣品，便可用定理15.2a 求得線性組合的均值和變方。每樣品的 5 個觀測值都由均值為50和變方為 100 的同一族羣內取出，所以

$$\mu_1 = \mu_2 = \mu_3 = \mu_4 = \mu_5 = 50$$

而

$$\sigma_1^2 = \sigma_2^2 = \sigma_3^2 = \sigma_4^2 = \sigma_5^2 = 100,$$

乘數為 -2，-1，0，1，2 的線性組合 v 的均值應當是

$$\mu_v = (-2)50 + (-1)50 + (0)50 + (1)50 + (2)50 = 0,$$

而變方應當是

$$\sigma_v^2 = (-2)^2 100 + (-1)^2 100 + (0)^2 100 + (1)^2 100 + (2)^2 100$$

$$= [(-2)^2 + (-1)^2 + (0)^2 + (1)^2 + (2)^2]100 = 1,000,$$

標準偏差 σ_v 應當是 $\sqrt{1,000} = 31.6$。

將 1,000 個 v 值的相對累計頻度繪在常態機率紙上，便得到圖 15.2中近於直線排列的各點；這便表示 v 是從常態分布的（3.3 節）。圖上的 50% 點幾乎正等於零而 84% 點也極近於 31.6，都與預期的結果相同（3.3 節）。由取樣試驗的結果已能說明和驗證定理 15.2a 了。

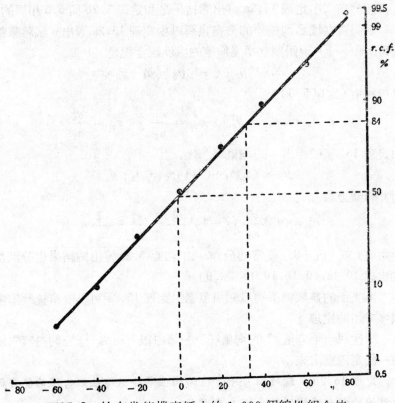

圖15.2　繪在常態機率紙上的 1,000 個線性組合值

樣品均值的分布也可以由定理 15.2a 導出。試將全部乘數都選定為 1/n，樣品內 n 個觀測值的線性線合 v 便是樣品均值 $\bar{y}$，或

$$v = \left(\frac{1}{n}\right)y_1 + \left(\frac{1}{n}\right)y_2 + \cdots + \left(\frac{1}{n}\right)y_n = \frac{\sum y}{n} = \bar{y}。$$

由定理 15.2a，樣品均值應當從均值等於

$$\mu_v = \mu_{\bar{y}} = \left(\frac{1}{n}\right)\mu + \left(\frac{1}{n}\right)\mu + \cdots + \left(\frac{1}{n}\right)\mu = n\left(\frac{1}{n}\right)\mu = \mu$$

而變方等於

$$\sigma_v^2 = \sigma_{\bar{y}}^2 = \left(\frac{1}{n}\right)^2\sigma^2 + \left(\frac{1}{n}\right)^2\sigma^2 + \cdots + \left(\frac{1}{n}\right)^2\sigma^2 = n\left(\frac{1}{n}\right)^2\sigma^2 = \frac{\sigma^2}{n}$$

的常態分布；由定理 15.2a 導出的結果是和定理 5.2b 與 5.3 相同的。

兩個獨立樣品均值差的分布也可以由定理 15.2a 導出。試將乘數選爲 1 和 −1，兩個獨立樣品均值的線性組合便是

$$v = (1)\bar{y}_1 + (-1)\bar{y}_2 = \bar{y}_1 - \bar{y}_2 \text{。}$$

已經知漬（定理 5.3）

$$\mu_{\bar{y}_1} = \mu_1 \qquad \mu_{\bar{y}_2} = \mu_2 \qquad \sigma_{\bar{y}_1}^2 = \frac{\sigma_1^2}{n_1} \qquad \sigma_{\bar{y}_2}^2 = \frac{\sigma_2^2}{n_2} \text{,}$$

由定理 15.2a 便得出 v 的均值爲

$$\mu_v = (1)\mu_1 + (-1)\mu_2 = \mu_1 - \mu_2$$

而 v 的變方爲

$$\sigma_v^2 = (1)^2 \frac{\sigma_1^2}{n_1} + (-1)^2 \frac{\sigma_2^2}{n_2} = \frac{\sigma_1^2}{n_1} + \frac{\sigma_2^2}{n_2} \text{,}$$

並知道 v 或 $(\bar{y}_1 - \bar{y}_2)$ 從常態分布。由定理 15.2a 導出的結果也分別是和定理 10.1a, 10.1b, 10.1c 相同的。

由上面的幾個例子可以知漬，應用定理 15.2a 可以推廣統計學中很多有用的定理。

線性組合平方值 v^2 的均值在下一節內很有用處，它的內容可以用一個定理寫出來：

定理 15.2b　線性組合平方值的均值等於該線性組合值的變方加上該線性組合值均值的平方，也就是

$$\mu_{v^2} = \sigma_v^2 + (\mu_v)^2 \text{。} \tag{5}$$

這個定理的意義可以由表 15.2c 看出來，表中

$$\mu_v = 5 \qquad \sigma_v^2 = 10 \qquad \mu_{v^2} = 35 \text{,}$$

而 $35 = 10 + 5^2$。

定理 15.2b 不祇可以用於線性組合，也能用於所有的介值；也就是說，任一個介值平方的均值都會等於該介值的變方加上該介值本身的平方。

15.3 單自由度

這一節要討論變方分析中處理均值的線性組合問題。已經知道

（定理 5.3）全部可能樣品均值的均值等於族羣均值，或

$$\mu_{\bar{y}_1} = \mu_1 \quad \mu_{\bar{y}_2} = \mu_2 \quad \cdots \quad \mu_{\bar{y}_k} = \mu_k, \tag{1}$$

和全部可能樣品均值的變方等於族羣變方用樣品大小除，或

$$\sigma_{\bar{y}}^2 = \frac{\sigma^2}{n} \circ$$

由定理 15.2a，k 個樣品（處理）均值的線性組合

$$v = M_1 \bar{y}_1 + M_2 \bar{y}_2 + \cdots + M_k \bar{y}_k = \sum M \bar{y} \tag{2}$$

便從均值等於

$$\mu_v = M_1 \mu_1 + M_2 \mu_2 + \cdots + M_k \mu_k = \sum M \mu \tag{3}$$

和變方等於

$$\sigma_v^2 = M_1^2 \frac{\sigma^2}{n} + M_2^2 \frac{\sigma^2}{n} + \cdots + M_k^2 \frac{\sigma^2}{n} = \frac{\sigma^2}{n} \left(\sum M^2 \right) \tag{4}$$

的常態分布。所以，介值

$$u = \frac{v - \mu_v}{\sigma_v} = \frac{\sum M \bar{y} - \sum M \mu}{\sqrt{\dfrac{\sigma^2 \sum M^2}{n}}} \tag{5}$$

應當從均值等於 0 和變方等於1的常態分布（6.7節）。介值 u 裏用到常為未知的族羣變方 σ^2，不太合乎實用；將式(5)內的 σ^2 用變方分析的機差均方 s^2 代替，便得到從自由度數 ν（就是機差均方的自由度數）的學生氏 t 分布的介值

$$t = \frac{\sum M \bar{y} - \sum M \mu}{\sqrt{\dfrac{s^2 \sum M^2}{n}}}, \tag{6}$$

就可以供實際應用了。

已經知道 $t^2 = F$（定理 12.6），所以介值

$$t^2 = F = \frac{\left(\sum M \bar{y} - \sum M \mu \right)^2}{\dfrac{s^2 \sum M^2}{n}} \tag{7}$$

從自由度 1 和 ν 的 F 分布；測驗擬說

$$\mu_v = \sum M \mu = M_1 \mu_1 + M_2 \mu_2 + \cdots + M_k \mu_k = 0 \tag{8}$$

時，式(7)中的介值變成

$$F = \frac{(\sum M \bar{y})^2}{\dfrac{s^2 \sum M^2}{n}} = \frac{(M_1 \bar{y}_1 + M_2 \bar{y}_2 + \cdots + M_k \bar{y}_k)^2}{\dfrac{s^2 (M_1^2 + M_2^2 + \cdots + M_k^2)}{n}} \text{。} \tag{9}$$

將式(9)的分子和分母同乘 n^2，便得到

$$F = \frac{(M_1 T_1 + M_2 T_2 + \cdots + M_k T_k)^2}{ns^2 (M_1^2 + M_2^2 + \cdots + M_k^2)}, \tag{10}$$

而 $T = n\bar{y}$ 便是處理合計。

式(10)中的數量

$$Q^2 = \frac{(M_1 T_1 + M_2 T_2 + \cdots + M_k T_k)^2}{n(M_1^2 + M_2^2 + \cdots + M_k^2)} \tag{11}$$

稱為處理 SS 的一個**單自由度** (individual degree of freedom)，所以式(10)的

$$F = \frac{Q^2}{s^2} \tag{12}$$

從自由度數 1 和 ν 的 F 分布 ，而 s^2 為變方分析中自由度數為 ν 的機差均方。

式(12)的 F 測驗可以用一個 3 個處理而每處 5 頭家畜的完全逢機飼養試驗來說明。試驗的處理是：

處理 1 ：　100% 的常用飼料

處理 2 ：　85% 常用飼料＋15% 木蜜 (wood molases)

處理 3 ：　80% 常用飼料＋15% 木蜜＋5% 大豆粕

設表 12.1a 中的資料就是這個試驗的飼養期內家畜增重磅數，三個處理合計分別是 25，45，20，而變方分析已經列在表 12.3b 內。

原資料變方分析中自由度數 2 和 12 的 F 介值是用來測驗 3 個處理族羣均值相等擬說的，但如應用單自由度（式 8）便可以測驗擬說

$$\sum M\mu = M_1 \mu_1 + M_2 \mu_2 + M_3 \mu_3 = 0 \text{。}$$

如果令 $M_1 = 1$, $M_2 = -1/2$, $M_3 = -1/2$，擬說便會變成

$$\mu_1 - \frac{1}{2}\mu_2 - \frac{1}{2}\mu_3 = 0$$

或

$$\mu_1 = \frac{1}{2}(\mu_2 + \mu_3)$$

或

$$2\mu_1 - \mu_2 - \mu_3 = 0 。$$

用飼養的術語來說，擬說是常用飼料（處理 1 ）與兩種代用飼料（處理 2 和 3 ）的平均具有相同的飼育效果。用來測驗這個擬說的單自由度是（式11）

$$Q_1^2 = \frac{(2T_1 - T_2 - T_3)^2}{5[(2)^2 + (-1)^2 + (-1)^2]} = \frac{[2(25) - 45 - 20]^2}{30} = 7.5 , \tag{13}$$

而介值（式12）

$$F = \frac{Q_1^2}{s^2} = \frac{7.5}{6.5} = 1.15 \tag{14}$$

小於自由度數 1 和12的 5% 點 F 值4.7472，所以結論是常用飼料與兩種代用飼料平均的飼育效果相同。

兩種代用飼料的飼育效果也可以用單自由度來比較，擬說便變爲 $\mu_2 = \mu_3$ 而用到的乘數是 0 ， 1 ， -1 。求出的單自由度是

$$Q_2^2 = \frac{(T_2 - T_3)^2}{5[(1)^2 + (-1)^2]} = \frac{(45 - 20)^2}{10} = 62.5 , \tag{15}$$

而介值

$$F = \frac{Q_2^2}{s^2} = \frac{62.5}{6.5} = 9.62 \tag{16}$$

大於 4.7472，所以結論是第二種飼料比第三種好。 這兒的資料是假設的，結論當然不能用到飼養事業上去。 上例的詳盡變方分析已列在表15.3a內。

表15.3a 列出處理平方和成分的變方分析

變異原因	SS	DF	MS	F
飼　料	70.0	2	35.0	5.38
常用對代用	7.5	1	7.5	1.15
代用品間	62.5	1	62.5	9.62
機　差	78.0	12	6.5	
合　計	148.0	14		

　　由上面的例子可以知道，完成試驗資料的變方分析後，單自由度的計算增加不了多少勞力；因為，處理合計和機差均方都已在變方分析中計算過了。如果 k 個處理的觀測值個數不同，單自由度的計算要麻煩得多，這種情形要留在 19.6 節再講。

　　當 $(k-1)$ 個自由度數各為 1 的 SS 值相加等於處理 SS 值或

$$處理 \ SS = Q_1^2 + Q_2^2 + \cdots + Q_{k-1}^2 \tag{17}$$

時，這些 Q^2 便稱為一個**正交單自由度組**（orthogonal set of individual degrees of freedom）。上面試驗資料中的處理平方和是 $70 = 7.5 + 62.5$（表 15.3a），便是一個正交單自由度組的例子。

　　應用單自由度的目的並不是改變變方分析的擬說，而是測驗特定擬說和增高測驗能力（13.9 節）。表 15.3a 中的 F 值 1.15 是用來測驗

$$(a) \quad 2\mu_1 - \mu_2 - \mu_3 = 0 \tag{18}$$

擬說，而 9.62 是用來測驗

$$(b) \quad \mu_2 - \mu_3 = 0 \tag{19}$$

擬說；兩者的綜合表示便是擬說

$$\mu_1 = \mu_2 = \mu_3 , \tag{20}$$

纔是用 F 值 5.38 來測驗的。如果擬說（b）是對的，便得到 $\mu_2 = \mu_3 = 50$；但由（a）$2\mu_1 - 50 - 50 = 0, \mu_1$ 必然也等於50，便得出 $\mu_1 = \mu_2 = \mu_3$。相反地說，如果 $\mu_1 = \mu_2 = \mu_3$ 是對的，兩個成分擬說（a）和（b）也必然都是對的。

　　要知道，單自由度組並不一定都是正交性的。要得到正交單自由度組，必需用到一組乘數（式 8），而乘數要滿足下面的條件：

　　（a）每一個單自由度的一組乘數相加為零。

　　（b）任意兩個單自由度的對應乘數積相加為零。

　　上面的兩個條件還要在27.6節詳細討論，現在祇用飼料試驗來例示。例中 Q_1^2 和 Q_2^2 的乘數是：

	M_1	M_2	M_3	$\sum M^2$
Q_1^2	2	-1	-1	6
Q_2^2	0	1	-1	2

Q_1^2 和 Q_2^2 兩組乘數的和分別是 $2-1-1=0$ 和 $0+1-1=0$，是滿足 (a)的；兩個單自由的對應乘數乘積和是

$$(2)(0)+(-1)(1)+(-1)(-1)=0-1+1=0，$$

也滿足（b）；所以這個單自由度組是正交的。

自由度數爲 $(k-1)$ 的處理 SS 可以劃分成很多種單自由度組，但應用時必需選用有意義而符合目的的組。仍然用兩個單自由度正交組的乘數來說明。表 15.3b 中的兩組乘數都滿足正交性條件，第一組的每一單自由度乘數相加爲零，Q_1^2 和 Q_2^2 的對應乘數乘積和是

$$(-1)(-1)+(-1)(1)+(1)(0)+(1)(0)=1-1+0+0=0，$$

Q_1^2 和 Q_3^2 的是

$$(-1)(0)+(-1)(0)+(1)(-1)+(1)(1)=0+0-1+1=0，$$

而 Q_2^2 和 Q_3^2 的是

$$(-1)(0)+(1)(0)+(0)(-1)+(0)(1)=0+0+0+0=0；$$

第二組也能滿足正交條件，不必重複列出。

表15.3b　　正交乘數組

單自由度	組 1					組 2				
	M_1	M_2	M_3	M_4	$\sum M^2$	M_1	M_2	M_3	M_4	$\sum M^2$
Q_1^2	-1	-1	1	1	4	-1	1	-1	1	4
Q_2^2	-1	1	0	0	2	-1	-1	1	1	4
Q_3^2	0	0	-1	1	2	1	-1	-1	1	4

處理 SS 等於一組正交單自由度之和的事是可以用代數方法證明的（第二十七章），但現在却祇作數值驗證。設有一個完全逢機試驗，有 4 個處理合計20，30，40，50。每處理有 5 個觀測值，而自由度數爲 3 的處理 SS 是。

$$\frac{\sum T^2}{n}-\frac{G^2}{kn}=\frac{5,400}{5}-\frac{19,600}{20}=1,080-980=100。$$

應用表 15.3b 的第一組乘數，得到的處理的成分便是：

$$Q_1^2 = \frac{(-T_1-T_2+T_3+T_4)^2}{4n} = \frac{(40)^2}{20} = 80$$

$$Q_2^2 = \frac{(-T_1+T_2)^2}{2n} = \frac{(10)^2}{10} = 10$$

$$Q_3^2 = \frac{(-T_3+T_4)^2}{2n} = \frac{(10)^2}{10} = 10$$

上面三個單自由度的和確實等於處理 SS。

數量 G^2/kn 也是一個乘數同等於 1 的單自由度，就是

$$Q_0^2 = \frac{(T_1+T_2+\cdots+T_k)^2}{n(1^2+1^2+\cdots+1^2)} = \frac{G^2}{kn},$$

可以用來測驗擬說

$$\mu_1+\mu_2+\cdots+\mu_k = 0 \quad 或 \quad \bar{\mu} = 0。$$

就全部單自由度來說（式 17），

$$處理 \; SS = \frac{\sum T^2}{n} - \frac{G^2}{kn} = Q_1^2+Q_2^2+\cdots+Q_{k-1}^2$$

或

$$\frac{\sum T^2}{n} = \quad +Q_1^2+Q_2^2+\cdots+Q_{k-1}^2,$$

便可以得出推廣的正交性條件；每一個 Q^2 的正交乘數組所以相加等於零，祗是要使該 Q^2 和 Q_0^2 正交，也就是

$$(1)M_1+(1)M_2+\cdots+(1)M_k = \sum M = 0。$$

將 Q^2 的乘數乘（或除）一個正（或負）數，Q^2 的值都不會跟隨改變；將 Q_1^2 的乘數 -1，-1，1，1 同乘 -2 得出 2，2，-2，-2，求出的值仍然是

$$Q_1^2 = \frac{(2T_1+2T_2-2T_3-2T_4)^2}{5[(2)^2+(2)^2+(-2)^2+(-2)^2]} = \frac{(-80)^2}{80} = 80$$

所以，分數式的乘數可用公分母乘過而化為一組整乘數；將乘數

$$\frac{3}{4} \quad -\frac{1}{3} \quad -\frac{1}{6} \quad -\frac{1}{4}$$

同乘 12 便得到

$$9 \quad -4 \quad -2 \quad -3,$$

而用較便計算的整乘數可以算出相同的 Q^2 值。

選擇乘數使每一單自由度的乘數相加爲零，並不是一件難事；但要任意兩個單自由度乘數的乘積和爲零便不簡單了。在 4 個處理的事例中，有 3 個等於零的乘數乘積和。在 k 個處理的事例中，等於零的乘數乘積和便有 $1/2(k-1)(k-2)$ 種；$k=4$，有 $1/2(3)(2)=3$ 種；$k=5$，有 $1/2(4)(3)=6$ 種；到 $k=10$ 時已有 $1/2(9)(8)=36$ 種，要找到滿足條件的一組可眞不容易。實際上，用嚐試法確實很難找到合式的乘數組；但根據試驗的意義去選擇，卻又不算太難。將表 15.3b 的 4 個處理當作 4 種敎學方法：

處理 1：講解

處理 2：講解＋示敎

處理 3：講解＋視聽

處理 4：講解＋示敎＋視聽

如果採用表 15.3b 的第一組乘數，Q_1^2 測驗的擬說便是；

$$\mu_1 + \mu_2 - \mu_3 - \mu_4 = 0 \; ;$$

用敎學方法來說，單自由度要決定的事便是在不論用不用示敎法的情況下看看視聽法有沒有敎學價值。有視聽的處理加負號，無視聽的加正號，正負兩方又同用講解和示敎，所探討的自然是有無視聽設置的比較問題了。

例中的 Q_2^2 是用來測驗擬說 $\mu_1 = \mu_2$ 的；用敎學方法來說，這個測驗來決定示敎法有無價值的。Q_3^2 測驗的擬說是 $\mu_3 = \mu_4$，也是決定示敎法價值用的。不過，Q_2^2 和 Q_3^2 的擬說並不相同；前一個是在沒有視聽法狀況下的，而後一個卻有。

當單自由度形成一個正交組時，變方分析的 F 值便是 $(k-1)$ 個單自由度 F 值的平均；用表 15.3a 來看，變方分析的 F 值 5.38 就是成分 F 值 1.15 和 9.62 的平均。正交性條件下的處理 SS 既然等於各個成分 Q^2 的和，而處理 MS 又是

$$\frac{處理\ SS}{k-1} = \frac{\sum Q^2}{k-1} \; ,$$

當然也等於 $(k-1)$ 個 Q^2 值的平均；Q^2 的自由度數是 1，同時是 SS

和 MS 的值，所以處理 MS 也是它的成分 MS 的平均。將各個 MS 值用同一個機差 MS 除便得出不同的 F 值，所以一般 F 值（處理的 F 值）必然是它的成分 F 值的平均；如果成分 F 值不全相等，內中便必有大於平均的。

單自由度的最大好處是測驗能力(13.9節)比一般 F 測驗高。因為成分 F 值中有的大於一般 F 值，它所棄却的擬說中必然有些是一般 F 測驗誤加接納的。這種情形可以用個譬喻來說明。將自由度數等於 $(k-1)$ 的處理 SS 當作 $(k-1)$ 枝試管，要測驗的擬說是各管內裝的都是蒸餾水，而對待擬說是有幾管甚至於全部都含有鹽分。擬說測驗便是用舌頭來嘗，有鹽而未嘗出，便犯了第二類錯誤。現在想使犯第二類錯誤的機會減到最小，或使嘗出鹽分的機會變成最大；試問應當將各管的水混勻後嘗試（一般 F 測驗），還是應當逐管嘗試（單自由度 F 測驗）？如果各管內鹽的濃度相同，兩種嘗法並及有分別；但如祇有一管有鹽而別的都是蒸餾水，情形就不同了。一管一管地嘗，可以嘗出有鹽的一管；但將僅有一管鹽水和許多管蒸餾水混勻，溶液濃度變小，便不一定嘗得出；試管越多，就越需要用逐一嘗試的方法。根據這種說法，處理數目越多，單自由度法更越有使用的價值。

單自由度比變方分析一般 F 測驗能力較高的事也可以用平均 Q^2 值來說明。將式(11)的兩側同乘 $\sum M^2/n$，便得到

$$\frac{\sum M^2}{n} Q^2 = (M_1\bar{y}_1 + M_2\bar{y}_2 + \cdots + M_k\bar{y}_k)^2 = v^2 \; ; \qquad (21)$$

式內的 v 是 k 個樣品均值的線性組合(式2)，而 v 的均值和變方可以分別用式(3)和式(4)求出。由定理 15.2b，v^2 的均值是

$$\mu_{v^2} = \frac{\sum M^2}{n} \sigma^2 + (M_1\mu_1 + M_2\mu_2 + \cdots + M_k\mu_k)^2 \; 。 \qquad (22)$$

由於一個單自由度是

$$Q^2 = \frac{n}{\sum M} v^2 \; , \qquad (23)$$

Q^2 的均值應當是（定理 2.4b）

$$\mu_{Q^2} = \frac{n}{\sum M^2} \cdot \mu_{v^2} = \sigma^2 + n\lambda^2 \tag{24}$$

而

$$\lambda^2 = \frac{(M_1\mu_1 + M_2\mu_2 + \cdots + M_k\mu_k)^2}{M_2^2 + M_2^2 + \cdots + M_k^2} \text{。} \tag{25}$$

医此，用單自由度測驗的擬說是（式 8）

$$\mu_v = \lambda = 0 \text{，} \tag{26}$$

而它的值受比率（式 12 和 25）

$$\frac{\sigma^2 + n\lambda^2}{\sigma^2} \tag{27}$$

的影響。

　　一組正交單自由度的 $(k-1)$ 個成分 Q^2 中的每一個都有一個包含它本身 λ^2 值的均值，這 $(k-1)$ 個 λ^2 值的和便是

$$\sum \lambda^2 = \lambda_1^2 + \lambda_2^2 + \cdots + \lambda_{k-1}^2 = \sum (\mu - \bar{\mu})^2 \text{；} \tag{28}$$

同理，

$$\sum Q^2 = 處理\ SS \text{。}$$

由式⒄可以知道，$(k-1)$ 個 λ^2 的均值是 σ_μ^2，也就是

$$\frac{\sum \lambda^2}{k-1} = \frac{\sum (\mu - \bar{\mu})^2}{k-1} = \sigma_\mu^2 \tag{29}$$

（12.4 節，式 2 和 4）。現在 σ_μ^2 既然是 λ^2 的均值，祇要 λ^2 值不完全相等，內中便必有大於 σ_μ^2 的；所以得到比率（12.4 節，式 4）

$$\frac{\sigma^2 + n\lambda^2}{\sigma^2} > \frac{\sigma^2 + n\sigma_\mu^2}{\sigma^2} \text{，} \tag{30}$$

而這個特殊單自由度的測驗能力便會比一般 F 測驗高。

　　單自由度測驗能力的增大可以用下列三個族羣均值和一個正交乘數組來說明：

μ	16	11	12
M_1	2	-1	-1
M_2	0	1	-1

族羣均值的變方（12.4 節，式 2 ）是

$$\sigma_\mu^2 = \frac{(16-13)^2+(11-13)^2+(12-13)^2}{3-1} = \frac{14}{2} = 7 \text{ ,}$$

各 λ^2 值是

$$\lambda_1^2 = \frac{[2(16)-1(11)-1(12)]^2}{6} = \frac{81}{6} = 13.5$$

和

$$\lambda_2^2 = \frac{[1(11)-1(12)]^2}{2} = \frac{1}{2} = 0.5 \text{ ；}$$

由 $14 = 13.5+0.5$ 的關係便可以說明式 ㉘。如樣品大小為 2 ，族羣變方等於10，各個比率便是：

$$\frac{\sigma^2 + n\sigma_\mu^2}{\sigma^2} = \frac{10+2(7)}{10} = \frac{24}{10} = 2.4$$

$$\frac{\sigma^2 + n\lambda_1^2}{\sigma^2} = \frac{10+2(13.5)}{10} = \frac{37}{10} = 3.7$$

$$\frac{\sigma^2 + n\lambda_2^2}{\sigma^2} = \frac{10+2(0.5)}{10} = \frac{11}{10} = 1.1$$

由三個比值可以看出，第一個單自由度產生的 F 值平均地比一般 F 值大；F 值越大便越容易棄却錯誤的擬說，所以有些單自由度的測驗能力會比一般 F 測驗高。

　　單自由度的測驗能力更會因單尾 t 測驗（8.7 節）的使用而增高，而這兒的介值便是

$$t = \sqrt{F} = Q/s \text{ 。}$$

用表 12.1a 資料測驗 $\mu_2 = \mu_3$ 擬說時，F 值是 9.62，而自由度數為 1 和 12 的 5% 點 F 值所定臨界區是 $F = 4.7472$ 處。F 測驗本來相當於雙尾 t 測驗。如果已知 μ_2 不小於 μ_3，對待擬說便祇有 $\mu_2 > \mu_3$，就可以用單尾 t 測驗了。這樣求得的值是 $\sqrt{9.62} = 3.10$，而自由度數為 12 的 5% 點 t 值所定的臨界區是 $t > 1.782$ 處。本例的 F 值和 t 值，不論用 F 或單尾 t 測驗，都出現在臨界區內，所以兩法的結果是一致的。但如求出的 F 值是 4 而 t 值是 2，F 值便出現在臨界區外而

t 值出現在臨界區內，兩法的結論便不相同；兩族羣均值間差異便祇可用單尾 t 測驗而無法用 F 測驗偵察出來了。

有關族羣均值的許多擬說都可以用式(8)配合適當的乘數來測驗，但乘數的選擇却是根據試驗設計中的擬說的；至少要在計算前研判資料來決定，而不可任意取用。如果已經知道處理均值而取一組乘數來使它的 Q^2 和 F 值變爲極大值，這樣求得的 F 值常易出現在臨界區內而歪曲了顯著水準；眞正的顯著水準常比用到的高，而在處理數目多時更爲明顯。但如所做試驗祇在摸索未知結果，無法先構成擬說而乘數必需在知道處理均值後選定，便宜於用 15.6 節的 S 法 (S-method)。

單自由度法是用來劃分處理 SS 爲成分的，在完全逢機和逢機區集的設計中同樣可用。本節的例子用的都是逢機試驗，祇是偶然的事。

某一個處理效應（14.3 節）爲零的擬說，如

$$\mu - \bar{\mu} = 0 \tag{31}$$

或

$$\mu_1 - \frac{\mu_1 + \mu_2 + \cdots + \mu_k}{k} = 0, \tag{32}$$

也可以用單自由度來測驗。試將式(32)乘上 k，擬說便變成

$$(k-1)\mu_1 - \mu_2 - \cdots - \mu_k = 0, \tag{33}$$

就是用乘數

$$(k-1) \qquad -1 \qquad \cdots \qquad -1 \tag{34}$$

的單自由度測驗的擬說；式(18)的單自由度就是測驗處理效應顯著性的一個實例。

某一個處理效應爲零的擬說可以作兩種解釋：一種是用該處理均值與 k 個處理均值的均值比較，如式(32)；另一種是用該處理均值與所餘 $(k-1)$ 個處理均值的均值比較，如式(33)中的以 $(k-1)$ 代替 k。設某個學區有四所中學，某校學生的平均會考成績可以與四校平均或其餘三校的平均比較，但測驗的擬說仍然是相同的。

15.4 最小顯著差異

任意兩個處理均值的差應當大於某一定數值纔能算是顯著，這個

定值稱爲兩個處理均值差的**最小顯著差異**(least significant difference LSD),可以用介值

$$t = \frac{\bar{y}_1 - \bar{y}_2}{\sqrt{s^2\left(\frac{1}{n_1} + \frac{1}{n_2}\right)}} \tag{1}$$

當 $\mu_1 = \mu_2$ 時從自由度數爲 ν 學生氏 t 分布(10.4節)的事實來決定;而 ν 就是 s^2 的自由度數。

用變方分析**法**時,t 介值還要加一些修正。先化簡式(1)的分母,如果 k 個處理各含 n 個觀測值,便得到

$$\frac{1}{n_1} + \frac{1}{n_2} = \frac{1}{n} + \frac{1}{n} = \frac{2}{n} \; ;$$

再求一個準確的族羣變方估值。在定理 10.4a 內族羣變方是由兩個樣品(處理)的觀測值估出,在變方分析中用的卻是更準確的機差均方。

用 5% 顯著水準測驗兩個族羣均值相等擬說時,如求得的 t 值大於 2.5% 點的 $t_{.025}$ 或小於 $-t_{.025}$ 值,兩樣品(處理)均值便算差異顯著。換句話說,如求得 t 值的絕對值(不問正負的 t 值,可以用 $|t|$ 代表。)大於 $t_{.025}$,也就是

$$|t| = \frac{|\bar{y}_1 - \bar{y}_2|}{\sqrt{s^2\left(\frac{2}{n}\right)}} > t_{.025}$$

或

$$|\bar{y}_1 - \bar{y}_2| > t_{.025}\sqrt{\frac{2s^2}{n}} \tag{2}$$

時,兩樣品(處理)均值便在 5% 水準有顯著差異。式(2)右側的量便稱爲兩處理均值差的最小顯著差異($LSD_{.05}$),而當兩處理均值差大於這個值時得到差異顯著或 $\mu_1 \neq \mu_2$ 的結論。

用同樣方**法**也可以求出兩處理合計的最小顯著差異。將式(2)的兩側同乘 n,便得到

$$|T_1 - T_2| > t_{.025}\sqrt{2ns^2} \; ; \tag{3}$$

而 T_1 和 T_2 便是兩個處理的個別合計($T = n\bar{y}$)。式(3)右側的量便稱爲兩個處理合計的最小顯著差異,而當兩處理合計差大於這個值時得出

差異顯著或 $\mu_1 \neq \mu_2$ 的結論。上面的兩種最小顯著差異的用途是完全一樣的。

兩種方法的計算也很相近，但後一個不要算處理均值。做完試驗的變方分析，查出需要的百分點 t 值，加上已經知道的每處理觀測值的個數 n 和變方分析中算好的機差均方 s^2；不多費甚麼勞力，便可以算出最小顯著差異了。

最小顯著差異可以用來測驗任意兩個族羣均值相等的擬說。計算中用到的各項數量如樣品大小，機差均方，和 t 的百分點值都並不限定兩個特定的處理，當然不是專用來測驗第一第二兩族羣（處理）均值相等擬說的。說明中用到的 $\bar{y}_1, \bar{y}_2, T_1, T_2$ 祇不過是用來區分兩個處理而已。

最小顯著差異其實就是單自由度。用單自由度測驗 $\mu_1 = \mu_2$ 擬說時，用到的介值（15.3 節，式 10）是

$$F = \frac{(T_1 - T_2)^2}{ns^2 [(1)^2 + (-1)^2]} \circ \tag{4}$$

當求得 F 值大於 5% 點 F 值，也就是

$$F = \frac{(T_1 - T_2)^2}{2ns^2} > F_{.05}$$

或

$$(T_1 - T_2)^2 > F_{.05}(2ns^2) \tag{5}$$

時，便棄却 $\mu_1 = \mu_2$ 擬說。式(5)就是式(3)的平方，也就是 $t^2_{.025} = F_{.05}$（定理12.6），所以最小顯著差異和單自由度所得到的測驗結論是相同的。但最小顯著差異祇能用來測驗兩個族羣均值相等擬說，而單自由度却可以測驗任意 k 個族羣的關係，所以前者祇是後者的一個特例。

最小顯著差異的應用可以用表 12.1a 的例子來說明。有各含 5 個觀測值的 3 個樣品（處理），均值分別是 5，9，4；全資料的變方分析列在表 12.3b，得到的自由度數為 12 的機差均方是 6.5，而查出的自由度數為 12 的 2.5% 點 t 值是 2.179，所以 5% 水準的均值最小顯著差異是

$$LSD._{05} = t._{025}\sqrt{\frac{2s^2}{n}} = 2.179\sqrt{\frac{2(6.5)}{5}} = 3.5。 \qquad (6)$$

第一和第二樣品均值差的絕對值 $|5-9|=4$ 大於 LSD，所以結論應當是 $\mu_1 < \mu_2$；第一和第三樣品均值差的絕對值 $|5-4|=1$ 小於 LSD，所以結論是 $\mu_1 = \mu_3$。用 LSD 時，顯著水準可以隨意選定；如用 1% 水準，便用 0.5% 點 t 值代替 2.5% 點 t 值來計算 LSD。

　　應用最小顯著差異的人很多，但用錯的地方也很常見；現在要用第四章取樣試驗的方法來說明這件事。由 $\mu = 50$ 和 $\sigma^2 = 100$ 的圓牌常態族羣內取出 1,000 個大小為 5 的逢機樣品，按取出順序每10個一羣，如第一到十和第十一到第二十等，組成 100 個羣。將每個羣當作一個10個處理和 5 次重複的完全逢機試驗。計算 1,000 個樣品的均值和每羣10個樣品中兩處理均值最小差異的代用值；因為後者是隨着各羣的樣品 s^2 而不同的，計算時相當麻煩，所以就改用自由度數為無限的族羣變方 σ^2（8.3 節）來算 LSD 而得到代用值

$$LSD._{05} = 1.960\sqrt{\frac{2\sigma^2}{n}} = 1.960\sqrt{\frac{2(100)}{5}} = 12.4。 \qquad (7)$$

測驗 $\mu_1 = \mu_5$ 的擬設可用每羣中 $|\bar{y}_1 - \bar{y}_5|$ 和 LSD 值 12.4 比較，大於 12.4 便有顯著差異。這兒的樣品都是由同一族羣取得的，擬設當然是對的，全部可能樣品中應當有 5% 棄却對的擬設；所以，100 羣的取樣試驗中，大約有 5 羣會產生 $|\bar{y}_1 - \bar{y}_5| > 12.4$ 的結果。〔這個試驗是美國俄勒岡州立大學（Oregon State University）學生自1950年起合作進行的，得到的百分數在 3 與 8 之間。〕

　　另一階段的試驗是決定每羣內最大和最小均值差。這種差值也可以用 12.4 來比較，但 100 羣內却有 60 羣得到大於它的結果。（這也是俄勒岡州立大學學生自 1950 年起作的，得到的百分數在 58 到 67 間。）這樣看來，實際的顯著水準大約是60%，要比選用的 5% 大得多。老實說，LSD 祇能用來測驗已知處理均值時兩個選定處理均值差如 $|\bar{y}_1 - \bar{y}_5|$ 的顯著性，並不能用來測驗 k 個已知處理均值中任意兩個的差異顯著性；要强其所難，當然會產生特別的結果了。

誤用 *LSD* 的事也可以由上面的取樣試驗直接看出 。 如果某羣的兩個指定樣品均值是 48.4 和 51.2 ， 兩者的差 2.8 是小於 12.4 的。現在同時討論其餘的 8 個均值，却希望10個樣品中最大與最小均值差等於 2.8；這便需要其他 8 個均值都在 48.4 到 51.2 間，有一個或幾個不在限內便會大於 2.8。所以，兩個極端樣品的均值差會因加列 8 個樣品而增大，但却決不會縮小。這樣看來，將兩個選定樣品的均值差換成兩個極端樣品均值差時，最小顯著差異便是錯誤的；處理數目越多，錯得便越厲害。這樣便用取樣試驗得出了 *LSD* 應用方面的結論。這種方法祇能用來作類似對照品種與引進品種等處理的比較，而不能用來比較樣品均值的相對大小；如有一個含有很多個品種的比較試驗，用 *LSD* 來量度最高和最低種的收量差 ， 這個差異便毫無問題地是顯著的。

最小顯著差異的用法和錯用在單自由度中也有相似的情形。單自由度的擬說也要在處理（樣品）均值求出之前決定，如用處理均值來定測驗的擬說，顯著水準必然會改變。

上面講的取樣試驗是用來說明 *LSD* 法不能用在由處理（樣品）均值大小定出的擬說測驗上，但却不是說擬說本身不理想。事實上，試驗者用試驗資料協助選拔某種作物的最高產品種本來是一種極自然的事，祇是所用的方法是有待研究的。下一節就要講一種特殊的方法。

15.5 多變距測驗新法

多變距測驗新法 (new multiple range test) 是鄧肯(D.B.Duncan) 氏倡導的一種方法，可以用來作已知處理均值的比較。這種方法是和 *LSD* 法或單自由度法不同的，不要在已知處理均值之前先定擬說。

多變距測驗新法的原理和 *LSD* 法相似，可以用 *LSD* 法來說明。已知兩處理均值的 5% 水準 *LSD* 是

$$LSD_{.05} = t_{.025}\sqrt{\frac{2s^2}{n}} = \sqrt{2}\, t_{.025}\sqrt{\frac{s^2}{n}}, \tag{1}$$

$t_{.025}$ 是 t 分布的2.5%點值，s^2 是變方分析的機差均方，而 n 是每處理內觀測值的個數 。 在多變距測驗新法中比較的處理均值不祇兩個，

而它的對應於 LSD 的數量便稱爲**最短顯著變距**（shortest significant range, SSR），對應於估得機差 $\sqrt{s^2/n}$ 乘數 $\sqrt{2}\,t._{025}$ 的量便稱爲**顯著學生氏化變距**（significant studentized range）。學生氏化的意思是由學生氏 t 分布來的，而這種分布是用估得變方 s^2 來代替族羣變方 σ^2 的。

顯著水準爲 5% 和 1% 的最短學生氏化變距已經列成本書內的附表 8a 和 8b，表中用 g 代表需要比較的羣內均值個數，ν_2 代表變方分析中機差均方的自由度數。當 $g=2$ 時，5% 和 1% 最短學生氏化變距便分別等於 $\sqrt{2}\,t._{025}$ 和 $\sqrt{2}\,t._{005}$；自由度數爲10的 $t._{025}$ 值是 2.228 而 $\sqrt{2}$ 爲 1.414，兩者的積 3.15 就是 $g=2$ 和 $\nu_2=10$ 時的最短學生氏化變距（附表8a）。

多變域測驗新法的用法可以用表 14.10a 中的例子來說明。先將試驗內 6 個品種的均值按大小順序排成下面的形式：

$$\begin{array}{cccccc} A & B & D & C & F & E \\ 26.98 & 35.90 & 44.54 & 44.82 & 60.64 & 61.08 \end{array}$$

均值的標準機差是

$$s_{\bar{y}} = \sqrt{s^2/n} = \sqrt{101.67/5} = 4.51,$$

式內的 n 是重複次數而 s^2 是表 14.10b 變方分析中自由度數爲20的機差均方。如果選用 5% 顯著水準，由附表 8a 可以查出 $\nu_2=20$ 和 $g=3,4,5,6$ 的顯著學生氏化變距，而最後的 g 值 6 就是試驗中的品種或處理的個數。將查出的表列值 2.95，3.10，3.18，3.25，3.30 各乘準機差 4.51，便得到下面的 SSR 值：

$$\begin{array}{ccccccc} g: & & 2 & 3 & 4 & 5 & 6 \\ SSR: & & 13.30 & 13.98 & 14.34 & 14.66 & 14.88 \end{array}$$

各均值間差異的測驗可以按以後的順序作下去：最大減最小，最大減次小，…，次小減最小；在番茄試驗中得到表 15.5a 的 15 個比較，而在一般 k 個處理的試驗中便可以得出 $(1/2)k(k-1)$ 個比較。將均值差和它的對應 SSR 比較，大於 SSR 便是顯著，否則便不顯著；表 15.5a 內品種 E 和 A 的差值 34.10 大於 $g=6$ 的 SSR 值 14.48，所以這兩個品種差異顯著。因爲 $E-A$ 是 6 個均值的變距，所以 34.10 要和 $g=6$ 的 SSR 值來比較。

表15.5a　多變距測驗新法

g	品　　　種	差　　異	SSR	結　　論
6	E－A	34.10	14.88	顯　　著
5	E－B	25.18	14.66	顯　　著
4	E－D	16.54	14.34	顯　　著
3	E－C	16.26	13.98	顯　　著
2	E－F	0.44	13.30	不　顯　著
5	F－A	33.66	14.66	顯　　著
4	F－B	24.74	14.34	顯　　著
3	F－D	16.10	13.98	顯　　著
2	F－C	15.82	13.30	顯　　著
4	C－A	17.84	14.34	顯　　著
3	C－B	8.92	13.98	不　顯　著
2	C－D	不必測驗		不　顯　著
3	D－A	17.56	13.98	顯　　著
2	D－B	不必測驗		不　顯　著
2	B－A	8.92	13.30	不　顯　著

　　上面的法則有一個限制。如果有一個包含幾個均值的不顯著變距存在，這個變距內任意兩個均值差都不得為顯著。所以，發現了不顯著變距後，就在這兩個均值和中間各均值的下方劃一條橫線如表15.5b 的例子，加有底線的次羣（subgroup）內各均值差都不顯著而不必也不應當和 SSR 比較了。如 C－B 不顯著（表 15.5a 和 15.5b），而這個次羣內含有 C，D，B，所以 C－D 和 D－B 都不應當測驗。

表15.5b　多變距測驗新法的結果

品　種	A	B	D	C	F	E
均　值	27.00	35.90	44.54	44.82	60.64	61.08

　　上例中多變距測驗新法的結果已經列在表 15.5b 內。品種 E 和 F 的收量顯著地要比 C 和 D 高，而 A 的收量要比 E，F，C，D 顯著地為低。品種 B 的位置不能確定，可以和 A 在一組也可以和 C 和 D 同一

組，或者又可以自成一組；這種情況祇有增大 n 另做試驗纔能分曉。

多變距測驗新法在乍用時是很麻煩的，用熟了便能生巧。

15.6 S 法

S 法是佘飛（H. Scheffé）氏在 1953 年提出的，可以說是一種倒推式（hindsight）單自由度法；習用的單自由度法便可算是前瞻式（foresight）的了。這兩種方法都要計算 Q^2，但 F 值却並不相同。

常用單自由度法的乘數是由擬說決定的，要在資料出現前選定乘數，而 Q^2 的自由度數都是 1。而 S 法却要先看處理均值，再選乘數使某一個單自由度顯著；S 法的 Q^2 是處理 SS 的一部份（15.3 節，式 17），它的自由度數就應當看作處理 SS 的自由度數。兩種方法的主要差別就在這一點。

S 法的應用也可以用表 12.1a 的資料來例示，它的變方分析就是表 15.3a，而代用飼料均值間差異所產生的 Q^2 值等於 62.5。將乘數

$$0 \qquad 1 \qquad -1$$

用在處理合計

$$25 \qquad 45 \qquad 20$$

上（表 12.1a）。由於 45 和 20 的距離比其他兩個處理合計的距離大，便可將 62.5 的自由度數看作 2 而不用 1。這樣求得的 F 值是 4.81，而自由度數是 2 和 12；常用單自由度的 F 值是 9.62，而自由度數却變成了 1 和 12。兩者並不相同。

用 S 法求得的 F 值是不會超過測驗全部處理均值的 F 值的，但二者的自由度數却相同；例中 S 法 F 值 4.81 是小於 5.38（表 15.3a）的，便是因為（15.3 節，式 17）

$$SS = Q_1^2 + Q_2^2 + \cdots + Q_{k-1}^2 \tag{1}$$

的緣故。全部 Q^2 值中沒有一個能大於處理 SS，而計算 F 值時却將它們作同樣的處置；由 S 法求得的 F 值當然不能超過測驗全部處理均值的 F 值。所以，當測驗全部處理均值的 F 值不顯著時，S 法便沒有應用的必要；但這種說法顯然是不適合於常用單自由度法的。

現在就設法找出一組乘數使 Q^2 等於處理 SS，而這一組乘數便是處理效應 $(\bar{y}-\bar{\bar{y}})$。用表 12.1a 的資料做例子，處理效應 $(\bar{y}-\bar{\bar{y}})$ 是

$$-1 \qquad 3 \qquad -2 \; ;$$

將它們用作乘數時，得到的

$$Q^2 = \frac{[-1(25)+3(45)-2(20)]^2}{5[(-1)^2+(3)^2+(-2)^2]} = \frac{(70)^2}{70} = 70 \qquad (2)$$

就是處理 SS（表 15.3a）。式(2)內 Q^2 的分母是 $n\sum(\bar{y}-\bar{\bar{y}})^2$，其實就是處理 SS（12.1 節，式 2 和 3）；而分子

$$[(\bar{y}_1-\bar{\bar{y}})T_1+(\bar{y}_2-\bar{\bar{y}})T_2+(\bar{y}_3-\bar{\bar{y}})T_3]^2 \qquad (3)$$
$$= [\bar{y}_1 T_1 + \bar{y}_2 T_2 + \bar{y}_3 T_3 - \bar{\bar{y}}(T_1+T_2+T_3)]^2$$
$$= \left[\frac{T_1^2}{n}+\frac{T_2^2}{n}+\frac{T_3^2}{n}-\frac{G^2}{kn}\right]^2$$

卻就是處理 SS 的平方（12.3 節，式 3），因為

$$\bar{y} = \frac{T}{n} \qquad \sum T = G \qquad \bar{\bar{y}} = \frac{G}{kn} \; 。$$

由此可知，用處理效應當乘數時，Q^2 便等於處理 SS；同樣地，任一組和處理效應成比例的乘數都能使 Q^2 等於處理 SS。便由先看資料再定乘數的事着眼，Q^2 和處理 SS 具有相同自由度數也是顯而易見的。但如用先期資料決定的處理效應作為現資料的乘數，Q^2 的自由度數便是 1；得到的又是常用的單自由度了。

S 法對故意選用乘數來誇大 Q^2 值的做法有很重的貶抑意義。如果採用了一組和處理效應成比例的乘數，做的便是測驗全部處理均值的工作；算是多此一舉。如果用一組和處理效應不成比例的乘數，得到的 F 值便反而小於測驗全部處理均值的 F 值了。

習　　題

(1)　由 15.2 節的取樣試驗可以驗證線性組合

$$v = 2y_1 + y_2 - y_4 - 2y_5$$

從均值為 0 和變方為 1,000 的常態族羣。

（a）求（$v+200$）分布的均值和變方。

(b) 求$(v+200)/10$ 分布的均值和變方。(提示：參看2.4節。)

(2) 四個處理合計是145，131，169，172，各處理有 8 個觀測值。試用表 15.3b 的兩組乘數求處理 SS 和它的成分。 分別檢查結果，看看各個成分的和是不是等於處理 SS。

(3) 用題 2 的處理合計和乘數 -1 ， 3 ， -1 ， -1 的 Q^2 值， 看看它有沒有改變。

(4) 除去表 15.3b 兩組的正交乘數外，試再擬一組。

(5) 有一個施肥期和施肥量對蕪菁種子收量影響的試驗，用 5 處理和 8 重複的逢機區集設計。施肥量用每畝磅數而種子收量用每區磅數表示。

這兒不列個別觀測值，祇將處理合計記在下面：

編號	處　　　理	合　計
1	對照（無肥料）	60.2
2	秋施100磅	73.5
3	秋施50磅，春施50磅	82.8
4	秋施200磅	93.3
5	秋施100磅，春施100磅	92.7

自由度數為 4 的處理 SS 可以劃成 4 個成分， 各按下面的比較：

(a) 有肥料對無肥料。($F=14.13$)

(b) 肥料總量 100 磅對肥料總量 200 磅。($F=6.05$)

(c) 肥料總量 100 磅；一次施用對兩次施用。($F=1.19$)

(d) 肥料總量 200 磅；一次施用對兩次施用。($F=0.00$)

這個題的求解程序是：

(A) 作乘數表（如表 15.3b 的例子）。

(B) 作變方分析（表 15.3a），求出處理 SS 和它的成分。重複 SS 等於 89.6541 而機差 SS 是 127.6235，都是已給的。說明 5 個 F 值各測驗甚麼擬說。用肥料試驗的*術*語作一個簡要的結論報告，但不准搬弄統計學名詞。

(6)　求題5資料5%顯著水準時兩個處理合計的 *LSD* 值。(*LSD*=17.5)

(7)　求題5資料5%顯著水準時兩個處理均值的 *LSD* 值。(*LSD*=2.19)

(8)　將第十二章題10資料的處理 *SS* 劃分成兩個單自由度。結論是腐敗油脂妨礙胞子發芽而對照與未腐敗油脂上的菌落數目沒有顯著差異。試用 5% 水準測驗上述資料，看看油酸有沒有相同的結果。

(9)　將第十四章題 9 的資料作下面的比較：

　　(a) 舊色調對新色調。

　　(b) 兩種新色調對比。

　　用 5% 顯著水準的單自由度法。

(10)　用多變距測驗新法將第十二章題 8 資料的處理均值分等。用 5% 顯著水準。

(11)　用多變距測驗新法將第十二章題12資料的均值分等。用 5% 顯著水準。

(12)　用 5% 水準多變距測驗新法將第十二章題13資料的均值分等。

(13)　用 5% 水準多變距測驗新法將第十二章題14資料的均值分等。

(14)　用 5% 水準多變距測驗新法將第十二章題16資料的均值分等。

(15)　用 5% 水準多變距測驗新法將第十四章題10內10個檢驗員檢驗結果均值分等。

(16)　用 5% 水準多變距測驗新法將第十四章題 11 內三種深度土壤 pH 值的均值分等。

參 考 文 獻

Cochran, W. G. and Cox, G. M.: *Experimental Designs*, John Wiley & Sons, New York, 1957.

Duncan, David B.: "Multiple Range and Multiple *F*-tests." *Biometrics*, Vol. 11, pp. 1-42, 1955.

Scheffé, Henry: *The Analysis of Variance*, John Wiley & Sons, New York, 1959.

Snedecor, G. W.: *Statistical Methods*, Iowa State University Press, Ames, 1956.

第 十 六 章

直 線 廻 歸 (一)

廻歸 (regression) 是統計學中內容極為豐富的方法，本章內却祇打算講**直線廻歸** (linear regression) 部分。直線廻歸和變方分析很相像，也是用來討論一羣族羣均值的，祇不過對均值多加了一些限制條件而已。如將直線廻歸看做完全逢機試驗變方分析的推廣，討論時便不會用到新的概念。這兩類方法的對比已經列在表 17.6a 內。讀者研讀第十六和十七章時，應當隨時查看這個表，便可以明瞭這兩種方法間的關係了。

本章中用到不少代數恒等式。這些恒等式都是用來誘導簡算法和協助瞭解各種統計方法間關係的，它們的節要都放在16.9節。

廻歸一詞純粹是個統計術語，除代表一種統計方法外並無別的含義；而直線一詞却是一個形容詞，便是將討論到的均值看作在一條直線上的意思。

16.1 基本符號

廻歸法要討論的是處理和處理族羣均值間的關係。如果將每畝 0，50，100，150磅的施肥量當作處理，而得出一種作物接受每種處理後各試區的平均收量（處理族羣均值）$\mu_1, \mu_2, \mu_3, \mu_4$；用 x 代表處理，y 代表每區收量，而 x 和 y 間便會有一定的關係存在。廻歸法要研究的就是這類肥料用量 x 與接受各該用量的各試區作物平均收量或 y 的均值間關係，決定每加一磅肥料所增作物平均收量的試驗便屬於這類問題。

廻歸中用的處理既用數值 x 代表，當然是數量性 (quantitative) 的。如果處理是品質性 (qualitative) 的肥料種類而不是某種肥料的用量，廻歸法是不能應用的，而能用的還是變方分析；這樣看來，不論是數量性或品質性處理，變方分析倒可以通用。

另外再舉一個例子，用兒童年齡(x)與兒童身高(y)間關係來說明廻歸問題。兩歲兒童的身高是各自不同的，因而可以構成一個族羣；三歲兒童的身高便構成另一個族羣。如果選用 2 到 6 歲的兒童量記身高記錄，便可以得出 5 個兒童身高的族羣；由年齡(x)的變異便可以產生一個兒童身高(y)族羣組。

各種年齡組兒童的身高也可以用另一種看法來討論。設許多個年齡組兒童的身高組成一個族羣，內中某一個年齡組的便形成一個 **子族羣**(sub-population)，而稱爲一個 **條列**（array）。在族羣之羣的看法中，羣內的次分類仍然是族羣；而用單一族羣看法時，次分類就改爲條列了。這兩種看法可以用美國的政治組織來作一個比仿。將各州分別當作獨立國，聯邦就是一羣獨立國；將各州當作國的次分類，聯邦便祇是一國。本章中的討論常常要交互地應用這兩種看法，但基本符號却用單一族羣來表示；這便是說，全部年齡組的兒童身高構成一個單一的族羣，而內中某一個年齡組的結果祇是族羣內的一個條列。

族羣內每個條列中的 y 值都有一個均值，也就是每個年齡組的兒童都有一個平均身高；這種某年齡組兒童平均身高便是條列的均值，用 $\mu_{y.x}$ 代表。表 16.1 是假設的幾種年齡兒童的平均身高吋數，各個 x 條列（年齡組）都有不同的 y（身高）的均值；所以，平均身高 $\mu_{y.x}$ 隨年齡 x 而不同，而平均身高 $\mu_{y.x}$ 和年齡 x 間關係便構成方程式

$$\mu_{y.x}=40+3(x-4)。 \tag{1}$$

由式(1)可以算出每個年齡組的平均身高。

$$x=2 \qquad \mu_{y.2}=40+2(2-4)=34$$
$$x=3 \qquad \mu_{y.3}=40+3(3-4)=37$$
$$x=4 \qquad \mu_{y.4}=40+3(4-4)=40$$
$$x=5 \qquad \mu_{y.5}=40+3(5-4)=43$$
$$x=6 \qquad \mu_{y.6}=40+3(6-4)=46$$

由式(1)算出的各個平均身高是和表 16.1 的結果相同的，所以表 16.1 可以用一個方程式來表示。式 (1) 內的數目 4 是全部兒童年齡的均值 $\bar{x}$，在平均年齡 4 處的平均兒童身高或不拘年齡的平均兒童身高是40，

而數目 3 是平均身高的變率 (rate of change) 或每年平均長 3 吋。但方程式應當怎樣找，現在暫不討論。

表16.1 一個族羣內五個條列的均值

量 值	族		羣			合 計	均	值
年齡 x	2	3	4	5	6	20	4	$\bar{x}$
平均身高 $\mu_{y.x}$	34	37	40	43	46	200	40	α

年齡與平均身高的關係 也可以用圖來表示。式 (1) 的圖形便是圖 16.1 中的直線，而直線的斜率 (slope) 就是平均身高對年齡的變率。

代表 x 與 x 條列內 y 值均值間關係 的方程式 稱爲 **y 對 x 的廻歸方程式** (regression equation of y on x)，而它的圖形便稱爲**廻歸曲線** (curve of regression)；用幾何學術語來說，廻歸曲線就是各條列內 y 值均值的軌跡 (locus)。廻歸曲線是一條直線時，便稱爲**廻歸直線** (line of regression)，而當時 y 對 x 的廻歸稱爲直線的；本章內要討論的便是直線廻歸的各種問題。

將 y 對 x 的廻歸直線用一個方程式來表示，便得到

$$\mu_{y.x} = \alpha + \beta(x - \bar{x}) \text{。} \tag{2}$$

式(1)就是一個廻歸直線的例子，例中 $\alpha = 40$，$\beta = 3$，$\bar{x} = 4$，而各個數量都可以用兒童的年齡和身高來說明。一般說來，$\bar{x}$ 代表 x 的均值，α 代表 $x = \bar{x}$ 的條列內 y 的均值或

$$\alpha = \mu_{y.x} \text{，} \tag{3}$$

也就是全部條列均值的均值或

$$\alpha = \frac{\mu_{y.x1} + \mu_{y.x2} + \cdots + \mu_{y.xn}}{n} \text{。} \tag{4}$$

數量 β 代表 y 的均值對 x 的變率，稱爲 **y 對 x 的廻歸係數** (regression coefficient of y on x)；用幾何學術語來說，就是廻歸直線的斜率。幾何學裏的直線長度是無限的，而實用上廻歸直線卻並不如此；祇不過是從 x 爲最小值的點到 x 爲最大值的點間的一段而已。圖 16.1 中的廻歸直線便是由 $x = 2$ 點到 $x = 6$ 點的一段。所以，廻歸直線祇是直線上的一個線段。

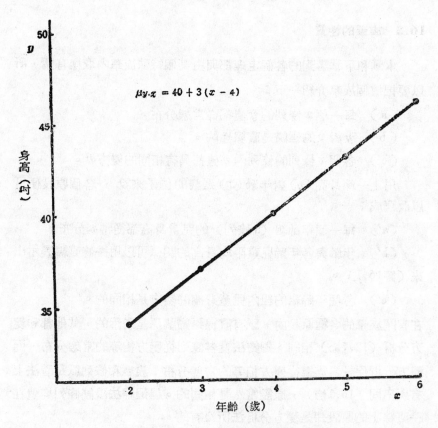

$$\mu_{y \cdot x} = 40 + 3(x - 4)$$

圖16.1　一個族羣的廻歸直線

　　如果 α 和 β 都是已知的，由廻歸方程式便可以求出各個條列的均值。用身高對年齡的廻歸爲例，5 個不同條列（年齡組）就有 5 個均值，而 5 個都是統計學中不常是已知的徵值。但如 α 和 β 已知，由廻歸方程式便可以求得 5 個徵值；這便是說，用廻歸方程式可以將徵值的數目由 5 個減少到 2 個。在直線廻歸的情形下，不論徵值有幾個，都可以減成 α 和 β 兩個。在16.3節便要講 α 和 β 的估算方法，有了 α 和 β 的估值後，便可用估得的廻歸方程式來計算各條列內 y 均值的估值。

16.2 族羣的性質

本章和下章講到的各個定理都與由某個特殊族羣內取樣有關，所以要把這個族羣介紹一下：

（a）　每一個 x 條列的 y 值都從常態分布。

（b）　y 對 x 的廻歸是直線性的。

（c）　各個 x 條列的條列內 y 值都具有相同的變方 σ^2。

用上一節身高（y）對年齡（x）廻歸的例子來說，各個原設便可以改寫成：

（a′）　每一個年齡組（x條列）的兒童身高都從常態分布。

（b′）　年齡與各年齡兒童平均身高的關係可以用一條直線表示出來（圖16.1）。

（c′）　各個年齡組的組內兒童身高的變方是相同的。

在有關族羣的各種原設內，祇有直線廻歸關係是新添的，其他都和變方分析（12.7節）相同。廻歸法設各條列從變方相等的常態分布，而變方分析便設各族羣從變方相等的常態分布；族羣和條列祇是看法上有所不同（16.1節），原設當然是相同的。但廻歸法限制條列均值在一直線上的原設却是變方分析法所沒有的。

直線廻歸的族羣可以用圖 16.2 的三維（3-dimensional）模型來表示。全套模型代表一個族羣，而每一節代表一個條列。各節都是形狀相同的常態曲線，便表示各條列都從同變方的常態分布。通過 y 軸的直桿代表廻歸直線，而直桿和模型的各節都是活動的，可以變動直桿的角度而使各節隨意排列。圖16.2的直桿有三種角度：上方的廻歸直線斜率為正，廻歸係數 $\beta > 0$，各條列內 y 的均值隨 x 增大而增大；中間的廻歸直線為水平，$\beta = 0$，各條列內 y 值的均值不隨 x 值的增減而改變；下方的廻歸直線斜率為負，$\beta < 0$，各條列內 y 的均值隨 x 值增大而減小。

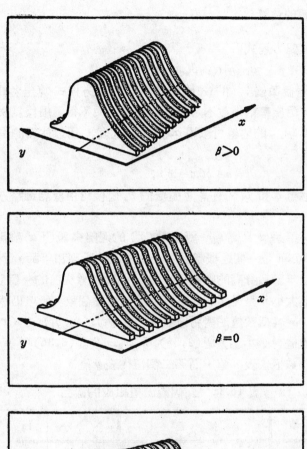

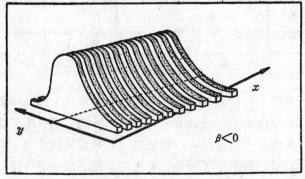

圖16.2　具有相等變方常態條列的族羣模型

16.3　徵值的估算

直線廻歸方程式

$$\mu_{y \cdot x} = \alpha + \beta(x - \bar{x}) \tag{1}$$

有 α 和 β 兩個徵值；知道這兩個值，便可用方程式 算出各條列內 y 值的均值。但族羣結果並不是可以得到的，便不得不用樣品來估算。徵值 α, β, $\mu_{y \cdot x}$ 的估值可以用 a, b, $\bar{y}_x$ 代表，所以估得的廻歸方程式便是

$$\bar{y}_x = a + b(x - \bar{x}); \tag{2}$$

算出樣品估值 a 和 b，任意 x 值處的 $\bar{y}_x$ 值便可用樣品廻歸方程式計算出來。

　　現在再用 兒童身高（y）對年齡（x）的廻歸來說明 α 和 β 的估算方法。表 16.3a 是一個逢機樣品內 5 個兒童的身高和年齡，對每個兒童都有一對年齡和身高的數值（x, y），而並不像從前的一個觀測值 y 了；但樣品大小 n 是兒童的個數或觀測值 y 的個數，所以仍然等於 5 而不等於10。各個數值的對可以寫成 $(x_1, y_1), (x_2, y_2), \cdots, (x_n, y_n)$，如例中的數值對 (x_1, y_1) 是 $(2, 35)$ 而 (x_2, y_2) 是 $(3, 36)$ 等等；括號裏的第一個數恒代表 x 值，而第二個恒代表 y 值。

表 16.3a　五個觀測值組成的樣品

量　值	樣　品					合　計		均　值	
年齡 x	2	3	4	5	6	20	$\sum x$	4	$\bar{x}$
身　高 y	35	36	41	45	44	201	$\sum y$	40.2	$\bar{y}$

　　不問年齡時，5 個兒童的身高便組成一個樣品，而同年兒童的身高各組成一個**子樣品**（sub-sample）；表 16.3a 的 5 個兒童分屬 5 種年齡，樣品由 5 個子樣品構成。一般說來，n 個觀測值合成一個樣品，而由同條列取得的觀測值（同一個 x 值的）便各成一個子樣品。樣品的均值仍然用 $\bar{y}$ 代表，子樣品 均值 便另用 $\bar{y}_x$ 表示；$\bar{y}_x$ 是有足註 x 的，便表示它的值是隨 x 而不同的。

徵值 α 的估值是

$$a = \bar{y} = \frac{\sum y}{n} = \frac{y_1 + y_2 + \cdots + y_n}{n} , \tag{3}$$

在例子中，便得到

$$a = \bar{y} = \frac{35 + 36 + 41 + 45 + 44}{5} = \frac{201}{5} = 40.2 ; \tag{4}$$

徵值 α 却等於40（16.1節，式1和2）。用 $\bar{y}$ 作爲 α 估值的理由可以由式(1)看出。將各個 x 值代入式(1)，得到的 $\mu_{y \cdot x}$ 便是：

$$x = x_1 \qquad \mu_{y \cdot x_1} = \alpha + \beta(x_1 - \bar{x})$$

$$x = x_2 \qquad \mu_{y \cdot x_2} = \alpha + \beta(x_2 - \bar{x})$$

$$\cdots \qquad \cdots$$

$$x = x_n \qquad \mu_{y \cdot x_n} = \alpha + \beta(x_n - \bar{x}) \tag{5}$$

上列 n 個方程式的和是

$$\mu_{y \cdot x_1} + \mu_{y \cdot x_2} + \cdots + \mu_{y \cdot x_n} = n\alpha + \beta \sum (x - \bar{x}) 。$$

在任何數的離均差合計爲零（7.4節，式5）或 $\sum(x - \bar{x}) = 0$ 的條件下，徵值 α 必然等於全部條列均值的均值，也就是（16.1節，式4）

$$\alpha = \frac{\mu_{y \cdot x_1} + \mu_{y \cdot x_2} + \cdots + \mu_{y \cdot x_n}}{n} ; \tag{6}$$

用表16.1的族羣做例子，便得到

$$\alpha = \frac{34 + 37 + 40 + 43 + 46}{5} = \frac{200}{5} = 40 。$$

用表 16.3a 的例子，有關一個條列的詢識祇能由一個觀測值獲得，這個觀測值 y 就變成條列均值的估值了。所以，樣品內全部觀測值的均值 $\bar{y}$ 便可以用做全部條列均值之均值 α 的估值。

徵值 β 的估值是

$$b = \frac{(x_1 - \bar{x})(y_1 - \bar{y}) + (x_2 - \bar{x})(y_2 - \bar{y}) + \cdots + (x_n - \bar{x})(y_n - \bar{y})}{(x_1 - \bar{x})^2 + (x_2 - \bar{x})^2 + \cdots + (x_n - \bar{x})^2}$$

$$= \frac{\sum (x - \bar{x})(y - \bar{y})}{\sum (x - \bar{x})^2} = \frac{SP}{SS_x} , \tag{7}$$

式內的分子是 x 值和 μ 值的離均差**乘積和**（sum of products），用 SP

代表，而分母便是 x 值的離 均差平方和 SS_x。用表 16.3a 的樣品來算，β 的估值便是

$$b = \frac{27.0}{10} = 2.7 , \tag{8}$$

而計算詳情列在表 16.3b。用 b 做 β 估值的理由可由式(5)看出。由式(5)可以得出

$$\beta = \frac{y_{y.x_1} - \alpha}{x_{\frac{}{}} - \bar{x}} = \frac{\mu_{y.x_2} - \alpha}{x_2 - \bar{x}} = \cdots = \frac{\mu_{y.x_n} - \alpha}{x_n - \bar{x}} 。 \tag{9}$$

用表16.1的族羣，廻歸係數便是

$$\beta = \frac{34-40}{2-4} = \frac{37-40}{3-4} = \frac{40-40}{4-4} = \frac{43-40}{5-4} = \frac{46-40}{6-4} = 3 ; \tag{10}$$

除中項 0/0 爲不定值外，其他 4 個比率都等於族羣的廻歸係數 3。由式(9)可以知道，如果用估值 y 和 $\bar{y}$ 代替 $\mu_{y.x}$ 和 α，對每個觀測值便可以求得一個 β 的估值；把這 n 個估值都用 C 代表，便得到：

$$C_1 = \frac{y_1 - \bar{y}}{x_1 - \bar{x}} \qquad C_2 = \frac{y_2 - \bar{y}}{x_2 - \bar{x}} \qquad \cdots \qquad C_n = \frac{y_n - \bar{y}}{x_n - \bar{x}} \tag{11}$$

表 16.3b　乘積和意義的說明

x	y	$(x-\bar{x})$	$(x-\bar{x})^2$	$(y-\bar{y})$	$(x-\bar{x})(y-\bar{y})$
2	35	-2	4	-5.2	10.4
3	36	-1	1	-4.2	4.2
4	41	0	0	0.8	0.0
5	45	1	1	4.8	4.8
6	44	2	4	3.8	7.6
20	201	0	10	0.0	27.0
$\sum x$	$\sum y$	$\sum(x-\bar{x})$	SS_x	$\sum(y-\bar{y})$	SP

$$\bar{x} = \sum x / n = 20/5 = 4 \qquad\qquad \bar{y} = \sum y / n = 201/5 = 40.2$$

用兒童身高對年齡的廻歸爲例，$(y_1 - \bar{y})$ 是樣品內第一個兒童身高對平均兒童身高的偏差，而 $(x_1 - \bar{x})$ 便是那個兒童年齡對平均兒童年齡的偏差。如果身高比平均高 4 吋而年齡比平均大 2 歲，身高的增率便

等於4/2或每年長 2 吋。用這種**法**，由每個數值對 (x, y) 求得一個估值 C，就可以組成一個 β 的簡要的估值。組合 n 個估值 C 時，可以用權值 $(x-\bar{x})^2$ 來求 C 值的加權均值；當兒童年齡大於平均 2 歲或 $(x-\bar{x})=2$，用 $2^2=4$ 做權值求 β 的估值；兒童年齡大於平均 1 歲或 $(x-\bar{x})=1$，便用 $1^2=1$ 做權值；而兒童年齡等於平均或 $(x-\bar{x})=0$ 時，就用零做權值。使用這種加權方法時，越偏離平均年齡的年齡組 β 估值便會用到越大的權值，看來相當合理；如果每個兒童都在平均年齡，廻歸係數 β 就是平均身高對年齡的變率，確實是無**法**估算的。

用 $(x-\bar{x})^2$ 作權值的 C 值的加權均值就是樣品廻歸係數

$$b = \frac{(x_1-\bar{x})^2 C_1 + (x_2-\bar{x})^2 C_2 + \cdots + (x_n-\bar{x})^2 C_n}{(x_1-\bar{x})^2 + (x_2-\bar{x})^2 + \cdots + (x_n-\bar{x})^2} , \qquad (12)$$

而將 C 換成 $(y-\bar{y})/(x-\bar{x})$（式11）便得出式(7)。

上述的 α 和 β 的估算方**法**都是由直接經驗得出的，其實這種方**法**也有理論根據，根據就是所謂**最小平方法**（method of least squares）。因爲，用這種方法算出 a 和 b 值時，可以使平方和

$$\sum(y-\bar{y}_x)^2 = (y_1-\bar{y}_{x_1})^2 + (y_2-\bar{y}_{x_2})^2 + \cdots + (y_n-\bar{y}_{x_n})^2 \qquad (13)$$

的值爲最小，所以得到這個名稱。式(13)的平方和稱爲**剩餘** SS（residual SS），它的值爲最小可用表 16.3a 的樣品來說明。計算剩餘 SS 時，要用含有 $a, b,$ 和 $\bar{x}$ 的估得廻歸方程式（式2）求出 $\bar{y}_x$ 值。樣品的 a 和 b 值可用式(4)和(8)算出，$\bar{x}$ 的值是 4，所以估得廻歸方程式是

$$\bar{y}_x = 40.2 + 2.7(x-4)。 \qquad (14)$$

代入 x 值，便可求得各個 $\bar{y}_x$ 值，如

$$x = 2, \qquad \bar{y}_x = 40.2 + 2.7(2-4) = 34.8。$$

由 $\bar{y}_x$ 值和樣品內的 y 值便可求得表 16.3c 中的剩餘 SS 值 9.90。

剩餘 SS 爲最小的事可以用圖來說明。圖16.3內有 5 個 (x, y) 對的點，而估得廻歸方程式（式14）可用一條直線表示。偏差 $(y-\bar{y}_x)$ 是一點到廻歸直線的鉛直距離（垂直於橫軸），偏差爲爲正，負，或零就看點在直線的上方，下方，或恰在線上而定；這 n 個鉛直距離的平方和就是剩餘 SS。由圖 16.3 可以看到，剩餘 SS 的值受到點和**線**相對位置的影響，而各點的位置對一已給樣品是固定的；直線的位置

是由廻歸方程式中的 a 和 b 值決定的，最小平方法更能決定一組能使
剩餘 SS 為最小的 a 和 b 值。這兒祇解釋了最小平方法的名稱，它的
好處要留到 17.2 和 17.3 兩節再講。

表 16.3c　剩餘平方和意義的說明

樣　　品		估得條列均值	$(y - \bar{y}_x)$	$(y - \bar{y}_x)^2$
x	y	$\bar{y}_x$		
2	35	34.8	0.2	0.04
3	36	37.5	−1.5	2.25
4	41	40.2	0.8	0.64
5	45	42.9	2.1	4.41
6	44	45.6	−1.6	2.56
20	201	201.0	0.0	9.90
Σx	Σy	$\Sigma \bar{y}_x$	$\Sigma(y - \bar{y}_x)$	$\Sigma(y - \bar{y}_x)^2$

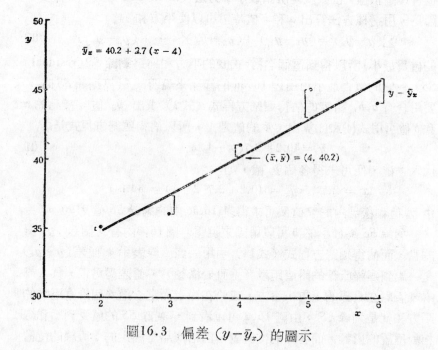

圖16.3　偏差 $(y - \bar{y}_x)$ 的圖示

當 $x = \bar{x}$ 時必然得到 $\bar{y}_x = a = \bar{y}$（式 2 和 4），所以用最小平方法估得的廻歸直線一定通過 $(\bar{x}, \bar{y})$ 點（圖16.3）。

此外，最小平方法還有幾種特性。由表 16.3c 可以看到

$$\Sigma y = \Sigma \bar{y}_x \tag{15}$$

和

$$\Sigma(y - \bar{y}_x) = 0。 \tag{16}$$

而這兩個式子都是對任意樣品可以成立的恒等式。用幾何學的術語來說，式(16)的意義便是 n 點離估得廻歸直線的鉛直距離合計爲零；也就是說，在直線上方各點的正的距離的和等於直線下方各點負的距離的和（圖16.3）。

16.4 平方和的劃分

廻歸方法用到的平方和 $\Sigma(y - \bar{y})^2$ 可以劃分成 **廻歸** SS （regression SS）和 **剩餘** SS 兩種成分或

總 $SS =$ 廻歸 $SS +$ 剩餘 $SS，$

而符號表示便是

$$\Sigma(y - \bar{y})^2 = \Sigma(\bar{y}_x - \bar{y})^2 + \Sigma(y - \bar{y}_x)^2 ; \tag{1}$$

式內的 y 是觀測值，$\bar{y}$ 是樣品均值，而 $\bar{y}_x$ 是子樣品均值。這種平方和的劃分可以用表 16.3a 的例子來說明。將樣品內 5 個 (x, y) 對點成圖16.4內的 5 個點，再繪出估得的廻歸直線（16.3節，式14）

$$\bar{y}_x = 40.2 + 2.7(x - 4)， \tag{2}$$

而樣品均值（16.3節，式 4）

$$\bar{y} = 40.2 \tag{3}$$

便形成一條水平的直線；式(1)中的三種偏差便可用圖16.4中的點和線間關係來解釋。

偏差 $(y - \bar{y})$ 是點與水平線的鉛直距離，它的平方和便是量度點對水平線全部分散性（dispersion）的總 SS。

偏差 $(\bar{y}_x - \bar{y})$ 是廻歸直線和水平線的鉛直距離，而它的大小是受廻歸係數或廻歸直線的斜率 b 影響的；由式(2)和式(3)可以知道，廻歸係數爲零時的兩直線是合一的。所以，廻歸 SS 的大小受到廻歸係數

b 的影響，可以量度兩條直線的不合程度（discrepancy）；兩直線合一，廻歸 SS 便等於零。

偏差 $(y-\bar{y}_x)$ 是點對廻歸直線的鉛直距離，它的平方和便是量度點對廻歸直線分散程度的剩餘 SS；如果各點都在廻歸直線上，剩餘 SS 便會等於零。

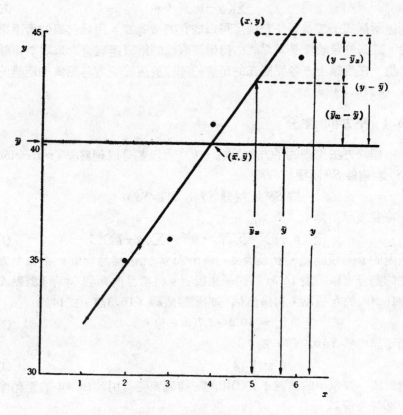

圖16.4　三種偏差的圖示

式(1)的成立可以用表 16.3a 中的例子來驗證。例中的樣品均值 $\bar{y}$ 等於 40.2，而子樣品的均值 $\bar{y}_x$ 可用 x 值代入式(2)求出。由 $y, \bar{y},$ 和 $\bar{y}_x$ 便可以計算三種 SS，詳細的計算方法已列在表 16.4 內；由計算的結果可以看出，總 SS 確實是廻歸 SS 與剩餘 SS 的和。

表16.4 祇是用來說明平方和劃分，而不算是計算方法的示例。
各種 SS 的簡算法仍然由恒等式導出；總 SS 用 （7.4節，式4）

$$\sum(y-\bar{y})^2 = \sum y^2 - (\sum \bar{y})^2/n, \qquad (4)$$

廻歸 SS 用

$$\sum(\bar{y}_x-\bar{y})^2 = b^2\sum(x-\bar{x})^2 = (SP)^2/SS_x。 \qquad (5)$$

式(5)的意義可以由表16.4的例子看出。例中 b 值是 2.7（式2）而 SS_x
值是10，用式(5)求得的廻歸 SS 便是 $(2.7)^2(10) = 72.90$，與表 16.4
的複雜計算結果完全相同。

求出總 SS 和廻歸 SS，由前一個減後一個，便得出剩餘 SS。

表16.4 平方和劃分的說明

x	y	$\bar{y}_x$	$(y-\bar{y})$	$(\bar{y}_x-\bar{y})$	$(y-\bar{y}_x)$	$(y-\bar{y})^2$	$(\bar{y}_x-\bar{y})^2$	$(y-\bar{y}_x)^2$
2	35	34.8	−5.2	−5.4	0.2	27.04	29.16	0.04
3	36	37.5	−4.2	−2.7	−1.5	17.64	7.29	2.25
4	41	40.2	0.8	0.0	0.8	0.64	0.00	0.64
5	45	42.9	4.8	2.7	2.1	23.04	7.29	4.41
6	44	45.6	3.8	5.4	−1.6	14.44	29.16	2.56
20	201	201.0	0.0	0.0	0.0	82.80	72.90	9.90
$\sum x$	$\sum y$	$\sum\bar{y}_x$	$\sum(y-\bar{y})$	$\sum(\bar{y}_x-\bar{y})$	$\sum(y-\bar{y}_x)$	$\sum(y-\bar{y})^2$	$\sum(\bar{y}_x-\bar{y})^2$	$\sum(y-\bar{y}_x)^2$
						合 計	廻 歸	剩 餘

16.5 平方和的分布

上節中三種平方和的分布仍然可用第四章取樣試驗的方法加以驗
證。由 $\mu = 50$ 和 $\sigma^2 = 100$ 的圓牌值常態族羣內取出 1,000 個 $n = 5$
的逢機樣品，並設族羣由 5 個相同條列組成而由每條列取出一個觀測
值。將 5 個觀測值分別隨意加附 x 值 1，2，3，4，5，便得出 $(1, y_1)$,
$(2, y_2), (3, y_3), (4, y_4), (5, y_5)$ 的 5 個對；用表 4.2 前兩個樣品內觀
測值來例示，加附對應 x 值便得到表 16.5a。

五個條列的均值都等於 50 ， 根本不因 x 值而不同 ， 所以迴歸係數 β 等於零而迴歸方程式是

$$\mu_{y.x} = 50 。 \tag{1}$$

計算 1,000 個樣品的總 SS ，迴歸 SS ，和剩餘 SS 要費不少時間，但借重以往的結果倒也不難辦到。 如總 SS 的計算已在 7.7 節取樣試驗中全部求出，而 $\sum(y-\bar{y})^2/\sigma^2$ 從自由度數 $(n-1)$ 卡方分布的事也在同節示明。各種 SS 的分布都可用這種方法驗證。

表16.5a 取樣試驗的幾個樣品

任意樣品		第一樣品		第二樣品	
x	y	x	y	x	y
1	y_1	1	50	1	55
2	y_2	2	57	2	44
3	y_3	3	42	3	37
4	y_4	4	63	4	40
5	y_5	5	32	5	52

迴歸 SS 可用簡算法（16.4 節，式 5）

$$\sum(\bar{y}_x - \bar{y})^2 = (SP)^2/SS_x$$

求出。由於各樣品的 x 值都是 1 ， 2 ， 3 ， 4 ， 5 ，所以 $(x-\bar{x})$ 值都是 $-2, -1, 0, 1, 2$，而 1,000 個樣品中每個的 SS_x 值都等於 10。

由表 16.5b 又可看到，

$$SP = \sum(x-\bar{x})(y-\bar{y}) = \sum(x-\bar{x})y = -2y_1 - y_2 + y_4 + 2y_5 \tag{2}$$

就是 15.2 節內式(4)的線性組合 v ，而 SP 中的 $(x-\bar{x})$ 值便是 v 內用到的乘數 M ，所以迴歸 SS 便是

$$\frac{(SP)^2}{SS_x} = \frac{v^2}{10} , \tag{3}$$

式中的 v 已在 15.2 節的取樣試驗中求得，$v^2/10$ 也很容易算出。

表16.5b 代數恒等式的證明

x	y	$(x-\bar{x})$	$(y-\bar{y})$	$(x-\bar{x})(y-\bar{y})$	$(x-\bar{x})^2$
1	y_1	-2	$y_1-\bar{y}$	$-2y_1+2\bar{y}$	4
2	y_2	-1	$y_2-\bar{y}$	$-y_2+\bar{y}$	1
3	y_3	0	$y_3-\bar{y}$	0	0
4	y_4	1	$y_4-\bar{y}$	$y_4-\bar{y}$	1
5	y_5	2	$y_5-\bar{y}$	$2y_5-2\bar{y}$	4
15	$\sum y$	0	0	$-2y_1-y_2+y_4+2y_5$	10
				SP	SS_x

　　廻歸 SS 的分布可由 15.2 節的取樣試驗來決定。 由於 v 從均值
爲 0 和變方爲 $1,000=10\sigma^2$ 的常態分布，所以介值

$$u = \frac{v-0}{\sqrt{10\sigma^2}} \tag{4}$$

從均值爲 0 和變方爲 1 的常態分布，而介值

$$u^2 = \frac{v^2}{10\sigma^2} \tag{5}$$

或（式 3 ）

$$u^2 = \frac{\text{廻歸 } SS}{\sigma^2} \tag{6}$$

從自由度數爲 1 的卡方分布（定理 7.6）。

　　求出每個樣品的總 SS 和廻歸 SS 後，相減便得出剩餘 SS。表4.2
中第一個樣品的總 SS 是 598.8，廻歸 SS 是 $v^2/10=(-30)^2/10=90.0$，
所以剩餘 SS 便是 $598.8-90.0=508.8$；本章內 4 個樣品的剩餘 SS 已
經列在表 4.2 內。

　　已經知道總 SS 和廻歸 SS 的自由度數分別是 $(n-1)$ 和 1 ，想像
中的剩餘 SS 自由度數應當是 $(n-1-1)=(n-2)$；要是想像得不錯，
這兒的介值（剩餘 SS）$/\sigma^2$ 該從自由度數 $(5-2)=3$ 的卡方分布。表
16.5c 內便列出了 1,000 個（剩餘 SS）$/\sigma^2$ 的觀測頻度和自由度數爲
3 的卡方分布的理論頻度 ，而圖 16.5 便是對應的長條圖和自由度數

爲 3 的卡方曲線；表和圖內的觀測頻度都接近理論頻度，便驗證了（剩餘 SS）/σ^2 從自由度數爲 $(n-2)$ 卡方分布的想像。

表16.5c　1,000個剩餘平方和的頻度表

$\dfrac{\sum(y-\bar{y}_x)^2}{\sigma^2}$	觀　測　頻　度		理　　論	中點值	
	f	$r.f.(\%)$	$r.f.(\%)$	m	mf
0-1	213	21.3	19.9	0.5	106.5
1-2	218	21.8	22.9	1.5	327.0
2-3	197	19.7	18.1	2.5	492.5
3-4	124	12.4	13.0	3 5	434.0
4-5	85	8 5	8.9	4.5	382.5
5-6	58	5.8	6.0	5.5	319.0
6-7	39	3.9	4.0	6.5	253.5
7-8	21	2.1	2 6	7.5	157.5
8-9	17	1.7	1.7	8.5	144.5
9-10	7	0.7	1.0	9.5	66.5
10-11	8	0.8	0.7	10 5	84.0
大 於 11	13	1.3	1.2	14 1	183.3
合　計	1,000	100.0	100.0		2,950.8

$$\chi^2\text{的均值} = \frac{\sum mf}{1,000} = \frac{2,950.8}{1,000} = 2.95$$

　　將表 16.5c 內的組內各值用組中點值 m 代替，可以算出 1,000 個介值（剩餘 SS）/σ^2 值的近似均值。表內的 0至1 組用 0.5 代替，1至2 組用 1.5 代替，等等，而 11 以上組用組內 13 個值的均值14.1代替；求得的近似均值是是 2.95 ，已經很近於 3 ，而（剩餘 SS）/σ^2 從自由度數 $(n-2)$ 卡方分布的驗證纔算完成。

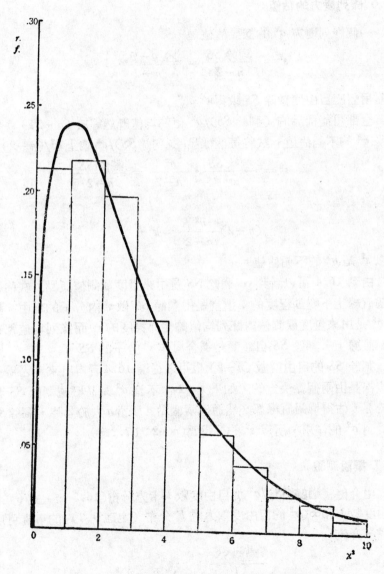

圖16.5　1,000個剩餘平方和的長條圖

16.6 條列變方的估值

一個條列變方 σ^2 的樣品估值是

$$s^2 = \frac{\text{剩餘 } SS}{n-2} = \frac{\sum(y-\bar{y}_x)^2}{n-2}, \tag{1}$$

也是用對應自由度數除 SS 求得的。

全部可能樣品的（剩餘 SS）$/\sigma^2$ 值的均值既然等於 $(n-2)$，s^2 當然是 σ^2 的不偏估值。試將每個樣品的（剩餘 SS）$/\sigma^2$ 乘上 $\sigma^2/(n-2)$，

$$s^2 = \frac{\text{剩餘 } SS}{\sigma^2} \cdot \frac{\sigma^2}{n-2} = \frac{\text{剩餘 } SS}{n-2}$$

的均值便是

$$(n-2)\frac{\sigma^2}{n-2} = \sigma^2,$$

所以 s^2 是 σ^2 的不偏估值。

由圖 16.4 可以看到，剩餘 SS 是用來量度觀測值（點）在估得迴歸直線上下變動程度的；這就是用剩餘 SS 做 s^2 內分子的理由。變方 σ^2 是用來量度觀測值對條列均值的變異程度的，而條列均值都在迴歸直線上，剩餘 SS 自然便是適合用作 s^2 分子的 SS 了。

剩餘 SS 的自由度數 $(n-2)$ 也可以從圖 16.4 看得出來。因為一條直線是由兩個點決定的，如果 $n=2$，不論 σ^2 是甚麼值剩餘 SS 都等於零，估得迴歸直線都必然通過兩個點。祇當 n 大於 2 時，剩餘 SS 纔受到 σ^2 的作用，所以 s^2 的分母為 $(n-2)$（7.2節）。

16.7 擬說測驗

由介值（迴歸 SS）$/\sigma^2$ 從自由度數 1 卡方分布（16.5 節，式 6）或自由度數 1 和 ∞（σ^2 的自由度數）的 F 分布（定理 9.7）的事實可以知道，介值

$$F = \frac{\dfrac{\text{迴歸}SS}{1}}{\dfrac{\text{剩餘}SS}{n-2}} = \frac{\sum(\bar{y}_x-\bar{y})^2}{s^2} \tag{1}$$

從自由度數 1 和 $(n-2)$ 的 F 分布；祇要把自由度爲 1 和 ∞ 的 F 分布中 σ^2 換成 s^2，得出的便是式(1)。

式(1)內的 F 值可以用來測驗 $\beta=0$ 的擬說。廻歸 SS 受到 b 值的作用 (16.4節，式5) 而 b 值又和 β 有關，所以 F 值大時表示 β 不等於零而 F 值小時表示 $\beta=0$。這個擬說祇在 F 值過大時遭受棄却，所以測驗是單尾性的。

現在先看 $\beta=0$ 時會發生甚麼結果。如果 $\beta=0$，廻歸方程式
$$\mu_{y.x} = \alpha + \beta(x-\bar{x})$$
就變成
$$\mu_{y.x} = \alpha \;;$$
這便是說，不論 x 值等於甚麼，全部條列均值都等於 α。所以，$\beta=0$ 的擬說就是全部條列均值相等的擬說。

上述擬說的測驗可以用表 16.3a 的例子來說明。取得一組 5 個兒童身高的逢機樣品，想知道兒童平均身高是不是隨年齡而不同。這兒要測驗的擬說便是 $\beta=0$ 而用到的介值是自由度數爲 1 和 3 的
$$F = \frac{\dfrac{72.90}{1}}{\dfrac{9.90}{3}} = 22.1$$

(16.4節，式1)。求出結果 22.1 大於表列的自由度數 1 和 3 的 5% 點 F 值 10.128，所以擬說 $\beta=0$ 遭到棄却，便得到兒童平均身高隨年齡大小而不同的結論。

另舉一個例子。如果某個試區的施肥量是 x 而該試區的作物收量是 y，問題便是決定平均收量是否受施肥量的影響；要測驗的擬說便是作物平均收量不因施肥量大小而有不同。

16.8 相關係數

已經求得 SP, SS_x，和 SS_y 便可以定義 x 與 y 的 **相關係數** (correlation coefficient)
$$r = \frac{\sum(x-\bar{x})(y-\bar{y})}{\sqrt{\sum(x-\bar{x})^2 \sum(y-\bar{y})^2}} = \frac{SP}{\sqrt{SS_x SS_y}}, \tag{1}$$

而它的意義可用恒等式

$$r^2 = \frac{(SP)^2}{SS_x SS_y} \tag{2}$$

來討論。因爲廻歸 SS 等於 $(SP)^2/SS_x$（16.4 節，式 5），而 SS_y 卻就是總 SS 或廻歸 SS 與剩餘 SS 的和，所以

$$r^2 = \frac{廻歸\ SS}{總\ SS} \tag{3}$$

的值一定在 0 與 1 間。要是 r^2 在 0 與 1 間，r 的值當然在 -1 和 1 間；因爲 r 和 b 有共同分子，所以 r 值的爲正或爲負是要看廻歸係數 b 來決定的。

　　相關係數 r 也可以用來量度 n 個觀測值點與估得廻歸直線的相近程度。由式(3)可以得到

$$廻歸\ SS = r^2\ (總\ SS) \tag{4}$$

和

$$剩餘\ SS = (1-r^2)\ (總\ SS), \tag{5}$$

所以 r 的絕對值越大各點就越接近於直線。如果 $r=\pm 1$，剩餘 SS 便等於零，所有的點都會在直線上；如果 $r=0$，便得到 $b=0$，廻歸直線便是一條水平直線而 $\bar{y}_x = \bar{y}$。

　　介值（16.7 節，式 1）

$$F = \frac{廻歸\ SS}{\dfrac{剩餘\ SS}{n-2}} \tag{6}$$

可以用 r 和 n 來表示。將式(4)，(5)，(6)合併，得到的介值 F 便是

$$F = \frac{r^2(總\ SS)}{\dfrac{(1-r^2)(總 SS)}{n-2}} = \frac{r^2(n-2)}{1-r^2}, \tag{7}$$

它的自由度數是 1 和 $(n-2)$，而它的平方根（定理12.6）

$$\sqrt{F} = t = \frac{r\sqrt{n-2}}{\sqrt{1-r^2}} \tag{8}$$

從自由度數 $(n-2)$ 的 t 分布。當 r 和 n 求得時，全部條列均值相等擬說便可以用 F 或 t 來測驗。介值 r 的百分點值表早已出版（R. A.

Fisher and F. Yates: *Statistical Tables for Biological Agricultural and Medical Research*, Table VI)，所以同樣擬說也可以直接用 r 測驗而不必計算 F 和 t ，但由 t ， F ，和 r 三法得到的結論却必然是相同的。例如自由度數爲 10的 5% 點 r 值是 0.5760 而自由度數爲 1 及 10的 5% 點 F 值是

$$\frac{r^2(n-2)}{1-r^2} = \frac{(0.5760)^2 10}{1-(0.5760)^2} = \frac{3.317760}{0.668224} = 4.965,$$

當求出的 r 大於0.5760時 F 也必然大於4.965，而兩者的結論必然是相同的。但直接應用費，葉(F. Yates) 二氏 r 表做相關係數測驗時，必須注意一件事；這個表內的 n 是剩餘 SS 的自由度數而不是樣品大小，它的值也就是樣品大小減去廻歸方程式內用到的徵值個數，或本書中所用的 $(n-2)$ 。

　　相關係數有幾種特性：全部觀測值 y 都相同時，相關係數是不存在的；觀測值點都在廻歸直線上，相關係數等於 ±1 ；而廻歸直線爲水平時，相關係數等於零。例如表 16.8a ，由於觀測值 y 都相同，廻歸係數應當是 $0/10=0$ ，所以廻歸方程式

$$\bar{y} = 4$$

的圖形是一條水平直線。由這件事來看，相關係數應當等於零。但各點同時又在廻歸直線上，相關係數又應當等於 1 。同時出現了兩個矛盾的結果，相關係數便祇好自行規避，出現了一個 $0/0$ 的不定結果來（表 16.8a ，7.2 節）。

　　相關係數不存在的資料是很常見的。設表 16.8a 的 x 代表建築物的年代而 y 代表它的層數，請問有甚麼相關；這種實例不祇常見也還很有重要性，祇是不能成爲一項研究的問題。一般人有時不能注意到相關係數不存在的事例，這兒算是提醒他們一下。

　　已經知道，當資料的各點越接近廻歸直線時，相關係數的絕對值便會越大。由這種看法着眼，相關係數便是量度 y 與 x 間直線性關係程度的；而且也祇能同直線廻歸聯用，否則便必然引起錯誤。表16.8b 的資料是由 y 與 x 關係式

$$y = x^2$$

表 16.8a　相等觀測值資料的相關係數

x	y	$(x-\bar{x})$	$(y-\bar{y})$	$(x-\bar{x})^2$	$(x-\bar{x})(y-\bar{y})$	$(y-\bar{y})^2$
1	4	-2	0	4	0	0
2	4	-1	0	1	0	0
3	4	0	0	0	0	0
4	4	1	0	1	0	0
5	4	2	0	4	0	0
15	20	0	0	10	0	0

$$r = \frac{0}{\sqrt{(10)(0)}} = \frac{0}{0}$$

得出的，但算出的相關係數却等於零；這種極端的例子正可用來警告濫用相關係數的人。總而言之，祇當廻歸是直線性時，纔能應用相關係數；**直線性測驗**（test of linearity）該怎樣做，要留到17.7節再講。

表 16.8b　非直線性資料的相關係數

x	y	$(x-\bar{x})$	$(y-\bar{y})$	$(x-\bar{x})^2$	$(x-\bar{x})(y-\bar{y})$	$(y-\bar{y})^2$
-2	4	-2	2	4	-4	4
-1	1	-1	-1	1	1	1
0	0	0	-2	0	0	4
1	1	1	-1	1	-1	1
2	4	2	2	4	4	4
0	10	0	0	10	0	14

$$r = \frac{0}{\sqrt{140}} = 0$$

16.9 代數恒等式和計算方法

廻歸中用到很多代數恒等式，而內中最有用的一個是

$$SP = \sum(x-\bar{x})(y-\bar{y}) = \sum xy - \frac{(\sum x)(\sum y)}{n}, \tag{1}$$

這個式子可用表16.9a的數例來說明。用這種方法計算，會有兩種方便的地方；第一可以減少減法的使用次數，將 $2n$ 次偏差 $(x-\bar{x})$ 和 $(y-\bar{y})$ 的減法變成一次；第二是將除法延到最後，可以省去 $\bar{x}$ 和 $\bar{y}$ 的計算而減少 $(x-\bar{x})$ 和 $(y-\bar{y})$ 累算時蓄積起來的尾數差誤。

表 16.9a 乘積和的計算方法

x	y	xy	$(x-\bar{x})$	$(y-\bar{y})$	$(x-\bar{x})(y-\bar{y})$
3	5	15	0	1	0
2	4	8	-1	0	0
3	6	18	0	2	0
4	1	4	1	-3	-3
12	16	45	0	0	-3
$\sum x$	$\sum y$	$\sum xy$	$\sum(x-\bar{x})$	$\sum(y-\bar{y})$	SP

$n=4$ 　　$\bar{x}=12/4=3$ 　　$\bar{y}=16/4=4$

$$SP=\sum xy-\frac{(\sum x)(\sum y)}{n}=45-\frac{(12)(16)}{4}=45-48=-3$$

爲了便於參考，現在將本節和前節引用到的代數恒等式都並列在下面：

$$SP=\sum(x-\bar{x})(y-\bar{y})=\sum(x-\bar{x})y=\sum xy-\frac{(\sum x)(\sum y)}{n} \tag{2}$$

$$SS_x=\sum(x-\bar{x})^2=\sum x^2-\frac{(\sum x)^2}{n} \tag{3}$$

$$SS_y=總\ SS=\sum(y-\bar{y})^2=\sum y^2-\frac{(\sum y)^2}{n} \tag{4}$$

$$b=\frac{\sum(x-\bar{x})(y-\bar{y})}{\sum(x-\bar{x})^2}=\frac{SP}{SS_x} \tag{5}$$

$$r=\frac{\sum(x-\bar{x})(y-\bar{y})}{\sqrt{\sum(x-\bar{x})^2\sum(y-\bar{y})^2}}=\frac{SP}{\sqrt{SS_xSS_y}} \tag{6}$$

$$廻歸\ SS=\sum(\bar{y}_x-\bar{y})^2=b^2SS_x=b(SP)=\frac{(SP)^2}{SS_x} \tag{7}$$

$$r^2=\frac{廻歸\ SS}{總\ SS}=\frac{(SP)^2}{SS_xSS_y} \tag{8}$$

上面各式的最後結果就是計算時用到的，而各種數量如 $\sum xy$，$\sum x^2$，或 $\sum y^2$ 等都可以用計算機連算。

廻歸的計算工作以 SP，SS_x，SS_y 三項較爲繁重，其他的量都不難用上面的恒等式求得。計算的實例可用下面的資料來說明：

x	3	2	4	2	3	4
y	3	5	1	7	5	3

詳盡的計算程序可以看表 16.6b。

表 16.6b　簡算法提要

n	6			$\sum y$	24
$\sum x$	18			$\bar{y}$	4
$\bar{x}$	3				
$(\sum x)^2$	324	$(\sum x)(\sum y)$	432	$(\sum y)^2$	576
$(\sum x)^2/n$	54	$(\sum x)(\sum y)/n$	72	$(\sum y)^2/n$	96
$\sum x^2$	58	$\sum xy$	64	$\sum y^2$	118
SS_x	4	SP	-8	SS_y	22

廻 歸 係 數： $b = SP/SS_x = -8/4 = -2$

廻歸方程式： $\bar{y}_x = \bar{y} + b(x-\bar{x}) = 4 - 2(x-3)$

相 關 係 數： $r = SP/\sqrt{SS_xSS_y} = -8/\sqrt{(4)(22)} = -0.85$

廻 歸 SS： $\sum(\bar{y}_x-\bar{y})^2 = (SP)^2/SS_x = (-8)^2/4 = 16$

剩餘 SS： $\sum(y-\bar{y}_x)^2 = SS_y - 廻歸SS = 22-16 = 6$

估 得 變 方： $s^2 = (剩 餘 SS)/(n-2) = 6/4 = 1.5$

擬 說 測 驗 $\beta = 0$： $F = 廻歸SS/s^2 = 16/1.5 = 10.67$　自由度 1 和 4

習　　題

(1)　將下面的10個觀測值當作一個族羣：

x	4	4	5	5	6	6	7	7	8	8
y	8	10	10	12	12	14	14	16	16	18

（a）求 5 個 x 條列的條列內 y 值的均值。

(b) 求 y 對 x 的迴歸方程式。$(\mu_{y.x} = 2x + 1)$

(c) 求每個 x 條列內 y 值的變方。$(\sigma^2 = 1)$

(d) 求迴歸係數的值。$(\beta = 2)$

(2) 用下列 6 個觀測值驗證總 SS 等於迴歸 SS 與剩餘 SS 的和（表 16.4）。

x	2	1	3	2	3	1
y	2	0	6	6	8	2

(3) 用簡算法 (16.9b) 求題 2 的總 SS，迴歸 SS，和剩餘 SS，並和題 2 內結果比較。

(4) 由 $\mu = 50$ 和 $\sigma^2 = 100$ 的圓牌常態族羣內逢機取出20個觀測值(y)作爲一個樣品，將每個觀測值附加一個 x 值，便得出下面的 20 個數值對：

x	y	x	y	x	y	x	y
2	59	4	47	6	51	8	60
4	41	6	47	8	65	2	39
6	35	8	53	2	52	4	64
8	43	2	52	4	56	6	50
2	48	4	46	6	39	8	36

已知各條列內 y 值的均值同等於50，y 對 x 的迴歸方程式是

$$\mu_{y.x} = 50$$

而迴歸係數 β 等於零。將樣品來源當作未知，用 5% 水準測驗擬說 $\beta = 0$。$(F = 0.0208;\ \nu_1 = 1,\ \nu_2 = 18)$

已知 $\beta = 0$，試問結論是正確的，還是犯了第一類錯誤。擬說是對的，不會犯第二類錯誤。

(5) 將題 4 資料的 y 值順 $x = 2, 4, 6, 8$ 次序分別各加 $1, 2, 3, 4$，便得到下面的資料：

x	y	x	y	x	y	x	y
2	60	4	49	6	54	8	64
4	43	6	50	8	69	2	40
6	38	8	57	2	53	4	66
8	47	2	53	4	58	6	53
2	49	4	50	6	42	8	40

四個條列內 y 值的均值現在便是：

x	2	4	6	8
$\mu_{y \cdot x}$	51	52	53	54

這兒的 x 值每增 2 單位，y 的均值便增加 1 單位，所以廻
歸係數是 $\beta = 0.5$。將樣品來源當作未知，用 5% 水準測驗 $\beta = 0$
擬說；試問結論是正確的，還是犯了第二類錯誤。擬說是錯的，
不會犯第一類錯誤。($F = 0.1685$; $\nu_1 = 1, \nu_2 = 18$)

由這個題可以知道，樣品不大而擬說又與事實相去不遠時，
便易於遭犯第二類錯誤。

(6) 將題 4 資料的 y 值順 $x = 2, 4, 6, 8$ 次序分別各加 100, 200, 300,
400，便得到下面的資料：

x	y	x	y	x	y	x	y
2	159	4	247	6	351	8	460
4	241	6	347	8	465	2	139
6	335	8	453	2	152	4	264
8	443	2	152	4	256	6	350
2	148	4	248	6	339	8	436

四個條例內 y 值的均值現在便是：

x	2	4	6	8
$\mu_{y \cdot x}$	150	250	350	450

　　每當 x 增加 2 單位時 y 的均值便增加 100 單位，所以廻歸係數是 $\beta=50$。將樣品來源當作未知，用 5% 水準測驗 $\beta=0$ 的擬說。$(F=3,062; \nu_1=1, \nu_2=18)$

　　已知 $\beta=50$，試問結論是正確的，還是犯了第二類錯誤。擬說是錯的，不會犯第一類錯誤。

　　由這個題可以知道，擬說與事實相去甚遠時，不必用很大的樣品已能棄却錯誤的擬說。

(7)　下面的資料是用比色計 (Exelyn colorimeter) 測得的磷的量值，是用來決定標準比色曲線的。

磷量μg x	視密度 y
0.00	0.000
2.28	0.056
4.56	0.102
6.84	0.174
9.12	0.201
11.40	0.268
13.68	0.328
15.96	0.387
18.24	0.432
22.80	0.523
27.36	0.638

將不同量的磷酸鹽標準溶液注入量度管，做比色反應，記下生成色的視密度 (optical density)。

(a) 求視密度對磷毫克 (mg) 數的估得廻歸方程式。

(b) 求條列的估得變方。

(c) 求相關係數。

(8)　下面的資料是一項鼠類社會等級 (social rank) 對副腎腺 (adrenal gland) 大小影響研究中的附件，列的是肝重 (gm) 和睪丸脂 (testes fat) 重 (mg)。在想像中，肝重是和睪丸脂重成反比例的。試求相關係數並測驗它的顯著性 (16.8節，式 7 或 8)。用 5% 水準。

肝重克數 x	睪丸脂重毫克數 y
1.384	312
1.342	275
1.233	428
1.331	318
1.231	415
1.482	208
1.133	351
1.483	196
1.399	223
1.834	145
1.544	285
1.491	181
1.301	219
1.150	326
1.498	373
1.425	187
1.319	176
1.404	299
1.531	193
1.438	183
1.438	245

(9) 下面是一羣大學生的入學成績 (x) 和各個人第一學年年終考試的成績 (y) 的並列結果。

(a) 求（i）估得廻歸直線，

　　　（ii）估得條列變方，和

　　　（iii）相關係數。

(b) 用 5% 水準測驗族羣廻歸係數爲零的擬說。

x	y	x	y	x	y	x	y
4	65	7	80	4	80	2	75
2	72	9	72	9	74	5	68
9	95	5	72	4	66	9	75
8	84	8	94	10	93	4	58
5	65	8	91	9	86	6	90
5	66	3	66	8	95	8	87
9	96	1	68	6	60	4	61
2	70	9	83	9	87	3	82
6	80	10	103	7	80	3	72
2	68	5	64	6	88	10	92
10	83	3	80	2	65	2	54
10	100	7	66	3	74	10	94
10	90	7	87	4	93	4	70
8	84	6	81	4	80	9	100
7	86	6	86	6	76	6	76
9	80	3	76	9	70	6	95
5	66	10	85	1	51	1	80
7	69	6	78	6	64	9	64
8	91	5	74	4	72	10	92
2	84	8	100	3	76	9	86
9	67	7	73	7	80	9	79
6	72	9	85	6	83	5	50
7	80	5	82	1	77	9	80
3	66	8	73	9	83	3	60
9	90	4	100	5	77	6	71
4	74	1	57	8	97	3	82
3	73	10	83	3	60	6	76
5	63	7	61	9	77	5	86
10	91	2	75	9	90	2	75

⑩　測得 20 塊纖維板的破裂係數 (y) 和比重 (x) 如下：

x	y	x	y	x	y	x	y
0.930	519	1.021	574	1.026	633	1.016	622
0.902	424	0.958	525	0.989	549	1.026	601
0.870	392	0.963	494	0.981	541	0.987	557
0.914	462	0.968	559	0.977	565	1.040	611
0.935	465	0.991	568	1.026	613	1.020	611

（a）用 5% 水準測驗纖維板平均破裂係數不受比重影響的擬說。

（b）求纖維板破裂係數對比重的估得廻歸係數。

（c）求相關係數。

參　考　文　獻

Anderson, R. L. and Bancroft, T. A.: *Statistical Theory in Research*, McGraw-Hill Book Company, New York, 1952.

Mood, Alexander M.: *Introduction to the Theory of Statistics*, McGraw-Hill Book Company, New York, 1950.

第 十 七 章

直 線 廻 歸(二)

本章的內容是第十六章的延長，用到的符號和名詞都同於前章。

17.1 取樣試驗

廻歸中幾種平方和的分布已經在 16.5 節用廻歸係數 $\beta=0$ 的取樣試驗驗證過，現在另用 $\beta \neq 0$ 擬設作取樣試驗來驗證下幾節內別種介值的分布。

仍然用第四章的方法，由 $\mu=50$ 和 $\sigma^2=100$ 的圓牌常態族羣內取出1,000 個 $n=5$ 的逢機樣品。 將每個樣品的 5 個觀測值按取出順序各自附上 $x=1,2,3,4,5$，再將各個附上 x 值的觀測值順次加上 0, 20,40,60,80，便產生了 5 個均值不等而變方相同的條列。 用表 4.2 前面兩個樣品做例子，將兩個樣品的原有觀測值 y' 和變換後的觀測值 y 並排列在表 17.1 內，產生出的族羣內 5 個條列的均值便是：

x	1	2	3	4	5
$\mu_{y \cdot x}$	50	70	90	110	130

這個表便代表着一個廻歸係數等於 20 的廻歸方程式

$$\mu_{y \cdot x}=90+20(x-3)。 \tag{1}$$

這兒祇將前述取樣試驗的觀測值變換了一下而不另取樣，它的理由有兩點：看得直接些，便是省點勞力；但重要的理由却是，用變換資料纔能把直線廻歸與討論過的 t 測驗，變方分析，和單自由度等項目連接起來。

進行取樣時需要的原設有下面幾條：

1. 樣品是逢機取得的。
2. 族羣內每個條列中的 y 值都從常態分布。

表 17.1 取樣試驗的觀測值

任意樣品			第一樣品			第二樣品		
x	y'	y	x	y'	y	x	y'	y
1	y_1'	$y_1' + 0$	1	50	50	1	55	55
2	y_2'	$y_2' + 20$	2	57	77	2	44	64
3	y_3'	$y_3' + 40$	3	42	82	3	37	77
4	y_4'	$y_4' + 60$	4	63	123	4	40	100
5	y_5'	$y_5' + 80$	5	32	112	5	52	132
合計	$\Sigma y'$	$\Sigma y' + 200$	合計	244	444	合計	228	428
均值	$\bar{y}'$	$\bar{y}' + 40$	均值	48.8	88.8	均值	45.6	85.6

3. 族羣內全部條列變方都是相同的。

4. y 對 x 的廻歸是直線性的。

5. 各個樣品都選用同一組的 x 值（表17.1）。

下面各節內導出的定理都需要滿足上列的原設或條件，纔能成立。

17.2 樣品均值的分布

樣品均值 $\bar{y}$ 是徵值 α 的最小平方估值，而它的分布可由 $\bar{y}'$ 的分布求得。 由表 17.1，5 個變換後觀測值的樣品均值 $\bar{y}$ 便分別等於原觀測值的均值 $\bar{y}'$ 各加40；也就是

$$\bar{y} = \bar{y}' + 40 \ 。 \tag{1}$$

在 5.6 節已經知道，$\bar{y}'$ 是從均值 $\mu = 50$ 和變方 $\sigma^2/n = 20$ 的常態分布的。由式(1)的關係，不必另外取樣便能推 知 $\bar{y}$ 必然從均 值 為 $50 + 40 = 90$（就是α）（17.1節，式 1）和變方仍為 $\sigma^2/n = 20$ 的常態分布。用這種取樣試驗便可以驗證下面的定理：

定理17.2 由廻歸方程式為

$$\mu_{v.x} = \alpha + \beta(x - \bar{x})$$

而滿足16.2節各項原設的常態族羣內取出大小為 n 的全部可能樣品，徵值 α 的最小平方估值 a 或介值 $\bar{y}$ 便從均值為 α 和變方為 σ^2/n 的常態分布；σ^2 為各條列的共同變方。

上面的定理也可以由定理 15.2a 導出。因爲 α 的估值

$$a = \bar{y} = \frac{1}{n}(y_1) + \frac{1}{n}(y_2) + \cdots + \frac{1}{n}(y_n) \tag{2}$$

是觀測值 y 的一個線性組合。 如由族羣取出全部可能樣品, 由第一條列取出的觀測值 y_1 各值求得的均值等於第一條列均值,y_2 各值的均值等於第二條列均值,等等。所有條列的 y 的變方都等於 σ^2。所以由定理 15.2a,介值應當從均值爲 (16.3 節,式 6)

$$\mu_a = \frac{1}{n}\mu_{y \cdot x_1} + \frac{1}{n}\mu_{y \cdot x_2} + \cdots + \frac{1}{n}\mu_{y \cdot x_n} = \alpha \tag{3}$$

和變方爲

$$\sigma_a^2 = \left(\frac{1}{n}\right)^2\sigma^2 + \left(\frac{1}{n}\right)^2\sigma^2 + \cdots + \left(\frac{1}{n}\right)^2\sigma^2 = n\left(\frac{1}{n}\right)^2\sigma^2 \quad \frac{\sigma^2}{n} \tag{4}$$

的常態分布,而與定理 17.2 得到同樣的結論。

採用最小平方法估算 α 是有兩項理由的:第一是介值 a 確實是 α (式 3) 的不偏估值 (7.3 節),第二是最小平方估值的變方要比其他 y 線性組合估值的變方來得小些。

在圖 16.3 中已經可以看出, a 或 $\bar{y}$ 的變方是會隨樣品增大而減小的(式 4),但樣品間 $\bar{y}$ 的變異卻祇使估得迴歸直線上下移動而不改變它的斜率。但當點數增多或樣品增大時,直線便趨於一個更穩定的位置,也就是 $\bar{y}$ 的變方縮小了。

由定理 17.2,介值

$$u = \frac{\bar{y} - \alpha}{\sqrt{\dfrac{\sigma^2}{n}}} \tag{5}$$

是從均值爲 0 和變方爲 1 常態分布的。將 σ^2 用 $s^2 = (剩餘SS)/(n-2)$ (16.6節,式 1)來代替,得到的介值

$$t = \frac{\bar{y} - \alpha}{\sqrt{\dfrac{s^2}{n}}} \tag{6}$$

應當從自由度數 $(n-2)$ 的學生氏 t 分布;可以用來測驗 α 等於指定值 α_0 的擬說和計算 α 的可信間距 (11.4節)。

現在用表 17.6b 的 10 對觀測值來說明計算方法，詳細情形却列明在表 17.6c 內；得到的結果是 $n=10$, $\bar{y}=6.2$, $s^2=5.2$。測驗 $\alpha=5.0$ 擬說用到的介值是自由度數為 8 的

$$t = \frac{6.2-5.0}{\sqrt{\dfrac{5.2}{10}}} = \frac{1.2}{0.721} = 1.66 \text{,}$$

估得的 α 值 95% 可信限是

$$\bar{y} \pm t_{.025} \sqrt{\frac{s^2}{n}} = 6.2 \pm 2.306 \sqrt{\frac{5.2}{10}} \tag{7}$$

$$= 6.2 \pm 2.306(0.721) = 6.2 \pm 1.7$$

或

$$4.5 \quad \text{和} \quad 7.6 \text{ 。}$$

17.3 樣品廻歸係數的分布

樣品廻歸係數 b 的分布可以用 17.1 節取樣試驗得到，祇要計算出 1,000 個樣品的廻歸係數（16.3節，式 7）並列出頻度表，便可以看出結果。由 b 的代數式來看，要先將 5,000 個觀測值 y' 變換成 y（表17.1）纔能計算，未免太麻煩；但如用表 17.3 的簡算法，便不難辦到了。

由於全部樣品中的 x 值都是 1, 2, 3, 4, 5，偏差 $(x-\bar{x})$ 便都分別會是 $-2, -1, 0, 1, 2$，所以 1,000 個 SS_x 值都等於 10；便已經算出廻歸係數的分母了。

應用表 17.3 可以將 SP 的計算大事化簡，所以用簡算法時的廻歸係數就變成了

$$b = \frac{SP}{SS_x} = \frac{-2y_1' - y_2' + y_4' + 2y_5' + 200}{10} \tag{1}$$

用式(1)計算 b 值，不必將 y' 換成 y，祇要循下面的程序便可：

(1)將第一觀測值減去兩次。

(2)將第二觀測值減去一次。

(3)不算第三觀測值。

(4)將第四觀測值加一次。

(5)將第五觀測值加兩次。

(6)加上200。

(7)將得到的數在末位整數前加一個小數點(除10)。

表 17.3　用線性組合表示的乘積和

x	y	$(x-\bar{x})$	$(x-\bar{x})^2$	$(y-\bar{y})$	$(x-\bar{x})(y-\bar{y})$
1	$y_1'+\ \ 0$	-2	4	$(y_1'+\ \ 0)-\bar{y}$	$-2y_1'-\ \ 0+2\bar{y}$
2	$y_2'+20$	-1	1	$(y_2'+20)-\bar{y}$	$-\ \ y_2'-20+\ \ \bar{y}$
3	$y_3'+40$	0	0	$(y_3'+40)-\bar{y}$	0
4	$y_4'+60$	1	1	$(y_4'+60)-\bar{y}$	$y_4'+\ \ 60-\ \ \bar{y}$
5	$y_5'+80$	2	4	$(y_5'+80)-\bar{y}$	$2y_5'+160-2\bar{y}$
15 $\sum x$	$\sum y'+200$ $\sum y$	0 $\sum(x-\bar{x})$	10 SS_x		$-2y_1'-y_2'+y_4'+2y_5'+200$ SP 或 $\sum(x-\bar{x})(y-\bar{y})$

表 17.1 中兩個樣品的廻歸係數是 17.0 和 19.0，由式(1)便得到

$$b = \frac{v}{10}+20 \quad 或 \quad b-20 = \frac{v}{10}, \tag{2}$$

而這兒的 v 就是 15.2 節內式(4)中的 v。（15.2 節的觀測值 y 是由圓牌常態族羣內取出，沒有經過變換，應該是這次取樣試驗中的 y'。）在 15.2 節已經知道 v 從均值爲 0 和變方爲 1,000 的常態分布，現在 1,000 個 v 值都用 10除，$(b-20)=v/10$ 的均值和變方便應當分別是 $0/10=0$ 和 $1,000/10^2=10$(定理2.4b)。所以，介值 b 從均值爲 20 或 β 而變方爲 10(定理 2.4a) 或 $100/10$ 或 σ^2/SS_x 的常態分布，可用取樣試驗驗證下面的定理；

定理17.3　由廻歸方程式爲

$$\mu_{y.x} = \alpha+\beta(x-\bar{x})$$

並滿足 16.2 節原設的族羣內取出大小爲 n 的全部可能樣品，β 的最小平方估值 b 便從均值爲 β 和變方爲 σ^2/SS_x 或

$$\sigma_b^2 = \frac{\sigma^2}{\sum(x-\bar{x})^2}$$

的常態分布；σ^2 為全部條列的共同變方。

　　樣品廻歸係數既然可以寫成線性組合，上面的定理便也可以由定理 15.2a 導出。乘積和(16.5 節，式 2)是

$$SP = \sum(x-\bar{x})(y-\bar{y}) = \sum(x-\bar{x})y$$
$$= (x_1-\bar{x})y_1 + (x_2-\bar{x})y_2 + \cdots + (x_n-\bar{x})y_n, \quad (3)$$

廻歸係數

$$b = \frac{SP}{SS_x} = \left(\frac{x_1-\bar{x}}{SS_x}\right)y_1 + \left(\frac{x_2-\bar{x}}{SS_x}\right)y_2 + \cdots + \left(\frac{x_n-\bar{x}}{SS_x}\right)y_n \quad (4)$$

便是觀測值 y 的線性組合。如果由族羣內取出全部可能樣品，由第一條列取出的觀測值 y_1 各值的均值等於第一條列均值，而 y_2 各值的均值便等於第二條列均值，等等。但全部條列的變方却都是 σ^2。所以，由定理 15.2a，介值 b 從均值為

$$\mu_b = \left(\frac{x_1-\bar{x}}{SS_x}\right)\mu_{y.x_1} + \left(\frac{x_2-\bar{x}}{SS_x}\right)\mu_{y.x_2} + \cdots + \left(\frac{x_n-\bar{x}}{SS_x}\right)\mu_{y.x_n} \quad (5)$$

和變方為

$$\sigma_b^2 = \frac{(x_1-\bar{x})^2}{(SS_x)^2}\sigma^2 + \frac{(x_2-\bar{x})^2}{(SS_x)^2}\sigma^2 + \cdots + \frac{(x_n-\bar{x})^2}{(SS_x)^2}\sigma^2 \quad (6)$$

的常態分布。

　　其實，樣品廻歸係數的均值就等於族羣廻歸係數；兩者間的代數關係雖然很繁，却不難由定理推出。由方程式

$$\mu_{y.x} = \alpha + \beta(x-\bar{x}),$$

$\sum(x-\bar{x})=0$ 和 $\sum(x-\bar{x})^2 = SS_x$ 的關係，式(5)中樣品廻歸係數的均值自然便會是

$$\mu_b = \frac{\sum(x-\bar{x})}{SS_x}\alpha + \beta\frac{\sum(x-\bar{x})^2}{SS_x} = \beta。 \quad (7)$$

　　介值 b 的變方也可以化簡。由定理 15.2a，式(6)中的公因子是 $\sigma^2/(SS_x)^2$ 而 n 個 $(x-\bar{x})^2$ 的和又等於 SS_x，所以

$$\sigma_b^2 = \frac{\sigma^2}{(SS_x)^2}(SS_x) = \frac{\sigma^2}{SS_x} = \frac{\sigma^2}{\sum(x-\bar{x})^2}; \quad (8)$$

結果是和定理 17.3 相同的。

　　用最小平方法估算 β 的理由也和估算 α 時相同： 第一是 b 為 β 的不偏估值，第二是 b 的變方比其他用做估值的觀測值線性組合的變方來得小些。

　　由圖 16.3 也可以看出， b 的變方是隨 SS_x 增大而減小的（式8）。介值 b 是估得迴歸直線的斜率，所以 b 的變異便是直線以 $(\bar{x}, \bar{y})$ 為中心的轉動；隨意增加點數或樣品大小 n，並不能使直線穩定。在中心 $(x-\bar{x})=0$ 處多加點數不能阻止直線的轉動，但在直線兩端 $(x-\bar{x})$ 為最大和最小的地方多加點數便能生效了。所以，樣品迴歸係數的準確性不祇受樣品大小的作用， 其實是隨着樣品大小和 x 值展開程度 SS_x 的聯合效果而不同的。 這種關係的實用上意義是可以在 17.5 節看到的。

　　由定理 17.3，介值

$$u = \frac{b-\beta}{\sqrt{\dfrac{\sigma^2}{\sum(x-\bar{x})^2}}} \tag{9}$$

從均值為 0 和變方為 1 的常態分布。用 $s^2 = (剩餘SS)/(n-2)$（16.6 節，式 1 ）代替式(9)中的 σ^2，得到的介值

$$t = \frac{b-\beta}{\sqrt{\dfrac{s^2}{\sum(x-\bar{x})^2}}} \tag{10}$$

便從自由度數 $(n-2)$ 的學生氏 t 分布。這種 t 介值可以用來測驗 β 等於指定值 β_0 擬說和計算 β 的可信間距。

　　介值 t 的計算可以用表 17.6b 的 10 個數對來說明，而詳情已經列在表 17.6c 內；結果是 $n=10$， $b=-2$， $SS_x=14.5$ 而 $s^2=5.2$。測驗擬說 $\beta=0$ 時，介值是自由度數為 8 的

$$t = \frac{-2-0}{\sqrt{\dfrac{5.2}{14.5}}} = \frac{-2}{0.599} = -3.34, \tag{11}$$

而估得的 β 值可信限是

$$b \pm t_{.025} \sqrt{\frac{s^2}{\sum(x-\overline{x})^2}} = -2 \pm 2.306 \sqrt{\frac{5.2}{14.5}} \tag{11}$$

$$= -2 \pm 2.306(0.599)$$

$$= -2 \pm 1.4$$

或

$$-3.4 \quad 和 \quad -0.6 。$$

測驗 $\beta = 0$ 擬說的 t 介值(式10)既然是自由度數為$(n-2)$的

$$t = \frac{b}{\sqrt{\dfrac{s^2}{SS_x}}} , \tag{12}$$

介值

$$t^2 = F = \frac{b^2}{\dfrac{s^2}{SS_x}} = \frac{b^2 SS_x}{s^2} \tag{13}$$

就必須從自由度數 1 和 $(n-2)$ 的 F 分布（定理12.6）。這兒的 $b^2 SS_x$ 就是廻歸 SS(16.9 節，式 7) 而 $s^2 = ($剩餘 $SS)/(n-2)$ (16.6節，式 1 ），所以式(13)中的 F 也就是 16.7 節內式(1)中的 F；也就是說，擬說 $\beta = 0$ 可以任用 t 或 F 測驗，但結論却是相同的。

式(10)中的介值 t 與16.7節內式(1)的 F 在測驗 $\beta = 0$ 擬說時顯然是會得相同結論的，但前一個却仍然有較優越的地方。顯而易見的 t 介值的優點是可以測驗 β 等於零以外的數值擬說和估算 β 的可信間距，而常為人忽略的却是它的單尾測驗有更高的能力。上例中 t 的臨界區是 $t < -2.306$ 和 $t > 2.306$ 處而 F 的是自由度數為 1 和 8 的 5% 點值或 $F < (2.306)^2 = 5.3177$ 處。如果已知 β 不能為正值， t 的臨界區就變成為 $t < -1.860$ 處 ，便可以使較小的樣品 t 值出現在臨界區內。所以，在已知 β 不能為正或不能為負的條件下，用同樣水準測驗同一擬說，單尾 t 測驗所棄却的錯誤擬說便會為雙尾 t 或 F 測驗接納了。這便是說，單尾 t 測驗的能力要比雙尾 t 或 F 測驗高些。

17.4 訂正均值的分布

條列均值可以用族羣廻歸方程式

$$\mu_{y.x} = \alpha + \beta(x - \overline{x})$$

求出，但族羣徵值不能獲得便得用樣品迴歸方程式

$$\bar{y}_x = \bar{y} + b(x - \bar{x}) = \bar{y} - b(\bar{x} - x) \tag{2}$$

來估算了。這種估算的條列均值就是子樣品的均值 $\bar{y}_x$，便稱爲**訂正均值**（adjusted mean）；用作族羣均值估值的樣品均值 $\bar{y}$ 便稱爲**未訂正均值**（unadjusted mean）。

由式(2)可以知道，$\bar{y}_x$ 是分別用 1 和 $(x - \bar{x})$ 做乘數的 $\bar{y}$ 和 b 的線性組合。樣品均值 $\bar{y}$ 和迴歸係數 b 既然分別從均值 α 與變方 σ^2/n（定理 17.2）和均值 β 與變方 σ^2/SS_x（定理17.3）的常態分布，$\bar{y}$ 和 b 的線性組合 $\bar{y}_x$ 便應當從均值爲

$$\mu_{\bar{y}_x} = \mu_{\bar{y}} + (x - \bar{x})\mu_b = \alpha + (x - \bar{x})\beta = \mu_{y.x} \tag{3}$$

而變方爲（定理15.2a）

$$\sigma^2_{\bar{y}_x} = \sigma^2_{\bar{y}} + (x - \bar{x})^2 \sigma^2_b = \frac{\sigma^2}{n} + \frac{(x - \bar{x})^2 \sigma^2}{\sum(x - \bar{x})^2} = b^2 \left[\frac{1}{n} + \frac{(x - \bar{x})^2}{\sum(x - \bar{x})^2} \right] \tag{4}$$

的常態分布。這種子樣品均值 $\bar{y}_x$ 分布的結果是由定理 15.2a 導出的，需要滿足 $\bar{y}$ 與 b 相互獨立的原設，未討論獨立關係前，這些結果祇算是暫定的，必須用取樣試驗來驗證。

本節討論的取樣試驗大致和 17.1 節相同。由迴歸方程式爲

$$\mu_{y.x} = 90 + 20(x - 3) \tag{5}$$

的常態族羣內取出 1,000 個 $n=5$ 的逢機樣品，x 的值定爲 1，2，3，4，5 而各個條列的變方都等於 100。每個樣品的 $\bar{y}$ 和 b 值都已算出（17.2 節和17.3節），子樣品均值 $\bar{y}_x$ 可用式(2)來算，而用 1,000 個 $\bar{y}_x$ 值便可以驗證 $\bar{y}_x$ 的分布了。

現用的取樣試驗祇對每個樣品計算一個子樣品均值

$$\bar{y}_5 = \bar{y} + b(5 - 3) = \bar{y} + 2b。 \tag{6}$$

表 17.1 的兩個樣品的未訂正均值是 88.8 和 85.6，迴歸係數是 17.0 和 19.0，所以兩個訂正均值便分別是第一樣品的

$$88.8 + 2(17.0) = 122.88$$

和第二樣品的

$$85.6 + 2(19.0) = 123.6。$$

用同樣的方法算出每個樣品的 $\bar{y}_5$，再列成頻度表。如果用定理 15.2a

導出的結果是正確的，$\bar{y}_5$ 應當從均值爲

$$\mu_{y.5} = 90 + 20(5-3) = 130 \tag{7}$$

和變方爲

$$\sigma_{\bar{y}_5}^2 = 100\left[\frac{1}{5} + \frac{(5-3)^2}{10}\right] = 60 \tag{8}$$

的常態分布；這種結果是可以用 1,000 個 $\bar{y}_5$ 的頻度表來驗證的。

　　表 17.4 就是 1,000 個 $\bar{y}_5$ 的頻度表而它們的相對累計頻度便用常態機率紙繪成圖 17.4，圖中各點幾乎在一直線上便可以說明 $\bar{y}_5$ 是從常態分布的。由圖上讀出的分布的均值或 $\bar{y}_5$ 值的 50% 點是 130.5，極接近於式(7)中的 130；$\bar{y}_5$ 值的 50% 點加一個 $\bar{y}_5$ 的標準偏差是 84% 點 138.2，所以得出的 $\bar{y}_5$ 的標準偏差 138.2−130.5≒7.7 也極接近於 $\sqrt{60} \fallingdotseq 7.746$。

　　經過取樣驗證後，該得把由定理 15.2a 得到的暫定結果寫成一個定理。

定理 17.4　由廻歸方程式爲

$$\mu_{y.x} = \alpha + \beta(x - \bar{x})$$

表17.4　1,000 個訂正均值的頻度表

訂　正　均　值	觀　測　頻　度	
$\bar{y}_t$	f	$r.c.f.(\%)$
小　於　116.5	32	3.2
116.5 − 119.5	47	7.9
119.5 − 122.5	73	15.2
122.5 − 125.5	106	25.8
125.5 − 128.5	142	40.0
128.5 − 131.5	153	55.3
131.5 − 134.5	156	70.9
134.5 − 137.5	104	81.3
137.5 − 140.5	85	89.8
140.5 − 143.5	53	95.1
大　於　143.5	49	100.0

而滿足 16.2 節原設的族羣內取出大小為 n 的全部可能樣品，子樣品均值 $\bar{y}_x$ 便從均值為 $\mu_{y.x}$ 和變方為

$$\sigma^2_{\bar{y}_x} = \sigma^2\left[\frac{1}{n} + \frac{(x-\bar{x})^2}{\sum(x-\bar{x})^2}\right] \tag{9}$$

的常態分布，而 σ^2 是全部條列的共同變方。

　　由上面的定理可以知道，訂正均值是條列均值的不偏估值，而訂正均值的變方是隨 n，$(x-\bar{x})$ 和 SS_x 而不同的。因為 $\bar{y}_x$ 是 $\bar{y}$ 和 b 的

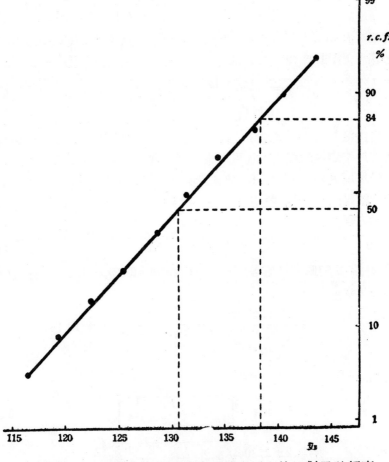

圖 17.4　1,000 個訂正均值在常態機率紙上的相對累計頻度

線性組合　，影響 $\bar{y}$ 變方和 b 變方的 n 和 SS_x 便也對 $\bar{y}_x$ 的變方有作用，但 $(x-\bar{x})^2$ 卻是新加入的。由式(9)，訂正均值的變方是隨 x 與 $\bar{x}$ 差值的增大而增大的。用兒童身高對年齡的廻歸來說(16.1節)，不同年齡組兒童的估得平均身高是有不同準確性的；四歲組估得平均身高的變方最小，偏離平均年齡越遠估得平均身高的變方便越大。

由定理 17.4，介值

$$u = \frac{\bar{y}_x - \mu_{y.x}}{\sqrt{\sigma^2\left[\dfrac{1}{n} + \dfrac{(x-\bar{x})^2}{\sum(x-\bar{x})^2}\right]}} \tag{10}$$

從均值爲 0 和變方爲 1 的常態分布。用 $s^2 = (剩餘\ SS)/(n-2)$ (16.6 節，式 1)代替 σ^2 得到的介值

$$t = \frac{\bar{y}_x - \mu_{y.x}}{\sqrt{s^2\left[\dfrac{1}{n} + \dfrac{(x-\bar{x})^2}{\sum(x-\bar{x})^2}\right]}} \tag{11}$$

便從自由度數爲 $(n-2)$ 的學生氏 t 分布。 介值 t 可以用來測驗條列均值等於指定值的擬說，也可用來估算條列均值的可信間距。

仍然用表17.6b中10對數值來說明計算程序，詳情列在表17.6c；得到的結果是 $n=10$，$\bar{x}=2.5$，$\bar{y}=6.2$，$b=-2$，$SS_x=14.5$，$s^2=5.2$而廻歸方程是

$$\bar{y}_x = 6.2 - 2(x - 2.5) 。 \tag{12}$$

測驗 $x=2$ 處的條列均值等於4.0的擬說，$x=2$，$\bar{y}_x=7.2$，而介值便是自由度數爲 8 的

$$t = \frac{7.2 - 4.0}{\sqrt{5.2\left[\dfrac{1}{10} + \dfrac{(2-2.5)^2}{14.5}\right]}} = \frac{3.2}{0.781} = 4.10 ;$$

徵值 $\mu_{y.x}$ 的估得 95% 可信限便是

$$y_x \pm t_{.025}\sqrt{s^2\left[\frac{1}{n} + \frac{(x-\bar{x})^2}{\sum(x-\bar{x})^2}\right]} \tag{13}$$

$$= 7.2 \pm 2.306\sqrt{5.2\left[\frac{1}{10} + \frac{(2-2.5)^2}{14.5}\right]}$$

$$= 7.2 \pm 2.306(0.781)$$
$$= 7.2 \pm 1.8$$

或

$$5.4 \quad \text{和} \quad 6.0 \text{。}$$

上面估出的是 $x=2$ 處條列均值 $\mu_{y.x}$ 的可信間距，但不是該條列內一個觀測值 y 的。用兒童身高 y 對年齡 x 的迴歸來說，用迴歸方程式算出的是某個年齡組兒童的預測 (predicted) 平均身高而不是某個兒童的預測身高。一個估得得觀測值 y_x 的估得變方是遠大於 $\bar{y}_x$ 的估得變方的，它的值就是一個觀測值 y 的估得變方與 $\bar{y}_x$ 的估得變方的和或

$$s_{y_x}^2 = s^2 \left[1 + \frac{1}{n} + \frac{(x-\bar{x})^2}{\sum(x-\bar{x})^2} \right] \text{。} \tag{14}$$

一個觀測值的 y_x 的95%可信限便是

$$\bar{y}_x + t_{.025} s_{y_x} , \tag{15}$$

而用同一數例得出的可信限是

$$7.2 \pm 2.306 \sqrt{5.2 \left[1 + \frac{1}{10} + \frac{(2-2.5)^2}{14.5} \right]}$$

$$= 7.2 \pm 2.306(2.410) = 7.2 \pm 5.6$$

或

$$1.6 \quad \text{和} \quad 12.8 ;$$

得到的間距遠大於 $\mu_{y.x}$ 的結果。

17.5 迴歸平方和的平均

在 16.7 節曾經講過用介值

$$F = \frac{\text{迴歸} SS}{s^2} \tag{1}$$

測驗各條列均值相等或族羣迴歸係數等於零的擬說，本節便要決定全部可能樣品的迴歸係數來完成這種討論。

迴歸 SS 的平均可用以前的定理和恒等式(16.4節，式5)

$$\text{迴歸} \quad SS = b^2 SS_x \tag{2}$$

導出。由定理15.2b，b^2的均值是(定理17.3)

$$\sigma_b^2 + (\mu_b)^2 = \frac{\sigma^2}{SS_x} + \beta^2 ; \tag{3}$$

式內的 SS_x 對各樣品都是常數，所以（廻歸SS）$=b^2 SS_x$ 的均值必然是（定理2.4b）

$$平均廻歸 \ MS = \left[\frac{\sigma^2}{SS_x} + \beta^2 \right] SS_x = \sigma^2 + \beta^2 SS_x \tag{4}$$

廻歸 SS 的自由度數是 1，SS 就是 MS。

　　這樣看來，F 的分母和分子便分別是 $(\sigma^2 + \beta^2 SS_x)$（式 1 ）和 σ（16.6節）；兩個平均值分別相當於定理 9.1 的 σ_1^2 和 σ_2^2，而式(1)中 F 所測驗的擬說便是

$$\sigma^2 + \beta^2 SS_x = \sigma^2 \tag{5}$$

或 $\beta = 0$，因爲 SS_x 總是正的。如果 SS_x 等於零，全部 x 值都是相同的，廻歸問題便不會發生了。

　　如果擬說是對的或 $\beta = 0$，SS_x 的大小當然不能影響 F 值；但當 $\beta \neq 0$ 時，$\beta^2 SS_x$ 便隨 SS_x 增大而增大，便能使 F 值增大而易於棄却 $\beta = 0$ 的擬說，所以增大 SS_x 值是可以增大測驗能力的。

　　前面說過，SS_x 的大小是隨着樣品大小和 x 值的展開程度而有不同的。當 x 值是 $1,2,3,4,5$ 時，SS_x 等於10。如果不變 x 值而將樣品大小加倍，SS_x 的值便也加倍而等於20。但如將 10 個 x 值取五個 1 和五個 5，得到的 SS_x

$$5[(1-3)^2 + (5-3)^2] = 40$$

又是 20 的 2 倍。這兩個例子用到的觀測值數目都是 10，但 SS_x 值却不是相等的。所以，增大樣品大小或 x 值的展開程度或兼用兩種方法，都能增大 F 測驗的能力。設計試驗時是應當注意這些問題的。

17.6 直線廻歸與變方分析的比較

　　廻歸和變方分析是不同學者分別在不同時間內導出的方法，兩方面用的符號和名詞都各不相同。其實這兩種方法祇是同質異相，它們間的差異大都是人爲的。本節的目的便是指出兩種方法的異同，作爲

今後應用時的參考；但討論到的却祇限於直線廻歸與單分類變方分析（第十二章）的對比。

　　廻歸和變方分析的主要差異是兩者的族羣涵義不同。在廻歸中，族羣是由幾個從常態分布而有相同變方的子族羣或條列組成；而變方分析却是將幾個（k個）從常態分布而有相同變方（16.1節）的族羣合在一起討論。

　　上面的岐異還祇是名詞的不同，仍然是無關宏旨的，兩者眞正的不同却是廻歸方程式的有無。廻歸中的全部條列均值是受廻歸方程式

$$\mu_{y.x} = \alpha + \beta(x - \bar{x})$$

限制的，不論有幾個條列都祇能有兩個徵值 α 和 β；變方分析的 k 個族羣均值並不受甚麼條件的限制，便有 k 個獨立的徵值了。

　　就 F 測驗來說，廻歸法（16.7節）和變方分析法（12.5節）的擬說也是相同的。在廻歸中，擬說是各條列的均值相等或廻歸係數 β 等於零，而在變方分析中却是各族羣均值相等。兩類擬說雖然相同，但對待擬說却又不然；廻歸中棄却 $\beta = 0$ 擬說時的結論是各條列均值在廻歸直線上（受廻歸方程式限制）而廻歸係數 β 大於零或小於零，而變方分析中棄却擬說的結論却祇是族羣均值不等而沒有程度上的限制。這種差異也會引起 F 測驗能力的討論，要在 17.8 節再講。

　　廻歸與變方分析的族羣涵義上的不同也可以由兩者的樣品看出。廻歸中的 n 個觀測值組成一個樣品，而這個樣品又分成幾個各附一定 x 值的觀測值的子樣品；樣品內 n 個觀測值的均值是 $\bar{y}$，而這些觀測值的次分類或子樣品的均值却是隨 x 值而定的 $\bar{y}_x$。變方分析中的 $\sum n$ 或 kn 個觀測值便分成了 k 個各含幾個觀測值的樣品，全部觀測值或合樣品的均值是 $\bar{\bar{y}}$ 而次分類或樣品的均值便是 $\bar{y}$。所以，$\bar{y}$，$\bar{y}_x$，和 y 是分別與 $\bar{\bar{y}}$，$\bar{y}_x$，和 y 相當的，符號的不同祇是將全部觀測值看成一個或 k 個樣品的看法所引起的。廻歸中的 $\bar{y}$（或 a）與變方分析中 $\bar{\bar{y}}$ 間關係是很容易看出的，因爲它們都是全部觀測值的均值，是無所謂爭執一個樣品或 k 個樣品的；而 $\bar{y}_x$ 和 $\bar{y}$ 間的相當關係却不很明顯，因爲這兩種介值的計算方法和數值都是會有出入的。當廻歸方程式存在時，$\bar{y}_x$ 和 $\bar{y}$ 的計算結果便有不同；這時的 $\bar{y}_x$ 不祇用到該 x 條列內

的觀測值，同時也因廻歸方程式

$$\bar{y}_x = a + b(x - \bar{x})$$

而用到全部各條列的觀測值（16.3節）。變方分析中的每個族羣均值的估算都祇能用到由該族羣取得的樣品，當然不能用到全部觀測值。

由均值間相當關係可以導出平方和間的相當關係，所以廻歸中的總 SS，廻歸 SS，和剩餘 SS 便分別與變方分析中的總 SS，處理 SS，和機差 SS 相當。

由 16.4 節的式(1)，直線廻歸的平方和可以劃分成

$$\sum (y - \bar{y})^2 = \sum (\bar{y}_x - \bar{y})^2 + \sum (y - \bar{y}_x)^2 \, 。 \tag{1}$$

而由 12.1 節的式(2)，變方分析的平方和卻可以劃分成

$$\sum (y - \bar{\bar{y}})^2 = \sum (\bar{y} - \bar{\bar{y}})^2 + \sum (y - \bar{y})^2 \, 。 \tag{2}$$

由廻歸中的 $\bar{\bar{y}}$，$\bar{y}_x$，y 與變方分析中的，$\bar{\bar{y}}$，$\bar{y}$，y 間關係推想，上面兩種劃分法也是不難比較的。

兩種方法求得的總 SS 的自由度數是相等的，但廻歸中用的符號是 $(n-1)$ 而變方分析中卻用的是 $(\sum n - 1)$。這種岐異也是樣品看法不同所產生的。兩處的自由度數本來都是觀測值總個數減一，但廻歸中當作一個樣品的一羣觀測值，在變方分析中卻變成 k 個樣品了。

廻歸中要估算的徵值祇有 α 和 β 兩個，而變方分析中卻要估算到 μ_1，μ_2，$\cdots$，μ_k 的 k 個；所以廻歸的自由度數確實和處理 SS 的不同，但兩者卻都是要估算的徵值個數減一。現在，廻歸 SS 的自由度數是 $(2-1)=1$，處理 SS 的自由度數是 $(k-1)$；如果 $k=2$，兩者便會完全一致了(題3)。

剩餘 SS 的自由度數是 $(n-2)$ 而機差 SS 的是 $(\sum n - k)$，兩者也並不相同，但代表的卻都是觀測值總個數 $\sum n$ 或 n 減去要估算的徵值個數 k 或 2。

由上面的討論可以知道，廻歸與變方分析祇有廻歸方程式一項差異，其他都祇是看法上的不同；不斤斤計較這些差別，兩種方法是可以合併討論的。但不幸的是代表兩種看法的人早已各樹一幟，這種糾紛實在是應當統一的。

表 17.6a 是直線廻歸與單分類變方分析的對比，可以用來瞭解這

兩種方法間的關係。

在應用上，迴歸和變方分析是各有利弊的。如果用一個試驗來決定某種肥料的施用量對作物收量的影響，施肥量便同時是迴歸中的 x 值和變方分析中的處理，而收量却都用 y 代表。迴歸中的 x 總是一組數，但變方分析中的處理却可以是數量性的施肥量或品質性的肥料種類，所以變方分析的用途要比迴歸廣。試驗的處理是品質性時，祇能用變方分析；是數量性時，又可以用迴歸。這樣便發生兩種方法在性能上的比較，但却留在以下兩節討論。

表 17.6a　直線迴歸與單分類變方分析的比較

行號	直　線　迴　歸	單 分 類 變 方 分 析
1	數量性的 x	數量性或品質性的處理
2	y	y
3	族羣	一組 k 個族羣
4	條列或子族羣	族羣
5	條列從常態分布	族羣從常態分布
6	$\mu_{y \cdot x}$	$\mu_1, \mu_2, \ldots, \mu_k$
7	$\mu_{y \cdot x} = \alpha + \beta(x - \bar{x})$	各個 μ 間沒有特殊關係
8	2 個徵值 α 和 β	k 個徵值 $\mu_1, \mu_2, \ldots, \mu_k$
9	$\beta = 0$	$\mu_1 = \mu_2 = \cdots = \mu_k$
10	全部條列的 σ^2 都相等	全部族羣的 σ^2 都相等
11	一個樣品	k 個樣品（處理）
12	子樣品可以含有任意個觀測值	至少有一個樣品含有一個以上觀測值
13	n	$\sum n = n_1 + n_2 + \cdots + n_k$
14	沒有特用的符號	n
15	α 和 β 的最小平方估值	各個 μ 的最小平方估值
16	$\bar{y}$	$\bar{y}$
17	$\bar{y}_x$	$\bar{y}$
18	總 SS	總 SS
19	迴歸 SS	處理 SS
20	剩餘 SS	機差 SS
21	s^2（剩餘均方）	s^2（機差均方）

　　現在用表 17.6b 中 10 對數值來比較廻歸和變方分析。先將全部
觀測值當作一個樣品，用廻歸測驗各 x 值處 y 值的均值相等擬說。表
17.6c 是詳細計算程序，算出的自由度數 1 和 18 的 F 值 11.15 大於對
應的 5% 點 F 值 5.32，所以擬說遭到棄却或結果顯著。再將資料重
排成表 17.6d 形式，用變方分析 (12.10節) 測驗同樣擬說；詳情列在
表 17.6e，算出的自由度數為 3 和 6 的 F 值却小於對應的 5% 點 F 值
4.76，所以擬說遭到接納或結果不顯著。這樣看來，兩種方法會得到
不同結論；如何選擇，要在下面幾節再講。

表 17.6b　直線廻歸資料

x	2	4	1	2	4	3	1	3	1	4
y	8	2	8	4	6	2	12	6	10	4

表 17.6c　直線廻歸的計算

n	10				
$\sum x$	25			$\sum y$	62
$\bar{x}$	2.5			$\bar{y}$	6.2
$(\sum x)^2$	625	$(\sum x)(\sum y)$	1,550	$(\sum y)^2$	3,844
$(\sum x)^2/n$	62.5	$(\sum x)(\sum y)/n$	155	$(\sum y)^2/n$	384.4
$\sum x^2$	77	$\sum xy$	126	$\sum y^2$	484
SS_x	14.5	SP	-29	SS_y	99.6

$$b = SP/SS_x = -29/14.5 = -2$$
$$\bar{y}_x = \bar{y} + b(x-\bar{x}) = 6.2 - 2(x-2.5)$$
$$\text{廻　歸　} SS = (SP)^2/SS_x = 58.0$$
$$\text{剩　餘　} SS = 99.6 - 58.0 = 41.6$$
$$s^2 = (\text{剩　餘　} SS)/(n-2) = 41.6/3 = 5.2$$
$$F = 58.0/5.2 = 11.15 \quad \text{自由度數為 1 和 8}$$

表 17.6d　用變方分析計算時的重排資料

	x				組合方法	
	1	2	3	4		
y	8 12 10	8 4	2 6	2 6 4		
T	30	12	8	12	62	G
n	3	2	2	3	10	$\sum n$
$\bar{y}$	10	6	4	4	6.2	$\bar{y}$
$\dfrac{T^2}{n}$	300	72	32	48	452	$\sum \left(\dfrac{T^2}{n} \right)$

表 17.6e　變方分析的計算

基 本 計 算				
(1)	(2)	(3)	(4)	(5)
合計的種類	平方項 合　計	平方項個數	每平方項的 觀測值個數	每觀測值的 平方項合計 (2)÷(4)
總　　　　計 樣　　　品 觀　測　值	3,844	1	10	384.4 452.0 484.0

變 方 分 析				
變異原因	平　方　和	自　由　度	均　　方	F
處　　理 機　　差 合　　計	67.6 32.0 99.6	3 6 9	22.53 5.33	4.23

17.7 廻歸直線性測驗

　　本節要討論的是測驗廻歸直線性 (16.8 節) 的方法。 如果族羣的徵值都能得到，祇要檢查各條列均值是否在一直線上，便可以知道廻歸是不是直線性的；但如祇能由樣品來推斷，便需要併用廻歸和變方分析來測驗了。上節中曾經說到兩種方法合併使用的事，這兒便是一個實在的例子。

　　現在仍然用表 17.6b 的例子說明**直線性測驗**（test of linearity）的程序：

　　(1)將觀測值 y 按 x 值分欄排列成表 17.6d 的形式。

　　(2)按表 17.6e 方法作變方分析。看樣品爲等大或不等大，分別用第 12.3 或 12.10 節的計算方法。

　　(3)用表 17.6c 的方法求廻歸 SS。（簡算法在下一節講到。）

　　(4)將自由度數爲 $(k-1)$ 的處理 SS 劃分成自由度數 爲 1 的 廻 歸 SS 和自由度數爲 $(k-2)$ 的餘下的 SS，列成表 17.7a；將處理 SS 減去廻歸 SS 便得出餘下的 SS。

表 17.7a　變方分析中的直線性測驗

變異原因	SS	DF	MS	F
處　理	67.6	3	22.53	4.23
直　線　廻　歸	58.0	1	58.00	10.88
離　直　線　差	9.6	2	4.80	0.90
機　差	32.0	6	5.33	
合　計	99.6	9		

　　表 17.7a 中的餘下的 SS 稱爲**離直線差** SS（deviation from linearity）命名的理由可從圖 17.7 看出。圖中將表 17.6b（或表17.6d）中的 10 對數點成 10 個點，而表 17.6d 的四個均值（$\bar{y}$）却繪成四個圓圈；廻歸方程式（表 17.6c）

$$\bar{y}_x = 6.2 - 2(x - 2.5) \tag{1}$$

繪成一條直線，而圓圈和直線間的鉛直距離用 $(\bar{y}_t - \bar{y}_x)$ 表示。這兒的 $\bar{y}_t$ 代表同一個 x 值處的 y 值的均值，也就是表 17.6d 中的 $\bar{y}$；採用 $\bar{y}_t$ 的符號可以避免 $\bar{y}$ 在廻歸和變方分析中的意義混亂。離直線差（表17.7a）所產生的平方和 9.60 是各個圓圈離直線偏差用每處理內觀測值個數爲權值的加權平方和，而它的計算方法列在表 17.7b 內；表內的 n，x，和 $\bar{y}_t$ 都由表 17.6a 得來，而 $\bar{y}_x$ 值便由估得迴歸方程式（式 1）求出。如果子樣品均值 $\bar{y}_t$ 在直線上或 $\bar{y}_t = \bar{y}_x$，離直線差平方和便等於零；但當族羣迴歸是直線性時，子樣品均值 $\bar{y}_t$ 還是可以不在直線上，所以便需要一種測驗族羣迴歸直線性擬說的方法。

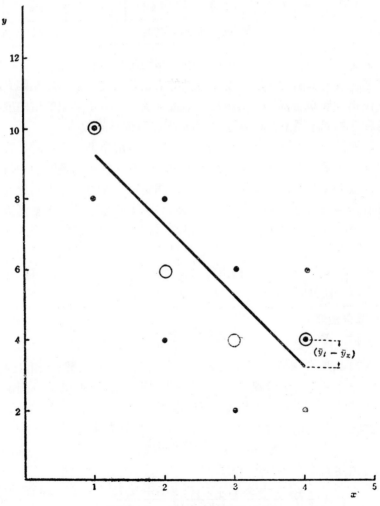

圖 17.7 離直線偏差的圖示

表 17.7b　離直線偏差平方和的計算

n	x	$\bar{y}_t$	$\bar{y}_x$	$(\bar{y}_t - \bar{y}_x)$	$(\bar{y}_t - \bar{y}_x)^2$	$n(\bar{y}_t - \bar{y}_x)^2$
3	1	10	9.2	0.8	0.64	1.92
2	2	6	7.2	-1.2	1.44	2.88
2	3	4	5.2	-1.2	1.44	2.88
3	4	4	3.2	0.8	0.64	1.92
離直線差產生的平方和						9.60

表 17.7a 中的 F 測驗是用來測驗族羣迴歸爲直線性擬說的，祇當 F 值過大時棄却擬說，所以是單尾性的；如算出的 F 值出現在臨界區內，便得到族羣迴歸不是直線性的結論。表 17.7a 中算出的自由度數爲 2 和 6 的 F 值是 0.90，所以結論是族羣迴歸爲直線性。

直線性測驗可以用做迴歸和變方分析的選用準則；資料的迴歸爲直線性時應當用迴歸，否則便應當用變方分析。採用這種準則的理由要留在以下幾節討論，但仍限於直線迴歸與單分類變方分析的比較；另有所謂**曲線迴歸**(curvilinear regression)，更要留到第三十章再講。

做完直線性測驗，各條列或族羣均值相等擬說測驗的計算便非常簡單。用迴歸時，算出的自由度數爲 1 和 6 的 F 值是 10.88（表 17.7a）；而用變方分析時，算出的自由度數爲 3 和 6 的 F 值 4.23（表 17.7a）就是表 17.6e 的結果。

17.8 單自由度

直線迴歸和變方分析中都常用到單自由度。將表 17.7a 內自由度數爲 3 的處理 SS 劃分一下，便得到自由度數爲 1 的迴歸 SS 和自由度數爲 $(k-2)=2$ 的離直線 SS，而前一個便應當是處理 SS 的一個單自由度。但迴歸 SS 的計算方法與單自由度顯然不同，是不是可以算是單自由度呢；這也得討論一下。迴歸 SS 的計算方法是

$$\sum(\bar{y}_x - \bar{y})^2 = (SP)^2/SS_x \tag{1}$$

而單自由度的是（15.3節，式11）

$$Q^2 = \frac{(M_1 T_1 + M_2 T_2 + \cdots + M_k T_k)^2}{n(M_1^2 + M_2^2 + \cdots + M_k^2)}, \tag{2}$$

外形是完全不同的。但這種差別事實上也祇是外形上的。如果將迴歸 SS 寫成

$$Q^2 = \frac{(SP)^2}{SS_x} = \frac{[(x_1-\bar{x})T_1+(x_2-\bar{x})T_2+\cdots+(x_k-\bar{x})T_k]^2}{n_1(x_1-\bar{x})^2+n_2(x_2-\bar{x})^2+\cdots+n_k(x_k-\bar{x})^2} \quad (3)$$

祇要用同樣的樣品大小 n，便是一個用 $(x-\bar{x})^2$ 爲乘數的單自由度了。

式(3)同時可用表 17.6b 或改排的表 17.6d 資料來解釋。將兩表合列成表17.8a並按 x 值排列，由三個表的比較和恒等式

$$SP=\sum(x-\bar{x})(y-\bar{y})=\sum(x-\bar{x})y, \quad (4)$$

便可以瞭解式(3)成立的理由。

表 17.8a　用單自由度表示的迴歸平方和

x	y	T	$(x-\bar{x})$	$(x-\bar{x})y$	$(x-\bar{x})T$	$(x-\bar{x})^2$	$n(x-\bar{x})^2$
1	8		−1.5	−12		2.25	
1	12		−1.5	−18		2.25	
1	10	30	−1.5	−15	−45	2.25	3(2.25)
2	8		−0.5	− 4		0.25	
2	4	12	−0.5	− 2	− 6	0.25	2(0.25)
3	2		0.5	1		0.25	
3	6	8	0.5	3	4	0.25	2(0.25)
4	2		1.5	3		2.25	
4	6		1.5	9		2.25	
4	4	12	1.5	6	18	2.25	3(2.25)
25	62	62	0.0	−29	−29	14.50	14.50
$\sum x$	$\sum y = \sum T$		$\sum(x-\bar{x})$	$\sum(x-\bar{x})y=\sum(x-\bar{x})T$		$\sum(x-\bar{x})^2=\sum n(x-\bar{x})^2$	
				SP		SS_x	

表 17.8a 的底行列有三個方程式，每式的左側是 $\sum n$ 個項的和而右側是 k 個項的和；k 是處理個數，n 是一個處理內的觀測值個數，而 $\sum n$ 是觀測值的總個數。

表 17.8a 內共有 10 個 x 值，每個觀測值 y 附有一個，而 x 的均值是 $\bar{x}=25/10=2.5$。表 17.6d 內有 k 個不同的 x 值，各附在一個處

理上，所以 $\bar{x}$ 也是用 k 個處理的處理內觀測值個數做權值的一個加權均值。

將表 17.8a 的結果代入式(3)，得到的單自由度

$$Q^2 = \frac{(-29.0)^2}{14.5} = \frac{841}{14.5} = 58.0 \tag{5}$$

便是表 17.6c 內的廻歸 SS。

如果樣品大小都是 n，式(3)就變成

$$Q^2 = \frac{[(x_1-\bar{x})T_1 + (x_2-\bar{x})T_2 + \cdots + (x_k-\bar{x})T_k]^2}{n[(x_1-\bar{x})^2 + (x_2-\bar{x})^2 + \cdots + (x_k-\bar{x})^2]}, \tag{6}$$

可見廻歸 SS 就是式(2)用式(6)內各個 $(x-\bar{x})$ 作乘數得出的單自由度。

如果樣品等大而 x 值又選的是 0, 1, 2, 3 或 4, 8, 12, 16 等**等距** (equally spaced) 數，廻歸 SS 的計算就非常簡便。這時的偏差 $(x-\bar{x})$ 值恒可用正或負整數代替 (15.3 節)，而不改變廻歸 SS 的值；譬如 $x = 0, 1, 2, 3$ 時的 $(x-\bar{x}) = -1.5, -0.5, 0.5, 1.5$ 便可以用 $-3, -1, 1, 3$ 代替。表 17.8b 內列出了處理個數在 7 以下的乘數 M，已經可以供給一般計算的應用。

如果試驗中用的是**每畝**施肥 0, 50, 100, 150 磅等**等**距的 x 值，在做完變方分析後，稍加計算便可以測驗直線性。用單自由度**法**算出廻歸 SS，再由處理 SS 內減去廻歸 SS 來求出離直線差 SS；根據直線性測驗，便可以決定處理效應相同的擬說應該用廻歸還是應該用**變**方分析來測驗。

表 17.8b　　廻歸平方和的乘數

處理個數	乘　數　(M)						
3			-1	0	1		
4		-3	-1	1	3		
5	-2	-1	0	1	2		
6	-5	-3	-1	1	3	5	
7	-3	-2	-1	0	1	2	3

如果廻歸是直線性的，廻歸的測驗能力便比變方分析高；這種說

法可以用兩者的平均均方的比較來證實。變方分析的平均均方各別是
（12.4節，式 4 和 5 ）

$$\text{平均處理 } MS = \sigma^2 + n\sigma_\mu^2 \tag{7}$$

和

$$\text{平均機差 } MS = \sigma^2, \tag{8}$$

而直線迴歸的却是（16.6節，和17.5節的式 4 ）

$$\text{平均迴歸 } MS = \sigma^2 + \beta^2 SS_x$$

和

$$\text{平均剩餘 } MS = \sigma^2 \text{。} \tag{10}$$

用 17.1 節的取樣試驗可以說明，當處理數目多於兩個時，平均處理 MS 小於平均迴歸 MS 或 $n\sigma_\mu^2 < \beta^2 SS_x$。那個試驗的 5 個族羣（或條列）的均值是：

x	1	2	3	4	5
$\mu_{y \cdot x}$	50	70	90	110	130

用**變**方分析時，$\sigma^2 = 100$ 而 5 個族羣均值的變方是（12.4節，式 2 ）

$$\sigma_\mu^2 = \frac{(50-90)^2 + (70-90)^2 + (90-90)^2 + (110-90)^2 + (130-90)^2}{4}$$

$$= \frac{4,000}{4} = 1,000 \text{。}$$

如果樣品大小同是 n，全部觀測值是 $5n$ 個，平均處理均方便是

$$100 + n\,(1,000)$$

用迴歸時，$\beta = 20$ 而 $x = 1, 2, 3, 4, 5$，各重複 n 次的意思是由每條列取得的觀測值都有 n 個；所以，

$$SS_x = n[(1-3)^2 + (2-3)^2 + (3-3)^2 + (4-3)^2 + (5-3)^2] = 10n$$

而平均迴歸均方是

$$100 + (20)^2 n(10) = 100 + n(4,000) \text{。}$$

使用這個取樣試驗的例子，$\beta^2 SS_x$ 是 $n\sigma_\mu^2$ 的 4 倍；如果處理有 k 個，這個倍率 4 不難證明是 $(k-1)$。所以，處理數目多於 2 時，平均迴

歸均方總是大於平均處理均方的。當 $\beta \neq 0$ 或擬說爲錯時，直線廻歸的 F 值平均地大於變方分析的 F 值，而易於棄却錯誤的擬說；這便是說，廻歸爲直線性時，直線廻歸的測驗能力比變方分析高。

本節討論到的材料可以節要地歸成下面幾條：

(1)用完全逢機或逢機區集設計的試驗都可以用變方分析測驗全部處理效應相同的擬說，而處理爲數量性時還可以用直線或曲線廻歸的單自由度來測驗。

(2)如果 k 個處理是類似施肥量的等距數量，而樣品又是等大的，便可以用表 17.8b 求自由度數爲 1 的廻歸 SS。由自由度數爲 $(k-1)$ 的處理 SS 內減去廻歸 SS，便得到自由度數爲 $(k-2)$ 的離直線 SS，因而可以測驗直線性擬說。

(3)如果廻歸不是直線性的，便可用處理均方和機差均方做變方分析測驗；但曲線廻歸要留在第三十章再說。

(4)如果廻歸是直線性的，可用自由度數爲 1 的廻歸均方和機差均方做測驗。在這種情形下，這個測驗的能力要比用自由度數爲 $(k-1)$ 的處理均方對同一機差均方的測驗來得高些。

17.9　附記

(1)直線廻歸的應用常比曲線廻歸普遍。這種現象並不足表示直線廻歸的例子在自然界比較常見，而祇是較短的曲線大都可以用直線做近似替代的緣故；所以，將直線廻歸外延（extrapolate）去求結果是很危險的。

(2)直線性測驗是選用直線廻歸時的準則。如果廻歸不是直線性，用直線廻歸便會得到錯誤結論；不願做直線性測驗時，至少要將觀測值點在圖紙上，看個大概後，再作定奪。

(3)由 β 不等於零的事不能推論出 x 是 y 的原因（cause）。如果用 x 代表人的左臂長度而 y 代表右臂長度，左臂長的人通常右臂也長，便會得出正的廻歸係數；但却不能說，張三的右臂所以很長是因爲左臂長的緣故。但如不論因果祇作預測，廻歸係數便確實是很有用的；某人的左臂既然很長，他的右臂較長的機會也很大。不過，用估得廻

歸方程式求得的 x 等於某值處的 y 值祇是某個條列均值的估值而不
是一個觀測值 y（17.4 節）；這便是說，用一個指定的左臂長度做一
個預測值，這個預測值並不是那個人的右臂長度而祇是具有該指定左
臂長度的許多人的平均右臂長度。

17.10　各種介值分布的簡述

本節打算由一個三個條列的族羣內取樣，來協助讀者領會樣品均
值，迴歸係數，訂正均值，和迴歸 SS 等介值的分布定理。觀測值，
三個條列的均值和變方，和族羣迴歸係數都列在表 17.10a 內。徵值
α 是族羣內 6 個觀測值的均值，β 是條列均值對 x 的變率；所以，

$$\alpha = \frac{3+6+6+9+9+12}{6} = 7.5 \tag{1}$$

而

$$\beta = \frac{7.5-45}{22-20} = \frac{10.5-7.5}{24-22} = 1.5 。 \tag{2}$$

表 17.10a　含有三個條列的族羣

x	20	22	24
y	3 6	6 9	9 12
$\mu_{y \cdot x}$	4.5	7.5	10.5
σ^2	2.25	2.25	2.25
$\mu_{y \cdot x} = \alpha + \beta(x-\bar{x}) = 7.5 + 1.5(x-22)$			

由族羣內取樣時，每條列取一個觀測值；所以樣品大小是 3。樣品
內的觀測值雖然隨樣品不同，但每樣品所附 x 的值却都取 20, 22, 24
三個。表 17.10b 是取得的 8 個可能樣品和求出的各種介值，而第一
樣品便是下面的表：

x	20	22	24
y	3	6	9

這個樣品的均值是

$$\bar{y} = (3+6+9)/3 = 6 \text{。}$$

而 x 的平方和是

$$SS_x = (20-22)^2 + (22-22)^2 + (24-22)^2 = 8 \text{,}$$

却正是全部樣品所共有的。第一樣品的乘積和是

$$SP = \sum(x-\bar{x})y = (-2)3 + (0)6 + (2)9 = 12 \text{,}$$

而 y 的平方和是

$$SS_y = (3-6)^2 + (6-6)^2 + (9-6)^2 = 18 \text{。}$$

這個樣品的廻歸係數是

$$b = SP/SS_x = 12/8 = 1.50 \text{,}$$

所以廻歸 SS 便是

$$\sum(\bar{y}_x - \bar{y})^2 = (SP)^2/SS_x = (12)^2/8 = 18.0 \text{。}$$

剩餘 SS 等於 SS_y 減去廻歸 SS，所以是

$$\sum(y - \bar{y}_x)^2 = 18.0 - 18.0 = 0 \text{。}$$

估得的一個條列的變方等於剩餘 SS 用 $(n-2)$ 除，所以是

$$s^2 = 0.0/(3-2) = 0.0 \text{。}$$

在 $x = 20$ 條列的估得均值或訂正均值是

$$\bar{y}_{20} = \bar{y} + b(20 - \bar{x}) = 6 + 1.50(20-22) = 3.0 \text{,}$$

在 $x = 2$ 條列的是

$$\bar{y}_{22} = 6 + 1.50(22-22) = 6.0 \text{,}$$

而在 $x = 24$ 條列的是

$$\bar{y}_{24} = 6 + 1.50(24-22) = 9.0 \text{。}$$

求出八個樣品的每一個介值，便列成表 17.10b。由這個表便可以看出各介值的均值與它們的徵值間關係，像 $\bar{y}$ 的均值是 α 而 b 的均值是 β 等等；內中最有趣的是 8 個廻歸 SS 的均值，它確實是

$$\sigma^2 + \beta^2 SS_x = 2.25 + (1.5)^2 8 = 20.25 \text{。}$$

由表 17.10b 還可以求出 $\bar{y}$，b，和 $\bar{y}_x$ 的變方：$\bar{y}$ 的變方是

$$\sigma_{\bar{y}}^2 = \frac{(6-7.5)^2 + 3(7-7.5)^2 + 3(8-7.5)^2 + (9-7.5)^2}{8}$$

$$= \frac{6}{8} = 0.75 = \frac{2.25}{3} = \frac{\sigma^2}{n}$$

表 17.10b　全部可能樣品的各種介值

x	y								合計	均值	期望值
	1	2	3	4	5	6	7	8			
20	3	3	3	3	6	6	6	6	36	4.5	$\mu_{y\cdot 20}$
22	6	6	9	9	6	6	9	9	60	7.5	$\mu_{y\cdot 22}$
24	9	12	9	12	9	12	9	12	84	10.5	$\mu_{y\cdot 24}$
$\bar{y}$	6	7	7	8	7	8	8	9	60	7.5	α
SS_x	8	8	8	8	8	8	8	8			
SP	12	18	12	18	6	12	6	12			
SS_y	18	42	24	42	6	24	6	18			
b	1.50	2.25	1.50	2.25	0.75	1.50	0.75	1.50	12	1.5	β
$\sum(\bar{y}_m-\bar{y})^2$	18.0	40.5	18.0	40.5	4.5	18.0	4.5	18.0	162	20.25	$\sigma^2 + \beta^2 SS_x$
$\sum(y-\bar{y}_m)^2$	0.0	1.5	6.0	1.5	1.5	6.0	1.5	0.0	18	2.25	$(n-2)\sigma^2$
s^2	0.0	1.5	6.0	1.5	1.5	6.0	1.5	0.0	18	2.25	σ^2
$\hat{y}_{20}$	3.0	2.5	4.0	3.5	5.5	5.0	6.5	6.0	36	4.5	$\mu_{y\cdot 20}$
$\hat{y}_{22}$	6.0	7.0	7.0	8.0	7.0	8.0	8.0	9.0	60	7.5	$\mu_{y\cdot 22}$
$\hat{y}_{24}$	9.0	11.5	10.0	12.5	8.5	11.0	9.5	12.0	84	10.5	$\mu_{y\cdot 24}$

b 的變方是

$$\sigma_b^2 = \frac{2(0.75-1.5)^2 + 4(1.5-1.5)^2 + 2(2.25-1.5)^2}{8} = \frac{2.25}{8} = \frac{\sigma^2}{SS_x},$$

而 $\bar{y}_{20}$ 的變方是

$$\sigma_{\bar{y}_{20}}^2 = \frac{(3.0-4.5)^2 + (2.5-4.5)^2 + \cdots + (6.0-4.5)^2}{8} = \frac{15}{8} = 1.875$$

由定理 17.4，$x=20$ 時訂正均值的變方是

$$\sigma_{\bar{y}.x}^2 = \sigma^2 \left[\frac{1}{n} + \frac{(x-\bar{x})^2}{SS_x} \right] = 2.25 \left[\frac{1}{3} + \frac{(20-22)^2}{8} \right] = 1.875 ;$$

是與由 8 個 $\bar{y}_{20}$ 值求得的結果相同的。

　　本節並沒有增加新材料，祇是用一個族羣內全部可能樣品將章內各定理作了一次印證而已。

習　　題

(1)　(a) 用 5% 水準 t 介值 (17.3節) 測驗第十六章題 6 資料的 $\beta=0$ 擬說。第十六章題 6 的 F 值是本題 t 值的平方。($t=55.33$, $\nu=18$)

　　　(b) 用同資料計算 β 的 95% 可信間距。已知 $\beta=0$，問估算是不是正確的。(47.98 到 51.76)

　　　(c) 用同資料計算 $x=6$ 的條列均值的 95% 可信間距。已知該條列均值是 350，問估算是不是正確的。(344.5 到 353.8)

　　　(d) 第十六章題 6 樣品的族羣已經說明過。取出同大的全部可能樣品並用同組 x 值，問平均廻歸 MS 和平均剩餘 MS 各等於多少？(250,100 和 100)

　　　(e) 用 5% 水準測驗同資料 y 對 x 廻歸爲直線性的擬說。已知廻歸是直線性的，問結論是正確的，還是犯了第一類錯誤。擬說是對的，不會犯第二類錯誤。($F=0.99$; $\nu_1=2$, $\nu_2=16$)

　　　(f) 用單自由度法計算同資料的廻歸 SS 並和前面的結果比較。

(2)　用第十六章題 5 資料重複題 1 的各種計算。

(3)　(a) 下面是兩個大小爲 5 的樣品，用 5% 水準變方分析測驗族羣

均值相等的擬說。

樣　品　1	42	54	61	51	55
樣　品　2	53	43	62	43	56

(b) 將第一樣品各觀測值附上 10，第二樣品的附上 20，得到：

x	y	x	y
10	42	20	53
10	54	20	43
10	61	20	62
10	51	20	43
10	55	20	56

用 5% 水準 F 介值測驗 $\beta = 0$ 擬說。這兒的 F 值是和(a)內結果相同的。為甚麼？在(a)內的機差 SS 就是(b)的剩餘 SS。為甚麼？

(4)　將第十六章題 4 中 $x = 2, 8$ 的各 y 值加 100，得到：

x	y	x	y	x	y	x	y
2	159	4	47	6	51	8	160
4	41	6	47	8	165	2	139
6	35	8	153	2	152	4	64
8	143	2	152	4	56	6	50
2	148	4	48	6	39	8	136

四個條列的 y 值均值便是：

x	2	4	6	8
$\mu_{y \cdot x}$	150	50	50	150

用 5% 水準測驗 $\beta = 0$ 擬說。$(F = 0.00056, \nu_1 = 1, \nu_2 = 18)$ 對這 4 個條列均值應當下甚麼結論？將資料重排成：

x	2	4	6	8
	159	41	35	143
	148	47	47	153
y	152	48	51	165
	152	56	39	160
	139	64	50	136

用 5% 水準變方分析測驗 4 個族羣均值相等擬說 。($F = 217.49$, $\nu_1 = 3, \nu_2 = 16$) 對這 4 個族羣（條列）均值應當下甚麼結論？

　　由這個題可以知渞，將非直線性資料用直線廻歸分析是易於遭犯錯誤的。

(5) 將題 4 內自由度數為 3 的樣品間 SS 劃分成自由度數為 1 的廻歸 SS 和自由度數為 2 的離直線 SS。用 5% 水準測驗 y 對 x 廻歸為直線性擬說。($F = 326.23$; $\nu_1 = 2, \nu_2 = 16$) 已知廻歸不是直線性，問結論是正確的，還是犯了第二類錯誤。擬說是錯的，不會犯第一類錯誤。

(6) 用第十六章題 7 的資料，計算：
(a) y 對 x 廻歸係數的 95% 可信間距。
(b) $x = \bar{x}$ 處 y 的訂正均值的 95% 可信間距。

(7) 用第十六章題 8 的資料，計算：
(a) y 對 x 廻歸係數的 95% 可信間距。
(b) $x = \bar{x}$ 處 y 的訂正均值的 95% 可信間距。

(8) 用第十六章題 9 的資料，計算：
(a) y 對 x 廻歸係數的 95% 可信間距。
(b) $x = \bar{x}$ 處 y 的訂正均值的 95% 可信間距。

(9) 用第十六章題 10 的資料，計算：
(a) y 對 x 廻歸係數的 95% 可信間距。
(b) $x = \bar{x}$ 處 y 的訂正均值的 95% 可信間距。

(10) 下面的資料是用光譜光度計 (Coleman Junior Spectrophotometer) 量出的磷的標準比色值曲線記錄。將不同量的標準磷酸鹽溶液注入比色管，每種磷量用兩管做比色反應並記下生成色的視密度。

x 磷量 μg	y 視密度	
	1	2
0.00	0.000	0.000
2.24	0.036	0.027
4.48	0.066	0.061
6.72	0.086	0.097
8.96	0.125	0.125
11.20	0.149	0.155
13.44	0.187	0.194
17.92	0.252	0.244
22.40	0.328	0.310
33.60	0.456	0.481
44.80	0.638	0.638

(u) 設 x 值爲處理，用 5% 水準變方分析測驗 y 的各個均值不受 x 影響的擬說（12.3節）。

(b) 用 5% 水準測驗 y 對 x 廻歸爲直線性擬說。

(c) 用 5% 水準測驗 y 對 x 廻歸係數等於零擬說。

　　　將各種計算列成一個變方分析表（表17.7a），並簡述各種結論。

(11) 家蠅在高溫下較易孵化。下表是不同溫度（x）條件下家蠅孵化需要的天數（y）；用的家蠅是 M. domestica, Corvallis strain。

(a) 用 5% 水準測驗孵化天數 y 對溫度 x 廻歸爲直線性擬說。

(b) 用天數的倒數做觀測值，將 8 換成 $1/8 = 0.125$，9 換成 $1/9 = 0.111$ 等；用 5% 水準測驗新觀測值對溫度廻歸爲直線性擬說。（觀測值變換的問題要留在第二十三章討論。）

(c) 求新觀測值對溫度廻歸係數的95%可信間距。問每增加 1°C 時孵化加快多少？

88°F	84°F	80°F	75°F	70°F	65°F
8	9	12	15	20	28
9	10	12	15	18	27
9	10	10	13	18	26
10	11	10	13	19	24
8	11	11	13	21	28
10	10	10	14	19	25

(12) 下面是另一品系家蠅同上試驗的記錄。重複題11的各種計算。

88°F	84°F	80°F	75°F	70°F	65°F
8	9	10	15	18	28
9	10	11	14	20	30
8	10	11	13	21	29
9	10	10	14	21	27
9	11	12	13	19	28
10	11	11	15	20	27

(13) 用第十二章題9的資料，就 5% 水準測驗：

　(a) 成蟲數對四氯化碳量廻歸爲直線性擬說。

　(b) 廻歸係數等於零擬說。

(14) 用第十二章題11的資料，就 5% 水準測驗：

　(a) 磚的孔度對窰溫廻歸爲直線性擬說。

　(b) 廻歸係數等於零擬說。

(15) 用第十二章題15的資料，就 5% 水準測驗：

　(a) 磚的密度對窰溫廻歸爲直線性擬說。

　(b) 廻歸係數等於零擬說。

參 考 文 獻

Anderson, R. L. and Bancroft, T. A.: *Statistical Theory in Research*, McGraw-Hill Book Company, New York, 1952.

Mood, Alexander M.: *Introduction to the Theory of Statistics*, McGraw Hill Book Company, New York, 1950.

第 十 八 章

複 因 子 試 驗

　　複因子試驗 (factorial experiment)是用來研究同時間內幾個因子綜合效應的試驗。以前各章討論的試驗都祇有一個因子 (factor)，所以這一章的材料實際上就是第十二章和第十四章內容的推廣。

18.1 複因子試驗的性質

　　複因子試驗的性質可以用一個實例來說明。設有一個肥料試驗，用 A 和 B 兩種肥料，而每種又分成幾種施用量；不妨把 A 肥料每畝施 0, 50, 100, 150 磅，而 B 施每畝 0, 100, 200 磅，便得到表 18.1 內 $4 \times 3 = 12$ 個**處理組合** (treatment combinations)。這 12 個處理可以用數目字 1 到 12 來標誌，無肥對照區標成處理 1，無 A 而有 100 磅 B 的標成處理 2，而 100 磅 A 和 200 磅 B 區就標成處理 12 等。這個含有兩種因子的試驗例子便稱爲 **4×3 複因子試驗** (4×3 factorial experiment)，例中的 A 因子有 4 個**變級** (levels)而 B 因子有 3 個**變級**。

表 18.1　4×3 複因子試驗的處理組合

A／B	0	50	100	150
0	1	4	7	10
100	2	5	8	11
200	3	6	9	12

　　複因子試驗最初是用來測驗農作物對肥料的反應 (response) 的，但現在已經用到許多相類的研究工作上面去了。有位食品加工廠主人想知道 3 種不同糖料與 4 種不同漿汁濃度對罐裝桃子瀝乾重量 y 的影響，就可以將漿汁濃度作爲 A 因子分成25％，30％，35％，40％，四

種不同變級，而將糖料作爲 B 因子分成蔗糖，葡萄糖，麥芽糖三種變級；這樣安排一下，處理 1 是 25% 蔗糖而處理 12 是 40% 麥芽糖，便構成一個 4×3 複因子試驗了。用 a 和 b 代表兩個因子的變級個數，這個試驗便有 $k=a\times b$ 個處理；重複 n 次，便有 $bn=abn$ 個觀測值。表 18.1 內是 $a=4$ 和 $b=3$ 的一個例子，而因子並不限於兩個。

　　一般說來，用複因子試驗是比用單因子試驗有利的。設表 18.1 中的 12 個處理各有 10 個觀測值，便可以用每變級 30 個觀測值比較 A 因子的 4 個變級，用每變級 40 個觀測值比較 B 因子的 3 個變級；全試驗內的 120 個觀測值是可以分別用來做每種因子內各變級間的比較的。所以，每個觀測值同時可以供給有關 A 因子和有關 B 因子的詢識，而一個複因子試驗便等於兩個同樣大小的單因子試驗；可以節省不少勞力和材料的浪費。

　　有時，某種作物的收量 y 在不施 B 肥料時會隨 A 肥料施用量的增加而增加，但當每畝施上 200 磅 B 肥料時便不定如此；這便是說，A 因子與 B 因子間是會有**互涉**（interaction）的。這種互涉效應的探討是不能由幾次單因子試驗做到的，所以便得做一次含有 A 和 B 因子的複因子試驗了。

　　複因子試驗的另一個優點是能得到更有普遍性的結論。用 A 肥料做的單因子試驗其實就是對 B 肥料的一個變級下結論，當然沒有對 B 肥料許多個變級所下的結論有意義；因爲，後者的推論基礎要比較廣泛，結論也更易於成立。

　　複因子試驗可以用完全逢機或逢機區集設計，它的計算方法大致與第十二和十四章相同，但處理 SS 卻可劃分成 A 因子**主效應**（main effect），B 因子主效應，和互涉效應 AB 三種成分。處理 SS 的劃分是和單自由度法的意義相類的，但詳盡算**法**卻要留在下節再講。

18.2 平方和的劃分

　　表 18.2a 是一個重複兩次的 4×3 複因子完全逢機試驗的資料，可以用來證明平方和的劃分方法。例中 $a=4$，$b=3$，$n=2$。因子 A 和 B 可以看作兩種肥料，變級 1, 2, 等便看作施肥量。全表內 5, 9, 等

24 個觀測值都可以看作某種作物的收量。

表 18.2a 4×3 複因子試驗資料

A ／ B	1	2	3	4	合計 T_B	均值 $\bar{y}_B$	B效應 $\bar{y}_B-\bar{\bar{y}}$
1	5 9	4 4	1 3	2 4	32	4	−2
2	10 12	2 6	2 2	2 4	40	5	−1
3	12 12	9 11	3 7	8 10	72	9	3
合計 T_A	60	36	18	30	$G=144$		0
均值 $\bar{y}_A$	10	6	3	5		$\bar{\bar{y}}=6$	
A效應 $\bar{y}_A-\bar{\bar{y}}$	4	0	−3	−1	0		

這兒用到的符號和第十二章大致相同，祇是將處理個數 k 換成了 ab；總均值和處理均值仍然是 $\bar{\bar{y}}$ 和 $\bar{y}$，總計和處理合計仍然是 G 和 T，$(\bar{y}-\bar{\bar{y}})$ 也仍然稱爲處理效應。此外另加了一些由因子 A 和 B 引起的符號，詳細寫出來便是：

T_A — A 因子某個變級內 nb 個觀測值的合計。

T_B — B 因子某個變級內 na 個觀測值的合計。

$\bar{y}_A$ — A 因子某個變級內 nb 個觀測值的均值。

$\bar{y}_B$ — B 因子某個變級內 na 個觀測值的均值。

$\bar{y}_A-\bar{\bar{y}}$ — A 因子某個變級的效應。

$\bar{y}_B-\bar{\bar{y}}$ — B 因子某個變級的效應。

上列符號的數例列在表 18.2a，而 A 效應的和 B 效應的和都等於零。表 18.2b 又列出 $ab=12$ 個處理效應 $(\bar{y}-\bar{\bar{y}})$，加起來也等於零。

全試驗共有 $nab=2\times4\times3=24$ 個觀測值，而個個觀測值都可以寫成(1)總均值，(2) A 效應，(3) B 效應，(4) AB 互涉效應，和(5)機差的和或

$$y=\bar{\bar{y}}+(\bar{y}_A-\bar{\bar{y}})+(\bar{y}_B-\bar{\bar{y}})+[(\bar{y}-\bar{\bar{y}})-(\bar{y}_A-\bar{\bar{y}})-(\bar{y}_B-\bar{\bar{y}})]$$
$$+(y-\bar{y})。 \tag{1}$$

上式是一個恒等式，化簡後便是 $y = y$。

式(1)中的第四項便是 AB 互涉效應，所以

$$AB \text{互涉效應} = (\bar{y} - \bar{\bar{y}}) - (\bar{y}_A - \bar{\bar{y}}) - (\bar{y}_B - \bar{\bar{y}}) = \bar{y} - \bar{y}_A - \bar{y}_B + \bar{\bar{y}}。 \quad (2)$$

處理 1 的效應是 1（表 18.2b），對應的 A 效應和 B 效應分別是 4 和 -2（表18.2a），AB 互涉效應便是 $1 - 4 - (-2) = -1$。這兒祇把互涉效應寫成一個數，詳細的解釋要在下一節再講。全部資料的12個互涉效應項已經列在表 18.2c 內，每行或每列的和都是等於零的。

表 18.2b　處理組合的效應

A B	1	2	3	4	合 計
1	1	-2	-4	-3	-8
2	5	-2	-4	-3	-4
3	6	4	-1	3	12
合 計	12	0	-9	-3	0

表 18.2c　處理組合的互涉項

A B	1	2	3	4	合 計
1	-1	0	1	0	0
2	2	-1	0	-1	0
3	-1	1	-1	1	0
合 計	0	0	0	0	

資料內 24 個觀測值都各自分成 5 種成分（式1），便列成表18.2d 的形式。每個觀測值的 5 個成分都合成該個觀測值，所以表 18.2d 每行中第 2 欄的數都等於第 3 到 7 欄各數的和。

平方和的劃分也可以由表 18.2d 看出。表內每欄 24 個數的平方和都列在底行，而總 SS

$$\sum(y - \bar{\bar{y}})^2 = \sum y^2 - G^2/24 = 1,192 - 864 = 328$$

便等於 ASS，BSS，互涉 AB SS，和機差 SS 的和。恒等式的代數證明是和 12.1 節相同的，不必重複寫出。

表 18.2d　觀測值的成分

(1)	(2)	(3)	(4)	(5)	(6)	(7)
處理 AB	觀測值 y	總均值 $\bar{y}$	A 效應 $\bar{y}_A-\bar{y}$	B 效應 $\bar{y}_B-\bar{y}$	AB 互涉 $\bar{y}-\bar{y}_A-\bar{y}_B+\bar{y}$	機差 $y-\bar{y}$
1 1	5 9	6 6	4 4	−2 −2	−1 −1	−2 2
1 2	10 12	6 6	4 4	−1 −1	2 2	−1 1
1 3	12 12	6 6	4 4	3 3	−1 −1	0 0
2 1	4 4	6 6	0 0	−2 −2	0 0	0 0
2 2	2 6	6 6	0 0	−1 −1	−1 −1	−2 2
2 3	9 11	6 6	0 0	3 3	1 1	−1 1
3 1	1 3	6 6	−3 −3	−2 −2	1 1	−1 1
3 2	2 2	6 6	−3 −3	−1 −1	0 0	0 0
3 3	3 7	6 6	−3 −3	3 3	−1 −1	−2 2
4 1	2 4	6 6	−1 −1	−2 −2	0 0	−1 1
4 2	2 4	6 6	−1 −1	−1 −1	−1 −1	−1 1
4 3	8 10	6 6	−1 −1	3 3	1 1	−1 1
平方和	1,192 $\sum y^2$	864 $G^2/24$	156 A SS	112 B SS	24 AB SS	36 機差 SS
自由度	24 nab	1 1	3 $a-1$	2 $b-1$	6 $(a-1)(b-1)$	12 $ab(n-1)$

上面所說的處理 SS 實際上便等於 ASS，BSS，和 $ABSS$ 的和，也就是表 18.2b 內 12 個處理效應平方值的和的 n 倍。這兒的平方和劃

分法是和 12.1 節相同的，祇是處理 SS 多經一次劃分爲 ASS，BSS，和 $AB\ SS$ 的手續而已。

　　每種 SS 都量度着一類變異性。總 SS 是用來量度資料內全部觀測值的變異性的，祇當 nab 個觀測值個個相同時，它的值纔等於零。A 因子各變級間的變異性要用 $A\ SS$ 來量度，如果 A 因子各變級的均值相等，$A\ SS$ 便等於零；$B\ SS$ 的用途和 $A\ SS$ 相類，但量度的卻是 B 因子。機差 SS 量度的是接受同一處理的各個觀測值間的變異性，如 ab 個處理個個都含有個 n 相同的觀測值，它的值便等於零。互涉效應 SS 卻要留在下一節做專節的討論。

　　各種 SS 的自由度數也可以由表 18.2d 看出。由於 $\sum y^2$ 項祇在 $nab=24$ 個觀測值已知時纔能決定，它的自由度數便是 nab 或 24（第 2 欄）。全部觀測值共有一個總均值（第 3 欄），所以它對一個觀測值爲已知時便對所有觀測值爲已知，而 $nab\bar{y}^2$ 或 G^2/nab 的自由度數便是 1；這樣便可以知道，（總 SS）$=\sum y^2-G^2/24$ 的自由度是 $(nab-1)$ 或 23。

　　表 18.2a 內四個 A 效應的和是等於零的，知道三個便可以決定所餘的一個，所以 $A\ SS$ 的自由度數應當是 $(a-1)=3$；同理，$B\ SS$ 的自由度數便是 $(b-1)=2$。

　　互涉 SS 的自由度數可以由表 18.2c 看出。因爲互涉項每行或每列的和都等於零，末行和末列的數便隨所餘數值已知而決定；知道 $(a-1)(b-1)$ 個項便能決定 ab 個項，所以它的自由度數便會等於 $(a-1)(b-1)=8$。

　　機差 SS 的自由度數是 $ab(n-1)=12$，求法和第十二章相同；$ab(n-1)$ 是由 $k(n-1)$ 來的，這兒的 ab 就是以前的 k。

　　處理 SS 的自由度數等於 A，B，AB 三種 SS 的自由度數的和，便是

$$ab-1=(a-1)+(b-1)+(a-1)(b-1)\ ;$$

例中的處理自由度數是 11，而

$$12-1=3+2+6\ 。$$

總平方和和總自由度的劃分情形列在表 18.2e 內。

表 18.2e 4 × 3 複因子試驗的變方分析

變異原因	平 方 和	自 由 度	均 方
A	156	3	52
B	112	2	56
AB	24	6	4
機 差	36	12	3
合 計	328	23	

18.3 互涉效應

上節中曾把 A 因子和 B 因子的互涉效應定義爲

$$(\bar{y} - \bar{\bar{y}}) - (\bar{y}_A - \bar{\bar{y}}) - (\bar{y}_B - \bar{\bar{y}}),$$

它的意義可以由無互涉效應的情況來解釋；無互涉效應就是互涉效應等於零，也就是

$$(\bar{y} - \bar{\bar{y}}) = (\bar{y}_A - \bar{\bar{y}}) + (\bar{y}_B - \bar{\bar{y}})$$

或

$$\bar{y} = \bar{\bar{y}} + (\bar{y}_A - \bar{\bar{y}}) + (\bar{y}_B - \bar{\bar{y}})。$$

由表 18.2a 的總均值，A 效應，B 效應可以得出表 18.3 內的處理均值，而表內任意兩行或任意兩列的對應項都維持着等差的關係。第一行的四個均值是

$$8 \quad 4 \quad 1 \quad 3$$

而第二行的是

$$9 \quad 5 \quad 2 \quad 4,$$

四個對應差值便是

$$9 - 8 = 5 - 4 = 2 - 1 = 4 - 3 = 1;$$

這種關係在任意兩行或任意兩列內都能維持不變。

互涉效應不存在的意義可以用個實例來說明。如果 A 因子的 4 個變級是 A 肥料的 4 種施用量而 B 因子的 3 個變級是 B 肥料的 3 種施用

量，12個處理均值便是作物平均改量。上面的

$$8 \quad 4 \quad 1 \quad 3$$

與

$$9 \quad 5 \quad 2 \quad 4$$

間維持着等差 1 的關係，便是說：不論 A 肥料的施用量是怎樣的，第二種 B 肥料施用量總比第一種能使作物平均增收一單位。

表18.3 無互涉效應的各處理組合的均值

A／B	1	2	3	4	均 值
1	$6+4-2 = 8$	$6+0-2 = 4$	$6-3-2 = 1$	$6-1-2 = 3$	4
2	$6+4-1 = 9$	$6+0-1 = 5$	$6-3-1 = 2$	$6-1-1 = 4$	5
3	$6+4+3 = 13$	$6+0+3 = 9$	$6-3+3 = 6$	$6-1+3 = 8$	9
均 值	10	6	3	5	6

另舉一個互涉不存在的例子。設 A 因子的 4 個變級是大學的 4 個年級而 B 因子的 3 個變級是 3 所學校，再設 3 所學校內每級都有 n 個學生，這12個處理均值便不妨算做學生們在某次共同測驗裏的平均分數。如果不論選哪一級來比較，第 2 號學校學生成績總比第 3 號學校學生平均高 1 分，A 和 B 間便沒有互涉效應；不符合這種條件，便表示學校與班級間有互涉效應了。例中的不符現象都可以用互涉 SS 做定量的量度，祇當全部互涉項（表 18.2d，第 6 欄）都為零時，互涉纔會等於零。

本節祇說明互涉效應的性質，有關的統計推論問題要在 18.5 節纔能討論得到。

18.4 計算方法

複因子試驗的平方和劃分方法已經在 18.2 節例示過。當時的資料大都祇用一位數，很適合用做示例。但上節的目的祇是說明總平方和劃分的意義，却並不是提出實用的計算方法。本節便要說明變方分析用到的簡算法了。簡算法的原理已在 12.3 和 14.4 兩節講過，這兒

可以不必重複。再說，完全逢機試驗的處理 SS，機差 SS，和總 SS 的計算已在第 12.3 節講過，而逢機區集試驗的重複 SS，處理 SS，機差 SS，和總 SS 的計算又已在 14.4 節講過；內中最值得注意的部分便是處理 SS，所以本節討論的重點就放在處理 SS 的劃分上。在這兩種設計的複因子試驗為，處理 SS 都可以劃分成 $A\,SS$，$B\,SS$，和

表 18.4a　複因子試驗的各種合計值

A／B	1	2	…	a	合　計
1	T_t				T_B
2					
⋮					
b					
合　計	T_A				G

表 18.2b　複因子試驗的變方分析計算法

基　本　計　算				
(1)	(2)	(3)	(4)	(5)
合計的種類	平方項合計	平方項個數	每平方項的觀測值個數	每觀測值的平方項合計 (2)÷(4)
總　　　計	G^2	1	nab	I
因　子 A	$\sum T_A^2$	a	nb	II
因　子 B	$\sum T_B^2$	b	na	III
處　　　理	$\sum T_t^2$	ab	n	IV
變　方　分　析				
變異原因	平　方　和		自　由　度	均　方　　F
A	II−I		$a-1$	
B	III−I		$b-1$	
AB	I−II−III+IV		$(a-1)(b-1)$	
處　　理	IV−I		$ab-1$	

AB SS 三種成分。現在便應用 18.2 節的符號來做劃分的計算。 先求出 *ab* 個合計 T_t ，列成表 18.4a 的**二向表**（two-way table）。餘下的計算程序都列在表 18.4b 內。不過，這個表 18.4b 也並不代表一個完整的計算程序。 要計算完全逢機設計的複因子試驗 ，應當再應用表 12.3a；要計算逢機區集設計的複因子試驗，便得加用表 14.4a。

表 18.4c　複因子試驗各種合計值的實例

A / B	1	2	3	4	T_B
1	14	8	4	6	32
2	22	8	4	6	40
3	24	20	10	18	72
T_A	60	36	18	30	144

表 18.4d　複因子試驗的變方分析計算實例

基 本 計 算				
(1)	(2)	(3)	(4)	(5)
合計的種類	平方項合計	平方項個數	每平方項的觀測值個數	每觀測值的平方項合計 (2)÷(4)
總　　　　計	20,736	1	24	864
因　　子 *A*	6,120	4	6	1,020
因　　子 *B*	7,808	3	8	976
處　　　　理	2,312	12	2	1,156
觀　測　值	1,192	24	1	1,192
變 方 分 析				
變異原因	平　方　和	自　由　度	均　方	*F*
A	156	3	52	
B	112	2	56	
AB	24	6	4	
機　差	36	12	3	
合　計	328	23		

計算的程序可以用表 18.2a 的例子來說明。 先將 12 個處理合計列成表 18.4c，便可用表 18.4d 做變方分析；得到的各種 SS 都和表 18.2e 相同。同資料還可以作進一步的分析，但詳盡的說明要留在第三十一章再講。

18.5 固定模式的統計解釋

重複 n 次完全逢機設計 $a \times b$ 複因子試驗的 nab 個觀測值可以看做由 ab 個同變方 σ^2 常態族羣內取出的大小爲 n 的 ab 個逢機樣品。用 3×2 複因子試驗的 6 個族羣均值做例子，表 18.5a 中每個族羣均值 μ 便都由總均值，A 效應，B 效應，和 AB 互涉效應組成；這也就是說

$$\mu = \bar{\mu} + (\mu_A - \bar{\mu}) + (\mu_B - \bar{\mu}) + (\mu - \mu_A - \mu_B + \bar{\mu}),\qquad(1)$$

而化簡時便是 $\mu = \mu$ 。

表 18.5a　複因子試驗各個徵值的實例

A ＼ B	1	2	3	合 計	均 值 μ_B	B 效應 $\mu_B - \bar{\mu}$
1	64	51	53	168	56	4
2	50	47	47	144	48	−4
合 計	114	98	100	312		0
均值 μ_A	57	49	50		$\bar{\mu} = 52$	
A 效應 $\mu_A - \bar{\mu}$	5	−3	−2	0		

這兒的總均值，A 效應，B 效應，和 AB 互涉效應都是用 18.2 節的方法求得的，但表示的都是徵值，所以和表示介值時的符號不同。現在就將 A 效應和 B 效應列在表 18.5a 內，互涉效應列在表 18.5b 內，六個族羣均值的成分式（式 1）列在表 18.5c 內，而徵值與介值的對比便列成表 18.5d。

表 18.5b　互涉效應徵值式的實例

B ＼ A	1	2	3	合　計
1	3	-2	-1	0
2	-3	2	1	0
合　計	0	0	0	0

表 18.5c　複因子試驗模式的實例

B ＼ A	1	2	3
1	52+5+4+3	52-3+4-2	52-2+4-1
2	52+5-4-3	52-3-4+2	52-2-4+1

表 15.5d　複因子試驗的徵值和介值

項　目	徵　值	介　值
總均值	$\bar{\mu}$	$\bar{y}$
A 效應	$\mu_A - \bar{\mu}$	$\bar{y}_A - \bar{y}$
B 效應	$\mu_B - \bar{\mu}$	$\bar{y}_b - \bar{y}$
AB 效應	$\mu - \mu_A - \mu_B + \bar{\mu}$	$\bar{y} - \bar{y}_A - \bar{y}_B + \bar{y}$

　　含有兩個因子的複因子試驗會與 ab 個族羣均值有關係，而用到的變方便有三種：A 效應的變方可以寫成

$$\sigma_A^2 = \frac{\sum\limits^{a}(\mu_A - \bar{\mu})^2}{a-1}, \tag{2}$$

B 效應的變方是

$$\sigma_B^2 = \frac{\sum\limits^{b}(\mu_B - \bar{\mu})^2}{b-1}, \tag{3}$$

而互涉效應的變方是

$$\sigma_{AB}^2 = \frac{\sum\limits^{ab}(\mu - \mu_A - \mu_B + \overline{\mu})^2}{(a-1)(b-1)} \text{。} \tag{4}$$

用表 18.5a，18.5b，18.5c 的例子，三種變方便分別是

$$\sigma_A^2 = \frac{(5)^2 + (-3)^2 + (-2)^2}{3-1} = \frac{38}{2} = 19 \text{，}$$

$$^2 = \frac{(4)^2 + (-4)^2}{2-1} = \frac{32}{1} = 32 \text{，}$$

$$\sigma_{AB}^2 = \frac{(3)^2 + (-2)^2 + (-1)^2 + (-3)^2 + (2)^2 + (1)^2}{(3-1)(2-1)} = \frac{28}{2} = 14 \text{。}$$

式中變方的分母都不是式內平方項的個數而是自由度數。

全部 $k = ab$ 個族羣均值的變方可以寫成（12.4 節，式 2）

$$\sigma_\mu^2 = \frac{\sum\limits^{ab}(\mu - \overline{\mu})^2}{ab-1} \text{。} \tag{5}$$

用表 18.5a 的例子，便得到

$$\sigma_\mu^2 = \frac{(64-52)^2 + \cdots + (47-52)^2}{6-1} = \frac{200}{5} = 40 \text{。}$$

這 $k = ab$ 個族羣均值的變方是變方 σ_A^2，σ_B^2，和 σ_{AB}^2 的線性組合，其實便是 $b\sigma_A^2$，$a\sigma_B^2$，和 σ_{AB}^2 分別用各自的自由度數作權值的加權均值；寫成符號，便是

$$\sigma_\mu^2 = \frac{(a-1)b\sigma_A^2 + a(b-1)\sigma_B^2 + (a-1)(b-1)\sigma_{AB}^2}{ab-1} \text{。} \tag{6}$$

用上面的例子來驗證，便得到

$$40 = \frac{(3-1)(2)(19) + (3)(2-1)(32) + (3-1)(2-1)(14)}{(3\times2)-1} = \frac{200}{5} \text{。}$$

平均處理均方和平均機差均方已在 12.4 節的式（4）和式（5）內見過，便是：

$$\text{平均處理 } MS = \sigma^2 + n\sigma_\mu^2 \tag{7}$$

$$\text{平均機差 } MS = \sigma^2 \tag{8}$$

平均 A MS，平均 B MS，和平均 AB MS 也分別是：

$$平均\ A\ MS\ =\sigma^2+nb\sigma_A^2 \tag{9}$$

$$平均\ B\ MS\ =\sigma^2+na\sigma_B^2 \tag{10}$$

$$平均\ AB\ MS\ =\sigma^2+n\sigma_{AB}^2 \tag{11}$$

上列三個式子的併合便是式(7)，不必細說。式(9)中的 nb 和式(7)中的 n 都是計算均值時需要的觀測值個數；n 次重複 $a \times b$ 複因子試驗中每個 A 均值都用 nb 個觀測值算出，而 n 次重複單因子試驗中每個處理均值却都由 n 個觀測值算出。處理 MS 其實就是 A MS，B MS，和 AB MS 的加權均值或

$$處理\ MS=\frac{(a-1)(A\ MS)+(b-1)(B\ MS)+(a-1)(b-1)(AB\ MS)}{ab-1}$$

$$=\frac{(A\ SS)+(B\ SS)+(AB\ SS)}{ab-1}$$

$$=\frac{處理\ SS}{ab-1},$$

平均處理均方當然也是三種平均均方分別用各自的自由度做權值的加權均值。用表 18.5a 的例子，$a=3$, $b=2$, $\sigma_A^2=19$, $\sigma_B^2=32$, $\sigma_{AB}^2=14$，而 $\sigma_\mu^2=10$。如果 $n=10$ 而 $\sigma^2=100$，各種平均均方便等於：

$$處理：\sigma^2+n\sigma_\mu^2\ =\ 100+10(40)\ =\ 500$$

$$A：\sigma^2+nb\sigma_A^2\ =\ 100+10(2)(19)\ =\ 480$$

$$B：\sigma^2+na\sigma_B^2\ =\ 100+10(3)(32)\ =\ 1,060$$

$$AB：\sigma^2+n\sigma_{AB}^2\ =\ 100+10(14)\ =\ 240$$

並且可以看出

$$500=\frac{2(480)+1(1,060)+2(240)}{5}=\frac{2,500}{5}$$

而這種關係的代數證明可由方程式

$$ab-1=(a-1)+(b-1)+(a-1)(b-1)$$

和式(6)求得。

　　表(7)到(11)的各種平均均方都可以用取樣試驗來解釋。由均值等於 50 和變方等於 100 的圓牌常態族羣內取出各含 10 個觀測值的 6 個逢

機樣品，將第一樣品 10 個觀測值各加 14，第二樣品的各加1，等等，
便可以使 6 個族羣均值變成表 18.5a 的結果。表 18.5e 就是用這種方
法做成的 60 個觀測值的資料。例中的處理（樣品）合計列在表 18.5f
內，而各個均方便列在表 18.5g 內。如由同組 6 個族羣內分別取樣再
得一組 6 個逢機樣品，便可以求出另一組均方值；取出無限多組樣
品，算出無限多組的均方值，而某均方的無限多個值的均值就是它的
平均均方。由表可以看出，一組 6 個樣品的各種均方值是不必同平均
均方值完全相符的。

表 18.5e　已知徵值的複因子試驗資料

B ＼ A	1	2	3
1	55	55	38
	72	62	54
	52	38	67
	58	47	44
	73	46	41
	66	46	51
	74	55	33
	79	40	47
	54	49	71
	89	53	56
2	61	38	49
	58	67	64
	42	32	67
	39	69	47
	59	48	56
	40	53	51
	42	41	43
	43	52	59
	71	50	41
	42	36	44

表 18.5f　複因子試驗的各種合計值

B ＼ A	1	2	3	合　計
1	672	496	502	1,670
2	497	486	512	1,495
合　計	1,169	982	1,014	3,165

表 18.5g　已知徵值的複因子試驗的變方分析

基　本　計　算				
(1)	(2)	(3)	(4)	(5)
合計的種類	平方項合計	平方項個數	每平方項的觀測值個數	每觀測值的平方項合計 (2)÷(4)
總　　　計	10,017,225	1	60	166,953.75
A	3,359,081	3	20	167,954.05
B	5,023,925	2	30	167,464.17
處　　　理	1,694,953	6	10	169,495.30
觀　測　值	175,981	60	1	175,981.00

變　方　分　析				
變異原因	平　方　和	自由度	均　　方	平均均方
A	1,000.30	2	500.15	480
B	510.42	1	510.42	1,060
AB	1,030.83	2	515.42	240
機　差	6,485.70	54	120.11	100
合　計	9,027.25	59		

18.6 擬說測驗和模式

上節中的討論是將 ab 個族羣均值看做固定量的 ，屬於變方分析的線性擬說模式或固定模式的解釋（12.4 節）。除這種解釋外， 還有將族羣均值 μ_A 和 μ_B 等當做由一羣均值內取得的樣品的，便是變方成分模式或逢機變數模式的解釋；也有將兩種模式混合，使一個因子合於線性擬說模式而另一個合於變方成分模式的。

表 18.5e 的 3 × 2 複因子試驗資料便可以用來說明各種模式。將 A 因子的 3 個變級設成 3 所學校， B 因子的 2 個變級設 成 2 種 教 學法，而用學生的成績 y 做觀測值，便可以分別說明。如果祇研究三所指定的學校和兩種指定的教學法，變方分析便應當採用線性擬說模式的解釋；但如研究一般的學校和一般的教學方法對學生成績的影響而

祇任意選三所學校和兩種教學法來做試驗，便適合用變方成分模式的解釋了。要是任意取三所學校來研究兩種指定教學方法的效果的話，便應當用混合模式的解釋。

　　使用不同變方分析模式時，各類平均均方通常也各不相同；18.5節川的各種平均均方祇適合線性擬說模式，而線性擬說模式與變方成分模式的比較却列在表 18.6 內。表內的變方 σ_A^2，σ_B^2，σ_{AB}^2 是線性擬說模式的結果，從 18.5 節(2)，(3)，(4)的定義；另外的三個變方 $\sigma_A'^2$，$\sigma_B'^2$，$\sigma_{AB}'^2$ 更是變方成分模式的結果，是全部族羣均值的變方而不是試驗內用到的幾個族羣均值的變方，所以要加 (′) 符號來和線性擬說模式的結果區分。列出兩組平均均方並不是爲了說明兩類變方不同，主要的目的即是指出做測驗用的正確 F 值。用線性擬說模式時，應用機差均方分別除 A，B，AB 均方，便可以分別測驗(1)A因子對 y 沒有效應，(2) B 因子對 y 沒有效應，和(3) A 與 B 沒有互涉效應三種擬說。用變方成分模式時，要用 AB 均方分除 A 的和 B 的均方來測驗前兩個擬說，而用機差均方除 AB 均方來測驗後一個擬說。混合模式的測驗便要組合使用兩種模式；適合固定模式的因子用機差均方測驗，適合逢機變數模式的用互涉均方測驗，而互涉效應本身用機差均方測驗。

表 18.6　複因子試驗的平均均方

成　分	平　均　均　方	
	線　性　擬　說	變　方　成　分
因　子 A	$\sigma^2 + nb\sigma_A^2$	$\sigma^2 + n\sigma_{AB}'^2 + nb\sigma_A'^2$
因　子 B	$\sigma^2 + na\sigma_B^2$	$\sigma^2 + n\sigma_{AB}'^2 + na\sigma_B'^2$
互　涉 AB	$\sigma^2 + n\sigma_{AB}^2$	$\sigma^2 + n\sigma_{AB}'^2$
機　差	σ^2	σ^2

　　機差均方的自由度數是隨試驗設計不同的，完全逢機試驗是

$$k(n-1) \quad \text{或} \quad ab(n-1)，$$

而逢機區集設計是

$$(k-1)(n-1) \quad \text{或} \quad (ab-1)(n-1)。$$

18.7 特定擬說的測驗

　　複因子試驗裏除了上面三種一般擬說外也有特定擬說的測驗，所以單自由度（15.3 節），最小顯著差異（15.4 節），S 法（15.6 節），直線廻歸（17.8 節），和多變距測驗新法（15.5 節）都能用得到。各種方法不祇能用在 n 個觀測值的處理均值上，同時也能用在 nb 個觀測值做成的 A 因子內 a 個變級均值和 na 個觀測值做成的 B 因子內 b 個變級均值上。用單自由度時，15.3 節內式(11)和 17.8 節內式(6)的 n 都應當是組成 T 值的觀測值個數。用表 18.5e 的例子來說明，由 6 個處理合計求單自由度，n 便是 10；就 3 個 A 因子變級的合計來算，n 便要換成 nb 或 20；就 2 個 B 因子變級的合計來算，n 又要換成 na 或 30 了。

　　計算均值間最小顯著差異時，情形也大致相同。由 15.4 節內式(2)可以知道，最小顯著差異是

$$LSD_{.05} = t_{.025}\sqrt{\frac{2s^2}{n}} \text{。} \tag{1}$$

上式可以用到處理均值，A 因子的各個均值，或 B 因子的各個均值上去，但 n 都應當解釋成求得一個均值需要的觀測值個數。多變距測驗新法當然也能用到，而 $\sqrt{s^2/n}$ 中的 n 也需要用同類的解釋。

18.8 嵌入分類

　　含有一個以上因子的試驗祇當因子（如 A 和 B）能**相互交叉**（crisscross）形成處理組合時，纔能成為複因子試驗；如果各因子不相交叉而**其中一個在另一個以內**（nested inside），所成的試驗便稱為**嵌入式的**（hierarchical）試驗。有一批鐵礦樣品送交四個化驗室去分析，每室指定三個化驗員而每人派定兩個。這種資料可以列成表 18.2a 的形式，A 因子的 4 個變級是 4 個化驗室，B 因子的 3 個變級是 3 個化驗員，而每個橢（cell）內的 2 個觀測值是 2 個測出的含鐵百分數。這樣的列表方法是和複因子試驗相似的，但事實上卻是嵌入分類。每個化驗室內有 3 個化驗員做這件事，第一家可以是張三，李四，王五，第

二家的趙甲，錢乙，孫丙，第三家是周子，吳丑，鄭寅，第四家却是馮天，陳地，褚人；12個化驗員分批受雇在 4 家化驗室內，並不形成 3 個與化驗室線交叉的 4 人組，所以化驗室和化驗員不能算是複因子試驗的兩個因子。這兒的化驗室羣和化驗員羣可以另稱為 *A* 階和 *B* 階（tier），全組資料便可以分成化驗室，化驗員，和測得含鐵百分數三階。

　　一所大學內的學生是分屬在院和系內的，也可以當作嵌入分類的一個例子。理學院分成數學，物理，化學等系，工學院分成土木工程，機械工程，電機工程等系，而各系都有許多學生；但理學院的系與工學院的系間並沒有一一對應關係，所以學院和學系都不是因子而是嵌入分類裏的階。

　　用圖來表示，複因子試驗和嵌入試驗也顯然不同；便是：

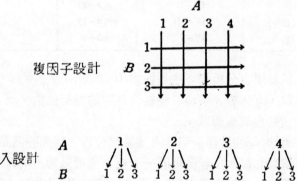

　　嵌入試驗的每個觀測值也可以分成(1)總均值，(2) *A* 效應，(3) *A* 階內的 *B* 效應，(4) *B* 階內的機差四個成分，也就是

$$y = \bar{\bar{y}} + (\bar{y}_A - \bar{\bar{y}}) + (\bar{y} - \bar{y}_A) + (y - \bar{y}) \tag{1}$$

而符號都和 18.2 節相同。如將式(1)和 18.2 節的式(1)比較一下，兩者的總均值，*A* 效應，和機差都是相同的，但複因子試驗中的 *B* 效應和 *AB* 互涉效應却合成嵌入試驗裏的 *A* 階內的 *B* 效應了。一般說來，兩類試驗的總 *SS*，*A SS*，和機差 *SS* 是相同的，而 *A* 階內的 *B* 效應 *SS* 是 *B SS* 和 *AB SS* 的和；嵌入分類的平方和劃分可以不必重述了。

表 18.8a　等大樣品的嵌入試驗變方分析計算法

基　本　計　算				
(1)	(2)	(3)	(4)	(5)
合計的種類	平方項合計	平方項個數	每平方項的觀測值個數	每觀測值的平方項合計 (2)÷(4)
總　　計	G^2	1	nab	I
階　A	$\sum T_A^2$	a	nb	II
A 內的 B	$\sum T^2$	ab	n	III
觀　測　值	$\sum y^2$	nab	1	IV

變　方　分　析				
變異原因	平　方　和	自　由　度	均　方	F
階　A	II−I	$a-1$		
A 內的 B	III−II	$a(b-1)$		
機差（B 內）	IV−III	$ab(n-1)$		
合　　計	IV−I	$nab-1$		

　　嵌入試驗變方分析簡算法列在表 18.8a 內，表內的 a 代表 A 階內的變級個數，b 代表 A 階每一變級內 B 階的變級個數，而 n 代表 B 階內每一變級的觀測值個數。

　　如將表 18.2a 的當作一個嵌入試驗來分析，得到的便是表 18.8b。用複因子試驗和嵌入試驗分析同一資料，便可以看出兩種方法間的數值關係；譬如，A 階內的 BSS 就是 BSS 與 $ABSS$ 的和。但實際資料的分析是隨着試驗設計或試驗的物理意義來選用方法的，並不能看資料的表列形式隨意選擇；列在紙上的表無非都排成行，列，或陣的形式，當然不能當作選擇分析方法的準則。

　　嵌入試驗的各種平均均方列在表 18.8b 的下方，表中的 σ^2 和 σ_A^2 是與 18.5 節結果相同的，而 $\sigma_{B(A)}^2$ 便代表 A 階內的 B 效應變方。用鐵礦分析的例子來說，σ^2 代表一個化驗員所得化驗值間的變方，$\sigma_{B(A)}^2$ 代表同一化驗室各化驗員每入化驗值均值的變方，而 σ_A^2 代表各個化驗室化驗值均值的變方。

表 18.8b 等大樣品的嵌入試驗變方分析實例

基 本 計 算				
(1)	(2)	(3)	(4)	(5)
合計的種類	平方項合計	平方項個數	每平方項的觀測值個數	每觀測值的平方項合計 (2)÷(4)
總　　計	20,736	1	24	864
階　A	6,120	4	6	1,020
A內的B	2,312	12	2	1,156
觀　測　值	1,192	24	1	1,192
變 方 分 析				
變異原因	平方和	自由度	均　方	平均均方
階　A	156	3	52	$\sigma^2 + n\sigma^2_{B(A)} + nb\sigma^2_A$
A內的B	136	8	17	$\sigma^2 + n\sigma^2_{B(A)}$
機差（B內）	36	12	3	σ^2
合　　計	328	23		

將各種平均均方當作選擇 F 值的準則，便可以測驗種種擬說。用介值

$$F = \frac{A \text{ 階 } MS}{A \text{ 階內 } B\ MS},$$

可以測驗 $\sigma^2_A = 0$ 擬說；用介值

$$F = \frac{A \text{ 階內 } B\ MS}{\text{機差 } MS},$$

便可以測驗 $\sigma^2_{B(A)} = 0$ 擬說。

　　嵌入分類的計算不會增加甚麼困難，即使階內的次分類不等大，也不難計算。因爲嵌入分類就是套在一個單分類（第十二章）內的單分類，所以可將不等大單分類計算法在各階內重複使用。這類問題的計算方法是和 12.10 節相同的，祇是用到的合計的平方和不再是等大次分類時的

$$\frac{\sum T^2}{n} = \frac{T_1^2 + T_2^2 + \cdots}{n},$$

而換成了不等大次分類的

$$\Sigma\left(\frac{T^2}{n}\right) = \frac{T_1^2}{n_1} + \frac{T_2^2}{n_2} + \cdots;$$

表18.8c　不等大樣品嵌入分類變方分析基本計算表

階		觀測值		B			A			總 計		
A	B	y	y²	T	n	T²/n	T	n	T²/n	T	n	T²/n
1	1	19	361									
		23	529	42	2	882						
	2	17	289									
		15	225									
		16	256	48	3	768						
	3	18	324	18	1	324	108	6	1,944			
2	1	12	144									
		16	256	28	2	392						
	2	20	400									
		24	576	44	2	968	72	4	1,296			
3	1	21	441									
		23	529									
		22	484	66	3	1,452						
	2	18	324									
		21	441									
		17	289									
		16	256	72	4	1,296						
	3	28	784	28	1	784						
	4	19	361									
		15	225	34	2	578	200	10	4,000	380	20	7,220
和		7,494				7,444			7,240			7,220
合計個數		20				9			3			1
		IV				III			II			I

n 仍然代表合計內用到的觀測值個數。

表 18.8c 是一個不等大次分類的嵌入分類的算例。表內的前兩欄分別了觀測值所屬的階，第三欄是觀測值 y；另外的計算程序像求合計 T，計點各階內各變級的觀測值個數 n，和求各階的 $\sum(T^2/n)$ 值等，都列在表的底部。平方和和自由度數可以用底部對應數值相減求得；A 階的是 II—I，A 階內的 B 效應是 III—II，B 階內的機差項是 IV—III，而總項是 IV—I。各成分的變方分析便是表 18.8d。

表18.8d　不等大樣品嵌入分類的變方分析

變異原因	平　方　和	自　由　度	均　方	F
階　A	20	2	10.00	0.29
A內的B	204	6	34.00	7.47
機　差	50	11	4.55	
合　計	274	19		

使用計算機時，$\sum y^2$ 和 $\sum(T^2/n)$ 都可用連算來省略表 18.8c 內使用的程序。

18.9 取樣機差

上節講述的嵌入分類變方分析還可以與別的試驗設計組合使用，而 12.8 節的一個變方分析就能作爲一個示例。某製造商用三種方法製造纖維板，想知道三種製品的強度是否相同。由三種製成品內各逢機取 20 塊做強度試驗並記錄 60 個觀測值，便可以測驗三種製法成品平均強度相同的擬說。用 12.8 節的方法，便得出下面的分析結果：

變　異　原　因	自　由　度
製　造　法　間	2
製　造　法　內	57
合　　　計	59

　　如果在量度時將每塊板分成四區而各量一個值，便得到240個觀測值，而作出下面的分析：

變　異　原　因	自　由　度
製　造　法　間	2
板間，製造法內（試驗機差）	57
板內（取樣機差）	180
合　　　計	239

　　在這一種試驗中，一塊板稱爲一個**試驗單位**(experimental unit)，而每塊板上的區便稱爲**取樣單位**(sampling unit)；試驗單位間的變異稱爲**試驗機差**(experimental error)（14.8節），而試驗單位內取樣單位間的變異便稱爲**取樣機差**(sampling error)。

　　表14.10a的番茄試驗資料可以當做逢機區集試驗內的嵌入分類的實例。試驗有6個品種和5次重複，共有30個觀測值；每個試區是一個試驗單位，自由度數爲20的機差就是試驗機差。如果將每區10株植物分別記錄，單株就變成了取樣單位，而變方分析便是：

變　異　原　因	自　由　度
重　複	4
品　種	5
試驗機差	20
取樣機差	270
合　計	299

　　這個試驗的擬說測驗過程和前節大致相同，品種算是A階，試驗機差是A階內的B階，而取樣機差是B階內的變異。

習　　題

(1)　試假想出一個 3 × 4 複因子試驗的三組處理（樣品）均值使

　　(a) $A SS$ 等於零而 $B SS$ 和 $AB SS$ 不等於零，

(b) $B SS$ 等於零而 $A SS$ 和 $AB SS$ 不等於零，

(c) $AB SS$ 等於零而 $A SS$ 和 $B SS$ 不等於零。

(2) 下面是一個假想的完全逢機 3×2 複因子試驗資料。

B \ A	1	2	3
1	17 25	10 4	5 11
2	12 10	9 5	2 10

(a) 將12個觀測值分別寫成總均值，A 效應，B 效應，AB 效應，和機差的和。

(b) 由觀測值的成分求總 SS，$A SS$，$B SS$，$AB SS$，和機差 SS。

(c) 用簡算法求各種 SS 值，並示明它們與 (b) 結果相同。

(3) 求下面10個族羣均值的 σ_A^2，σ_B^2，和 σ_{AB}^2。

B \ A	1	2	3	4	5
1	63	84	45	78	60
2	75	92	57	46	80

(4) 由均值為 50 和變方為 100 的圓牌常態族羣內取出下面 10 個大小為 2 的逢機樣品。

B \ A	1	2	3	4
1	46 37	53 58	58 46	60 46
2	49 51	57 53	46 55	61 46
3	42 54	53 53	56 30	55 47

用 5% 水準測驗下面的完全逢機試驗的擬說：

(a) A 因子四個變級的族羣均值相等。(F = 1.16)

(b) B 因子三個變級的族羣均值相等。(F = 0.36)

(c) 兩因子間沒有互涉效應。(F = 0.33)

樣品的來源已知，問結論是正確的還是犯了錯誤（第一類或第二類）的。

(5) 將題 4 的觀測值各加適當的數值，使族羣均值成爲：

B ＼ A	1	2	3	4
1	50	50	150	150
2	50	50	50	50
3	150	150	50	50

問題 4 的三個擬說中哪些是正確的？用 5% 水準測驗各擬說並檢查結論是否正確（題 7）。

(6) 將題 4 的觀測值各加適當的數值，使族羣均值成爲：

B ＼ A	1	2	3	4
1	350	150	250	150
2	250	50	150	50
3	250	50	150	50

問題 4 的三個擬說中哪些是正確的？用 5% 水準測驗各擬說並檢查結論是否正確（題 7）。

(7) 題 4，5，6 的均方是：

成　分	題　4	題　5	題　6
A	80.00	80.00	51,080.00
B	24.50	5,991.16	26,691.16
AB	22.83	7,189.50	22.83
機　差	69.00	69.00	69.00

爲甚麼同一均方不定相等？就每個成分分別解釋。

提示：求題 4，5，6 族羣均值的變方 σ_A^2，σ_B^2，和 σ_{AB}^2。

(8) 下面是一個 4 次重複的 2×2 完全逢機複因子試驗資料，而括號內的數字代表處理代號。

B ╲ A	1				2			
1	(1) 52	51	62	31	(2) 57	40	29	48
2	(3) 85	29	59	62	(4) 36	54	38	49

(a) 求 $A\,SS$，$B\,SS$，$AB\,SS$，和機差 SS。

(b) 祗求處理 SS 和機差 SS。用 15.3 節的第二組乘數將處理 SS 分成三個單自由度，這三個單自由度便等於 $A\,SS$，$B\,SS$，和 $AB\,SS$。爲甚麼是這樣的？

(9) 將題 4 資料當作一個逢機區集試驗，而每檔的第一觀測值屬於第一區集但第二個屬於第二區集。同題 4 方法測驗。資料來源已知，問結論是否正確。

(10) 將題 8 的資料當作嵌入分類。

(a) 用表 18.8a 方法求 $A\,SS$，A 階內 $B\,SS$，和機差 SS。A 階內 $B\,SS$ 應當等於題 8 (a) 內 $B\,SS$ 與 $AB\,SS$ 的和。

(b) 用表 18.8c 方法重做 (a) 的計算，看看結果是否相同。

(c) 將題 8 (b) 的處理 SS 劃分成三個單自由度，使中間的一個等於 $A\,SS$ 而另兩個的和等於 A 階內 $B\,SS$。

(11) 將表 18.8c 內 20 個觀測值 y 各自寫成總均值，A 效應，A 階內 B 效應，和機差的和，再由各成分求各種 SS 值。

(12) 有一個牛毛草 (Alta Fescue) 的試驗，用 4 種肥料和 3 種殺草劑；將 12 個處理組合逢機排入 4 個區集（重複）的每一個，得到的 48 個試區收量的克數是：

處　　理		區　　集			
殺草劑	肥　料	1	2	3	4
對　照	對　照 NuGreen $(NH_4)_2SO_4$ $CaCN_2$	50 266 303 175	91 258 243 252	85 234 240 227	82 261 239 114
IPC	對　照 NuGreen $(NH_4)_2SO_4$ $CaCN_2$	75 317 303 281	56 173 288 265	90 251 245 241	65 238 238 209
Cl IPC	對　照 NuGreen $(NH_4)_2SO_4$ $CaCN_2$	152 461 403 344	103 383 466 295	179 391 387 388	154 339 388 274

用 5% 水準測驗下面的擬說：

(a) 肥效與殺草劑間沒有互涉效應。

(b) 不同肥料對收量有相同的效應。

(c) 不同殺草劑對收量有相同的效應。

分析資料，用一段文字簡述結論。

(13) 下面是四種溫度下四種布料染色時的縮水百分率。

織　物	溫　　度			
	210°F	215°F	220°F	225°F
I	1.8 2.1	2.0 2.1	4.6 5.0	7.5 7.9
II	2.2 2.4	4.2 4.0	5.4 5.6	9.8 9.2
III	2.8 3.2	4.4 4.8	8.7 8.4	13.2 13.0
IV	3.2 3.6	3.3 3.5	5.7 5.8	10.9 11.1

試驗是一個 2 次重複完全逢機設計的 4×4 複因子試驗。用 5% 水準試驗主效應和互涉效應。

(14) 有一個用來研究種植期與肥料種類對大豆收量影響的試驗，用 4 次重複的逢機區集設計，而32個試區的收量是：

植 期	肥 料	重 複			
		1	2	3	4
早	對 照	28.6	36.8	32.7	32.6
	Aero	29.1	29.2	30.6	29.1
	Na	28.4	27.4	26.0	29.3
	K	29.2	28.2	27.7	32.0
晚	對 照	30.3	32.3	31.6	30.9
	Aero	32.7	30.8	31.0	33.8
	Na	30.3	32.7	33.0	33.9
	K	32.7	31.7	31.8	29.4

用 5% 水準測驗各擬說並作結果的簡單報告。

(15) 下面的資料是 3 —硫代縮氨尿苯醛 (benzaldehyde, 3-thiosemicar-bazone)和它的兩種同系化合物對鷄胚胎中牛痘病毒 (vaccinia) 的抑制效應的記錄。每種藥劑與病毒稀釋濃度的處理組合都用 6 枚鷄蛋,全試驗分期做 2 次(重複),得到的每組 6 枚鷄蛋平均存活期 (survival time) 倒數 (10^4/小時數) 的均值是:

毒素濃度	對氨化合物		對甲氧代生物		非代生物	
	重複 1	重複 2	重複 1	重複 2	重複 1	重複 2
$10^{-4.0}$	87	90	82	71	72	77
$10^{-4.3}$	79	80	73	72	70	66
$10^{-4.6}$	77	81	72	68	62	61

用 5% 水準測驗主效應和互涉效應。(Hamre, Dorothy, Brownlee, K. A., and Donovick, Richard: "Studies on the Chemotherapy of Vaccinia Virus, II. The Activity of Some Thiosemicarbazones", *The Journal of Immunogy*, vol. 67. pp. 305-312, 1951.)

(16) 有一個細菌數目的鏡檢研究,由12個檢驗員各檢查同組12張檢片各 3 次。先將檢片編成 1 到12號做初濟,檢完用不同順序編成13到24號做二檢,再重編成 25 到 36 號做三檢。這樣一來,每人將同組12張檢片檢查了 3 次,却自以爲檢查了36張不同的檢片。每人檢查一次時,都記下12個計點值,隨即繳給監督人;雖然懷疑自己檢查過同片,也無從查考。十二個人的計點記錄便是下表,問計點的平均細菌數目是不是因人而異?用 5% 水準。

載片編號	觀 測 人											
	A.	B.	C.	D.	E.	F.	G.	H.	I.	J	K.	L.
R1	353	339	346	340	382	374	375	359	355	333	332	334
	345	347	344	384	356	362	372	358	341	334	336	334
	339	340	344	349	391	364	375	359	340	336	328	328
R4	201	197	205	202	205	206	203	203	200	188	194	201
	211	210	209	203	206	205	211	207	186	176	192	190
	198	199	204	201	204	211	214	206	174	188	191	200
R6	58	54	52	50	51	56	56	50	50	35	43	46
	51	62	54	41	52	67	57	59	45	39	45	48
	57	58	59	44	60	53	53	62	54	45	46	45
R7	146	139	137	138	139	146	147	149	133	126	138	135
	136	140	142	134	138	145	150	144	130	116	135	133
	134	146	139	133	140	140	138	145	132	132	133	136
R10	141	149	158	137	144	145	148	155	160	145	142	152
	139	157	146	134	143	154	147	156	164	143	148	141
	139	150	151	135	147	153	157	153	160	150	141	142
R12	239	261	240	218	268	272	266	266	227	220	234	231
	223	259	250	225	261	267	262	264	239	231	233	228
	224	246	242	223	252	253	261	261	235	236	228	233
P2	55	55	63	55	57	58	57	54	51	51	54	53
	59	55	52	66	70	59	67	53	53	55	55	
	71	64	61	55	59	64	56	58	67	55	64	55
P3	168	145	167	155	154	160	158	150	174	159	149	128
	148	160	158	144	163	186	169	166	153	152	145	137
	141	157	151	148	177	156	161	165	175	130	143	152
P5	88	86	81	84	106	96	101	85	87	65	83	84
	85	101	93	93	103	101	91	95	93	92	98	82
	90	94	102	93	109	105	93	97	117	108	82	93
P8	170	173	174	165	182	180	179	183	165	160	166	163
	174	187	182	161	181	194	183	176	163	158	166	166
	173	175	182	170	191	170	182	172	171	169	161	171
P9	121	159	146	123	143	139	137	142	115	101	127	128
	128	144	142	120	125	139	130	132	126	112	128	115
	138	137	128	121	132	143	141	138	119	112	121	121
P11	126	155	138	123	143	154	143	164	127	103	117	125
	144	155	128	120	140	155	140	135	134	116	124	122
	127	150	135	126	143	143	147	143	139	112	123	123

(17) 有個製餅試驗，用 4 種烘焙溫度和 5 種配料法，而用製成品橫切面的面積（方吋）做觀測值。全試驗的40個餅是個別調配和個別烘製的，它們的橫切面積列成下面的表。用 5% 水準測驗擬說：

(a) 配料法與溫度間沒有互涉效應。

(b) 配料法不影響餅的大小。

(c) 烘焙溫度不響影餅的大小。

溫　度	配　料				
	Plain Cake	3% GMS	6% GMS	3% Aldo	6% Aldo
218°C	4.26 4.49	5.35 5.39	5.67 5.67	5.30 5.67	5.52 5.80
190°C	4.59 4.45	4.75 5.10	5.30 5.57	5.00 5.02	5.41 5.29
163°C	4.63 4.63	4.56 4.91	4.80 4.86	4.79 4.88	4.65 4.80
149°C	4.01 4.08	3.87 3.94	4.13 4.03	3.98 4.11	4.16 4.35

如果溫度效應顯著，用多變距測驗新法（15.5節）將餅的大小按溫度分等。用單自由度（十五章題5）測驗有關配料法的各種特定擬說。分析完畢，列出各種結論。

(18) 某工廠想減少工人缺工 (labor absenteeism) 而做了一次試驗，研究兩種可能的影響因素。雇用人員在受雇後便逢機分成 6 羣而安置在廠內 6 處工作，場所是按照 3 種每週工作時數和有無音樂來

工作週長度					
35 小時		40 小時		48 小時	
有音樂	無音樂	有音樂	無音樂	有音樂	無音樂
0	0	0	0	0	0
0	0	0	0	0	0
0	0	0	0	0	0
0	0	0	0	0	0
0	1	0	0	0	0
0	2	0	0	1	1
1	2	1	1	1	1
1	2	1	1	1	2
1	2	1	1	2	2
1	2	1	1	2	2
1	2	1	2	2	2
2	3	2	2	2	2
2	3	2	2	2	3
2	3	2	2	2	4
3	4	2	2	2	4
3	4	2	2	3	6
4	4	2	2	3	6
4	5	2	3	5	6
4	5	2	3	8	6
4	5	3	3	8	6
4	6	4	4	10	6
5	7	4	4	10	7
8	8	4	4	10	10
12	10	5	4	16	10
12	10	6	6	16	11
13	12	6	6	20	12
20	14	10	6	22	14
20	14	10	6	23	14
21	16	12	10	30	29
29	38	16	28	30	34

分的，其他條件沒有不同。試驗是一個重複30次完全逢機 3×2 複因子試驗，記錄用一季中的缺工半天數列成。問工作週長短和音樂的有無是否影響缺工率？用 5% 顯著水準。

(19) 某汽車製造廠召集所屬各修理站的技工 60 人，做一項在職複訓 (on-the-job refresher courses) 效力檢定試驗。先將60人做一次業務測驗 (trade examination)，按成績分成 20 人一組的上，中，下三組，每組20人再分成有在職複訓和無在職複訓兩個次組。訓練完畢，將60人再做一次測驗，得到的成績列成一個10次重複的完全逢機 3×2 複因子試驗。

羣	下	中	上
受 訓 練	17	26	35
	18	29	36
	20	30	38
	20	30	38
	22	33	40
	22	33	41
	22	34	41
	24	35	44
	25	35	44
	26	37	46
不受訓練	13	24	29
	14	26	33
	16	26	34
	16	28	36
	16	28	36
	17	28	38
	17	32	41
	18	32	41
	18	33	43
	20	34	47

(a) 用 5% 水準測驗互涉不存在，並解釋互涉效應的意義。

(b) 用 5% 水準測驗在職複訓無效的擬說。

20) 有一個試驗，用來研究麥芽酵素的誘生對氮餇酵母細胞脫除游離麩酸的影響。用 α 甲苷做誘生劑。先將供試酵母細胞放在特製培養基中80分鐘，消盡可給氮分；在用 NH_4Cl 做15分鐘的供氮後，用離心法析出細胞，洗淨並製成懸液。取等量懸液分別注入10個盛有萄蔔糖溶液的培養瓶內，其中 5 瓶有誘生劑而另 5 瓶沒有。培養後將每瓶細胞析出並洗淨，用氣流計裝置的脫羧酵素法測定游離麩酸含量兩次。用 5% 水準測驗兩處理平均麩酸含量差。

瓶　號	無誘生劑	有誘生劑
1	19.6 20.4	10.3 10.1
2	17.9 17.2	10.9 10.8
3	17.2 18.0	9.9 9.9
4	18.9 19.6	11.1 11.5
5	17.3 17.5	12.0 11.8

21) 題20試驗中還測定過阿金氨酸（argenine）的含量。用 5% 水準測驗兩處理平均含量差。

瓶　號	無誘生劑	有誘生劑
1	3.2 3.2	1.7 1.7
2	2.4 2.4	1.9 2.3
3	2.6 2.9	1.8 1.6
4	2.8 3.0	1.9 1.8
5	2.6 2.6	2.0 1.9

參 考 文 獻

Anderson, R. L. and Bancroft, T. A.: *Statistcal Theory in Research*, McGraw-Hill Book Company, New York, 1952.

Bennett, Carl A. and Franklin, Normal L.: *Statistical Analysis in Chemistry and the Chemical Industry*, John Wiley and Sons, Inc., New York, 1954.

Fisher, R. A.: The *Design of Experiments*, Hafner Publishing Company, New York, 1951.

Mood, A. M.: *Introduction to the Theory of Statistics*, McGraw-Hill Book Company, New York, 1950.

Ostle, Bernard: *Statistics in Research*, Iowa State University Press, Ames, 1954.

第 十 九 章

變 積 分 析

在 17.3 和 17.4 節曾經討論過單一樣品的廻歸係數和訂正均值的分布，現在要推廣到 k 個樣品的直線廻歸問題。這種新的分析技術稱為變積分析 (analysis of covariance)，可以將 x 與 y 的乘積和劃分成許多種成分。變積分析中劃分的是乘積和而不是平方和，但形式上却和變方分析相同，所以本章書就是變方分析和直線廻歸的合併討論。

19.1 廻歸係數的同質性測驗

本章要討論的是 k 個族羣廻歸係數相等的擬說，而有關的原設便是 k 個樣品各自逢機地由 16.2 節敍述過的 k 個族羣內取出。在第十六和十七兩章曾經詳盡說明過，兒童身高 y 隨年齡 x 增長的變率便是 y 對 x 的廻歸係數。現在想知道不同種族的兒童是否會有相同的增長率 β，便需要由每個種族取出一個逢機樣品來測驗各個 β 值相等的擬說，而棄却擬說便表示各種族兒童的身高增長率不同。用幾何學的方法來說，k 個族羣廻歸係數相等的擬說其實就是 k 條族羣廻歸直線相互平行的擬說。

均值的同質性測驗 (test of homogeneity)（第十二章，變方分析）是用樣品均值變異（樣品間 MS）與樣品內觀測值變異（樣品內 MS）來比較的；廻歸係數同質性測驗也用同樣的原理，但却用樣品間廻歸係數的變異來和樣品內廻歸係數的變異比較了。兩種測驗旣然有相類似的性質，用一個便可以解釋另外一個。

樣品均值 $\bar{y}$ 和樣品廻歸係數 b 有很多相似的地方。兩者都是樣品內觀測值 y 的線性組合（15.1節，式 3 和 17.3 節，式 4），族羣爲常態時兩介值都從常態分布(15.2節)。這種類比 (analog) 也可以沿用到兩種介值的分母和分子上去；$\bar{y} = T/n$ 而 $b = SP/SS_x$，所以 T 與 SP

341

和 n 與 SS_x 有相同的功用；如果 $\bar{y}$ 的變方是 σ^2/n（定理5.3），b 的變方便是 σ^2/SS_x（定理17.3）。

總均值 $\bar{\bar{y}}$ 是 k 個樣品均值 $\bar{y}$ 用樣品大小 n 作權值的加權均值，也就是（12.10 節，式 4）

$$\bar{\bar{y}} = \frac{n_1\bar{y}_1 + n_2\bar{y}_2 + \cdots + n_k\bar{y}_k}{n_1 + n_2 + \cdots + n_k} = \frac{T_1 + T_2 + \cdots + T_k}{\sum n} = \frac{G}{\sum n} \,\circ \quad (1)$$

應用類比法，k 個樣品廻歸係數的均值 b 便應當是 k 個樣品廻歸係數 b 用樣品 SS_x 作權值的加權均值，也就是

$$\bar{b} = \frac{SS_{x1}b_1 + SS_{x2}b_2 + \cdots + SS_{xk}b_k}{SS_{x1} + SS_{x2} + \cdots + SS_{xk}} = \frac{SP_1 + SP_2 + \cdots + SP_k}{\sum SS_x} \quad (2)$$

SS_{x1} 代表第一樣品 SS_x，SS_{x2} 代表第二樣品 SS_x，等等，而 bSS_x 等於 SP 是由 16.9 節內式(5)得出的。

樣品間 SS 是（12.10 節，式 2）

$$\sum^{k}(\bar{y} - \bar{\bar{y}})^2 = n_1(\bar{y}_1 - \bar{\bar{y}})^2 + n_2(\bar{y}_2 - \bar{\bar{y}})^2 + \cdots + n_k(\bar{y}_k - \bar{\bar{y}})^2 \quad (3)$$

$$= \frac{T_1^2}{n_1} + \frac{T_2^2}{n^2} + \cdots + \frac{T_k^2}{n_k} - \frac{G^2}{\sum n} , \quad (4)$$

而對應的廻歸係數 SS 便是

$$\sum^{k}SS_x(b - \bar{b})^2 = SS_{x1}(b_1 - \bar{b})^2 + SS_{x2}(b_2 - \bar{b})^2 + \cdots + SS_{xk}(b_k - \bar{b})^2 \quad (5)$$

$$= \frac{(SP_1)^2}{SS_{x1}} + \frac{(SP_2)^2}{SS_{x2}} + \cdots + \frac{(SP_k)^2}{SS_{xk}} - \frac{(\sum SP)^2}{\sum SS_x} ; \quad (6)$$

就是 k 個個別廻歸 SS 的和減去匀和 SP 與匀和 SS_x 組成的廻歸 SS。式(3)和式(5)內 SS 值的自由度數都是 $(k-1)$。

樣品內 SS 是 k 個樣品的 SS_v，而它的自由度數便是 $\sum(n-1)$ 或 $(\sum n - k)$；對應的廻歸係數的 SS 也就是匀和剩餘 SS，而它的自由度數是 $(\sum n - 2)$ 或 $(\sum n - 2k)$。在變方分析中，

$$s^2 = SS/(n-1)$$

是 σ^2 的估值；在廻歸中，

$$s^2 = (剩餘\,SS)/(n-2)$$

當然也是同一徵值的估值了；所以便產生了這個類比。

測驗 k 個族羣均值相等擬說時，通常用自由度數等於 $(k-1)$ 和 $(\sum n-k)$ 的介值

$$F = \frac{(\text{樣品間 } SS)/(k-1)}{(\text{匀和} SS_y)/(\sum n-k)} \text{。} \tag{7}$$

由類比可以知道，測驗 k 個族羣廻歸係數相等擬說，便要用自由度數爲 $(k-1)$ 和 $(\sum n-2k)$ 的介值

$$F = \frac{\sum SS_x(b-\bar{b})^2/(k-1)}{(\text{匀和剩餘} SS)/(\sum n-2k)} \text{。} \tag{8}$$

表 19.1a 是用三個樣品 $(k=3)$ 例示的廻歸係數同質性測驗。每個樣品的 SS_x，SP，SS_y，b，廻歸 SS，剩餘 SS 都用 16.9 節方法算出，計算程序列在表 19.1b 內而算出結果便列在 19.1c 的前三行。三個廻歸係數 b 的加權均值 $\bar{b}$ 是

$$\bar{b} = \frac{8(2.50)+4(2.00)+16(1.75)}{8+4+16} = \frac{20+8+28}{28} = \frac{56}{28} = 2.00 \text{；}$$

式中的分子 56 就是匀和 SP，而分母 28 是匀和 SS_x。

表 19.1a 三個不等大的樣品

樣品 1		樣品 2		樣品 3	
x	y	x	y	x	y
4	10	1	5	4	10
2	5	3	9	2	5
4	8	2	1	6	12
6	15	1	1	4	10
4	12	3	5	6	15
				2	8

樣品廻歸係數間變異產生的加權平方和是

$$\sum_{}^{k} SS_x(b-\bar{b})^2 = 8(2.50-2.00)^2 + 4(2.00-2.00)^2$$
$$+ 16(1.75-2.00)^2 = 3 \text{。}$$

表 19.1b　平方和與乘積和的計算

項　目	樣品編號			合　計		
	1	2	3			
n	5	5	6	$16 = \sum n$ ⎫ $\bar{x} = 3.375$		
$T_x = \sum x$	20	10	24	$54 = G_x$ ⎭ $G_x^2/\sum n = 182.25$		(I)
T_x^2	400	100	576			
T_x^2/n	80	20	96	$196 = \sum_{}^{k}\left(\dfrac{T_x^2}{n}\right)$		(II)
$\sum x^2$	88	24	112	$224 = \sum x^2$		(III)
SS_x	8	4	16	$28 = \sum^{k} SS_x,$ 勻和 SS_x		
$T_x T_y$	1,000	250	1,440	$G_x G_y/\sum n = 455.625$		(I)
$T_x T_y/n$	200	50	240	$490 = \sum^{k}\left(\dfrac{T_x T_y}{n}\right)$		(II)
$\sum xy$	220	58	268	$546 = \sum xy$		(III)
SP	20	8	28	$56 = \sum^{k} SP,$ 勻和 SP		
$T_y = \sum y$	50	25	60	$135 = G_y;\ G_y^2/\sum n = 1,139.0625$		(I)
T_y^2	2,500	625	3,600			
T_y^2/n	500	125	600	$1,225 = \sum_{}^{k}\left(\dfrac{T_y^2}{n}\right)$		(II)
$\sum y^2$	558	157	658	$1,373 = \sum y^2$		(III)
SS_y	58	32	58	$148 = \sum^{k} SS_y,$ 樣品內 SS		

表 19.1c　廻歸係數的同質性測驗

樣品編號	樣品大小 n	SS_x	SP	SS_y	b	廻歸		剩餘	
						SS	DF	SS	DF
1	5	8	20	58	2.50	50	1	8	3
2	5	4	8	32	2.00	16	1	16	3
3	6	16	28	58	1.75	49	1	9	4
合　計		—	—	—		115	3	33	10
勻　和		28	56	148	2.00	112	1		
差						3	2		

由式(6)，這個 SS 也等於 k 個個別廻歸 SS 的和減去由勻和 SP 與勻和 SS_x 求得的廻歸 SS，也就是自由度數爲 2 的（表19.1c）

$$\sum^k SS_x(b-\bar{b})_2 = 50+16+49-112 = 115-112 = 3 。$$

兩種方法算出的結果相同，但前者代表 SS 的定義而後者是簡算法；如果全部樣品廻歸係數相等，由式(5)可以知道這個 SS 值等於零。

勻和剩餘 SS 便是 k 個樣品剩餘 SS 的和，也就是（表19.1c）

$$勻和剩餘 \ SS = 8+16+9 = 33 ，$$

而自由度數是 $\sum(n-2)=(5-2)+(5-2)+(6-2)=10$。測驗 k 個族羣廻歸係數 β 相等擬說時，可以用自由度數爲 2 和 10 的

$$F = \frac{3/2}{33/10} = 0.45 ; \tag{9}$$

祇在 F 值過大時棄却擬說，是一種單尾測驗。當各 b 值相等時 F 值等於零（式 8），而 F 值很大便表示 b 間差異很大而會得出 β 不全相等的結論。

將表 19.1b 和 19.1c 的計算縮合一下，便得到表 19.1d 的變方分析，並可以得到廻歸係數同質性測驗的另外線索。如果**省略** x (with x being ignored) 祇就 y 做變方分析，樣品間 SS 的自由度數便會是 $(k-1)$ 而樣品內 SS 的自由度數便是 $(\sum n-k)$（12.10節）。樣品內 SS 現在又劃分成三個成分（表19.1d）而與直線廻歸的變方分析發生了關係，自由度數爲 $(n-1)$ 的樣品 SS_y 可以分成自由度數爲 1 的廻歸 SS 和自由度數爲 $(n-2)$ 的剩餘 SS（16.4 節）。現在有 k 個樣品，這 k 個廻歸 SS 之和的自由度數 k 便可以劃分成兩種成分，就是由 $\bar{b}$ 得到的自由度數爲 1 的廻歸 SS 和由 b 間變異得出的自由度數爲 $(k-1)$ 的 SS（表 19.1d）。自由度數 $(\sum n-2k)$ 的勻和剩餘 SS 就是 k 個樣品剩餘 SS 的和。

表 19.1d 內共有兩個 F 值，都用勻和剩餘 MS 做分母；下面一個的使用目的已經解釋過，上面一個也不難瞭解。由 $\bar{b}$ 產生的廻歸 SS

是等於 $\sum(SP)^2/\sum SS_x$ 的而 $\bar{b}$ 却等於 $\sum SP/\sum SS_x$，所以廻歸 SS 等於 $\bar{b}^2\sum SS_x$；$\bar{b}$ 的值偏離零越遠 F 值便越大，所以 F 值大時表示 $\bar{\beta}$ 不近於零而測驗的擬說便是 $\bar{\beta}=0$。

表 19.1d　樣品內 SS 的劃分

變異原因	平方和	自由度	均　方	F	擬　說
$\bar{b}$ 產生的廻歸	112	$1=\quad 1$	112.0	33.94	$\bar{\beta}=0$
b 間變異	3	$2=k-1$	1.5	0.45	$\beta_1=\beta_2=\cdots=\beta_k$
勻和剩餘	33	$10=\sum n-2k$	3.3		
樣品內	148	$13=\sum n-k$			

19.2 均值和廻歸係數的類比

樣品均值 $\bar{y}$ 與樣品廻歸係數 b 的相似性已在前節提到過，現在將兩者的對應數量並列在表 19.2 內作爲參考；如果已知 T 與 SP 和 n 與 SS_x 的類比關係，別的對應項間關係都不難推知。

表 19.2　均值與廻歸係數的類比

項　目	均　值	廻歸係數
介值	$\bar{y}$	b
介值的分母	T	SP
介值的分子	n	SS_x
介值的均值	μ	β
介值的變方	σ^2/n	σ^2/SS_x
加權均值	$\bar{\bar{y}}$	$\bar{b}$
加權均值的權值	n	SS_x
加權均值的分子	$G=\sum T$	$\sum SP$
加權均值的分母	$\sum n$	$\sum SS_x$
要測驗的擬說	$\mu_1=\mu_2=\cdots=\mu_k$	$\beta_1=\beta_2=\cdots=\beta_k$
用到的測驗	F	F
F 的分子	$\sum n(\bar{y}-\bar{\bar{y}})^2/(k-1)$	$\sum SS_x(b-\bar{b})^2/(k-1)$
F 的分母	勻和 SS_y/勻和 $d.f.$	勻和剩餘 SS/勻和 $d.f.$

樣品均值與樣品廻歸係數間的相似性也可以由單自由度看出。數量 T^2/n 是 n 個觀測值同取乘數 1 時的一個單自由度,也就是

$$Q_0^2 = \frac{(y_1+y_2+\cdots+y_n)^2}{1(1^2+1^2+\cdots+1^2)} = \frac{T^2}{n}$$

(15.3 節,式 11);廻歸 SS 却另是一個單自由度

$$Q_1^2 = \frac{[(x_1-\overline{x})y_1+(x_2-\overline{x})y_2+\cdots+(x_n-\overline{x})y_n]^2}{1[(x_1-\overline{x})^2+(x_2-\overline{x})^2+\cdots+(x_n-\overline{x})^2]} = \frac{(SP)^2}{SS_x} \,\text{。}$$

上面兩個單自由度的對應乘數乘積和等於零,所以兩者是正交的;這樣便可以知道,剩餘 SS

$$SS_y - \frac{(SP)^2}{SS_x} = \sum y^2 - \frac{T^2}{n} - \frac{(SP)^2}{SS_x} = \sum y^2 - Q_0^2 - Q_1^2$$

的自由度數等於 $(n-2)$。

現在用一個日常生活的例子來說明上面的單自由度與各種 SS 的關係。數量 $\sum y^2$ 相當一個有 n 層的洋蔥而 Q_0^2 和 Q_1^2 是它的最外兩層,SS_y 是剝去第一層而剩餘 SS 便是剝去第一和二層的洋蔥。均值同質性測驗相當於比較 k 片剝下的第一層,樣品內 SS 的自由度數便相當餘下的洋蔥的全部層數 $(\sum n-k)$。廻歸係數同質性測驗便是剝下的 k 片第二層的比較,而勻和剩餘 SS 的自由度數 $(\sum n-2k)$ 相當於剝去兩層後的 k 個洋蔥的總層數。如果用曲線廻歸,剝層的工作便更為深入,直到剝到蔥心為止。

應用表 19.2 的類比,可由定理 10.4a 得出一個有關兩廻歸係數差的定理;介值

$$t = \frac{(b_1-b_2)-(\beta_1-\beta_2)}{\sqrt{s^2\left[\dfrac{1}{SS_{x1}}+\dfrac{1}{SS_{x2}}\right]}} \tag{1}$$

從自由度數 (n_1+n_2-4) 的學生氏 t 分布,而 s^2 等於兩樣品勻和剩餘 SS 用 (n_1+n_2-4) 除。將表 19.2 中各個對應數量代入定理 10.4a 的方程式,得到的結果便是式(1)。

式(1)的介值 t 可用來測驗 $\beta_1-\beta_2$ 等於零或任意值的擬說。如果擬說是 $\beta_1-\beta_2=0$,F 和 t 測驗便同時可用;又因 $t^2=F$ (定理12.6)的關係,兩者的結論必然是相同的。

由式(1)又可以求出兩廻歸係數差的可信間距。 這個差 $(\beta_1-\beta_2)$ 的95%可信間距 (11.5 節，式 1)是

$$b_1-b_2 \pm t._{025}\sqrt{s^2\left[\frac{1}{SS_{x1}}+\frac{1}{SS_{x2}}\right]}; \qquad (2)$$

如果所求的是99%可信間距，便可以將 $t._{025}$ 換成 $t._{005}$。

設表 19.1a 中第三個樣品不存在，用餘下兩個樣品便可以說明兩廻歸係數差的各種計算；求得的各值已列在表 19.1c 內。徵值 σ^2 的匀和估值 s^2 就是匀和剩餘 SS 用 (n_1+n_2-4) 除，也就是自由度數為 6 的

$$s^2 = \frac{8+16}{3+3} = 4 \text{ 。}$$

如果測驗的擬說是 $\beta_1-\beta_2=1$，介值便是自由度數 6 的

$$t = \frac{(2.50-2.00)-1}{\sqrt{4\left(\frac{1}{8}+\frac{1}{4}\right)}} = \frac{-0.50}{1.225} = -0.408 \text{ 。}$$

差 $(\beta_1-\beta_2)$ 的 95% 可信間距是

$$(2.50-2.00) \pm 2.447\sqrt{4\left(\frac{1}{8}+\frac{1}{4}\right)}$$

或 0.50 ± 3.00，也就是

$$-2.50 < \beta_1-\beta_2 < 3.50;$$

簡單地說，$(\beta_1-\beta_2)$ 在 -2.50 到 3.50 間。如果想求得更狹的可信間距，應當增大樣品或放大 x 值間距或同時用兩種方法；這些事都已經放在 17.3 節內討論過了。

19.3 廻歸係數的取樣試驗

廻歸係數同質性測驗的 F 介值也從 F 分布，並且可用取樣試驗來驗證。試驗的方法和資料都採用前面的結果，不必增多計算。計算 F 值需要求得剩餘 SS 和 b 值，而這兩種介值都已分別放在 16.5 節和 17.3 節裏；有四個樣品結果，已經列在表 4.2 內。

由 $\beta = 20$ 和 $\sigma^2 = 100$ 的族羣內取出 1,000 個大小為 5 的逢機樣品，再順次序兩兩駢成 500 個對($k=2$)。應用前節的方法，每個樣品

SS_x 都等於 10（17.3 節），廻歸係數的加權均值是

$$\bar{b} = \frac{SS_{x1}b_1 + SS_{x2}b_2}{SS_{x1} + SS_{x2}} = \frac{10b_1 + 10b_2}{20} = \frac{b_1 + b_2}{2} \tag{1}$$

而廻歸係數間變異 SS 是

$$\sum SS_x(b - \bar{b})^2 = 10(b_1 - \bar{b})^2 + 10(b_2 - \bar{b})^2$$
$$= 10\left[\left(b_1 - \frac{b_1 + b_2}{2}\right)^2 + \left(b_2 - \frac{b_1 + b_2}{2}\right)^2\right]$$
$$= 5(b_1 - b_2)^2 ,$$

所以每對樣品的 F 值便是

$$F = \frac{5(b_1 - b_2)^2/(2 - 1)}{(匀和剩餘\ SS)/6} = \frac{30(b_1 - b_2)^2}{匀和剩餘\ SS} 。 \tag{2}$$

用表 4.2 的兩對樣品做例子，第一對的 F 值是

$$F = \frac{30(17.0 - 19.0)^2}{508.8 + 227.2} = \frac{120}{736} = 0.163 ,$$

而第二對的便是

$$F = \frac{30(15.6 - 16.8)^2}{203.2 + 216.8} = \frac{43.2}{420} = 0.103 。$$

算出 500 個 F 值，內中大約有25個或 5% 是大於自由度數爲 1 和 6 的 5% 點 F 值 5.99 的。（一九五四年春季俄勒岡州立大學 50 名學生合做這一個試驗，求得的 500 個 F 值中有 31 個大於表列值 5.99。）

　　用取樣試驗也可以驗證 19.2 節內式 (1) 的 t 值從學生氏 t 分布。樣品是由同族羣取出，兩個族羣廻歸係數便是相等的，所以一對樣品的 t 介值是

$$t = \frac{b_1 - b_2}{\sqrt{\dfrac{匀和剩餘\ SS}{6}\left(\dfrac{1}{10} + \dfrac{1}{10}\right)}} \tag{3}$$
$$= \frac{b_1 - b_2}{\sqrt{\dfrac{匀和剩餘\ SS}{30}}} ,$$

而 t^2 等於式(2)中的 F ；第一對樣品的 t 值是 -0.4038 ，而第二對樣品的是 -0.3027 。算出 500 個 t 值，內中大約有 2.5% 小於 -2.447

和 2.5% 大於 2.447。（一九五四年春季俄勒岡州立大學 50 名學生合做這個試驗，結果有 14 個 t 值小於 -2.447 和 17 個大於 2.447。）

19.4 訂正均值的同質性測驗

訂正均值或子樣品均值的性質已在定理17.4內討論過。當時的討論祇限於一個樣品的 n 個觀測值，現在要把它推廣到 k 個樣品；測驗的擬說便是 k 個族羣在 $x=x'$ 處的條列均值相等。用幾何學的方法來說（圖 19.4），k 個族羣有 k 條廻歸直線，由 $x=x'$ 處作的鉛直線便會與 k 條直線相交於 k 個點；上面的擬說便是 k 個點合一或 k 條廻歸直線在 $x=x'$ 處交於一點的意思。

仍然用兒童年齡 x 與身高 y 的例子（19.1 節）來說明。如果有一

表 19.4　　不同廻歸係數的訂正均值間變異 SS 的計算

行　號	數　　量	1	2	3	合　計
1	n	5	5	6	16
2	$\bar{x}$	4	2	4	
3	$\bar{x}-\bar{\bar{x}}$	0.625	-1.375	0.625	
4	b	2.50	2.00	1.75	
5	$b(\bar{x}-\bar{\bar{x}})$	1.56250	-2.75000	1.09375	
6	$\bar{y}$	10	5	10	
7	$\bar{y}_{\bar{x}}$	8.43750	7.75000	8.90625	
8	$(\bar{x}-\bar{\bar{x}})^2$	0.390625	1.890625	0.390625	
9	$n(\bar{x}-\bar{\bar{x}})^2$	1.953125	9.453125	2.343750	
10	SS_x	8	4	16	28
11	nSS_x	40	20	96	
12	$SS_x+n(\bar{x}-\bar{\bar{x}})^2$	9.953125	13.453125	18.343750	
13	W	4.018838	1.486643	5.233390	10.738871
14	$W\bar{y}_x$	33.908946	11.521483	46.609880	92.040309
15	$W\bar{y}_x^2$	286.106732	89.291493	415.119244	790.517469
16	$(\sum W\bar{y}_x)^2$				8,471.418481
17	$(\sum W\bar{y}_x)^2/\sum W$				788.855596
18	$\bar{y}_x$ 的 SS				1.661873

個逢機樣品，是由三種種族內取得的兩歲到六歲兒童的身高記錄組成的。假定廻歸是直線性的，而樣品的廻歸直線便代表不同年齡兒童的平均身高 $\bar{y}_x$。各種族兒童的身高增長率或相同或不相同，但却可以選擇一個年齡如 5 歲（$x'=5$）來比較各種族兒童的個別平均身高 $\mu_{y \cdot x}$；測驗的擬說便是在 $x=5$ 處的三個訂正均值 $\mu_{y \cdot x}$ 相等。

另用一個例子來說，用四種教學法教授四羣智商 x 不等的學生，某課程的成績 y 便受到教學法和學生智商的影響。將智商選定爲 100（$x'=100$），便可以比較各種教學法的個別訂正平均成績 $\bar{y}_x$，或者決定各種教學法對於智商爲 100 的學生有沒有差異；當然，這兒選定智商爲100，也祇是隨研究者的需要而定的。任何有研究意義的 x 值都可以選用爲 x'，但一般常選用的却都是 $\bar{\bar{x}}$；也就是例中的四羣學生的總平均智商。

訂正均值的同質性測驗也和未訂正均值（第十二章的變方分析）或廻歸係數（19.1 節）的同質性測驗相似，可以用類比的方法求得。由定理 17.4，$\bar{y}_x$ 的變方是

$$\sigma_{y_x} = \left[\frac{1}{n} + \frac{(x-\bar{x})^2}{SS_x}\right]\sigma^2 = \left[\frac{SS_x + n(x-\bar{x})^2}{nSS_x}\right]\sigma^2$$

$$= \frac{\sigma^2}{\dfrac{nSS_x}{SS_x + n(x-\bar{x})^2}} = \frac{\sigma^2}{W}, \tag{1}$$

而

$$W = \frac{nSS_x}{SS_x + n(x-\bar{x})^2} \tag{2}$$

便相當於均值 $\bar{y}$ 的 n 和廻歸係數 b 的 SS_x（19.2節）。這樣便可以求出 k 個訂正均值 $\bar{y}_x$ 的加權均值 $\bar{\bar{y}}_x$

$$\bar{\bar{y}}_x = \frac{\sum\limits^{k} W\bar{y}_x}{\sum W} = \frac{W_1\bar{y}_{x1} + W_2\bar{y}_{x2} + \cdots + W_k\bar{y}_{xk}}{W_1 + W_2 + \cdots + W_k}, \tag{3}$$

而訂正均值間變異的加權 SS 便是

$$\sum\limits^{k} W(\bar{y}_x - \bar{\bar{y}}_x)^2 = \sum W\bar{y}_x^2 - \frac{(\sum W\bar{y}_x)^2}{\sum W}; \tag{4}$$

祇要將 19.1 節的式(3)和式(5)變換權值，便可以求出。

　　本節用到的符號要比較特殊一點，可以用表 19.1a 的數例 來 說明。例中的三個樣品均值和樣品廻歸係數都已算出，而 x 的總均值 $\bar{\bar{x}}$ 等於 3.375 (表 19.1b)。樣品的訂正均值便是 (17.4 節，式 2)

$$\bar{y}_x = \bar{y} - b(\bar{x} - \bar{\bar{x}}) , \tag{5}$$

而用表 19.4 內第一到六行計算程序算出的三個樣品訂正均值便 列 在同表的第七行。三個樣品的權值 W 可用式(2)算出，列在表 19.4 的第十三行，而計算方法列在八到十二行。再由表 19.4 的第十四到十八行計算程序，便得到訂正均值間變異的加權 SS 值 1.66。勻和剩餘 SS 等於33，自由度數是 10 (表 19.1d)，而 k 個訂正均值相等擬說可用自由度數爲 2 和 10 或 $(k-1)$ 和 $(\sum n - 2k)$ 的介值

$$F = \frac{1.66/2}{33/10} = 0.25 \tag{6}$$

來測驗。

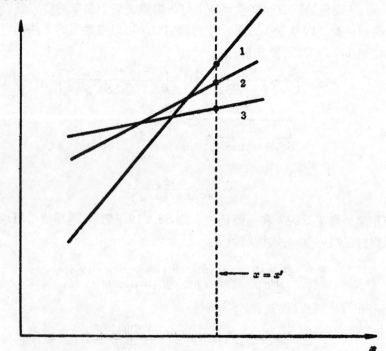

圖19.4　異質性訂正均值的圖示

19.5 訂正均值的取樣試驗

　　訂正均值同質性測驗用的 F 介值從 F 分布，也可以用取樣試驗來驗證，而計算的方法可利用 16.5，17.3，17.4，和 19.3 節的結果。如將 1,000 個逢機樣品兩兩騈成 500 個對 ($k=2$)，每對算一個 F 值

$$F = \frac{W_1(\bar{y}_{x1} - \bar{\bar{y}}_x)^2 + W_2(\bar{y}_{x2} - \bar{\bar{y}}_x)^2}{s^2}, \tag{1}$$

在 $x=5$ 處的 1,000 個訂正均值已經在 17.4 節求得。每樣品的 $n=5$，$SS_x=10$，$\bar{x}=3$，所以全部樣品的權值 W 相同而是

$$W = \frac{nSS_x}{SS_x + n(x-\bar{x})^2} = \frac{5(10)}{10 + 5(5-3)^2} = \frac{5}{3}。 \tag{2}$$

在 $x=5$ 處的兩個訂正均值的加權均值等於

$$\bar{\bar{y}}_x = \frac{\frac{5}{3}\bar{y}_{x1} + \frac{5}{3}\bar{y}_{x2}}{\frac{5}{3} + \frac{5}{3}} = \frac{\bar{y}_{x1} + \bar{y}_{x2}}{2}, \tag{3}$$

而訂正均值間變異 SS 是

$$\sum W(\bar{y}_x - \bar{\bar{y}}_x)^2 = \frac{5}{3}\left(\bar{y}_{x1} - \frac{\bar{y}_{x1} + \bar{y}_{x2}}{2}\right)^2 + \frac{5}{3}\left(\bar{y}_{x2} - \frac{\bar{y}_{x1} + \bar{y}_{x2}}{2}\right)^2$$

$$= \frac{5}{6}(\bar{y}_{x1} - \bar{y}_{x2})^2。 \tag{4}$$

每對樣品可以算出一個自由度數為 1 和 6 的

$$F = \frac{\frac{5}{6}(\bar{y}_{x1} - \bar{y}_{x2})^2/(2-1)}{(匀和剩餘 SS)/6} = \frac{5(\bar{y}_{x1} - \bar{y}_{x2})^2}{匀和剩餘\ SS} \tag{5}$$

而匀和剩餘 SS 已在 19.3 節求得。用表 4.2 的兩對樣品做例子，第一對的 F 值是

$$F = \frac{5(122.8 - 123.6)^2}{508.8 + 227.2} = \frac{3.2}{736} = 0.004,$$

第二對的是

$$F = \frac{5(130.4 - 129.0)^2}{203.2 + 216.8} = \frac{9.8}{420} = 0.023。$$

求出 500 個 F 值，內中便有將近 25 個或 5% 大於自由度數為 1 和 6 的

5%點 F 值 5.99。（一九五四年春季俄勒岡州立大學 50 名學生合做這個試驗，求得的 500 個 F 值中有 28 個大於 5.99。）

上述取樣試驗也可以用來驗證介值

$$t = \frac{(\bar{y}_{x1} - \bar{y}_{x2}) - (\mu_{y.x1} - \mu_{y.x2})}{\sqrt{s^2 \left(\frac{1}{W_1} + \frac{1}{W_2} \right)}} \tag{6}$$

從自由度數 ($\sum n - 2k$) 學生氏 t 分布的事。各樣品都是由同一族羣內取得，兩個族羣訂正均值相等，所以一對樣品的介值 t 是

$$t = \frac{\bar{y}_{x1} - \bar{y}_{x2}}{\sqrt{\frac{\text{勻和剩餘 } SS}{6} \left(\frac{3}{5} + \frac{3}{5} \right)}} \tag{7}$$

而 t^2 確實等式(5)的 F。用表 4.2 的兩對樣品做例子，得到的兩個 t 值分別是 -0.066 和 0.153。算出 500 個 t 值，內中小於自由度數 6 的 2.5%點 t 值 -2.447 和大於 2.447 的 t 值必然同近於 2.5%。（一九五四春季俄勒岡州立大學 50 名學生合作計算過，500 個 t 值中有 12 個小於 -2.447 和 16 個大於 2.447 的。）

式(6)的介值 t 可以用來測驗兩個訂正均值差等於零或等於任意值的擬說。如果擬說是訂正均值差等於零，t 和 F 便同時可用並得出相同結論；兩者間的關係便是 $t^2 = F$ （定理 12.6）。

兩訂正均值的可信間距也可用式(6)求得，而95%可信間距便是

$$\bar{y}_{x1} - \bar{y}_{x2} \pm t_{.025} \sqrt{s^2 \left(\frac{1}{W_1} + \frac{1}{W_2} \right)} ;$$

數量 W 的定義已在 19.4 節的式(2)內見過。要計算 99% 可信間距，改用 $t_{.005}$ 值代替 $t_{.025}$ 值便行了。

用表 19.1a 的樣品 1 和樣品 2 做例子。兩個訂正均值列在表19.4 的第 7 行，而權值列在第 13 行。徵值 σ^2 的勻和估值 s^2 就是勻和剩餘 SS 用 ($n_1 + n_2 - 4$) 除，在例中便是自由度數為 6 的

$$s^2 = \frac{8 + 16}{3 + 3} = 4 。$$

如果測驗第一訂正均值比第二訂正均值多 3 的擬說，介值便是自由度數為 6 的

$$t = \frac{(8.4375 - 7.7500) - 3}{\sqrt{4\left(\dfrac{1}{4.018838} + \dfrac{1}{1.486643}\right)}} = \frac{-2.3125}{1.91988} = -1.20 \text{。}$$

兩訂正均值差的 95% 可信間距是

$$8.4375 - 7.7500 \pm 2.447 \sqrt{4\left(\frac{1}{4.018838} + \frac{1}{1.486643}\right)}$$

或 0.6875 ± 4.6979，也就是

$$-4.01 < \mu_{y.x1} - \mu_{y.x2} < 5.39 \text{；}$$

當 $x = 3.375$ 時，兩族羣的訂正均值差在 -4.01 到 5.39 間。要想求得更狹的可信間距，便要用較大的權值而需要增加樣品大小 n 和 SS^x 值（19.4節，式2）；SS_x 值的增大可用增大 n，增大 x 間變異，或同時應用兩種方法做到。

19.6 單自由度

前述的 (a) 均值同質性（變方分析），(b) 迴歸係數同質性，和 (c) 訂正均值同質性三種測驗都是用來測驗 k 個徵值的一般性擬說的，而徵值分別是 μ，β，和 $\mu_{y.x}$；這三種情形的特定擬說也可以用單自由度來測驗。單自由度 SS 或 Q^2 的計算已在 15.3 節講過，但當時的方法是限用於等大樣品的。現在要擴大討論範圍，講述不等大樣品時的均值迴歸係數，和訂正均值的計算；討論到的 k 個樣品的各項估值還是 $\bar{y}$，b，和 $\bar{y}_x$。

用 $E_1, E_2, \cdots, E_k$ 代表 k 個樣品估值，對應的權值便分別是 W_1, $W_2, \cdots, W_k$；也就是說，E 是 $\bar{y}$ 時 W 便是 n，E 是 b 時 W 便是 SS_x （19.2節），E 是 $\bar{y}_x$ 時 W 便是（19.4節，式2）

$$W = \frac{nSS_x}{SS_x + n(x - \bar{x})^2} \text{。}$$

求這種一般性正交乘數 (M) 時，要把 15.3 節的方法修正一下；用到的法則是：

(a) 每個單自由度乘數 M 的加權和等於零。

(b) 任意兩個單自由度對應乘數 M 的加權乘積的和等於零。

將上面的法則用符號來說明：由法則（a），表 19.6a 的例子便得到

   (i) $W_1 M_{11} + W_2 M_{12} + W_3 M_{13} + W_4 M_{14} = 0$

   (ii) $W_1 M_{21} + W_2 M_{22} + W_3 M_{23} + W_4 M_{24} = 0$ (1)

   (iii) $W_1 M_{31} + W_2 M_{32} + W_3 M_{33} + W_4 M_{34} = 0$

由法則（b），又得到

   (i) $W_1 M_{11} M_{21} + W_2 W_{12} W_{22} + W_3 M_{13} M_{23} + W_4 M_{14} M_{24} = 0$

   (ii) $W_1 M_{11} M_{31} + W_2 M_{12} M_{32} + W_3 M_{13} M_{33} + W_4 M_{14} M_{34} = 0$ (2)

   (iii) $W_1 M_{21} M_{31} + W_2 M_{22} M_{32} + W_3 M_{23} M_{33} + W_4 M_{24} M_{34} = 0$

如果各權值 W 相同，得到的便是 15.3 節的法則。

表 19.6a　單自由度的權值和乘積

項　　目	樣	品		
	1	2	3	4
估　　值	E_1	E_2	E_3	E_4
權　　值	W_1	W_2	W_3	W_4
Q_1^2 的乘數	M_{11}	M_{12}	M_{13}	M_{14}
Q_2^2 的乘數	M_{21}	M_{22}	M_{23}	M_{24}
Q_3^2 的乘數	M_{31}	M_{32}	M_{33}	M_{34}

表 19.6a　中第一個單自由度 SS 是

$$Q_1^2 = \frac{(\sum MWE)^2}{\sum WM^2} = \frac{(M_{11}W_1 E_1 + M_{12}W_2 E_2 + \cdots + M_{1k}W_k E_k)^2}{W_1 M_{11}^2 + W_2 M_{12}^2 + \cdots + W_k M_{1k}^2} \quad (3)$$

如果估值 E 是樣品均值 $\bar{y}$ 而權值 W 是樣品大小 n，由於 $WE = n\bar{y} = T$ 就是樣品合計，式(3)便成爲

$$Q_1^2 = \frac{(\sum MT)^2}{\sum nM^2} = \frac{(M_{11}T_1 + M_{12}T_2 + \cdots + M_{1k}T_k)^2}{n_1 M_{11}^2 + n_2 M_{12}^2 + \cdots + n_k M_{1k}^2} ;$$

如果樣品等大，式(4)就是 15.3 節的式(11)。

用在廻歸係數的計算上，估值 E 是 b 而權值 W 是 SS_x，式(3)變成

$$Q_1^2 = \frac{(M_{11}SP_1 + M_{12}SP_2 + \cdots + M_{1k}SP_k)^2}{SS_{x1}M_{11}^2 + SS_{x2}M_{12}^2 + \cdots + SS_{xk}M_{1k}^2} ; \quad (5)$$

因爲，$WE = SS_x b = SP$。

上例的 k 值纔是 5，乘數組已經不易求得，樣品更多時當然很難求得一組滿足限制條件的乘數；但祇要把握着 k 個處理的實際意義，還是可以得到的。表 19.6b 的三個樣品和表 19.6c 的四個樣品都可以用做正交乘數組的示例，例內的乘數 M 都寫成了權值 W；它們都能夠滿足式(1)和式(2)，也都不難驗證。將表 19.6b 的正交乘數組用到表 19.1a 的數例上去，便得出表 19.6d 內均值的乘數，而求得的兩個單自由度（式 4 ）便是：

$$Q_1^2 = \frac{[5(50) - 5(25)]^2}{5(5)^2 + 5(-5)^2} = 62.5$$

$$Q_2^2 = \frac{[6(50) + 6(25) - 10(60)]^2}{5(6)^2 + 5(6)^2 + 6(-10)^2} = 23.4375$$

由表 19.1b 下方的 II—I 求得樣品間 $SS_y = 1,225 - 1,139.0625 = 85.9375$，確實等於 Q_1^2 和 Q_2^2 的和。

表 19.6b 三個樣品的正交乘數組

項　　目	樣　　品		
	1	2	3
估　　值	E_1	E_2	E_3
權　　值	W_1	W_2	W_3
1 對 2	W_2	$-W_1$	0
(1 與 2) 對 3	W_3	W_3	$-(W_1 + W_2)$

表 19.6c 四個樣品的正交乘數組

項　　目	樣　　品			
	1	2	3	4
估　　值	E_1	E_2	E_3	E_4
權　　值	W_1	W_2	W_3	W_4
1 對 2	W_2	$-W_1$	0	0
3 對 4	0	0	W_4	$-W_3$
(1 與 2) 對 (3 與 4)	$W_3 + W_4$	$W_3 + W_4$	$-(W_1 + W_2)$	$-(W_1 + W_2)$

表 19.6d　三個樣品均值的正交乘數組

項　　目	樣　品		
	1	2	3
估 值 $\bar{y}$	10	5	10
權 值 n	5	5	6
$WE = n\bar{y} = T_y$	50	25	60
1 對 2	5	−5	0
(1 與 2) 對 3	6	6	−10

表 19.6e　三個廻歸係數的正交乘數組

項　　目	樣　品		
	1	2	3
估 值 b	2.50	2.00	1.75
權 值 SS_x	8	4	16
$WE = SS_x b = SP$	20	8	28
1 對 2	4	−8	0
(1 與 2) 對 3	16	16	−12

　　廻歸係數間 SS 也可以做類似的劃分，用的是表 19.1c 內的 b 和 SS_x 值，乘數組列在表 19.6e。兩個單自由度 SS（式 5）是：

$$Q_1^2 = \frac{[4(20)-8(8)]^2}{8(4)^2+4(-8)^2} = 0.6667$$

$$Q_2^2 = \frac{[16(20)+16(8)-12(28)]^2}{8(16)^2+4(16)^2+16(-12)^2} = 2.3333$$

兩者的和確實等於表 19.1d 內廻歸係數間變異的 SS。

　　訂正均值間變異的 SS 當然也可用同法劃分。訂正均值和它們的權值列在表 19.4 的第七和第十三行，乘數便列在表 19.6f 內。兩個單自由度 SS（式 3）是：

$$Q_1^2 = \frac{[1.486643(33.9089)-4.018838(11.5215)]^2}{4.018838(1.486643)^2+1.486643(-4.018838)^2} = 0.1529$$

$$Q_2^2 = \frac{[5.233390(33.9089)+5.233390(11.5215)-5.505481(46.6099)]^2}{4.018838(5.233390)^2+1.486643(5.233390)^2+5.233390(-5.505481)^2}$$

$$= 1.1490$$

兩者的和確實等於表19.4內第十八行的訂正均值間變異 SS 。

表 19.6f　三個訂正均值的正交乘數組

項　目	樣品編號		
	1	2	3
估　值 $\bar{y}_x$	8.43750	7.75000	8.90625
權　值 W	4.018838	1.486643	5.233390
$WE = W\bar{y}_x$	33.9089	11.5215	46.6099
1 對 2	1.486643	−4.018838	0
(1 與 2) 對 3	5.233390	5.233390	−5.505481

　　單自由度的目的和應用已在15.3節詳細討論過，不必多說；本節祇將前面的方法擴充了一下，除計算較爲複雜外，並未增加新材料。

19.7　廻歸係數相等的訂正均值測驗

　　在19.4節討論過的訂正均值同質性測驗是一種一般性方法，但却並不常用；它的常用形式是訂正於全部 k 個樣品各 x 值總均值 $x = \bar{\bar{x}}$ 處族羣廻歸係數相等擬說。這種特例的計算也和前面的方法相似。

　　上述特例的訂正樣品均值是；

$$\bar{y}_x = \bar{y} - \bar{b}(\bar{x} - \bar{\bar{x}}); \tag{1}$$

由於 k 個族羣廻歸係數相等，樣品廻歸係數 b （19.4節，式5）便用 k 個樣品的加權平均廻歸係數 $\bar{b}$ 代替。用表 19.1a 的三個樣品做例子，得到的訂正均值便是：

　　樣品 1 : $\bar{y}_x = 10-2.00(4-3.375) = 8.75$

　　樣品 2 : $\bar{y}_x = \ \ 5-2.00(2-3.375) = 7.75$

　　樣品 3 : $\bar{y}_x = 10-2.00(4-3.375) = 8.75$

　　這個訂正均值間變異 SS 的計算比較簡單，計算過程列在表 19.7，但詳細情形要在32.4節再講。介值 SS_y 的各種成分就是 y 的變方分析結果(12.10節)，SS_x 的成分也就是 x 的變方分析，而 SP 的成分便可用 $G_x G_y$，$T_x T_y$，$\sum xy$ 分別代替 G^2，T^2，$\sum y^2$ 求得；詳細計算過程已在表 19.1b 內說明過，樣品間成分是 II—I 而樣品內成分是 III—II。如將表 19.7 與表 19.1c 比較一下，便可看到樣品內 SS_x，SP，SS_y 分別等於勻和 SS_x，勻和 SP，勻和 SS_y；樣品內的與總成分的剩餘 SS 可以分別由對應的 SS_y 減去 $(SP)^2/SS_x$ 求得，但樣品間成分的剩餘 SS 卻是由總剩餘 SS 內減去樣品內剩餘 SS 得出。當全部族羣廻歸係數相等時，$x = \bar{\bar{x}}$ 處 k 個族羣訂正均值相等擬說便可用自由度數為 2 和 12 的 F 值測驗。

表 19.7　廻歸係數相等的訂正均值同質性測驗

變異原因	SS_x	SP	SS_y	DF	剩　　餘			
					SS	DF	MS	F
樣品間	13.75	34.375	85.9375	2	2.3054	2	1.1527	0.38
樣品內	28.00	56.000	148.0000	13	36.0000	12	3.0000	
合　計	41.75	90.375	233.9375	15	38.3054	14		

　　由於族羣廻歸係數相同，b 間變異 SS 的自由度數 2 便和勻和剩餘 SS 的自由度數（表 19.1d）合在一起；所以這兒的 F 值自由度數是 2 和12，不是 19.4 節內式(6)的 2 和 10。

　　測驗訂正均值同質性時，可以用廻歸係數同質性測驗做預備計算部分。如果預備計算的結論是 β 相等，便續用本節的方法，否則便用 19.4節的方法；如果結論是 β 相等和 $\bar{\beta} = 0$，兩法都不必用，就用省略 x 的變方分析已行了。

　　兩訂正均值差的變方有兩種形式，要看 β 是否相等而定。根據定理17.4，訂正均值 $\bar{y}_x$ 的變方是；

$$\sigma^2_{\bar{y}_x} = \sigma^2 \left[\frac{.1}{n} + \frac{(x - \bar{x})^2}{SS_x} \right] ; \tag{2}$$

而由定理 15.2a，兩獨立樣品訂正均值差的變方應當是

$$\sigma^2_{\bar{y}_{x1} - \bar{y}_{x2}} = \sigma^2 \left[\frac{1}{n_1} + \frac{(x - \bar{x}_1)^2}{SS_{x1}} + \frac{1}{n_2} + \frac{(x - \bar{x}_2)^2}{SS_{x2}} \right] = \sigma^2 \left[\frac{1}{W_1} + \frac{1}{W_2} \right], \tag{3}$$

而 W 的定義已在 19.4 節的式(2)內講過。但如 β 相等，這個變方應當另有一種形式。這兒的兩個訂正均值是用同一廻歸係數 $\bar{b}$ 的，所以兩個訂正均值是

$$\bar{y}_{x1} = \bar{y}_1 - \bar{b}\,(\bar{x}_1 - x) \quad \text{和} \quad \bar{y}_{x2} = \bar{y}_2 - \bar{b}\,(\bar{x}_2 - x)，\qquad (4)$$

而兩者的差是

$$\bar{y}_{x1} - \bar{y}_{x2} = \bar{y}_1 - \bar{y}_2 - \bar{b}\,(\bar{x}_1 - \bar{x}_2)。$$

由定理 15.2a，上面的訂正均值差的變方應當是

$$\sigma^2_{\bar{y}_{x1} - \bar{y}_{x2}} = \sigma^2 \left[\frac{1}{n_1} + \frac{1}{n_2} + \frac{(\bar{x}_1 - \bar{x}_2)^2}{\sum SS_x} \right] \qquad (5)$$

而 $\sum SS_x$ 是兩個樣品的勻和 SS。這樣一來，當 β 相等時，介值

$$t = \frac{(\bar{y}_{x1} - \bar{y}_{x2}) - (\mu_{y.x1} - \mu_{y.x2})}{\sqrt{s^2 \left[\dfrac{1}{n_1} + \dfrac{1}{n_2} + \dfrac{(\bar{x}_1 - \bar{x}_2)^2}{\sum SS_x} \right]}} \qquad (6)$$

從自由度數 $(n_1 + n_2 - 3)$ 的學生氏 t 分布。因為計算 s^2 的方法不同，這兒的 t 值自由度數要比19.5節內式(6)的結果多一。兩個 β 不等時，s^2 是勻和 SS 用 $[(n_1-2)+(n_2-2)]$ 除；兩個 β 相等，s^2 便由勻和剩餘 SS 加 b 間變異 SS 求出，自由度數便是 $[(n_1-2)+(n_2-2)+1] = (n_1 + n_2 - 3)$。

　　如果祇有兩個樣品，t 和 F 測驗都可以應用，而式(6)的 t 值平方便等於表 19.7 的 F 值；數值驗證列在習題 7 內。

19.8　逢機區集試驗的訂正均值測驗

　　如果 β 都等於零，訂正均值同質性測驗便可以在任意的試驗設計裏應用。表 19.8a 是一個 4 處理和 5 重複的逢機區集試驗資料，可以看做一個 4 種肥料和 5 個區集的田間試驗；觀測值 y 是各試區的收量，而 x 可以看做試區內的作物株數。收量 y 既然受到株數 x 的影響，處理平均收量 $\bar{y}$ 便要加訂正，而訂正均值 $\bar{y}_x$ 便是就平均株數加以訂正的處理平均收量。

表 19.8a　含有 x 和 y 的逢機區集試驗

處理 重複	1		2		3		4		合計	
	x	y	x	y	x	y	x	y	x	y
1	4	10	1	5	2	5	3	5	10	25
2	2	5	3	9	6	12	1	7	12	33
3	4	8	2	5	4	10	4	6	14	29
4	6	15	1	1	6	10	2	9	15	35
5	4	12	3	5	2	8	1	3	10	28
合計	20	50	10	25	20	45	11	30	61	150

　　家畜飼養試驗也可以應用訂正均值同質性測驗,將飼料當作不同處理,窩別當作重複,而用 x 和 y 分別代表飼育期始重和終重。家畜的飼育期終重 y 受到始重 x 的影響,所以同飼料家畜平均終重或處理均值 $\bar{y}$ 需要就始重訂正,纔能達到處理均值間比較的目的。

　　表 19.8a 資料的詳細計算列在表 19.8b 內,內中 SS_x 和 SS_y 的各種成分是分別由 x 和 y 值變方分析(14.4 節)求得的,SP 是用同法而用 $G_x G_y$,$\sum T_x T_y$,$\sum xy$ 代替 G^2,$\sum T^2$,$\sum y^2$ 求得的。計算方法和 14.4 節相同,祇在最後一行加列由對應處理成分與機差成分相加而得的 SS_x,SP,和 SS_y。機差的訂正 SS 或剩餘 SS 和(處理＋機差)的訂正 SS 或剩餘 SS 都可以由對應的 SS_y 減 $(SP)^2/SS_x$ 求出,而處理的訂正 SS 便由訂正的(處理＋機差)SS 減訂正的機差 SS 得出:所以 k 個族羣訂正均值相等擬說要用自由度數為 3 和 11 的 F 值來測驗。一般說來,這兒的 F 值自由度數是 $(k-1)$ 和 $[(n-1)(k-1)-1]$;n 是重複數而 k 是處理個數。這兒的樣品是等大的,計算方法要比前節容易,但方法的意義却要留到 32.5 節再說明。

表 19.8b　逢機區集試驗的變積分析

變 數	合計的種類	基 本 計 算				
		(1)	(2) 平方項 或 乘積項 的合計	(3) 平方項 或 乘積項 的個數	(4) 每項內 觀測值 個 數	(5) 每觀測值的 平方或乘積項 (2)÷(4)
xx	總　　　計		3,721	1	20	186.05
	重　　　複		765	5	4	191.25
	處　　　理		1,021	4	5	204.20
	觀　測　值		239	20	1	239.00
xy	總　　　計		9,150	1	20	457.50
	重　　　複		1,857	5	4	464.25
	處　　　理		2,480	4	5	496.00
	觀　測　值		543	20	1	543.00
yy	總　　　計		22,500	1	20	1,125.00
	重　　　複		4,564	5	4	1,141.00
	處　　　理		6,050	4	5	1,210.00
	觀　測　值		1,348	20	1	1,348.00

變 積 分 析

變 異 原 因	SS_x	SP	SS_y	DF	剩 餘 SS	DF	MS	F
合　　　計	52.95	85.50	223.00	19				
重　　　複	5.20	6.75	16.00	4				
處　　　理	18.15	38.50	85.00	3	9.85	3	3.28	0.54
機　　　差	29.60	40.25	122.00	12	67.27	11	6.12	
處理 + 機差	47.75	78.75	207.00	15	77.12	14		

表 19.8c　含有 x 和 $(y-x)$ 的逢機區集試驗

重複＼處理	1		2		3		4		合　計	
	x	y	x	y	x	y	x	y	x	y
1	4	6	1	4	2	3	3	2	10	15
2	2	3	3	6	6	6	1	6	12	21
3	4	4	2	3	4	6	4	2	14	15
4	6	9	1	0	6	4	2	7	15	20
5	4	8	3	2	2	6	1	2	10	18
合　計	20	30	10	15	20	25	11	19	61	89

表 19.8d　用 $(y-x)$ 做觀測值的逢機區集試驗變積分析

變異原因	SS_x	SP	SS_y	DF	剩　餘			
					SS	DF	MS	F
合　　　計	52.95	32.55	104.95	19				
重　　　複	5.20	1.55	7.70	4				
處　　　理	18.15	20.35	26.15	3	9.85	3	3.28	0.54
機　　　差	29.60	10.65	71.10	12	67.27	11	6.12	
處理＋機差	47.75	31.00	97.25	15	77.12	14		

　　有前批和後批資料的試驗常常要用到訂正均值同質性測驗，像家畜飼養期始重 x 和終重 y 便是一個例子。這種試驗有一個問題發生，究竟應當用終重還是用增重作觀測值 y？其實這兩種觀測值是同意義的，會得到相同的結論。如果將表 19.8a 的資料換成表 19.8c，x 值不變而表 19.8a 內的 y 值都換成了表 19.8c 內的 $(y-x)$ 值。表 19.8c 的計算列在表 19.8d 內，求得的訂正 SS 是和表 19.8b 相同的，所以由不同定義的 y 值會得到同一結論。

　　這個例中在 $x=\bar{\bar{x}}$ 處的訂正均值是

$$\bar{y}_x = \bar{y} - \bar{b}(\bar{x} - \bar{\bar{x}})，\tag{1}$$

而（表 19.8b）

$$\bar{b} = \frac{\text{機差 } SP}{\text{機差 } SS_x} = \frac{40.25}{29.60} = 1.360。\tag{2}$$

全部 x 的總均值是 $\bar{\bar{x}} = 61/20 = 3.05$，而各訂正均值便是：

　　處理1：　　$10 - 1.360(4.0 - 3.05) = 8.708$

　　處理2：　　$5 - 1.360(2.0 - 3.05) = 6.428$

　　處理3：　　$9 - 1.360(4.0 - 3.05) = 7.708$

　　處理4：　　$6 - 1.360(2.2 - 3.05) = 7.156$

　　兩訂正均值差的估得變方是

$$s^2_{\bar{y}_{x1} - \bar{y}_{x2}} = s^2 \left[\frac{2}{n} + \frac{(\bar{x}_1 - \bar{x}_2)^2}{機差\ SS_x} \right], \tag{3}$$

而自由度數是 $[(n-1)(k-1) - 1]$，可以由 19.7 節的式 (5) 導出。這個估得變方又稱做 **訂正機差均方** (adjusted error mean square)。這兒的 n_1 和 n_2 都同是 n，所以 $1/n_1 + 1/n_2 = 2/n$，機差 SS_x 便相當於 $\sum SS_x$ 或勻和 SS_x。用數例來說明，估得變方便是

$$6.12 \left[\frac{2}{5} + \frac{(4-2)^2}{29.60} \right] = 3.275,$$

而第一與第二兩個訂正均值差的標準機差是 $\sqrt{3.275} = 1.810$。由於 $\bar{x}$ 在各樣品內不同，這個標準機差也隨着樣品對而異，所以訂正均值是沒有 LSD 的。

　　在測驗訂正均值同質性以前，可以先測驗 $\bar{\beta} = 0$ 擬說；如果 β 相等而 $\bar{\beta} = 0$，便可以省略 x 值而用一般變方分析，也就無所謂用訂正方法了。測驗 $\bar{\beta} = 0$ 擬說，可以用介值 (16.7 節，式 1)

$$F = (迴歸\ MS)/(剩餘\ MS), \tag{4}$$

式內的兩個均方都由機差成分求得。用表 19.8b 的例子，便得到

$$F = \frac{(40.25)^2/29.60}{6.12} = \frac{54.73}{6.12} = 8.94$$

而自由度數是 1 和 11；結論是 $\bar{\beta} > 0$，處理均值要加訂正。

　　將本節的討論稍加修正，便可以應用到完全逢機試驗上去。如將表 19.8b 的計算照舊，但將重複一項省掉 (12.3 節)，便是一個例子。不過表 19.1b 是不等大樣品資料，計算比較麻煩；要是等大樣品，兩類試驗的計算都是很簡便的。

　　上面的式(1)，(2)，(3)，(4)是在完逢機和逢機區集試驗內可以通用

的。在完全逢機試驗中，機差 SP, SS_x, SS_y 分別是勻和 SP，勻和 SS_x，勻和 SS_y。但兩類試驗的機差自由度數却並不相同，完全逢機試驗是 $k(n-1)$ 而逢機區集試驗却是 $(k-1)(n-1)$ 了。

19.9 變積分析與複因子試驗的關係

變積分析和複因子試驗的外形並不相同，但原理却有關聯；兩者間的關係可以用表 19.9a 的一組族羣均值來說明。把資料看作變積分析，表 19.9a 便是各有 5 個條列的 3 個族羣，而 15 個值都是條列均值。把它看作複因子試驗時，3 個族羣是 A 因子的 3 個變級而 5 個 x 值便代表 B 因子的 5 個變級，15個值便都是族羣均值了。因爲條列可以看作族羣也可以看作子族羣 (16.1 節)，所以便產生了看法上的差異；但如迴歸是直線性的，兩法測驗的擬說便是相同的。

如果 y 對 x 的迴歸是直線性的，β 相等便和無互涉效應 (18.3節) 是同一個擬說。表 19.9a 的三個族羣迴歸係數分別是 0，10，50，並不是相等的；也就是說，A 因子與 B 因子間有互涉效應。表 19.9b 是三個迴歸係數同等於 10 的族羣，當做複因子試驗看，AB 互涉效應便不存在。所以，當迴歸是直線性時，這兩種擬說是相同的。

平均迴歸係數 $\bar{\beta}$ 等於零的擬說和 σ_B^2 等於零 (18.5 節，式 3) 是相同的，表 19.9c 便是適合這兩種擬說的例子。例子中三個迴歸係數 5，15，-20的均值等於零，B 因子 5 個變級的個別均值也都等於40。

表 19.9a　　廻歸係數不等的三個族羣

(B) x	族羣 (A因子)			均　值
	1	2	3	
2	50	50	50	50
3	50	60	100	70
4	50	70	150	90
5	50	80	200	110
6	50	90	250	130
均　值	50	70	150	90

廻歸係數 β 是條列均值對 x 的變率，而平均變率 $\bar{\beta}$ 爲零便是增率和減率互相抵消；當 x 增加時，B 因子 5 個變級的個別均值便是相同的。

表 19.9b　廻歸係數相等的三個族羣

(B) x	族羣（A因子）			均　值
	1	2	3	
2	50	50	50	50
3	60	60	60	60
4	70	70	70	70
5	80	80	80	80
6	90	90	90	90
均　值	70	70	70	70

表 19.9c　平均廻歸係數等於零的三個族羣

(B) x	族羣（A因子）			均　值
	1	2	3	
2	10	20	90	40
3	15	35	70	40
4	20	50	50	40
5	25	65	30	40
6	30	80	10	40
均　值	20	50	50	40

　　訂正均值相等的擬說是和 σ_A^2 等於零（18.5 節，式 2）相同的。由表 19.9c，$x = \bar{\bar{x}} = 4$ 處條列均值是 20，50，50，而三個族羣的均值也是一樣。如果廻歸是直線性的，兩種擬說便是相同的了。

　　如果各樣品有同組的 x 值，由訂正均值間變異產生的 SS 便會和未訂正均值間變異的 SS 相同。當 $x = \bar{\bar{x}}$ 時，訂正均值

$$\bar{y}_x = \bar{y} - \bar{b}(\bar{x} - \bar{\bar{x}}) \tag{1}$$

就是未訂正均值 $\bar{y}$，而權值

$$W = \frac{nSS_x}{SS_x + n(\bar{\bar{x}} - \bar{x})^2} \tag{2}$$

也就是未訂正均值的權值 n ；由訂正均值間變異產生的 SS 自然便是一般的樣品間 SS 了。

表 19.9d 完全逢機複因子試驗或變積分析

(B因子) x	樣品 (A因子)			合 計
	1	2	3	
2	49	86	58	
2	47	45	61	
和	96	131	119	346
3	48	67	99	
3	41	61	110	
和	89	128	209	426
4	78	83	170	
4	41	80	160	
和	119	163	330	612
5	42	74	203	
5	57	76	210	
和	99	150	413	662
6	50	82	235	
6	46	102	264	
和	96	184	499	776
合 計	499	756	1,570	2,825

　　表 19.9d 是一個重複 2 次的完全逢機 3 × 5 複因子試驗資料，而表內 30 個觀測值是由均值為 50 和變方為 100 的圓牌族羣內逢機取得的。將 30 個觀測值加上適當的變化，可以使 15 個族羣均值符合表 19.9a。將同組資料用複因子試驗變方分析和變積分析各算一次，便得到表 19.9e 和表 19.9f。兩個表的第一行祇有 F 值不同，就是因為各樣品有同組 x 值而訂正與未訂正均值相同的緣故。分析用的是同組

資料，兩表的底行自然是相同的；中間各行雖不一致，但對應項測驗的擬說却都一樣。

表 19.9e　複因子試驗的變方分析

變異原因	平　方　和	自　由　度	均　　方	F
A	62,522.87	2	31,261.43	190.89
B	20,782.67	4	5,195.67	31.73
AB	27,222.13	8	3,402.77	20.78
機　差	2,456.50	15	163.77	
合　計	112,984.17	29		

表 19.9f　完全逢機試驗的變積分析

變異原因	平　方　和	自由度	均　　方	F
樣品（A因子）	62,522.87	2	31,261.43	236.51
b 產生的廻歸	20,240.07	1	20,240.07	153.13
b 間的變異	27,048.93	2	13,524.47	102.32
勻和剩餘	3,172.30	24	132.18	
合　計	112,984.17	29		

　　表 19.9f 的中部三種成分與表 19.1d 的相同，可以用同樣方法計算；樣品又是等大的，更可以用單自由度法（17.8 節，式6）。求出的各種歸便是：

樣品 1 ：
$$\frac{(SP)^2}{SS_x} = \frac{[-2(96)-1(89)+0(119)+(199)+2(96)]^2}{2[(-2)^2+(-1)^2+(0)^2+(1)^2+(2)^2]}$$
$$= 5.00 \tag{3}$$

樣品 2 ：
$$\frac{(SP)^2}{SS_x} = \frac{[-2(131)-1(128)+0(163)+1(150)+2(184)]^2}{2[(-2)^2+(-1)^2+(0)^2+(1)^2+(2)^2]}$$
$$= 819.20 \tag{4}$$

樣品 3 ：
$$\frac{(SP)^2}{SS} = \frac{[-2(119)-1(209)+0(330)+1(413)+2(499)]^2}{2[(-2)^2+(-1)^2+(0)^2+(1)^2+(2)^2]}$$
$$= 46,464.80 \tag{5}$$

勻和值：　$\dfrac{(\sum SP)^2}{\sum SS_x} = \dfrac{(10+128+964)^2}{20+20+20} = \dfrac{(1,102)^2}{60}$

$$= 20,240.07 \tag{6}$$

由式 (3)，(4)，(5) 廻歸 SS 的和內減去式 (6) 中 $\bar{b}$ 產生的 廻 歸 SS（表 19.9f），便得出與表 19.9f 相同的 b 間變異的 SS

$$5.00+819.20+46,464.80-20,240.07=27,048.93 。 \tag{7}$$

這種方法不僅省時，同時也說明了 b 間變異的 SS 實在是互涉 SS 的一部分；所以兩個 SS 是由一組合計值求出的，而這組合計就是子樣品合計或處理合計。

由 $\bar{b}$ 產生的 SS 是 B 因子 SS 的一個單自由度。因爲，由 B 因子 (x) 的 5 個變級合計是可以求得式 (6) 的值的：

$$\dfrac{(SP)^2}{SS_x} = \dfrac{[-2(346)-1(426)+0(612)+1(662)+2(779)]^2}{6[(-2)^2+(-1)^2+(0)^2+(1)^2+(2)^2]}$$

$$= \dfrac{(1,102)^2}{60} = 20,240.07$$

從這兒也可以看出，y 對 x（B 因子）廻歸爲直線性時，$\bar{\beta}$ 等於零是和 σ_B^2 等於零同義的。自由度數爲 4 的 B 因子 SS 由兩部分組成，就是自由度數 1 的直線廻歸 SS 和自由度數 3 的離直線差 SS（17.7 節）。如果將變積分析當作複因子試驗的再劃分，表 19.9e 和 19.9f 便合成表 19.9g；$B\,SS$ 和互涉 SS 都各分爲二，一個已經算出，而一個是可由相減求出的離直線 SS。

表 19.9g 有兩種離直線差。上方的一個，自由度數是 3，可以用來測驗表 19.9a 中 B 因子均值 50，70，90，110，130 的直線性；另一個的自由度數是 6，可以用來測驗15個處理組合的均值的直線性。

由均值等於表 19.9a 內各值的族羣內取出觀測值，廻歸當然是直線性的，σ_A^2，σ_B^2，σ_{AB}^2 也都大於零；所以，不論用 5% 水準的複因子試驗變方分析或用變積分析，得到的結論都是正確的。但有時兩法的結論並不一致，便要加以選擇。自由度數爲 4 的 B 因子 SS 並不均勻地分布，而集中在直線廻歸的單自由度內；分出這個有效單自由度，便

可以使 F 值由 31.73 增大到 123.59。同樣地，測驗互涉效應的 F 值
也可以由 20.78 增大到 82.58。所以，當廻歸是直線性時，用變積分
析法可以抽取有用部分而放棄無用的，便可以增高測驗的能力；但如
廻歸不是直線性而誤用變積分析法，便反會得出錯誤的結論(題10)。
這便是說，變積分析不能任意應用；爲了使用上的安全，應當先測驗
y 對 x 的廻歸再作決定。這樣，當廻歸是直線性時，可以得到更有力
的測驗；不是直線性時，仍然可用複因子試驗的分析方法。

　　上面的討論對試驗的設計是很重要的。一般說來，在進行試驗設
計時，應當儘能地控制 x 值。用教學法試驗做例子，表 19.9d 的三個
樣品（A 因子）可以看作三種教學法，x 值（B 因子）便代表學生的智
商而用 2 和 3 等分別代表 102 和 103 等，觀測值 y 就是考試成績。例
中的每班有10個學生，每種智商組 2 名，所以三班學生的智商是相似
的。這兒的智商便應當設法控制，不使它做自然狀態的分布。祇有控
制 x 值，纔能做廻歸的直線性測驗，而決定用不用變積分析法。如果
廻歸不是直線性的，便用複因子試驗分析，而這時的分析便可以看作
曲線變積分析（curvilinear analysis of covariance）；要探究的不再是
三條直線而是三條曲線了（圖 19.9）。

　　廻歸曲線與複因子試驗的關係也可以用實例來說明。表 19.9h 是
一個完全逢機 3×5 複因子試驗的一組15個處理均值，B 因子是數量
性便用 x 代表；由表可以看出，A 和 B 因子間沒有互涉效應。如將處
理均值點成圖 19.9 內15個圓點，而將 B 因子的 5 個變級均值繪 5 個
（×）號，並將 A 因子同變級的 5 點用廻歸曲線聯結。由圖可以看出，
$\sigma_{AB}^2 = 0$ 擬說便是各曲線平行的意思，$\sigma_{B}^2 = 0$ 是 5 個（×）號在同一條
水平線上，而 $\sigma_{AB}^2 = 0$ 是三條曲線在圖上佔同一位置；如果沒有互涉
效應，$\sigma_{A}^2 = 0$ 便是三條曲線合一並通過 5 個（×）點。

表 19.9g　　複因子試驗與變級分析的交互應用

變異原因	平　方　和	自由度	均　　方	F	擬　　說
A 因子（樣品）	62,522.87	2	31,261.43	190.89	$\sigma_A^2 = 0$
B 因子（x）	20,782.67	4	5,195.67	31.73	$\sigma_B^2 = 0$
直線廻歸	20,240.07	1	20,240.07	123.59	$\bar{\beta} = 0$
離直線差	542.60	3	180.87	1.10	直線廻歸
互　　涉	27,222.13	8	3,402.77	20.78	$\sigma_{AB}^2 = 0$
b 間的變異	27,048.93	2	13,524.47	82.58	$\beta_1 = \beta_2 = \beta_3$
直線廻歸	173.20	6	28.87	0.18	直線廻歸
機　　差	2,456.50	15	163.77		
合　　計	112,984.17	29			

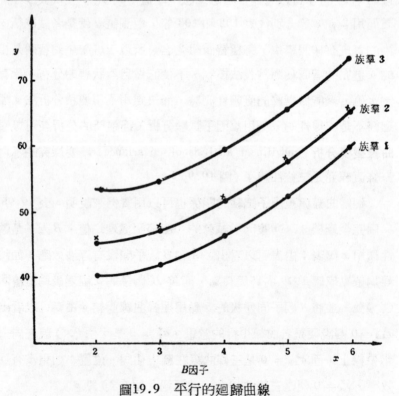

圖19.9　平行的廻歸曲線

表 19.9h 無互涉效應或廻歸曲線爲平行時的各種徵值

(B) x	族羣（A因子）			B 均值
	1	2	3	
2	40	45	53	46
3	42	47	55	48
4	46	51	59	52
5	52	57	65	58
6	60	65	73	66
A 均值	48	53	61	54

　　將複因子試驗與變積分析合併討論，符號運用常會不一致，而 n 和 b 兩種文字在兩處有不同的意義。在複因子試驗中，n 是 ab 個處理的每處理內的觀測值個數，而 b 是 B 因子的變級個數；在變積分析討論中，n 是每樣品（A 的變級）的觀測值個數，而 b 却是 y 對 x（B 因子）的廻歸係數了。爲澄清可能的混亂起見，讀者可用表 19.9d 來辨認這兩種符號。例中用複因子試驗時，$a=3$，$b=5$，$n=2$；用變積分析時，是 $k=3$ 和 $n=10$。

19.10 S 法與變積分析

　　單自由度和 S 法已經分別在 15.3 和 15.6 節討論過。如果在看到資料之前決定乘數，Q^2 的自由度數便是 1；如果先看過資料再定乘數，Q^2 的自由度數便和處理 SS 的相同。因爲，乘數和處理效應成比例時，Q^2 是等於處理 SS 的。

　　其實，用處理效應做乘數，也不一定能得到 Q^2 等於處理 SS 和兩自由度數相同的結論；必需乘數與處理合計屬於同組資料（15.6 節，式 3），纔是這樣的。如果將前一次資料的處理效應用作這一次的一組乘數，Q^2 便仍然祇是個單自由度。爲避免混淆起見，用 $(\bar{x}-\bar{\bar{x}})$ 代表前次處理效應，用到這次的處理合計 T 上，得到的便仍然是自由度數爲 1 的

$$Q^2 = \frac{[(\bar{x}_1 - \bar{\bar{x}})T_1 + (\bar{x}_2 - \bar{\bar{x}})T_2 + \cdots + (\bar{x}_k - \bar{\bar{x}})T_k]^2}{n[(\bar{x}_1 - \bar{\bar{x}})^2 + (\bar{x}_2 - \bar{\bar{x}})^2 + \cdots + (\bar{x}_k - \bar{\bar{x}})^2]} \text{。} \quad (1)$$

將這個 Q^2 和 17.8 節的式(6)比較，便可以看出它就是這次處理均值 $\bar{y}$ 對前次處理均值 $\bar{x}$ 的迴歸 SS；測驗它，便是測驗兩次間處理均值的迴歸係數或相關係數的顯著性。

　　用變積分析法時，上面的 Q^2 就是 $(SP)^2/SS_x$ 而 SP 和 SS_x 都是處理成分內的；這種情形可用表 19.8a 資料和它的變積分析（表 19.8b）來說明。這兒的 x 值和 y 值可以分別當作前次和本次的資料。前次資料的處理均值 $\bar{x}$ 是

$$4.0 \qquad 2.0 \qquad 4.0 \qquad 2.2\text{，}$$

而處理效應 $(\bar{x} - \bar{\bar{x}})$ 是

$$0.95 \qquad -1.05 \qquad 0.95 \qquad -0.85\text{。}$$

本次資料的處理合計 T_y 是

$$50 \qquad 25 \qquad 45 \qquad 30\text{，}$$

所以單自由度是

$$Q^2 = \frac{[0.95(50) - 1.05(25) + 0.95(45) - 0.85(30)]^2}{5[(0.95)^2 + (1.05)^2 + (0.95)^2 + (0.85)^2]} = \frac{(38.5)^2}{18.15} \text{；} \quad (2)$$

式中的 38.5 是處理 SP 而 18.15 是處理 SS_x，都列在表 19.8b 內。這樣便可以知道，用前次資料做乘數的 Q^2 是一個單自由度；測驗它，祇是測驗兩組處理均值是否符合。

習　　題

(1)　四個各含 5 個觀測值的逢機樣品分別由均值為50和變方為 100 的圓牌常態族羣內取出，將每個觀測值附上一個 x 值，便得到下面的資料：

樣 品 編 號							
1		2		3		4	
x	y	x	y	x	y	x	y
2	52	3	54	5	63	3	64
7	39	6	49	9	50	4	55
5	40	1	50	4	64	6	54
4	41	2	58	3	44	8	58
6	48	4	50	2	59	7	68

　　每族羣內各條列的均值都等於50，四個族羣的訂正均值也都是等於50的，所以族羣廻歸係數都等於零而平均族羣廻歸係數也等於零。將樣品來源當作未知，用 5% 水準測驗下面的擬說：

(a) 四個族羣廻歸係數相等。

(b) 平均族羣廻歸係數 $\bar{\beta}$ 等於零。

(c) 在 $x = 5$ 處的四個訂正均值相等。

　　已知樣品來源，問結論是正確的，還是犯了第一類錯誤。擬說是對的，不會犯第二類錯誤。

(2)　略去題1內的樣品 3 和 4，祇用 1 和 2。

(a) 用 5% 水準 t 介值測驗 $\beta_1 = \beta_2$ 擬說。問結論是正確的，還是犯了第一類錯誤。

(b) 用 F 法測驗 (a) 的擬說並示明 $t^2 = F$。

(c) 求 $(\beta_1 - \beta_2)$ 的 95% 可信間距並問估值是否正確。

(3)　將題1的四個樣品內觀測值各加適當的數值，使四個族羣廻歸方程式成爲：

族羣 1 和 2 ： $\mu_{v.x} = 50 + 0x$

族羣 3 和 4 ： $\mu_{v.x} = 50 + 10x$

四個族羣廻歸係數是 0，0，10，10，而 $x = 5$ 處的四個訂正均值是50，50，100，100。將樣品來源當作未知，用 5% 水準測驗題1的三個擬說。問結論是正確的還是犯了第二類錯誤。擬說是錯的，不會犯第一類錯誤。

| 樣　　品 | | | | | | | |
| 1 | | 2 | | 3 | | 4 | |
x	y	x	y	x	y	x	y
2	52	3	54	5	113	3	94
7	39	6	49	9	140	4	95
5	40	1	50	4	104	6	114
4	41	2	58	3	74	8	138
6	48	4	50	2	79	7	138

(4) 求題 3 中 $(\beta_3 - \beta_2)$ 的 95% 可信間距 ，而用四個樣品的勻和均方當作 s^2。已知 $\beta_3 - \beta_2 = 10$，問估值是否正確。

(5) 求 $x = 5$ 處第 3 與第 2 訂正均值差的 95% 可信間距 ，而用四個樣品的勻和均方做 s^2。已知均值差是 $100 - 50 = 50$，問估值是不是正確的？

(6) (a) 將題 3 內廻歸係數間變異 SS 劃分成三個單自由度，(i) 1 對 2 ，(ii) 3 對 4 ，(iii) 1 與 2 對 3 與 4 ， 並分別測驗三個擬說。已經知道 $\beta_1 = \beta_2 = 0$ 和 $\beta_3 = \beta_4 = 10$，問結論是否正確。

(b) 將題 3 內訂正均值間變異 SS 劃分成三個單自由度 ， 並測驗每個擬說 。 已知前兩個訂正均值都等於 50 而後兩個都等於 100，問結論是否正確。

(7) 略去題 3 內的樣品 1 和 2 而用 3 和 4 ，用 F（表 19.7）和 t（19.7 節，式 6）法測驗 $x = \bar{\bar{x}}$ 處兩訂正均值相等擬說，並示明 $t^2 = F$。兩個 β 值都等於 10，19.7 節的方法是適用的。

(8) 將題 1 資料當作一個 4 處理（樣品）和 5 重複的逢機區集試驗，測驗 $\bar{\beta} = 0$ 擬說；檢查它有沒有訂正的必要。求出訂正均值作爲計算練習。

(9) 將第十二章題 7 的始重當作 x 而終重當作 y ，測驗 $x = \bar{\bar{x}}$ 處訂正均值相等擬說。再將始重當作 x 和增重當作 y ，重複分析；示明兩者的訂正均方相等。

⑽ 用表 19.9g 的方法作第十八章題 5 的完全分析，x 值（B 因子）可以設爲 1，2，3。示明 y 對 x 的廻歸不是直線性的，用變積分析法會得出錯誤結論。

⑾ 下面的資料是五種纖維板的比重 x 和破裂係數 y。

板 的 種 類									
A		B		C		D		E	
x	y	x	y	x	y	x	y	x	y
0.930	519	0.902	424	0.870	392	0.914	462	0.935	465
1.021	574	0.958	525	0.963	492	0.968	559	0.991	568
1.026	633	0.989	549	0.981	541	0.977	565	1.026	613
1.016	622	1.026	601	0.987	557	1.040	611	1.020	611

(a) 用 5% 水準測驗五種板的 y 對 x 廻歸係數相等擬說。

(b) 用 5% 水準測驗 $x = \bar{x}$ 處五種板的訂正均值相等擬說。

⑿ (a) 用 5% 水準測驗第十八章題13資料中四種布料縮水率 y 對溫度 x 廻歸係數相等擬說。如果廻歸是直線性的，這個擬說相當於複因子試驗中的那個擬說？

(b) 用 5% 水準測驗 $x = \bar{\bar{x}}$ 處四個訂正均值相等擬說。如果廻歸係數是直線性，這個擬說和複因子試驗中的甚麼擬說相當？

⒀ (a) 用 5% 水準測驗第十八章題17中五種配料的餅的大小 y 對烘焙溫度 x 廻歸爲直線性擬說。如果廻歸爲直線性，這個擬說與複因子試驗中的那一個相當？

(b) 用 5% 水準測驗 $x = \bar{\bar{x}}$ 處同資料五種配料 y 的訂正均值相等擬說。如果廻歸是直線性的，這個擬說和複因子試驗中的那一個相當？

⒁ 用第十二章題 7 的資料測驗下面的擬說，都用5%水準：

(a) 對照飼料與兩種試驗飼料的效果相同。

(b) 兩種試驗飼料的效果相同。

參 考 文 獻

Cochran, W. G. and Cox, G. M.: *Experimental Designs*, John
　　Wiley & Sons, New York, 1950.

Mood, Alexander M.: *Introduction to the Theory of Statistics*,
　　McGraw-Hill Book Company, Now York, 1950.

Steel, R.G.D.: "Which dependent variate? Y. or Y–X?" *Mimeo*
　　Series, BU–45–M, Biometrics Unit, Department of Plant
　　Breeding, Cornell University, 1954.

第 二 十 章

複 習 (二)

前面討論過的材料都是由幾個變方相等的常態族羣內取樣而得的結果，章節的劃分祇不過是一種發表方式，是沒有特殊涵義的。討論到的方法其實祇是同一總題的各方面，本章裏便可以將它們做一個綜合的透視。

20.1 平方和的劃分

前面討論到的材料可以算是平方和劃分的各個階段。第七章的 SS 在第十二章劃成了樣品間和樣品內 SS；到第十四章時，樣品內 SS 劃成了重複 SS 和機差 SS；而在第十五章中，樣品間 SS 又劃成各個單自由度了。 第十六和十七兩章是處理 SS 的另一種劃分法，將它分成了廻歸 SS 和離直線 SS。在第十八章中， 處理 SS 又分成了 A 因子，B 因子，和 AB 互涉效應的 SS；單自度和廻歸也能用到 A 因子和 B 因子上去，並限用在處理組合上。

第十九章的變積分析可以算是廻歸爲直線性時複因子試驗的一個特例，或者把複因子試驗當作採用變積分析設計的試驗；廻歸係數間變異的 SS 便可以看做 AB 互涉效應的或樣品內 SS 的一個成分。總集上面的說明，可以用圖 20.1 表示各種關係。

20.2 增大測驗能力的設置

試驗的目的是由觀測值（試驗資料）求得結論，而正確的結論纔能普遍應用。試驗者要保證得到結論的正確性，便自然想到了下面的幾種行動：

(a) 儘能使試驗的環境和材料同質，植物學家應用溫室和動物學家選用純系動物都是這種例子。

379

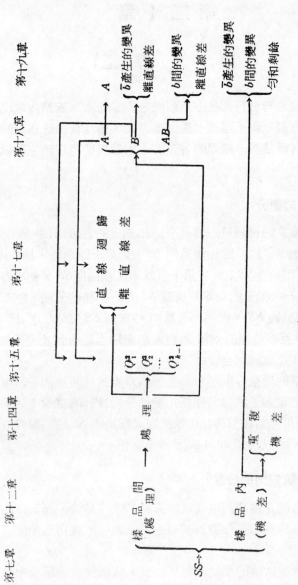

圖 20.1　平方和劃分的圖示

（b）儘能增加資料的數量；資料越多，結論便越容易正確了。

上面的兩種方法要用到高價的設備和大量的試驗材料，人力和物力的費用一般較大。統計方法在試驗上的用途便是改善現有資源限制下的試驗結論的正確性；用統計學的術語來說，便是增大測驗能力，而前面講到的材料便都是增加變方分析能力的設置了。

決定結論用的 F 值的大小受比率

$$P = \frac{\sigma^2 + n_0 \sigma_t^2}{\sigma^2} \tag{1}$$

的影響；式中 σ^2 是全部族羣的共同變方，σ_t^2 是處理均值的變方，而 n_0 的定義在 12.10 節的式(5)內見過。用來增進結論可靠性的設置大都用擴大 P 值的方法，第十二章用等大樣品得到觀測值總個數一定時 n^0 的極大值，第十四章用區集減小 σ^2 值，都是爲了增大 P 值。

第十五章例示出單自由度測驗能力高於一般變方分析的事，而用單尾 t 測驗時的能力會更高。

由第十六和十七章，當處理是數量性而廻歸又是直線性時，直線廻歸法是能增加測驗能力的；調整 x 值使 SS_x 爲極大，測驗能力便更會增高。

第十八章的複因子試驗也是一種增大測驗能力的設置。在這種試驗中，式(1)內的 n_0 在 A 因子和 B 因子內分別用 na 和 nb 代替，但當 $n_0 = n$ 時 P 值是會增大的。再看情形的需要將直線廻歸或單自由度用在 A 因子或 B 因子上，測驗的能力也更增高。

如果複因子試驗的因子是數量性而廻歸又是直線性的，第十九章的變積分析便也是改善複因子試驗測驗能力的設置；詳細的情形已在該章講過。

討論各種增加測驗能力的設置，一方面也說明了統計學應當怎樣應用；它是一種用有限資源安排試驗來得到最多詢識的指導原則，但却不是一種由不當資料榨取詢識的工具。

20.3 變方分析與廻歸

變方分析和廻歸（直線和其他）是現代最常用的兩種統計方法，

兩者形異而實同；不幸變方分析多用在試驗的設計上而廻歸却和無控制的 x 值聯結在一起，兩者便各有一派用戶了。設計試驗時將直線廻歸用作一個單自由度，固然很有好處；但在控制 x 值時使用設計試驗的方式，却也能使廻歸法得到更有效的利用。控制 x 值時，廻歸也可以用到逢機區集試驗上去而並不限於完全逢機試驗；但都是能增高測驗能力的。

在第十七章曾經說過，廻歸是變方分析的特例；其實，變方分析也可以算是廻歸的特例。變方分析的分化祇不過是加在族羣均值上的條件的變化而已。完全逢機試驗中的觀測值可以寫成總均值，處理效應，和機差的和，而兩因子逢機區集試驗的觀測值便要用總均值，A 效應，B 效應，AB 互涉效應，和機差的和來表示了。這些條件都是些複雜的廻歸方程式，而變方分析內的數量性處理却就是廻歸的 x 值。

20.4 量度單位

介值 u，t，χ^2，和 F 都是沒有量度單位的，所以將磅數換成公斤數等觀測值的單位變換是不會改變擬說測驗的最後介值的；這樣看來，當然也不會改變分析的結論，而量度單位便不必討論了！但單位變換却會影響分析的中間步驟，如 y 的單位是吋時 SS 便是方吋，而 y 是呎時 SS 便是方呎；將單位由呎改成吋時，均值要乘 12 倍而 SS 便要乘上 $12^2 = 144$ 倍了。這種原理可以用到全部 SS 以至於變積分析的項目上，如廻歸係數的單位是吋/磅（磅是 x 的單位而吋是 y 的單位），b_2 的單位是 $(吋)^2/(磅)^2$；b^2 乘 SS_x 時，由於 SS_x 的單位是 $(磅)^2$，b 間變異 SS 的單位便是 $(吋)^2$；便說明了 SS_x 是廻歸係數的適當權值。

計算可信間距時，兩個可信限的單位應當和所估徵值單位相同。如果 y 是吋數而 x 是磅數，均值 μ_y 或訂正均值 $\mu_{y \cdot x}$ 的可信限是吋數而廻歸係數的便是吋/磅數。

20.5 統計方法的應用

本書的材料都是用來討論統計方法的。每講一種方法，便舉出幾個實例；但舉的例子都是示範性的而不是典型用法，同時祇舉計算簡單而不涉專門相關知識的常識性資料。例中常用肥料，**教學法**，和兒**童**身高來說明，這些當然不必要身為農人，教師，或兒**童**的父母纔能領**會**。但一般說來，應用統計學時，除應當瞭解統計知識**外**，對相關的專門知識也有懂得的必要。

　　統計學中用統計方**法**做討論的中心而附上應用的**實例**，但應用統計方**法**時就要用待解決的問題做中心而用選出合用的方**法**做目的了。所以，要解決一個實際的問題，常要用涉到一串方**法**而不祇限一個；**變**方分析雖然有用，却不是最後的分析，還可以加用單自由度等等方**法**。方法與問題並沒有一一對應關係，所有的方法也不是為單一的目的而設計的，應用時要看需要來決定；小學算**術**中對四則法有一個一定的**教授**程序，但計算時便不必遵守這種順序了。

第二十一章

二項族羣的統計問題

　　上面討論的都是常態族羣的統計方法。本章內要另換一個題目，由所謂**二項族羣** (binomial population) 來誘導另一批方法。在統計學的文獻中，二項族羣的取樣問題是自立門戶而單有一套**術**語和符號的；本書却不打算遵循傳統，而用以往導出的定理來討論二項族羣取樣問題。

21.1 二項族羣

　　二項族羣是一個**二分性** (dichotomous) 或有兩面 (two-sided character) 的族羣：動物有雌雄，蘋果有好壞，昆蟲有死活，鷄蛋有孵出或未孵出，食物有冷熱，居室有明暗，地區有城鄉，種種例子都是二項性的；任一個觀測值便屬於兩個相對**範疇** (category) 中的一個，而可以用**正** (success) 或**反** (failure) 觀測值來表示。正和反祇是用來分辨觀測值的，究竟雌雄兩兩性那個算正和那個算反，却是沒有規定的。

　　二分性通常算是一種品質特性，是和用量度法得到的數量特性不同的。其實，從前認爲品質性的觀測值現在也可以變成數量性；古人將溫度定成品質性的冷熱，現在便用數量性的溫度表計值；就用人的性別來說，也會有比一般女性更富女性特質的女人和比一般男性更富男性特質的男人，還可以分成數量標準；所以，當量度設置發明以後，現在認做品質性的觀測值是會變成數量性的。但這類演變倒也不是單方向的，有時也可以將數量性化簡成品質性；將六呎以上身高的人稱爲長人而六呎以下的稱爲矮人，或將大於或等於族羣均值的觀測值稱爲大而小於的算是小；數量性便變爲品質性，而任意族羣都會變成一個二項族羣了。

　　二項觀測值的正反兩範疇也可以根據觀測值的定義用**數量**表達出

384

來。將觀測值 y 定義成每一個觀測中看到的正觀測值個數。觀測值是
正，y 值等於 1；觀測值是反，y 值便等於 0。用觀測昆蟲的死活做
例子，觀測值 y 便是觀察一個昆蟲時看到的死昆蟲個數。看到的昆蟲
是死的，便是看到一個死昆蟲，y 便等於 1；看到的昆蟲是活的，便
是沒有看到死昆蟲，y 便等於 0。將一枚銅幣一次擲出的正面個數定
義成二項觀測值 y，擲出正面或擲出一個正面便得 y 等於 1，擲出反
面或擲出零個正面便得到 y 等於 0。這樣看來，二項觀測值祇有兩個
可能值，就是 0 和 1。

　　全部二項族羣既然祇含 0 和 1 兩種觀測值，族羣間差別便要用觀
測值的頻度來區分了。族羣的均值和變方都隨 0 和 1 的頻度而定，均
值就是正觀測值的相對頻度而變方就是正觀測值相對頻度和反觀測值
相對頻度的乘積。下列族羣的觀測值是：

$$0 \quad 1 \quad 0 \quad 1 \quad 1$$

族羣均值是

$$\mu = \frac{0+1+0+1+1}{5} = \frac{3}{5} = 0.6, \tag{1}$$

就是正觀測值的相對頻度；族羣變方是

$$\sigma^2 = \frac{(0-0.6)^2+(1-0.6)^2+(0-0.6)^2+(1-0.6)^2+(1-0.6)^2}{5}$$

$$= \frac{0.36+0.16+0.36+0.16+0.16}{5} = 0.24, \tag{2}$$

就是 0.6 乘 0.4 或正反兩種觀測值相對頻度的乘積。

　　如果將二項族羣內正反觀測值相對頻度分別用 π 和 $(1-\pi)$ 代表，

表 21.1　二項族羣的均值和變方

y	f	yf	$(y-\mu)$	$(y-\mu)^2$	$(y-\mu)^2 f$
1	$N\pi$	$N\pi$	$1-\pi$	$(1-\pi)^2$	$(1-\pi)^2 N\pi$
0	$N(1-\pi)$	0	$0-\pi$	π^2	$\pi^2 N(1-\pi)$
合　計	N	$N\pi$			$N\pi(1-\pi)$
$\mu = \dfrac{N\pi}{N} = \pi$				$\sigma^2 = \dfrac{N\pi(1-\pi)}{N} = \pi(1-\pi)$	

含有 N 個觀測值的族羣內兩種觀測值的個別頻度是 $N\pi$ 和 $N(1-\pi)$；將族羣的均值和變方用 π 和 $(1-\pi)$ 表達出來，便得到表 21.1。

二項族羣祇有一個徵值，就是均值或正觀測值的相對頻度 μ；知道了均值，便可以求出變方。均值是 0.2，變方是 $(0.2)(0.8) = 0.16$；均值是 0.3，變方便是 $(0.3)(0.7) = 0.21$。均值是一個相對頻度的值，當然是不能大於 1 也不能小於 0 的。

本節討論到的各種事實可以寫成一個定理：

定理 21.1　**二項族羣的均值等於正觀測值的相對頻度，變方等於正反觀測值相對頻度的積，而均值是二項族羣的僅有的徵值。**

21.2 樣品均值和樣品合計

樣品均值的分布已經在第五章討論過，祇含 0 和 1 兩種觀測值的二項族羣取樣結果當然也是相類的。但因二項族羣的內容過於簡單，反易引起誤解，還是要用取樣試驗來說明各種術語和符號的意義的。

試驗的設備是一袋 4,000 粒玻璃球，內中 40% 是白色而 60% 是紅色的；用白色代表正和紅色代表反，所以族羣均值是 0.4 而變方是 0.24。由族羣內取出 1,000 個各含 20 粒球的逢機樣品，計算它們的合計 T 和均值 $\bar{y}$。取樣和計算都非常簡便。某個樣品的 11 個白球和 9 個紅球是：

$$0, 1, 0, 1, 1, 1, 0, 0, 1, 0, 1, 1, 1, 0, 0, 1, 0, 0, 1, 1,$$

祇要順次數出白球個數，便能得到樣品合計 $\sum y$ 或 T 的值 11；用樣品內球的個數或樣品大小 n 去除白球的個數 T，便得到樣品均值 T/n 或 $\bar{y}$ 的值 $11/20 = 0.55$。一般說來，樣品合計 T 就是樣品內正觀測值個數，而樣品均值 $\bar{y}$ 就是樣品內正觀測值的相對頻度。在二項分布的取樣問題裏，用樣品合計與樣品均值或樣品內正觀值頻度與正觀測值相對頻度來表示是都可以的。

樣品均值或白球相對頻度應當從均值爲 $\mu = 0.4$ 和變方 $\sigma^2/n = 0.24/20 = 0.012$ 的近似常態分布。表 21.2a 是 1,000 個逢機樣品均值的頻度記錄。表內的 T 欄是樣品合計或白球個數，而 20 個觀測值的樣品 T 值是在 0 到 20 間的。用 $\bar{y}$ 標記的一欄是樣品均值或白球相對頻度，而它們的值等於 T/n，便應當在 0 到 1 間。另外的 f 欄是各種均值出現的次數；$\bar{y}$ 是 2.0 時 f 是 53，便表示 1,000 個大小爲 20 的樣品內有 53 個的均值是等於 0.20 的，或 1,000 個樣品內有 53 個含有 4 個白球。將 1,000 個逢機樣品均值的相對累計頻度點在常態機率紙上，便得到圖 21.2。圖中各點幾乎在一直線上，便可以說明樣品均值的分布近於常態。由圖讀出的 $\bar{y}$ 的均值和標準偏差分別是 0.395 和 0.11，也和期望結果 0.4 和 $\sqrt{0.012}$ 接近。

表 21.2a　由均值爲 0.4 二項族羣取得的 1,000 個大小爲 20 的逢機樣品的合計和均值頻度表

T	$\bar{y}$	f	$r\,c\,f$ (%)
0	0.00	0	0.0
1	0.05	0	0.0
2	0.10	3	0.3
3	0.15	14	1.7
4	0.20	53	7.0
5	0.25	70	14.0
6	0.30	127	26.7
7	0.35	181	44.8
8	0.40	155	60.3
9	0.45	161	76.4
10	0.50	116	88.0
11	0.55	68	94.8
12	0.60	32	98.0
13	0.65	15	99.5
14	0.70	4	99.9
15	0.75	1	100.0
16	0.80	0	100.0
17	0.85	0	100.0
18	0.90	0	100.0
19	0.95	0	100.0
20	1.00	0	100.0
合　計		1,000	

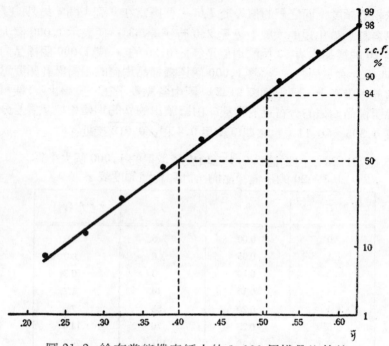

圖 21.2　繪在常態機率紙上的 1,000 個樣品均值的
相對累計頻度

　　樣品合計或白球個數的分布可以由樣品均值分布得出。在表21.2a
中，這兩種介值的頻度本來就是相同的；表中有 53 個樣品的均值等
於 0.20，而合計等於 4 的樣品也是 53 個，所以兩者的長條圖是相同
的。但從分布的均值和變方來看，兩者便是不同的了；樣品合計是樣
品均值的 n 倍，它的分布均值應當是 $n\mu$ 而分布變方應當是 $n^2(\sigma^2/n)$
或 $n\sigma^2$ (定理 2.4b)。所以，二項族羣的樣品合計或樣品內正觀測值個
數應當從均值為 $n\mu$ 和變方為 $n\mu(1-\mu)$ 的近似常態分布；因為 σ^2 等於
$\mu(1-\mu)$，變方便是 $n\mu(1-\mu)$ 了。由這個試驗來看，這 1,000 個樣
品的平均樣品內白球個數是 20(0.4) = 8，而變方是 20(0.4)(0.6)
= 4.8。

　　二項族羣的取樣試驗也可以用逢機數字表來做。將附表 2 每行的

起始 20 個數作爲一個樣品，另 20 個作另一個樣品；這樣，$\mu = 0.4$
的意思便是 1 ，2 ，3 ，4 是正而 5 ，6 ，7 ，8 ，9 ，0 是反，而
某樣品 20 個觀測值

$$\underline{16} \quad \underline{74} \quad 85 \quad \underline{63} \quad 79 \quad \underline{48} \quad 96 \quad \underline{34} \quad 80 \quad \underline{54}$$

內有 7 個正的或 $\bar{y} = 7/20 = 0.35$。由附表 2 便可以得到 500 個這樣的
樣品，要更多樣品得用較大的表；如用劍橋逢機數字表 (*The Tables
of Random Numbers*, Tracts for Computers, No. XXIV, Cambridge
University Press.)，便可以得到 5,000 個大小爲 20 的逢機樣品。

　　由二項族羣的取樣試驗可以得到三種分布，就是 (a) 二項族羣，
(b) 樣品均值或樣品內正觀測值相對頻度，和 (c) 樣品合計或樣品內
正觀測值頻度分布；最後一個通稱**二項分布** (binomial distribution)，
但却不是二項族羣。表 21.2b 便是這三種分布的均值和變方，表中的
n 是樣品大小而 μ 是族羣內正觀測值相對頻度。

表 21.2b　三種均值的分布和變方

分　　布	均　　值	變　　方
二　項　族　羣	μ	$\mu(1-\mu)$
樣　品　均　值	μ	$\mu(1-\mu)/n$
樣品合計（二項分布）	$n\mu$	$n\mu(1-\mu)$

21.3　極小樣品大小

　　當樣品甚大時，二項族羣的樣品均值近似地從常態分布（定理
5.2a)；究竟多大纔夠，却是隨族羣均值而不同的。一般說來，當徵
值 $n\mu$ 和 $n(1-\mu)$ 同時大於 5 時，樣品均值的分布便近於常態了。

　　上面的習用標準也可以用一串取樣試驗來解說。仍用一袋袋的玻
璃球做設備，白色爲正而紅色爲反；但兩種球的個數却有多種不同的
分配，所以便產生了許多個 μ 值。用白球 3,600 粒和紅球 400 粒，得
到的 μ 值便是 0.9；每例都用 4,000 粒，按比例和勻，便得到幾個族
羣。由各族羣內用不同大小取樣，便得到下面四個試驗記錄：

表 21.3　四種取樣試驗的樣品均值頻度表

白球相對頻度 $\bar{y}$	試驗 1 $n = 10; \mu = 0.5$	試驗 2 $n = 10; \mu = 0.4$	試驗 3 $n = 20; \mu = 0.4$	試驗 4 $n = 20; \mu = 0.9$
0.00	1	2	0	0
0.05			0	0
0.10	12	54	3	0
0.15			14	0
0.20	49	145	53	0
0.25			70	0
0.30	118	221	127	0
0.35			181	0
0.40	211	221	155	0
0.45			161	0
0.50	222	185	116	0
0.55			68	0
0.60	202	117	32	0
0.65			15	1
0.70	117	47	4	10
0.75			1	31
0.80	59	6	0	84
0.85			0	191
0.90	9	2	0	278
0.95			0	270
1.00	0	0	0	135
合　計	1,000	1,000	1,000	1,000

　　試驗 1　由 $\mu = 0.5$ 的二項族羣內取出 $1,000$ 個 $n = 10$ 的逢機樣品，將算出的均值頻度列在表 21.3 內。算出的樣品均值和變方分別接近 $\mu = 0.5$ 和 $\mu(1-\mu)/n = 0.025$，而樣品均值的長條圖和同均值與變方的常態曲線都繪在圖 21.3a 內。

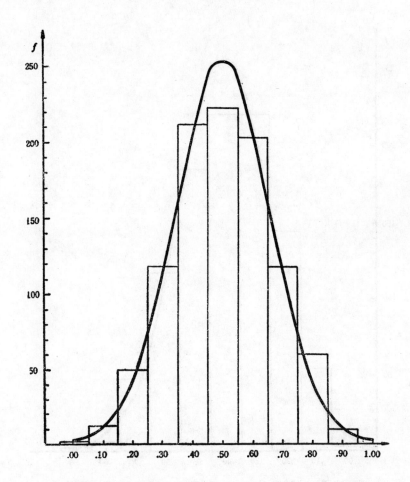

圖 21.3a　試驗 1　　$n = 10$ 和 $\mu = 0.5$ 的樣品均值
長條圖和 $\mu = 0.5$ 與 $\sigma^2 = 0.025$ 的常態
曲線

試驗 2　由 $\mu = 0.4$ 的二項族羣內取出 1,000 個 $n = 10$ 的逢機樣
品，將算得的均值頻度列在表 21.3 內。樣品均值的均值和變方都分
別接近 0.4 和 0.024，而長條圖和 $\mu = 0.4$ 與 $\sigma^2 = 0.024$ 的常態曲線
都繪進圖 21.3b。

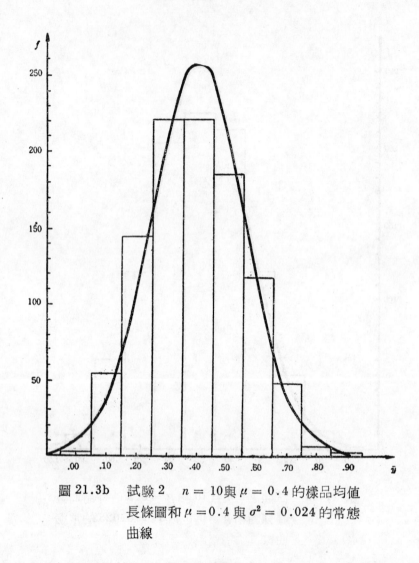

圖 21.3b　試驗 2　$n = 10$ 與 $\mu = 0.4$ 的樣品均值
長條圖和 $\mu = 0.4$ 與 $\sigma^2 = 0.024$ 的常態
曲線

　　試驗 3　由 $\mu = 0.4$ 的二項族羣內取出 1,000 個 $n = 20$ 的逢機樣
品，將均值頻度列在表 21.3 內。長條圖和均值爲 0.4 與變方爲 0.012
的常態曲線都繪在圖 21.3c 內。

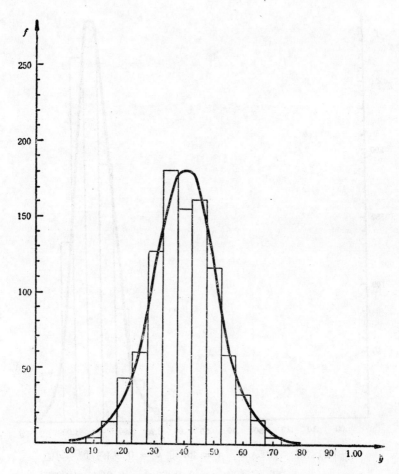

圖 21.3c　試驗 3　$n = 20$ 與 $\mu = 0.4$ 的樣品均值
　　　　長條圖和 $\mu = 0.4$ 與 $\sigma^2 = 0.012$ 的常態
　　　　曲線

　　試驗 4　由 $\mu = 0.9$ 的二項族羣內取出 1,000 個 $n = 20$ 的逢機樣品，將均值頻度列入表 21.3。長條圖和均值爲 0.9 與變方爲 0.0045 的常態曲線都繪進圖 21.3d。

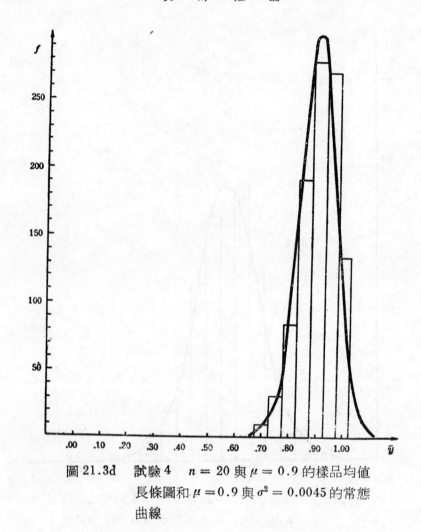

圖 21.3d 試驗 4 $n = 20$ 與 $\mu = 0.9$ 的樣品均值
長條圖和 $\mu = 0.9$ 與 $\sigma^2 = 0.0045$ 的常態
曲線

　　二項族羣樣品均值分布能不能是一條近似的常態曲線，要看樣品
大小和族羣均值而定。族羣均值是 $\mu = 0.5$ 時，10個觀測值的樣品已
能接近常態了；族羣均值偏離 0.5，樣品就必需大一點。 族羣均值 μ
和樣品均值都是相對頻度，都在 0 與 1 間，但 $\bar{y}$ 的值却集中在 μ 值的
左右。如果 μ 等於 0.5，樣品均值 $\bar{y}$ 在 0.5 的兩側有同樣的餘地可以

展開，像圖 21.3a 所表現的；常態曲線便會是長條圖的良好近似。如果 μ 等於 0.4，樣品均值集中在 0.4 的兩側，向 1 展開的餘地便大於向 0 展開的 (圖 21.3b)，所以樣品均值在分布的左尾壅積。將圖21.3a 和 21.3b 比較一下，樣品大小 n 同是 10，μ 等於 0.5 時的常態近似性便比 μ 等於 0.4 時良好；$\mu = 0.9$ 時，常態近似性已完全不確 (圖 21.3d)，雖然樣品大小增為20也不能有所改善了。將圖21.3a, 21.3b, 21.3d 比較一下，便可以看出 μ 值對樣品均值分布形狀的影響；如果樣品的大小不變，μ 越偏離 0.5，常態近似性便越差。

　　樣品越大，樣品均值的變方 σ^2/n 便越小，樣品均值在 μ 的兩側散布的餘地也越小，便向 μ 處壅積。所以，當樣品甚大時，族羣均值 μ 雖然不是 0.5，樣品均值的分布還是近於常態的；像圖 21.3c 便是一個例子。比較圖 21.3b 與 21.3c，便可以看出樣品大小對樣品均值分布形狀的影響；當族羣均值是固定值時，樣品越大，常態近似性便越良好。

　　總結一句，μ 和 n 同時影響二項族羣樣品均值分布的形狀，所以便有了 $n\mu$ 和 $n(1-\mu)$ 同大於 5 的習用標準，而大致定義出**極小樣品大小** (minimum sample size)。但這種標準可並不是一個定律，滿足它不定對而違背它也不定錯，祇不過是種指標而已。

21.4 有關均值的擬說測驗

　　在 21.2 節曾經說過，二項族羣的樣品均值近似地從均值為 μ 和變方為 $\mu(1-\mu)/n$ 的常態分布，所以介值 (6.7 節，式1)

$$u = \frac{\bar{y}-\mu}{\sqrt{\dfrac{\sigma^2}{n}}} = \frac{\bar{y}-\mu}{\sqrt{\dfrac{\mu(1-\mu)}{n}}} \tag{1}$$

便近似地從均值為 0 和變方為 1 的常態分布。這個介值可以用來測驗族羣均值等於指定值的擬說，而它的 5% 顯著水準雙尾測驗臨界區是 $u < -1.96$ 和 $u > 1.96$ 處。

　　由樣品合計的分布也可以得到一個相類的介值。

$$u = \frac{T-n\mu}{\sqrt{n\mu(1-\mu)}}。 \tag{2}$$

式(2)和式(1)內的介值不同來源而同內容，而式(2)就是式(1)內分子和分母同乘 n 的結果。

現在舉一個 u 測驗的應用實例。某農藥製造商宣稱，用他的藥做一定劑量的施用時可以殺死某種昆蟲的80％，將 400 個蟲子噴上藥，結果死了 300 個或75％；根據這份資料，他所宣稱的是不是可靠？這兒可將擬說定為 $\mu = 0.80$，來做 u 測驗。樣品均值是 0.75，介值

$$u = \frac{0.75 - 0.80}{\sqrt{\dfrac{(0.8)(0.2)}{400}}} = \frac{-0.05}{0.02} = -2.5 \tag{3}$$

小於 -1.960；用 5％顯著水準時 ， 得到的結論是製造商的宣稱並不可靠，藥效沒有宣稱的那樣大。

用另一種 u 值，也得到

$$u = \frac{300 - 400(0.8)}{\sqrt{400(0.8)(0.2)}} = \frac{-20}{8} = -2.5 ; \tag{4}$$

數值和結論都和前法完全相同。

上例中是將死的蟲子當作正，其實不論將死的或活的蟲子當正是會得相同結論的。如果把擬說改成有20％的蟲子殺不死，而用試驗中的25％活着的蟲子來測驗，結果便得到

$$u = \frac{0.25 - 0.20}{\sqrt{\dfrac{(0.2)(0.8)}{400}}} = \frac{0.05}{0.02} = 2.5 ; \tag{5}$$

祇是改變了數號而已。所以，將正和反的定義對換時，左右臨界區也隨着對換而結論不變。

常態族羣的變方 σ^2 常常是未知的 ， 所以 u 測驗不切實際；二項族羣的變方是隨擬說而定的 ， u 測驗便可以隨時應用了。如果擬說族羣均值是 0.8，擬說變方便必然是 $(0.8)(0.2) = 0.16$。

測驗族羣均值等於指定值的擬說，除 u 法外還可以用一種**卡方適合性測驗** (chi-square test of goodness of fit)。用這種測驗時，要先算觀測頻度 f 與**擬說頻度** (hypothetical frequency) h 間的不合程度；觀測頻度就是大小為 n 的樣品內正和反觀測值的個別個數，擬說頻度却是 n 個觀測值按擬說分成的正和反個數或 $n\mu$ 和 $n(1-\mu)$ 。 仍然用

殺蟲劑的例子，觀測頻度是 300 死和 100 活，用 $\mu = 0.8$ 得到的擬說頻度却是 320 死和 80 活，測驗用的介值是自由度數為 1 的

$$\chi^2 = \sum \frac{(f-h)^2}{h} = \frac{(300-320)^2}{320} + \frac{(100-80)^2}{80} = 6.25 ; \quad (6)$$

詳細的計算列在表 21.4 內。由式(6)可以看出，χ^2 的值是隨着不合程度 $(f-h)$ 而不同的；觀測頻度與對應擬說頻度相差太大便易於棄却擬說，所以測驗顯然是單尾性的。

表 21.4　二項分布的適合性測驗

觀測值	觀測頻度 f	擬說頻度 h	$(f-h)$	$(f-h)^2$	$(f-h)^2/h$
死	300	320	-20	400	1.25
活	100	80	20	400	5.00
合　計	400	400	0		6.25

　　式(6)的卡方值就是式(3) u 值的平方，或 $6.25 = (-2.5)^2$；由定理 7.6，這兒的 χ^2 便是 u^2，必然從自由度數為 1 的卡方分布，也就不必取樣驗證了。

　　恒等式 $\chi^2 = u^2$ 的代數證明也很簡單，祇要把術語和符號作一番對照便可；正觀測值頻度便是樣品合計 T 而反觀測值頻度便是 $(n-T)$，擬說頻度也分別是 $n\mu$ 和 $n(1-\mu)$，所以介值（式 2）

$$\chi^2 = \sum \frac{(f-h)^2}{h} = \frac{[T-n\mu]^2}{n\mu} + \frac{[(n-T)-n(1-\mu)]^2}{n(1-\mu)}$$

$$= \frac{(T-n\mu)^2}{n\mu} + \frac{(-T+n\mu)^2}{n(1-\mu)}$$

$$= (T-n\mu)^2 \left[\frac{1-\mu}{n\mu(1-\mu)} + \frac{\mu}{n\mu(1-\mu)} \right]$$

$$= \frac{(T-n\mu)^2}{n\mu(1-\mu)} = u^2 \circ \quad (7)$$

　　由表 21.4 可以看出，兩個不合差 $(f-h)$ 相等而異號，知道一個便知道另一個，所以自由度數是 1。

　　如果擬設是對的，擬設頻度就是重複取得的樣品內觀測頻度的均值。一個樣品的正觀測值頻度是樣品合計 T 而對應的擬設頻度便會是 $n\mu$；由表 21.2b，$n\mu$ 又是樣品合計 T 分布的均值。

　　二項族羣的卡方測驗也祇在較大樣品的情況下能以成立，是和 u 測驗相似的；這兩種測驗既然相類，便用到同一的習用標準，兩種擬設頻度都應當大於 5（21.3 節）。

21.5 均值的可信間距

　　在 11.3 節的式 (6) 中曾經說過，族羣均值的 95% 可信間距是

$$\bar{y} - 1.96\sqrt{\frac{\sigma^2}{n}} < \mu < \bar{y} + 1.96\sqrt{\frac{\sigma^2}{n}}。 \tag{1}$$

二項族羣的變方是 $\sigma^2 = \mu(1-\mu)$，可信間距要估的徵值是 μ 而本身又要用 μ 來表達，便陷入了兩難的境地；用這種方法來估算一個徵值，得先知道這個徵值。已經知道的徵值何必估算，所以便產生了因果的循環。爲了打破這種僵局，可以將式 (1) 中的 σ^2 用 $\bar{y}(1-\bar{y})$ 代替，便得出 μ 的95% 可信間距的近似式

$$\bar{y} - 1.96\sqrt{\frac{\bar{y}(1-\bar{y})}{n}} < \mu < \bar{y} + 1.96\sqrt{\frac{\bar{y}(1-\bar{y})}{n}}。 \tag{2}$$

這種近似法很切實際，可以通用於 μ 接近 0.5 和 n 較大的情況。在殺蟲劑的例子裏，400 個蟲子中給殺死了 200 個或 75%，但製造商却宣稱可以殺死80%。用 u 法測驗後，得出商人宣傳不可靠的結論；現在就用式 (2) 估算眞正的殺蟲百分率 μ，看看它不是 80% 而究竟是多少。由式 (2)，樣品均值爲 $\bar{y} = 300/400 = 0.75$ 時，μ 的可信限是

$$0.75 - 1.96\sqrt{\frac{(0.75)(0.25)}{400}} \quad 和 \quad 0.75 + 1.96\sqrt{\frac{(0.75)(0.25)}{400}}$$

或

$$0.71 \quad 和 \quad 0.79；\tag{3}$$

所以，當採用 0.95 可信係數時，眞正的殺蟲率 μ 值是在 71% 到 79% 之間。如果採用 0.99 可信係數，便可用 2.576 代替 1.960 計算可信限。由式 (3) 也可以推出存活率的 0.95 可信間距，便是（$1 - 0.79$）= 0.21 和（$1 - 0.71$）= 0.29。

上面講的祇是可信間距的近似求法，更精密而複雜的算法可以查附表 9a 和 9b 如果 20 個觀測值中有 7 個正的，由附表 9a 查出的 μ 的 95% 可信間距便是 0.15 到 0.59。這種表列的數值並不多，像 $\bar{y} = 0.75$ 和 $n = 400$ 便查不到；應用時，便可以將大於 0.5 的 $\bar{y}$ 換成存活率 $0.25 = 1 - 0.75$，再查表。由附表 9a，n 爲 250 時的可信限是 0.20 和 0.31，而 n 爲 1,000 時是 0.22 和 0.28；n 爲 400 時的可信間距會比前一個狹而比後一個寬，應當在 0.21 到 0.29 間。死亡率的兩個限可用 1 分別減 0.29 和 0.21 求得，所以 95% 的死亡率可信間距是 0.71 到 0.79，與近似結果（式 3）相同。這便是說，樣品大到 400 時近似法已經很準確了。如果 n 很小而 μ 又遠離 0.5，近似值便會和附表 9a 或 9b 的值不同。

21.6 兩均值的差

在 21.2 節已經講過，二項族羣樣品均值近似地從均值爲 μ 和變方爲 $\mu(1-\mu)/n$ 的常態分布。所以，介值

$$u = \frac{(\bar{y}_1 - \bar{y}_2) - (\mu_1 - \mu_2)}{\sqrt{\dfrac{\sigma_1^2}{n_1} + \dfrac{\sigma_2^2}{n_2}}} = \frac{(\bar{y}_1 - \bar{y}_2) - (\mu_1 - \mu_2)}{\sqrt{\dfrac{\mu_1(1-\mu_1)}{n_1} + \dfrac{\mu_2(1-\mu_2)}{n_2}}} \tag{1}$$

應當從均值爲 0 和變方爲 1 的常態分布。將式(1)略加修飾，便可以用來測驗兩族羣均值差等於指定值的擬說；修飾的方法便是按照測驗的擬說將式(1)中的 σ_1^2 和 σ_2^2 分別用估值替代。二項族羣的變方 $\mu(1-\mu)$ 是隨着族羣均值 μ 而定的，所以測驗 $(\mu_1 - \mu_2)$ 等於指定值或零時，σ_1^2 和 σ_2^2 應當分別用 $\bar{y}_1(1-\bar{y}_1)$ 和 $\bar{y}_2(1-\bar{y}_2)$ 替代，而修飾後的介值是

$$u = \frac{(\bar{y}_1 - \bar{y}_2) - (\mu_1 - \mu_2)}{\sqrt{\dfrac{\bar{y}_1(1-\bar{y}_1)}{n_1} + \dfrac{\bar{y}_2(1-\bar{y}_2)}{n_2}}} \text{。} \tag{2}$$

如果擬說是 $(\mu_1 - \mu_2) = 0$，式(1)中 σ_1^2 和 σ_2^2 應當用勻和估值 $\bar{\bar{y}}(1-\bar{\bar{y}})$ 來代替，而得到的介值是

$$u = \frac{\bar{y}_1 - \bar{y}_2}{\sqrt{\bar{\bar{y}}(1-\bar{\bar{y}})\left[\dfrac{1}{n_1} + \dfrac{1}{n_2}\right]}} \text{；} \tag{3}$$

式內的 $\bar{\bar{y}}$ 是兩樣品的總均值。

　　式(2)的應用也可以舉個實例。某農藥製造商宣稱他的新產品比舊產品的殺蟲能力高 8%，便得到擬說 $\mu_1-\mu_2$ 等於 0.08。試驗結果是一個二向表或 **2×2 控定表**（2×2 contingeney table）（表 21.6a）：新品殺死 400 個中的 320 個蟲子，而舊品殺死 100 個中的 60 個蟲子。

表 21.6a　　由兩個二項族羣內取得的樣品

觀　測　值	處　理		合　計
	新	舊	
殺　死	320	60	380
未殺死	80	40	120
樣品大小	400	100	500

將殺死的蟲子當作正觀測值，新品的均值是 320/400＝0.8 而舊品的均值是 60/100＝0.6；要測驗的擬說是未知 μ_1 和 μ_2 時 $\mu_1-\mu_2=0.08$，用到的介值便是（式 2）

$$u=\frac{(0.80-0.60)-0.08}{\sqrt{\dfrac{(0.80)(0.20)}{400}+\dfrac{(0.60)(0.40)}{100}}}=\frac{0.12}{0.0529}=2.27, \qquad (4)$$

而詳細計算列在表 21.6b 內。因為 2.27 大於 1.960，擬說在 5% 顯著水準遭到棄却，所以得到新品比舊品能力差超過宣稱結果的結論。

表 21.6b　　擬說族羣均值不等時的 u 值計算

項　目	新	舊	組合方法
T	320	60	
n	400	100	
$\bar{y}$	0.800000	0.600000	0.200000 (−)
$1-\bar{y}$	0.200000	0.400000	
$\bar{y}(1-\bar{y})$	0.160000	0.240000	
$\bar{y}(1-\bar{y})/n$	0.000400	0.002400	0.002800 (+)
標準機差			0.052915 ($\sqrt{}$)

由式(2)可以算出 $(\mu_1-\mu_2)$ 的可信間距，用 0.95 可信係數時的可信限便是（第十一章）

$$(\bar{y}_1-\bar{y}_2)\pm 1.960\sqrt{\frac{\overline{y_1(1-\overline{y}_1)}}{n_1}+\frac{\overline{y_2(1-\overline{y}_2)}}{n_2}}\,。 \tag{5}$$

用表 21.6a 的資料，算出的可信限便是

$$(0.80-0.60)\pm 1.960(0.0529)$$

或

$$0.20\pm 0.10\,；$$

詳細的計算列在表 21.6b 內，算出的結果是新品比舊品多殺 10% 到 30% 的蟲子。

表 21.6a 資料是專門用來例示計算方法的，所以用了 400 和 300 的不等大樣品。真的做試驗時，應當儘能用等大樣品。當觀測值總個數相同時，等大樣品能夠減小樣品均值的標準機差（10.7 節），是會增大測驗能力和縮短徵值可信間距的。

式(3)的計算也可以用表 21.6a 的資料來例示。計算時用到的總均值 $\bar{\bar{y}}$ 便是觀測值總個數除總計 G 的商，而得出的便是表 21.6a 內的 $380/500 = 0.76$。總均值 $\bar{\bar{y}}$ 同時又是 $\bar{y}_1$ 和 $\bar{y}_2$ 各用樣品大小為權值的加權均值，所以

$$\bar{\bar{y}}=\frac{n_1\bar{y}_1+n_2\bar{y}_2}{n_1+n_2}=\frac{T_1+T_2}{n_1+n_2}=\frac{G}{\sum n}=\frac{380}{500}=0.76\,； \tag{6}$$

也就是說，兩處理的勻和殺蟲能力是76%。求出 $\bar{\bar{y}}$ 後，便可以計算 u 值（式3），而得到的是

$$u=\frac{0.80-0.60}{\sqrt{(0.76)(0.24)\left[\dfrac{1}{400}+\dfrac{1}{100}\right]}}=\frac{0.20}{0.04775}=4.188\,； \tag{7}$$

計算的詳情列在表 21.6c 內。算出的 u 值 4.188 大於 1.960，所以在 5% 顯著水準時得到 $\mu_1 > \mu_2$ 的結論。前面已經算出 $(\mu_1-\mu_2)$ 的可信間距是 0.10 到 0.30，現在的計算也不過是例示而已。從這兒可以看出，用這種方法估出的 $(\bar{y}_1-\bar{y}_2)$ 的標準機差是和分途估算 σ_1^2 和 σ_2^2 時不同的；分途估算時的值是 0.529（表 21.6a），聯合估算到的卻是 0.0477（表 21.6c）。

表 21.6c　　擬說族羣均值不等時的 u 值計算

項　　目	新	舊	組合方法	
T	320	60	380	$G(+)$
n	400	100	500	$\sum n(+)$
$\bar{y}$	0.800000	0.600000	0.200000	$(-)$
$\bar{\bar{y}}$			0.760000	$G/\sum n$
$1-\bar{y}$			0.240000	
$\bar{y}(1-\bar{y})$			0.182400	
$1/n$	0.002500	0.010000	0.012500	$(+)$
$\bar{y}(1-\bar{y})\left[\dfrac{1}{n_1}+\dfrac{1}{n_2}\right]$			0.002280	
標準機差			0.047749	$(\sqrt{\ })$

　　有關 $\mu_1=\mu_2$ 擬說還有一種**卡方獨立性測驗** (chi-square test of indenpendence) 的方法，也是用觀測頻度 f 和擬說頻度 h 來算的。觀測頻度就是樣品內正和反觀測值的個數，而擬說頻度卻是均值相等擬說條件下兩樣品內應有的正和反觀測值個數；兩類頻度的數值和符號都列在表 21.6d，而觀測頻度仍然用的是表 21.6a 資料和符號。在大小為 n 的樣品內，正觀測值的個數便等於樣品合計 T 而反觀測值個數卻等於 $(n-T)$，兩個樣品合計的合計 G 便是兩樣品內共有的正觀測值個數。擬說頻度是按照樣品均值同等於總均值 $\bar{\bar{y}}$ 的條件算出的，樣品大小當然也不改變。將表內兩個擬說頻度做縱方向的加法，便得到

$$n\bar{\bar{y}}+n(1-\bar{\bar{y}})=n \; ; \tag{8}$$

做橫方向相時，卻由式(6)得到

$$n_1\bar{\bar{y}}+n_2\bar{\bar{y}}=(n_1+n_2)\bar{\bar{y}}=(\textstyle\sum n)\bar{\bar{y}}=G \tag{9}$$

和

$$n_1(1-\bar{\bar{y}})+n_2(1-\bar{\bar{y}})=(n_1+n_2)(1-\bar{\bar{y}})=\textstyle\sum n-(\sum n)\bar{\bar{y}}=\sum n-G \circ \tag{10}$$

做計算時，正好應用觀測和擬說頻度**邊緣合計** (marginal total) 相等的關係來做校對。

表 21.6d　獨立性測驗中觀測與擬設頻度的符號和數值

觀　測　頻　度　f						
觀測值	樣品 1		樣品 2		合　計	
正 反	320 80	T_1 $n_1 - T_1$	60 40	T_2 $n_2 - T_2$	380 120	G $\sum n - G$
合　計	400	n_1	100	n_2	500	$\sum n$
擬　設　頻　度　h						
觀測值	樣品 1		樣品 2		合　計	
正 反	304 96	$n_1 \bar{y}$ $n_1(1-\bar{y})$	76 24	$n_2 \bar{y}$ $n_2(1-\bar{y})$	380 120	G $\sum n - G$
合　計	400	n_1	100	n_2	500	$\sum n$

表 21.6e　兩個二項族羣的獨立性測驗

處　理	觀測值	f	h	$(f-h)$	$(f-h)^2$	$(f-h)^2/h$
1	正 反	320 80	304 96	16 −16	256 256	0.8421 2.6667
2	正 反	60 40	76 24	−16 16	256 256	3.3684 10.6667
合　計		500	500	0		17.5439

測驗 $\mu_1 = \mu_2$ 擬設時，用到的介值是自由度數為 1 的

$$\chi^2 = \sum \frac{(f-h)^2}{h}。 \tag{11}$$

表 21.6a 資料的卡方值是 17.54，而詳細計算列在表 21.6e 內。這兒的卡方值 17.54 恰好等於式(7)中 u 值 4.188 的平方，其實正是由式(3)中 u 值平方等於式(11)中卡方值的恒等式得來的。既然 u^2 從自由度數 1 的卡方分布（定理 7.6），用 u 或卡方測驗 $\mu_1 = \mu_2$ 的擬設，都會得到相同的結論；u 為雙尾而卡方為單尾，所以 5% 顯著水準的 u 的臨界區是 $u < -1.960$ 和 $u > 1.960$ 處而卡方的臨界區却在 $\chi^2 > 3.84$ 處（7.6 節）。

　　自由度數的意義可以由表 21.6a 的擬說頻度看出。這個表內的四個邊緣合計 n_1，n_2，G，$(\sum n - G)$ 都給觀測頻度固定著，知道一個擬說頻度便能決定另外的三個，所以卡方獨立性測驗自由度數是 1 。

　　自由度數的意義也可以由表 21.6e 內的不合差 $(f-h)$ 看出。四個值都等於16而數號不同，由一個也可以決定三個，所以自由度數應當是 1 。

　　卡方值的計算有一個簡算法，便是

$$\chi^2 = \frac{[T_1(n_2-T_2)-T_2(n_1-T_1)]^2(n_1+n_2)}{(n_1)(n_2)(G)(\sum n - G)} 。 \tag{12}$$

用表 21.6a 的資料，求得的便是

$$\chi^2 = \frac{[320(40)-60(80)]^2(500)}{(400)(100)(380)(120)} = \frac{32,000,000,000}{1,824,000,000} = 17.54 , \tag{13}$$

是和表 21.6e 結果相同的。式(11)和式(12)是完全相同的，但式(12)不用擬說頻度，所以便算是簡算法。

　　用 u 介值時需要用較大樣品來保證它從常態分布，u^2 從卡方分布當然也少不得用較大的樣品；所以 u 和卡方測驗的成立仍然用到擬說頻度都不小於 5 的習用標準。

21.7 均值同值性測驗

　　前一節討論過兩個族羣均值相等的擬說，本節便要把這種問題擴大到 k 個族羣。這種方法與二項族羣的關係很像常態族羣內用到變方分析，講述時也可以借重已前的材料。

　　由 21.2 節已經知道，二項族羣的樣品均值近似地從均值為 μ 和變方為 $\mu(1-\mu)/n$ 的常態分布（表 21.2b）。所以，k 個樣品均值 $\bar{y}$ 可以看作由均值為 μ 和變方為 σ^2/n 常態族羣取出的 k 個觀測值組成的一個樣品（12.2 節），而介值

$$\chi^2 = \frac{\sum\limits^{k}(\bar{y}-\bar{\bar{y}})^2}{\dfrac{\sigma^2}{n}} = \frac{n\sum\limits^{k}(\bar{y}-\bar{\bar{y}})^2}{\sigma^2} = \frac{機品間\ SS}{\mu(1-\mu)} \tag{1}$$

從自由度數爲 $(k-1)$ 的卡方分布（定理 7.7a 和 12.2 節的 2 ）。 如果
樣品不等大，介值

$$\chi^2 = \frac{\sum_{}^{k} n(\bar{y} - \bar{\bar{y}})^2}{\sigma^2} = \frac{樣品間\ SS}{\mu(1-\mu)} \tag{2}$$

也從自由度數爲 $(k-1)$ 的卡方分布，而分子

$$n_1(\bar{y}_1 - \bar{\bar{y}})^2 + n_2(\bar{y}_2 - \bar{\bar{y}})^2 + \cdots + n_k(\bar{y}_k - \bar{\bar{y}})^2 \tag{3}$$

仍然是樣品間 SS（12.10 節，式 2 ）。式 (1) 和式 (2) 的介值分布都由定
理 7.7a 導出，但應用時都要用估值來代替族羣變方。 二項族羣的變
方 σ^2 是 $\mu(1-\mu)$ ，便可用 $\bar{y}(1-\bar{y})$ 作爲勻和估值（21.6 節，式 3 ），
而介值

$$\chi^2 = \frac{\sum_{}^{k} n(\bar{y} - \bar{\bar{y}})^2}{\bar{y}(1-\bar{y})} = \frac{機品間\ SS}{\bar{y}(1-\bar{y})} \tag{4}$$

近似地從自由度數爲 $(k-1)$ 的卡方分布。 應用這個介值，便可以測
驗 k 個族羣均值相等的擬說了。

　　表 21.7a 是一個 2×4 控定表，可以用做卡方測驗的示例。表內
列出四個樣品的正和反的頻度，而樣品便是處理。用殺蟲劑的例子來
說，正和反便代表死和活的蟲子，而 4 個樣品便代表 4 種藥或一種藥
的 4 種劑量。用種子發芽的例子，正和反代表發芽和不發芽，而 4 個
樣品便代表 4 種植物。用醫藥的例子，正和反代表反應良好和反應不
好，而 4 個樣品便代表用來治病的 4 種藥。這些示例都用到 k 個處
理，都可用卡方測驗來判別正觀測值的差異顯著性；用統計術語來
說，k 個族羣內正觀測值均值或相對頻度相等的擬說都可用卡方法來
測驗。

　　計算卡方值時，也可以用 12.3 和 12.10 節的樣品間 SS 的簡算
法；樣品不等大的樣品間 SS 是

$$\sum \left(\frac{T^2}{n} \right) - \frac{G^2}{\sum n} = \frac{T_1^2}{n_1} + \frac{T_2^2}{n_2} + \cdots + \frac{T_k^2}{n_k} - \frac{G^2}{\sum n}, \tag{5}$$

等大樣品的樣品間 SS 便化簡爲

$$\frac{\sum T^2}{n} - \frac{G^2}{kn} = \frac{T_1^2 + T_2^2 + \cdots + T_k^2}{n} - \frac{G^2}{kn}\ 。 \tag{6}$$

表 21.7a 內列有卡方值的詳細計算過程，而用到的符號都和以前的相同；樣品內正觀測值個數便是樣品合計 T，樣品間 SS 是

$$\sum\left(\frac{T^2}{n}\right)-\frac{G^2}{\sum n}=118.58+147.92+106.58+148.84-512.656$$

$$=9.264\,,$$

表 21.7a 二項族羣均值同質性測驗

觀 測 值	樣		品		合	計
	1	2	3	4		
正	154	172	146	244	716	G
反	46	28	54	156	284	
樣品大小	200	200	200	400	1,000	$\sum n$
項 目	計	算	法			
均 值	0.770	0.860	0.730	0.610	0.716000	$\bar{y}$
T^2	23,716	29,584	21,316	59,536	512,656	G^2
T^2/n	118.58	147.92	106.58	148.84	512.656	$G^2/\sum n$
$1-\bar{y}$					0.284000	
$\bar{y}(1-\bar{y})$					0.203344	
$\sum(T^2/n)-G^2/\sum n$					9.264	
χ^2					45.56	

總均值是 $\bar{\bar{y}}=716/1,000=0.716$，所以求得的自由度數爲 3 的卡方值是

$$\chi^2=\frac{9.264}{(0.716)(0.284)}=\frac{9.264}{0.203344}=45.56\,。$$

卡方值在臨界區內，所以擬說遭受棄却而得到四個處理正觀測值百分數不等的結論。這種測驗祇在卡方值過大時棄却擬說，自然是屬於單尾性的。

如果處理的數目祇有兩個或 $k=2$，式 (4) 的卡方便是 21.6 節的式(11)和式(12)。用表 21.6a 的資料做例子，得到的

$$\chi^2 = \frac{\dfrac{(320)^2}{400} + \dfrac{(60)^2}{100} - \dfrac{(380)^2}{500}}{\left(\dfrac{380}{500}\right)\left(\dfrac{120}{500}\right)} = \frac{3.2}{0.1824} = 17.54$$

便是 21.6 節內式(3)或表 21.6c 的結果，形成了另一種計算的方法。

測驗 k 個族羣均值相等擬說時，也可以用前節的卡方獨立性測驗法；除將樣品個數由 2 換成 k 外，計算方法都與表 21.6d 和 21.6e 相同。用表 21.7a 資料做例子，由表 21.7b 算出的卡方值 45.56 果然和表 21.7a 的結果一樣。所以，兩種卡方測驗祇在術語，符號，和計算方法上有差別，結果却是一樣的。

表 21.7b　　二項族羣的獨立性測驗

樣品編號	觀測值	f	h	$(f-h)$	$(f-h)^2$	$(f-h)^2/h$
1	正	154	143.2	10.8	116.64	0.8145
	反	46	56.8	-10.8	116.64	2.0535
2	正	172	143.2	28.8	829.44	5.7922
	反	28	56.8	-28.8	829.44	14.6028
3	正	146	143.2	2.8	7.84	0.0547
	反	54	56.8	-2.8	7.84	0.1380
4	正	244	286.4	-42.4	1,797.76	6.2771
	反	156	113.6	42.4	1,797.76	15.8254
合　計		1,000	1,000.0	0.0		45.5582

21.8 變方分析與卡方測驗

選擇一個介值來測驗 k 個族羣均值相等的擬說，先要分清族羣的類別；常態族羣可用自由度數 $(k-1)$ 和 $(\sum n-k)$ 的介值

$$F = \frac{(樣品間 \ SS)/(k-1)}{(樣品內 \ SS)/(\sum n-k)} = \frac{樣品間 \ MS}{樣品內 \ MS} , \tag{1}$$

而二項族羣便用自由度數為 $(k-1)$ 的介值

$$\chi^2 = (樣品間 \ SS)/\bar{\bar{y}}(1-\bar{\bar{y}}) 。 \tag{2}$$

這兩種介值有很多相似的地方。如將卡方寫成 F 的形式（定理 9.7），

便得到自由度數爲 $(k-1)$ 和 ∞ 的介值

$$F' = \frac{\chi^2}{k-1} = \frac{(樣品間\ SS)/(k-1)}{\overline{\overline{y}}(1-\overline{\overline{y}})} = \frac{樣品間\ MS}{\overline{\overline{y}}(1-\overline{\overline{y}})}, \tag{3}$$

而 F' 是用來和一般 F 區分的。式(1)和式(3)的分子是相同的，分母雖不相同却都是族羣變方的匀和估值；常態族羣的 σ^2 用機差均方 s^2 當作估值，而二項族羣便用 $\overline{\overline{y}}(1-\overline{\overline{y}})$ 來估算 $\sigma^2 = \mu(1-\mu)$。

如果用 s^2 代替 $\overline{\overline{y}}(1-\overline{\overline{y}})$ 來估算二項族羣的變方 σ^2，便可由一個數例看出 s^2 和 $\overline{\overline{y}}(1-\overline{\overline{y}})$ 間的關係。表 21.8a 的四個樣品是分別用觀測值填記的，並不用一般二項族羣取樣的頻度記載，而變方分析便列在表的下方。觀測值 y 等於 0 或 1，便得到 $y^2 = y$，所以變方分析極易計算。全部 $\sum n$ 個觀測值的 $\sum y^2$ 便是總計 G，用 12.10 節方法求出的樣品間 SS 是

表 21.8a　二項資料的變方分析

項　目	樣　　品				合　　計	
	1	2	3	4		
	1	1	0	0		
	0	1	1	0		
	1	0	1	1		
	0	1	0	1		
	0		0			
T	2	3	2	2	9	G
n	4	5	5	4	18	$\sum n$
T^2	4	9	4	4	81	G^2
$T^2/$	1.0	1.8	0.8	1.0	4.5	$G^2/\sum n$

變　方　分　析			
變異原因	SS	DF	MS
樣　品　間	0.1	3	0.0333
樣　品　內	4.4	14	0.3143
合　　計	4.5	17	0.2647

$$\sum\left(\frac{T^2}{n}\right)-\frac{G^2}{\sum n}=1.0+1.8+0.8+1.0-4.5=0.1, \tag{4}$$

樣品內 SS 是

$$\sum y^2-\sum\left(\frac{T^2}{n}\right)=G-\sum\left(\frac{T^2}{n}\right)=9-1.0-1.8-0.8-1.0=4.4, \tag{5}$$

而總 SS 是

$$\sum y^2-\frac{G^2}{\sum n}=G-\frac{G^2}{\sum n}=9-4.5=4.5。 \tag{6}$$

由總 SS 的各種成分來看， 變方分析中不常算出的 **總均方** (general mean square) 便是接近 $\bar{\bar{y}}(1-\bar{\bar{y}})$ 的。 如果將總 SS 不用它的自由度數 ($\sum n-1$) 除而改用 $\sum n$ 除，便得到（式6）

$$\frac{1}{\sum n}\Bigl[G-\frac{G^2}{\sum n}\Bigr]=\frac{G}{\sum n}-\left(\frac{G}{\sum n}\right)^2=\bar{\bar{y}}-\bar{\bar{y}}^2=\bar{\bar{y}}(1-\bar{\bar{y}}), \tag{7}$$

所以總均方比 $\bar{\bar{y}}(1-\bar{\bar{y}})$ 要稍大一點。用表 21.8a 的資料做例子，總均方是 0.2647 而 $\bar{\bar{y}}(1-\bar{\bar{y}})=0.5(1-0.5)=0.25$，相差已不算大；但 $\sum n$ 祇有 18，這樣的差異還是能改變結論的。 這樣看來， 總均方與 $\bar{\bar{y}}(1-\bar{\bar{y}})$ 的差異是看 $\sum n$ 而定的，觀測值越多差的便越微。卡方測驗通常都用較大的樣品， 所以總均方和 $\bar{\bar{y}}(1-\bar{\bar{y}})$ 在實用上是可以當作相等的。由於 s^2 是變方分析的樣品內均方， 而 $\bar{\bar{y}}(1-\bar{\bar{y}})$ 卻接近總均方，所以卡方測驗便是用總均方代替樣品內均方而得到的變方分析。

　　用總均方代替機差均方去做變方分析，乍看之下似乎是一種驚人的舉動，其實倒並沒有多少壞的影響。將表 21.7a 資料的變方分析改變一下，便得到表 21.8b，而總均方便是樣品間均方和樣品內均方各用自由度數為權值的加權均值或

$$0.2035=\frac{3(3.0880)+996(0.1949)}{3+996}。 \tag{8}$$

均方與自由度數的乘積便是 SS ， 所以上式顯 然能夠成立 。 這樣看來，總均方的值應當在樣品間均方與樣品內均方間。樣品內均方的自由度數 ($\sum n-k$) 要比樣品間均方的自由度數 ($k-1$) 大得多，在加權運算中得到重權，所以總均方是接近於樣品內均方的（表 21.8b）。當

F 值大於 1 時，樣品間均方值大於樣品內均方值，總均方因而也大於樣品內均方。介值 F' 的除數比較大（式 3），所以它的值便比 F 值小些（表 21.8b），也就比 F 值難於棄却擬說。但當 $(\sum n-k)$ 的值遠大於 $(k-1)$ 時；總均方與樣品內均方相差極微（表 21.8b），兩者的能力也就沒有甚麼差異了。其實，當樣品不太大時，F 和 F' 也因臨界區的不同而彼此互有補償。介值 F' 的自由度數爲 ∞，分布列在 F 表的底行，而臨界區的值要比較小些；F 值都在底行以上，臨界區的值便要大些。這樣看來，當達到顯著程度時，F 介值需要一個比 F' 介值較大的值。

表 21.8b　變方分析與卡方獨立性測驗的比較

變異原因	SS	DF	MS	F	F'
樣　品　間	9.264	3	3.0880	15.84	15.19
樣　品　內	194.080	996	0.1949		
合　　　計	203.344	999	0.2035		

　　根據上面的討論，用卡方和變方分析測驗 k 個族羣均值相等擬說時，得到的結論常是一致的。在 F 大於 1 時，F' 值是小於 F 值的，所以卡方測驗棄却擬說的能力看來要比變方分析差。但在二項族羣內使用 F 測驗，却也是不無毛病的；因爲，族羣非常態時，變方分析法棄却爲對擬說的機率是易於超過既定顯著水準的（12.7 節）。總之，這兩種方法都能用來測驗 k 個二項族羣均值相等的擬說，而結論常是一致的；如有不符，却並不能分出高不。卡方需要較大的樣品而 F 需要族羣常態，但二項族羣內的取樣並不見得能合條件，所以兩者都祇是近似的測驗。

　　有關 F 和 F' 的討論也可以應用到 t 和 u 上面去，而得到

$$t = \frac{\bar{y}_1 - \bar{y}_2}{\sqrt{s^2 \left[\dfrac{1}{n_1} + \dfrac{1}{n_2} \right]}}$$

（10.6 節，式 1）和

$$u = \frac{\bar{y}_1 - \bar{y}_2}{\sqrt{\bar{y}(1-\bar{y})\left[\dfrac{1}{n_1} + \dfrac{1}{n_2}\right]}}$$

(21.6 節，式 3)。期望的結果是 $t^2 = F$ 和 $u^2 = F'$ (定理 7.6 和 9.7)，還是用 s^2 與 $\bar{y}(1-\bar{y})$ 來對比的。

21.9 單自由度

上面的卡方測驗是用在 k 個族羣均值相等的一般擬說上的，當然也可以用單自由度來測驗指定擬說。將樣品間 SS (21.7 節，式 4) 劃分成 $(k-1)$ 個單自由度而各用 $\bar{y}(1-\bar{y})$ 除，便得到 $(k-1)$ 個卡方值。用表 21.9a 的四個樣品做例子，觀測值設爲四羣學生對一項問題回答的是和非。四羣學生是：

樣品 1：　大學女生

樣品 2：　大學男生

樣品 3：　中學女生

樣品 4：　中學男生

用單自由度法可以判別(1)答「是」的男生與女生百分率間有沒有顯著差異，(2)答「是」的大學與中學生百分率間有沒有顯著差異，(3)互涉效應是不是顯著。簡單地說，全資料組成一個 2×2 複因子試驗，而無互涉效應便表示答「是」的男與女生百分率間差異在大學或在中學內都是相同的。

上例資料的詳細計算列在表 21.9a 內，算出的樣品間 SS 或處理 SS 是

$$\sum\left(\frac{T^2}{n}\right) - \frac{G^2}{\sum n} = 76.88 + 46.08 + 58.32 + 33.62 - 210.125 = 4.775 \quad (1)$$

算出的三個單自由度是：大學對中學的 SS (15.3 節，式11)

$$Q_1^2 = \frac{(124+96-108-82)^2}{200[(1)^2+(1)^2+(-1)^2+(-1)^2]} = \frac{(30)^2}{800} = 1.125 , \quad (2)$$

男生對女生的 SS

$$Q_2^2 = \frac{(124-96+108-82)^2}{200[(1)^2+(-1)^2+(1)^2+(-1)^2]} = \frac{(54)^2}{800} = 3.645 , \quad (3)$$

和互涉效應的 SS

$$Q_3^2 = \frac{(124-96-108+82)^2}{200[(1)^2+(-1)^2+(-1)^2+(1)^2]} = \frac{(2)^2}{800} = 0.005 ; \quad (4)$$

三個單自由度的和便是樣品間 SS。用 $\bar{y}(1-\bar{y})$ 除上列四種 SS，便得到四個卡方值。這種計算是與變方分析相同的，祇是用 $\bar{y}(1-\bar{y})$ 代替 s^2 而已。由表 21.9a 可以得出三個結論：(1)答「是」的女生百分率高於男生，(2)答「是」的大學生百分率高於中學生，(3)性別與學歷間沒有互涉效應。

表 21.9a　　卡方獨立性測驗的單自由度

觀　測　值	樣　　品				合　計
	1	2	3	4	
正	124	96	108	82	410
反	76	104	92	118	390
樣品大小	200	200	200	200	800
項　目	基　本　計　算				
均　值	0.62	0.48	0.54	0.41	0.5125
T^2	15,376	9,216	11,664	6,724	168,100
T^2/n	76.88	46.08	58.32	33.62	210.125

χ^2 測驗				
變　異　原　因	SS	DF	χ^2	$\chi^2_{.05}$
樣　品　間	4.7750	3	19.12	7.81
大學對中學	1.1250	1	4.50	3.84
男生對女生	3.6450	1	14.59	3.84
互　　涉	0.0050	1	0.02	3.84
$\bar{y}(1-\bar{y})$	0.2498			

χ^2 測驗				
變　異　原　因	SS	DF	χ^2	$\chi^2_{.05}$
樣　品　間	4.7750	3	19.12	7.81
直線廻歸	3.2490	1	13.01	3.84
離直線差	1.5260	2	6.11	5.99
$\bar{y}(1-\bar{y})$	0.2498			

　　如果處理是數量性的，單自由度中便有一項是直線廻歸。將表內四類學生改成一，二，三，四年級，便形成數量性處理，便可以判別答「是」的學生百分率 y 是否與班級 x 有關；如果廻歸是直線性的，便可以測驗 $\beta = 0$ 擬說。數量性處理的樣品間 SS 可以劃分成直線廻歸 SS 和離直線差 SS 兩種成分。這種做法的好處已在 17.8 節講過，這兒可以不講。

　　如果 x 值是等距的，廻歸 SS 便等於(17.8節，式 2，和表17.8b)

$$Q^2 = \frac{[-3(124)-1(96)+1(108)+3(82)]^2}{200[(-3)^2+(-1)^2+(1)^2+(3)^2]}$$

$$= \frac{(-114)^2}{4,000}$$

$$= 3.249 , \tag{5}$$

而離直線差 SS 可由總 SS 減廻歸 SS 求得；算出各成分，分別做卡方顯著性測驗，便得到表 21.9a 下方的結果。用 5% 顯著水準，卡方值 13.01 表示正觀測值百分率隨 x 值增大而下降（SP 是負值），而另一卡方值 6.11 却表示降率不是直線性的。將表 21.9a 中的四個樣品設成某種牧草種子的年齡 1，2，3，4，正和反表示發芽和不發芽；數例的結論便是，發芽率隨種子老化程度而降低但降低的傾向在各齡間不同。

　　類似上面的資料當然也可以直接使用直線廻歸。如果將種子的年齡當作 x，T 或每百粒種子內發芽粒數 $100\bar{y}$ 當作 y，便可以測驗擬說 $\beta = 0$。這種做法是會損失有用詢識的，而它的缺陷可以由表 21.9b 與 21.9a 的比較看出。表 21.9b 便是按現在假設直接採用廻歸分析的結果，得到的三個成分分別是表 21.9a 內對應成分的 200 倍，而 200 便是樣品大小 n。直接使用直線廻歸，就是略去 $\bar{y}(1-\bar{y})$ 而用離直線差作爲機差項。當樣品個數 k 很多而廻歸是直線性時，這種做法並無不好的後果；但這兒的 k 祇是 4，剩餘 SS 的自由度數是 2，而廻歸又不是直線性的，由 F 值 4.26（表 21.9b）便得出發芽率不因種子年齡而異的錯誤結論了。這兒遭犯的第二類錯誤並不是由於資料不當引起的，祇是利用不夠充分而已；這也可以看到單自由度的另方面的價值。

這兒所舉的都是等大樣品的例子。如果樣品不等大，單自由度的計算便得用19.6節的方法，過程要複雜得多。

表 21.9b　樣品合計 T 對 x 的廻歸

k	4			ΣT	410
$(\Sigma x)^2$	100	$(\Sigma x)(\Sigma T)$	4,100	$(\Sigma T)^2$	168,100
$(\Sigma x)^2/k$	25	$(\Sigma x)(\Sigma T)/k$	1,025	$(\Sigma T)^2/k$	42,025
Σx^2	30	ΣxT	968	ΣT^2	42,980
SS_x	5	SP	-57	SS_T	955

符號 k 和 T 分別相當表16.9b中的 n 和 y

變 方 分 析					
變 異 原 因	SS	DF	MS	F	$F_{.05}$
廻　　歸	649.8	1	649.8	4.26	18.5
剩　　餘	305.2	2	152.6		
合　　計	955.0	3			

21.10 節要和附記

常態族羣的取樣原設是：(1)樣品是逢機取得的，(2)族羣是常態性的，(3)族羣變方相同。二項族羣的取樣原設祇有樣品逢機性一項，別的都不必要。二項族羣是一看便知的，根本不要猜測。再說，族羣所以成爲二項性，根本是試驗者自己安排的；對象明確，便不需要二項族羣的原設了。二項族羣變方的勻和估值是隨所用擬說而定的，也不要甚麼原設；知道二項族羣的變方是 $\mu(1-\mu)$ 而測驗 k 個族羣相等的擬說，k 個變方勢必也是相等的。

本章中討論的卡方測驗與變方分析有很多相似的地方；測驗的擬說是相同的，祇是前一個用在二項族羣而後一個用在常態族羣。計算時，變方分析用到的程序也大都可以適合卡方測驗；不過，有兩件事應當記得：(1)樣品內正觀測値個數或樣品合計在變方分析中稱爲處理合計，(2)卡方測驗的機差項是 $\bar{y}(1-\bar{y})$ 不是變方分析中的機差均方。

　　本章討論的材料祇是單因子完全逢機試驗，但都可以推廣到複因子，嵌入分類，和變積分析的試驗；祇要遵循上段中的兩項原則，計算上便不會有甚麼困難。如果樣品不等大，計算的手續要複雜得多，但原理却沒有甚麼不同。

　　在 12.11 節曾經說過，設計試驗應當儘能使樣品等大，但本章的示例却都是用的不等大樣品。這種做法祇是用來說明計算方法的，因爲能做不等大樣品計算，自然便會做等大樣品計算；設計試驗時，仍然應當選用等大樣品。

　　本章講到的方法都需要較大的樣品，通常要各擬說頻度大於或等於 5 。如果不能滿足這種條件，便用到另種方法；內中有幾種方法要留在第二十三章再說。

　　因爲 $\bar{y}$ 和 $\bar{y}(1-\bar{y})$ 的極大值不過是 1 和 0.25 ，所以本章中的計算都必需用較長的小數位；卡方計算中的 $\bar{y}$ 或 $\bar{y}$ 至少要算到小數以後六位，纔能保持數字的準確性。

　　二項族羣的取樣問題是統計學中歷史最久的一項，中學代數裏都已用機率的名義講過它。有了這種淵源，一般統計學書籍都把它當作開篇，因而較高深的統計方法如複因子試驗和單自由度等便都和它聯結不起來了。本書不用傳統方法而用二項族羣取樣的變方分析來說明這種問題，便可以在較短的篇幅內得到較透徹的認識。再說，這種討論方式能夠將常態分布和二項分布的取樣問題統一起來；將統計學家熟知而不屑介紹的關係告訴初學者，究竟也是很值得做的事。

　　不依傳統安排的講述方式，有好處可也有不便。本章是用變方分析來說明的，根本沒有介紹傳統習用的二項族羣的專用術語和符號；初學者可以少記一些不太相干而容易混淆的方法和意念，但對參閱別的書籍和本書後面幾章却多少有點妨礙。爲了這點理由，不妨把傳統習用的二項族羣取樣的各種術語和符號簡單地敍述一下。

　　在一般統計學書籍中，二項族羣均值 μ 通稱爲**一次試作中得到一個正觀測值的機率**（probability of obtaining a success in a single trial）而用 p 來代表；而 $(1-\mu)$ 便稱爲**一次試作中得到一個反觀測值**

的機率 (probability of obtaining a failure in a single trial)，通常用 q 代表；所以，$q = (1-p)$，同時 $(p+q) = 1$。討論問題時，通常都不考慮二項族羣而着眼於二項分布或樣品合計 T 的分布；所以，傳統方法中用到的徵值是 np 和 npq，也就是樣品合計分布的均值 $n\mu$ 和變方 $n\mu(1-\mu)$。

樣品均值 $\bar{y}$ 的符號更是複雜得很，一般書籍中有 $\hat{p}$ 和 $\tilde{p}$ 等，因而 $(1-\bar{y})$ 也就有 $\hat{q}$ 和 $\tilde{q}$ 等符號；多說了會使人迷忽不清，不妨停下。

至於 μ 和 $\bar{y}$ 的區分，一般書籍中更是混亂得很。有些用 p 與 $\hat{p}$ 或 p 與 $\tilde{p}$ 分別徵值與介值，但也有採用相反順序的。閱讀這些書籍時，便先要分清書中的徵值和介值，纔能避免誤會。更有一些書籍用同一個 p 分別代表 μ 和 $\bar{y}$，誤會便無法避免了。近來通行用 π 和 p 分別代表 μ 和 $\bar{y}$，已經漸漸普及，今後可能成爲適用的符號；因爲，這種用法既用了傳統符號 p 又把它和 π 分開，恰好符合用希臘字母代表徵值和羅馬字母代表介值的習慣。

用 μ 表示與用 π 表示的兩種符號系統在符號和意念上都是有所不同的；μ 是族羣均值而 π 是族羣內正觀測值相對頻度，祇因 y 僅設 0 和 1 兩個值，兩者纔是相同的。本書的以前各章都用徵值 μ 和 σ^2 討論問題，從這兒到第二十五章底要用相對頻度來講，而本章的內容恰好是個兩棲階段；既然是由徵值到相對頻度的過渡，不妨並列兩類符號系統，便得到表 21.10。

表 21.10　兩種系統的對應項目和符號

均 值		頻 度	
族羣均值	μ	π	族羣內正觀測值相對頻度
族羣變方	$\mu(1-\mu)$	$\pi(1-\pi)$	
樣品合計	T	$np=f$	樣品內正觀測值個數
樣品均值	$\bar{y}$	p	樣品內正觀測值相對頻度
總　計	G	$\sum np$	k 個樣品內正觀測值總個數
總均值	$\bar{\bar{y}}$	$\bar{p}$	k 個樣品內正觀測值總相對頻度

因爲 μ 與 $\bar{y}$ 相當於 π 與 p，這兩個系統的對應關係是很容易看出的。譬如 $(1-\bar{y})$ 是 $(1-p)$，$\bar{y}$ 是 $\bar{p}$，$(1-\bar{y})$ 是 $(1-\bar{p})$，而勻和變方 $\bar{y}(1-\bar{y})$ 便是 $\bar{p}(1-\bar{p})$。樣品內正觀測值個數或樣品合計 T 或 $n\bar{y}$ 便成爲 np，而樣品內反觀測值個數 $(n-T)$ 自然便是 $n(1-p)$ 了。適合性測驗用的擬說頻度 $n\mu$ 和 $n(1-\mu)$ 便是 $n\pi$ 和 $n(1-\pi)$，而獨立性測驗的 $n\bar{y}$ 和 $n(1-\bar{y})$ 便應當是 $n\bar{p}$ 和 $n(1-\bar{p})$。

擬說頻度又稱爲**期望頻度**（expected frequency）或**理論頻度**，但這幾種用法都是易生誤解的。一般說來，科學名詞祇是一個技術性的定義，是不能隨意解釋的；這兒用到的期望和理論的意義可都不能照字面去解釋。這種死守定義的做法並不足表示科學家賦性怪僻，實在是語言演進使他不得不這樣做的。一個技術名詞的初義常常是很單純的，用得久了附義便累加上去而使得它變得模稜了。所以，技術性以至於非技術性性語言都是宜於應用語意學（semantics）的原理的。舉個例子看，「車」現在通常是指汽車，但它的出現遠在汽車發明以前，而原意却和「馬車」相近；在現代人看來，車和馬車根本不是一件東西，而車字的意義也就遠失原意了。

習　　題

(1)　某個族羣內的觀測值是：

　　　　1 1 0 0 1 1 1 0 1 0

(a) 用 2.2 節的式 1 和 2.3 節的式 1 求均值 μ 和變方 σ^2。

(b) 列出頻度表，用頻度求均值和變方並和 (a) 比較。

(c) 繪出長條圖。

這個題是用來驗證定理 21.1 的。

(2)　由一個含有50％紅球的族羣取出一個逢機樣品，內容是18個紅球和22個白球。

(a) 將樣品來源當作未知，而定紅球爲正觀測值。用 5％ 水準測驗 μ 或 π 等於 0.2 擬說，並問結論是否正確。

(b) 用 u 值和卡方適合性測驗，並示明 $u^2 = \chi^2$。

(c) 用近似法求 μ 的95％可信間距。

(3) 在某大學內作一次公意調查 (public opinion survey)，答「是」的有51人而答「不是」的有49人。這種結果能不能解釋成大部分的人是同意的？

(4) 某種殺蟲劑殺死 250 個蟲子中的 123 個。用近似法計算存活率的 95% 可信間距，並用簡單的文詞敍述結論。

(5) 豌豆的種子表面或光或皺，而光粒種和皺粒種雜交子代都結光粒種子。將第一代雜種自交，結果得出 518 個光粒和 170 個皺粒子代。用 5% 水準測驗光粒種株數與皺粒種株數成 3：1 的比例或皺粒種相對頻度等於 0.25 的擬說。

(6) 樣品 1 內的觀驗值是16個正和14個反，而樣品 2 是10個正和15個反。用 5% 水準測驗兩樣品由同族羣取出的擬說。

(a) 用 u 和卡方獨立性測驗 (表 21.6e)，並示明 $u^2 = \chi^2$。

(b) 求 $(\mu_1 - \mu_2)$ 的 95% 可信間距。

(7) 某工廠想減少業務訓練失敗的費用，在訓練前先做一種簡單測驗 (screening examination)。三百人都先經測驗再受訓練，測驗和訓練的結果可以列成一個表：

簡單測驗	訓 練 計 劃	
	及 格	不及格
及 格 不及格	217 38	3 42

問測驗成績和訓練成效有沒有關聯？

(8) 將某種疾病的新療法與標準療法比較。將病人逢機分成兩個組，各用一種療法。新法治好 150 人中的 122 人，而標準法治好 150 人中的 119 人。問新法是不是比標準法有效？

(9)

觀測值	樣 品			
	1	2	3	4
正	24	15	19	22
反	26	35	31	28

(a) 由四個不同族羣取出四個逢機樣品。用 5% 水準卡方獨立性測驗（表 21.7b）測驗四個族羣正觀測值百分率相等擬說，並列出臨界區和結論。

(b) 用變方分析中樣品均方作機差項測驗（a）內擬說，並列出臨界區和結論。

(c) 用 $\bar{y}(1-\bar{y})$ 除樣品間 SS 求卡方值，示明求得的值與（a）相同。

(10) 有一羣人經常各吸 4 種商標香煙中的一種。將每人蒙著眼睛，隨逢機時序讓他們各吸每種牌子的香煙一枝，請抽完後說出第幾支是他常吸的牌子；得到的結果是：

香 煙 商 標	判 斷	
	對	錯
A	13	30
B	17	22
C	20	37
D	7	26

問判斷的準確性是否會隨常吸的牌子而有顯著的差異？

(11) 某製造商想減少缺陷品百分率。爲了估計成效，每日檢查 400 個單件；五天內的結果是：

觀 測 值	日				
	第一	第二	第三	第四	第五
非缺陷品	41	36	32	27	22
缺陷品	359	364	368	373	378

(a) 用 5% 水準測驗 5 天內缺陷品率相同的擬說，並列出結論。

(b) 用直線廻歸的單自由度測驗同一擬說。乘數用 -2，-1，0，1，2。問結論是怎樣的？

(c) 經過一番努力，已經知道缺陷品率不再增加，便可用單尾 u 測驗。這時的 u 值是 (b) 內卡方值的平方根，而 5% 顯著水準的單尾 u 測驗的臨界區是 $u < -1.645$ 處。

(d) 如果三種測驗的結論不同，應當信那一個？為甚麼？三種測驗中，能力最高的是那一個？

(e) 用 95% 可信間距估算第一天和第五天缺陷品百分率的差。

(12) 製造商 A，B，C，D 四家的缺陷品率是：

製　造　商	缺　陷　品	非缺陷品
A	13	289
B	28	270
C	40	265
D	15	289

(a) 測驗四家缺陷品率相同擬說。

(b) 求 A 和 B 家缺陷品率差的 95% 可信間距。

(c) 求 A 家缺陷品率的 95% 可信間距。

參 考 文 獻

Cochran, W. G.: "The χ^2-Test of Goodness of Fit," *Annals of Mathematical Statistics*, vol. 23, pp. 315-345, 1952.

Cochran, W. G.: "Some Methods for Strengthening the Common χ^2-Tests," *Biometrics*, vol. 10, pp. 417-451, 1954.

Snedecor, G. W.: *Statistical Methods*, Iowa State University Press, Ames, 1956.

第二十二章

多項族羣的統計問題

上章內討論的是祇含兩類觀測值的二項族羣，本章便要討論含有兩類以上觀測值的**多項族羣** (multinomial poupulation)。祇就技術來說，多項族羣的取樣問題大致是和二項族羣相類的。祇有一個樣品，用卡方適合性測驗；有 k 個樣品，便用卡方獨立性測驗。

22.1 多項族羣

多項族羣就是可分成有限多個範疇的一羣觀測值。如果用 r 代表可分成的範疇個數，$r = 2$ 的多項族羣便是二項族羣。將學生的成績分成 A，B，C，D，F 五等，便形成一個 $r = 5$ 的多項族羣；祇分成及格和不及格，便又是一個二項族羣。允許在「是」和「不是」以外回答個「不知道」，便得到一個 $r = 3$ 的多項族羣；祇准回答是和不是，便又是二項族羣了。

在日常生活中，多項族羣的例子是很常見的。房屋可以按建築材料和範式分類，工人可以按行業分類，軍官可以按階級分類，人類可以按種族分類；都是隨時看到的例子。這些可以分成幾種範疇的觀測值組都可以各自形成多項族羣。

多項族羣的性質常用它的 r 種範疇的觀測值相對頻度 $\pi_1, \pi_2, \cdots,$ π_r 來表示。一批學生的成績有 5% 得 A，20% 得 B，50% 得 C，20% 得 D，5% 得 F，得到的相對頻度便分別是 $\pi_1 = 0.05$，$\pi_2 = 0.20$，$\pi_3 = 0.50$，$\pi_4 = 0.20$，$\pi_5 = 0.05$，而全部相對頻度 π 的和等於 1；如果 $r = 2$，相對頻度 π_1 和 π_2 便是二項族羣中的 π 和 $(1-\pi)$。

22.2 適合性測驗

在 21.4 節中曾用過適合性測驗來測驗二項族羣正觀測驗值相對

421

頻度等於指定值的擬說，這種方法也可以用來測驗多項族羣 r 個相對頻度 $\pi_1, \pi_2, \cdots, \pi_r$ 等於一組指定值的擬說。設有一個大小爲 n 的逢機樣品，用於這種測驗的介值便是

$$\chi^2 = \sum^r \frac{(f-h)^2}{h} = \frac{(f_1-h_1)^2}{h_1} + \frac{(f_2-h_2)^2}{h_2} + \cdots + \frac{(f_r-h_r)^2}{h_r} \text{。} \quad (1)$$

如果擬說爲對而樣品又很大，式(1)的介值便近似地從自由度數等於 $(r-1)$ 的卡方分布。觀測頻度 f 便是 r 個範疇的個別觀測值個數而它們的和等於 n；擬說頻度 h 分別等於 $n\pi_1, n\pi_2, \cdots, n\pi_r$，因爲相對頻度 π 的和是 1，擬說頻度的和便也等於 n。

　　式(1)中介值近似地從自由度數爲 $(r-1)$ 卡方分布的事可以用取樣試驗來驗證。仍用 $4,000$ 粒玻璃球做試驗驗設備，內中有 $1,600$ 粒紅球，$1,200$ 粒藍球，$1,200$ 粒白球；三種範疇（顏色）的相對頻度是 0.4，0.3，0.3 而合計是 1。由這個族羣內取出 $1,000$ 個大小爲 20 的逢機樣品並分列每一樣品內的三種球的個數，求得的紅，藍，白三色球數的均值分別是 7.98，5.99，6.03，而三個均值已很接近於 8，6，6 或 $n\pi_1, n\pi_2, n\pi_3$ 了；如果列出全部可能樣品，三種球數的個別均值便必然分別是 8，6，6。

　　用 f_1, f_2, f_3 分別代表每個樣品內紅，藍，白球個數，樣品的卡方值便是

$$\chi^2 = \frac{(f_1-8)^2}{8} + \frac{(f_2-6)^2}{6} + \frac{(f_3-6)^2}{6}; \quad (2)$$

如果樣品內有10個紅球，4 個藍球，和 6 個白球，便得到

$$\chi^2 = \frac{(10-8)^2}{8} + \frac{(4-6)^2}{6} + \frac{(6-6)^2}{6} = 1.17 \text{。} \quad (3)$$

將 $1,000$ 個卡方值一一算出，便可以列出頻度表和繪出長條圖來表明分布的形狀。這 $1,000$ 個卡方值的均值接近於 2，便表示分布的自由度數是 $(r-1)=(3-1)=2$；而 $1,000$ 個卡方值內大於自由度數爲 2 的 5% 點卡方值 5.99 的有 60 個或 6%，相差也不算遠。如果將樣品放大，不合程度便會更爲縮小。

　　由式(2)和式(3)可以知道，卡方值是樣品內觀測頻度與眞正平均頻

度 $n\pi_1$, $n\pi_2$, $\cdots$, $n\pi_r$ 的偏差的量值。 如果擬說是錯的， 眞正平均頻度
便不是擬說結果，而樣品卡方值的大小便會受到影響。 就一般情形來
說，這時的卡方值常會增大。 如果樣品中仍然有 10 個紅球 ， 4 個藍
球，和 6 個白球，而擬說却是 $\pi_1=0.2$, $\pi_2=0.4$, $\pi_3=0.4$，卡方值便
會由 1.17（式 3 ）變成

$$\chi^2 = \frac{(10-4)^2}{4} + \frac{(4-8)^2}{8} + \frac{(6-8)^2}{8} = 11.5$$

而棄却錯誤的擬說了。如果擬說是對的，但卡方值仍然大到棄却擬說
的程度，便形成了不可避免的第一類錯誤。如果擬說是錯的，但卡方
值却小到接納它的程度，便又造成第二類錯誤了；將上例內擬說改成
$\pi_1=0.5$, $\pi_2=0.2$, $\pi_3=0.3$，得到的卡方值是零 ， 便屬於這種情形。

　　適合性測驗可以用擲骰子試驗作一個示例。一枚各面均稱的骰子
的六面擲出頻度應當是相同的，也就是說各個 π 值應當都是 1/6。 將
這枚骰子擲 200 次，便可以用來測驗各 π 值等於 1/6 的擬說。表22.2
內已經列出 200 次中各面出現的觀測頻度，擬說頻度同是 $n\pi=200/6$，
便能算出卡方值。 求出的自由度數爲 5 的卡方值等於 10.60，是小於
自由度數爲 5 的 5% 點卡方值 11.07 的，所以便得到骰子各面均稱的
結論。

表 22.2　適合性測驗

點　數	觀測頻度 f	擬說頻度 h	$(f-h)$	$(f-h)^2$	$\frac{(f-h)^2}{h}$
1	30	33.33	-3.33	11.09	0.333
2	26	33.33	-7.33	53.73	1.612
3	45	33.33	11.67	136.19	4.086
4	43	33.33	9.67	93.51	2.806
5	27	33.33	-6.33	40.07	1.202
6	29	33.33	-4.33	18.75	0.563
合　計	200	199.98	0.02	\multicolumn{2}{c}{$\chi^2=10.602$}

22.3 適合性測驗的單自由度

　　上節講的適合性測驗是用來測驗族羣相對頻度等於一組指定值的

一般性擬說的，而特定擬說的測驗便要應用單自由度

$$\chi_1^2 = \frac{[M_1 f_1 + M_2 f_2 + \cdots + M_r f_r]^2}{n[M_1^2 \pi_1 + M_2^2 \pi_2 + \cdots + M_r^2 \pi_r]} ; \tag{1}$$

式內的各乘數 M 必需滿足特定擬說

$$M_1 \pi_1 + M_2 \pi_2 + \cdots + M_r \pi_r = 0 \text{。} \tag{2}$$

單自由度的應用也可以用擲骰子的試驗來說明。將前述的骰子擲了很多次後，覺得 3，4 兩點出現的頻度似乎比別的點大些，便應用下列擬說

$$-\pi_1 - \pi_2 + 2\pi_3 + 2\pi_4 - \pi_5 - \pi_6 = 0.24 \tag{3}$$

的測驗來驗證一項臆想。應用表 22.2 的資料，得到的介值是

$$\chi_1^2 = \frac{[-30 - 26 + 2(45) + 2(43) - 27 - 29]^2}{200[(-1)^2 + (-1)^2 + (2)^2 + (2)^2 + (-1)^2 + (-1)^2](1/6)}$$

$$= \frac{(64)^2}{\dfrac{200(12)}{6}} = \frac{4,096}{400} = 10.24 \text{。} \tag{4}$$

算出的值是大於自由度數為 1 的 5% 點卡方值 3.84 的，結論是 3，4 兩點要比別的點易於出現。這樣便說明了單自由度的好處：使用同樣的資料和顯著水準，單自由度所棄卻的擬說會為一般測驗（22.2 節）接納，單自由度的測驗能力（20.2 節）便比一般測驗高。

單自由度適合性測驗其實就是多項族羣化簡為二項。如果將一枚骰子的出現 3 或 4 點當作正觀測值而出現別的點當作反觀測值，特定擬說其實就是 $\pi = 2/6 = 1/3$。仍然用表 22.2 的資料，$n = 200$ 而正觀測值的觀測頻度 f 是 $45 + 43 = 88$，得到的介值便是和式 (4) 相同的（21.4 節，式 2）

$$u^2 = \frac{(f - n\pi)^2}{n\pi(1 - \pi)} = \frac{(88 - 200/3)^2}{200\left(\dfrac{1}{3}\right)\left(\dfrac{2}{3}\right)} = \frac{(64)^2/9}{400/9} = 10.24 \text{。} \tag{5}$$

單自由度的卡方測驗是和雙尾 u 測驗相當的（7.6 節），而單尾 u 測驗便會更為高效。如果已知上例中骰子的 3 和 4 點是比其他點容易出現的，用表 22.2 資料算出的

$$u = \frac{f - n\pi}{\sqrt{n\pi(1-\pi)}} = \frac{88 - 200/3}{\sqrt{200\left(\frac{1}{3}\right)\left(\frac{2}{3}\right)}} = 3.20 \tag{6}$$

便是 $\chi^2 = 10.24$ 的平方根；5% 顯著水準雙尾 u 測驗臨界區是 $u <$ -1.960 和 $u > 1.960$ 處，而單尾 u 測驗的却是 $u > 1.645$ 處，用單尾時 $u > 1.645$ 便能棄却擬說而用雙尾便要 $u > 1.960$ 纔可以。這樣看來，祇要想像中的 3 和 4 點比別的點稍爲易於出現，單尾測驗的能力便會比雙尾的高。

22.4 頻度曲線的配合

卡方適合性測驗的應用是很常見的，某種經驗結果與它的理論分布間的適合性便可以用這種方法測驗；這便是所謂 **頻度曲線的配合** (fitting of frequency curves) 的問題。前面討論的 t, F, χ^2 的分布都是用 1,000 個樣品介值的頻度表來驗證的，現在便可以用 8.2 節的 1,000 個 t 值的觀測和理論頻度的適合性測驗來討論。表 22.4a 內的觀測相對頻度是由表 8.2 內抄出的，理論相對頻度便是 π 值而擬說頻度各是它 1,000 倍。算出的自由度數爲10的卡方值是 11.59，所以得到取樣試驗與理論分布並無不合的結論。

用經驗資料配合理論頻度曲線時，卡方值和自由度數都會受到資料分組的影響。表 22.4a 中的 t 值是隨意分成11組的，得到的卡方值和自由度數是 11.59 和10。如果把它分成表 22.4b 內的 3 個組，算出的卡方值是 4.23 而自由度數也祇有 2 了。所以，分組方法不同時，計算的介值和自由度數以至於結論都會改變。表 22.4a 祇分 3 組，忽略了 t 分布兩尾的觀測與理論頻度的可能不合程度。一般說來，組分得越細，觀測與理論頻度分布的形狀上差別便越能顯示得出；但也不宜分得太過細，一般也以擬說頻度不少於 5 爲度（21.3 節）；有 80% 的擬說頻度大於或等於 5 而另20%不小於 1，也就可以應用了。限定20%的擬說頻度不小於 1，可以使分布在兩尾得到適當的配合，是會增加測驗靈敏性的。

表 22.4a　　t 分布的適合性測驗

t	觀測頻度 f	擬說頻度 h	$(f-h)$	$(f-h)^2$	$\dfrac{(f-h)^2}{h}$
小　於 −4.5	8	5	3	9	1.800
−4.5 至 −3.5	6	7	− 1	1	0.143
−3.5 至 −2.5	23	21	2	4	0.190
−2.5 至 −1.5	85	71	14	196	2.761
−1.5 至 −0.5	218	218	0	0	0.000
−0.5 至　0.5	325	356	−31	961	2.699
0.5 至　1.5	219	218	1	1	0.005
1.5 至　2.5	80	71	9	81	1.141
2.5 至　3.5	25	21	4	16	0.762
3.5 至　4.5	4	7	− 3	9	1.286
大　於　4.5	7	5	2	4	0.800
合　計	1,000	1,000	0	$\chi^2 = 11.587$	

表 22.4b　　減少範疇（組）數的適合性測驗

t	觀測頻度 f	擬說頻度 h	$(f-h)$	$(f-h)^2$	$\dfrac{(f-h)^2}{h}$
小　於 −0.5	340	322	18	324	1.006
−0.5 至　0.5	325	356	−31	961	2.699
大　於　0.5	335	322	13	169	0.525
合　計	1,000	1,000	0	$\chi^2 = 4.230$	

22.5 獨立性測驗

在 21.6 節曾用獨立性測驗來測驗兩樣品由同一二項族羣取 出 的擬說，現在就把它推廣成 k 個樣品由同一個 r 個範疇（r-categoried）的多項族羣內取出的擬說測驗。這個測驗的介值是

$$\chi^2 = \sum^{kr} \frac{(f-h)^2}{h}, \tag{1}$$

而 f 和 h 仍然分別代表觀測和擬說頻度；當樣品甚大時，這種介值便

從自由度數爲 $(k-1)(r-1)$ 的卡方分布。介值的分布仍然要用 22.2
節的取樣試驗來驗證。由含有40%紅色，30%藍色，30%白色玻璃球
4,000 粒內逢機取出大小爲20的樣品 1,000 個，分別記錄各樣品內的
三種顏色的球個數。將 1,000 個樣品按取出順序兩兩駢對，共得 500
個對；將一對的結果列在表 22.5a 內，作爲示例，而用未完全列出的
500 個卡方值頻度表來驗證介值從自由度數 $(k-1)(r-1)=2$ 卡方分
布的事。

表 22.5a　　2 × 3 控定表

| 觀 測 值 | 樣　　品 | | 總　頻　度 | 勻和相對頻度 |
	1	2		
紅	10	7	17	0.425
藍	4	8	12	0.300
白	6	5	11	0.275
樣品大小	20	20	40	1.000

表 22.5a 樣品對的計算詳情列在表 22.5b 內，表內的擬說頻度
不是適合性測驗中的 $n\pi$ 而是 r 個範疇勻和相對頻度的 n 倍；也就是
說，各個值 8.5，6.0，5.5 分別是 0.425，0.300，0.275（表 22.5a）
的 20 倍。表 22.5b 的計算是很繁的，有時可用簡算法求出

表 22.5b　　2 × 3 控定表的獨立性測驗

樣品編號	觀測值	觀測頻度 f	擬說頻度 h	$(f-h)$	$(f-h)^2$	$\dfrac{(f-h)^2}{h}$
	紅	10	8.5	1.5	2.25	0.2647
1	藍	4	6.0	−2.0	4.00	0.6667
	白	6	5.5	0.5	0.25	0.0455
	紅	7	8.5	−1.5	2.25	0.2647
2	藍	8	6.0	2.0	4.00	0.6667
	白	5	5.5	−0.5	0.25	0.0455
合　計		40	40.0	0.0	$\chi^2 = 1.9538$	

$$\chi^2 = \frac{(10-7)^2}{10+7} + \frac{(4-8)^2}{4+8} + \frac{(6-5)^2}{6+5} = 1.954 ; \qquad (2)$$

就是將兩個觀測頻度差的平方用兩觀測頻度和去除，累加起來便是。用這種方法算出的卡方值是和表 22.5a 結果相同的，當樣品等大時，確實要省事得多。算出 500 個卡方值，便可以做觀測頻度與自由度數為 2 的卡方分布的配合。這 500 個卡方值中有 27 個或 5.4% 大於自由度數為 2 的表列 5% 點卡方值 5.99，結果很是理想。

22.6 獨立性測驗的示例

獨立性測驗可以用表 22.6a 的資料來例示。表中是某大學 693 名一年級學生化學成績按學院分類而成的 5×6 二向控定表，是用來探究五種成績的學生百分率在各學院間有沒有差別的。如果五種成績的學生百分率在六個學院內是相同的，成績的分布便稱為與學院相互獨立。用統計術語來說，5 種成績是多項族羣的 5 個範疇而 6 個學院便是分別由 6 個族羣內取出的 6 個逢機樣品，而成績分布與學院獨立便是 6 個族羣有同一組相對頻度的擬說。用另一種解釋時，也可以將 6 個學院表為族羣的 6 個範疇而 5 種成績作為取得的 5 個逢機樣品，仍然會得到相同的結論。

表 22.6a　　5 × 6 控定表

學 院	成　績					樣品大小	
	A	B	C	D	F		
農	22	59	49	38	23	191	n_1
工	28	66	41	23	17	175	n_2
理	8	11	21	16	7	63	n_3
家 政	15	27	16	9	2	69	n_4
藥	9	34	40	15	6	104	n_5
其 他	4	20	38	19	10	91	n_6
總頻度	86	217	205	120	65	693	$\sum n$
相對頻度	.124098	.313131	.295815	.173160	.093795	.999999	

實例的計算程序與取樣試驗的敍述相同。表 22.2a 的 30 個櫃內都列有觀測頻度，而 5 種成績的個別勻和相對頻度便列在底行。將勻和相對頻度各乘 n 倍，如農學院乘 191 和工學院乘 175 等，便得出30個擬說頻度而列在表 22.6b 內。算出的卡方值是 47.82，大於自由度數爲 20 的 5% 點卡方值 31.41，所以用 5% 水準會得到 5 種成績的學生百分率在 6 個學院內分布不同的結論；換句話說，大學一年級學生的化學成績分布隨學院而不同。

表 22.6b　　5 × 6 控定表的獨立性測驗

學　　　院	成績	觀測頻度 f	擬說頻度 h	$(f-h)$	$(f-h)^2$	$\dfrac{(f-h)^2}{h}$
農	A	22	23.70	− 1.70	2.8900	0.1219
	B	59	59.81	− 0.81	0.6561	0.0110
	C	49	56.50	− 7.50	56.2500	0.9956
	D	38	33.07	4.93	24.3049	0.7350
	F	23	17.91	5.09	25.9081	1.4466
工	A	28	21.72	−6.28	39.4384	1.8158
	B	66	54.80	11.20	125.4400	2.2891
	C	41	51.77	−10.77	115.9929	2.2405
	D	23	30.30	− 7.30	53.2900	1.7587
	F	17	16.41	0.59	0.3481	0.0212
理	A	8	7.82	0.18	0.0324	0.0041
	B	11	19.73	− 8.73	76.2129	3.8628
	C	21	18.64	2.36	5.5696	0.2988
	D	16	10.91	5.09	25.9081	2.3747
	F	7	5.91	1.09	1.1881	0.2010
家　　政	A	15	8.56	6.44	41.4736	4.8450
	B	27	21.61	5.39	29.0521	1.3444
	C	16	20.41	− 4.41	19.4481	0.9529
	D	9	11.95	− 2.95	8.7025	0.7282
	F	2	6.47	− 4.47	19.9809	3.0882
藥	A	9	12.91	− 3.91	15.2881	1.1842
	B	34	32.57	1.43	2.0449	0.0628
	C	40	30.76	9.24	85.3776	2.7756
	D	15	18.01	− 3.01	9.0601	0.5031
	F	6	9.75	− 3.75	14.0625	1.4423
其　　他	A	4	11.29	− 7.29	53.1441	4.7072
	B	20	28.49	− 8.49	72.0801	2.5300
	C	38	26.92	11.08	122.7664	4.5604
	D	19	15.76	3.24	10.4976	0.6661
	F	10	8.54	1.46	2.1316	0.2496
合　　計		693	693.00	0.00	$\chi^2 = 47.8168$	

獨立性測驗的意義可以由表 22.6b 看出。擬說頻度旣然由 5 種成績的個別勻和相對頻度算出，如果 6 個學院的成績分布是相同的，擬

說頻度便應當等於對應的觀測頻度；這樣，偏差 $(f-h)$ 和卡方值便該都等於零。但由 $(f-h)$ 可以看到，農學院內高成績人數比一般少而家政學院內高成績人數比一般多，所以卡方介值是可以用作全校 6 個學院成績分布的偏差量值的。不過，祇由資料去觀測，當然也不能代替卡方測驗；因爲，$(f-h)$ 祇代表每組資料（樣品），而卡方測驗却可以得到今後的一般性結論（族羣）。

22.7 獨立性測驗的單自由度

測驗特定擬說時，自由度數爲 $(k-1)(r-1)$ 的卡方值仍然可以劃分成單自由度；現在不談細節，祇提出一種簡算法。這種方法相當於將一個 $k \times r$ 控定表刻劃成一個 2×2 控定表。想知道上例中理，工兩院學生不及格人數百分率是否與別院相同，祇要將表 22.6a 刻成表 22.7，便可以測驗兩羣不及格學生百分率相等的擬說。用 21.6 節的任一方法，都能求出卡方值 0.21，所以得到兩羣不及格學生百分率並無差異的結論。

表 22.7 由 5×6 表縮合成的 2×2 控定表

學 院	成 績		合 計
	及格(A,B,C,D)	不 及 格(F)	
理 工	214	24	238
其 他	414	41	455
合 計	628	65	693

22.8 卡方的簡算法

本章所講的卡方測驗是可以通用於適合性和獨立性測驗的。但計算方法都要用到擬說頻度，總嫌太繁；這一節便要講一種不用擬說頻度的簡算法。簡算法都是由代數恒等式得到的，可以不必多說。

適合性測驗的簡算公式便是

$$\chi^2 = \frac{1}{n}\left[\frac{f_1^2}{\pi_1} + \frac{f_2^2}{\pi_2} + \cdots + \frac{f_r^2}{\pi_r} - \frac{n^2}{1}\right], \tag{1}$$

式內的 f 是觀測頻度而 π 是已知的擬說相對頻度；$\sum f = n$，$\sum \pi = 1$。
這種方法的程序很近於習用的變方分析計算，而且數量

$$\frac{f_1^2}{\pi_1} + \frac{f_2^2}{\pi_2} + \cdots + \frac{f_r^2}{\pi_r} \tag{2}$$

可以連算，所以便稱為簡算法。仍然用 22.2 節取樣試驗的第一個樣
品做例子。樣品內有10個紅球，4 個藍球，6 個白球，而對應的 π 值
是 0.4，0.3，0.3，便得到一個與 22.2 節內式(3)相同的結果

$$\chi^2 = \frac{1}{20}\left[\frac{10^2}{0.4} + \frac{4^2}{0.3} + \frac{6^2}{0.3} - \frac{20^2}{1}\right] = \frac{23.33}{20} = 1.17 。$$

　　獨立性測驗的卡方值也可用簡算法計算。用表 22.6a 的資料為
例，要先就 6 學院各求一個值 R，如農學院便得

$$R = \frac{(22)^2}{86} + \frac{(59)^2}{217} + \frac{(49)^2}{205} + \frac{(38)^2}{120} + \frac{(23)^2}{65} = 53.55337 。 \tag{4}$$

這個 R 中的分子是某學院 5 種成績的觀測頻度的平方，而分母是對應
的各種成績學生的總頻度；R 值也可用連算，各個值列在表22.8內。
將 R 值列入原控定表的邊欄，便可以求出和表 22.6b 相同的卡方值

$$\chi^2 = \left(\sum n\right)\left[\frac{R_1}{n_1} + \frac{R_2}{n_2} + \cdots + \frac{R_6}{n_6} - 1\right]$$
$$= 693[1.069005 - 1] = 47.82 。 \tag{5}$$

數量 $\sum(R/n)$ 也可用連算，用時能省略表 22.6b，祇要列 R 便好。

表 22.8　　5 × 6 控定表的 R 值

學　院	n	R
農	191	53.55337
工	175	46.24450
理	63	6.34019
家　政	69	7.96104
藥	104	16.50277
其　他	91	13.62006
合　計	693	

習　題

(1)　由一頁逢機數字表查出的 0 到 9 十個數字的頻度是：

數　字	0	1	2	3	4	5	6	7	8	9
頻　度	241	255	249	254	246	250	254	253	250	248

　　(a) 用 5% 水準測驗十個數字出現次數相同的擬說。

　　(b) 用 5% 水準測驗奇數和偶數出現次數相同擬說。將 0 當作偶
　　　　數看待。

(2)　用 5% 水準測驗表 5.6 內樣品均值從常態分布的擬說。這兒共有
　　　一千個樣品。

(3)　用 5% 水準測驗表 7.5 內 $\sum u^2$ 從自由度數為 n 卡方分布的擬說
　　　(定理 7.5)。

(4)　用 5% 水準測驗表 7.7 內 SS/σ^2 從自由度數為 $(n-1)$ 卡方分布
　　　(定理 7.7a) 的擬說。

(5)　用 5% 水準測驗表 9.2 內 s_1^2/s_2^2 從 F 分布的擬說。

(6)　用 5% 水準測驗表 9.6 內 $(SS_1+SS_2)/\sigma^2$ 從自由度數為 (n_1+n_2-2)
　　　卡方分布的擬說。

(7)　(a) 用 5% 水準測驗表 10.5 內 t 從 t 分布的擬說。

　　(b) 用 5% 水準測驗同表內大於 1.5 的 t 值與小於 -1.5 的 t 值
　　　　相對頻度相等的擬說。用單自由度法。

(8)　四位教員記的成績分布是：

教　員＼成　績	A	B	C	D	F
趙　甲	33	89	66	19	3
錢　乙	13	50	66	8	1
孫　丙	18	38	31	8	0
李　丁	16	24	13	0	0

問各教員所給 5 種成績的百分率是不是相同的？

表中的 F 頻度太小，可與 D 併成「D 以下」，再計算。測驗用 5% 水準。($\chi^2 = 27.20, \nu = 9$)

(9) 某大學曾對一件事做過一次公意調查，得到的結果是：

年　級	是	無意見	非
一	98	42	25
二	65	25	41
三	54	19	33
四	42	10	29
研究所	70	8	52

(a) 用 5% 水準測驗五羣學生的三種意見百分率相同的擬說。

(b) 用 5% 水準單自由度測驗大學本部和研究部作肯定囘答的學生百分率相同的擬說。

(10) 英文打字的常見錯誤是多字母，少字母，替字，錯位。三羣練習生的四種錯誤記錄是：

錯　誤	羣		
	I	II	III
多字母	23	18	24
少字母	43	19	22
替　字	223	191	210
錯　位	31	25	29

用 5% 水準測驗三羣練習生的四種錯誤百分率相同的擬說。

參　考　文　獻

Cochran, W. G.: "The χ^2-Test of Goodness of Fit," *Annals of Mathematical Statistics*, vol. 23, pp. 315–345, 1952.

Cochran, W. G.: "Some Methods for Strengthening the Common χ^2-Tests," *Biometrics*, vol. 10, pp. 417–451, 1954.

Irwin, J. O.: "A Note on the Subdivision of χ^2 into Components," *Biometrika*, vol. 36. pp. 130–134, 1949.

Kimbell, A. W.: "Short-Cut Formulas for the Exact Partition of χ^2 in Contingency Tables," *Biometrics*, vol. 10, pp. 452–458, 1954.

第二十三章

幾種常用的變換

從前的學者以為，變方分析絕對需要常態的族羣和相等的變方（12.7節），便研究許多種使族羣變成常態和使變方變成相等的方法來配合應用。本章打算介紹幾種**變換**（transformation）方法，但這些方法在變方分析上的價值却都是可以存疑的。

23.1 角度變換

根據21.3節的說法，當二項族羣的均值偏離 0.5 而樣品又並不夠大時，樣品均值的分布是難成常態的；本節便要提出一種改善常態性的方法。這種方法稱為**角度變換**（angular transformation），便是將變

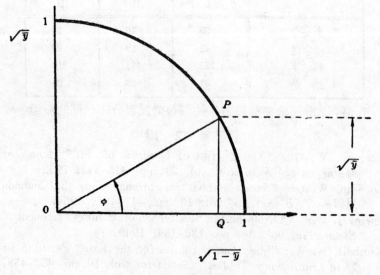

圖 23.1a　角度變換的圖示

距爲 0 到 1 的樣品均値 $\bar{y}$ 變成 0 到 90 度的角度，而兩種比度間便發生了圖 23.1a 的幾何關係。圖中的縱軸代表 $\sqrt{\bar{y}}$ 而橫軸代表 $\sqrt{1-\bar{y}}$。當一點 P 在以原點爲中心的單位圓弧上移動時，它的射影 Q 便在橫軸上移動，所以全部 $\bar{y}$ 値都能用幾何方法表示出來。變換中用到的新量値便是圖中的角 ϕ，$\bar{y}=0$ 或 P 點和 Q 點合一時，ϕ 等於 0 度；而當 $\bar{y}=1$ 或 PQ 線和縱軸合一時，ϕ 便等於 90 度。對每一個 $\bar{y}$ 値都有一個 ϕ 値，而這兩種比度間的關係便形成圖 23.1b。由圖可以看出，$\bar{y}$ 的近中心部分會隨角度變換而縮小而兩端部分却同時放大；這樣便不難想像，在 0 或 1 處壅積的現象會因角度變換而有所改善了。

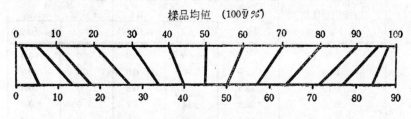

樣品均値　（100$\bar{y}$%）

表 23.1b　兩種比度間關係的圖示

均値 $\bar{y}$ 與角度値 ϕ 的詳細數値關係列在附表 10 內，表中的 $\bar{y}$ 代表樣品內正觀測値百分率而 ϕ 代表角度値。如果 20 個觀測値中有 7 個爲正，便是 $\bar{y}=7/20=0.35$ 或 7 個正觀測値佔 20 個的 35%；對應於 35% 的角度値列在表內的第 30 行及第 5 列，ϕ 値是 36.3。同樣地，對應於 40%，51%，62% 的 ϕ 値便分別是 39.2，45.6，51.9；對應於 100% 的 ϕ 値是 90 度，但却沒有列在表內。

角度變換的功效可用表 21.3 節的試驗 3 和 4 來說明。將 21.3 節的兩組樣品均値抄在表 23.1 內並將 $\bar{y}$ 變換成 ϕ，再將 ϕ 値的相對累計頻度繪在常態機率紙上而得圖 23.1c。圖 23.1c 中兩組點各自接近一條直線而兩直線又近於平行，所以 ϕ 的分布是近於常態而兩個分布的變方是相近的。由圖上讀出兩組 ϕ 値的均値和標準偏差，第 3 試驗是 37.0 和 6.5 而第 4 試驗是 70.5 和 6.0。

由上面的結果可以知道，角度變換倒眞有點用處。本來，試驗 3

和4的族羣均值是相差很多的 0.4 和 0.9，樣品均值的均值 μ 和樣品均值的變方 $\mu(1-\mu)/n$ 是應當隨兩個母族羣而不同的（圖 21.3c 和 21.3d)，同時試驗4的 $\bar{y}$ 分布是很偏稱的。經過角度變換後，ϕ 值的分布都變成常態而分布的變方也變成相等，祇是第4試驗的均值還是比第3試驗的大。這樣看來，用角度值代替樣品均值來做變方分析，是能使資料滿足原設的。

表 23.1　取樣試驗的角度變換結果

白球相對頻度 $\bar{y}$	角度值 ϕ	試驗 3 $n=20;\ \mu=0.4$		試驗 4 $n=20;\ \mu=0.9$	
		f	r.c.f.(%)	f	r.c.f.(%)
0.00	0.0	0	0.0	0	0.0
0.05	12.9	0	0.0	0	0.0
0.10	18.4	3	0.3	0	0.0
0.15	22.8	14	1.7	0	0.0
0.20	26.6	53	7.0	0	0.0
0.25	30.0	70	14.0	0	0.0
0.30	33.2	127	26.7	0	0.0
0.35	36.3	181	44.8	0	0.0
0.40	39.2	155	60.3	0	0.0
0.45	42.1	161	76.4	0	0.0
0.50	45.0	116	88.0	0	0.0
0.55	47.9	68	94.8	0	0.0
0.60	50.8	32	98.0	0	0.0
0.65	53.7	15	99.5	1	0.1
0.70	56.8	4	99.9	10	1.1
0.75	60.0	1	100.0	31	4.2
0.80	63.4	0	100.0	84	12.6
0.85	67.2	0	100.0	191	31.7
0.90	71.6	0	100.0	278	59.5
0.95	77.1	0	100.0	270	86.5
1.00	90.0	0	100.0	135	100.0
合　計		1,000		1,000	

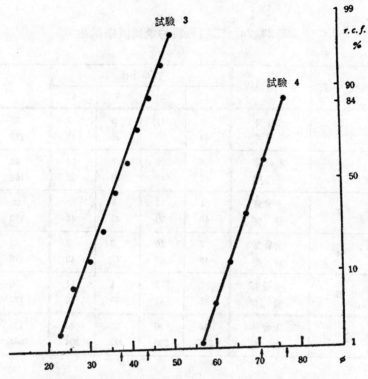

圖 23.1c　繪在常態機率紙上的取樣試驗角度資料

23.2 變換的實例

　　本節所講的取樣試驗有兩重目的 ：（a）說明角度變換的應用 ，（b）建立角度變換同前兩章方法的關係。 取樣試驗共用四個二項族羣，它們的均值是 0.08，0.16，0.10，0.18 而產生的方法已在 21.3 節說過。 由每族羣取出 5 個大小為 50 的逢機樣品並記錄它們的正觀測值個數，得到的結果便是表 23.2a。如果將資料解釋成一個牧草的種子發芽試驗，五個樣品便是 5 次重複而正和反觀測值便可以是發芽和未發芽種子；實用上可將 5 次重複設成 5 個發芽箱或一個發芽箱的 5 次使用。例中是用未發芽種子當正觀測值的，這樣便大都用一位數計算，要比較簡便一點。

表 23.2a　二項資料的逢機區集試驗

重　複	觀　測　值	牧草品種				合　計
		1	2	3	4	
1	未發芽	2	11	5	7	25
	未發芽	48	39	45	43	175
2	未發芽	4	9	7	12	32
	發．芽	46	41	43	38	168
3	未發芽	1	11	7	9	28
	發　芽	49	39	43	41	172
4	未發芽	2	10	3	7	22
	發　芽	48	40	47	43	178
5	未發芽	5	9	1	11	26
	發　芽	45	41	49	39	174
合　計	未發芽	14	50	23	46	133
	發　芽	236	200	227	204	867

　　將資料解釋成牧草試驗，目的便是要決定四種牧草種子的發芽率是否相同；用統計術語來說，便是測驗四個族羣均值相等的擬說。這個擬說的測驗方法很多，有(1)二項族羣均值同質性卡方測驗，(2)觀測值爲 0 或 1 的 4×5 複因子試驗變方分析，(3)逢機區集試驗的 20 個百分率的角度變換和分析；第(1)和(2)法很是相似（21.8 節），可以合在一起處置。將發芽和未發芽種子用 0 和 1 代表。未發芽種子合計如 2, 4, 1 等便是處理合計 T，而處理便是重複和品種的組合。處理組合共有20個，每個組合有 50 個觀測值，計算方法和 21.8 節相同而詳細過程列在表 23.2b 內。表 23.2b 中的各種 F 值便是各種均方值用機差均方除，而卡方值都是各均方值用 $\bar{y}(1-\bar{y})$ 除；樣品的來源已知，F 和卡方測驗的結論自然都是正確的。

表 23.2b　觀測值爲 0 或 1 的二項資料變方分析

基　本　計　算				
(1)	(2)	(3)	(4)	(5)
合計的種類	平方項合計	平方項個數	每平方項的觀測值個數	每觀測值的平方項合計 (2)÷(4)
總　　　計	17,689	1	1,000	17.689
重　　　複	3,593	5	200	17.965
品　　　種	5,341	4	250	21.364
重複與品種	1,131	20	50	22.620
觀　測　值	133	1,000	1	133.000
變　方　分　析				
變異原因	平　方　和	自由度	均　方	F 　 χ^2
重　　　複	0.276	4	0.0690	0.61　2.39
品　　　種	3.675	3	1.2250	10.88　31.87
重複×品種	0.980	12	0.0817	0.73　8.50
機　　　差	110.380	980	0.1126	
合　　　計	115.311	999	0.1154	
$\bar{y}(1-\bar{y}) = (0.133)(0.867) = 0.1153$				

表 23.2c　二項資料的角度變換結果

重　複	牧　草　品　種				合　計
	1	2	3	4	
1	11.5	28.0	18.4	22.0	79.9
2	16.4	25.1	22.0	29.3	92.8
3	8.1	28.0	22.0	25.1	83.2
4	11.5	26.6	14.2	22.0	74.3
5	18.4	25.1	8.1	28.0	79.6
合　計	65.9	132.8	84.7	126.4	409.8

　　將表 23.2a 的未發芽種子百分率經過角度變換，如 50 粒中有 2 粒未發芽的 4% 變換成 11.5 度（附表 10）等，便得到表 23.2c，而變方分析便列在表 23.2d 內。將表 23.2b 與 23.2d 比較一下，可以看

到變換前後的重複和品種 F 值都是很接近的。這樣看來，變方分析不一定要用角度變換，而變換前後的結論也常常是相同的。

表 23.2d　角度資料的變方分析

基　本　計　算				
(1)	(2)	(3)	(4)	(5)
合計的種類	平方項合計	平方項個數	每平方項的觀測值個數	每觀測值的平方項合計 (2)÷(4)
總　　　計	167,936.04	1	20	8,396.802
重　　　複	33,774.74	5	4	8,443.685
品　　　種	45,129.70	4	5	9,025.940
觀　測　值	9,287.52	20	1	9,287.520
變　方　分　析				
變異原因	平　方　和	自　由　度	均　　方	F
重　　　複	46.883	4	11.721	0.66
品　　　種	629.138	3	209.713	11.72
機　　　差	214.697	12	17.891	
合　　　計	890.718	19		

23.3 平方根變換

如果二項族羣的均值 μ 很小，角度變換可以用**平方根變換**(square

表 23.3a　角度值和平方根值的比率

$\bar{y}$	ϕ	$\sqrt{\bar{y}}$	$\phi/\sqrt{\bar{y}}$
0.00	0.0	0.0000	
0.01	5.7	0.1000	57.0
0.02	8.1	0.1414	57.3
0.03	10.0	0.1732	57.7
0.04	11.5	0.2000	57.5
0.05	12.9	0.2236	57.7

root transformation) 來代替；便是將 $\bar{y}$ 值換成 $\sqrt{\bar{y}}$ 值。用這種變換代替角度變換的理由可由表 23.3a 看出。當 $\bar{y}$ 值很小時，兩種變換值是近於等比的，所以兩種變換結果變方分析的 F 值必然很相近。

表 23.3b　二項資料的平方根變換結果

| 重複 | 牧　草　品　種 | | | | 合　計 |
	1	2	3	4	
1	1.414	3.317	2.236	2.646	9.613
2	2.000	3.000	2.646	3.464	11.110
3	1.000	3.317	2.646	3.000	9.963
4	1.414	3.162	1.732	2.646	8.954
5	2.236	3.000	1.000	3.317	9.553
合　計	8.064	15.796	10.260	15.073	49.193

表 23.3c　平方根變換資料的變方分析

| 基　本　計　算 | | | | |
| (1) | (2) | (3) | (4) | (5) |
合計的種類	平方項合計	平方項個數	每平方項的觀測值個數	每觀測值的平方項合計 (2)÷(4)
總　　　計	2,419.9512	1	20	120.9976
重　　　複	486.5372	5	4	121.6343
品　　　種	647.0046	4	5	129.4009
觀　測　值	133.0083	20	1	133.0083

| 變　方　分　析 | | | | |
變異原因	平　方　和	自　由　度	均　　方	F
重　　複	0.6367	4	0.1592	0.64
品　　種	8.4033	3	2.8011	11.31
機　　差	2.9707	12	0.2476	
合　　計	12.0107	19		

　　應用平方根變換，一般都將二項族羣樣品合計 T 當作觀測值來開平方；但不論用 T 或用 $\bar{y}$，得到的結論都是一樣的，祇是用 T 時可以省去計算 $\bar{y}$ 的手續。

　　將表 23.2a 內 20 個未發芽種子粒數用平方根變換變成表 23.3b，接着便得到表 23.3c 的變方分析。比較表 23.3c 和 23.3d 可以看到，變換前後的資料 F 值大致是相同的， 所以平方根變換也並不是必要的手段。

　　平方根變換本來是用來處置一種特殊分布的方法，而這種分布更是卜氏分布 (Poisson distribution)。圖 23.3a 和 23.3b 便是均值爲 2 和均值爲 5 的兩個卜氏分布長條圖。卜氏分布有一個特點，它的均值

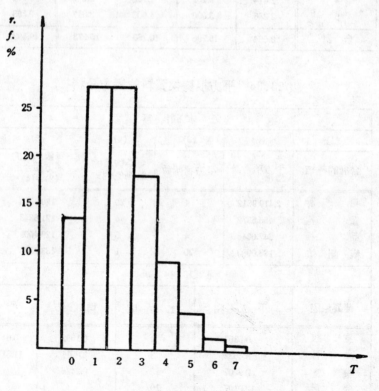

圖 23.3a　均值等於 2 的卜氏分布

和變方是相等的；一張張載玻片上細菌的同大菌落個數，同大試區內染病植物的株數等都從這種分布。其實，均值 μ 很小時，二項樣品合計也近似地從卜氏分布。 如果 $\mu = 0.02$ 而 $n = 1,000$，二項分布的均值和變方便分別是 $n\mu = 2$ 和 $n\mu(1-\mu) = 1.996$（表 21.2b），兩者可以算是相等的了。所以，族羣正觀測值相對頻度很小的二項分布是近似於卜氏分布的，卜氏分布便得到了**稀有事件分布** (distribution of rare events) 的名稱。這兩種分布的觀測值都用 T 代表，所以卜氏分布的均值 μ_T 相當於二項分布的均值 $n\mu$。

使用平方根變換不外有兩個目的：(1)使卜氏分布變成常態，(2)使**族羣變方**變為相等。但當 μ_T 過小時，平方根變換却會產生矯枉過正的毛病。 卜氏分布的右尾本來是偏長的（圖 23.3a 和 23.3b），變換後却是左尾偏長；原來較大的變方反變成較小， 還是不相等的。 所以，平方根變換是在均值 μ_T 大於 10 時有效；可是，μ_T 大於 10，又大可以不用變換了。

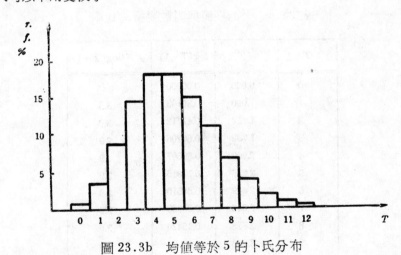

圖 23.3b 均值等於 5 的卜氏分布

23.4 對數變換

對數變換 (logarithmic transformation) 多用於計點值 (counts) 的資料，應用的地方和平方根變換相同；就是將計點值 T 換成 $\log T$，

但當 T 值有等於 0 的時候，便完全用 $\log(T+1)$ 代替全部的 $\log T$。如果計點值是 2, 0, 1，便變換成 $\log 3$, $\log 1$, $\log 2$，得到的是 0.477, 0.000, 1.322；接着便可以做變方分析了。

　　就理論來說，對數變換適合用在均值與標準偏差成比例的族羣。這種變換的變形能力要比平方根變換大得多，會使偏長的分布右尾拉向中心而較短的左尾離中心而展開。經過變換後，不等的族羣變方會變成相等，但族羣均值却不受影響。

　　對數變換與平方根變換間也有一定的數值關係。由表23.4可以看到，當計點值小時，T 的平方根大約是 $\log(T+1)$ 的三倍；T 大於10後，兩比度相差便大起來；當 $T = 100$ 時，$\sqrt{T}$ 已將近是 $\log(T+1)$ 的五倍了。這種現象並不足以說明兩種方法的能力相當，却正表示它們在計點值小時沒有甚麼價值；計點值很大，兩者都很有效，但不用它們却也沒有甚麼不可以。

表 23.4　平方根值與對數變換的比率

T	$\sqrt{T}$	$\log(T+1)$	$\sqrt{T}/\log(T+1)$
0	0.000	0.00000	
1	1.000	0.30103	3.3
2	1.414	0.47712	3.0
3	1.732	0.60206	2.9
4	2.000	0.69897	2.9
5	2.236	0.77815	2.9
6	2.449	0.84510	2.9
7	2.646	0.90309	2.9
8	2.828	0.95424	3.0
9	3.000	1.00000	3.0
10	3.162	1.04139	3.0
11	3.317	1.07918	3.1
100	10.000	2.00432	5.0
1,000	31.623	3.00043	10.5

23.5 常態評值變換

有些事象到現在還沒有適當的數值定量方法,便不得不用等級次序來區分。譬如,冰琪琳的風味便祇好由品評人按自己的嗜好來分成等級;這個人最喜歡香草配料,其次是巧克力配料,再次是草莓的,等級便排成了 1 , 2 , 3 而以 1 為最高等級。這種**等級資料** (ranked data) 都可用**常態評值變換** (normal score transformation) 來作變方分析,而用到的表便是書後的附表 11。等級是 1 , 2 , 3,評值便是 0.85, 0.00,−0.85 ;如有四個等級, 評值便順次序排成 1.03, 0.30,−0.30,−1.03:等級越高時,它的評值也越大。

常態評值的來源可以用取樣試驗來說明 。附表 1 是由均值為 50 和標準偏差為 10 常態族羣取出的 1,000 個 $n=5$ 的逢機樣品求得的。如果將某個樣品內的觀測值

$$46 \quad 37 \quad 62 \quad 59 \quad 40$$

按大小次序排列,便得到

$$62 \quad 59 \quad 46 \quad 40 \quad 37。$$

將 1,000 個樣品都按次排好,算出順序的五個均值,便得到

$$61.750 \quad 55.128 \quad 50.376 \quad 45.628 \quad 38.945。$$

將族羣均值 50 換成 0 ,上面的 1,000 個樣品的全組均值便變成

$$11.750 \quad 5.128 \quad 0.376 \quad -4.372 \quad -11.055;$$

再將族羣標準偏差 10 換成 1 ,便得到

$$1.17 \quad 0.51 \quad 0.04 \quad -0.44 \quad -1.11,$$

已經接近附表 11 內等級為 5 的常態評值

$$1.16 \quad 0.50 \quad 0.00 \quad -0.50 \quad -1.16。$$

如果用全部可能樣品做上述的計算 , 得到的結果便會是附表 11 內的常態評值。這樣說來,常態評值就是由均值為 0 和變方為 1 常態族羣內取得的同大 n 樣品中各個等級觀測值的一組均值;所以,應用常態評值變換時,任意族羣都會變成均值為 0 和變方為 1 的常態族羣。

常態評值變換的應用可用一項食品評分來例示。某加工商想知道三種糖料對凍存水果風味的影響,便邀請幾個人品嚐各種製品而得到

表 23.5a 的評分記錄。資料的常態評值變換結果列在表 23.5b 內，而求出的 F 值小於自由度數爲 2 和 6 的 5% F 點值 5.14，所以用 5% 水準時得到食客對三種糖料的嗜好沒有差異的結論。

表 23.5a 等級資料的逢機區集試驗

評分人	糖的種類		
	蔗 糖	精製糖	玉米糖漿
趙 甲	1	3	2
錢 乙	1	2	3
孫 丙	2	1	3
李 丁	1	2	3

常態評值的變方分析過於簡單，常常會引起誤解。示例裏把評分人當作重複而列成一個逢機區集試驗，目的便是避免混亂；實用時是不需要這麼多步驟的。資料的總計等於零，可以省去大部分的減法；重複合計都等於零，重複成分便都消失了；所以總 SS 便是 $8(0.85)^2$。各種自由度數也和一般變方分析相同，祇是總 SS 的自由度數因消除重複成分而相對減少。

表 23.5b 等級資料的常態評值變換結果

評分人	糖的種類			合 計
	蔗 糖	精製糖	玉米糖漿	
趙 甲	0.85	−0.85	0.00	0.00
錢 乙	0.85	0.00	−0.85	0.00
孫 丙	0.00	0.85	−0.85	0.00
李 丁	0.85	0.00	−0.85	0.00
合 計	2.55	0.00	−2.55	0.00

等級的評定有時會發生雷同。如果某人對兩種產品有相同的嗜好時，無法判定那一個是 2 和那一個是 3 ，便不妨將它們各評成 2.5；做常態評值變換時，便各自採用對應於 2 和 3 的表列值的均值。如果某人特別喜歡一種產品而對另外兩種的嗜好不分高下，便可以將等級

評成 1，2.5，2.5；常態評值便用 0.85，−0.425，−0.425，而這個 −0425 便是 0.00 和 −0.85 的均值。

表 23.5c　常態評值的變方分析

基 本 計 算				
(1)	(2)	(3)	(4)	(5)
合計的種類	平方項合計	平方項個數	每平方項的觀測值個數	每觀測值的平方項合計 (2)÷(4)
總　　　計	0	1	12	0
評　分　人	0	4	3	0
糖　　　料	13.0050	3	4	3.25125
觀　測　值	5.7800	12	1	5.78000
變 方 分 析				
變異原因	平 方 和	自 由 度	均 方	F
評　分　人	0	0		
糖　　　料	3.25125	2	1.62562	3.86
機　　　差	2.52875	6	0.42146	
合　　　計	5.78000	8		

　　常態評值變換的應用也不限定要單因子試驗。將前例中的三種糖料各分四種用量做成一個複因子試驗，照樣可以變換。用量是數量性因子，還可以用廻歸法。這樣說來，常態族羣用到的方法都能在常態評值資料中用到。但對一個 3×4 複因子試驗來說，評分人要能區分出12項產品的等級，倒也是不切實際的；但這種困難祇是等級不易區分（食品品評很難定出四種以上的等級），與常態評值變換的能否應用却是無關的。

　　常態評值變換的應用當然不限於食品品評一項，大家對於衣料，運動，用品，以至於學生對於課程，課外活動，或教員的嗜好都可以用到它。數量性資料也不妨一用，這種例子要在 24.4 節看到。

　　如果等級資料祇有兩個或三個處理，常態評值變換是沒有使用必要的，而這種資料的變換後 F 值便是變換前的。譬如兩個處理的等級是 1 和 2，將它們各減 1.5 而將差值乘上 2 (0.56)，F 值是不受影響的；祇是變換後的觀測值變成兩個等級的常態評值

$$2(0.56)(1-1.5) = -0.56$$
$$2(0.56)(2-1.5) = \ \ 0.56$$

了。如果處理等級是 1，2，3，將各觀測值減 2 的差值乘上 0.85，F 值也不會受到影響：但變換後的觀測值

$$0.85(1-2) = -0.85$$
$$0.85(2-2) = \ \ 0.00$$
$$0.85(3-2) = \ \ 0.85$$

也都是三個等級的常態評值。所以，表 23.5a 的等級值變方分析會和表 23.5b 的常態評值變方分析得到相同的 F 值（題 11）。

習　題

(1)　七十二名視力正常的人逢機分成 9 組，每組 8 人各在一定時間與

角度	器面大小		
	1″	2½″	5″
10°	10	0	0
	15	0	5
	15	0	5
	20	5	5
	20	5	15
	25	10	15
	25	15	15
	50	25	25
25°	0	0	0
	0	0	5
	10	5	5
	15	5	10
	15	10	15
	15	20	15
	15	20	15
	30	25	20
50°	0	5	10
	5	5	10
	5	5	10
	5	10	10
	5	10	15
	15	15	15
	15	15	20
	25	15	20

距離和同樣照明情況下讀出一枚視覺檢定器 (mock dial) 上的指示。器面大小 (A) 分成 1 吋，$2^1/_2$ 吋，5 吋三種，器面刻度間角度 (B) 分成 10°，20°，50°，共有 9 種處理組合而由 9 個 8 人組逢機各選用一個。每人做20次讀數，而72人的讀錯百分率便列成 448 頁的表。

用角度變換並用 5% 水準測驗主效應和互涉效應。

(2) 有一個評估兩種殺菌劑防病能力的田間試驗，用兩種藥劑和一個對照組成 3 個處理，採用重複 10 次的逢機區集設計。全試驗共有 30 個試區，而每試區 30 株植物中的染病株數是：

重　複	殺　菌　劑		
	無	A	B
1	40	12	9
2	32	9	8
3	42	15	17
4	38	11	10
5	28	9	8
6	20	4	3
7	36	8	7
8	39	6	7
9	41	11	9
10	36	7	8

用角度變換並用 5% 水準單自由度測驗

(a) 殺菌劑無效，和

(b) 兩種殺菌劑等效的擬說。

(3) 將 150 頭家蠅逢機分成 15 個各含 10 頭的羣，每羣裝入一個試瓶內。這15瓶又逢機地分成各含 5 瓶的 3 組，每組施用不同的殺蟲劑。這 15 瓶內的殺死頭數是：

殺 蟲 劑		
A	B	C
1	5	10
2	4	9
4	6	8
2	4	10
3	5	7

用角度變換並用 5% 水準測驗三種殺蟲劑等效的擬說。

(4) 將第十二章題 8 資料做平方根變換，並用同水準測驗同擬說。結論有沒有甚麼不同？

(5) 將第十二章題 9 資料做平方根變換，並用同水準測驗同擬說。結論有沒有甚麼不同？

(6) 將第十二章題 10 資料做平方根變換，並用同水準測驗同擬說。結論有沒有甚麼不同？

(7) 將第十四章題 10 資料做對數變換，並用同水準測驗同擬說。結論有沒有甚麼不同？

(8) 將第十八章題 16 資料做對數變換，並用同水準測驗同擬說。結論有沒有甚麼不同？

(9) 將 10 種牌子的剃刀片不印商標祇用 A 到 J 來標識，分送給 24 個人用習慣的方式使用。經過一段日子後，24 個對 10 種刀片的喜好等級便可以列成下面的表。

用常態評值變換並用 5% 水準測驗 10 種牌子的刀片同樣受人愛用的擬說。如果結果顯著，再用 15.5 節的多變距測驗新法將它們分成幾等。

評分人	等級									
	1	2	3	4	5	6	7	8	9	10
1	F	B	C	J	D	H	E	G	A	I
2	B	H	D	G	C	E	I	A	F	J
3	J	C	A	H	E	B	D	F	G	I
4	C	I	D	J	E	A	G	H	B	F
5	F	D	C	B	E	H	I	J	A	G
6	B	F	J	D	E	I	C	G	H	A
7	F	B	C	D	E	H	G	I	A	J
8	B	H	I	F	D	A	G	E	J	C
9	D	F	C	E	B	A	H	G	I	J
10	F	B	E	D	J	C	H	I	A	G
11	E	I	D	J	C	B	G	H	A	F
12	J	H	C	E	B	A	F	G	I	D
13	B	D	A	F	C	H	I	E	J	G
14	B	D	F	C	J	H	E	G	A	I
15	B	D	F	H	J	E	I	A	G	C
16	F	A	G	B	E	D	J	C	H	I
17	B	J	G	F	D	I	A	E	C	H
18	B	F	H	E	D	J	C	I	G	A
19	H	J	A	B	F	E	D	C	I	G
20	F	B	E	D	C	G	I	H	A	J
21	F	G	D	H	E	B	I	J	C	A
22	C	H	I	F	B	A	G	J	E	D
23	B	F	E	D	H	J	C	G	A	I
24	C	E	A	H	B	G	I	J	F	D

(10) 十位品評員給四種配料的冰琪琳評分。等級分為 1, 2, 3, 4 而以 1 為最高，得到的結果是 452 頁的表。

用常態評值變換並用 5% 水準測驗四種配料同樣為人喜愛擬說。

如果結果顯著，再用多變距測驗新法將它們分等。

(11) 示明表 23.5a 逢機區集試驗等級資料與它的常態評值變換後資料（表23.5b) 有相同的 F 值。

評分人	風　　味			
	A	B	C	D
1	2	1	4	3
2	1	2	3	4
3	2	1	4	3
4	3	2	4	1
5	2	1	4	3
6	2	3	4	1
7	1	2	3	4
8	2	1	4	3
9	2	1	4	3
10	3	1	2	4

參 考 文 獻

Bartlett, M. S.: "The Use of Transformations," *Biometrics*, vol. 3, pp. 39–52, 1947.

Blom, Gunnar: "Transformations of the Binomial, Negative Binomial, Poisson and χ^2 Distributions," *Biometrika*, vol. 41, pp. 302–316, 1954,

Fisher, R. A. and Yates, F.: *Statistical Tables for Biological Agricultural and Medical Research*, Oliver and Boyd, Edinburgh, 1938.

Stevens, W. L.: "Tables of the Angular Transformation," *Biometrika*, vol. 40, pp. 70–73, 1953.

第二十四章

不限分布性方法

以前的統計學者以爲，變方分析絕對需要常態族羣和相等變方，便設計了許多變換來解決這種困境（第二十三章）。但有一些人却從另途設法，於是便產生了許多不要任何有關族羣原設的統計方法；這些便是**不限分布** (distribution-free) 或**不定徵值** (non-parametric) 方法。

不限分布法的種類很多，幾乎每下一個擬說都會有幾個並存的方法。本章祇就一個個的目的各舉一個方法，而且限定不引進新原理。實際上，不限分布性方法都不過是它所代替的變換和變方分析的**僞裝**形式而已。精確地說，本章要討論的可以算是卡方測驗在數量性資料內的應用。

24.1 中值

分布的50％點稱爲分布的**中值** (median)。將族羣內 N 個觀測值按大小作升序排列，N 是奇數時，族羣中居中的觀測值便是中值；N 是偶數，中值便是居中兩個觀測值的均值。如果將 9 個觀測值

> 31 59 58 37 12 86 77 95 89

順次排成

> 12 31 37 58 59 77 86 89 95，

中值便是59。將 8 個觀測值

> 2 2 5 0 4 8 5 9

順次排成

> 0 2 2 4 5 5 8 9，

中值便是 4 和 5 的均值4.5；嚴格地說，4 和 5 間的任一個數都把這 8 個觀測值分成上下兩半，都算是它們的中值。

樣品的中值是族羣中值的估值，可以仿照着得出定義。把這種看

法擴大些，每個介值的分布也都有中值，而 F 和 t 分布的中值便分別是它們的50％點值。

中值有幾種特殊的性質。當分布形狀是對稱時，分布的中值便是均值。在常態分布均值 μ 的上下方各有分布的 50％ 觀測值，μ 自然便是分布的中值了；同樣地，學生氏 t 分布的中值也便是分布的均值。

中值的另一個特性是隨變換**配變** (transformable)。觀測值

14　15　26　100　125

的中值是26，用平方根變換得到的

3.74　3.87　5.10　10.00　11.18

的中值 5.10 也是原中值26的平方根，而變換值的均值 6.78 卻不是原均值56的平方根了。中值的配變性對任何變換都能成立，如果用**對數變換**，變換值的中值也等於原中值的對數值；均值便沒有這種特性。

中值也是分布位置的一種量值（圖 3.1b），而且以前講過的各種方法都可以說是用中值做討論中心的。常態族羣的中值便是均值，所以**變方分析**和**廻歸**等常態族羣統計方法都是用偽裝過的中值討論的。

將一個族羣變換成常態族羣時，變換後族羣的均值和中值便合而為一。由上面的解釋，變換值的均值不是原觀測值均值的變換值而變換值的中值卻是原觀測值中值的變換值，所以變換值均值的比較便是變換值中值的比較，也就是原觀測值中值的比較。這樣說來，先用變換再做變方分析，是和比較原觀測值的中值同意義的；各種變換也不過是中值的另一種偽裝而已。

樣品均值的標準機差要比樣品中值的小些，所以樣品均值比較適合當作常態族羣均值 μ 的估值，便使得樣品中值在以前無法出頭。現在用的是不限分布性方法，中值的應用可就不必再加甚麼偽裝了。

用樣品均值和樣品中值作為常態族羣均值 μ 的估值，後者的標準機差要比較大些，而這種事實也可以用取樣試驗來驗證。將附表 1 當作 1,000 個由 $\mu=50$ 和 $\sigma=10$ 常態族羣內取得的 $n=5$ 的逢機樣品，算出的 1,000 個樣品均值的變方接近於 σ^2/n（定理 5.3）或 $100/5=20$ 而樣品中值的變方卻在29左右；所以，當樣品大小為一定時，樣品均值應當算是常態族羣均值的更準確的估值。

　　一個族羣內的觀測值都可以分成大於和小於中值的兩半。將大於中值的觀測值當作正而小於的當作反，任一個族羣便都會變成一個二項族羣。這種方法可以稱爲**二項變換** (binomial transformation)，而許多不限分布性方法都是由它導出的。

24.2 有關中值的擬說

　　族羣中值等於指定值的擬說測驗可用二項變換來促成。將一個樣品內的 n 個觀測值按大於和小於中值分成正反兩羣，用變換值敍述的擬說便是 $\pi = 0.5$，便可以用 u 或卡方測驗了 (21.4 節)。嚴格地說，這種方法祇在 n 個觀測值都不等於擬說族羣中值時可用。如果觀測值有等於擬說族羣中值的，便要逐個剔除，但剔除後剩下的觀測值不宜少於 10 個 (21.3 節)。用下面的樣品

$$26 \quad 28 \quad 27 \quad 21 \quad 23 \quad 29 \quad 28 \quad 24 \quad 21 \quad 27 \quad 25 \quad 24$$

來測驗族羣中值等於28的擬說，便要剔除兩個觀測值。樣品內有 9 個觀測值小於28和 1 個大於28，樣品大小由12改成10。用卡方測驗，得

$$\chi^2 = \frac{(9-5)^2}{5} + \frac{(1-5)^2}{5} = 6.4 \tag{1}$$

而自由度數是 1 。用 u 法，得到的是

$$u = \frac{T - n\pi}{\sqrt{n\pi(1-\pi)}} = \frac{9-5}{\sqrt{10(0.5)(0.5)}} = 2.53 \text{。} \tag{2}$$

用 5% 顯著水準時，u 法和卡方法都得到族羣中值等於28的結論，並且得到了 $u^2 = \chi^2$ (定理 7.6) 的預期結果。就功能來說，這兒用的兩種測驗都和測驗 $\mu = \mu_0$ 的 t 法 (8.4 節) 相類，祇是前者可用於任意分布而後者限定要分布常態而已。

24.3 完全逢機試驗

　　測驗 k 個族羣中值相等的擬說，也可以應用二項變換。先求 k 個

樣品內觀測值的勻和中值，將各樣品內大於和小於這個值的觀測值各
分成正反兩羣；變換後的結果便是一個二項族羣均值同質性測驗。嚴
格地說，這兒測驗的擬說並不是 k 個族羣中值相等，因為 k 個樣品內
等於勻和中值的觀測值都算在反觀測值羣內了；不過，實用時倒不必
講求這些瑣事。變換後便可用二項族羣分析方法，但如正或反觀測值
百分值過於接近 0 或 100，不妨再用角度變換變成常態。經過兩重變
換後，不限分布性和常態分布方法便貫穿一氣了。

表 24.3a　　完全逢機試驗資料

處　　理											
1				**2**				**3**			
61	54	60	65	60	67	61	56	55	51	54	54
60	52	51	58	60	54	58	54	58	60	62	56
64	59	60	57	61	70	56	59	51	52	55	54
53	58	53	54	55	64	56	51	54	71	54	62
53	58	60	55	51	55	56	56	55	51	53	54

表 24.3b　　完全逢機試驗的控定表

觀　測　值	處　理			合　計
	1	**2**	**3**	
大於中值	12	9	5	26
小於或等於中值	8	11	15	34
樣品大小	20	20	20	60

　　上面的資料連經了兩次變換，倒也不致增加資料解釋的複雜性。
平均角度較大的處理，在勻和中值以上的觀測值百分數也較大；所
以它的中值也較大。表 24.3a 的資料可以用來說明二項變換。三個處
理是由一個常態族羣內大於均值的半部中取出的 3 個 $n=20$ 的逢機樣

品，所以樣品是由非常態而又不對稱的族羣內取得的。將三個樣品的
來源當作未知，測驗三個族羣中值相等的擬說。先將三個樣品的觀測
值順序排列定出勻和中值，60 個觀測值中大於，等於，和小於 56 的
觀測值分別是 26，6，28 個，所以勻和中值可以定爲 56。下一步便
計點各樣品內大於 56 的觀測值個數，結果列在表 24.3b 內，而可以
計算下面各值：

$$樣品間 SS = \frac{(12)^2}{20} + \frac{(9)^2}{20} + \frac{(5)^2}{20} - \frac{(26)^2}{60} = 1.2333 \qquad (1)$$

$$\bar{p}(1-\bar{p}) = \frac{26}{60} \cdot \frac{34}{60} = 0.2456 \qquad (2)$$

$$\chi^2 = \frac{1.2333}{0.2456} = 5.02 \qquad (3)$$

用 5% 顯著水準時，卡方值 5.02 小於自由度數爲 2 的 5% 點卡方值
5.99，所以得到三個族羣中值相等的結論。這兒的擬說是一般性的，
如有必要，也可以用單自由度和廻歸測驗特定擬說。

　　本節的方法是用二項變換促成的，k 個樣品的大小每個都不宜小
於10(21.3 節)。

24.4 逢機區集試驗

　　含有 k 個處理和 n 次重複的逢機區集試驗也可以用常態評值變換
(23.5 節)。將每個重複內的觀測值按大小分成等級，便可以各自查
出變換值而用來做變方分析。計算的程序可用表 24.4a 來說明。這個
表的上半部 5 個處理和 10 次重複都列出了原觀測值，而下半部便是
常態評值。變方分析的詳細計算列在表 24.4b 內。變換時，將每重複
的中值換成 0，而正和負評值便代表觀測值大於和小於中值；要測驗
的擬說便是 k 個處理的中值相等。

表 24.4a　　逢機區集試驗的原始資料和常態評值

重　　　複	處　　　理				
	1	2	3	4	5
1	46	50	69	48	44
2	48	46	47	60	40
3	32	50	46	54	59
4	42	48	65	47	44
5	39	37	49	50	55
6	48	58	59	68	50
7	49	50	42	58	47
8	30	44	63	46	71
9	48	40	47	46	43
10	34	39	47	37	55
1	−0.50	0.50	1.16	0.00	−1.16
2	0.50	−0.50	0.00	1.16	−1.16
3	−1.16	0.00	−0.50	0.50	1.16
4	−1.16	0.50	1.16	0.00	−0.50
5	−0.50	−1.16	0.00	0.50	1.16
6	−1.16	0.00	0.50	1.16	−0.50
7	0.00	0.50	−1.16	1.16	−0.50
8	−1.16	−0.50	0.50	0.00	1.16
9	1.16	−1.16	0.50	0.00	−0.50
10	−1.16	0.00	0.50	−0.50	1.16
合　　　計	−5.14	−1.82	2.66	3.98	0.32

　　表裏的常態評值有正有負，看來是能用二項變換的。其實，當處理和重複數目都很大時，二項變換是可以用來代替常態評值變換的。將各個比本重複中值大的觀測值當作正而比中值小的當作反，便可以將 k 個處理內的正和反個數計點出來。這樣，便由表 24.4b 得出一個 2×5 控定表（表 24.4c），而算出一個自由度數為 4 的卡方值

$$\chi^2 = \frac{\dfrac{2^2+3^2+6^2+5^2+4^2}{10} - \dfrac{(20)^2}{50}}{\dfrac{20}{50} \cdot \dfrac{30}{50}} = \frac{1}{0.24} = 4.17。 \tag{1}$$

表 24.4b　常態評值的變方分析

基 本 計 算				
(1)	(2)	(3)	(4)	(5)
合計的種類	平方項合計	平方項個數	每平方項的 觀測值個數	每觀測值的 平方項合計 (2)÷(4)
處　　　理	52.7504	5	10	5.27504
觀　測　值	31.9120	50	1	31.91200

變 方 分 析				
變異原因	平　方　和	自 由 度	均 方	F
處　　　理	5.27504	4	1.3188	1.78
機　　　差	26.63696	36	0.7399	
合　　　計	31.91200	40		

表 24.4c　逢機區集試驗的控定表

觀 測 值	處 理					合 計
	1	2	3	4	5	
小於或等於中值	2	3	6	5	4	20
大於中值	8	7	4	5	6	30
重複次數	10	10	10	10	10	50

　　二項變換是祇當逢機區集試驗的 k 和 n 都很大時纔能用的。如果 k 值不大，卡方值便應當修正成

$$\chi_c^2 = \left(\frac{k-1}{k}\right)\chi^2 。 \tag{2}$$

用上面的例子，便得到自由度數為 4 的

$$\chi_c^2 = \frac{4}{5}(4.17) = 3.34 。 \tag{3}$$

這種修正是由卡方獨立性測驗與變方分析間關係（21.8 節）來的。完全逢機試驗的卡方值近等於處理 SS 用總均方除而確等於處理 SS 用數

量 $\bar{p}(1-\bar{p})$ 除（表 21.10），但總均方是總 SS 用 $(kn-1)$ 除而數量 $\bar{p}(1-\bar{p})$ 又是總 SS 用觀測值總個數 kn 除（21.8節）；所以，當 kn 很大時 $(kn-1)$ 對 kn 的比率近於 1 ，卡方測驗便與變方分析常得相同的結論。逢機區集中的情形略有不同，而兩者的差別可用表 24.4a 的例子來說明。這兒的二項變換便是將各重複內大於中值的觀測值寫成 1 而別的寫成 0 ，得到的結果便是表 24.4d ，而變方分析列在表 24.4e 內。重複合計都是相同的，重複 SS 便恒等於零。所以，重複自由度數 9 或 $(n-1)$ 完全消失，總 SS 的自由度數便由 49 或 $(kn-1)$ 降成 40 或 $(k-1)n$ 。未修正的卡方值卻等於處理 SS 用 $\bar{p}(1-\bar{p})$ 除，也就是總 SS 用 50 或 kn 除；修正的卡方值 χ_c^2 卻等於處理 SS 用總均方除，所以修正項便是總自由度數對觀測值總個數的比率

$$\frac{(k-1)n}{kn}=\frac{k-1}{k}。 \tag{4}$$

當處理個數 k 很大時，沒有修正的必要；但 k 值小到例中的 2 ，便非加修正不可（24.5 節）。

表 24.4d　　由常態評值變換而得的二項資料

重　複	處　理					合　計
	1	2	3	4	5	
1	0	1	1	0	0	2
2	1	0	0	1	0	2
3	0	0	0	1	1	2
4	0	1	1	0	0	2
5	0	0	0	1	1	2
6	0	0	1	1	0	2
7	0	1	0	1	0	2
8	0	0	1	0	1	2
9	1	0	1	0	0	2
10	0	0	1	0	1	2
合　計	2	3	6	5	4	20

表 24.4e　二項資料的變方分析

基 本 計 算				
(1)	(2)	(3)	(4)	(5)
合計的種類	平方項合計	平方項個數	每平方項的觀測值個數	每觀測值的平方項合計 (2)÷(4)
總　　　計	400	1	50	8
重　　　複	40	10	5	8
處　　　理	90	5	10	9
觀　測　值	20	50	1	20

變 方 分 析					
變異原因	平 方 和	DF	均 方	χ^2	χ_c^2
重　　　複	0	0			
處　　　理	1	4		4.1667	3.3333
機　　　差	11	36			
合　　　計	12	40	0.30		
$\bar{p}(1-\bar{p})$	12	50	0.24		

24.5 數號測驗

數號測驗 (sign test) 是 2 處理與 n 次重複逢機區集試驗 (8.7 和 14.6 節) 的一種方法。已經詳細討論過一般逢機區集試驗，這種祇有兩個處理的特例該是不必强調的；但權衡一下方法的繁簡，數號測驗便又是值得介紹的了。表 24.5a 是一個 2 處理與12次重複的逢機區集試驗，便可以用作示例。將 12 次重複內第一處理觀測值減第二處理觀測值時的數號（＋）或（－）一一列出，處理效應無差異時的（＋）和（－）的個數便該是相同的；第一處理效應高於第二處理，（＋）的個數便大於（－）的；第一處理效應低於第二處理，（－）的個數便較多。這便是說，兩處理效應相等擬說便是（＋）和（－）個數相等或各等於 0.5 或 $\pi = 0.5$ 的擬說。當重複次數大於 10 時（21.3 節），便可以用 u 或卡方（21.4 節）來測驗 $\pi = 0.5$ 的擬說。表 24.5a 內有 4 個（＋）和 8 個（－），適合性測驗的兩種擬說頻度都是 $n\pi = n/2 = 6$，所

以介值是自由度數爲 1 的

$$\chi^2 = \frac{(4-6)^2}{6} + \frac{(8-6)^2}{6} = \frac{8}{6} = 1.33 。 \tag{1}$$

用 u 測驗時，得到的便是

$$u = \frac{T - n\pi}{\sqrt{n\pi(1-\pi)}} = \frac{4-6}{\sqrt{12(0.5)(0.5)}} = \frac{-2}{\sqrt{3}} = -1.15 ， \tag{2}$$

正符合 $u^2 = \chi^2$ （定理 7.6）的結果。卡方是單尾測驗而 u 是雙尾的，但 1.33 和 -1.15 却都分別小於5％水準表列值 3.84 和大於 -1.96，所以同時得到兩處理效應相同的結論。

表 24.5a　　兩個處理的逢機區集試驗資料

重複	處　　理		差的數號	重複	處　　理		差的數號
	1,	2			1	2	
1	18	37	−	7	30	86	−
2	4	56	−	8	84	81	+
3	18	52	−	9	75	66	+
4	76	25	+	10	41	5	+
5	1	71	−	11	51	91	−
6	35	83	−	12	50	75	−

　　嚴格地說，數號測驗也祇能在處理差爲正或爲負時應用。某重複內的兩觀測值相等或差值爲零，也應當剔去不用。

　　數號測驗的卡方值就是前節 2 處理與 n 重複逢機區集試驗的修正卡方值 χ_c^2，而詳細的情形可用表 24.5a 來例示。將表內大於和小於各重複中值的觀測值個數分別計點，便得到表 24.5b 的 2×2 控定表。兩處理中值相等擬說的測驗便可用自由度數爲 1 的卡方值

$$\chi^2 = \frac{\dfrac{4^2}{12} + \dfrac{8^2}{12} - \dfrac{(12)^2}{24}}{\dfrac{12}{24} \cdot \dfrac{12}{24}} = \frac{8}{3} 。 \tag{3}$$

因爲修正項是 $(k-1)/k = 1/2$，所以修正結果便是和式 (1) 相同的

$$\chi_c^2 = \frac{1}{2} \cdot \frac{8}{3} = \frac{8}{6} = 1.33 。 \tag{4}$$

表 24.5b　兩個處理的逢機區集試驗控定表

觀　測　值	處　理		合　計
	1	2	
大於中值	4	8	12
小於中值	8	4	12
重複次數	12	12	24

　　上面的關係也可用代數方法證明。重複的中值就是重複內兩個觀測值的平均。出現的（＋）號便表示重複內第一觀測值大於第二觀測值（表 24.5a），其實全部（＋）號個數便代表第一處理內大於個別重複中值的觀測值個數或第二處理內小於個別重複中值的觀測值個數，所以得到的 2×2 控定表必然是

T	$n-T$	n
$n-T$	T	n
n	n	$2n$

而表內的 T 是（＋）號個數。由數號測驗得到

$$\chi^2 = u^2 = \frac{\left(T - \dfrac{n}{2}\right)^2}{n(0.5)(0.5)} = \frac{(2T-n)^2}{n} , \tag{5}$$

而由逢機區集試驗得到的便是可以化簡為式(5)的

$$\chi_c^2 = \frac{2-1}{2} \cdot \left[\frac{\dfrac{T^2}{n} + \dfrac{(n-T)^2}{n} - \dfrac{n^2}{2n}}{\dfrac{1}{2} \cdot \dfrac{1}{2}} \right] 。 \tag{6}$$

　　數號測驗和常態評值變換也有密切的關係。將一個重複內的兩個觀測值作常態評值變換，大的變成 0.56 而小的便變成 -0.56（查閱附表11），所以可用 t 法測驗 n 個差值族羣均值等於零的擬說(8.7節)

或將變換值當作 2 處理與 n 重複逢機區集的變方分析。這兒講的兩種方法實在是一種 (14.6 節)。用表 24.5a 資料做例子，可以算出自由度數爲 1 的介值

$$t = -1.1726 \tag{7}$$

和自由度數爲 1 和 11 的介值

$$F = 1.3750。 \tag{8}$$

這兒得到的 t 和 F 值分別略大於數號測驗的 u 和卡方值（式 1 和 2），但這種差異能爲臨界區不同補償起來；t 和 F 值需要比 u 和卡方值略大，纔能進入臨界區，所以數號測驗和常態評值變換的變方分析仍然常得相同的結論。

處理個數爲 2 時，常態評值變換就是二項變換，所以它的變方分析便同數號測驗相似。當第一處理觀測值大於第二處理觀測值時，常態評值的差便是 $0.56 - (-0.56) = 2(0.56)$；相反地，得到的結果便是 $-2(0.56)$。在沒有觀測值相等的情形下，一對常態評值的差便會或等於 $2(0.56)$ 或等於 $-2(0.56)$；將它換成 1 和 0，倒也不會改變 t 值。這樣看來，數號測驗的擬說是「1」的相對頻度等於 0.5 而 t 測驗却說族羣均值等於 0.5。

數號測驗是用擬說族羣變方 $\pi(1-\pi) = (0.5)(0.5) = 0.25$ 來算介值 u，而常態評值變換的變方分析却用估得變方 s^2 來算介值 t；這可以算是兩法的一件異點。將表 24.5a 中的（＋）和（－）分用 1 和 0 代表，樣品合計便是

$$T = \sum y = \sum y^2 = 4，$$

用 T 計算的 SS 是

$$SS = \sum y^2 - \frac{(\sum y)^2}{n} \doteq T - \frac{T^2}{n} = \frac{T(n-T)}{n}，$$

而估得變方便是接近於 u 測驗中 0.25 的

$$s^2 = \frac{SS}{n-1} = \frac{T(n-T)}{n(n-1)} = \frac{4(8)}{12(11)} = 0.242424。$$

數號測驗 u 值與常態評值 t 值的關係也可以作爲二項資料卡方值與變方分析關係（21.8 節）的一個例子，因爲 $u^2 = \chi^2$ 而 $t^2 = F$。一般說

來，數號測驗卡方值與常態評值 F 值的比率便是 s^2 與 0.25 的比或

$$\frac{\chi^2}{F} = \frac{s^2}{0.25} \text{。}$$

用表 24.5a 的例子，比率

$$\frac{\chi^2}{F} = \frac{1.3333}{1.3750} = 0.9697$$

和比率

$$\frac{s^2}{0.25} = \frac{0.242424}{0.25} = 0.9697$$

確實是相同的。

　　二處理與 n 重複逢機區集試驗可以用到很多種不限分布性方法，但實用上的結論大致都是相同的。數號測驗的計算比較容易，它的性能比也不許多精緻的方法差，所以纔特地介紹出來。

24.6 附記

　　不限分布性方法所適用的問題都可以用變方分析，祇是前者可以用於非常態族羣，看來略有不同而已。處置的問題既然是一樣的，應用的例子便可以省略了。

　　不限分布性方法本來是用來解脫常態族羣限制的，一般書中都不提它與變換和變方分析的關係。本書的以前各章都是用變方分析和變換講的，便用已經闡明的方法來解釋不限分布性方法；這樣便連接起兩類方法間的空隙，得到了一套統一的理論。

　　本章提到的各種方法可以通稱**大樣品法**(large sample methods)，它們的極小樣品大小是隨所用方法而不同的，但都要用 21.3 節的習用法則來決定。

　　如果祇用筆算，不限分布性方法要比變方分析簡便。應用平常計算機時，由於 h 個較大樣品的勻和中值不易看出，不限分布性方法的計算便不比變方分析容易。如果計算設備更爲改善而用到穿孔卡片機 (punched-card machine)，觀測值的重排，分類，和頻度表的列出都非常方便，不限分布性方法的計算又比一步不能省略的變方分析簡便

了。所以，一種統計方法的繁簡是不容易衡斷的，要看所用的計算工具來決定；一般所說的簡便，祇不過是對筆算說的。

不限分布性方法可以用於任意族羣，變方分析却有許多限制。這樣看來，前者似乎可以代替後者；但用常情來衡量，這種看法却是不能成立的。常態分布方法好比按人體模型做成的衣服，雖然不適合過胖或過瘦的人穿着，但用變換改變人的體型還可以使他勉强合於已定的形式；就是沒有變換設置，成品也不是毫無彈性（12.7 節），還是能適合多數人穿着的。不限分布性方法便好比未經剪裁的布疋，一定能夠掩蔽身體，但却決不適合任何人穿着。

一般說來，使用不限分布性方法是有所得也有所失的；要看族羣的性質來決定。用常態分布法於遠離常態的族羣，顯著水準便不會正確；但如族羣接近常態，不限分布性方法便遠較常態分布法低能。

習　　　題

(1)　測驗以下資料族羣中值相等擬說：

　　(a) 第八章題 1 。

　　(b) 第八章題 2 。

(2)　用數號測驗做第八章以下各題：

　　(a) 題 3　　(b) 題 6　　(c) 題 7　　(d) 題 8　　(e) 題 9

(3)　用 24.3 節不限分布性方法測驗第十二章各題：

　　(a) 題 2　　(b) 題 3　　(c) 題 4　　(d) 題 8

　　(e) 題 9　　(f) 題10　　(g) 題11　　(h) 題12

　　(i) 題13　　(j) 題14　　(k) 題15　　(l) 題16

(4)　用 24.4 節不限分布性中值法測驗第十四章各題：

　　(a) 題 2　　(b) 題 3　　(c) 題 4

　　(d) 題 8　　(e) 題10　　(f) 題11

(5)　用常態評值變換重作題 4 。

參 考 文 獻

Dixon, W. J. and Mood, A. M.: "The Statistical Sign Test," *Journal of the American Statistical Association*, vol. 41, pp. 557-566, 1946.

Dixon, W. J.: "Power Functions of the Sign Test and Power Efficiency for Normal Altenatives," *Annals of Mathematical Statistics*, vol. 24, pp. 467-473, 1953.

Mood, A. M.: *Introduction to the Theory of Statistics*, McGraw-Hill Book Company, New York, 1950.

第二十五章

複　　習 ⑸

本書第二十一到二十四章討論的都是卡方測驗在品質性和數量性資料上的應用。

25.1 適合性測驗

卡方適合性測驗的擬說是族羣內各範疇相對頻度等於一組相加爲 1 的指定值，而祇用族羣內一個逢機樣品。祇含兩種範疇的族羣用第二十一章的二項族羣取樣測驗，多於兩種範疇的族羣便用第二十二章的多項族羣取樣測驗；兩類方法並無不同，祇是表達的方法由 2 範疇的特例擴大成 r 範疇的通例而已。

卡方適合性測驗的能力也可以用單自由度來提高。單自由度的基本技術便是將 r 個範疇併成兩個，所以二項資料的適合性測驗便是多項資料的單自由度分析。

25.2 獨立性測驗

卡方獨立性測驗的擬說是幾個族羣的族羣內範疇頻度是同一組指定值。祇含兩個範疇的族羣用第二十一章的二項族羣取樣測驗，含有兩個以上範疇的族羣便用第二十二章的多項族羣取樣測驗，但兩法仍是一類。

卡方獨立性測驗都用控定表來做：2×2 表代表由兩個二項族羣取得的兩個逢機樣品，而 $2 \times k$ 表便代表由 k 個二項族羣取得的 k 個逢機樣品。一般說來，$k \times r$ 控定表一方面可以看做 k 個由 r 個範疇多項族羣取得的 k 個逢機樣品，一方面能以解釋成由 r 個 k 範疇多項族羣取得的 r 個逢機樣品；兩種解釋的結論是完全相同的。這樣看來，$2 \times k$ 控定表也不妨看做由 2 個 k 範疇多項族羣取得的 2 個逢機樣品。

各種控定表中祇有 2×2 表的自由度數是 1 ， 別的都可以劃分成單自由度；劃分的方法便是將任意大小的控定表縮成 2×2 表。 單自由度能夠增大測驗能力，已在第二十一和二十二章分別討論過。

25.3 數量性資料的卡方測驗

在第二十四章講的不限分布性方法都是卡方測驗在數量性資料上的應用，祇不過不採用族羣爲常態的原設。如果族羣近於常態和族羣變方近於相等，不限分布性方法的測驗能力要比變方分析低得多。

含有兩個以上樣品的資料都可以組成控定表而應用不限分布性方法，所以不限分布性方法的測驗能力也能用單自由度來提高。

25.4 平均

平均的種類很多，本書中祇提到均值和中值兩種；大部分的篇幅都講的是均值（或算術均值 arithmetic mean）的問題，而中值始終都是用僞裝的方式參加的（24.1 節）。 別的均值如 幾何均值（geometric mean）和調和均值（harmonic mean）都沒講過，現在也介紹一下。

n 個觀測值的幾何均值就是它們的連乘積的 n 次方根，所以 $2, 4, 8$ 的幾何均值便是

$$\sqrt[3]{(2)(4)(8)} = \sqrt[3]{64} = 4 。$$

幾何均值未在本書中出現過，但它的僞裝形式卻在對數變換中見過，如 log 4 等於 log 2, log 4, log 8 的幾何均值；所以， 將觀測值的對數變換值求均值，得到的便是原觀測值的幾何均值。

n 個觀測值的調和均值便是它們的倒數（reciprocal）之算術均值的倒數，所以 $2, 4, 8$ 的調和均值便是

$$\frac{1}{\dfrac{{}^1\!/_2 + {}^1\!/_4 + {}^1\!/_8}{3}} = \frac{3}{0.500 + 0.250 + 0.125} = \frac{3}{0.875} = 3.43 。$$

這種均值也是前所未見的，但也不過是倒數變換的僞裝。

本書講到的大部分是算術均值的問題，如變方分析和廻歸便都是用算術均值來比較的。但如適當地應用各種變換方法，書中的各種討論都是可以用其他平均值來比較的。

第二十六章

補　　　遺

另有幾種從前未能編入的常用統計方法，現在便合併討論。

26.1 不適觀測值

試驗者有時會發現，一羣觀測值並不能代表由同一族羣來的一個逢機樣品，而其中有一兩個顯然與別的不合。在這種情形，試驗結果的解釋究竟要不要包括這種觀測值，便形成了一項統計學的問題。

如果由一個常態族羣內取出一個逢機樣品，上述的問題便是這一兩個 **不適觀測值** (outlying observations) 和別的觀測值由同一族羣取出的擬說的測驗。用來測驗一個最大或最小不適觀測值的介值是

$$SS_1/SS , \tag{1}$$

SS_1 是除去一個不適觀測值的 $(n-1)$ 個觀測值的 SS，而分母的 SS 便是由 n 個觀測值算出的。同樣地，用來測驗兩個最大或兩個最小不適觀測值的介值便是

$$SS_2/SS , \tag{2}$$

SS 的定義同前而 SS_2 是除去兩個不適觀測值的 $(n-2)$ 個觀測值算出的；不過，式(2)却不能測驗一個最大和一個最小的不適觀測值。

當不適觀測值接近別的觀測值時，上面的兩種介值便趨近於 1；當不適觀測值遠離別的觀測值時，它們便趨近於 0；所以它們的值在 0 到 1 間。擬說祇在 SS_1/SS 或 SS_2/SS 過小時遭受棄却，所以測驗是單尾性的。這兩種介值分布的左尾 5% 和 1% 點值已列爲附表 12。

介值的計算祇是保留和除去不適觀測值的兩次 SS 的計算，程序非常簡單。如果樣品內的 5 個觀測值是

$$4 \qquad 4 \qquad 5 \qquad 9 \qquad 3 \tag{3}$$

而 9 是一個不適觀測值。除去 9 的 SS_1 是

$$4^2+4^2+5^2+3^2-(16)^2/4=2 , \tag{4}$$

470

而 5 個觀測值的 SS 是

$$4^2 + 4^2 + 5^2 + 9^2 + 3^2 - (25)^2/5 = 22 ; \tag{5}$$

介值

$$SS_1/SS = 2/22 = 0.0909 \tag{6}$$

小於 SS_1/SS 的 5% 點值 0.1270，所以 5% 水準時的結論是 9 和其他四個觀測值來自不同族羣。

不適觀測值測驗可以由變方分析倒推出來。如果將 n 個觀測值的樣品作不逢機的有意分組，使一個不適觀測值與另外的 $(n-1)$ 個觀測值各算一個樣品。用變方分析來說，SS_1 是自由度數爲 $(n-2)$ 的樣品內 SS 而分母的 SS 便是自由度數爲 $(n-1)$ 的總 SS，所以得出介值 SS_1/SS 的倒數是

$$\frac{SS}{SS_1} = \frac{總\ SS}{樣品內\ SS} = \frac{樣品間\ SS + 樣品內\ SS}{樣品內\ SS}$$
$$= 1 + (樣品間\ SS)/(樣品內\ SS) \tag{7}$$

或

$$\frac{1}{SS_1/SS} - 1 = \frac{樣品間\ SS}{樣品內\ SS}$$

或

$$(n-2)\left[\frac{1}{SS_1/SS} - 1\right] = \frac{(樣品間\ SS)/1}{(樣品內\ SS)/(n-2)}$$
$$= \tilde{F}(1, n-2) 。 \tag{8}$$

式(8)中的 $\tilde{F}(1, n-2)$ 是自由度數爲 1 和 $(n-2)$ 的變方比。因爲兩個樣品均值是有意選相差最大的，介值 $\tilde{F}(1, n-2)$ 不從 F 分布。這兒用的 $\tilde{F}$ 符號便是表示與史氏 F 不同的意思，但它倆的算法却並無二致。

現在用 (3) 爲例來說明 SS_1/SS 與 $\tilde{F}$ 的關係。將五個觀測值故意分成兩個樣品：

$$\begin{array}{llllll} (1) & 4 & 4 & 5 & 3 \\ (2) & 9 & & & & \tag{9} \end{array}$$

用 12.10 節方法計算，得出的變方比便是

$$\widetilde{F}(1,3)=(20/1)/(2/3)=30 \text{。} \tag{10}$$

由式(6)得到

$$(n-2)\left[\frac{1}{SS_1/SS}-1\right] = 3\,[22/2-1] = 3(10)\text{,} \tag{11}$$

也等於 30。不適觀測值測驗與變方分析是用式(8)連接起來的，而式(8)的驗證便算告成。

　　用介值 $\widetilde{F}$ 來測驗不適觀測值，功效也不比用 SS_1/SS 差，所以這種介值的表還是有待算出的。將 SS_1/SS 表做反運算，便可求得 $\widetilde{F}$ 值。譬如，$n=5$ 時 SS_1/SS 的 5% 點值是 0.1270，對應的 5% 點 $\widetilde{F}$ 值便是

$$\widetilde{F}_{.05}(1,3)=3[1/0.1270-1]=3(6.874)=20.62 \text{。} \tag{12}$$

變換的結果便是將臨界區由左方移到右方，而是 $\widetilde{F}$ 過大或 SS_1/SS 過小時棄却擬說了。

　　常用的 F 表自然不能用來測驗不適觀測值。譬如，$n=5$ 時自由度數爲 1 和 3 的 F 分布 5% 點值是 10.128，便比 $\widetilde{F}_{.05}(1,3)$ 的 5% 點值 20.62 小得多。

　　不適觀測值測驗也和相關係數 r 有關係。如果將不適觀測值附上一個 x 值而別的觀測值附上 x 的另個值，用來測驗不適觀值的介值便會是

$$SS_1/SS = 1-r^2\,\text{;} \tag{13}$$

而式(13)的意義可用(3)內的五個觀測值來說明。如果用 -1 和 4 兩個 x 值附在各觀測值 y 上，資料就變成

x	-1	-1	-1	4	-1
y	4	4	5	9	3

平方和同乘羃和便是：

$$SS_x=20 \qquad SP=20 \qquad SS_y=22 \tag{14}$$

相關係數的平方便是廻歸 SS 用總 SS 除，所以是

$$r^2 = \frac{(SP)^2/SS_x}{SS_y} = 20/22 , \tag{15}$$

而

$$1 - r^2 = 2/22 = 0.0909$$

便是式(9)的值。

式(15)內的關係並不難瞭解。現有的條列或不同 x 值祇有兩種，廻歸 SS 和剩餘 SS 勢必分別等於樣品間 SS 和樣品內 SS，由式(7)自然便會得到

$$SS_1/SS = （剩餘 SS）/（總 SS）$$
$$= （總 SS - 廻歸 SS）/（總 SS） = 1 - r^2 。 \tag{16}$$

這兒講的不適觀測值測驗與變方分析和相關係數間關係祇是一個有趣的插曲。將介值 SS_1/SS 做過一次變換，臨界區便從會左方搬到右方去了。

26.2 變方的同質性

測驗 k 個族羣變方 σ^2 相等擬說時，需要先求 k 個估值 s^2。如果 k 等於 2，便可以用變方比（9.5 節）

$$F = s_1^2/s_2^2 。$$

如果 k 大於 2，變方比不能適用，便需要一種一般性的測驗法。這種測驗可以用**巴德磊**（M. S. Bartlett）**氏介值**，就是自由度數為 $(k-1)$ 的一個介值

$$\chi^2 = \frac{K}{1+L} , \tag{1}$$

式內

$$K = 2.3026[(\textstyle\sum \nu)\log s_p^2 - \textstyle\sum(\nu \log s^2)] \tag{2}$$

而

$$L = \frac{\displaystyle\sum \frac{1}{\nu} - \frac{1}{\sum \nu}}{3(k-1)} ; \tag{3}$$

卡方值的計算可以看表 26.2a。由 k 個族羣中各取一個逢機樣品，各個 SS 便都是

$$SS = \sum y^2 - (\sum y)^2/n,$$

而自由度數都是 $\nu = (n-1)$；各個樣品變方便都用 s^2 代表。巴氏測驗的範圍很廣，是用來測驗一組 k 個逢機區集試驗試驗機差的同質性的；每個試驗的 SS 便用機差 SS，ν 便是機差 SS 的自由度數，而 s^2 便是機差均方。

　　表 26.2a 內第 4 欄和第 7 欄的兩個差值是用不同方法算出的，D_1 是上方值減去下方值而 D_2 恰好相反。常數 2.3026 是將常用對數換成自然對數時用的轉換常數。

表 26.2a　　變方同質性測驗

(1)	(2)	(3)	(4)	(5)	(6)	(7)
樣品編號	SS	DF ν	$\dfrac{1}{\nu}$	s^2	$\log s^2$	$\nu \log s^2$
1	SS_1	ν_1	$\dfrac{1}{\nu_1}$	s_1^2	$\log s_1^2$	$\nu_1 \log s_1^2$
2	SS_2	ν_2	$\dfrac{1}{\nu_2}$	s_2^2	$\log s_2^2$	$\nu_2 \log s_2^2$
...	...	...	...	...	...	...
k	SS_k	ν_k	$\dfrac{1}{\nu_k}$	s_k^2	$\log s_k^2$	$\nu_k \log s_k^2$
合　計	—	—	$\sum \dfrac{1}{\nu}$	—	—	$\sum(\nu \log s^2)$
勻　和	$\sum SS$	$\sum \nu$	$\dfrac{1}{\sum \nu}$	s_p^2	$\log s_p^2$	$(\sum \nu) \log s_p^2$
差　異	—	—	D_1	—	—	D_2

$K = 2.3026 D_2$　　　$L = D_1/3(k-1)$　　　$\chi^2 = K/(1+L)$　自由度 $(k-1)$

　　巴氏變方同質性測驗是個單尾測驗。如果樣品變方都相同，卡方值便等於零；樣品變方相差越大，卡方值便越大，大到進入臨界區，便得到 k 個族羣變方不全相等的結論。

　　巴氏變方同質性測驗的計算可以用表 26.2b 來說明，表中要測驗的擬說是 $\sigma_1^2 = \sigma_2^2$ 而算出的卡方值 3.84 恰好是自由度數為 1 的 5% 點卡方值。這兒用的是兩個樣品，也可用變方比來測驗同一擬說（9.5節）；算出的介值

$$F = s_1^2/s_2^2 = 7.4336/2.0000 = 3.7168 \tag{4}$$

也等於自由度數10和10的2.5%點 F 值。巴氏測驗是單尾性而變方比是雙尾性，但結論卻是相同的。這個示例不祇說明了卡方值的算法，同時也說明了在兩個樣品時兩種方法的一致性。

表 26.2b　　兩變方的同質性測驗

(1)	(2)	(3)	(4)	(5)	(6)	(7)
樣品編號	SS	DF v	$\dfrac{1}{v}$	s^2	$\log s^2$	$v \log s^2$
1	74.336	10	0.10	7.4336	0.87120	8.7120
2	20.000	10	0.10	2.0000	0.30103	3.0103
合　計	—	—	0.20	—	1.17223	11.7223
勻　和	94.336	20	0.05	4.7168	0.67365	13.4730
差　異			0.15			1.7507

$$K = 2.3026(1.7507) = 4.0312 \qquad L = 0.15/3(2-1) = 0.05$$
$$\chi^2 = 4.0312/1.05 = 3.84 \quad \text{自由度爲 } 1$$

　　如果 k 個樣品的自由度數相同，上面的計算便可以化簡。第 7 欄的合計便等於第 6 欄的合計乘樣品共同自由度數，第 7 欄可以省略。

　　巴氏測驗需要族羣常態和樣品很大。如果樣品變方的自由度數小於 4，便要用鮑恪思（G. E. P. Box）氏改良方法。

　　鮑氏的方法和巴氏方法相似。巴氏法的介值是自由度數爲 $(k-1)$ 的介值

$$\chi^2 = \frac{K}{1+L}, \tag{5}$$

或自由度數爲 $(k-1)$ 和 ∞ 的介值（9.6 節）

$$F = \frac{\chi^2}{k-1} = \frac{\dfrac{K}{k-1}}{1+L}; \tag{6}$$

這個 F 測驗是單尾性的，和式(4)中的雙尾變方比 F 不同。

　　式 (6) 中 F 介值的臨界區可由 F 表的底行查出（表 13.2）。鮑氏法

便是改變式(6)的分母而用新的分母自由度數查表,所以是用底行以上的某一行來決定臨界區的。

鮑氏法的計算仍然包括表 26.2a 中的 K 和 L, 另外再加上下列幾種項目:

$$\nu_2 = (k+1)/L^2 \qquad (7)$$

$$D = \frac{\nu_2}{1-L+2/\nu_2} - K \qquad (8)$$

和自由度數爲 $(k-1)$ 和 ν_2 的介值

$$F = \frac{\dfrac{K}{k-1}}{\dfrac{D}{\nu_2}} \text{。} \qquad (9)$$

用表 26.2a 做例子,便得到:

$$\nu_2 = (2+1)/(0.05)^2 = 1,200 \qquad (10)$$

$$D = \frac{1,200}{1-0.05+2/1,200} - 4.0312$$

$$= 1,260.9457 - 4.0312 = 1,256.9145 \qquad (11)$$

$$F = \frac{\dfrac{4.0312}{2-1}}{\dfrac{1,256.9145}{1,200}} = \frac{4.0312}{1.0474} = 3.8488 \qquad (12)$$

而 F 的自由度數是 1 和 1,200 。上面的 F 值非常接近自由度數爲 1 和 1,200 的 5% 點 F 值。所以,當兩樣品都很大時,變方比,巴氏法,鮑氏法三種測驗的結論是一致的;樣品多於兩個時用巴氏法代替變方比,而樣品較小時又該用鮑氏改良法代替巴氏法。這三種方法都需要常態族羣原設,但偏離常態時的影響都並不算大。

鮑氏 F 類似巴氏卡方,也是一個單尾測驗。當樣品變方相等時,介值 F 等於零;F 值大到進入臨界區,便得出 k 個族羣變方並不完全相等的結論。

26.3 樣品大小的決定

　　怎樣決定樣品的大小，也是試驗者常常遇到的問題。這類問題大致有兩種：(1)想用一個不大於指定長度的可信間距來估得族羣均值，(2)想顯示出兩族羣均值差大於指定值時的樣品均值差異顯著性；要用多大的樣品纔行？這類問題的解決需要先對族羣眞象有所瞭解，所以本節內都用可以估出變方的常態族羣來討論。

　　限定族羣均值可信間距爲一定長度時所需要的樣品大小比較容易決定。因爲，祇要有了族羣變方的估值 s^2 和它的自由度數，所希望的便是族羣均值的可信間距不大於可信係數爲 c 時的間距 l；不過，可信間距不大於 l 的事是無法確定的，所以還得加上一個保證它不大於 l 的機率 p。

　　根據上面的說法，樣品大小 n 便由方程式

$$\frac{l^2}{4s^2} = \frac{F_{1-c}(1, n-1)F_{1-p}(n-1; \nu)}{n} \tag{1}$$

來決定；$F_{1-c}(1, n-1)$ 是自由度數爲 1 和 $(n-1)$ 的 $(1-c)\%$ 點 F 值，而 $F_{1-p}(n-1, \nu)$ 是自由度數爲 $(n-1)$ 和 ν 的 $(1-p)\%$ 點 F 值。這種關係可以用一個數例來說明。有一個自由度數爲 8 的樣品變方 9，想取一個樣品使可信係數爲 0.99 的可信間距短於 4 單位的機率等於 95%；應當取多大的樣品？由已知的條件

$$s^2 = 9 \quad \nu = 8 \quad p = 0.95 \quad c = 0.99 \quad l = 4,$$

式(1)便是

$$\frac{16}{4(9)} = \frac{F_{.01}(1, n-1)F_{.05}(n-1, 8)}{n} = 0.444, \tag{2}$$

而上式內的 n 可用試算法決定。如果 $n = 41$，式(2)的中間部分便是

$$(7.3141)(3.0428)/41 = 0.543; \tag{3}$$

式(3)中的 7.3141 是自由度數爲 1 和 40 的 1% 點 F 值，而 3.0428 是自由度數爲 40 和 8 的 5% 點 F 值。式(3)中的結果 0.543 大於 0.444，所以 n 的值還可以取大一點。如果取 $n = 61$，式(2)的中間部分便是小於 0.444 的

$$(7.0771)(3.0053)/61 = 0.349。 \tag{4}$$

用兩種結果來比較，再利用更精確的數表試算，便可以求得適當的樣品大小 49。如果在計算過程中用 F 表的表列值做下面的直線挿入 (linear interpolation)：

$$0.543 \qquad 0.444 \qquad 0.349$$
$$41 \qquad\quad n \qquad\quad 61$$

決定的樣品大小便是大於 49 的 51。所以，用直線挿入法求得的樣品大小常常是偏大的。

決定兩個族羣均值差可信間距等於指定值時的樣品大小，可以用下面的方程式

$$\frac{l^2}{8s^2} = \frac{F_{1-c}(1, 2n-2)F_{1-p}(2n-2, \nu)}{n} \text{。} \tag{5}$$

有一個自由度數爲 10 的樣品變方 25，想取兩個同大樣品使 $(\mu_1 - \mu_2)$ 的可信間距大於 12 單位的機率等於 0.99；要用多大的樣品？由已有資料

$$s^2 = 25 \quad \nu = 10 \quad p = 0.99 \quad c = 0.95 \quad l = 12,$$

可得

$$\frac{144}{8(25)} = \frac{F_{.05}(1, 2n-2)F_{.01}(2n-2, 10)}{n} = 0.720 \text{。} \tag{6}$$

當 $n = 21$ 時，式 (6) 的中間部分是

$$(4.0848)(4.1653)/21 = 0.810 \text{；} \tag{7}$$

而 $n = 31$ 時，得到的是

$$(4.0012)(4.0819)/31 = 0.527 \text{。} \tag{8}$$

就用上面的結果做直線挿入：

$$0.810 \qquad 0.720 \qquad 0.527$$
$$21 \qquad\quad n \qquad\quad 31$$

得到的 n 大約是 24。這便說，兩個逢機樣品各含 24 個觀測值時已能滿足需要了。

應用書中的附表 13a 和 13b，也可以決定測驗族羣均值等於指定值 μ_0 擬說的樣品大小。這兩個表的應用要先知道一個樣品變方 s_1^2 和它的自由度數 ν_1。根據這個數，便可以決定族羣均值 μ 比 μ_0 大過 δ

時在 5% 水準用機率 p 棄却 $\mu = \mu_0$ 擬說的樣品大小 n。在計算用到的
幾種數量中，μ 的值和問題無關，p，δ，和顯著水準都是先行決定
的。事實上，兩個表是用 5% 顯著水準的單尾 t 測驗或 10% 顯著水準
雙尾 t 測驗分別就 $p = 0.80$ 和 $p = 0.95$ 算出的；能夠自由選擇的祇
有 δ 而已。

　　表 13a 和 13b 列出了各種 ν_1 和 ν_2 組合的 δ/s_1 值 。 如果 ν_1 和
δ/s_1 已定，便可以求得由可能樣品算出的變方 s_2^2 的自由度數 ν_2。 有
一個自由度數爲 8 的樣品變方 9，想取一個樣品使 $\mu - 10 = 1.5$ 時 $\mu =$
10 擬說遭受棄却的機率等於 0.80；要取多大的樣品？ 由已知的資料

$$s_1^2 = 9 \quad \nu_1 = 8 \quad p = 0.80 \quad \delta = 1.5 ,$$

可得

$$\delta/s_1 = 1.5/3 = 0.50 。$$

得到的值在表 13a 中 ν_1 欄的 $\nu_2 = 30$ 和 $\nu_2 = 40$ 間，約當 $\nu_2 = 31$ 處，
所以需要的樣品大小是 32。使用這種大小的樣品，$\mu = 10$ 擬說在 5%
顯著水準遭受棄却的機率便等於 0.80；也就是說 ， 當族羣均值大於
或等於 $(\mu_0 + \delta)$ 或 11.5 時，介值

$$t = \frac{\bar{y} - 10}{\sqrt{\dfrac{s_2^2}{32}}} \tag{10}$$

大於自由度數爲 31 的學生氏 t 分布 5% 點值 1.695。

　　上面的討論用的是單尾測驗，如果用雙尾測驗，便要將顯著水準
由 5% 改成 10%。 用同一個示例來說 ， 樣品大小 32 在 10% 水準棄
却擬說 $\mu = 10$ 的機率等於 0.80；或當族羣均值小於 8.5 或大於 11.5
時，式(10)中的 t 值小於 -1.695 或大於 1.695。

　　附表 13a 和 13b 的 ν_2 值都列到 100 爲止。如果 δ/s_1 過小，便無
法查表而需要用方程式

$$n = 100 \left(\frac{E_{100}}{\delta/s_1} \right)^2 \tag{11}$$

來決定 n；式(11)中的 E_{100} 是附表 13a 或 13b 底行或 $\nu_2 = 100$ 行內的一
個值。如果上例中的 δ 是 0.6 而不是 1.5 ， δ/s_1 便是 0.2 而需要的樣
品大小是

$$n = 100(0.275/0.2)^2 = 189 \text{。} \tag{12}$$

附表 13a 和 13b 也可以用來決定兩族羣均值相等擬說測驗的樣品大小。在這種情形下，表列值應當看成 $\delta/\sqrt{2s_1^2}$；如果 $(\mu_1-\mu_2)$ 超過 δ，$\mu_1=\mu_2$ 擬說遭受棄却的機率便是 p。這兒的 ν_2 便是兩個同大樣品的勻和變方 s_p^2 的自由度數，就是

$$\nu_2 = n_1+n_2-2 \text{；}$$

所以，當 ν_2 爲偶數時，所需要的樣品大小是 $\frac{1}{2}(\nu_2+2)$，而 ν_2 爲奇便是 $\frac{1}{2}(\nu_2+3)$ 了。有一個自由度數爲 6 的樣品變方 16，想取得兩個等大樣品使它們的大小能偵出 (detect) 兩個族羣均值差大於 5 單位的機率等於 0.95。這兒的各種數值是

$$s_1^2 = 16 \quad \nu_1 = 6 \quad p = 0.95 \quad \delta = 5 \text{，}$$

而

$$\delta/\sqrt{2s_1^2} = 5/\sqrt{32} = 0.884 \tag{13}$$

值在附表 13b 的 $\nu_1=6$ 和 $\nu_2=25$ 處，需要的樣品大小同是 $\frac{1}{2}(25+3)$ 或 14；計算可以分別用 5% 單尾和 10% 雙尾測驗。

如果試驗內處理多於 2 個，附表 13a 和 13b 還可以用來決定一種數，就是重複次數一定時用機率 p 偵出的兩族羣均值差 (detectable difference) δ。如果已有自由度數爲 ν_1 的樣品變方 s_1^2，具有 n 次重複的可偵出差便是

$$\delta = E\sqrt{2(\nu_2+1)s_2^2/n} \text{，} \tag{14}$$

式中的 ν_2 是試驗的機差 SS 自由度數而 E 是附表 13a 或 13b 中位置在 ν_1 和 ν_2 處的值。計算 δ 值時，可以用不同的 n 值算出幾個，到適合需要時爲止。有一個自由度數爲 8 的樣品變方 9，想用 n 次重複來測驗逢機區集試驗內的 6 個處理。這兒的各種數值是

$$s_1^2 = 9 \quad \nu_1 = 8 \quad \nu_2 = 5(n-1) \text{，}$$

用機率 0.80，可以就不同 n 算出幾個可偵出差異 δ 值：

$$n = 2 \text{，} \quad \nu_2 = 5 \text{，} \quad \delta = 1.32\sqrt{54.0} = 9.7$$

$$n = 3 \text{，} \quad \nu_2 = 10 \text{，} \quad \delta = 0.893\sqrt{66.0} = 7.3$$

$$n = 4 \text{，} \quad \nu_2 = 15 \text{，} \quad \delta = 0.721\sqrt{72.0} = 6.1$$

$$n = 5, \quad \nu_2 = 20, \quad \delta = 0.624 \sqrt{75.6} = 5.4$$

做幾次試算，便能決定適當的重複次數。

習　題

(1) 由均值爲 50 的常態族羣內取得一個大小爲 10 的逢機樣品：

　　　　33　63　54　59　44　48　61　66　53　43

(a) 將樣品來源當作未知，用 5% 水準測驗最小觀測值33與其他九個由同一族羣取得的擬說。擬說是對的；試問結論是正確的，還是犯了第一類錯誤。($SS_1/SS = 0.5637$，結論正確。)

(b) 將 33 改成 32，用同水準測驗同擬說。現在，32 是由均值爲 49 而另外九個觀測值是由均值爲 50 族羣來的，所以擬說是錯的。問結論是正確的，還是犯了第二類錯誤。($SS_1/SS = 0.5415$，第二類錯誤。)

(c) 將 33 改成 13，用同水準測驗同擬說。現在 13 由均值爲 30 而另外九個由均值爲 50 族羣取得，所以擬說是錯的。問結論爲正確，還是犯了第二類錯誤。($SS_1/SS = 0.2599$，結論正確。)

(2) 用題 1 的 10 個觀測值。

(a) 用 5% 水準測驗最大觀測值 66 與另外 九 個觀測值由同族羣取得擬說。

(b) 將 66 改成 67，用同水準測驗同擬說。

(c) 將 66 改成 96，用同水準測驗同擬說。

(3) 用題 1 的 10 個觀測值。

(a) 用 5% 水準測驗最小的33和43與另外八個來自同族羣擬說。擬說是對的；問結論爲正確，還是犯了第一類錯誤。

(b) 將 33 和 43 各減20，用同水準測驗同擬說。擬說是錯的；問結論爲正確，還是犯了第二類錯誤。

(4) 用題 1 的 10 個觀測值。

(a) 用 5% 水準測驗最大的66和63與另外八個來自同族羣擬說。

擬說是對的；問結論為正確，還是犯了第一類錯誤。

(b) 將 66 和 63 各減20，用同水準測驗同擬說。擬說是錯的；問結論為正確，還是犯了第二類錯誤。

(5) 兩個樣品變方是自由度數為10的 $s_1^2 = 187$ 和自由度數為40的 $s_2^2 = 60$ ，用 1% 水準測驗兩族羣變方相等的擬說：(a) 用變方比測驗，(b) 用巴氏測驗，(c) 用鮑氏測驗 ；問三者的結論是不是一致的。

(6) 由均值為 50 和變方為 100 的常態族羣取得三個同大為 9 的逢機樣品如下：

樣　　品		
1	2	3
46	39	58
55	26	68
59	55	40
66	44	49
38	56	47
51	50	50
78	44	54
70	45	50
45	36	62

將樣品來源當作未知，用 5% 水準巴氏法測驗族羣變方相等的擬說。族羣變方是相等；問結論是正確的，還是犯了第一類錯誤。

(7) 將題 6 中第一樣品各觀測值乘10，別的不變；第一族羣變方便變成 $100(10)^2 = 10,000$ ，別的族羣還是100。將樣品來源當作未知，用 5% 水準巴氏法測驗族羣變方相等擬說。擬說是錯的；問結論是正確的，還的犯了第二類錯誤。

(8) 有四個大小為 3 的樣品，用 5% 水準鮑氏法測驗族羣變方相等的擬說。

樣 品	觀 測 值		
1	42	71	50
2	78	51	46
3	51	58	52
4	61	31	46

(9) 有一個自由度數爲 16 的樣品變方 25，求 95% 可信間距短於 6 單位的機率爲 0.95 時的樣品大小。

(10) 有一個自由度數爲 16 的樣品變方25，求族羣均值大於 44 時單尾 5% 測驗以 0.80 機率棄却族羣均值等於40擬說需要的樣品大小。

(11) 有一個自由度數爲 16 的樣品變方 25，求兩族羣均值差 95% 可信間距以 0.95 機率大於 8 單位所需要的樣品大小。

(12) 有一個自由度數爲 16 的樣品變方 25，求兩族羣均值差大於 5 單位時單尾 5% 水準測驗以 0.80 機率棄却兩族羣均值相等擬 說 需要的樣品大小。

(13) 有一個自由度數爲 16 的樣品大小 25，求四處理完全逢機試驗中能以 0.80 機率偵出兩族羣均值差爲 4 單位時的重複次數。

(14) 將題 13 完全逢機試驗改成逢機區集試驗，重做題 13。

本題求得的重複次數是和題 13 相同的。這樣便說明了兩種設計重 複次數決定法的一致性，但並不能表示兩種試驗的能 力相同；兩者的樣品變方 s_1^2 都是 25，但逢機區集試驗的 s_1^2 實用上較小，所以祇要較小的重複次數便能偵出同一差異 δ。

參 考 文 獻

Bartlett, M. S.: "Properties of Sufficiency and Statistical Tests." *Proceedings Royal Society London*, series A, vol. 160, pp. 273–275, 1937.

Box, G.E.P.: "A General Distribution Theory for a Class of Likelihood Criteria," *Biometrika*, vol. 36, pp. 317–346, 1949.

Box, G.E.P.: "Non-normality and Tests on Variances," *Biometrika*, vol. 40, pp. 318-335, 1953.

Grubbs, Frank E.: "Sample Criteria for Testing Outlying Observations," *Annals of Mathematical Statistics*, vol. 21, pp. 27-58, 1950.

Harris, M., Horvitz, D.G. and Mood, A. M.: "On the Determination of Sample Sizes in Designing Experiments," *Journal of American Statistical Association*, vol. 43, pp. 391-402, 1948.

附　　表

表　1　均值為50和變方為100的逢機常態數字表

1	2	3	4	5	6	7	8	9	10
46	53	58	60	60	49	59	48	46	78
37	58	46	46	47	48	42	50	63	48
62	49	47	36	40	39	61	43	53	42
59	60	52	34	40	36	67	44	40	49
40	56	51	51	35	47	53	49	50	50
49	57	46	61	53	46	44	44	50	41
51	53	55	46	49	61	47	29	60	41
51	63	50	54	43	52	68	41	45	57
62	47	49	37	51	55	38	45	47	47
68	57	36	44	53	34	61	51	53	46
42	53	56	55	45	60	47	48	67	57
54	53	30	47	66	43	60	33	72	86
52	52	48	49	58	43	53	66	37	44
58	54	55	48	53	46	42	39	38	42
54	63	49	48	67	36	51	45	46	51
53	62	51	45	64	43	35	46	49	46
56	45	43	54	56	47	46	49	56	63
37	37	54	67	51	42	47	49	76	45
48	39	50	45	63	43	60	33	37	62
40	54	36	50	59	42	41	39	52	60
52	51	62	31	57	40	29	48	61	58
85	29	59	62	36	54	38	48	51	70
41	45	32	45	50	39	56	53	56	53
49	41	41	48	42	45	54	58	56	61
46	60	63	47	36	45	52	48	51	60

本表由倫敦大學助算表 XXV (*Tracts for Computers*, No. XXV, Department of Statistics, University College, University of London.) 導出，已得皮爾遜 (E. S. Pearson)教授同意。

表　1　均值為50和變方為100的逢機常態數字表（續）

	2	3	4	5	6	7	8	9	10
62	51	38	49	39	43	40	56	42	35
56	52	45	39	58	44	36	33	34	49
32	43	60	66	44	50	52	40	52	64
60	39	77	40	53	47	48	59	36	60
50	63	31	44	54	41	68	49	49	60
57	46	59	51	44	46	65	47	47	60
44	41	44	32	40	42	31	42	46	43
51	47	58	39	52	65	43	42	41	62
42	59	45	48	48	34	59	60	40	46
55	36	47	74	38	36	51	52	62	57
33	48	43	51	53	53	52	54	63	64
50	48	47	55	42	46	39	49	50	55
50	43	50	77	56	35	40	50	64	54
38	52	58	54	50	32	41	58	44	58
51	53	54	36	61	52	48	50	59	68
46	71	67	48	67	50	54	55	60	46
61	45	49	42	55	57	64	41	44	53
37	52	46	42	55	51	52	52	44	42
41	36	53	49	54	53	54	49	34	50
41	62	31	57	60	42	34	55	53	51
43	62	52	42	56	38	65	70	61	53
56	40	65	67	48	64	66	59	32	32
55	53	50	68	38	40	46	62	79	61
45	40	37	52	47	43	50	60	58	52
54	37		46	68	50	62	55	52	73

表　1　均值爲50和變方爲100的逢機常態數字表（續）

1	2	3	4	5	6	7	8	9	10
46	55	59	66	38	51	78	70	45	51
48	50	60	41	54	43	52	52	56	44
32	32	50	69	61	39	63	42	54	53
57	47	53	37	53	35	49	59	62	34
42	71	62	57	58	46	32	64	47	49
39	26	55	44	56	50	44	45	36	42
48	43	56	60	67	58	49	41	60	55
49	55	52	54	39	40	50	35	59	47
55	55	21	58	67	42	50	47	49	66
66	57	51	42	45	56	51	53	68	49
30	48	42	51	42	48	53	49	40	50
48	47	47	54	60	40	45	45	73	54
59	48	37	34	52	57	79	50	49	60
34	52	59	55	27	86	60	26	57	44
50	56	56	55	59	53	52	31	53	58
46	53	59	52	57	58	38	50	47	50
50	49	42	54	46	52	57	57	42	48
69	70	46	61	55	51	46	52	40	52
48	54	54	58	52	57	50	35	50	43
37	50	34	35	80	49	55	39	59	35
58	68	40	49	47	50	45	50	62	38
50	62	38	46	12	44	39	53	50	47
44	73	71	53	42	37	36	67	38	43
40	58	49	65	56	60	51	54	51	43
39	52	64	60	56	68	39	33	57	43

表　1　均值為50和變方為100的逢機常態數字表（續）

1	2	3	4	5	6	7	8	9	10
69	60	53	45	45	46	58	44	42	38
47	63	57	51	54	62	51	62	55	50
46	52	51	52	42	45	44	48	54	40
65	51	48	55	57	46	56	37	54	50
49	43	64	39	60	49	56	40	34	39
59	46	50	48	41	55	69	45	57	40
42	35	34	54	39	56	49	56	61	48
63	51	60	53	58	34	45	40	62	37
47	47	77	40	47	47	62	58	44	32
47	64	49	48	59	50	44	51	50	61
48	49	32	54	46	68	55	51	48	54
60	51	52	37	46	54	43	42	56	30
54	43	38	41	29	55	42	71	55	16
47	58	44	54	57	50	32	54	53	73
50	48	58	53	32	38	51	49	66	60
68	43	48	58	40	35	45	42	53	34
58	63	65	62	38	43	44	60	61	58
46	66	60	58	66	56	59	46	54	65
46	29	64	76	43	52	65	47	44	59
37	48	52	52	33	57	65	41	27	51
44	56	36	58	52	42	55	49	55	71
40	48	36	45	61	53	37	33	60	63
29	38	56	38	43	37	46	48	44	46
59	47	60	58	42	36	74	49	44	46
44	63	38	49	51	59	56	48	42	41

表　1　均值為50和變方為100的逢機常態數字表（續）

1	2	3	4	5	6	7	8	9	10
37	69	24	48	53	53	48	46	43	54
50	51	58	62	45	56	36	27	47	43
56	37	37	64	54	51	35	48	27	67
58	48	73	68	62	51	56	52	70	52
55	41	40	46	54	56	50	55	70	55
58	52	64	45	30	44	56	40	55	40
53	54	41	59	57	43	30	58	50	40
55	49	55	56	46	45	46	47	44	66
67	66	49	49	57	47	54	56	57	46
65	59	52	38	44	46	35	57	56	35
48	38	44	70	44	51	44	54	61	63
51	34	49	45	33	56	49	37	44	61
53	45	62	51	55	38	36	58	72	66
55	47	56	52	57	52	60	55	69	34
61	54	51	62	51	48	49	61	69	50
40	30	48	44	37	56	54	50	41	51
56	53	38	73	56	63	58	43	44	46
34	61	41	54	48	60	54	57	59	52
48	46	48	41	62	61	21	56	57	60
44	56	46	44	38	48	61	63	62	67
64	57	55	56	37	48	58	56	60	37
67	32	57	57	37	26	48	59	52	54
47	11	46	57	30	56	44	56	38	40
39	56	55	57	48	66	56	51	44	61
45	59	56	56	50	46	69	41	47	44

表　　1　均值為50和變方為100的逢機常態數字表（續）

1	2	3	4	5	6	7	8	9	10
58	62	50	34	41	67	49	62	43	55
53	56	39	5ξ	55	54	47	48	56	55
50	56	47	60	52	46	38	59	47	55
22	48	52	44	53	54	56	49	51	28
55	53	43	51	41	45	57	52	47	67
44	52	46	40	44	42	51	43	71	44
30	54	58	56	38	66	28	48	35	28
53	66	40	57	50	59	66	66	56	41
45	55	42	48	48	51	54	63	35	55
54	68	44	42	45	62	56	46	61	55
40	55	66	63	63	47	46	39	67	60
52	47	57	42	47	46	46	47	39	73
42	46	46	44	48	52	64	37	53	33
47	47	49	42	46	50	46	40	61	58
49	32	68	39	53	52	56	42	54	52
61	62	48	42	51	44	53	41	51	47
44	36	58	60	57	44	49	43	58	52
50	56	51	52	59	42	57	47	63	43
58	53	49	59	54	56	49	60	51	40
46	59	49	54	47	41	60	48	36	48
61	48	50	53	43	55	31	54	35	60
67	27	55	54	60	62	52	42	60	40
54	62	49	49	36	51	48	61	58	49
66	62	49	40	48	56	54	52	58	49
78	63	46	51	62	55	68	38	42	49

表　1　均值為50和變方為100的逢機常態數字表（續）

1	2	3	4	5	6	7	8	9	10
41	54	35	52	32	40	52	50	42	49
58	61	51	44	56	53	64	58	51	53
38	37	64	50	42	42	27	39	55	63
44	46	41	47	49	52	55	47	63	68
59	45	38	67	49	47	39	52	54	53
52	45	48	57	35	34	26	49	70	52
60	54	30	44	44	52	48	45	44	57
65	39	44	49	71	60	57	64	55	53
40	48	68	61	62	52	65	51	74	54
75	57	53	40	72	56	46	60	39	37
61	35	46	58	50	56	48	51	48	48
58	64	61	38	67	65	56	64	48	54
42	29	64	43	50	39	61	49	61	70
39	66	44	60	53	54	56	48	62	39
59	45	53	57	60	66	36	45	58	58
40	50	48	62	42	48	56	44	43	34
42	38	40	55	52	54	56	45	61	57
43	49	47	62	58	65	43	45	42	38
71	47	38	37	41	50	41	54	43	52
42	33	41	60	43	49	75	60	53	51
52	44	38	46	69	45	49	52	52	41
42	34	52	51	45	46	55	34	36	41
50	50	51	32	59	40	56	43	56	27
42	52	44	54	66	53	58	51	48	47
52	56	39	43	50	51	43	35	62	51

表　1　均值爲50和變方爲100的逢機常態數字表（續）

1	2	3	4	5	6	7	8	9	10
58	45	32	67	52	48	61	56	45	46
61	42	55	36	66	55	48	63	37	40
34	54	60	47	56	66	65	49	52	50
39	59	61	60	56	68	47	64	52	39
49	68	35	40	45	42	47	45	49	46
48	56	44	38	66	58	56	49	60	71
42	55	62	40	35	43	55	32	49	52
51	51	64	47	55	60	50	52	40	49
43	56	49	52	53	39	43	45	44	65
36	56	62	53	39	53	51	58	54	40
58	30	48	64	37	54	62	52	49	48
49	46	63	42	43	45	66	52	55	53
46	42	49	54	46	71	44	50	54	34
21	27	51	59	48	48	59	72	48	50
58	53	42	49	51	67	56	55	72	54
53	66	43	50	39	52	60	42	50	43
61	46	41	49	57	51	42	56	39	63
62	38	56	68	48	65	38	53	49	45
60	53	67	54	62	50	52	57	57	33
47	60	64	48	59	36	42	52	36	46
53	55	56	44	48	51	54	56	45	54
48	45	49	44	70	52	44	48	36	48
56	56	54	69	53	63	51	52	37	42
65	40	39	46	41	63	41	75	47	44
43	43	52	54	38	46	45	49	39	60

表　1　均值為50和變方為100的逢機常態數字表（續）

1	2	3	4	5	6	7	8	9	10
44	37	53	45	48	40	58	40	50	33
66	52	37	41	45	42	60	42	44	63
31	64	31	36	76	52	52	65	54	54
55	54	48	57	52	26	76	34	76	59
49	57	49	50	47	36	64	39	53	44
48	63	50	63	54	43	49	54	55	48
41	55	29	47	42	41	48	38	52	61
53	61	39	44	39	35	49	50	47	66
75	46	71	58	27	60	71	40	41	55
56	67	64	48	44	48	65	64	63	43
42	56	61	44	50	38	56	52	52	50
43	35	50	43	43	45	56	34	33	55
53	64	62	60	47	54	59	50	62	85
64	49	63	34	38	47	40	56	32	66
42	55	76	43	39	50	47	68	70	42
50	32	61	39	59	53	39	49	71	58
48	64	41	31	66	51	44	33	56	34
61	56	47	68	53	48	61	54	51	50
39	50	45	54	54	15	37	42	52	40
46	57	49	41	49	45	49	37	43	46
46	44	57	53	48	55	35	55	39	42
67	42	65	53	38	62	36	48	39	63
56	44	50	62	59	52	59	51	45	48
48	46	64	55	50	63	52	51	42	46
43	67	62	54	38	42	66	67	46	46

表 1 均值為50和變方為100的逢機常態數字表（續）

1	2	3	4	5	6	7	8	9	10
28	33	38	37	62	40	42	36	41	35
52	49	43	63	64	52	46	48	58	51
50	59	55	56	68	36	48	51	52	50
52	58	34	48	53	33	61	59	43	40
42	49	54	17	43	42	52	57	49	51
60	46	42	44	53	40	62	44	50	48
50	50	53	48	36	52	49	56	68	43
55	44	54	51	61	48	56	39	46	47
45	49	60	54	54	48	68	38	50	60
46	48	48	52	52	54	46	42	28	29
52	42	51	41	49	52	43	59	32	52
49	47	53	51	61	47	55	53	48	48
59	54	59	53	68	62	43	44	57	68
34	44	56	63	49	62	39	62	36	52
55	59	65	72	32	46	57	54	57	56
75	31	43	69	45	51	55	46	62	40
41	42	46	51	52	51	38	40	66	46
63	42	52	58	54	47	38	49	52	48
45	38	62	44	57	58	62	49	32	39
42	63	61	54	55	47	49	39	56	33
49	42	38	39	40	43	41	42	43	37
64	58	74	41	50	48	45	40	53	58
61	43	64	53	56	46	50	68	69	58
53	50	53	52	62	52	50	56	46	59
70	56	51	59	52	44	53	57	50	62

表　1　均值為50和變方為100的逢機常態數字表（續）

1	2	3	4	5	6	7	8	9	10
64	66	21	69	46	50	61	44	68	51
54	38	54	46	53	54	63	76	45	46
42	30	48	50	50	62	57	53	63	45
50	57	40	66	44	40	49	54	54	57
46	55	50	59	47	54	52	57	30	69
67	51	50	56	47	43	50	68	41	41
46	52	46	51	48	43	54	61	61	44
52	49	70	43	42	50	65	57	52	46
43	46	38	53	52	43	43	55	64	53
50	41	48	43	46	47	49	34	39	51
68	58	49	40	47	50	48	58	54	56
60	60	46	51	50	43	50	58	50	55
61	62	45	56	69	50	64	63	51	62
58	60	66	51	42	73	61	45	53	48
48	44	54	60	61	44	40	60	58	69
55	47	59	36	48	43	51	51	52	50
59	60	55	61	50	54	58	49	37	40
62	46	50	46	52	56	70	32	43	62
60	70	71	44	39	64	53	53	41	50
56	71	44	63	46	45	44	50	37	44
56	52	29	58	48	48	76	41	54	34
47	57	57	52	45	68	35	48	55	30
53	51	47	50	60	60	52	39	56	44
45	56	53	50	67	46	62	47	61	37
42	35	34	42	44	57	52	44	38	54

表　1　均值為50和變方為100的逢機常態數字表（續）

1	2	3	4	5	6	7	8	9	10
46	59	50	51	49	62	57	44	62	48
57	62	48	39	66	59	49	50	45	49
68	34	40	49	64	37	44	42	56	55
40	50	54	45	43	50	34	75	43	64
55	38	49	34	62	54	42	50	63	40
34	77	62	53	42	31	51	54	33	49
48	47	45	59	57	57	57	40	48	69
49	30	51	63	50	50	46	30	42	41
35	53	41	49	39	57	53	51	61	55
53	78	57	40	51	45	72	54	35	39
33	53	44	56	41	59	53	55	45	44
35	54	47	55	50	35	45	65	46	71
43	37	36	51	46	69	56	48	68	62
40	46	50	58	56	52	52	34	67	52
58	57	52	48	34	67	61	54	43	60
46	57	43	72	41	59	50	46	59	50
42	49	48	53	61	58	44	57	41	52
37	60	47	49	34	37	43	56	35	40
48	64	49	53	62	54	70	76	49	52
60	61	39	42	45	60	54	47	36	49
57	36	37	65	62	60	35	39	52	50
38	60	64	61	39	30	41	44	61	64
57	54	43	67	58	47	51	48	47	36
40	41	36	45	40	34	42	39	50	52
55	39	59	52	59	61	49	57	50	71

表　1　均值為50和變方為100的逢機常態數字表（續）

1	2	3	4	5	6	7	8	9	10
61	60	55	58	40	45	62	52	61	61
60	60	58	41	66	54	57	63	33	54
43	61	51	45	31	43	46	27	43	29
49	28	46	52	66	61	45	45	45	54
30	50	48	59	62	52	62	45	53	46
44	32	45	41	47	54	44	48	48	48
64	45	46	48	46	53	49	46	44	50
40	55	54	37	46	44	57	38	46	60
37	51	38	31	33	43	69	39	53	53
53	67	55	68	49	55	44	40	53	67
53	44	51	33	62	63	57	47	63	43
25	54	48	61	54	54	52	57	34	49
54	50	60	51	45	86	56	47	54	36
52	49	43	63	51	40	49	37	48	49
59	70	52	68	53	42	39	48	43	48
42	37	71	58	54	47	55	56	62	57
44	64	51	55	44	55	44	60	56	70
39	55	54	69	58	43	56	43	50	55
48	43	39	64	42	49	56	41	52	57
38	48	62	58	60	67	50	29	45	59
46	61	44	47	54	47	55	56	62	57
58	58	50	56	44	55	44	60	56	70
58	56	40	52	58	43	56	43	50	55
49	47	39	54	42	49	56	41	52	57
45	56	36	58	60	67	50	29	45	59

表　1　均值為50和變方為100的逢機常態數字表（續）

1	2	3	4	5	6	7	8	9	10
33	46	55	63	35	63	45	54	81	65
60	50	54	54	40	36	56	32	69	49
51	44	53	48	70	72	59	53	61	50
60	36	54	36	53	42	36	37	53	48
50	34	49	63	42	42	57	60	57	46
53	42	56	63	46	47	69	51	46	57
47	38	39	71	52	43	50	49	27	54
45	56	39	40	39	57	45	62	47	52
37	48	45	63	42	58	48	48	38	34
60	42	54	37	54	45	62	47	53	50
65	46	36	59	46	39	54	51	55	51
58	37	37	56	50	59	55	33	49	50
57	56	48	45	44	41	58	71	57	45
54	54	36	50	36	57	64	40	26	35
55	59	62	45	44	60	64	45	72	52
46	47	54	56	46	49	22	47	55	56
29	44	54	51	40	43	30	60	67	40
64	42	48	38	43	48	58	44	45	47
57	45	34	42	52	61	46	39	43	35
48	51	42	42	54	45	34	50	53	55
32	56	37	52	50	38	66	52	59	51
51	47	49	68	44	51	49	43	58	54
53	35	43	58	60	39	49	60	42	50
59	49	47	41	45	62	31	44	45	47
48	29	46	58	47	50	50	44	46	43

表　　1　　均值為50和變方為100的逢機常態數字表（續）

1	2	3	4	5	6	7	8	9	10
42	50	38	25	66	64	66	48	56	51
46	53	71	53	60	21	67	61	44	46
46	59	45	67	63	54	52	59	41	56
38	62	47	62	61	66	48	58	47	62
54	50	61	44	44	49	55	66	39	61
51	42	56	33	45	55	52	56	65	32
52	53	43	66	76	55	55	54	51	48
50	54	37	49	60	43	51	51	57	60
60	24	48	51	45	55	57	42	42	59
52	55	36	56	47	57	46	39	56	52
56	47	45	56	50	54	54	55	48	55
40	54	56	55	50	56	32	69	50	47
50	39	47	71	52	50	46	48	49	58
63	30	52	45	55	46	59	27	47	42
42	48	60	44	33	31	61	48	62	63
41	55	47	61	46	50	54	52	32	53
41	52	52	33	60	55	52	52	64	9
39	45	53	50	54	49	49	38	41	57
55	49	61	40	38	50	38	60	74	51
44	33	34	41	39	57	62	50	65	51
44	39	65	66	60	58	36	62	44	48
50	58	34	44	52	42	44	69	38	48
56	76	47	40	47	35	40	50	57	43
51	68	53	53	45	42	60	79	70	54
46	42	56	53	38	43	27	56	40	53

表　1　均值為50和變方為100的逢機常態數字表（續）

1	2	3	4	5	6	7	8	9	10
41	66	55	37	35	49	66	54	34	56
54	60	53	34	62	61	54	57	35	54
66	45	34	33	38	51	41	41	51	58
49	54	43	52	42	41	61	46	50	51
57	51	63	65	61	43	47	65	63	55
59	66	52	56	45	65	44	69	35	45
64	45	50	63	49	45	49	43	54	41
56	58	61	47	42	43	58	33	47	53
50	45	64	39	47	51	63	40	46	45
39	55	50	44	35	56	54	52	46	48
55	61	53	57	59	54	49	51	41	54
42	55	54	59	53	48	59	56	56	43
52	41	68	52	67	50	51	59	10	66
61	44	48	31	62	45	43	60	19	27
76	42	64	51	65	69	54	48	35	58
50	54	38	59	46	59	53	44	38	53
56	60	52	49	44	41	24	71	54	45
36	66	57	65	37	40	51	39	51	44
38	49	54	46	62	57	45	53	60	55
71	44	43	54	62	58	59	64	79	53
41	55	63	54	63	53	68	54	59	36
39	57	50	68	61	70	37	57	63	45
33	38	67	48	58	55	51	44	56	64
41	61	37	53	58	39	46	42	65	47
63	64	73	43	52	63	56	54	60	55

表 1 均值爲50和變方爲100的逢機常態數字表（續）

1	2	3	4	5	6	7	8	9	10
59	43	48	57	53	42	67	45	41	52
44	45	47	38	44	56	54	53	58	64
46	43	62	39	59	46	44	44	58	40
59	40	59	38	60	57	61	48	43	37
60	63	52	41	70	41	50	52	54	51
40	67	68	49	65	55	67	47	57	67
46	50	64	44	45	43	60	39	42	58
42	53	57	49	27	65	47	67	45	36
51	42	47	45	39	42	63	33	50	55
41	64	40	47	62	47	39	53	49	41
53	43	58	42	51	54	29	40	57	44
60	56	30	73	64	36	43	33	40	51
40	61	35	56	39	49	44	56	57	39
64	49	53	41	54	67	48	37	56	51
61	64	59	67	29	58	53	32	37	55
58	51	49	39	55	58	62	70	63	79
58	50	46	65	65	51	60	58	53	56
58	49	55	55	55	58	38	41	36	37
68	51	51	44	74	57	41	55	42	49
46	52	31	45	40	46	58	72	59	50
50	51	61	55	49	46	61	40	26	40
51	58	61	48	52	50	44	38	60	37
75	45	54	53	61	39	45	58	45	51
41	33	32	51	78	48	49	51	41	49
56	55	49	55	23	55	63	54	41	45

表　　1　均值為50和變方為100的逢機常態數字表（續）

1	2	3	4	5	6	7	8	9	10
52	53	49	59	46	42	68	39	32	35
44	63	57	53	30	55	48	60	43	34
43	36	52	62	42	46	61	65	63	42
47	67	33	44	45	63	41	50	49	68
59	48	47	67	51	38	48	56	50	53
43	44	37	32	51	30	54	43	45	63
45	59	60	55	35	66	45	37	65	38
56	41	60	74	59	54	72	52	47	69
59	58	43	41	55	69	62	60	52	43
44	58	44	46	59	55	57	42	42	42
40	50	50	55	52	63	44	63	44	52
74	35	60	43	46	51	27	54	52	36
58	57	48	65	43	48	50	46	29	52
54	43	41	43	37	17	54	47	45	63
61	38	56	60	52	22	80	67	42	44
48	58	27	57	49	38	53	50	63	55
51	40	50	54	68	57	55	64	45	66
42	49	41	55	62	44	49	58	50	54
48	42	52	58	64	36	56	49	60	60
26	56	36	59	40	72	55	48	45	37
63	53	68	51	43	51	56	39	42	52
48	46	49	48	66	58	41	68	41	36
41	45	44	36	55	39	56	50	40	50
57	69	40	44	53	41	60	52	60	54
53	74	45	48	50	46	46	52	44	41

表　1　均值為50和變方為100的逢機常態數字表（續）

1	2	3	4	5	6	7	8	9	10
42	71	50	56	58	40	59	52	64	54
64	40	41	58	57	47	47	63	49	64
48	53	50	42	47	52	32	54	42	60
54	56	50	50	62	51	52	57	54	43
78	51	46	27	58	70	58	53	27	54
57	63	43	50	60	49	52	66	45	36
42	43	61	60	65	42	48	60	51	52
36	42	53	41	62	45	51	48	43	54
31	60	55	60	55	54	35	47	44	52
51	48	42	52	54	52	55	60	43	48
51	58	52	42	41	28	46	54	49	39
41	47	55	53	67	66	50	42	58	55
60	34	50	52	57	32	40	68	34	48
55	36	29	37	33	28	62	43	43	34
41	50	71	67	71	49	40	41	56	53
61	31	46	44	68	58	51	44	41	41
56	45	51	65	47	53	43	55	63	47
50	48	44	44	56	72	27	59	53	52
41	25	34	57	51	47	48	47	57	58
62	47	40	45	48	48	38	48	46	50
51	38	61	54	43	63	39	49	58	47
25	49	60	53	41	58	59	58	44	53
48	48	44	44	54	61	56	38	49	29
47	33	44	44	57	57	56	46	52	49
62	50	54	49	49	44	42	45	34	58

表　1　均值爲50和變方爲100的逐機常態數字表（續）

1	2	3	4	5	6	7	8	9	10
58	48	46	53	37	44	48	48	51	43
66	28	33	22	44	44	54	53	42	53
54	57	40	51	34	52	53	45	53	43
54	46	36	43	45	40	54	50	45	49
51	63	46	61	48	44	67	34	41	57
64	46	54	48	39	31	49	36	45	60
41	49	39	52	64	51	57	50	52	63
63	51	52	51	52	72	33	55	50	40
63	73	37	50	38	52	35	45	61	48
29	55	28	48	59	44	46	50	36	38
60	50	46	50	43	64	44	45	58	50
48	54	54	54	51	51	50	55	52	52
55	54	38	49	47	57	57	54	41	65
43	64	43	44	45	47	51	39	49	45
12	58	64	58	55	45	55	47	56	56
30	50	44	50	53	45	34	44	46	65
44	52	53	46	50	61	42	57	55	43
60	31	53	50	55	56	61	64	60	67
57	35	61	50	44	34	48	48	38	64
44	53	57	44	29	52	37	49	49	52
53	47	54	47	44	49	35	55	36	44
35	46	59	44	57	40	49	58	48	50
65	46	69	60	45	44	55	50	58	42
54	51	61	61	41	64	47	49	46	59
39	46	34	45	46	61	59	53	63	62

表　2　逢機取樣數字表

	1-4	5-8	9-12	13-16	17-20	21-24	25-28	29-32	33-36	37-40
	第一批一千個數									
1	23 15	75 48	59 01	83 72	59 93	76 24	97 08	86 95	23 03	67 44
2	05 54	55 50	43 10	53 74	35 08	90 61	18 37	44 10	96 22	13 43
3	14 87	16 03	50 32	40 43	62 23	50 05	10 03	22 11	54 38	08 34
4	38 97	67 49	51 94	05 17	58 53	78 80	59 01	94 32	42 87	16 95
5	97 31	26 17	18 99	75 53	08 70	94 25	12 58	41 54	88 21	05 13
6	11 74	26 93	81 44	33 93	08 72	32 79	73 31	18 22	64 70	68 50
7	43 36	12 88	59 11	01 64	56 23	93 00	90 04	99 43	64 07	40 36
8	93 80	62 04	78 38	26 80	44 91	55 75	11 89	32 58	47 55	25 71
9	49 54	01 31	81 08	42 98	41 87	69 53	82 96	61 77	73 80	95 27
10	36 76	87 26	33 37	94 82	15 69	41 95	96 86	70 45	27 48	38 80
11	07 09	25 23	92 24	62 71	26 07	06 55	84 53	44 67	33 84	53 20
12	43 31	00 10	81 44	86 38	03 07	52 55	51 61	48 89	74 29	46 47
13	61 57	00 63	60 06	17 36	37 75	63 14	89 51	23 35	01 74	59 93
14	31 35	28 37	99 10	77 91	89 41	31 57	97 64	48 62	58 48	69 19
15	57 04	88 65	26 27	79 59	36 82	90 52	95 65	46 35	06 53	22 54
16	09 24	34 42	00 68	72 10	71 37	30 72	97 57	56 09	29 82	76 50
17	97 95	63 50	18 40	89 48	83 29	52 23	08 25	21 22	53 26	15 87
18	93 73	25 95	70 43	78 19	88 85	56 67	16 68	26 95	99 64	45 69
19	72 62	11 12	25 00	92 26	82 64	35 66	65 94	34 71	68 75	18 67
20	61 02	07 44	18 45	37 12	07 94	95 91	73 78	66 99	53 61	93 78
21	97 83	98 54	74 33	05 59	17 18	45 47	35 41	44 22	03 42	30 00
22	89 16	09 71	92 22	23 29	06 37	35 05	54 54	89 88	43 81	63 61
23	25 96	68 82	20 62	87 17	92 65	02 82	35 28	62 84	91 95	48 83
24	81 44	33 17	19 05	04 95	48 06	74 69	00 75	67 65	01 71	65 45
25	11 32	25 49	31 42	36 23	43 86	08 62	49 76	67 42	24 52	32 45

本表由倫敦大學助算表 XXIV 轉錄，已得皮爾遜教授同意。

表　2　逢機取樣數字表（續）

	第二批一千個數									
	1-4	5-8	9-12	13-16	17-20	21-24	25-28	29-32	33-36	37-40
1	64 75	58 38	85 84	12 22	59 20	17 69	61 56	55 95	04 59	59 47
2	10 30	25 22	89 77	43 63	44 30	38 11	24 90	67 07	34 82	33 28
3	71 01	79 84	95 61	30 85	03 74	66 59	10 28	97 53	76 56	91 49
4	60 01	25 56	05 88	41 03	48 79	79 65	59 01	69 78	80 00	36 66
5	37 33	09 46	56 49	16 14	28 02	48 27	45 47	55 44	55 36	50 90
6	47 86	98 70	01 31	59 11	22 73	50 52	51 28	22 34	69 16	12 12
7	38 04	04 27	37 64	16 78	95 78	39 32	34 93	24 88	43 43	87 06
8	73 50	83 09	08 83	05 48	00 78	36 66	93 02	95 56	46 04	53 36
9	32 62	34 64	74 84	06 10	43 24	20 62	83 73	19 32	35 64	39 69
10	97 59	19 95	49 36	63 03	51 06	62 06	99 29	75 95	32 05	77 34
11	74 01	23 19	55 59	79 09	69 82	66 22	42 40	15 96	74 90	75 89
12	56 75	42 64	57 13	35 10	50 14	90 96	63 36	74 69	09 63	34 88
13	49 80	04 99	08 54	83 12	19 98	08 52	86 63	72 92	92 36	50 26
14	43 58	48 96	47 24	87 85	66 70	00 22	15 01	93 99	59 16	23 77
15	16 65	37 96	64 60	32 57	13 01	35 74	28 36	36 73	05 88	72 29
16	48 50	26 90	55 65	32 25	87 48	31 44	68 02	37 31	25 29	63 67
17	96 76	55 46	92 36	31 68	62 30	48 29	63 83	52 23	81 66	40 94
18	38 92	36 15	50 80	35 78	17 84	23 44	41 24	63 33	99 22	81 28
19	77 95	88 16	94 25	22 50	55 87	51 07	30 10	70 60	21 86	19 61
20	17 92	82 80	65 25	58 60	87 71	02 64	18 50	64 65	79 64	81 70
21	94 03	68 59	78 02	31 80	44 99	41 05	41 05	31 87	34 12	15 96
22	47 46	06 04	79 56	23 04	84 17	14 37	28 51	67 27	55 80	03 68
23	47 85	65 60	88 51	99 28	24 39	40 64	41 71	70 13	46 31	82 88
24	57 61	63 46	53 92	29 86	20 18	10 37	57 65	15 62	98 59	07 56
25	08 30	09 27	04 66	75 26	66 10	57 18	87 91	07 54	22 22	20 13

表　2　逢機取樣數字表(續)

	1-4	5-8	9-12	13-16	17-20	21-24	25-28	29-32	33-36	37-40
	第三批一千個數									
1	89 22	10 23	62 65	78 77	47 33	51 27	23 02	13 92	44 13	96 51
2	04 00	59 98	18 63	91 82	90 32	94 01	24 23	63 01	26 11	06 50
3	98 54	63 80	66 50	85 67	50 45	40 64	52 28	41 53	25 44	41 25
4	41 71	98 44	01 59	22 60	13 14	54 58	14 03	98 49	98 86	55 79
5	28 73	37 24	89 00	78 52	58 43	24 61	34 97	97 85	56 78	44 71
6	65 21	38 39	27 77	76 20	30 86	80 74	22 43	95 68	47 68	37 92
7	65 55	31 26	78 90	90 69	04 66	43 67	02 62	17 69	90 03	12 05
8	05 66	86 90	80 73	02 98	57 46	58 33	27 82	31 15	98 69	29 98
9	39 30	29 97	18 49	75 77	95 19	27 38	77 63	73 47	26 29	16 12
10	64 59	23 22	54 45	87 92	94 31	38 32	00 59	81 18	06 78	71 37
11	07 51	34 87	92 47	31 48	36 60	68 90	70 53	36 82	57 99	15 82
12	86 59	36 85	01 56	63 89	98 00	82 83	93 51	48 56	54 10	72 32
13	83 73	52 25	99 97	97 78	12 48	36 83	89 95	60 32	41 06	76 14
14	08 59	52 18	26 54	65 50	82 04	87 99	01 70	33 56	25 80	53 84
15	41 27	32 71	49 44	29 36	94 58	16 82	86 39	62 15	86 43	54 31
16	00 47	37 59	08 56	23 81	22 42	72 63	17 63	14 47	25 20	63 47
17	86 13	15 37	89 81	38 30	78 68	89 13	29 61	82 07	00 98	64 32
18	33 84	97 83	59 04	40 20	35 86	03 17	68 86	63 08	01 82	25 46
19	61 87	04 16	57 07	46 80	86 12	98 08	39 73	49 20	77 54	50 91
20	43 89	86 59	23 25	07 88	61 29	78 49	19 76	53 91	50 08	07 86
21	29 93	93 91	23 04	54 84	59 85	60 95	20 66	41 28	72 64	46 73
22	38 50	58 55	55 14	38 85	50 77	18 65	79 48	87 67	83 17	08 19
23	31 82	43 84	31 67	12 52	55 11	72 04	41 15	62 53	27 98	22 68
24	91 43	00 37	67 13	56 11	55 97	06 75	09 25	52 02	39 13	87 53
25	38 63	56 89	76 25	49 89	75 26	96 45	80 38	05 04	11 66	35 14

表　2　逢機取樣數字表（續）

	1-4	5-8	9-12	13-16	17-20	21-24	25-28	29-32	33-36	37-40
	第四批一千個數									
1	02 49	05 41	22 27	94 43	93 64	04 23	07 20	74 11	67 95	40 82
2	11 96	73 64	69 60	62 78	37 01	09 25	33 02	08 01	38 53	74 82
3	48 25	68 34	65 49	69 92	40 79	05 40	33 51	54 39	61 30	31 36
4	27 24	67 30	80 21	48 12	35 36	04 88	18 99	77 49	48 49	30 71
5	32 53	27 72	65 72	43 07	07 22	86 52	91 84	57 92	65 71	00 11
6	66 75	79 89	55 92	37 59	34 31	43 20	45 58	25 45	44 36	92 65
7	11 26	63 45	45 76	50 59	77 46	34 66	82 69	99 26	74 29	75 16
8	17 87	23 91	42 45	56 18	01 46	93 13	74 89	24 64	25 75	92 84
9	62 56	13 03	65 03	40 81	47 54	51 79	80 81	33 61	01 09	77 30
10	62 79	63 07	79 35	49 77	05 01	30 10	50 81	33 00	99 79	19 70
11	75 51	02 17	71 04	33 93	36 60	42 75	76 22	23 87	56 54	84 68
12	87 43	90 15	91 63	51 72	65 90	44 43	70 72	17 98	70 63	90 32
13	97 74	20 26	21 10	74 87	88 03	38 33	76 52	26 92	14 95	90 51
14	98 81	10 60	01 21	57 10	28 75	21 82	88 39	12 85	18 86	16 24
15	51 26	40 18	52 64	60 79	25 53	29 00	42 66	95 78	58 36	29 98
16	40 23	99 33	76 10	41 96	86 10	49 12	00 29	41 80	03 59	93 17
17	26 93	65 91	86 51	66 72	76 45	46 32	94 46	81 94	19 06	66 47
18	88 50	21 17	16 98	29 94	09 74	42 39	46 22	00 69	09 48	16 46
19	63 49	93 80	93 25	59 36	19 95	79 86	78 05	69 01	02 33	83 74
20	36 37	98 12	06 03	31 77	87 10	73 82	83 10	83 60	50 94	40 91
21	93 80	12 23	22 47	47 95	70 17	59 33	43 06	47 43	06 12	66 60
22	29 85	68 71	20 56	31 15	00 53	25 36	58 12	65 22	41 40	24 31
23	97 72	08 79	31 88	26 51	30 50	71 01	71 51	77 06	95 79	29 19
24	85 23	70 91	05 74	60 14	63 77	59 93	81 56	47 34	17 79	27 53
25	75 74	67 52	68 31	72 79	57 73	72 36	48 73	24 36	87 90	68 02

表　2　逢機取樣數字表（續）

	1-4	5-8	9-12	13-16	17-20	21-24	25-28	29-32	33-36	37-40
	第五批一千個數									
1	29 93	50 69	71 63	17 55	25 79	10 47	88 93	79 61	42 82	13 63
2	15 11	40 71	26 51	89 07	77 87	75 51	01 31	03 42	94 24	81 11
3	03 87	04 32	25 10	58 98	76 29	22 03	99 41	24 38	12 76	50 22
4	79 39	03 91	88 40	75 64	52 69	65 95	92 06	40 14	28 42	29 60
5	30 03	50 69	15 79	19 65	44 28	64 81	95 23	14 48	72 18	15 94
6	29 03	99 98	61 28	75 97	98 02	68 53	13 91	98 38	13 72	43 73
7	78 19	60 81	08 24	10 74	97 77	09 59	94 35	69 84	82 09	49 56
8	15 84	78 54	93 91	44 29	13 51	80 13	07 37	52 21	53 91	09 86
9	36 61	46 22	48 49	19 49	72 09	92 58	79 20	53 41	02 18	00 64
10	40 54	95 48	84 91	46 54	38 62	35 54	14 44	66 88	89 47	41 80
11	40 87	80 89	97 14	28 60	99 82	90 30	87 80	07 51	58 71	66 58
12	10 22	94 92	82 41	17 33	14 68	59 45	51 87	56 08	90 80	66 60
13	15 91	87 67	87 30	62 42	59 28	44 12	42 50	88 31	13 77	16 14
14	13 40	31 87	96 49	90 99	44 04	64 97	94 14	62 18	15 59	83 35
15	66 52	39 45	96 74	90 89	02 71	10 00	99 86	48 17	64 06	89 09
16	91 66	53 64	69 68	34 31	78 70	25 97	50 46	62 21	27 25	06 20
17	67 41	58 75	15 08	20 77	37 29	73 20	15 75	93 96	91 76	96 99
18	76 52	79 69	96 23	72 43	34 48	63 39	23 23	94 60	88 79	06 17
19	19 81	54 77	89 74	34 81	71 47	10 95	43 43	55 81	19 45	44 07
20	25 59	25 35	87 76	38 47	25 75	84 34	76 89	18 05	73 95	72 22
21	55 90	24 55	39 63	64 63	16 09	95 99	98 28	87 40	66 66	66 92
22	02 47	05 83	76 79	79 42	24 82	42 42	39 61	62 47	49 11	72 64
23	18 63	05 32	63 13	31 99	76 19	35 85	91 23	50 14	63 28	86 59
24	89 67	33 82	30 16	06 39	20 07	59 50	33 84	02 76	45 03	33 33
25	62 98	66 73	64 06	59 51	74 27	84 62	31 45	65 82	86 05	73 00

表　2　逢機取樣數字表（續）

	1-4	5-8	9-12	13-16	17-20	21-24	25-28	29-32	33-36	37-40
	第六批一千個數									
1	27 50	13 05	46 34	63 85	87 60	35 55	05 67	88 15	47 00	50 92
2	02 31	57 57	62 98	41 09	66 01	69 88	92 83	35 70	76 59	02 58
3	37 43	12 83	66 39	77 33	63 26	53 99	48 65	23 06	94 29	53 04
4	83 56	65 54	19 33	35 42	92 12	37 14	70 75	18 58	98 57	12 52
5	06 81	56 27	49 32	12 42	92 42	05 96	82 94	70 25	45 49	18 16
6	39 15	03 60	15 56	73 16	48 74	50 27	43 42	58 36	73 16	39 90
7	84 45	71 93	10 27	15 83	84 20	57 42	41 28	42 06	15 90	70 47
8	82 47	05 77	06 89	47 13	92 85	60 12	32 89	25 22	42 38	87 37
9	98 04	06 70	24 21	69 02	65 42	55 33	11 95	72 35	73 23	57 26
10	18 33	49 04	14 33	48 50	15 64	58 26	14 91	46 02	72 13	48 62
11	33 92	19 93	38 27	43 40	27 72	79 74	86 57	41 83	58 71	56 99
12	48 66	74 30	44 81	06 80	29 09	50 31	69 61	24 64	28 89	97 79
13	85 85	07 54	21 50	31 80	10 19	56 65	82 52	26 58	55 12	26 34
14	08 27	08 08	35 87	96 57	33 12	01 77	52 76	09 89	71 12	17 69
15	59 61	22 14	26 09	96 75	17 94	51 08	41 91	45 94	80 48	59 92
16	17 45	77 79	31 66	36 54	92 85	65 60	53 98	63 50	11 20	96 63
17	11 26	37 08	07 71	95 95	39 75	92 48	99 78	23 33	19 56	06 67
18	48 08	13 98	16 52	41 15	73 96	32 55	03 12	38 30	88 77	17 03
19	76 27	72 22	99 61	72 15	00 25	21 54	47 79	18 41	58 50	57 66
20	98 89	22 25	72 92	53 55	07 98	66 71	53 29	61 71	56 96	41 78
21	88 69	61 63	01 67	61 88	58 79	35 65	08 45	63 38	69 86	79 47
22	12 58	13 75	80 98	01 35	91 16	18 36	90 54	99 17	68 36	85 06
23	08 86	96 36	14 09	43 85	51 20	65 18	06 40	52 17	48 10	68 97
24	33 81	05 51	32 48	60 12	32 44	08 12	89 00	98 82	79 17	97 22
25	05 15	99 28	87 15	07 08	66 92	53 81	69 42	02 27	65 33	57 69

表　2　逢機取樣數字表（續）

	1-4	5-8	9-12	13-16	17-20	21-24	25-28	29-32	33-36	37-40
				第七批一千個數						
1	80 30	23 64	67 96	21 33	36 90	03 91	69 33	90 13	34 48	02 19
2	61 29	89 61	32 08	12 62	26 08	42 00	31 73	31 30	30 61	34 11
3	23 33	61 01	02 21	11 81	51 32	36 10	23 74	50 31	90 11	73 52
4	94 21	32 92	93 50	72 67	23 20	74 59	30 30	48 66	75 32	27 97
5	87 61	92 69	01 60	28 79	74 76	86 06	39 29	73 85	03 27	50 57
6	37 56	19 18	03 42	86 03	85 74	44 81	86 45	71 16	13 52	35 56
7	64 86	66 31	55 04	88 40	10 30	84 38	06 13	58 83	62 04	63 52
8	22 69	58 45	49 23	09 81	98 84	05 04	75 99	27 70	72 79	32 19
9	23 22	14 22	64 90	10 26	74 23	53 91	27 73	78 19	92 43	68 10
10	42 38	59 64	72 96	46 57	89 67	22 81	94 56	69 84	18 31	06 39
11	17 18	01 34	10 98	37 48	93 86	88 59	69 53	78 86	37 26	85 48
12	39 45	69 53	94 89	58 97	29 33	29 19	50 94	80 57	31 99	38 91
13	43 18	11 42	56 19	48 44	45 02	84 29	01 78	65 77	76 84	88 85
14	59 44	06 45	68 55	16 65	66 13	38 00	95 76	50 67	67 55	18 83
15	01 50	34 32	38 00	37 57	47 82	66 59	19 50	87 14	35 59	79 47
16	79 14	60 35	47 95	90 71	31 03	85 37	38 70	34 16	64 55	66 49
17	01 56	63 68	80 26	14 97	23 88	59 22	82 39	70 83	48 34	46 48
18	25 76	18 71	29 25	15 51	92 96	01 01	28 18	03 35	11 10	27 84
19	23 52	10 83	45 06	49 85	35 45	84 08	81 13	52 57	21 23	67 02
20	91 64	08 64	25 74	16 10	97 31	10 27	24 48	89 06	42 81	29 10
21	80 86	07 27	26 70	08 65	85 20	31 23	28 99	39 63	32 03	71 91
22	31 71	37 60	95 60	94 95	54 45	27 97	03 67	30 54	86 04	12 41
23	05 83	50 36	09 04	39 15	66 55	80 36	39 71	24 10	62 22	21 53
24	98 70	02 90	30 63	62 59	26 04	97 20	00 91	28 80	40 23	09 91
25	82 79	35 45	64 53	93 24	86 55	48 72	18 57	05 79	20 09	31 46

表　2　逢機取樣數字表(續)

	1-4	5-8	9-12	13-16	17-20	21-24	25-28	29-32	33-36	37-40
	第八批一千個數									
1	37 52	49 55	40 65	27 61	08 59	91 23	26 18	95 04	98 20	99 52
2	48 16	69 65	69 02	08 83	08 83	68 37	00 96	13 59	12 16	17 93
3	50 43	06 59	56 53	30 61	40 21	29 06	49 60	90 38	21 43	19 25
4	89 31	02 79	45 73	71 72	77 11	28 80	72 35	75 77	24 72	98 43
5	63 29	90 61	86 39	07 38	38 85	77 06	10 23	30 84	07 95	30 76
6	71 68	93 94	08 72	36 27	85 89	40 59	83 37	93 85	73 97	84 05
7	05 06	96 63	58 24	05 95	56 64	77 53	85 64	15 95	93 91	59 03
8	03 35	58 95	46 44	25 70	31 66	01 05	44 44	62 91	36 31	45 04
9	13 04	57 67	74 77	53 35	93 51	82 83	27 38	63 16	04 48	75 23
10	49 96	43 94	56 04	02 79	55 78	01 44	75 26	85 54	01 81	32 82
11	24 36	24 08	44 77	57 07	54 41	04 56	09 44	30 58	25 45	37 56
12	55 19	97 20	01 11	47 45	79 79	06 72	12 81	86 97	54 09	06 53
13	02 28	54 60	28 35	32 94	36 74	51 63	96 90	04 13	30 43	10 14
14	90 50	13 78	22 20	37 56	97 95	49 95	91 15	52 73	12 93	78 94
15	33 71	32 43	29 58	47 38	39 96	67 51	64 47	49 91	64 58	93 07
16	70 58	28 49	54 32	97 70	27 81	64 69	71 52	02 56	61 37	04 58
17	09 68	96 10	57 78	85 00	89 81	98 30	19 40	76 28	62 99	99 83
18	19 36	60 85	35 04	12 87	83 88	66 54	32 00	30 20	05 30	42 63
19	04 75	44 49	64 26	51 46	80 50	53 91	00 55	67 36	68 66	08 29
20	79 83	32 39	46 77	56 83	42 21	60 03	14 47	07 01	66 85	49 22
21	80 99	42 43	08 58	54 41	98 05	54 39	34 42	97 47	38 35	59 40
22	48 83	64 99	86 94	48 78	79 20	62 23	56 45	92 65	56 36	83 02
23	28 45	35 85	22 20	13 01	73 96	70 05	84 50	68 59	96 58	16 63
24	52 07	63 15	82 30	66 23	14 26	66 61	17 80	41 97	40 27	24 80
25	39 14	52 18	35 87	48 55	48 81	03 11	26 99	03 80	08 86	50 42

表　2　逢機取樣數字表（續）

	1-4	5-8	9-12	13-16	17-20	21-24	25-28	29-32	33-36	37-40
	第九批一千個數									
1	97 53	99 23	98 59	64 27	70 40	35 87	05 03	02 83	35 84	76 83
2	27 19	58 32	68 16	84 58	11 30	44 80	56 24	48 19	39 28	64 35
3	41 76	51 56	59 83	09 56	16 33	26 29	81 95	15 10	44 69	80 21
4	16 37	70 87	24 91	78 42	31 97	24 69	88 34	81 76	44 09	68 21
5	66 64	36 29	81 26	80 64	33 99	77 83	43 74	04 00	28 75	13 02
6	56 56	43 34	45 58	06 55	69 63	61 05	10 47	71 66	26 98	04 23
7	34 07	24 90	76 61	42 05	90 02	74 94	57 46	25 76	61 93	98 17
8	39 44	01 35	85 15	05 21	55 16	26 18	94 17	79 43	93 18	41 75
9	29 89	57 42	87 44	88 74	60 87	97 01	47 55	20 99	14 14	72 31
10	17 72	73 88	78 95	88 13	08 45	68 96	51 03	49 79	06 00	66 80
11	59 89	67 01	31 76	90 45	97 36	45 18	26 40	47 13	09 38	59 85
12	07 96	53 88	86 07	58 08	29 54	85 38	70 74	01 22	38 70	73 39
13	52 15	21 23	75 94	80 99	31 37	17 41	01 72	11 53	45 66	16 09
14	04 59	45 36	83 82	35 16	14 32	65 96	72 63	57 87	09 68	56 55
15	53 62	15 88	35 95	58 80	95 56	71 93	18 74	67 03	96 51	18 48
16	42 49	15 16	04 70	56 29	99 58	54 02	32 82	00 43	61 87	16 56
17	37 64	40 31	49 23	77 31	29 70	62 61	66 33	72 96	89 83	61 84
18	34 68	79 84	19 64	13 18	01 41	71 58	12 24	78 51	43 24	87 72
19	84 79	92 45	77 75	83 12	85 97	74 37	49 12	25 89	94 90	09 33
20	18 80	33 78	73 75	05 23	92 50	27 23	20 82	04 39	64 96	05 48
21	95 85	56 51	77 42	32 50	50 99	87 79	97 57	65 67	77 48	05 02
22	37 54	31 10	70 28	79 39	70 94	21 57	91 59	24 20	41 99	77 64
23	99 96	06 59	75 66	32 91	45 58	53 52	64 48	77 19	96 24	53 74
24	14 45	10 92	44 10	46 67	83 35	32 14	86 66	69 95	12 77	82 18
25	15 98	59 66	87 42	83 78	75 06	82 42	34 72	60 38	48 27	80 11

表　2　逢機取樣數字表(續)

	1-4	5-8	9-12	13-16	17-20	21-24	25-28	29-32	33-36	37-40
	第十批一千個數									
1	13 06	62 57	58 92	56 96	61 74	80 75	71 50	36 17	50 72	35 86
2	58 20	82 21	38 97	09 41	72 01	70 09	11 70	94 92	52 50	85 85
3	40 62	65 13	05 49	80 60	92 12	25 90	76 76	70 83	21 17	79 81
4	08 74	44 96	81 96	30 94	50 51	09 26	09 34	18 70	88 27	65 53
5	27 66	71 35	73 11	58 76	35 66	56 56	22 25	03 10	21 33	43 42
6	03 45	43 71	53 17	34 75	54 20	54 84	21 84	01 12	91 34	88 85
7	96 44	69 09	19 64	61 30	20 05	77 42	29 46	89 87	18 69	09 02
8	70 49	30 20	86 82	92 66	78 88	55 01	67 61	34 52	90 92	10 20
9	68 66	53 46	35 56	77 31	19 83	22 63	16 03	63 96	20 71	82 15
10	56 53	14 92	04 57	55 41	82 30	79 04	37 89	04 09	48 75	41 39
11	82 24	43 47	58 11	41 46	49 52	04 76	25 26	08 98	27 56	02 22
12	65 52	19 42	24 10	98 27	03 51	11 18	98 99	72 83	80 66	19 40
13	87 57	94 59	98 61	82 74	71 60	28 90	92 84	78 62	60 48	20 54
14	85 73	22 03	29 71	35 38	18 92	29 86	74 61	13 88	80 41	97 70
15	91 90	00 54	17 00	48 78	43 98	31 07	39 17	35 28	05 44	39 38
16	03 27	48 97	41 75	86 52	01 17	48 25	81 65	24 69	23 38	09 16
17	08 64	71 62	76 82	13 42	19 83	91 65	82 59	59 75	42 59	97 34
18	12 37	85 36	32 64	31 65	89 71	82 59	01 76	87 65	38 15	81 85
19	56 85	47 32	92 53	44 60	75 80	35 22	33 68	83 85	49 48	45 27
20	68 97	36 84	30 88	63 45	75 40	43 40	34 16	36 98	43 78	90 24
21	55 96	47 65	48 05	95 52	69 27	15 80	20 69	96 37	06 65	23 80
22	73 59	23 05	58 09	53 92	42 66	48 71	05 71	20 38	73 04	58 79
23	28 37	72 64	76 66	43 27	97 24	17 45	32 13	34 15	92 74	72 48
24	47 61	97 72	20 89	47 05	33 14	16 10	59 00	09 41	32 77	22 41
25	13 23	75 38	94 97	98 35	84 46	50 93	51 27	79 13	66 11	37 15

表 3 常態曲線的相對累計頻度

u	$r.c.f.$	u	$r.c.f.$	u	$r.c.f.$
− 3.0	0.0013	− 1.0	0.1587	1.0	0.8413
− 2.9	0.0019	− 0.9	0.1841	1.1	0.8643
− 2.8	0.0026	− 0.8	0.2119	1.2	0.8849
− 2.7	0.0035	− 0.7	0.2420	1.3	0.9032
− 2.6	0.0047	− 0.6	0.2743	1.4	0.9192
− 2.5	0.0062	− 0.5	0.3085	1.5	0.9332
− 2.4	0.0082	− 0.4	0.3446	1.6	0.9452
− 2.3	0.0107	− 0.3	0.3821	1.7	0.9554
− 2.2	0.0139	− 0.2	0.4207	1.8	0.9641
− 2.1	0.0179	− 0.1	0.4602	1.9	0.9713
− 2.0	0.0228	0.0	0.5000	2.0	0.9772
− 1.9	0.0287	0.1	0.5398	2.1	0.9821
− 1.8	0.0359	0.2	0.5793	2.2	0.9861
− 1.7	0.0446	0.3	0.6179	2.3	0.9893
− 1.6	0.0548	0.4	0.6554	2.4	0.9918
− 1.5	0.0668	0.5	0.6915	2.5	0.9938
− 1.4	0.0808	0.6	0.7257	2.6	0.9953
− 1.3	0.0968	0.7	0.7580	2.7	0.9965
− 1.2	0.1151	0.8	0.7881	2.8	0.9974
− 1.1	0.1357	0.9	0.8159	2.9	0.9981
				3.0	0.9987

u	$r.c.f.$	u	$r.c.f.$
− 2.5758	0.005	2.5758	0.995
− 1.9600	0.025	1.9600	0.975
− 1.6449	0.050	1.6449	0.950
− 0.6745	0.250	0.6745	0.750

表 4 χ^2 分布的百分點值

$\overset{\nu}{d.\,f.}$	99.5%	97.5%	5%	2.5%	1%	0.5%
1	392704×10^{-10}	982069×10^{-9}	3.84146	5.02389	6.63490	7.87944
2	0.0100251	0.0506356	5.99147	7.37776	9.21034	10.5966
3	0.0717212	0.215795	7.81473	9.34840	11.3449	12.8381
4	0.206990	0.484419	9.48773	11.1433	13.2767	14.8602
5	0.411740	0.831211	11.0705	12.8325	15.0863	16.7496
6	0.675727	1.237347	12.5916	14.4494	16.8119	18.5476
7	0.989265	1.68987	14.0671	16.0128	18.4753	20.2777
8	1.344419	2.17973	15.5073	17.5346	20.0902	21.9550
9	1.734926	2.70039	16.9190	19.0228	21.6660	23.5893
10	2.15585	3.24697	18.3070	20.4831	23.2093	25.1882
11	2.60321	3.81575	19.6751	21.9200	24.7250	26.7569
12	3.07382	4.40379	21.0261	23.3367	26.2170	28.2995
13	3.56503	5.00874	22.3621	24.7356	27.6883	29.8194
14	4.07468	5.62872	23.6848	26.1190	29.1413	31.3193
15	4.60094	6.26214	24.9958	27.4884	30.5779	32.8013
16	5.14224	6.90766	26.2962	28.8454	31.9999	34.2672
17	5.69724	7.56418	27.5871	30.1910	33.4087	35.7185
18	6.26481	8.23075	28.8693	31.5264	34.8053	37.1564
19	6.84398	8.90655	30.1435	32.8523	36.1908	38.5822
20	7.43386	9.59083	31.4104	34.1696	37.5662	39.9968
21	8.03366	10.28293	32.6705	35.4789	38.9321	41.4010
22	8.64272	10.9823	33.9244	36.7807	40.2894	42.7956
23	9.26042	11.6885	35.1725	38.0757	41.6384	44.1813
24	9.88623	12.4011	36.4151	39.3641	42.9798	45.5585
25	10.5197	13.1197	37.6525	40.6465	44.3141	46.9278
26	11.1603	13.8439	38.8852	41.9232	45.6417	48.2899
27	11.8076	14.5733	40.1133	43.1944	46.9630	49.6449
28	12.4613	15.3079	41.3372	44.4607	48.2782	50.9933
29	13.1211	16.0471	42.5569	45.7222	49.5879	52.3356
30	13.7867	16.7908	43.7729	46.9792	50.8922	53.6720
40	20.7065	24.4331	55.7585	59.3417	63.6907	66.7659
50	27.9907	32.3574	67.5048	71.4202	76.1539	79.4900
60	35.5346	40.4817	79.0819	83.2976	88.3794	91.9517
70	43.2752	48.7576	90.5312	95.0231	100.425	104.215
80	51.1720	57.1532	101.879	108.629	112.329	116.321
90	59.1963	65.6466	113.145	118.136	124.116	128.299
100	67.3276	74.2219	124.342	129.561	135.807	140.169

本表由生物統計學誌第32卷 (*Biometrika*, Vol. 32, pp. 188-189)轉錄，已得皮爾遜教授同意。

表 5 χ^2/ν 的百分點值

ν d.f.	99.5%	97.5%	5%	2.5%	1%	0.5%
1	392704×10^{-10}	982069×10^{-9}	3.84146	5.02389	6.63490	7.87944
2	0.0050126	0.0253178	2.99574	3.68888	4.60517	5.29830
3	0.0239071	0.0719317	2.60491	3.11613	3.78163	4.27937
4	0.0517475	0.1211048	2.37193	2.78583	3.31918	3.71505
5	0.0823480	0.1662422	2.21410	2.56650	3.01726	3.34992
6	0.1126212	0.2062245	2.09860	2.40823	2.80198	3.09127
7	0.1413236	0.2414100	2.00959	2.28754	2.63933	2.89681
8	0.1680524	0.2724663	1.93841	2.19183	2.51128	2.74438
9	0.1927696	0.3000433	1.87989	2.11364	2.40733	2.62103
10	0.2155850	0.3246970	1.83070	2.04831	2.32093	2.51882
11	0.2366555	0.3468864	1.78865	1.99273	2.24773	2.43245
12	0.2561517	0.3669825	1.75218	1.94472	2.18475	2.35829
13	0.2742331	0.3852877	1.72016	1.90274	2.12987	2.29380
14	0.2910486	0.4020514	1.69177	1.86564	2.08152	2.23709
15	0.3067293	0.4174760	1.66639	1.83256	2.03853	2.18675
16	0.3213900	0.4317288	1.64351	1.80284	1.99999	2.14170
17	0.3351318	0.4449518	1.62277	1.77594	1.96522	2.10109
18	0.3480450	0.4572639	1.60385	1.75147	1.93363	2.06424
19	0.3602095	0.4687658	1.58650	1.72907	1.90478	2.03064
20	0.3716930	0.4795415	1.57052	1.70848	1.87831	1.99984
21	0.3825552	0.4896633	1.55574	1.68947	1.85391	1.97148
22	0.3928509	0.4991955	1.54202	1.67185	1.83134	1.94525
23	0.4026270	0.5081957	1.52924	1.65547	1.81037	1.92093
24	0.4119263	0.5167125	1.51730	1.64017	1.79083	1.89827
25	0.4207880	0.5247880	1.50610	1.62586	1.77256	1.87711
26	0.4292423	0.5324577	1.49558	1.61243	1.75545	1.85730
27	0.4373185	0.5397519	1.48568	1.59979	1.73937	1.83870
28	0.4450464	0.5467107	1.47633	1.58788	1.72422	1.82119
29	0.4524517	0.5533483	1.46748	1.57663	1.70993	1.80468
30	0.4595567	0.5596933	1.45910	1.56597	1.69641	1.78907
40	0.5176625	0.6108275	1.39396	1.48354	1.59227	1.66915
50	0.5598140	0.6471480	1.35010	1.42840	1.52308	1.53980
60	0.5922433	0.6746950	1.31803	1.38829	1.47299	1.53253
70	0.6182171	0.6965371	1.29330	1.35747	1.43464	1.48879
80	0.6396500	0.7144150	1.27349	1.33286	1.40411	1.45401
90	0.6577367	0.7294067	1.25717	1.31262	1.37907	1.42554
100	0.6732760	0.7422190	1.24342	1.29561	1.35807	1.40169
∞	1.0000000	1.0000000	1.00000	1.00000	1.00000	1.00000

本表由表 4 算出。

表　6　t 分布的百分點值

ν d.f.	5%	2.5%	1%	0.5%
1	6.314	12.706	31.821	63.657
2	2.920	4.303	6.965	9.925
3	2.353	3.182	4.541	5.841
4	2.132	2.776	3.747	4.604
5	2.015	2.571	3.365	4.032
6	1.943	2.447	3.143	3.707
7	1.895	2.365	2.998	3.499
8	1.860	2.306	2.896	3.355
9	1.833	2.262	2.821	3.250
10	1.812	2.228	2.764	3.169
11	1.796	2.201	2.718	3.106
12	1.782	2.179	2.681	3.055
13	1.771	2.160	2.650	3.012
14	1.761	2.145	2.624	2.977
15	1.753	2.131	2.602	2.947
16	1.746	2.120	2.583	2.921
17	1.740	2.110	2.567	2.898
18	1.734	2.101	2.552	2.878
19	1.729	2.093	2.539	2.861
20	1.725	2.086	2.528	2.845
21	1.721	2.080	2.518	2.831
22	1.717	2.074	2.508	2.819
23	1.714	2.069	2.500	2.807
24	1.711	2.064	2.492	2.797
25	1.708	2.060	2.485	2.787
26	1.706	2.056	2.479	2.779
27	1.703	2.052	2.473	2.771
28	1.701	2.048	2.467	2.763
29	1.699	2.045	2.462	2.756
30	1.697	2.042	2.457	2.750
40	1.684	2.021	2.423	2.704
60	1.671	2.000	2.390	2.660
120	1.658	1.980	2.358	2.617
∞	1.645	1.960	2.326	2.576

本表由生物統計學誌32卷 311 頁轉錄，已得皮爾遜教授同意。

表 7a F分布的5%點值

<table>
<tr><th rowspan="2">v_2</th><th colspan="9">分子自由度</th></tr>
<tr><th>v_1 1</th><th>2</th><th>3</th><th>4</th><th>5</th><th>6</th><th>7</th><th>8</th><th>9</th></tr>
<tr><td>1</td><td>161.45</td><td>199.50</td><td>215.71</td><td>224.58</td><td>230.16</td><td>233.99</td><td>236.77</td><td>238.88</td><td>240.54</td></tr>
<tr><td>2</td><td>18.513</td><td>19.000</td><td>19.164</td><td>19.247</td><td>19.296</td><td>19.330</td><td>19.353</td><td>19.371</td><td>19.385</td></tr>
<tr><td>3</td><td>10.128</td><td>9.5521</td><td>9.2766</td><td>9.1172</td><td>9.0135</td><td>8.9406</td><td>8.8868</td><td>8.8452</td><td>8.8123</td></tr>
<tr><td>4</td><td>7.7086</td><td>6.9443</td><td>6.5914</td><td>6.3883</td><td>6.2560</td><td>6.1631</td><td>6.0942</td><td>6.0410</td><td>5.9988</td></tr>
<tr><td>5</td><td>6.6079</td><td>5.7861</td><td>5.4095</td><td>5.1922</td><td>5.0503</td><td>4.9503</td><td>4.8759</td><td>4.8183</td><td>4.7725</td></tr>
<tr><td>6</td><td>5.9874</td><td>5.1433</td><td>4.7571</td><td>4.5337</td><td>4.3874</td><td>4.2839</td><td>4.2066</td><td>4.1468</td><td>4.0990</td></tr>
<tr><td>7</td><td>5.5914</td><td>4.7374</td><td>4.3468</td><td>4.1203</td><td>3.9715</td><td>3.8660</td><td>3.7870</td><td>3.7257</td><td>3.6767</td></tr>
<tr><td>8</td><td>5.3177</td><td>4.4590</td><td>4.0662</td><td>3.8378</td><td>3.6875</td><td>3.5806</td><td>3.5005</td><td>3.4381</td><td>3.3881</td></tr>
<tr><td>9</td><td>5.1174</td><td>4.2565</td><td>3.8626</td><td>3.6331</td><td>3.4817</td><td>3.3738</td><td>3.2927</td><td>3.2296</td><td>3.1789</td></tr>
<tr><td>10</td><td>4.9646</td><td>4.1028</td><td>3.7083</td><td>3.4780</td><td>3.3258</td><td>3.2172</td><td>3.1355</td><td>3.0717</td><td>3.0204</td></tr>
<tr><td>11</td><td>4.8443</td><td>3.9823</td><td>3.5874</td><td>3.3567</td><td>3.2039</td><td>3.0946</td><td>3.0123</td><td>2.9480</td><td>2.8962</td></tr>
<tr><td>12</td><td>4.7472</td><td>3.8853</td><td>3.4903</td><td>3.2592</td><td>3.1059</td><td>2.9961</td><td>2.9134</td><td>2.8486</td><td>2.7964</td></tr>
<tr><td>13</td><td>4.6672</td><td>3.8056</td><td>3.4105</td><td>3.1791</td><td>3.0254</td><td>2.9153</td><td>2.8321</td><td>2.7669</td><td>2.7144</td></tr>
<tr><td>14</td><td>4.6001</td><td>3.7389</td><td>3.3439</td><td>3.1122</td><td>2.9582</td><td>2.8477</td><td>2.7642</td><td>2.6987</td><td>2.6458</td></tr>
<tr><td>15</td><td>4.5431</td><td>3.6823</td><td>3.2874</td><td>3.0556</td><td>2.9013</td><td>2.7905</td><td>2.7066</td><td>2.6408</td><td>2.5876</td></tr>
<tr><td>16</td><td>4.4940</td><td>3.6337</td><td>3.2389</td><td>3.0069</td><td>2.8524</td><td>2.7413</td><td>2.6572</td><td>2.5911</td><td>2.5377</td></tr>
<tr><td>17</td><td>4.4513</td><td>3.5915</td><td>3.1968</td><td>2.9647</td><td>2.8100</td><td>2.6987</td><td>2.6143</td><td>2.5480</td><td>2.4943</td></tr>
<tr><td>18</td><td>4.4139</td><td>3.5546</td><td>3.1599</td><td>2.9277</td><td>2.7729</td><td>2.6613</td><td>2.5767</td><td>2.5102</td><td>2.4563</td></tr>
<tr><td>19</td><td>4.3808</td><td>3.5219</td><td>3.1274</td><td>2.8951</td><td>2.7401</td><td>2.6283</td><td>2.5435</td><td>2.4768</td><td>2.4227</td></tr>
<tr><td>20</td><td>4.3513</td><td>3.4928</td><td>3.0984</td><td>2.8661</td><td>2.7109</td><td>2.5990</td><td>2.5140</td><td>2.4471</td><td>2.3928</td></tr>
<tr><td>21</td><td>4.3248</td><td>3.4668</td><td>3.0725</td><td>2.8401</td><td>2.6848</td><td>2.5727</td><td>2.4876</td><td>2.4205</td><td>2.3661</td></tr>
<tr><td>22</td><td>4.3009</td><td>3.4434</td><td>3.0491</td><td>2.8167</td><td>2.6613</td><td>2.5491</td><td>2.4638</td><td>2.3965</td><td>2.3419</td></tr>
<tr><td>23</td><td>4.2793</td><td>3.4221</td><td>3.0280</td><td>2.7955</td><td>2.6400</td><td>2.5277</td><td>2.4422</td><td>2.3748</td><td>2.3201</td></tr>
<tr><td>24</td><td>4.2597</td><td>3.4028</td><td>3.0083</td><td>2.7763</td><td>2.6207</td><td>2.5082</td><td>2.4226</td><td>2.3551</td><td>2.3002</td></tr>
<tr><td>25</td><td>4.2417</td><td>3.3852</td><td>2.9912</td><td>2.7587</td><td>2.6030</td><td>2.4904</td><td>2.4047</td><td>2.3371</td><td>2.2821</td></tr>
<tr><td>26</td><td>4.2252</td><td>3.3690</td><td>2.9751</td><td>2.7426</td><td>2.5868</td><td>2.4741</td><td>2.3883</td><td>2.3205</td><td>2.2655</td></tr>
<tr><td>27</td><td>4.2100</td><td>3.3541</td><td>2.9604</td><td>2.7278</td><td>2.5719</td><td>2.4591</td><td>2.3732</td><td>2.3053</td><td>2.2501</td></tr>
<tr><td>28</td><td>4.1960</td><td>3.3404</td><td>2.9467</td><td>2.7141</td><td>2.5581</td><td>2.4453</td><td>2.3593</td><td>2.2913</td><td>2.2360</td></tr>
<tr><td>29</td><td>4.1830</td><td>3.3277</td><td>2.9340</td><td>2.7014</td><td>2.5454</td><td>2.4324</td><td>2.3463</td><td>2.2782</td><td>2.2229</td></tr>
<tr><td>30</td><td>4.1709</td><td>3.3158</td><td>2.9223</td><td>2.6896</td><td>2.5336</td><td>2.4205</td><td>2.3343</td><td>2.2662</td><td>2.2107</td></tr>
<tr><td>40</td><td>4.0848</td><td>3.2317</td><td>2.8387</td><td>2.6060</td><td>2.4495</td><td>2.3359</td><td>2.2490</td><td>2.1802</td><td>2.1240</td></tr>
<tr><td>60</td><td>4.0012</td><td>3.1504</td><td>2.7581</td><td>2.5252</td><td>2.3683</td><td>2.2540</td><td>2.1665</td><td>2.0970</td><td>2.0401</td></tr>
<tr><td>120</td><td>3.9201</td><td>3.0718</td><td>2.6802</td><td>2.4472</td><td>2.2900</td><td>2.1750</td><td>2.0867</td><td>2.0164</td><td>1.9588</td></tr>
<tr><td>∞</td><td>3.8415</td><td>2.9957</td><td>2.6049</td><td>2.3719</td><td>2.2141</td><td>2.0986</td><td>2.0096</td><td>1.9384</td><td>1.8799</td></tr>
</table>

分母自由度

本表由生物統計學誌33卷80—81頁轉錄，已得皮爾遜教授同意。

表 7a F分布的5%點值 (續)

	分子自由度									
ν_1 \ ν_2	10	12	15	20	24	30	40	60	120	∞
1	241.88	243.91	245.95	248.01	249.05	250.09	251.14	252.20	253.25	254.32
2	19.396	19.413	19.429	19.446	19.454	19.462	19.471	19.479	19.487	19.496
3	8.7855	8.7446	8.7029	8.6602	8.6385	8.6166	8.5944	8.5720	8.5494	8.5265
4	5.9644	5.9117	5.8578	5.8025	5.7744	5.7459	5.7170	5.6878	5.6581	5.6281
5	4.7351	4.6777	4.6188	4.5581	4.5272	4.4957	4.4638	4.4314	4.3984	4.3650
6	4.0600	3.9999	3.9381	3.8742	3.8415	3.8082	3.7743	3.7398	3.7047	3.6688
7	3.6365	3.5747	3.5108	3.4445	3.4105	3.3758	3.3404	3.3043	3.2674	3.2298
8	3.3472	3.2840	3.2184	3.1503	3.1152	3.0794	3.0428	3.0053	2.9669	2.9276
9	3.1373	3.0729	3.0061	2.9365	2.9005	2.8637	2.8259	2.7872	2.7475	2.7067
10	2.9782	2.9130	2.8450	2.7740	2.7372	2.6996	2.6609	2.6211	2.5801	2.5379
11	2.8536	2.7876	2.7186	2.6464	2.6090	2.5705	2.5309	2.4901	2.4480	2.4045
12	2.7534	2.6866	2.6169	2.5436	2.5055	2.4663	2.4259	2.3842	2.3410	2.2962
13	2.6710	2.6037	2.5331	2.4589	2.4202	2.3803	2.3392	2.2966	2.2524	2.2064
14	2.6021	2.5342	2.4630	2.3879	2.3487	2.3082	2.2664	2.2230	2.1778	2.1307
15	2.5437	2.4753	2.4035	2.3275	2.2878	2.2468	2.2043	2.1601	2.1141	2.0658
16	2.4935	2.4247	2.3522	2.2756	2.2354	2.1938	2.1507	2.1058	2.0589	2.0096
17	2.4499	2.3807	2.3077	2.2304	2.1898	2.1477	2.1040	2.0584	2.0107	1.9604
18	2.4117	2.3421	2.2686	2.1906	2.1497	2.1071	2.0629	2.0166	1.9681	1.9168
19	2.3779	2.3080	2.2341	2.1555	2.1141	2.0712	2.0264	1.9796	1.9302	1.8780
20	2.3479	2.2776	2.2033	2.1242	2.0825	2.0391	1.9938	1.9464	1.8963	1.8432
21	2.3210	2.2504	2.1757	2.0960	2.0540	2.0102	1.9645	1.9165	1.8657	1.8117
22	2.2967	2.2258	2.1508	2.0707	2.0283	1.9842	1.9380	1.8895	1.8380	1.7831
23	2.2747	2.2036	2.1282	2.0476	2.0050	1.9605	1.9139	1.8649	1.8128	1.7570
24	2.2547	2.1834	2.1077	2.0267	1.9838	1.9390	1.8920	1.8424	1.7897	1.7331
25	2.2365	2.1649	2.0889	2.0075	1.9643	1.9192	1.8718	1.8217	1.7684	1.7110
26	2.2197	2.1479	2.0716	1.9898	1.9464	1.9010	1.8533	1.8027	1.7488	1.6906
27	2.2043	2.1323	2.0558	1.9736	1.9299	1.8842	1.8361	1.7851	1.7307	1.6717
28	2.1900	2.1179	2.0411	1.9586	1.9147	1.8687	1.8203	1.7689	1.7138	1.6541
29	2.1768	2.1045	2.0275	1.9446	1.9005	1.8543	1.8055	1.7537	1.6981	1.6377
30	2.1646	2.0921	2.0148	1.9317	1.8874	1.8409	1.7918	1.7396	1.6835	1.6223
40	2.0772	2.0035	1.9245	1.8389	1.7929	1.7444	1.6928	1.6373	1.5766	1.5089
60	1.9926	1.9174	1.8364	1.7480	1.7001	1.6491	1.5943	1.5343	1.4673	1.3893
120	1.9105	1.8337	1.7505	1.6587	1.6084	1.5543	1.4952	1.4290	1.3519	1.2539
∞	1.8307	1.7522	1.6664	1.5705	1.5173	1.4591	1.3940	1.3180	1.2214	1.0000

分母自由度

表 7b　F分布的2.5%點值

ν_2 \ ν_1	1	2	3	4	5	6	7	8	9
1	647.79	799.50	864.16	899.58	921.85	937.11	948.22	956.66	963.28
2	38.506	39.000	39.165	39.248	39.298	39.331	39.355	39.373	39.387
3	17.443	16.044	15.439	15.101	14.885	14.735	14.624	14.540	14.473
4	12.218	10.649	9.9792	9.6045	9.3645	9.1973	9.0741	8.9796	8.9047
5	10.007	8.4336	7.7636	7.3879	7.1464	6.9777	6.8531	6.7572	6.6810
6	8.8131	7.2598	6.5988	6.2272	5.9876	5.8197	5.6955	5.5996	5.5234
7	8.0727	6.5415	5.8898	5.5226	5.2852	5.1186	4.9949	4.8994	4.8232
8	7.5709	6.0595	5.4160	5.0526	4.8173	4.6517	4.5286	4.4332	4.3572
9	7.2093	5.7147	5.0781	4.7181	4.4844	4.3197	4.1971	4.1020	4.0260
10	6.9367	5.4564	4.8256	4.4683	4.2361	4.0721	3.9498	3.8549	3.7790
11	6.7241	5.2559	4.6300	4.2751	4.0440	3.8807	3.7586	3.6638	3.5879
12	6.5538	5.0959	4.4742	4.1212	3.8911	3.7283	3.6065	3.5118	3.4358
13	6.4143	4.9653	4.3472	3.9959	3.7667	3.6043	3.4827	3.3880	3.3120
14	6.2979	4.8567	4.2417	3.8919	3.6634	3.5014	3.3799	3.2853	3.2093
15	6.1995	4.7650	4.1528	3.8043	3.5764	3.4147	3.2934	3.1987	3.1227
16	6.1151	4.6867	4.0768	3.7294	3.5021	3.3406	3.2194	3.1248	3.0488
17	6.0420	4.6189	4.0112	3.6648	3.4379	3.2767	3.1556	3.0610	2.9849
18	5.9781	4.5597	3.9539	3.6083	3.3820	3.2209	3.0999	3.0053	2.9291
19	5.9216	4.5075	3.9034	3.5587	3.3327	3.1718	3.0509	2.9563	2.8800
20	5.8715	4.4613	3.8587	3.5147	3.2891	3.1283	3.0074	2.9128	2.8365
21	5.8266	4.4199	3.8188	3.4754	3.2501	3.0895	2.9686	2.8740	2.7977
22	5.7863	4.3828	3.7829	3.4401	3.2151	3.0546	2.9338	2.8392	2.7628
23	5.7498	4.3492	3.7505	3.4083	3.1835	3.0232	2.9024	2.8077	2.7313
24	5.7167	4.3187	3.7211	3.3794	3.1548	2.9946	2.8738	2.7791	2.7027
25	5.6864	4.2909	3.6943	3.3530	3.1287	2.9685	2.8478	2.7531	2.6766
26	5.6586	4.2655	3.6697	3.3289	3.1048	2.9447	2.8240	2.7293	2.6528
27	5.6331	4.2421	3.6472	3.3067	3.0828	2.9228	2.8021	2.7074	2.6379
28	5.6096	4.2205	3.6264	3.2863	3.0625	2.9027	2.7820	2.6872	2.6106
29	5.5878	4.2006	3.6072	3.2674	3.0438	2.8840	2.7633	2.6686	2.5919
30	5.5675	4.1821	3.5894	3.2499	3.0265	2.8667	2.7460	2.6513	2.5746
40	5.4239	4.0510	3.4633	3.1261	2.9037	2.7444	2.6238	2.5289	2.4519
60	5.2857	3.9253	3.3425	3.0077	2.7863	2.6274	2.5068	2.4117	2.3344
120	5.1524	3.8046	3.2270	2.8943	2.6740	2.5154	2.3948	2.2994	2.2217
∞	5.0239	3.6889	3.1161	2.7858	2.5665	2.4082	2.2875	2.1918	2.1136

分子自由度

分母自由度

本表由生物統計學誌33卷82—83頁轉錄，已得皮爾遜教授同意。

表 7b　F 分布的 2.5% 點值（續）

分子自由度

ν_2 \ ν_1	10	12	15	20	24	30	40	60	120	∞
1	968.63	976.71	984.87	993.10	997.25	1,001.4	1,005.6	1,009.8	1,014.0	1,018.3
2	39.398	39.415	39.431	39.448	39.456	39.465	39.473	39.481	39.490	39.498
3	14.419	14.337	14.253	14.167	14.124	14.081	14.037	13.992	13.947	13.902
4	8.8439	8.7512	8.6565	8.5599	8.5109	8.4613	8.4111	8.3604	8.3092	8.2573
5	6.6192	6.5246	6.4277	6.3285	6.2780	6.2269	6.1751	6.1225	6.0693	6.0153
6	5.4613	5.3662	5.2687	5.1684	5.1172	5.0652	5.0125	4.9589	4.9045	4.8491
7	4.7611	4.6658	4.5678	4.4667	4.4150	4.3624	4.3089	4.2544	4.1989	4.1423
8	4.2951	4.1997	4.1012	3.9995	3.9472	3.8940	3.8398	3.7844	3.7279	3.6702
9	3.9639	3.8682	3.7694	3.6669	3.6142	3.5604	3.5055	3.4493	3.3918	3.3329
10	3.7168	3.6209	3.5217	3.4186	3.3654	3.3110	3.2554	3.1984	3.1399	3.0798
11	3.5257	3.4296	3.3299	3.2261	3.1725	3.1176	3.0613	3.0035	2.9441	2.8828
12	3.3736	3.2773	3.1772	3.0728	3.0187	2.9633	2.9063	2.8478	2.7874	2.7249
13	3.2497	3.1532	3.0527	2.9477	2.8932	2.8373	2.7797	2.7204	2.6590	2.5955
14	3.1469	3.0501	2.9493	2.8437	2.7888	2.7324	2.6742	2.6142	2.5519	2.4872
15	3.0602	2.9633	2.8621	2.7559	2.7006	2.6437	2.5850	2.5242	2.4611	2.3953
16	2.9862	2.8890	2.7875	2.6808	2.6252	2.5678	2.5085	2.4471	2.3831	2.3163
17	2.9222	2.8249	2.7230	2.6158	2.5598	2.5021	2.4422	2.3801	2.3153	2.2474
18	2.8664	2.7689	2.6667	2.5590	2.5027	2.4445	2.3842	2.3214	2.2558	2.1869
19	2.8173	2.7196	2.6171	2.5089	2.4523	2.3937	2.3329	2.2695	2.2032	2.1333
20	2.7737	2.6758	2.5731	2.4645	2.4076	2.3486	2.2873	2.2234	2.1562	2.0853
21	2.7348	2.6368	2.5338	2.4247	2.3675	2.3082	2.2465	2.1819	2.1141	2.0422
22	2.6998	2.6017	2.4984	2.3890	2.3315	2.2718	2.2097	2.1446	2.0760	2.0032
23	2.6682	2.5699	2.4665	2.3567	2.2989	2.2389	2.1763	2.1107	2.0415	1.9677
24	2.6396	2.5412	2.4374	2.3273	2.2693	2.2090	2.1460	2.0799	2.0099	1.9353
25	2.6135	2.5149	2.4110	2.3005	2.2422	2.1816	2.1183	2.0517	1.9811	1.9055
26	2.5895	2.4909	2.3867	2.2759	2.2174	2.1565	2.0928	2.0257	1.9545	1.8781
27	2.5676	2.4688	2.3644	2.2533	2.1946	2.1334	2.0693	2.0018	1.9299	1.8527
28	2.5473	2.4484	2.3438	2.2324	2.1735	2.1121	2.0477	1.9796	1.9072	1.8291
29	2.5286	2.4295	2.3248	2.2131	2.1540	2.0923	2.0276	1.9591	1.8861	1.8072
30	2.5112	2.4120	2.3072	2.1952	2.1359	2.0739	2.0089	1.9400	1.8664	1.7867
40	2.3882	2.2882	2.1819	2.0677	2.0069	1.9429	1.8752	1.8028	1.7242	1.6371
60	2.2702	2.1692	2.0613	1.9445	1.8817	1.8152	1.7440	1.6668	1.5810	1.4822
120	2.1570	2.0548	1.9450	1.8249	1.7597	1.6899	1.6141	1.5299	1.4327	1.3104
∞	2.0483	1.9447	1.8326	1.7085	1.6402	1.5660	1.4835	1.3883	1.2684	1.0000

分母自由度

表 7c　F分布的1%點值

分子自由度

ν_2	1	2	3	4	5	6	7	8	9
1	4,052.2	4,999.5	5,403.3	5,624.6	5,763.7	5,859.0	5,928.3	5,981.6	6,022.5
2	98.503	99.000	99.166	99.249	99.299	99.332	99.356	99.374	99.398
3	34.116	30.817	29.457	28.710	28.237	27.911	27.672	27.489	27.345
4	21.198	18.000	16.694	15.977	15.522	15.207	14.976	14.799	14.659
5	16.258	13.274	12.060	11.392	10.967	10.672	10.456	10.289	10.158
6	13.745	10.925	9.7795	9.1483	8.7459	8.4661	8.2600	8.1016	7.9761
7	12.246	9.5466	8.4513	7.8467	7.4604	7.1914	6.9928	6.8401	6.7188
8	11.259	8.6491	7.5910	7.0060	6.6318	6.3707	6.1776	6.0289	5.9106
9	10.561	8.0215	6.9919	6.4221	6.0569	5.8018	5.6129	5.4671	5.3511
10	10.044	7.5594	6.5523	5.9943	5.6363	5.3858	5.2001	5.0567	4.9424
11	9.6460	7.2057	6.2167	5.6683	5.3160	5.0692	4.8861	4.7445	4.6315
12	9.3302	6.9266	5.9526	5.4119	5.0643	4.8206	4.6395	4.4994	4.3875
13	9.0738	6.7010	5.7394	5.2053	4.8616	4.6204	4.4410	4.3021	4.1911
14	8.8616	6.5149	5.5639	5.0354	4.6950	4.4558	4.2779	4.1399	4.0297
15	8.6831	6.3569	5.4170	4.8932	4.5556	4.3183	4.1415	4.0045	3.8948
16	8.5310	6.2262	5.2922	4.7726	4.4374	4.2016	4.0259	3.8896	3.7804
17	8.3997	6.1121	5.1850	4.6690	4.3359	4.1015	3.9267	3.7910	3.6822
18	8.2854	6.0129	5.0919	4.5790	4.2479	4.0146	3.8406	3.7054	3.5971
19	8.1850	5.9259	5.0103	4.5003	4.1708	3.9386	3.7653	3.6305	3.5225
20	8.0960	5.8489	4.9382	4.4307	4.1027	3.8714	3.6987	3.5644	3.4567
21	8.0166	5.7804	4.8740	4.3688	4.0421	3.8117	3.6396	3.5056	3.3981
22	7.9454	5.7190	4.8166	4.3134	3.9880	3.7583	3.5867	3.4530	3.3458
23	7.8811	5.6637	4.7649	4.2635	3.9392	3.7102	3.5390	3.4057	3.2986
24	7.8229	5.6136	4.7181	4.2184	3.8951	3.6667	3.4959	3.3629	3.2560
25	7.7698	5.5680	4.6755	4.1774	3.8550	3.6272	3.4568	3.3239	3.2172
26	7.7213	5.5263	4.6366	4.1400	3.8183	3.5911	3.4210	3.2884	3.1818
27	7.6767	5.4881	4.6009	4.1056	3.7848	3.5580	3.3882	3.2558	3.1494
28	7.6356	5.4529	4.5681	4.0740	3.7539	3.5276	3.3581	3.2259	3.1195
29	7.5976	5.4205	4.5378	4.0449	3.7254	3.4995	3.3302	3.1982	3.0920
30	7.5625	5.3904	4.5097	4.0179	3.6990	3.4735	3.3045	3.1726	3.0665
40	7.3141	5.1785	4.3126	3.8283	3.5138	3.2910	3.1238	2.9930	2.8876
60	7.0771	4.9774	4.1259	3.6491	3.3389	3.1187	2.9530	2.8233	2.7185
120	6.8510	4.7865	3.9493	3.4796	3.1735	2.9559	2.7918	2.6629	2.5586
∞	6.6349	4.6052	3.7816	3.3192	3.0173	2.8020	2.6393	2.5113	2.4073

分母自由度

本表由生物統計學誌33卷84—85頁轉錄，已得皮爾遜教授同意。

表 7c　F分布的1%點值 (續)

分子自由度

ν_1	∞	120	60	40	30	24	20	15	12	10
1	6,366.0	6,339.4	6,313.0	6,286.8	6,260.7	6,234.6	6,208.7	6,157.3	6,106.3	6,055.8
2	99.501	99.491	99.483	99.474	99.466	99.458	99.449	99.432	99.416	99.399
3	26.125	26.221	26.316	26.411	26.505	26.598	26.690	26.872	27.052	27.229
4	13.463	13.558	13.652	13.745	13.838	13.929	14.020	14.198	14.374	14.546
5	9.0204	9.1118	9.2020	9.2912	9.3793	9.4665	9.5527	9.7222	9.8883	10.051
6	6.8801	6.9690	7.0568	7.1432	7.2285	7.3127	7.3958	7.5590	7.7183	7.8741
7	5.6495	5.7372	5.8236	5.9084	5.9921	6.0743	6.1554	6.3143	6.4691	6.6201
8	4.8588	4.9460	5.0316	5.1156	5.1981	5.2793	5.3591	5.5151	5.6668	5.8143
9	4.3105	4.3978	4.4831	4.5667	4.6486	4.7290	4.8080	4.9621	5.1114	5.2565
10	3.9090	3.9965	4.0819	4.1653	4.2469	4.3269	4.4054	4.5582	4.7059	4.8492
11	3.6025	3.6904	3.7761	3.8596	3.9411	4.0209	4.0990	4.2509	4.3974	4.5393
12	3.3608	3.4494	3.5355	3.6192	3.7008	3.7805	3.8584	4.0096	4.1553	4.2961
13	3.1654	3.2548	3.3413	3.4253	3.5070	3.5868	3.6646	3.8154	3.9603	4.1003
14	3.0040	3.0942	3.1813	3.2656	3.3476	3.4274	3.5052	3.6557	3.8001	3.9394
15	2.8684	2.9595	3.0471	3.1319	3.2141	3.2940	3.3719	3.5222	3.6662	3.8049
16	2.7528	2.8447	2.9330	3.0182	3.1007	3.1808	3.2588	3.4089	3.5527	3.6909
17	2.6530	2.7459	2.8348	2.9205	3.0032	3.0835	3.1615	3.3117	3.4552	3.5931
18	2.5660	2.6597	2.7493	2.8354	2.9185	2.9990	3.0771	3.2273	3.3706	3.5082
19	2.4893	2.5839	2.6742	2.7608	2.8442	2.9249	3.0031	3.1533	3.2965	3.4338
20	2.4212	2.5168	2.6077	2.6947	2.7785	2.8594	2.9377	3.0880	3.2311	3.3682
21	2.3603	2.4568	2.5484	2.6359	2.7200	2.8011	2.8796	3.0299	3.1729	3.3098
22	2.3055	2.4029	2.4951	2.5831	2.6675	2.7488	2.8274	2.9780	3.1209	3.2576
23	2.2559	2.3542	2.4471	2.5355	2.6202	2.7017	2.7805	2.9311	3.0740	3.2106
24	2.2107	2.3099	2.4035	2.4923	2.5773	2.6591	2.7380	2.8887	3.0316	3.1681
25	2.1694	2.2695	2.3637	2.4530	2.5383	2.6203	2.6993	2.8502	2.9931	3.1294
26	2.1315	2.2325	2.3273	2.4170	2.5026	2.5848	2.6640	2.8150	2.9579	3.0941
27	2.0965	2.1984	2.2938	2.3840	2.4699	2.5522	2.6316	2.7827	2.9256	3.0618
28	2.0642	2.1670	2.2629	2.3535	2.4397	2.5223	2.6017	2.7530	2.8959	3.0320
29	2.0342	2.1378	2.2344	2.3253	2.4118	2.4946	2.5742	2.7256	2.8685	3.0045
30	2.0062	2.1107	2.2079	2.2992	2.3860	2.4689	2.5487	2.7002	2.8431	2.9791
40	1.8047	1.9172	2.0194	2.1142	2.2034	2.2880	2.3689	2.5216	2.6648	2.8005
60	1.6006	1.7263	1.8363	1.9360	2.0285	2.1154	2.1978	2.3523	2.4961	2.6318
120	1.3805	1.5330	1.6557	1.7628	1.8600	1.9500	2.0346	2.1915	2.3363	2.4721
∞	1.0000	1.3246	1.4730	1.5923	1.6964	1.7908	1.8783	2.0385	2.1848	2.3209

分母自由度　ν_2

表 7d　F分布的0.5%臨值

分子自由度

v_2 \ v_1	1	2	3	4	5	6	7	8	9
1	16,211	20,000	21,615	22,500	23,056	23,437	23,715	23,925	24,091
2	198.50	199.00	199.17	199.25	199.30	199.33	199.36	199.37	199.39
3	55.552	49.799	47.467	46.195	45.392	44.838	44.434	44.126	43.882
4	31.333	26.284	24.259	23.155	22.456	21.975	21.622	21.352	21.139
5	22.785	18.314	16.530	15.556	14.940	14.513	14.200	13.961	13.772
6	18.635	14.544	12.917	12.028	11.464	11.073	10.786	10.566	10.391
7	16.236	12.404	10.882	10.050	9.5221	9.1554	8.8854	8.6781	8.5138
8	14.688	11.042	9.5965	8.8051	8.3018	7.9520	7.6942	7.4960	7.3386
9	13.614	10.107	8.7171	7.9559	7.4711	7.1338	6.8849	6.6933	6.5411
10	12.826	9.4270	8.0807	7.3428	6.8723	6.5446	6.3025	6.1159	5.9676
11	12.226	8.9122	7.6004	6.8809	6.4217	6.1015	5.8648	5.6821	5.5368
12	11.754	8.5096	7.2258	6.5211	6.0711	5.7570	5.5245	5.3451	5.2021
13	11.374	8.1865	6.9257	6.2335	5.7910	5.4819	5.2529	5.0761	4.9351
14	11.060	7.9217	6.6803	5.9984	5.5623	5.2574	5.0313	4.8566	4.7173
15	10.798	7.7008	6.4760	5.8029	5.3721	5.0708	4.8473	4.6743	4.5364
16	10.575	7.5138	6.3034	5.6378	5.2117	4.9134	4.6920	4.5207	4.3838
17	10.384	7.3536	6.1556	5.4967	5.0746	4.7789	4.5594	4.3893	4.2535
18	10.218	7.2148	6.0277	5.3746	4.9560	4.6627	4.4448	4.2759	4.1410
19	10.073	7.0935	5.9161	5.2681	4.8526	4.5614	4.3448	4.1770	4.0428
20	9.9439	6.9865	5.8177	5.1743	4.7616	4.4721	4.2569	4.0900	3.9564
21	9.8295	6.8914	5.7304	5.0911	4.6808	4.3931	4.1789	4.0128	3.8799
22	9.7271	6.8064	5.6524	5.0168	4.6088	4.3225	4.1094	3.9440	3.8116
23	9.6348	6.7300	5.5823	4.9500	4.5441	4.2591	4.0469	3.8822	3.7502
24	9.5513	6.6610	5.5190	4.8898	4.4857	4.2019	3.9905	3.8264	3.6949
25	9.4753	6.5982	5.4615	4.8351	4.4327	4.1500	3.9394	3.7758	3.6447
26	9.4059	6.5409	5.4091	4.7852	4.3844	4.1027	3.8928	3.7297	3.5989
27	9.3423	6.4885	5.3611	4.7396	4.3402	4.0594	3.8501	3.6875	3.5571
28	9.2838	6.4403	5.3170	4.6977	4.2996	4.0197	3.8110	3.6487	3.5186
29	9.2297	6.3958	5.2764	4.6591	4.2622	3.9830	3.7749	3.6130	3.4832
30	9.1797	6.3547	5.2388	4.6233	4.2276	3.9492	3.7416	3.5801	3.4505
40	8.8278	6.0664	4.9759	4.3738	3.9860	3.7129	3.5088	3.3498	3.2220
60	8.4946	5.7950	4.7290	4.1399	3.7600	3.4918	3.2911	3.1344	3.0083
120	8.1790	5.5393	4.4973	3.9207	3.5482	3.2849	3.0874	2.9330	2.8083
∞	7.8794	5.2983	4.2794	3.7151	3.3499	3.0913	2.8968	2.7444	2.6210

分母自由度

本表由生物統計學誌33卷86—87頁轉錄，已得皮爾遜教授同意。

表　7d　F分布的0.5%點值（續）

分子自由度

ν_1	10	12	15	20	24	30	40	60	120	∞
1	24,224	24,426	24,630	24,836	24,940	25,044	25,148	25,253	25,359	25,465
2	199.40	199.42	199.43	199.45	199.46	199.47	199.47	199.48	199.49	199.51
3	43.686	43.387	43.085	42.778	42.622	42.466	42.308	42.149	41.989	41.829
4	21.967	20.705	20.438	20.167	20.030	19.892	19.752	19.611	19.468	19.325
5	13.618	13.384	13.146	12.903	12.780	12.656	12.530	12.402	12.274	12.144
6	10.250	10.034	9.8140	9.5888	9.4741	9.3583	9.2408	9.1219	9.0015	8.8793
7	8.3803	8.1764	7.9678	7.7540	7.6450	7.5345	7.4225	7.3088	7.1933	7.0760
8	7.2107	7.0149	6.8143	6.6082	6.5029	6.3961	6.2875	6.1772	6.0649	5.9505
9	6.4171	6.2274	6.0325	5.8318	5.7292	5.6248	5.5186	5.4104	5.3001	5.1875
10	5.8467	5.6613	5.4707	5.2740	5.1732	5.0705	4.9959	4.8592	4.7501	4.6385
11	5.4182	5.2363	5.0489	4.8552	4.7557	4.6543	4.5508	4.4450	4.3367	4.2256
12	5.0855	4.9063	4.7214	4.5299	4.4315	4.3309	4.2282	4.1229	4.0149	3.9039
13	4.8199	4.6429	4.4600	4.2703	4.1726	4.0727	3.9701	3.8655	3.7577	3.6465
14	4.6034	4.4281	4.2468	4.0585	3.9614	3.8619	3.7600	3.6553	3.5473	3.4359
15	4.4236	4.2498	4.0698	3.8826	3.7859	3.6867	3.5850	3.4803	3.3722	3.2602
16	4.2719	4.0994	3.9205	3.7342	3.6378	3.5388	3.4372	3.3324	3.2240	3.1115
17	4.1423	3.9709	3.7929	3.6073	3.5112	3.4124	3.3107	3.2058	3.0971	2.9839
18	4.0305	3.8599	3.6827	3.4977	3.4017	3.3030	3.2014	3.0962	2.9871	2.8732
19	3.9329	3.7631	3.5866	3.4020	3.3062	3.2075	3.1058	3.0004	2.8908	2.7762
20	3.8470	3.6779	3.5020	3.3178	3.2220	3.1234	3.0215	2.9159	2.8058	2.6904
21	3.7709	3.6024	3.4270	3.2431	3.1474	3.0488	2.9467	2.8408	2.7302	2.6140
22	3.7030	3.5350	3.3600	3.1764	3.0807	2.9821	2.8799	2.7736	2.6625	2.5455
23	3.6420	3.4745	3.2999	3.1165	3.0208	2.9221	2.8198	2.7132	2.6015	2.4837
24	3.5870	3.4199	3.2456	3.0624	2.9667	2.8679	2.7654	2.6585	2.5463	2.4276
25	3.5370	3.3704	3.1963	3.0133	2.9176	2.8187	2.7160	2.6088	2.4960	2.3765
26	3.4916	3.3252	3.1515	2.9685	2.8728	2.7738	2.6709	2.5633	2.4501	2.3297
27	3.4499	3.2839	3.1104	2.9275	2.8318	2.7327	2.6296	2.5217	2.4078	2.2867
28	3.4117	3.2460	3.0727	2.8899	2.7941	2.6949	2.5916	2.4834	2.3689	2.2469
29	3.3765	3.2111	3.0379	2.8551	2.7594	2.6601	2.5565	2.4479	2.3330	2.2102
30	3.3440	3.1787	3.0057	2.8230	2.7272	2.6278	2.5241	2.4151	2.2997	2.1760
40	3.1167	2.9531	2.7811	2.5984	2.5020	2.4015	2.2958	2.1838	2.0635	1.9318
60	2.9042	2.7419	2.5705	2.3872	2.2898	2.1874	2.0789	1.9622	1.8341	1.6885
120	2.7052	2.5430	2.3727	2.1881	2.0890	1.9839	1.8709	1.7469	1.6055	1.4311
∞	2.5188	2.3583	2.1868	1.9998	1.8983	1.7891	1.6691	1.5325	1.3637	1.0000

表 8a 多變距測驗新法的 5% 水準顯著生化變距

g＼v_2	2	3	4	5	6	7	8	9	10	12	14	16	18	20	50	100
1	18.0	18.0	18.0	18.0	18.0	18.0	18.0	18.0	18.0	18.0	18.0	18.0	18.0	18.0	18.0	18.0
2	6.09	6.09	6.09	6.09	6.09	6.09	6.09	6.09	6.09	6.09	6.09	6.09	6.09	6.09	6.09	6.09
3	4.50	4.50	4.50	4.50	4.50	4.50	4.50	4.50	4.50	4.50	4.50	4.50	4.50	4.50	4.50	4.50
4	3.93	4.01	4.02	4.02	4.02	4.02	4.02	4.02	4.02	4.02	4.02	4.02	4.02	4.02	4.02	4.02
5	3.64	3.74	3.79	3.83	3.83	3.83	3.83	3.83	3.83	3.83	3.83	3.83	3.83	3.83	3.83	3.83
6	3.46	3.58	3.64	3.68	3.68	3.68	3.68	3.68	3.68	3.68	3.68	3.68	3.68	3.68	3.68	3.68
7	3.35	3.47	3.54	3.58	3.60	3.61	3.61	3.61	3.61	3.61	3.61	3.61	3.61	3.61	3.61	3.61
8	3.26	3.39	3.47	3.52	3.55	3.56	3.56	3.56	3.56	3.56	3.56	3.56	3.56	3.56	3.56	3.56
9	3.20	3.34	3.41	3.47	3.50	3.52	3.52	3.52	3.52	3.52	3.52	3.52	3.52	3.52	3.52	3.52
10	3.15	3.30	3.37	3.43	3.46	3.47	3.47	3.47	3.47	3.47	3.47	3.47	3.47	3.48	3.48	3.48
11	3.11	3.27	3.35	3.39	3.43	3.44	3.45	3.46	3.46	3.46	3.46	3.46	3.47	3.48	3.48	3.48
12	3.08	3.23	3.33	3.36	3.40	3.42	3.44	3.44	3.46	3.46	3.46	3.46	3.47	3.48	3.48	3.48
13	3.06	3.21	3.30	3.35	3.38	3.41	3.42	3.44	3.45	3.45	3.46	3.46	3.47	3.47	3.47	3.47
14	3.03	3.18	3.27	3.33	3.37	3.39	3.41	3.42	3.44	3.45	3.46	3.46	3.47	3.47	3.47	3.47
15	3.01	3.16	3.25	3.31	3.36	3.38	3.40	3.42	3.43	3.44	3.45	3.46	3.47	3.47	3.47	3.47
16	3.00	3.15	3.23	3.30	3.34	3.37	3.39	3.41	3.43	3.44	3.45	3.46	3.47	3.47	3.47	3.47
17	2.98	3.13	3.22	3.28	3.33	3.36	3.38	3.40	3.42	3.44	3.45	3.46	3.47	3.47	3.47	3.47
18	2.97	3.12	3.21	3.27	3.32	3.35	3.37	3.39	3.41	3.43	3.45	3.46	3.47	3.47	3.47	3.47
19	2.96	3.11	3.19	3.26	3.31	3.35	3.37	3.39	3.41	3.43	3.44	3.46	3.47	3.47	3.47	3.47
20	2.95	3.10	3.18	3.25	3.30	3.34	3.36	3.38	3.40	3.43	3.45	3.46	3.46	3.47	3.47	3.47
22	2.93	3.08	3.17	3.24	3.29	3.32	3.35	3.37	3.39	3.42	3.44	3.45	3.47	3.47	3.47	3.47
24	2.92	3.07	3.15	3.22	3.28	3.31	3.34	3.37	3.38	3.41	3.44	3.45	3.47	3.47	3.47	3.47
26	2.91	3.06	3.14	3.21	3.27	3.30	3.34	3.36	3.38	3.41	3.43	3.45	3.46	3.47	3.47	3.47
28	2.90	3.04	3.13	3.20	3.26	3.30	3.33	3.35	3.37	3.40	3.43	3.45	3.46	3.47	3.47	3.47
30	2.89	3.04	3.12	3.20	3.25	3.29	3.32	3.35	3.37	3.40	3.43	3.44	3.46	3.47	3.47	3.47
40	2.86	3.01	3.10	3.17	3.22	3.27	3.30	3.33	3.35	3.39	3.42	3.44	3.46	3.47	3.47	3.47
60	2.83	2.98	3.08	3.14	3.20	3.24	3.28	3.31	3.33	3.37	3.40	3.43	3.45	3.47	3.48	3.48
100	2.80	2.95	3.05	3.12	3.18	3.22	3.26	3.29	3.32	3.36	3.40	3.42	3.45	3.47	3.53	3.53
∞	2.77	2.92	3.02	3.09	3.15	3.19	3.23	3.26	3.29	3.24	3.38	3.41	3.44	3.47	3.61	3.67

本表由生物統計學報11卷鄧氏論文 (David B. Duncan, "Mutiple range and multiple F tests," *Biometrics*, Vol. 11, 1955, p. 3) 轉錄，已得學報編者同意。

表 8b 多變距測驗新法的1%水準顯著學生化變距

f\k	2	3	4	5	6	7	8	9	10	12	14	16	18	20	50	100
1	90.0	90.0	90.0	90.0	90.0	90.0	90.0	90.0	90.0	90.0	90.0	90.0	90.0	90.0	90.0	90.0
2	14.0	14.0	14.0	14.0	14.0	14.0	14.0	14.0	14.0	14.0	14.0	14.0	14.0	14.0	14.0	14.0
3	8.26	8.5	8.6	8.7	8.8	8.9	8.9	9.0	9.0	9.0	9.1	9.2	9.3	9.3	9.3	9.3
4	6.51	6.8	6.9	7.0	7.1	7.1	7.2	7.2	7.3	7.3	7.4	7.4	7.5	7.5	7.5	7.5
5	5.70	5.96	6.11	6.18	6.26	6.33	6.40	6.44	6.5	6.6	6.6	6.7	6.7	6.8	6.8	6.8
6	5.24	5.51	5.65	5.73	5.81	5.88	5.95	6.00	6.0	6.1	6.2	6.2	6.3	6.3	6.3	6.3
7	4.95	5.22	5.37	5.45	5.53	5.61	5.69	5.73	5.8	5.8	5.9	5.9	6.0	6.0	6.0	6.0
8	4.74	5.00	5.14	5.23	5.32	5.40	5.47	5.51	5.5	5.6	5.7	5.7	5.8	5.8	5.8	5.8
9	4.60	4.86	4.99	5.08	5.17	5.25	5.32	5.36	5.4	5.5	5.5	5.6	5.7	5.7	5.7	5.7
10	4.48	4.73	4.88	4.96	5.06	5.13	5.20	5.24	5.28	5.36	5.42	5.48	5.54	5.55	5.55	5.55
11	4.39	4.63	4.77	4.86	4.94	5.01	5.06	5.12	5.15	5.24	5.28	5.34	5.38	5.39	5.39	5.39
12	4.32	4.55	4.68	4.76	4.84	4.92	4.96	5.02	5.07	5.13	5.17	5.22	5.24	5.26	5.26	5.26
13	4.26	4.48	4.62	4.69	4.74	4.84	4.88	4.94	4.98	5.04	5.08	5.13	5.14	5.15	5.15	5.15
14	4.21	4.42	4.55	4.63	4.70	4.78	4.83	4.87	4.91	4.96	5.00	5.04	5.06	5.07	5.07	5.07
15	4.17	4.37	4.50	4.58	4.64	4.72	4.77	4.81	4.84	4.90	4.94	4.97	4.99	5.00	5.00	5.00
16	4.13	4.34	4.45	4.54	4.60	4.67	4.72	4.76	4.79	4.84	4.88	4.91	4.93	4.94	4.94	4.94
17	4.10	4.30	4.41	4.50	4.56	4.63	4.68	4.72	4.75	4.80	4.83	4.86	4.88	4.89	4.89	4.89
18	4.07	4.27	4.38	4.46	4.53	4.59	4.64	4.68	4.71	4.76	4.79	4.82	4.84	4.85	4.85	4.85
19	4.05	4.24	4.35	4.43	4.50	4.56	4.61	4.64	4.67	4.72	4.76	4.79	4.81	4.82	4.82	4.82
20	4.02	4.22	4.33	4.40	4.47	4.53	4.58	4.61	4.65	4.69	4.73	4.76	4.78	4.79	4.79	4.79
22	3.99	4.17	4.28	4.36	4.42	4.48	4.53	4.57	4.60	4.65	4.68	4.71	4.74	4.75	4.75	4.75
24	3.96	4.14	4.24	4.33	4.39	4.44	4.49	4.53	4.57	4.62	4.64	4.67	4.70	4.72	4.74	4.74
26	3.93	4.11	4.21	4.30	4.36	4.41	4.46	4.50	4.53	4.58	4.62	4.65	4.67	4.69	4.73	4.73
28	3.91	4.08	4.18	4.28	4.34	4.39	4.43	4.47	4.51	4.56	4.60	4.62	4.65	4.67	4.72	4.72
30	3.89	4.06	4.16	4.22	4.32	4.36	4.41	4.45	4.48	4.54	4.58	4.61	4.63	4.65	4.71	4.71
40	3.82	3.99	4.10	4.17	4.24	4.30	4.34	4.37	4.41	4.46	4.51	4.54	4.57	4.59	4.69	4.69
60	3.76	3.92	4.03	4.12	4.17	4.23	4.27	4.31	4.34	4.39	4.44	4.47	4.50	4.53	4.64	4.66
100	3.71	3.86	3.98	4.06	4.11	4.17	4.21	4.25	4.29	4.35	4.38	4.42	4.45	4.48	4.64	4.65
∞	3.64	3.80	3.90	3.98	4.04	4.09	4.14	4.17	4.20	4.26	4.31	4.34	4.38	4.41	4.60	4.68

本表由生物統計學報11卷4頁轉錄，已得編者同意。

表 9a 二項族羣正觀測值成數的95%可信間距

正觀測值個數 T	樣品大小 n												正觀測值相對頻度 $\bar{y} = T/n$	樣品大小 n			
	10		15		20		30		50		100			250		1.000	
0	0	31	0	22	0	17	0	12	0	07	0	4	0.00	0	1	0	0
1	0	45	0	32	0	25	0	17	0	11	0	5	0.01	0	4	0	2
2	3	56	2	40	1	31	1	22	0	14	0	7	0.02	1	5	1	3
3	7	65	4	48	3	38	2	27	1	17	1	8	0.03	1	6	2	4
4	12	74	8	55	6	44	4	31	2	19	1	10	0.04	2	7	3	5
5	19	81	12	62	8	49	6	35	3	22	2	11	0.05	3	9	4	7
6	26	88	16	68	12	54	8	39	5	24	2	12	0.06	3	10	5	8
7	35	93	21	73	15	59	10	43	6	27	3	14	0.07	4	11	6	9
8	44	97	27	79	19	64	12	46	7	29	4	15	0.08	5	12	6	10
9	55	100	32	84	23	68	15	50	9	31	4	16	0.09	6	13	7	11
10	69	100	38	88	27	73	17	53	10	34	5	18	0.10	7	14	8	12
11			45	92	32	77	20	56	12	36	5	19	0.11	7	16	9	13
12			52	96	36	81	23	60	13	38	6	20	0.12	8	17	10	14
13			60	98	41	85	25	63	15	41	7	21	0.13	9	18	11	15
14			68	100	46	88	28	66	16	43	8	22	0.14	10	19	12	16
15			78	100	51	91	31	69	18	44	9	24	0.15	10	20	13	17
16					56	94	34	72	20	46	9	25	0.16	11	21	14	18
17					62	97	37	75	21	48	10	26	0.17	12	22	15	19
18					69	99	40	77	23	50	11	27	0.18	13	23	16	21
19					75	100	44	80	25	53	12	28	0.19	14	24	17	22
20					83	100	47	83	27	55	13	29	0.20	15	26	18	23
21							50	85	28	57	14	30	0.21	16	27	19	24
22							54	88	30	59	15	31	0.22	17	28	19	25
23							57	90	32	61	15	32	0.23	18	29	20	26
24							61	92	34	63	16	33	0.24	19	30	21	27
25							65	94	36	64	17	35	0.25	20	31	22	28
26							69	96	37	66	18	36	0.26	20	32	23	29
27							73	98	39	68	19	37	0.27	21	33	24	30
28							78	99	41	70	19	38	0.28	22	34	25	31
29							83	100	43	72	20	39	0.29	23	35	26	32
30							88	100	45	73	21	40	0.30	24	36	27	33
31									47	75	22	41	0.31	25	37	28	34
32									50	77	23	42	0.32	26	38	29	35
33									52	79	24	43	0.33	27	39	30	36
34									54	80	25	44	0.34	28	40	31	37
35									56	82	26	45	0.35	29	41	32	38
36									57	84	27	46	0.36	30	42	33	39
37									59	85	28	47	0.37	31	43	34	40
38									62	87	28	48	0.38	32	44	35	41
39									64	88	29	49	0.39	33	45	36	42
40									66	90	30	50	0.40	34	46	37	43
41									69	91	31	51	0.41	35	47	38	44
42									71	93	32	52	0.42	36	48	39	45
43									73	94	33	53	0.43	37	49	40	46
44									76	95	34	54	0.44	38	50	41	47
45									78	97	35	55	0.45	39	51	42	48
46									81	98	36	56	0.46	40	52	43	49
47									83	99	37	57	0.47	41	53	44	50
48									86	100	38	58	0.48	42	54	45	51
49									89	100	39	59	0.49	43	55	46	52
50									93	100	40	60	0.50	44	56	47	53

本表由史氏統計方法第四版4—5頁轉錄，已得史迺德教授及衣阿華州立大學出版部同意。

表 9b 二項族羣正觀測值成數的99%可信間距

正觀測值個數 T	樣品大小 n												正觀測值相對頻度 ȳ = T/n	樣品大小 n			
	10		15		20		30		50		100			250		1,000	
0	0	41	0	30	0	23	0	16	0	10	0	5	0.00	0	2	0	1
1	0	54	0	40	0	32	0	22	0	14	0	7	0.01	0	5	1	2
2	1	65	1	49	1	39	0	28	0	17	0	9	0.02	1	6	1	3
3	4	74	2	56	2	45	1	32	1	20	0	10	0.03	1	7	2	4
4	8	81	5	63	4	51	3	36	1	23	1	12	0.04	2	9	3	6
5	13	87	8	69	6	56	4	40	2	26	1	13	0.05	3	10	3	7
6	19	92	12	74	8	61	6	44	3	29	1	14	0.06	3	11	4	8
7	26	96	16	79	11	66	8	48	4	31	2	16	0.07	3	13	5	9
8	35	99	21	84	15	70	10	52	6	33	3	17	0.08	4	14	6	10
9	46	100	26	88	18	74	12	55	7	36	3	18	0.09	5	15	7	12
10	59	100	31	92	22	78	14	58	8	38	4	19	0.10	6	16	8	13
11			37	95	26	82	16	62	10	40	4	20	0.11	6	17	9	14
12			44	98	30	85	18	65	11	43	5	21	0.12	7	18	9	15
13			51	99	34	89	21	68	12	45	6	23	0.13	8	19	10	16
14			60	100	39	92	24	71	14	47	6	24	0.14	9	20	11	17
15			70	100	44	94	26	74	15	49	7	26	0.15	9	22	12	18
16					49	96	29	76	17	51	8	27	0.16	10	23	13	19
17					55	98	32	79	18	53	9	29	0.17	11	24	14	20
18					61	99	35	82	20	55	9	30	0.18	12	25	15	21
19					68	100	38	84	21	57	10	31	0.19	13	26	16	22
20					77	100	42	86	23	59	11	32	0.20	14	27	17	23
21							45	88	24	61	12	33	0.21	15	28	18	24
22							48	90	26	63	12	34	0.22	16	30	19	26
23							52	92	28	65	13	35	0.23	17	31	20	27
24							56	94	29	67	14	36	0.24	18	32	21	28
25							60	96	31	69	15	38	0.25	18	33	22	29
26							64	97	33	71	16	39	0.26	19	34	22	30
27							68	99	35	72	16	40	0.27	20	35	23	31
28							72	100	37	74	17	41	0.28	21	36	24	32
29							78	100	39	76	18	42	0.29	22	37	25	33
30							84	100	41	77	19	43	0.30	23	38	26	34
31									43	79	20	44	0.31	24	39	27	35
32									45	80	21	45	0.32	25	40	28	36
33									47	82	21	46	0.33	26	41	29	37
34									49	83	22	47	0.34	26	42	30	38
35									51	85	23	48	0.35	27	43	31	39
36									53	86	24	49	0.36	28	44	32	40
37									55	88	25	50	0.37	29	45	33	41
38									57	89	26	51	0.38	30	46	34	42
39									60	90	27	52	0.39	31	47	35	43
40									62	92	28	53	0.40	32	48	36	44
41									64	93	29	54	0.41	33	50	37	45
42									67	94	29	55	0.42	34	51	38	46
43									69	96	30	56	0.43	35	52	39	47
44									71	97	31	57	0.44	36	53	40	48
45									74	98	32	58	0.45	37	54	41	49
46									77	99	33	59	0.46	38	55	42	50
47									80	99	34	60	0.47	39	55	43	51
48									83	100	35	61	0.48	40	56	44	52
49									86	100	36	62	0.49	41	57	45	53
50									90	100	37	63	0.50	42	58	46	54

本表出處與9a相同。

表 10 角度變換表

%	0	1	2	3	4	5	6	7	8	9
0	0	5.7	8.1	10.0	11.5	12.9	14.2	15.3	16.4	17.5
10	18.4	19.4	20.3	21.1	22.0	22.8	23.6	24.4	25.1	25.8
20	26.6	27.3	28.0	28.7	29.3	30.9	30.7	31.3	31.9	32.6
30	33.2	33.8	34.4	35.1	35.7	36.3	36.9	37.5	38.1	38.6
40	39.2	39.8	40.4	41.0	41.6	42.1	42.7	43.3	43.9	44.4
50	45.0	45.6	46.1	46.7	47.3	47.9	48.4	49.0	49.6	50.2
60	50.8	51.4	51.9	52.5	53.1	53.7	54.3	54.9	55.6	56.2
70	56.8	57.4	58.1	58.7	59.3	60.0	60.7	61.3	62.0	62.7
80	63.4	64.2	64.9	65.6	66.4	67.2	68.0	68.9	69.7	70.6
90	71.6	72.5	73.6	74.7	75.8	77.1	78.5	80.0	81.9	84.3

本表由費，葉二氏統計表轉錄，已得著者及出版人同意。

表 11 常態評值表

（略去零和負值）

等級	物 件 個 數									
	—	2	3	4	5	6	7	8	9	10
1		0.56	0.85	1.03	1.16	1.27	1.35	1.42	1.49	1.54
2				0.30	0.50	0.64	0.76	0.85	0.93	1.00
3						0.20	0.35	0.47	0.57	0.66
4								0.15	0.27	0.38
5										0.12

等級	物 件 個 數									
	11	12	13	14	15	16	17	18	19	20
1	1.59	1.63	1.67	1.70	1.74	1.76	1.79	1.82	1.84	1.87
2	1.06	1.12	1.16	1.21	1.25	1.28	1.32	1.35	1.38	1.41
3	0.73	0.79	0.85	0.90	0.95	0.99	1.03	1.07	1.10	1.13
4	0.46	0.54	0.60	0.66	0.71	0.76	0.81	0.85	0.89	0.92
5	0.22	0.31	0.39	0.46	0.52	0.57	0.62	0.67	0.71	0.75
6		0.10	0.19	0.27	0.34	0.39	0.45	0.50	0.55	0.59
7				0.09	0.17	0.23	0.30	0.35	0.40	0.45
8						0.08	0.15	0.21	0.26	0.31
9								0.07	0.13	0.19
10										0.06

本表由費，葉二氏統計表轉錄，已得著者及出版人同意。數目在20以上到50止，可由原表查出。

表　12　SS_1/SS和SS_2/SS的百分點值

Sample size n	SS_1/SS		SS_2/SS	
	5%	1%	5%	1%
3	0.0027	0.0001		
4	0.0494	0.0100	0.0008	0.0000
5	0.1270	0.0442	0.0183	0.0035
6	0.2032	0.0928	0.0565	0.0186
7	0.2696	0.1447	0.1020	0.0440
8	0.3261	0.1948	0.1478	0.0750
9	0.3742	0.2411	0.1909	0.1082
10	0.4154	0.2831	0.2305	0.1415
11	0.4511	0.3211	0.2666	0.1736
12	0.4822	0.3554	0.2996	0.2044
13	0.5097	0.3864	0.3295	0.2333
14	0.5340	0.4145	0.3568	0.2605
15	0.5559	0.4401	0.3818	0.2859
16	0.5755	0.4634	0.4048	0.3098
17	0.5933	0.4848	0.4259	0.3321
18	0.6095	0.5044	0.4455	0.3530
19	0.6243	0.5225	0.4636	0.3725
20	0.6379	0.5393	0.4804	0.3909
21	0.6504	0.5548		
22	0.6621	0.5692		
23	0.6728	0.5827		
24	0.6829	0.5953		
25	0.6923	0.6071		

本表由數理統計學刊21卷　(*Annals of Mathematical Statistics*, Vol. 21, pp. 28 and 53, 1950.)轉錄，已得編者同意。

表 13a $p=0.80$ 的 δ/s_1 值

單尾測驗用5%水準而雙尾測驗用10%水準

ν_2 \ ν_1	1	2	3	4	5	6	8	12	16	24	32	∞
1	13.8	8.52	7.39	6.93	6.68	6.51	6.31	6.13	6.04	5.96	5.92	5.79
2	5.88	3.51	3.02	2.81	2.70	2.62	2.53	2.45	2.41	2.37	2.35	2.30
3	4.30	2.55	2.20	2.03	1.96	1.91	1.85	1.78	1.75	1.72	1.70	1.65
4	3.55	2.10	1.80	1.67	1.60	1.56	1.50	1.45	1.43	1.40	1.39	1.36
5	3.12	1.85	1.58	1.47	1.41	1.37	1.32	1.28	1.25	1.23	1.22	1.18
6	2.81	1.66	1.43	1.32	1.27	1.23	1.19	1.15	1.13	1.11	1.10	1.07
7	2.56	1.52	1.30	1.21	1.16	1.12	1.08	1.05	1.03	1.02	1.01	0.979
8	2.37	1.41	1.21	1.12	1.07	1.04	1.00	0.972	0.956	0.940	0.932	0.910
9	2.23	1.32	1.14	1.05	1.01	0.978	0.944	0.913	0.898	0.883	0.875	0.854
10	2.11	1.25	1.07	0.993	0.952	0.925	0.893	0.863	0.849	0.835	0.828	0.805
12	1.92	1.14	0.975	0.902	0.865	0.840	0.811	0.784	0.771	0.758	0.752	0.732
14	1.77	1.05	0.899	0.831	0.797	0.775	0.748	0.723	0.710	0.699	0.693	0.676
16	1.65	0.976	0.838	0.775	0.743	0.722	0.697	0.673	0.662	0.651	0.646	0.631
18	1.56	0.921	0.790	0.731	0.701	0.681	0.658	0.635	0.624	0.614	0.609	0.594
20	1.48	0.873	0.750	0.693	0.665	0.646	0.624	0.602	0.592	0.583	0.578	0.563
25	1.32	0.779	0.669	0.619	0.593	0.577	0.557	0.538	0.529	0.520	0.515	0.502
30	1.20	0.708	0.608	0.563	0.540	0.525	0.507	0.489	0.481	0.473	0.469	0.456
40	1.04	0.613	0.526	0.486	0.467	0.454	0.438	0.423	0.416	0.409	0.405	0.395
50	0.925	0.548	0.471	0.435	0.417	0.405	0.391	0.378	0.371	0.365	0.362	0.353
60	0.844	0.499	0.429	0.396	0.380	0.369	0.356	0.344	0.338	0.333	0.330	0.322
80	0.730	0.432	0.371	0.342	0.328	0.319	0.308	0.298	0.292	0.288	0.285	0.278
100	0.652	0.385	0.331	0.306	0.293	0.285	0.275	0.266	0.261	0.257	0.255	0.249

本表由美國統計學會會刊43卷(*Journal of the American Statistical Association, Vol. 43, p. 394, 1948.*)，已得編著同意。

用 ν_1 倒數或 ν_2 平方根的倒數可得近似直線的內插結果。

表 13b　$p=0.95$ 的 δ/s_1 值

單尾測驗用 5% 水準而雙尾測驗用 10% 水準

$\nu_2 \backslash \nu_1$	1	2	3	4	5	6	8	12	16	24	32	∞
1	57.1	19.5	14.4	12.6	11.6	11.0	10.4	9.85	9.58	9.33	9.21	8.86
2	24.2	7.74	5.60	4.77	4.39	4.15	3.86	3.61	3.49	3.38	3.33	3.19
3	17.6	5.58	4.03	3.39	3.13	2.94	2.74	2.55	2.46	2.39	2.35	2.23
4	14.5	4.58	3.28	2.79	2.56	2.40	2.23	2.08	2.01	1.94	1.91	1.82
5	12.6	3.97	2.88	2.41	2.23	2.09	1.93	1.82	1.76	1.69	1.66	1.58
6	11.2	3.55	2.57	2.17	2.00	1.88	1.73	1.62	1.57	1.52	1.49	1.42
7	10.3	3.26	2.36	1.99	1.83	1.72	1.58	1.48	1.43	1.38	1.36	1.30
8	9.70	3.05	2.19	1.86	1.70	1.60	1.48	1.39	1.34	1.29	1.27	1.21
9	9.12	2.87	2.06	1.75	1.60	1.50	1.39	1.30	1.26	1.21	1.19	1.13
10	8.62	2.72	1.95	1.65	1.51	1.42	1.32	1.23	1.19	1.15	1.13	1.07
12	7.83	2.47	1.77	1.50	1.37	1.29	1.20	1.12	1.08	1.04	1.02	0.971
14	7.22	2.28	1.63	1.38	1.26	1.19	1.11	1.03	0.993	0.959	0.942	0.893
16	6.73	2.13	1.52	1.29	1.18	1.11	1.03	0.959	0.924	0.893	0.878	0.834
18	6.35	2.01	1.44	1.22	1.11	1.04	0.972	0.904	0.872	0.842	0.828	0.785
20	6.02	1.90	1.36	1.15	1.05	0.991	0.921	0.858	0.827	0.798	0.785	0.744
25	5.37	1.70	1.22	1.03	0.940	0.884	0.822	0.765	0.738	0.712	0.700	0.663
30	4.89	1.54	1.11	0.935	0.855	0.804	0.748	0.695	0.671	0.647	0.636	0.605
40	4.23	1.33	0.962	0.809	0.739	0.696	0.646	0.601	0.580	0.560	0.550	0.525
50	3.78	1.19	0.854	0.722	0.561	0.622	0.577	0.537	0.518	0.500	0.492	0.469
60	3.45	1.09	0.778	0.658	0.602	0.567	0.525	0.490	0.472	0.456	0.448	0.428
80	2.98	0.940	0.672	0.569	0.520	0.490	0.454	0.423	0.408	0.395	0.388	0.369
100	2.67	0.840	0.600	0.508	0.465	0.438	0.405	0.378	0.365	0.353	0.347	0.329

本表出處與表13a相同，在原刊第395頁。內補情形與表13a相同。

習題解答

第 二 章

（1） c. $\mu = 0.9$,　$\sigma^2 = 0.008$　d. $\mu = 9.5$,　$\sigma^2 = 0.2$

（2） c. 0.12835

d.

y	f	rf	rcf
16.9	2	10%	10%
17.0	5	25	35
17.1	7	35	70
17.2	3	15	85
17.3	2	10	95
17.4	1	5	100

（4） a. $\mu = 503/20 = 25.15$　b. $\sigma^2 = 18.55/20 = 0.9275$

（6） $\mu = 0/500 = 0$,　$\sigma^2 = 50,018/500 = 100.036$

（7） $\mu = 2,500/500 = 5$,　$\sigma^2 = 500.18/500 = 1.00036$

（8） $\mu = 0/500 = 0$,　$\sigma^2 = 500.18/500 = 1.00036$

（9） $\mu = 478/25 = 19.12$,　$\sigma^2 = 3,668.64/25 = 146.7456$,

$\sigma = 12.11386$

（10） $\mu = 10,056,348/1,050 = 9,577.474$,

$\sigma^2 = 26,057,537.82/1,050 = 24,816,70$

第 三 章

（3）

y	u	面積
6	− 2.0	2.28
7	− 1.5	6.68
8	− 1.0	15.87
9	− 0.5	30.85
10	0.0	50.00
11	0.5	69.15
12	1.0	84.13
13	1.5	93.32
14	2.0	97.72

（3） a. 13.59%　　　b. 6.68%

　　　c. 332.55　至　467.45　　　d. 204.00　至　596.00

（4）　　　　　　A 大於　664.49

　　　　　　　　B 567.45　至　664.49

　　　　　　　　C 432.55　至　567.45

　　　　　　　　D 335.51　至　432.55

　　　　　　　　F 小於　335.51

（5） a. 567.45　b. 432.55

第　五　章

（1）$\mu = 15/5 = 3$, $\mu_{\bar{y}} = 75/25 = 3$, $\mu = \mu_{\bar{y}}$, $\sigma^2 = 2$,

　　　$\sigma_{\bar{y}}^2 = 25/25 = 1$, $\sigma_{\bar{y}}^2 = \sigma^2/n = 2/2 = 1$

（2） a. $\mu_{\bar{y}} = 324/81 = 4 = \mu$, $\sigma_{\bar{y}}^2 = 54/81 = 2/3 = (8/3)/4 = \sigma^2/n$

（3） 21.568　至　18.432

（4） $n = 64$

（5） $\mu = 15/5 = 3$, $\mu_{\bar{y}} = 3$, $\mu = \mu_{\bar{y}}$, $\sigma^2 = 10/5 = 2$,

　　　$\sigma_{\bar{y}}^2 = 312.5/625 = 0.5$, $\sigma_{\bar{y}}^2 = \sigma^2/n = 2/4 = 0.5$

（6）

$\bar{y}$	f	$rf\%$	$rcf\%$
2.0	1	1.2	1.2
2.5	4	4.9	6.1
3.0	10	12.3	18.4
3.5	16	19.8	38.2
4.0	19	23.5	61.7
4.5	16	19.8	81.5
5.0	10	12.3	93.8
5.5	4	4.9	98.7
6.0	1	1.2	99.9

（7）

$\bar{y}$	f	$rf\%$	$rcf\%$
1.00	1	0.16	0.16
1.25	4	0.64	0.80
1.50	10	1.60	2.40
1.75	20	3.20	5.60
2.00	35	5.60	11.20
2.25	52	8.32	19.52
2.50	68	10.88	30.40
2.75	80	12.80	43.20
3.00	85	13.60	56.80
3.25	80	12.80	69.60
3.50	68	10.88	80.48
3.75	52	8.32	88.80
4.00	35	5.60	94.40
4.25	20	3.20	97.60
4.50	10	1.60	99.20
4.75	4	0.64	99.84
5.00	1	0.16	100.00

（8）

$\bar{y}$	f	$rf\%$	$rcf\%$
2.00	1	0.02	0.02
2.25	8	0.12	0.14
2.50	36	0.55	0.69
2.75	112	1.71	2.40
3.00	266	4.05	6.45
3.25	504	7.68	14.13
3.50	784	11.95	26.08
3.75	1,016	15.49	41.57
4.00	1,107	16.87	58.44
4.25	1,016	15.49	73.93
4.50	784	11.95	85.88
4.75	504	7.68	93.56
5.00	266	4.05	97.61
5.25	112	1.71	99.32
5.50	36	0.55	99.87
5.75	8	0.12	99.99
6.00	1	0.02	100.01

第　六　章

（1）

子題	μ_0	$\bar{y} - \mu_0$	u	擬　說	錯　誤
a	40	9.75	3.90	棄　却	無
b	49	0.75	0.30	接　納	II
c	50	− 0.25	− 0.10	接　納	無
d	51	− 1.25	− 0.50	接　納	II
e	60	− 10.25	− 4.10	棄　却	無

（2）

子題	μ_0	$\bar{y} - \mu_0$	u	擬　說	錯　誤
a	40	9.9	49.5	棄　却	無
b	49	0.9	4.5	棄　却	無
c	50	− 0.1	− 0.5	接　納	無
d	51	− 1.1	− 5.5	棄　却	無
e	60	− 10.1	− 50.5	棄　却	無

（3）

子題	μ_0	$\bar{y} - \mu_0$	u	顯著水準	擬　說	錯　誤
a	50	4	2.0	5%	棄　却	I
				1%	接　納	無
b	49	5	2.5	5%	棄　却	無
				1%	接　納	II

第　七　章

（1）　$\mu_{\bar{y}} = 56/16 = 3.5 = \mu, \quad \mu_{s2} = 20/16 = 1.25 = \sigma^2$

（2）　$SS = 618.875$

子題	χ^2	結 論	錯 誤
a	61.89	$\sigma^2 > 10$	無
b	6.25	$\sigma^2 = 99$	II
c	6.19	$\sigma^2 = 100$	無
d	6.13	$\sigma^2 = 101$	II
e	0.62	$\sigma^2 < 1,000$	無

（ 4 ） $\chi^2 = 7.20$, $\nu = 11$, 臨界區 $\chi^2 > 24.7250$

（ 5 ） s^2 的均值 $= 50/25 = 2 = \sigma^2$

（ 6 ） $\mu_{\bar{y}} = 896/256 = 3.5 = \mu$, $\mu_{s2} = 320/256 = 1.25 = \sigma^2$

（ 7 ） $\mu_{\bar{y}} = 36/8 = 4.5 = \mu$, $\mu_{s2} = 18/8 = 2.25 = \sigma^2$

（ 8 ） $\chi^2 = 40.984$, $\nu = 9$, 臨界區 $\chi^2 > 16.9190$

第 八 章

（ 1 ） $\bar{y} = 49.5$ $\qquad\qquad$ $s^2 = 77.8333$

子題	t	結 論	錯 誤
a	3.4051	$\mu > 40$	無
b	0.1792	$\mu = 49$	II
c	-0.1792	$\mu = 50$	無
d	-0.5377	$\mu = 51$	II
e	-3.7636	$\mu < 60$	無

（ 4 ） $t = -0.1792$, $\nu = 9$

（ 5 ） 由此可知，t 分布的外形雖像常態分布，但並不是同一分布。

（ 6 ） $t = 1.08$, $\nu = 8$。

（ 7 ） $t = 3.37$, $\nu = 9$。

（ 8 ） $t = 3.28$, $\nu = 8$。

（ 9 ） 用「有玩具」減「無玩具」的差做觀測值時，$t = 3.330$, $\nu = 39$。

第 九 章

（3）　$s^2 = 200.485$

μ₁ 和 μ₂ 相差很大，所以 s^2 大於 s_p^2。

$\mu_1 \neq \mu_2$ 時用 s_p^2。

$\mu_1 = \mu_2$ 時用 s^2。

（4）　$F = 86.57/70.82 = 1.22$, $\nu_1 = 7$, $\nu_2 = 8$。

接納擬說；犯第二類錯誤。

（5）　$F = 86.57/1,463.20 = 0.06$; $\nu_1 = 7$, $\nu_2 = 8$.

棄却擬說；結論正確。

（6）　$F = 0.1636/0.25 = 0.65$, $\nu_1 = 11$, $\nu_2 = \infty$。

接納擬說。

（7）　$F = 0.00045538/0.0001 = 4.55$; $\nu_1 = 9$, $\nu_2 = \infty$。

棄却擬說。

（8）　$F = 0.011518/0.060909 = 0.189$; $\nu_1 = 11$, $\nu_2 = 11$。

A 法的產品較爲均一。

（9）　$F = 4.19$; $\nu_1 = 24$, $\nu_2 = 24$。

$\nu_1 = 24$, $\nu_2 = 24$。舊法的變方較大。

第 十 章

（4）　$t = -0.92$, $\nu = 18$　　　　（8）　$t = -4.07$, $\nu = 7$

（5）　$t = -8.08$, $\nu = 10$　　　　（9）　$t = 7.22$, $\nu = 22$

（6）　$t = 3.54$, $\nu = 4$　　　　（10）　$t = -2.05$, $\nu = 98$

（7）　$t = -3.58$, $\nu = 9$　　　　（11）　$t = -3.46$, $\nu = 98$

第 十 一 章

（4）　-54.4 至 -25.0　　　　（8）　0.92 至 5.30

（5）　-8.13 至 3.17　　　　（9）　1.17 至 4.88

（6）　-1.28 至 3.54　　　　（10）　-1.40 至 -0.80

（7）　2.68 至 13.60　　　　（11）　54.09 至 445.11

(12)　-29.38 至 -6.62　　　　(14)　2.02　　至　　3.65

(13)　-19.26 至 -5.11　　　　(15)　-7.45 至 -0.11

第 十 二 章

（1）　樣品間 $SS = 20$
　　　樣品內 $SS = 30$

（5）

習　題	(2)	(3)	(4)
$\sigma^2 + n\sigma_\mu^2$	100.00	111.67	4,766.67
σ^2	100.00	100.00	100.00

（6）　$t = -2.236$, $\nu = 8$; $F = 5.00$, $\nu_1 = 1$ 而 $\nu_2 = 8$。

（8）　$F = 2.80$; $\nu_1 = 4$, $\nu_2 = 20$。

（9）　$F = 10.20$; $\nu_1 = 4$, $\nu_2 = 12$。

（10）　$F = 339.31$; $\nu_1 = 2$, $\nu_2 = 27$。

（11）　$F = 3.41$; $\nu_1 = 3$, $\nu_2 = 16$。

（12）　$F = 13.18$; $\nu_1 = 2$, $\nu_2 = 9$。

（13）　$F = 11.42$; $\nu_1 = 4$, $\nu_2 = 10$。

（14）　$F = 50.68$; $\nu_1 = 5$, $\nu_2 = 12$。

（15）　$F = 0.33$; $\nu_1 = 3$, $\nu_2 = 16$。

（16）　$F = 1.10$; $\nu_1 = 4$, $\nu_2 = 15$。

第 十 四 章

（1）a.

重複	處　理		
	1	2	3
1	$5-1+2+1$	$5-1+2-1$	$5-1-4+0$
2	$5+1+2-1$	$5+1+2+1$	$5+1-4+0$

　　　c. $58 = 6 + 48 + 4$

（6）　F 值由 34.52 減小到 21.76。

（7）　$t = 0.4321$, $\nu = 4$。

$F = 0.1867;\ \nu_1 = 1,\ \nu_2 = 4$。

（9） $F = 5.44;\ \nu_1 = 2,\ \nu_2 = 90$。

（10） $F = 2.81;\ \nu_1 = 9,\ \nu_2 = 99$。

（11） $F = 31.79;\ \nu_1 = 2,\ \nu_2 = 10$。

第十五章

（1）

子題	均值	變方
a	200	1,000
b	20	10

（2）

組 1	組 2
132.03	3.78
12.25	132.03
0.56	9.03
144.84	144.84

（3） $SS = 90.09375$

（8） $F = 674.0998;\ \nu_1 = 1,\ \nu_2 = 27$。

$F = 4.5148;\ \nu_1 = 1,\ \nu_2 = 27$。

（9） $F = 9.214;\ \nu_2 = 1,\ \nu_2 = 90$。

$F = 1.673;\ \nu_1 = 1,\ \nu_2 = 90$。

（10）

測驗編號	均值
5	256.6
3	274.8
1	290.4
2	323.2
4	371.2

（12）

種類	均值
IV	0.01033
V	0.01867
III	0.03200
I	0.03833
II	0.04733

（11）

材料	均值
棉花	7.00
尼龍	11.25
羊毛	13.50

（13）

種類	均值
D	1.27667
E	1.43000
F	1.54667
C	1.65000
B	2.05333
A	2.13667

（14） F 不顯著，不必用多變距法。

(15) 處理	均值
C	153.75
J	154.50
H	168.67
B	172.67
I	177.67
E	183.75
A	184.00
F	190.58
D	194.17
G	206.00

(16) 處理	均值
上	6.9667
中	7.4500
下	7.4667

第十六章

（2） $48 = 36+12$

（7） a. $\bar{y}_x = 0.283 + 0.0233(x-12.022)$

b. 0.000082

c. 0.9991

（8） $r = -0.6072$; $F = 11.10$, $\nu_1 = 1$ 而 $\nu_2 = 19$。

（9） a. (i) $\bar{y}_x = 78.01 + 2.33(x-6.05)$

(ii) 95.19 (iii) 0.5463

b. $F = 48.48$; $\nu_1 = 1$, $\nu_2 = 114$。

（10） a. $F = 196.85$; $\nu_1 = 1$, $\nu_2 = 18$。

b. $\bar{y}_x = 544.25 + 1,370.39(x-0.98)$

c. 0.9572

第十七章

（2） a. $t = 0.41$, $\nu = 18$。　　　　d. 125 和 100

b. -1.52 至 2.26　　　　e. $F = 0.99$; $\nu_1 = 2$, $\nu_1 = 16$。

c. 47.48 至 56.76　　　　f. $(37)^2/100 = 13.69$

（3） $F = 0.0612$; $\nu_1 = 1$, $\nu_2 = 8$。

（6） a. 0.023 至 0.024　　　　b. 0.276 至 0.289

（7） a. -532.5 至 -121.6　　　　b. 232.8 至 294.7

（8） a. 1.67 至 3.00　　　　b. 76.2 至 79.8

（9） a. $1,165$ 至 $1,576$　　　　b. 535 至 554

(10)　a. $F = 1,285.8$; $\nu_1 = 10$, $\nu_2 = 11$。

　　　b. $F = 0.47$; $\nu_1 = 9$, $\nu_2 = 11$。

　　　c. $F = 12,854$; $\nu_1 = 1$, $\nu_2 = 11$。

　　　　或 $F = 16,839$; $\nu_1 = 1$, $\nu_2 = 20$。

(11)　a. $F = 27.6$; $\nu_1 = 4$, $\nu = 30$。

　　　b. $F = 1.27$; $\nu_1 = 4$, $\nu_2 = 30$。

　　　c. 0.0030 至 0.0036 （資料經過變換）

(12)　a. $F = 51.9$; $\nu_1 = 4$, $\nu_2 = 30$。

　　　b. $F = 1.66$; $\nu_2 = 4$, $\nu_2 = 30$。

　　　c. 0.0032 至 0.0037 （資料經過變換）

(13)　a. $F = 1.24$; $\nu_1 = 3$, $\nu_2 = 12$。

　　　b. $F = 37.08$; $\nu_2 = 1$, $\nu_2 = 12$。

　　　　或 $F = 35.36$; $\nu_1 = 1$, $\nu_2 = 15$。

(14)　a. $F = 0.0096$; $\nu_2 = 2$, $\nu_2 = 16$。

　　　b. $F = 10.22$; $\nu_2 = 1$, $\nu_2 = 16$。

　　　　或 $F = 11.49$; $\nu_1 = 1$, $\nu_2 = 18$。

(15)　a. $F = 0.003$; $\nu_1 = 2$, $\nu_2 = 16$。

　　　b. $F = 0.99$; $\nu_1 = 1$, $\nu_2 = 16$。

　　　　或 $F = 1.12$; $\nu_1 = 1$, $\nu_2 = 18$。

第 十 八 章

(2)

變異原因	平方和
A	216
B	48
AB	56
機　　差	110
合　　計	430

3　182.5; 8.0; 212.0

(5)(6)計算結果見題 7 ，結論都是正確的。

（7）

習　題	σ_A^2	σ_B^2	σ_{AB}^2
4	0	0	0
5	0	833.33	3,333.33
6	9,166.67	3,333.33	0

（9） a. $F = 1.30$; $\nu_1 = 3$, $\nu_2 = 11$。

b. $F = 0.40$; $\nu_1 = 2$, $\nu_2 = 11$。

c. $F = 0.37$; $\nu_1 = 6$, $\nu_2 = 11$。

全部結論都是正確的。

（12） a. $F = 2.01$; $\nu_1 = 6$, $\nu_2 = 33$。

b. $F = 87.53$; $\nu_1 = 3$, $\nu_2 = 33$。

c. $F = 56.56$; $\nu_1 = 2$, $\nu_2 = 33$。

（13） 溫　度 $F = 1,892.91$, $\nu_1 = 3$, $\nu_2 = 16$。

織　物 $F = 279.18$; $\nu_1 = 3$, $\nu_2 = 16$。

互　涉 $F = 35.24$; $\nu_1 = 9$, $\nu_2 = 16$。

（14） 種植期 $F = 10.11$; $\nu_1 = 1$, $\nu_1 = 21$。

肥　料 $F = 1.73$; $\nu_1 = 3$, $\nu_2 = 21$。

互　涉 $F = 4.04$; $\nu_1 = 3$, $\nu_2 = 21$。

（15） 化合物 $F = 25.55$; $\nu_1 = 2$, $\nu_2 = 8$。

稀釋度 $F = 11.72$; $\nu_1 = 2$, $\nu_2 = 8$。

互　涉 $F = 0.70$; $\nu_1 = 4$, $\nu_2 = 8$。

（16） 逢機變數模式

觀測人 $F = 15.55$; $\nu_1 = 11$, $\nu_2 = 121$。

載　片 $F = 1,804.16$; $\nu_1 = 11$, $\nu_2 = 121$。

互　涉 $F = 2.83$; $\nu_1 = 121$, $\nu_2 = 286$。

（17） a. $F = 7.23$; $\nu_1 = 12$, $\nu_2 = 20$。

b. $F = 27.66$; $\nu_1 = 4$, $\nu_2 = 20$。

c. $F = 160.86$; $\nu_1 = 3$, $\nu_2 = 20$。

（18） 工作週 $F = 4.34$; $\nu_1 = 2$, $\nu_2 = 174$。

音　樂　$F = 0.04$; $\nu_1 = 1$, $\nu_2 = 174$。

互　涉　$F = 0.15$; $\nu_1 = 2$, $\nu_2 = 174$。

（19）　a. $F = 0.72$; $\nu_1 = 2$, $\nu_2 = 54$。

　　　　b. $F = 14.91$; $\nu_1 = 1$, $\nu_2 = 54$。

（20）　嵌入分類

　　　　$F = 137.2$; $\nu_1 = 1$, $\nu_2 = 8$。

（21）　嵌入分類

　　　　$F = 34.15$; $\nu_1 = 1$, $\nu_2 = 8$。

第 十 九 章

（1）　a. $F = 0.22$; $\nu_1 = 3$, $\nu_2 = 12$。

　　　　b. $F = 0.87$; $\nu_1 = 1$, $\nu_2 = 12$。

　　　　c. $F = 4.88$; $\nu_1 = 3$, $\nu_2 = 12$。

　　　子題（a）和（b）的結論是正確的，（c）犯了第一類錯誤。

（2）　a. $t = -0.55$, $\nu = 6$。

　　　結論正確。

　　　　b. $F = 0.31$; $\nu_1 = 1$, $\nu_2 = 6$。

　　　　c. -5.05　至　31.9

　　　　　估值正確。

（3）　a. $F = 15.70$; $\nu_1 = 3$, $\nu_2 = 12$。

　　　　b. $F = 46.81$; $\nu_1 = 1$, $\nu_2 = 12$。

　　　　c, $F = 112.47$; $\nu_1 = 3$, $\nu_2 = 12$。

　　　　全部結論都正確。

（4）　5.55　至　15.07；結論正確。

（5）　43.38　至　66.96；結論正確，β 不相等。

（6）　a.（i）$F = 0.14$; $\nu_1 = 1$, $\nu_2 = 12$。

　　　　　（ii）$F = 0.11$; $\nu_1 = 1$, $\nu_2 = 12$。

　　　　　（iii）$F = 46.87$; $\nu_1 = 1$, $\nu_2 = 12$。

　　　　　全部結論都正確。

　　　　b.（i）$F = 1.66$; $\nu_1 = 1$, $\nu_2 = 12$。

(ii) $F = 0.79$; $\nu_1 = 1$, $\nu_2 = 12$。

(iii) $F = 334.96$; $\nu_1 = 1$, $\nu_2 = 12$。

全部結論都正確。

（7） $F = 0.64$; $\nu_1 = 1$, $\nu_2 = 7$。

$t = -0.80$, $\nu = 7$。

（8） $F = 0.00025$; $\nu_1 = 1$, $\nu_2 = 11$。

訂正均值等於 44.00, 52.22, 56.00, 59.79。

（9） $F = 6.81$; $\nu_1 = 2$, $\nu_2 = 30$。β 相等。

（10）

變異原因	F	DF
A因子	1.16	3 和 12
B因子	86.83	2 和 12
直線廻歸	0.18	1 和 12
離直線差	173.48	1 和 12
互 涉	104.20	6 和 12
b間變異	208.32	3 和 12
離直線差	0.08	3 和 12

（11） a. $F = 0.97$; $\nu_1 = 4$, $\nu_2 = 10$。

b. $F = 1.32$; $\nu_1 = 4$, $\nu_2 = 14$。

（12） a. $F = 3.33$; $\nu_1 = 3$, $\nu_2 = 24$。

b. $F = 12.33$; $\nu_1 = 3$, $\nu_2 = 24$。

（13） a. $F = 5.43$; $\nu_1 = 4$, $\nu_2 = 30$。

b. $F = 8.04$; $\nu_1 = 4$, $\nu_2 = 30$。

（14）

變異原因	平方和	DF	均 方	F
處 理	22,554.59	2		
對照對試驗	22,489.67	1	22,489.67	13.53
試 驗 間	64.92	1	64.92	0.04
機 差	51,530.85	31	1,662.29	
合 計	74,085.44	33		

第二十一章

（1）　$\mu = 0.6$, $\sigma^2 = 0.24$。

（2）　a. $u = 3.95$　b. $\chi^2 = 15.6$　c. 0.30 至 0.60

（3）　$u = 0.2$

（4）　45% 至 57%

（5）　$\chi^2 = 0.03$, $\nu = 1$。

（6）　a. $u = 0.9892$, $\chi^2 = 0.9726$。

　　　　b. -0.13 至 0.40

（7）　$\chi^2 = 120.32$, $\nu = 1$。

（8）　$\chi^2 = 0.19$, $\nu = 1$。

（9）　a. $\chi^2 = 3.83$, $\nu = 3$; $\chi^2 > 7.81$

　　　　b. $F = 1.28$, $\nu_1 = 3$ $\nu_2 = 196$; 而 $F > 2.68$

（10）$\chi^2 = 4.30$, $\nu = 3$。

（11）a. $\chi^2 = 7.60$, $\nu = 4$。

　　　　b. $\chi^2 = 7.59$, $\nu = 1$。

　　　　c. $u = -2.76$

　　　　d. c 法的能力爲最高。

　　　　e. 1.03% 至 8.47%

（12）a. $\chi^2 = 21.25$, $\nu = 3$。

　　　　b. -1.06% 至 -9.12%

　　　　c. 2.02% 至 6.59%

第二十二章

（1）　a. $\chi^2 = 0.67$, $\nu = 9$。

　　　　b. $\chi^2 = 0.16$, $\nu = 1$。

（2）　$\chi^2 = 8.77$, $\nu = 8$。

（3）　$\chi^2 = 11.31$, $\nu = 15$。

（4）　$\chi^2 = 10.59$, $\nu = 13$。

（5）　$\chi^2 = 4.86$, $\nu = 16$。

（6）$\chi^2 = 12.02$, $\nu = 20$。

（7）a. $\chi^2 = 5.70$, $\nu = 10$。

b. $\chi^2 = 0.19$, $\nu = 1$。

（9）a. $\chi^2 = 36.77$, $\nu = 8$。

b. $\chi^2 = 0.002$, $\nu = 1$。

（10）$\chi^2 = 8.09$, $\nu = 6$。

第二十三章

（1）器面大小　$F = 1.98$; $\nu_1 = 2$, $\nu_2 = 63$。

角　　度　$F = 0.29$; $\nu_1 = 2$, $\nu_2 = 63$。

互　　涉　$F = 2.52$; $\nu_1 = 4$, $\nu_2 = 63$。

（2）a. 298.38; $\nu_1 = 2$, $\nu_2 = 18$。

b. 0.37; $\nu_1 = 1$, $\nu_2 = 18$。

（3）$F = 25.56$; $\nu_1 = 2$, $\nu_2 = 12$。

（4）$F = 2.65$; $\nu_1 = 4$, $\nu_2 = 20$。

（5）$F = 11.64$; $\nu_1 = 4$, $\nu_2 = 12$。

（6）$F = 311.08$; $\nu_1 = 2$, $\nu_2 = 27$。

（7）$F = 4.38$; $\nu_1 = 9$, $\nu_2 = 99$。

（8）觀測人　$F = 33.89$; $\nu_1 = 11$, $\nu_2 = 286$。

載　片　$F = 3,302.49$; $\nu_1 = 11$, $\nu_2 = 286$。

互　涉　$F = 1.82$; $\nu_1 = 121$, $\nu_2 = 286$。

（9）$F = 6.6]$; $\nu_1 = 9$, $\nu_2 = 207$。

處 理	均 值
G	− 0.5942
I	− 0.5225
A	− 0.4842
J	− 0.1517
H	0.0292
E	0.0825
C	0.1942
D	0.2192
F	0.4725
B	0.7550

(10)　$F = 9.70$; $\nu_1 = 3$, $\nu_2 = 27$。

處　理	均　值
C	-0.751
D	-0.253
A	0.326
B	0.678

第二十四章

（1）a. 第八章題1　　　　　b. 第八章題2

　　　a. $\chi^2 = 6.40$; $\nu = 1$。　　　$\chi^2 = 2.28$, $\nu = 1$。

　　　b. $\chi^2 = 2.27$, $\nu = 1$。

　　　c. $\chi^2 = 0.00$; $\nu = 1$。

　　　d. $\chi^2 = 0.11$, $\nu = 1$。

　　　e. $\chi^2 = 6.40$. $\nu = 1$。

（　　　　$\chi^2 = 0.73$, $\nu = 1$。　　　d. $\chi_2 = 5.44$, $\nu = 1$。

　　　b, $\chi^2 = 0.11$, $\nu = 1$。　　　e. $\chi^2 = 10.53$, $\nu = 1$。

　　　c. $\chi^2 = 6.40$, $\nu = 1$。

（3）a. $\chi^2 = 1.71$, $\nu = 3$。　　　g. $\chi^2 = 4.00$, $\nu = 3$。

　　　b. $\chi^2 = 0.57$, $\nu = 3$。　　　h. $\chi^2 = 8.00$, $\nu = 2$。

　　　c. $\chi^2 = 16.57$, $\nu = 3$。　　i. $\chi^2 = 9.64$, $\nu = 4$。

　　　d. $\chi^2 = 10.58$, $\nu = 4$。　　j. $\chi^2 = 12.67$, $\nu = 5$。

　　　e. $\chi^2 = 6.83$, $\nu = 4$。　　　k. $\chi^2 = 2.40$, $\nu = 3$。

　　　f. $\chi^2 = 16.34$, $\nu = 2$。　　　l. $\chi^2 = 8.00$, $\nu = 4$。

（4）a. $\chi_c^2 = 2.13$, $\nu = 4$。　　　d. $\chi_c^2 = 24.34$, $\nu = 12$。

　　　b. $\chi_c^2 = 2.13$, $\nu = 4$。　　　e. $\chi_c^2 = 32.32$, $\nu = 9$。

　　　c. $\chi_c^2 = 9.85$, $\nu = 4$。　　　f. $\chi_c^2 = 2.58$, $\nu = 2$。

（5）a. $F = 1.25$; $\nu_1 = 4$, $\nu_2 = 12$。

　　　b. $F = 1.24$; $\nu_1 = 4$, $\nu_2 = 12$。

　　　c. $F = 28.10$; $\nu_1 = 4$, $\nu_2 = 12$。

　　　d. $F = 8.05$; $\nu_1 = 12$, $\nu_2 = 48$。

e. $F = 5.31$; $\nu_1 = 9$, $\nu_2 = 99$。

f. $F = 18.79$; $\nu_1 = 2$, $\nu_2 = 10$。

第二十六章

（2）　a. $SS_1/SS = 0.7961$；結論正確。

　　　b. $SS_1/SS = 0.7742$；犯第二類錯誤。

　　　c. $SS_1/SS = 0.3005$；結論正確。

（3）　a. $SS_2/SS = 0.4042$；結論正確。

　　　b. $SS_2/SS = 0.1419$；結論正確。

（4）　a. $SS_2/SS = 0.6336$；結論正確。

　　　b. $SS_2/SS = 0.2412$；犯第二類錯誤。

（5）　a. $F = 3.1167$, $\nu_1 = 10$, $\nu_2 = 40$; 0.5%點 F 值等於 3.1167。

　　　b. $\chi^2 = 6.07$, $\nu = 1$; 1%點 χ^2 值等於6.6349。

　　　c. $F = 6.08$, $\nu_1 = 1$ 而 $\nu_2 = 2,499$; 1%點 F 值等於 6.65。
當樣品個數為 2 而取 1% 水準時，巴氏法與鮑氏法的結果大致
相同，但都比變方比低效。

（6）　$\chi^2 = 1.60$, $\nu = 2$; 結論正確。

（7）　$\chi^2 = 56.5$, $\nu = 2$; 結論正確。

（8）　$F = 1.00$; $\nu_1 = 3$, $\nu_2 = 115$。

（9）　$n = 27$

（10）　$n = 12$

（11）　$n_1 = n_2 = 28$

（12）　$n_1 = n_2 = 8$

（13）　$n = 22$

（14）　$n = 2?$

符號釋義

小寫字母

a　(1)含有幾個條列的樣品的均值或直線廻歸中徵值 α 的最小平方估值。第 248 頁。

　　(2)複因子試驗內 A 因子的變級個數。第 308 頁。

b　(1)樣品廻歸係數或 B 的最小平方估值。第 248 頁。

　　(2)複因子試驗內 B 因子的變級個數。第 308 頁。

b_k　第 k 個樣品的廻歸係數，如 b_1，b_2 等。第 342 頁。

$\bar{b}$　幾個樣品廻歸係數的加權均值。第 342 頁。

d　用來代替缺失觀測值的空值。祇在 14.7 節用到。第 200 頁。

$d.f.$　自由度數。第 71 頁。

f　頻度，如表 2.5a 內用到的。第 11 頁。

g　一個羣內的處理均值個數。第 236 頁。

h　卡方適合性和卡方獨立性測驗中的擬說，理論，或期望頻度。第 396，402，422，426 頁。

k　樣品或處理個數。第 146，190 頁。

l　間距長度。第 477 頁。

m　(1)祇在定理 2.4b 中用到的一個數。第 9 頁。

　　(2)頻度表的組中點值，如第 77 頁的表 7.7，93 頁的表 8.2，113 頁的表 9.6，128 頁的表 10.5，258 頁的表 16.5c。

n　(1)樣品大小或樣品內的觀測值個數。第 34 頁。

　　(2)逢機區集試驗中的重複次數。第 190 頁。

n_0　第 12.10 節式(5)定義的一個數。第 171 頁。

$\bar{n}$　平均樣品大小。第 173 頁。

n_k　第 k 個樣品的大小，如 n_2，n_2 等。第 118，169 頁。

p　樣品內正觀測值的相對頻度。第 416 頁的表 21.10。

$\bar{p}$　　　幾個樣品合起來時的正觀測值相對頻度。第416頁的表21.10。

r　　　(1)相關係數。祇在第十六與十七兩章用到。第 261 頁。

　　　　(2)多項族羣的範疇個數。祇在第二十二章用到。第 421 頁。

$r.c.f.$　相對累計頻度。第 11 頁的表 2.5a。

$r.f.$　　相對頻度。第 11 頁的表 2.5a。

s　　　樣品的標準偏差或 s^2 的平方根。第 64 頁。

s^2　　樣品的變方或族羣變方 σ^2 的不偏估值。第 64，260 頁。

s_k^2　　第 k 個樣品的變方，如 s_1^2，s_2^2 等。第 106 頁。

s_p^2　　幾個樣品變方的加權均值或族羣變方的勻和估值。第111，114
　　　　頁。

$s_{\bar{y}}^2$　　幾個同大樣品均值的變方。第 152 頁。

t　　　從學生氏 t 分布的介值。第 90，126，221，276，279，284，
　　　　349，354，361 頁。

$t_{.025}$　學生氏 t 分布的 2.5% 點值。第 142 頁。

u　　　從均值爲 0 與變方爲 1 常態分布的介值。第 22，57，124，221，
　　　　275，279，284，395，396，399，400頁。

v　　　幾個觀測值的線性組合。第 214 頁。

x　　　觀測值 y 隨附的值或數量性處理。第 242 頁。

$\bar{x}$　　樣品內 x 值的均值。第 244 頁。

$\bar{\bar{x}}$　　幾個樣品內全部 x 值的均值。第 351 頁。

y　　　觀測值。第 4 頁。

y'　　第 17.1 節取樣試驗中的原觀測值。第 273 頁。

$\bar{y}$　　樣品均值。第 32 頁。

$\bar{\bar{y}}$　　幾個樣品合起來時的均值或幾個樣品的加權均值。第 147 頁。

$\bar{y}_A$　　複因子試驗中 A 因子某個變級內觀測值的均值。第 309 頁。

$\bar{y}_B$　　複因子試驗中 B 因子某個變級內觀測值的均值。第 309 頁。

$\bar{y}_k$　　第 k 個樣品均值，如 $\bar{y}_1$，$\bar{y}_2$ 等。第 118，170 頁。

$\bar{y}_r$　　逢機區集試驗中某個重複的均值。第 190 頁。

$\bar{y}_t$　　處理均值。第 190 頁。

　　　　訂正樣品均值或子樣品均值。第 248 頁。

$\bar{y}_{\bar{x}}$　在 $x=\bar{x}$ 處的 y 的估得均值。第 350 頁。

$\bar{\bar{y}}_x$　k 個訂正均值 $\bar{y}_x$ 的加權均值。第 351 頁。

大寫字母

AB　複因子試驗中 A 與 B 因子的互涉。第 309 頁。

C　第 16.3 節式(11)定義的一個量。祇在該節用到。第 250 頁。

DF　自由度。第 71 頁。

E　徵值的樣品估值，如 $\bar{y}, b, \bar{y}_x$。祇在 19.6 節用。第 355 頁。

E_k　由第 k 個樣品得到的徵值的估值，如 E_1, E_1 等。第 355 頁。

E_{100}　決定樣品大小時用到的一個數量。第 479 頁。

F　從 F 分布的介值。第 106，153，195，222，260。

F'　從近似 F 分布的介值。第 407 頁。

$\tilde{F}$　一種用來測驗不適觀測值的介值。第 472 頁。

F_{1-c}　可信係數為 c 時的 F 值。第 477 頁。

F_{1-p}　另附機率值 p 的 F 值。第 477 頁。

$F_{.05}$　F 分布的 5% 點值。第 233 頁。

G　總計。第 146 頁。

G_x　x 值的總計。第 344，360 頁。

G_y　y 值的總計。第 344，360 頁。

K　巴氏和鮑氏測驗中的一個數量。第 473，475 頁。

L　巴氏和鮑氏測驗中的一個數量。第 473，475 頁。

LSD　兩均值最小顯著差異。第 232 頁。

$LSD_{.05}$　顯著水準等於 5% 的 LSD。第 232 頁。

M　(1)線性組合的常乘數。第 214 頁。

　　(2)求平方和內單自由度時用到的乘數。第 221 頁。

M_k　求單自由度時用的第 k 個乘數，如 M_1, M_2 等。第 221 頁。

MS　均方。第 154 頁。

N　族羣內觀測值數。第 5 頁。

Q^2　處理平方和的單自由度，如 Q_1^2, Q_2^2 等。第 222，226 頁。

R (1)缺失一個觀測值的重複的合計。祇用在 14.7 節。第200頁。

      (2) $k \times r$ 控定表卡方簡算法中用到的一個量。祇用在 22.8 節
        第 431 頁。

S 缺失一個觀測值的逢機區集試驗的總計。祇用在 14.7 節。第
      200 頁。

SP 乘積和。第 256，264 頁。

SP_k 第 k 個樣品的乘積和，如 SP_1, SP_2 等。第 342 頁。

SS 平方和。第 66 頁。

SS_1 除去一個不適觀測值後算出的平方和。第 470 頁。

SS_2 除去兩個不適觀測值後算出的平方和，第 470 頁。

SS_x x 值的平方和。第 265 頁。

SS_{xk} 第 k 個樣品的 x 值的平方和，如 SS_{x1}, SS_{x2} 等。第 342 頁。

SS_y y 值的平方和。第 265 頁。

SSR 最短顯著變距。第 236 頁。

T 樣品合計或樣品內觀測值的和。第 146 頁。

T_A 複因子試驗中 A 因子某變級內觀測值的合計。第 309 頁。

T_B 複因子試驗中 B 因子某變級內觀測值的合計。第 309 頁。

T_k 第 k 個樣品合計，如 T_1, T_2 等。第 146 頁。

T_r 重複合計或逢機區集試驗中某重複內觀測值的和。第 190 頁。

T_t 處理合計或逢機區集試驗中某處理內觀測值的和。第 190 頁。

T_x 樣品內 x 值的合計。第 360 頁。

T_y 樣品內 y 值的合計。第 360 頁。

V_1 第 7.2 節式(4)定義的一種樣品變方。第 63 頁。

V_2 第 7.2 節式(5)定義的又一種樣品變方。第 63 頁。

W 求加權均值時用的權值。第 355 頁。

希 臘 字 母

α 含有幾個 x 條列的族羣的均值。第 244 頁。

β 族羣的 y 對 x 廻歸係數。第 244 頁。

β 幾個族羣廻歸係數的均值。第 346 頁。

β_k	第 k 個族羣的廻歸係數，如 β_1, β_2 等。第 346 頁。
ε_{ij}	逢機區集第 i 重複與 j 處理的機差。第 194 頁。
μ	族羣均值。第 5 頁。
$\bar{\mu}$	幾個族羣均值的均值。第 159 頁。
μ_0	族羣均值的擬說值。第 51 頁。
μ_a	介值 a 的均值。第 275 頁。
μ_A	複因子試驗內 A 因子的族羣均值或介值 $\bar{y}_A$ 的均值。第 317頁。
μ_b	介值 b 的均值。第 278 頁。
μ_B	複因子試驗內 B 因子的族羣均值或介值 $\bar{y}_B$ 的均值。第317頁。
μ_k	第 k 個族羣的均值，如 μ_1, μ_2 等。第 118，159 頁。
μ_r	逢機區集內重複的族羣均值或介值 $\bar{y}_r$ 的均值。第 193 頁。
μ_t	逢機區集內處理的族羣均值或介值 $\bar{y}_t$ 的均值。第 193 頁。
μ_v	介值 v 的均值。第 215 頁。
$\mu_{\bar{y}}$	介值 $\bar{y}$ 的均值。第 41 頁。
$\mu_{y \cdot \bar{x}}$	族羣中 x 條列內觀測值 y 的均值。第 243 頁。
$\mu_{y \cdot x}$	在 $x = \bar{x}$ 處的 y 的均值。第 244 頁。
$\mu_{y \cdot x1}$	在 $x = x_1$ 處的 y 的均值。第 244 頁。
$\mu_{\bar{y}_x}$	介值 $\bar{y}_x$ 的均值。第 281 頁。
$\mu_{\bar{y}1 - \bar{y}2}$	介值 $\bar{y}_1 - \bar{y}_2$ 或兩樣品均值差的均值。第 120 頁。
ν	自由度數。第 72 頁。
ν_1	(1)第一樣品平方和的自由度數。第 107 頁。 (2)F 介值的分子自由度數。第 106 頁。
ν_2	(1)第二樣品平方和的自由度數。第 107 頁。 (2)F 介值的分母自由度數。第 106 頁。
π	二項族羣的正觀測值相對頻度。第 416 頁的表 21.10。
π_r	多項族羣第 r 範疇內觀測值的相對頻度，如 π_1, π_2 等。第 421 頁。
ρ_i	逢機區集第 i 重複的效應。第 194 頁。
σ	族羣標準偏差。第 6 頁。
σ^2	族羣變方。第 5 頁。

σ_0^2　　族羣變方的擬說值。第 83 頁。

σ_1^2　　第一族羣變方。第 106 頁。

σ_a^2　　介值 a 的變方。第 275 頁。

σ_A^2　　第 18.5 節式 (2) 定義的線性擬說模式的 A 因子產生的變方。第 318 頁。

$\sigma_{AB}'^2$　　變方成分模式的 A 因子產生的變方。第 323 頁。

σ_{AB}^2　　第 18.5 節式 (4) 定義的線性擬說模式的 AB 互涉產生的變方。第 319 頁。

$\sigma_{AB}'^2$　　變方成分模式的 AB 互涉產生的變方。第 323 頁。

σ_b^2　　介值 b 的變方。第 278 頁。

σ_B^2　　第 18.5 節式 (3) 定義的線性擬說模式的 B 因子產生的變方。 第 318 頁。

$\sigma_B'^2$　　變方成分模式的 B 因子產生的變方。第 323 頁。

σ_r^2　　重複產生的變方。第 195 頁。

σ_t^2　　處理產生的變方。第 195 頁。

σ_v^2　　介值 v 的變方。第 215 頁。

$\sigma_{\bar{y}}$　　均值的標準機差或介值 $\bar{y}$ 的標準偏差。第 42 頁。

$\sigma_{\bar{y}}^2$　　樣品均值 $\bar{y}$ 的變方。第 41 頁。

$\sigma_{\bar{y}_x}^2$　　介值 $\bar{y}_x$ 的變方。第 281 頁。

σ_μ^2　　第 12.4 節式 (2) 定義的幾個族羣均值的變方。第 159 頁。

$\sigma_{y_1-\bar{y}_2}$　　兩樣品均值差的標準偏差。第 121 頁。

$\sigma_{y_1-y_2}^2$　　兩樣品均值差的變方。第 121 頁。

$\sigma_{\bar{y}_{x1}-\bar{y}_{x2}}'^2$　　兩訂正均值差的變方。第 361 頁。

τ_j　　逢機區集第 j 處理的效應。第 194 頁。

ϕ　　要變換成百分值的一個角。第 435 頁。

χ^2　　從卡方分布的介值。第 70，397，403，404，422, 426, 430 頁。

χ_c^2　　符號測驗的卡方值或校正卡方值。第 459 頁。

χ_1^2　　卡方單自由度。第 424，430 頁。

索　　引

定 理 索 引

挿 表 索 引

插 圖 索 引

主 題 索 引

英 中 主 題 索 引

B

C

N

T

U

V

統計推論／李景仁原著；汪永祺譯述. -- 初版
. -- 臺北市：臺灣商務，1969- 〔民58-
〕

　　冊；　公分
　　含參考書目及索引
　　ISBN 957-05-1233-4（上冊：平裝）

　　1. 統計推論

510   85000373

統計推論 上冊

定價新臺幣 480 元

原 著 者　李　景　仁
譯 述 者　汪　永　祺
發 行 人　張　連　生
出 版 者　臺灣商務印書館股份有限公司
印 刷 所
　　　　　臺北市重慶南路 1 段 37 號
　　　　　電話：(02)3116118・3115538
　　　　　傳眞：(02)3710274
　　　　　郵政劃撥：0000165-1 號
　　　　　出版事業：局版臺業字第 0836 號
　　　　　登 記 證

• 1969 年 7 月初版第一次印刷
• 1996 年 2 月初版第八次印刷

ISBN　957-05-1233-4（上冊:平裝）   20500001